河南专门史大型学术文化工程丛书

主编 谷建全

执行主编 张新斌

河南哲學史

代云 赵胤 董琳 等著

中原出版传媒集团
中原传媒股份公司
大象出版社
·郑州·

图书在版编目(CIP)数据

河南哲学史 / 代云等著.— 郑州 : 大象出版社,
2019. 10
(河南专门史大型学术文化工程丛书 / 谷建全主编)
ISBN 978-7-5711-0209-8

Ⅰ. ①河… Ⅱ. ①代… Ⅲ. ①哲学史—河南
Ⅳ. ①B2

中国版本图书馆 CIP 数据核字(2019)第 188722 号

河南专门史大型学术文化工程丛书

河南哲学史

HENAN ZHEXUE SHI

代云 赵胤 董琳 等著

出 版 人 王刘纯
选题策划 王刘纯 张前进
项目统筹 李建平
责任编辑 石更新
责任校对 牛志远 安德华 张迎娟
装帧设计 张 帆

出版发行 大象出版社(郑州市郑东新区祥盛街 27 号 邮政编码 450016)
发行科 0371-63863551 总编室 0371-65597936
网 址 www.daxiang.cn
印 刷 北京汇林印务有限公司
经 销 各地新华书店经销
开 本 720mm×1020mm 1/16
印 张 28.75
字 数 464 千字
版 次 2019 年 10 月第 1 版 2019 年 10 月第 1 次印刷
定 价 128.00 元
若发现印、装质量问题,影响阅读,请与承印厂联系调换。
印厂地址 北京市大兴区黄村镇南六环磁各庄立交桥南 200 米(中轴路东侧)
邮政编码 102600 电话 010-61264834

河南专门史总论

张新斌

河南专门史研究,是河南历史的细化研究,是河南历史的全面研究,是河南历史的深入研究,也是河南历史的综合研究。河南历史研究,不仅是地方史研究,也是中国史研究,是中国史的核心研究,是中国史的主干研究,更是中国史的精华研究。

一、河南称谓的区域变迁及价值

(一)河南:由地理到政治概念的演变

河南是一个地理概念。河南概念的核心是"河",以黄河为指向形成地理方位概念,如河南、河东、河西、河内、河外等。《史记·殷本纪》:"盘庚渡河南,复居成汤之故居。"又,《战国策·齐策》:"兼魏之河南,绝赵之东阳。"魏惠王徙都大梁(今开封),而河南地区为魏之重要区域。《史记·项羽本纪》:"彭越渡河,击楚东阿,杀楚将军薛公。项王乃自东击彭越。汉王得淮阴侯兵,欲渡河南。"这里的"河南"明显不是一个政区概念,而是一个地理概念。

河南也是一个政治概念。《史记·货殖列传》所云"三河"地区为王都之地。"昔唐人都河东,殷人都河内,周人都河南。夫三河在天下之中,若鼎足,王者所更居也。"可见河南为周之王畿之地。又,《史记·周本纪》:"子威烈王午立。考王封其弟于河南,是为桓公。"《史记·项羽本纪》:"故立申阳为河南王,都洛阳。"这也从一个侧面反映出河南在战国、秦汉之际与王都连在一起,无疑应为政治中心。《通志·都邑略》对河南有一个重要评价:“故中原依大河以为固,吴越依大江以为固。中原无事则居河之南,中原多事则居江之南。自开辟以来皆河南建都,虽黄帝之都、尧舜禹之都于今皆为河北,在昔皆为河南。”

（二）河南：以洛阳为中心的政区概念

1.河南郡。汉代始设,至隋唐之前设置。《汉书·地理志》云:河南郡,辖县二十二,有洛阳、荥阳、偃师、京、平阴、中牟、平、阳武、河南、缑氏、卷、原武、巩、穀成、故市、密、新成、开封、成皋、苑陵、梁、新郑。以上地区包括今洛阳市区周边,含今新安、孟津、伊川、偃师,今郑州市的全部,今开封市区,以及今原阳县,今汝州市。据《晋书·地理志》,河南郡领河南、巩、安、河阴、新安、成皋、缑氏、新城、阳城、陆浑。西晋时,汉河南郡东部析置荥阳郡,而西晋时的河南郡大致包括今洛阳市区及嵩县、新安、偃师、伊川等,以及巩义、登封、新密,还有荥阳的一部分和今汝州市。《宋书·州郡志》:南朝宋司州有三郡,包括河南郡,领河南、洛阳、巩、缑氏、新城、梁、河阴、陆浑、东垣、新安、西东垣等,其范围与西晋河南郡差不多。《魏书·地形志》说河南郡仅领县一个,其区划郡县叠加。《隋书·地理志》记述隋设河南郡,统领 18 个县,为河南、洛阳、桃林、阌乡、陕、熊耳、渑池、新安、偃师、巩、宜阳、寿安、陆浑、伊阙、兴泰、缑氏、嵩阳、阳城,涉及今三门峡市区及灵宝、渑池、义马等,今洛阳市区及新安、偃师、嵩县、宜阳等,今郑州所辖巩义、登封等。

2.河南尹。东汉时洛阳为都,在都城设河南尹。《后汉书·郡国志》:河南尹,辖洛阳、河南、梁、荥阳、卷、原武、阳武、中牟、开封、苑陵、平阴、缑氏、巩、成皋、京、密、新城、偃师、新郑、平。其所辖范围与西汉河南郡基本相当。三国魏时亦有“河南尹”,如《三国志·魏志》:夏侯惇曾“转领河南尹”,司马芝于“黄初中,入为河南尹”。

3.河南县。西汉时设县,沿至东汉、西晋、刘宋、北魏、隋、唐、宋等,金代已无河南县,洛阳的“河南”“洛阳”双城结构正式瓦解。

4.河南府。唐代始设,沿至宋、金、元,但元代已称之为路。据《旧唐书·地理志》,河南府辖河南、偃师、巩、缑氏、管、告成、登封、陆浑、伊阙、伊阳、寿安、新安、福昌、渑池、永宁、长水、密、河清、颍阳、河阳、汜水、温、河阴。《新唐书·地理志》载,河南府共辖 20 县,有河南、洛阳、偃师、巩、缑氏、阳城、登封、陆浑、伊阙、新安、渑池、福昌、长水、永宁、寿安、密、河清、颍阳、伊阳、王屋。由此可以看出,其地含今洛阳绝大部分,今郑州的巩义、登封,甚至今豫西北的济源。《宋史・地理志》有河南府,辖河南、洛阳、永安、偃师、颍阳、巩、密、新安、福昌、伊阙、渑池、永宁、长水、寿安、河清、登封共16县。《金史・地理志》载,金时河南府仅辖9个县,即洛阳、渑池、登封、孟津、芝田、新安、偃师、宜阳、巩。以上县名与今县名比较接近,主要分布在今洛阳周边。《元史・地理志》载,在河南行省下有"河南府路",实相当于河南府,相关县有洛阳、宜阳、永宁、登封、巩县、孟津、新安、偃师,以及陕州的陕县、灵宝、阌乡、渑池,相当于今三门峡市一部分、洛阳市一部分及郑州市一部分。《明史・地理志》记录的河南省下有河南府,属地有洛阳、偃师、孟津、宜阳、永宁、新安、渑池、登封、嵩县、卢氏及陕州的灵宝、阌乡2县。其地较元代河南府稍大。

5.河南道。仅在唐代、五代时实行。据《旧唐书・地理志》载,"河南道"辖河南府、孟州、郑州、陕州、虢州、汝州、许州、汴州、蔡州、滑州、陈州、亳州、颍州、宋州、曹州、濮州等,其范围"约当今河南、山东两省黄河故道以南(唐河、白河流域除外),江苏、安徽两省淮河以北地区"①。《新唐书・地理志》也讲到"河南道",相当于古豫、兖、青、徐四州之域。据《旧五代史・郡县志》载,五代时有"河南道",含河南府、滑州、许州、陕州、青州、兖州、宋州、陈州、曹州、亳州、郑州、汝州、单州、济州、滨州、密州、颍州、濮州、蔡州等,可见其范围是极大的。

(三)河南:以开封为中心的政区概念

自元代开始,"省"成为地方最高级行政建制。元代正式设立"河南江北等处行中书省"。《元史・地理志》云,河南行省辖路12、府7、州1、属州34、属县182。其中,汴梁路,领录事司1(县17,开封一带),还领郑、许、陈、钧、睢等5州21县。河南府路,领录事司1(县8,洛阳一带),还领陕州及4县。南阳府,领南阳、镇平2县及邓、唐、嵩、汝、裕5州11县。汝宁府,领汝阳、上蔡、西平、确山、遂平5县及颍、息、光、信阳4州10县。归德府,领睢阳、永城、下邑、宁陵4县及徐、宿、邳、亳4州8县。襄阳路,领录事司1县6,还领均、房2州4县。蕲州

① 复旦大学历史地理研究所《中国历史地名辞典》编委会:《中国历史地名辞典》,江西教育出版社1988年版,第538页。

路，领录事司1县5。黄州路，领录事司1县3。以上仅为“河南江北道肃政廉访司”，所领范围已包括今河南省黄河以南部分，以及今湖北省江北部分地区，今苏北、皖北部分地区。

明代正式称河南行省（承宣布政使司），《明史·地理志》记录河南省辖府8、直隶州1、属州11、县96。府有开封府、河南府、归德府、汝宁府、南阳府、怀庆府、卫辉府、彰德府，以及直隶州汝州。总的来看，明代的河南省已经与现在的河南省大体范围相当，成为一个跨越黄河南北的省。

清代沿袭了相关的行政建制。需要注意的是，其治所在开封。直到民国及新中国成立初期，开封一直为省会所在。

从以上的史料罗列中可以看出，“河南”是一个重要的概念。先秦时期，河南是一个重要的地理概念，而这个概念中实际上包含了非常深刻的政治含义，河南实际上是天下政治中心的具体体现。从西汉开始到清代，河南成为一个非常重要的行政建制名称。隋唐之前是河南郡（尹），隋唐之后则为河南府（路）。元代之前，河南郡、府、道、尹、县的治所，以及地理概念、政治概念的核心，均在今洛阳。可以说，河南的范围时有变化，作为河南中心的洛阳地位始终是不变的，洛阳甚至是河南的代名词。元代以后行省设立，开封成为行省治所（省会）所在，数以百年。虽然如此，但河南的根源、灵魂在洛阳。

二、河南历史的高度与灵魂

（一）河南历史的高度：河南史的实质就是中国史

河南是个大概念，不仅涉及地理、政区，也涉及政治，研究中国历史是绕不开以洛阳为中心的河南的。《元和郡县志》卷六对“河南”有一个解读：“《禹贡》豫州之域，在天地之中，故三代皆为都邑。”这里对夏至唐的洛阳为都有一个清晰的勾勒，如禹都阳翟、汤都西亳、成王都成周，东汉、曹魏、西晋、北魏等均都洛阳，隋炀帝号为东京，唐代号称东都或东京，“则天改为神都”，到了北宋则成为西京。可以说，一部王朝史，绕不开以洛阳为中心的河南。《说苑·辨物》载“八荒之内有四海，四海之内有九州，天子处中州而制八方耳”，而这个中州就是河南。

对于河南的认识，其战略地位的重要性不言而喻，还有另外一个角度的分析。《读史方舆纪要》卷四十六:“河南,古所称四战之地也。当取天下之日,河南在所必争;及天下既定,而守在河南,则岌岌焉有必亡之势矣。周之东也,以河南而衰;汉之东也,以河南而弱;拓跋魏之南也,以河南而丧乱。朱温篡窃于汴梁,延及五季,皆以河南为归重之地。以宋太祖之雄略,而不能改其辙也,从而都汴。都汴而肩背之虑实在河北,识者早已忧之矣。”在这里,作者将洛阳的战略地位定性为“四战之地”,讲到得天下者首先要得河南,反映了作者的敏锐性。但是,将洛阳定位于岌岌可危之地则有所不妥。河南对关中的承接,实际上反映了中国古代的两大政治中心相互补充完善的作用。中国历史上的统一王朝,基本上都经历了定都于关中长安和河洛洛阳两个阶段。所以,从某种意义上讲,河南历史既是河南地方的历史,也是中国古代的历史;从区域角度来看,可以说河南区域史是极为精练的中国史,是影响甚至决定王朝走向的关键历史;从中国历史的大视野考察,具备这种关键作用的区域,在中国这种大格局中,也就是那么一两个地区,而河南无疑是其中之一。

(二)天地之中:中国历史最具灵魂的思维探寻

中国古代都城的选择是与中国人特定的宇宙观联系在一起的。在中国人的观念中,“中”具有极为特殊的意义。中国古代历史上最具影响力的都城中,最能体现这种观念的非洛阳莫属。①

周灭商之后,周公受命探寻“天地之中”。《太平寰宇记》卷之三云:“按《博物志》云:‘周在中枢,三河之分,风云所起,四险之国也。昔周武王克殷还,顾瞻河、洛而叹曰:“我南望三涂,北望岳鄙,顾瞻有河,粤瞻雒、伊,毋远天室。”遂定鼎郏鄏,以为东都。’《周书》又曰:‘周公将致政,乃作大邑,南系于洛水,北因于郏山,以为天下之大凑也。’皇甫谧《帝王世纪》云:‘周公相成王,以丰、镐偏在西方,职贡不均,乃使召公卜居涧水东、瀍水之阳,以即中土。而为洛邑,而为成周王都。’”周朝建立后,最大的问题是“择中而居”。选择“天下之中”与“天地之中”,关键是“中”。《路史》卷三十:“古之王者,择天下之中而立国,择国之中而立官,择官之中而立庙。”又,《周礼订义》卷十五:“夫天不足西北,地不足东南,有余不足皆非天地之中,惟得天地之中,然后天地于此乎合土播于四时,所

---

① 张新斌:《“天地之中”与“天下之中”初论》,《中州学刊》2018年第4期。

以生长收藏万物一时之气，不至则偏而为害。惟得天地之中，然后四时于此而交，通风以散之，雨以润之，偏于阳则多风，偏于阴则多雨。惟得天地之中，然后阴阳和而风雨以序，而至独阴不生，独阳不成。阴阳之和不成则反伤夫形。”这里论述了天地之中的阴阳秩序。但从众多文献看，天地之合、四时之交、风雨之会、阴阳之和是个立体的概念。“天地之中”刻意强调了思想观念上的特殊性，着重关注了本质文化上的特质性，重点强化了政治统治上的正当性，具有综合意义。

“天地之中”所在地，以洛阳（洛、洛地、洛师、洛邑、洛之邑、洛河之邑、洛水之涯、洛邑之地、河洛等）之说为绝对主流观点；与“天地之中”对应的“天下之中”，则更多强调了位置适中，交通便利，其地方文献也多以洛阳为主。《河南通志》卷七：“河南居天下之中，嵩岳表其峻，大河、淮、济萦流境内。”这里所说的河南实则是大河南，河南的本质是洛阳。所以，洛阳为都的观念思想特征的探寻，反映了中国古代的思维方式与思维特点，其理论的深刻性极大丰富了中国古代的思想宝库，也是中国古都历史的灵魂所在。

三、河南历史：既是地方史也是区域史

河南地方史同时还是河南区域史，这是我们对河南专门史进行研究时时常要注意的关键性问题。我们应该如何对待我们的研究？

（一）作为地方史的河南专门史

地方是相对中央而言的。每一个王朝，都有中央与地方。中央就是皇帝，以及三省六部；地方则是郡县、省府县。对中央而言，省及以下建置都是地方。地方史就是研究一定行政建制内的历史，比如县的历史、市的历史、省的历史。

关于地方史，有人认为“所谓地方史研究，就是专门考察、分析某一地区历史变迁的史学工作”①，或认为“地方史的书写往往是一种以国家宏大历史叙事为背景，又兼具本土地方特色的历史书写”，“地方历史的建构既是对国家宏大

① 叶舟：《地方文献与地方史研究》，载《上海地方志》编辑部编《2017 年地方志与地方史理论研讨会论文汇编》，第 199~203 页。

历史叙事的补充,也是新时期国家与地方共同致力于民族地方形象、软实力及文化生态打造的努力”。[①] 一般而言,地方史是与一定级别的行政建置有关联的。河南长期为地方行政建置,从河南郡与河南县,到河南尹与河南县,到河南府与河南县,到河南路与河南县,再到河南省,作为省级建置也有七百余年的历史。相对王朝而言,河南的历史理所当然地就是地方史。换句话说,河南地方史就是研究河南地方的历史,就是研究在省的建置下河南这一特定范围内所发生的历史。河南地方史,就是对河南特定行政建置(省)内所有历史大事、历史人物、历史规制、历史机构、历史社会、历史文化等总的汇集、总的提炼、总的评价,是一部中国特定地方的小通史,是中国通史的河南卷。河南专门史,则是河南地方历史的细化,是河南专门历史的汇集,是作为地方的河南的历史的总的盘点。

河南地方史的研究,在河南是个“偏科”。河南史学界研究中国史,研究世界史,研究考古学,研究史学理论,当然,大家的研究无疑必然会触及河南,因为在中国史的研究范畴中,如果回避了河南,中国史肯定就不是完整的中国史。一方面,从夏到北宋,河南是王朝的政治中心所在,从某种意义上讲,这期间河南史中的重大事件无疑也是中国史中的重大事件,河南的历史也是中国的核心历史、中国的精英历史。另一方面,关键是要从河南的角度来研究中国的历史,从历史纵的时间轴来研究河南史,从历史横的空间区域比较中研究河南历史。所以,对于研究中国史的学者而言,河南地方史既是熟悉的,又是陌生的。

(二)作为区域史的河南专门史

区域是相对总体而言的。区域可以是一个地方行政建置,如河南、郑州、新郑,也可以是一个地区,如豫北、河朔、齐鲁、三秦、华北。当然,区域也可以是永恒的,对全球而言,中国、东亚、远东,都是区域。在全球史的背景下,区域史是个很时尚的东西,研究中国史与世界史(世界各国的历史),实质上研究的都是区域史。

学界有关区域史的讨论,是非常复杂的。例如,将地方史等同于区域史就

① 杨旭东:《近年来地方史研究评述》,《中原文化研究》2016 年第 1 期。

是一种常见的声音,如:“地方史,或称区域史,是历史学科的一个重要分支。”①有的直接将区域史的研究范式等同于地方史的研究范式;②也有的将区域史作为地方史的支脉,“地方史内部也演化出了新的支系”③。尽管区域史和地方史有一定的契合点,但两者还不能完全画等号。区域史研究一般多关注区域的特殊性,但是,“区域史研究的意义不仅仅在于认识作为个案的区域本身,而且有助于对国家整体史的认识。于是,区域史研究的一个重要归宿还在于对中华帝国整体史的理解和把握,并不是局限于孤零零的区域个案,也非仅凭借一两个新线索的发现来填补漏洞、空白,而是从局部、微观、特殊性中找到一些带有普遍性的反映整体的现象和规则”④。区域史,就是由诸地理要素所构成的特定地理空间,有较长时段的经济交流与政治联系,以及内部所共生的以文化为纽带的规律性问题的研究。区域史更多关注点在基层社会,是对特定的人群、组织架构、民间信仰,以及形成的民风进行的研究。除利用正史、正志之外,区域史也要更多关注地方文献,如家谱、文书、契约、方志等,只有这样,区域史才会更加丰满。

河南历史,就河南而言,其起点是地理概念。从历代史志可以看出,行政区划的河南是立足于地理概念河南之上而设置的,在中国古代由特定地理概念而产生的政区并不多见,仅从这一点而言,河南历史既可以是地方史,又可以成为区域史,甚至由于以洛阳为核心的河南在历史上特殊的政治地位,河南史在某些时段可以上升为中国史。这就是河南历史的特殊价值所在。

四、河南历史的研究现状与努力目标

(一)河南历史的主要研究成果

改革开放以来,河南省社会科学院及全省学界陆续推出了一系列河南历史

① 叶舟:《地方文献与地方史研究》,载《上海地方志》编辑部编《2017年地方志与地方史理论研讨会论文汇编》,第199~203页。

② 段建宏:《地方史研究的思考》,《忻州师范学院学报》2007年第1期。

③ 姚乐:《如何理解地方史与区域史?——以〈江苏通史·魏晋南北朝卷〉为例的分析》,《南京晓庄学院学报》2014年第3期。

④ 孙竞昊、孙杰:《中国古代区域史中的国家史》,《中国史研究》2014年第4期。

的研究成果：

一是通史类。如《简明河南史》(张文彬主编,1996)、《河南通史》(4 卷本,程有为、王天奖主编,2005)。以上成果有首创意义,但分量不足,不足以反映河南历史文化的厚重与辉煌。

二是专门史类。如《河南航运史》(河南省交通厅史志编审委员会,1989)、《河南少数民族史稿》(马迎洲等,1990)、《河南陶瓷史》(赵青云,1993)、《河南新闻事业简史》(陈承铮,1994)、《河南考试史》(李春祥、侯福禄主编,1994)、《河南文学史·古代卷》(王永宽、白本松主编,2002)、《河南文化史》(申畅、申少春主编,2002)、《河南教育通史》(王日新、蒋笃运主编,2004)、《河南农业发展史》(胡廷积主编,2005)、《河南经济通史》(程民生主编,2012)、《河南生态文化史纲》(刘有富、刘道兴主编,2013)、《中原科学技术史》(王星光主编,2016),以及即将出版的《中原文化通史》(8 卷本,程有为主编,2019)等。总体来讲,质量参差不齐,形成不了河南专门史体系类的成果。

三是市县通史类。如《驻马店通史》(郭超、刘海峰、余全有主编,2000)、《商丘通史(上编)》(李可亭等,2000)、《洛阳通史》(李振刚、郑贞富,2001)、《南阳通史》(李保铨,2002)、《安阳通史》(王迎喜,2003)、《嵩县通史》(嵩县地方史志编纂委员会,2016),以及我们即将完稿的《郑州通史》(张新斌、任伟主编,2020)等。

(二)河南历史的研究机构与研究重点

河南历史研究以河南省社会科学院历史与考古研究所为核心。河南省社会科学院历史与考古研究所是专门从事河南历史研究的权威机构,该所前身为成立于 1958 年的河南省历史研究所。1979 年河南省社会科学院成立之际,河南省历史研究所正式成为河南省社会科学院历史研究所,以后又成立了河南省社会科学院考古研究所,2007 年正式合并为河南省社会科学院历史与考古研究所。该所现有工作人员 19 人,其中研究员 4 人、副研究员 10 人,博士或在读博士 7 人,其研究涉及中国历史的各个方面,尤以中国古代史研究实力最为雄厚,在省级社科院中位列前茅。该所主编的“河南历史与考古研究丛书”已出版第一辑(9 本)、第二辑(6 本),在中原文化、河洛文化、姓氏文化研究方面均有标志性成果。郑州大学的历史研究在以刘庆柱研究员领衔的中原历史文化重点学科、王星光教授为代表的中原科技史方向、吴宏亮教授为代表的河南与近现代中国方向、陈隆文教授为代表的河南史地方向等方面成果卓著。河南大学以黄河文明研究作为主轴,李玉洁教授的河南先秦史研究、程民生教授为代表的以汴京为核心的宋史研究等较为突出。河南师范大学、新乡学院立足新乡,开展牧野文化研究。安阳师范学院则形成了以甲骨文、殷商史为代表的特色学科。河南理工大学立足于焦作,研究太行文化、太行发展。河南科技大学、洛阳师范学院、洛阳理工学院及文物部门的徐金星、蔡运章、薛瑞泽、毛阳光、扈耕田等先生立足于洛阳,开展河洛文化和洛阳学研究。商丘师范学院立足于商丘,对三商文化与商起源的研究颇有建树。许昌学院对汉魏许都的研究、黄淮学院对天中文化的研究、南阳师范学院对东汉文化的研究则各具特色。信阳师范学院以尹全海教授为代表的根亲文化研究、以金荣灿教授为代表的淮河文化研究及三门峡职业技术学院李久昌教授的崤函文化研究等均独树一帜。这些都已经成为河南历史研究的重要力量,也总体反映出河南历史研究的特色。

(三)河南专门史大型学术文化工程运作的过程与目标

2007年以来,为了进一步整合力量,推出标志性成果,我们在已完成的《河南通史》等研究成果的基础上,提出加大对河南历史研究的力度,并以"河南专门史"作为深化河南历史研究的重要抓手。河南专门史的研究工作得到了河南省社会科学院历任领导的重视。早在2008年,河南省社会科学院副院长的赵保佑研究员,就积极支持专门史研究的工作构想,积极推动该项工作的落实。2010年,院长张锐研究员、副院长谷建全研究员,专门带历史与考古研究所的相关人员到北京社科院进行调研,向他们学习北京专史集成研究的工作经验。2015年,院党委书记魏一明、院长张占仓研究员、副院长丁同民研究员积极推动,将河南专门史正式纳入河南省社会科学院重大专项工作,并于年底召开了河南专门史的正式启动会。在河南专门史创研期间,院领导积极关注工作进展,副院长袁凯声研究员统筹协调,有力地推动了后续工作。2019年,院领导班子对河南专门史工作给予了大力支持,尤其是院长谷建全研究员更是将专门史作为院哲学社会科学创新工程的标志性成果,院办公室、科研处等相关部门为本套书的出版做了大量的后勤保障工作,使河南专门史第一批成果能够按时高质量地出版。河南省社会科学院历史与考古研究所在承担繁重的创研工作的同时,也承担了大量的学术组织工作,张新斌、唐金培、李乔、陈建魁多次在一起商议工程的组织与推动,唐金培在学术组织工作方面,在上下联动、督促、组织上付出了大量的艰辛。大家只有一个想法:尽快拿出一批高质量的学术成果。

为了有效推动河南专门史大型学术文化工程,我们在工作之初便编辑了《河南专门史研究编写实施方案》《河南专门史大型学术文化工程第一批实施方案》《河南专门史大型学术文化工程工作方案》《关于征集河南专门史重大专项书稿的函》等文件,成立了以魏一明、张占仓为组长的"河南专门史大型学术文化工程"领导小组,工程实行首席专家制,由河南省社会科学院历史与考古研究所所长张新斌研究员为首席专家。整个工程坚持"三为主、三兼顾"的原则,即以河南省社科院科研人员为主,兼顾河南史学界;以在职科研人员为主,兼顾退休科研人员;以团队合作为主,兼顾个人独著。在写作上,采用"三结合"的方法,即史实考证与理论提高相结合、学术价值与当代意义相结合、学术性与可读性相结合。

在第一批书稿创研中,我们结合各自的研究基础,自动组成团队,不但河南省社会科学院历史与考古研究所全体科研人员参与了该项工程,文学所、哲学与宗教研究所等单位的科研人员也都承担了相关的任务。河南大学、河南师范大学、河南农业大学、华北水利水电大学、郑州市委党校等同行均参与了创研。最终确定了第一批 15 本书稿的创研目标:《河南考古史》《河南水利史》《河南移民史》《河南园林史》《河南哲学史》《河南水文化史》《河南道教史》《河南城镇史》《河南行政区划史》《河南基督教史》《河南古都史》《河南家族史》《河南书院史》《河南诗歌史》《河南史学史》。我们的总体目标是推出 100 部具有学术意义的河南专门史成果。

从第一批 15 部书稿中我们归纳出以下几个特点:一是极大丰富了河南历史研究的内容。这些书稿所涉及的门类有大有小,其研究不仅梳理了相关门类的历史脉络,也丰富了通史类成果无法容纳的分量。如考古史、基督教史时段较短但内容更为丰满,有的甚至可以形成重大事件的编年。二是从更高的视角研究河南。现代考古学在河南的发展对中国考古学的分期具有标志性意义,实际上我们是从中国考古史的角度来研究河南考古史的。正因为这样,我们对河南考古学在中国考古学中的地位有了更为清晰的看法。三是从史料梳理中探寻发展规律。对于每一个专题的研究者,我们更多地要求大家在对史实进行研究的基础上,要探寻相关门类发展的规律,寻找兴衰的规律,以及决定这种兴衰规律的内在因素。我认为在这批成果中,有的已经超越了地方史的范畴,而进入区域史的研究探索之中。当然,研究是一个永无止境的过程,我们期待着河南专门史在以后的创研过程中不断有更多的学术精品问世。

2019 年 8 月

目 录

绪论

河南是中华文明的重要发祥地,也是中国哲学的重要发源地。河南哲学家以其创造的哲学思想、开创的哲学流派,对中国历史与思想发展产生深刻影响并至今不衰。

一、河南哲学史研究概况

目前学术界与河南哲学史相关的研究主要有:

(1)中国哲学史、思想史研究。哲学史研究有胡适、冯友兰、张岱年、任继愈、劳思光、郭齐勇等。思想史研究有侯外庐、杨荣国、李泽厚、张岂之、葛兆光等。这些研究对河南哲学家的思想有较为详细的论述,但都没有着眼于河南哲学家的独特贡献。此外,牟宗三作为哲学家对中国古代哲学的研究、钱穆作为史学家对中国古代思想文化的研究也构成这类研究的内容,并具有不同的学术特色。

(2)断代专门史、区域专门史研究。对先秦诸子的综合研究有郭沫若、杜国庠、韦政通、童书业、葛瑞汉等。郭沫若对老子道家对先秦诸子的影响、法家思想流变、墨子思想性质等方面的研究至今仍具启发意义。汉代思想研究有徐复观、金春峰等。金春峰突破唯心、唯物两军对战的框架模式,以儒、道既对立又互补为主线,系统论述汉代哲学的发展和演变。徐复观则通过对周秦汉特别是汉代社会政治结构的探讨,深刻揭露、鞭笞了专制政治。魏晋玄学研究有汤用彤、许抗生、余敦康、汤一介等。汤用彤首先提出以“自然名教”之争、“言意之辨”、“有无、本末之辨”来概括魏晋时期的主要思想论争,由此出发历史地考察各派思想演变,揭示魏晋玄学发展主线。宋明理学研究有侯外庐、邱汉生、张岂之、陈来、冯达文等。侯外庐主编的《宋明理学史》突出贡献在于理学基本文献的搜集整理与提示，为后来的研究打下基础。石训等人编著的《中国宋代哲学》作为中国第一部全面系统论述宋代哲学发生、发展和演变的专著，也有重要学术价值。区域专门史研究主要表现为各种以中原文化和中原哲学为内容的研究，主要有单远慕、张新斌、李民、刘太恒等。这些研究以时间为线索，对中国哲学史上河南籍人物及其思想进行较为系统的梳理。涂又光的《楚国哲学史》比较特殊，它是国别断代专门史，内容是先秦时期道家哲学。

（3）河南哲学家思想研究。老子研究方面，代表性人物主要有陈鼓应、刘笑敢、张松辉，他们同时都有庄子专著。20 世纪 70 年代以来，随着出土文献的释读，简帛老子研究成为热点，推动老子研究全面深入开展，尹振环从多方面进行了总结。庄子研究方面有蒋锡昌、张恒寿、崔大华、王博等。崔大华将庄子哲学视为中国哲学一个观念渊源，考察它在中国哲学史上对经学、玄学、理学的影响以及对于理解、接引异质文化（佛教、西学）的作用，成为这方面研究的典范。另外，20 世纪 50 年代末 60 年代初哲学大讨论后结集的《老子哲学讨论集》（1959）、《庄子哲学讨论集》（1962）以及熊铁基主编的《中国老学史》（1995）、《中国庄学史》（2003），方勇主编的《庄子学史》（2008）对老庄研究的深化与拓展具有重要作用。墨子研究方面有方授楚、梁启超、詹剑峰、孙中原、谭家健、任继愈、徐希燕等，他们从不同角度对墨学进行发掘、诠释，以开显其现代价值。韩非子研究方面有熊十力、王邦雄、张纯、王小波、蒋重跃、陈惠娟等。针对清末民初知识界一些人认为韩非思想与宪政相合的观点，熊十力认为韩非无民主思想而为君主思想，其思想出于儒（荀子）而毁儒，这表现出熊十力的新儒家立场。很多学者则从历史的角度对韩非思想进行理解、诠释。程颢、程颐的研究有葛瑞汉、徐远和、潘富恩、徐余庆、蔡方鹿、卢连章等，对于二程思想做了全面论述，肯定其在理学发展中的地位。冯友兰研究有田文军、郑家栋、陈鹏、金春峰、高秀昌等，对冯友兰在中国哲学史研究与中国哲学发展方面的贡献做了较为全面与中肯的评价。另外，高秀昌的《简述中原哲学（史）家冯友兰、嵇文甫、赵纪彬对现代中国哲学（史）的贡献》（2010）以现当代三位河南哲学（史）家为对象，考察河南哲学家对中国哲学发展的贡献。

上述成果反映出河南哲学家在中国哲学史上的重要地位与巨大影响，为我们的研究奠定了坚实的学术基础。

二、本书的研究对象与方法

河南哲学史的研究对象在时间上是从上古时期到近现代，空间上以河南省为地域界线，同时也兼顾到诞生在河南的思想（如洛学）向外传播的影响。写作时以年代为经、人物为纬，对那些籍贯、出生地、活动地在河南的或属于河南哲学家创立的学术流派传人的、在中国哲学史上有突出贡献的思想家的思想进行诠释和研究，旨在说明河南哲学家对中国哲学的贡献。就时代而言，包括从“绝地天通”到春秋时代以及战国、秦汉、魏晋、隋唐、宋、元、明、清直到近代。就人物而言，哲学史前史时代以事件为主，主要说明自颛顼“绝地天通”到周初制礼作乐再到春秋时代礼坏乐崩这一漫长历史时期宗教文化的产生、演变及其在春秋时代的发展，而它们构成轴心突破的背景与渊源。老子与孔子的轴心突破标志着中国哲学的诞生。战国时代的诸子争鸣，我们的叙述以墨家、道家、法家为主，人物包括墨子、后期墨家、杨朱、列子、宋钘、惠施、庄子、商鞅、申不害、韩非、吕不韦。汉代主要有贾谊、京房、荀爽。魏晋主要有何晏、王弼、阮籍、郭象、杨泉、范缜。隋唐主要有智𫖮、法藏、玄奘、成玄英、韩愈、刘禹锡。宋元明清主要有陈抟、邵雍、王安石、程颢、程颐、谢良佐、朱熹、姚枢、许衡、曹端、薛瑄、王廷相、高拱、吕坤、孙奇逢。把王安石列入写作范围主要考虑到他的《三经新义》在河南开封写成，而由此形成的王安石新学又是宋代自北宋中期以后的官学。近代以来有嵇文甫、赵纪彬、冯友兰。由于篇幅有限，还有一些人物没有涉及。

研究方法上，首先，我们坚持辩证唯物主义与历史唯物主义方法，运用马克思主义的基本观点与基本方法，将哲学家的思想置于特定历史背景下进行历史的分析，评价其贡献。比如对于墨子，以往的一些研究把墨子的天帝鬼神思想视为落后保守的表现，但是，当我们将这一思想置于周初至春秋时代思想发展的历史联系中，则会得出相反的结论，即墨子的天帝鬼神思想不是落后保守，而是兼有继承性与革命性的思想。其次是文献研究法。以文献为依据梳理河南哲学史，不发空头议论，不作无根之谈，坚持哲学史研究与对社会历史的考察相结合的方法。我们在各自的研究中，一方面了解前人的研究成果，一方面坚持读原典，并将它视为研究的必要环节。前者主要表现为写文献综述，后者表现为将文献阅读放在重要位置，比如研究诸子时必定要读子书以及经史典籍，研究玄学时要读玄学家们的著作文章，研究佛教时则要读佛经，研究二程、朱熹时要读他们的著作和语录，研究冯友兰时要读他的哲学史著作和“贞元六书”，等等。

三、本书内容概述

河南不仅是中华文明重要发祥地，还是中华民族和中国文化最重要的熔炉，来自不同地域的人们及其文化在这里碰撞、交融，形成具有丰富内容与强大辐射力的原始宗教文化。它主导中国文化的发展方向，促进各大民族集团的融合。对它的突破，开启了中国的轴心时代。

距今 4800 年至 4600 年，华夏集团的黄帝族与东夷集团的少昊族在文化上发生深度融合，这件事被称为颛顼“绝地天通”。这是一次宗教改革，改革成功后，颛顼以黄帝族与少昊族共同首领的身份迁都帝丘（今河南省濮阳市），成为华夏正统，而改革所形成的原始宗教文化则成为正统文化。“绝地天通”改革的意义在于：促进民族融合，确立正统观念，强化政治统一，重塑天人关系。宗教改革确立了对天神和祖先的崇拜以及政治正统观念，肯定了跨氏族首领们的权力正当性，反过来政治权力也维护着这一正统文化。为了巩固改革成果，颛顼的后继者们进行了长期的斗争。夏商时期，围绕中原地区最高领导权，华夏集团与东夷集团之间出现相争而交胜的局面。世俗王权与宗教权威之间的斗争则通过巫统与血统之争表现出来，推动原始宗教文化的发展。由于颛顼是我国远古时期第一个跨氏族首领，相应地，宗教领域的“天”也跨越氏族界限，而成为华夏集团与东夷集团共戴之“天”，这是政治上的联合在宗教上的体现。

颛顼改革的重要成果是普世之王垄断与天的沟通权，但在实践中，这种禁令的生效范围是有限的。自夏代以来的世袭制下，王者未必有能力通天，由此才把巫统神权与世俗王权，即巫统与血统之间的矛盾显露出来。这一矛盾、斗争在商代后期呈现愈演愈烈的趋势。殷人在宗教领域表现出尊祖抑天的倾向。抬高祖先神、贬低天神，在理论上是对普世王权的自我否定，在实际中则会失去巫统神权的支持。殷周鼎革，政治上是东夷集团与华夏集团相争而交胜的又一次体现,宗教上则表现为突破困境,在新的观念基础上统一巫统与血统,将原始宗教文化改造为新型宗教文化。与原始宗教文化相比,新型宗教文化新在“天”的内涵发生了变化,总的原则是从无常向有常转变,包括以德配天和改造周易。周人用“德”的观念对巫统所通的那个“天”进行改造,将它从神通广大而反复无常的天变成理性的、有常的天,理论上使得巫的通天手段失去存在前提。周人对筮占的改造可说是一种“去巫化”处理,旨在改变其巫术性质。通过对世界进行秩序化、条理化整理,将其祛魅化,否定筮占的信仰基础。天从无常向有常转变,剩下的就是从技术上实现有常。

西周中期以后,“天”被解放,又成了反复无常的天,周初在新观念基础上实现的巫统与血统的统一出现反复。一些知识精英在新的历史条件下,以新的面貌、借助于新的手段,再造一个“天”并解释天意,介入现实政治。从改造的方向(无常到有常)来看,它是对新型宗教文化的继承;从改造主体来看,它是由巫统主导的改造,又有原始宗教文化的特点,因此可以认为它是新旧宗教文化在春秋时代的发展。新的天道观冲击着周初天命神学的统治地位,春秋后期郑国执政子产的思想比较集中地体现出这一冲突。子产天道观包括两个方面,即“信鬼神”和“不信天道”,我们认为这两个方面并不矛盾。从子产依周礼而行祭祀看,即使信鬼神,他所信的,也是周初巫统与血统统一后在新的信仰基础上形成的神灵系统。子产与裨灶在禳火上的争执引出子产的名言,即“天道远,人道迩,非所及也”。在这里“天道”的信仰者即春秋时代的“传天数者”,他们是新的信仰基础上的“通天阶级”,他们运用天学知识,在周初的天之外另造一个天,以“天事恒象”与星象分野理论为基础,通过观测天象(主要是行星的异常星象)来预言人事,干预现实政治。这可以看作西周末年“天”解放之后,巫统复兴、反扑的一个表现。子产作为郑国世袭贵族、郑国社稷的卫护者,对于裨灶等人反周初传统的新兴观念,持坚决反对的立场。这是子产对颠覆性思想的“破”,子产论礼的依据则可视为“立”。作为礼之依据的天没有意志、人格,它表现它自己,人们自主地去效法它。子产把礼的基础奠定在自然之天上,这是对传统思想的突破,也是作为政治家的子产在思想领域所能跨出的最大一步,我们称他为轴心突破的先驱,应当是不为过的。

春秋时代出现新的天道观,将解放了的“天”沿着有常的方向发展,成为宇宙法则的化身,可以预示吉凶却不具备赏善罚恶的功能,用以指导人事,意味着人们不需要修德，只需要“知天道”和运用相应的方术就可以了。这不仅反西周传统，也与当时的人文主义思潮相悖，因而受到有识之士（如子产）的反对。作为史官的老子，面对时代问题与思想实际，通过哲学创造突破以往的思想框架，完成他的轴心突破。在老子哲学中，“道”是最高范畴，是世界本原和价值依据，而“道法自然”，这里的“自然”不是物理自然而是人文自然。“自然”的具体内容是“以自为本”，即以殊相、个体为本位。老子对“道”的定义采取的是外延定义法，其哲学形上学的意义便是以殊相为本。他还针对常见的在有无、大小、强弱、高下、贵贱之间重前者而轻后者的思想定式，把后者提起来，提到与前者对等的地位，并视后者的存在为前者存在的前提。这是老子独特的思想倾向，即重视无、小、弱、下、贱的价值。事实上，以殊相为本，必然重视被忽略者与被压迫者。通过对道（恒道）的定义，老子表达出一种世界观，即事物存在的方式是对立统一，而个体是世界的基础。这样就有可能在个人本位的基础上，实现高一级的天人合一（相对于“绝地天通”之前的“民神杂糅”），因此《老子》哲学在哲学史上的意义是巨大的。

儒家创始人孔子与河南有很深的渊源。孔子祖上是宋国（都城在今河南商丘）公族，在与宋国贵族华督斗争失败后逃往鲁国，因此孔子祖籍河南。孔子从小就对周礼感兴趣，敏而好学。他曾到当时周王室都城洛阳，问礼于时为史官的老子。孔子在鲁国从政，得罪季氏后被迫政治流亡，主要就是在河南，时间长达 13 年，这是孔子思想成熟的重要时期。孔子进一步扩展周初德观念的内容，以仁表述德，主张人要成为人，不仅是生理意义上的人，更是伦理道德意义上的人，区别于禽兽的人。成为人是一个自觉的过程，人人都有责任成为人，这是人的天命，能知此天命方才配为君子。孔子自认是“知天命”之人，因此，他在知此天命之时即已实现了对此前天、天命观念的突破。礼乐在西周之前本是巫统的通神手段，经过周初的宗教革新，天人之间引入德观念，使礼乐从宗教向人文方向转化，并与宗法制相结合，将其从通神的宗教仪式改造为一套等级森严的政治-伦理制度。西周中期以后，“天”恢复自然神面目，动摇礼的信仰基础。孔子思考礼之本，不向外寻求依据而是向内收，将它与人之为人的依据相表里，这个依据即“仁”。孔子与宰予的对话由讨论礼开始，却落脚在仁与爱，表明孔子礼的观念是以仁为基础的，而仁则自孝始。这样孔子就把礼与仁即人之为人的规定性关联起来，说明仁德的形成需要在社会关系中实践，基于经验并超越经验，实现人的“仁”化,由此礼就不再是外在的形式,而是内心自然之情的发用,礼与仁就是一而二、二而一的关系。以仁释礼的结果,礼成为仁的载体。仁不是手段,而是目的,但在政治精英那里,延续一家一姓的天下或社稷是目的,德也好,礼乐也好,都是手段。政治精英的终极关怀始终是功利的,只有像孔子这样的政治边缘人,才超越各种功利目的,自觉地担起这个使命,这就是他感知到的天命。天之命从使人活着(德)变成使人成为人(仁)。孔子创立的儒学的理论结构包括三个层面,即超越的(命、天命)、心性的(仁)、社会政治的(礼)。从思想的历史联系看,它们对于周初的德、礼、天命观念实现了全面的突破。其中仁对德的突破是关键,由此出发,孔子实现了对天命与礼的突破。

进入战国之后,与春秋时代相比,诸侯国数目变少,战争规模变大。战争消耗大量人力物力财力,给人民带来深重灾难,这是墨子思想产生的时代背景。现实的残酷与荒谬激起墨子的批判精神与救世热情。就思想内部发展线索而言,春秋时代新天道观的突出特征是天失去赏善罚恶的功能,统治者的行为因而也失去观念上的约束,政治社会变成弱肉强食的动物世界。老子、孔子对待鬼神的理性主义态度不能满足现实需要,于是墨子应时而生,批判地继承此前的思想,从另一个方向实现轴心突破。通常认为兼爱是墨子思想的核心,我们认为要考察兼爱思想的理论基础,则要从墨子的“天”论中来求,这是他思想的逻辑起点和理论架构的枢纽。墨子的轴心突破,首先表现在他的天帝鬼神思想中。墨子所主张的天是人格化、公共性、他生型的天。人格化是说墨子的天是有意志的天,具有赏善罚恶的能力,天像人一样有爱憎。公共性是说天不是某个特定阶级的天,而是所有人的天,表现为天享受天下人的祭祀、供奉,天爱天下人。他生型是说天与人是生与被生的关系,天是生者,人是被生者。墨子重新举起意志之天的大旗,这一方面是对周初“德”化的天的继承,另一方面又是对春秋时代思想的反拨。在继承周初意志之天的同时,墨子又抛弃了其中的等级性内容,破除贵族对“天”的垄断。天不再是特定阶级的天,而是全体民众的天。阻断天人沟通的障碍在墨子这里被消除了,这是墨子的轴心突破。墨子对天的这一改造,不仅推翻了周初天命神学,还颠覆了周人的宗法制,因此它看似保守,实则革命。墨子思想以“天”论为核心,环环相扣,次第展开,形成一个完整而自洽的体系。墨子的兼爱内在于天志思想中,它是对天志的规定与描述,天志与兼爱二者是能指与所指的关系。以兼爱为枢纽,墨子思想向正、反两面展开,即一方面正面论述自己的主张,另一方面则批判、反驳与其主张相反的实践和理论。墨子认为天兼爱天下人,这就从观念上肯定了人与人在天之下的平等关系,而基于血缘、出身等先天因素的世袭制,自然不为他所承认和肯定,因此,墨子的理想社会中有等级而无世袭,人们的等级则由其贤能程度来决定,贤的标准就是兼。墨子的尚贤主张包括从天子到基层官吏的选任,这在当时是一种彻底的反对世袭制的理论,具有进步意义。墨子设计的政权结构包括四级:里长、乡长、国君、天子。天子置三公,国君置卿大夫。作为辅佐,三公与卿大夫不构成独立的一级政权。天子、国君、乡长、里长分别是天下、一国、一乡、一里内的贤者,组织形式上仍采用分封制的外壳,但组织原则不再是宗法制,而是以贤(兼)为原则,因此它是一种无宗法的分封制,或者称为尚贤的分封制。墨子用旧瓶装新酒的方式,颠覆了周代宗法制度。要贯彻兼爱天下的天意,需要各级政长在自己管辖范围内推行兼,向上看齐,以贤于己者为典范,上同而下不比,层层上同,以至于天。百姓可通过天所降的福与祸来判断天子的行为是否合乎天意,这里包含着天人感应思想,但其重点在于否定天子权威的至上性。自然灾害是对天子的示警,能够切实惩罚政长们的则是鬼神,为此墨子用很大篇幅论证鬼神的实有、明察及其罚暴的能力。惩罚系统的存在能保证天志的权威,使人们保持对天及其代表的价值的信心,因此,对于墨子思想而言,鬼神不是可有可无,而是必不可少。至于有人认为这是落后保守,我们认为,就像子产也谈论鬼神而并不简单否定一样,从治理的角度看,百姓的观念是不能忽视和轻视的。

后期墨家出现在战国中期之后,他们参与百家争鸣,并在交锋论战中吸收其他学派的思想,一方面发展墨家认识论,另一方面也造成墨者内部的分歧。墨辩中显露出的分歧,是战国时代墨家参与争鸣和吸收其他学派以发展自己的表现。在坚白论上,“经上派”主张离坚白,这与公孙龙的主张一致;在同异论上,“经下派”的主张与惠施相同。这些都构成墨家认识论的发展。若以述与作来说明墨者内部的这种分歧,则可视作墨家“述”派与“作”派之争,同时也说明百家争鸣不仅有争,还有合。由于理论上的分歧,产生“别墨”(冒牌墨者)之名。这意味着分歧从理论上延伸到组织上,同时也显示出墨家学派的与众不同之处。

战国时代的思想舞台上,儒家与墨家并称“显学”,但实际上,终战国之世,道家各派也十分活跃，亦可当得起“显学”之名，只不过那时尚未有“道家”之名，该派人物通常是以个人的名义被提起和评价。在战国初年，道家学派名气最大的是杨朱。他的思想由于具有颠覆性，在战国初年引起巨大反响，成为孟子严厉批判的对象之一。在先秦典籍中，他的思想被归纳为“重生”“贵己”，这是老子“以自为本”的本体论在人生领域展开并发展的结果。当时经过“三家分晋”与“田氏代齐”，各国之间的征战变成赤裸裸的兼并战争，在这样的背景下，杨朱的“重生”思想对于身的重视和他对当权者不配合的态度，无疑是一种反抗姿态，这意味着个体意识的觉醒。它应该反映了当时很多人的愿望，因此其言能“盈天下”而煊赫一时，应当说是可信的和合理的。

《列子》继承和发展了《老子》的本体论思想。《老子》中的他生型本体论与自生型本体论在《列子》中得到更充分的论证与表述，两种本体论在认识论、人生哲学、政治哲学中有不同表现。另外，对精神世界的探索以及对于得道的追求又发展出工夫论。这些构成先秦道家从老子到庄子的桥梁。

宋钘在认识论上与此前的道家学者相比呈现出客观化倾向，工夫论则褪去神秘色彩，更加强调实践。宋钘的思想带有浓厚的调和色彩，他与此前的道家相比，从积极的意义上确立起价值目标，使生命有了活着之外的意义，由此而使道家一变而为一种入世的乃至舍身救世的学说，因此他在诸子争鸣中既受到批评，也受到尊敬。

惠施的“历物十事”以泯除差异为前提，提倡合同异。这一思想是服务于其政治主张的，即在战国中期以后一超（秦）多强（六国）并存的情况下，反对秦的吞并、维持现状的政治主张。惠施虽为道家，但他与老子、杨朱、列子以及同时代的庄子相比，倾向于外求而不内反，其思想的概念论、知识论虽色彩浓厚，却没有工夫论，因此他的学说乃是为人之学，不是为己之学。生命在向外追逐中成为政治活动的工具，这与道家对于生的重视截然不同。庄子对此深感惋惜，他批评惠施说“天选子之形，子以坚白鸣”，《庄子》的态度也从侧面说明惠施的思想从道出发却往而不反的特征。道与生活相脱节，其思想只成为政治实践的理论工具。因其思想以道为基础，可称道家，又因其逐物不反，终成名家。

《庄子》继《列子》之后全面继承和发展《老子》的本体论。《庄子》中的自生型本体论也是通过对他生型本体论的超越完成的。自生型本体论下，道与物之间不存在主从高下之分。道不遗物，道外无物，道具有遍在性。自生型本体论就物的存在而言表现为道不离物,就物的变化而言,则是物固自化。《庄子》对《老子》他生型本体论的发挥更加普遍和突出。通过对“有生有”的超越而到达“无生有”的阶段,本体是无,无始无终,没有时间上的开端,道对物是逻辑上的在先。《庄子》认识论的中心问题在于处理“物论”之争,其工具即道家的本体论,或曰道论,包括以道论否定物论和以道论超越物论两个阶段,后者即超越儒墨是非,不取否定或肯定态度,而是“和之”。物因分而成,又因成而毁,这种变化在物的层面上显示出的是差别,在道的层面上则是不增不减。对于道而言,物之成不使之增,物之毁不使之减,这样的道理唯有达者才能明白,朝三暮四与朝四暮三不是对错问题,而是排序问题,不明白二者无实质差别,非要断出个是非对错,就与众狙一样,因朝四暮三而喜,因朝三暮四而怒了。庄子看透这些,对于儒墨是非采取的是“和之以是非而休乎天钧”的两行态度,这与《庄子·天下》中“独与天地精神往来,而不敖倪于万物,不谴是非,以与世俗处”是一致的。天钧、天地精神即庄子的道,道即自然,即浑沌。浑沌之死乃因有分,分则死,全则生。与第一阶段相比,第二阶段的两行之论显然更进一步,这是庄子本体论发展的表现。道家的工夫论是修道者本体化的过程,或者说是至道的过程,道有两种类型或两个阶段,工夫论因此也分两种类型或两个阶段,即往而不反和往而知反。《庄子》哲学的阶段性在人生哲学和政治哲学中也有较为突出的表现。

春秋时期,几个主要华夏诸侯国经由不同途径形成世卿制,于是,继周天子被架空后,诸侯国公室也相继被架空。“三家分晋”与“田氏代齐”意味着春秋时代最强大的两个华夏诸侯国晋国与齐国公室被本国世卿取而代之。这两场政治地震使各国公室感到强烈的统治危机,因此,进入战国时期,针对世卿大族的变法成为时代主题,而法家也由此登上历史舞台并大显身手。

商鞅在秦国的变法持续二十多年。他的变法以耕战作为秦国核心决策,以此强公室,打击旧贵族,为平民和奴隶提供上升通道,充分动员秦国民力,推动秦国制度变革,使秦国一跃成为战国时期最先进、最强大的国家,为后来统一六国打下坚实基础,也奠定了后世大一统帝国的制度基础。商鞅的历史观可概括为不法古、不循今。他持的是一种变易的历史观,认为随着时势不同,治理之道也要随之变化。另外,他的历史观是为了证成变法的必要性,因此,与儒、墨、道家美化古代不同,他无意描绘一个存在于上古的黄金时代,而意在创造一个新时代。商鞅不是性恶论者,也不是性善论者,他对于人性只当作事实(具有片面性的事实)来分析、利用,但不做是非好坏的判断,因此可以说他所主张的是实用主义的、从治道着眼的人性论。他认为人性是变化的,即古今不同。他还将人看作理性人,认为人凭本能行动,像动物一样,计算利害得失。商鞅的治道论以君道为起点和前提,论述如何在秦国确立法治。商鞅变法是在秦孝公支持下进行的,他实行变法的权力来源是秦孝公,为保证变法成功,首先要做的是使秦孝公成为法家理想中的明君,即不求法外之治、不开法外之恩,从而成为变法最后和最重要的保障。商鞅重法,法治是他的思想主体与中心。商鞅认为法治可强国,法治则真正的贤人就能出头,依法举贤,法断于下,则不肖者就没有空子可钻,国家治理的有效程度就加倍了。他还认为应当按照"下愚"的知识水平来立法,按这样的原则立法,就能减少人们犯法的几率。因法易知而知法,因知法而不犯法,不犯法则相当于民自治,于是天下大治。对于用法过程中可能出现的官吏徇私的情况,商鞅也有周详的考虑与安排。商鞅在秦国的变法是围绕着耕战进行的,可以说他把耕战变成了秦国当时的国策。为落实这一国策,他提出一个总的原则,即利(爵禄或名利)出一孔(耕战),以此为指导原则,他从各个角度提出配套的政策措施,这构成他的治术论。

申不害的思想包含法与术,但以术为主。术是站在君主立场上驾驭臣下的方法,就其性质而言,若法属公,则术属私,具有私人性质。与商鞅相比,申不害不是一个坚定的法治派改革家,他最本质和最突出的主张是术治。他认为在上下交战的情况下,人君只要把自己的意思显露出来,不管是明见、不明见、知见、不知见,都会被窥测,无欲见、有欲见都会被钻空子,如此则始终处于被动状态。怎样克服?唯有无为可以对付他们。这种术是独家秘器,独用而不可示众,所以他的术要求人君要"独"。

韩非是法家思想的集大成者。他吸收道家本体论,通过对道的阐释,为自己的政治主张寻找依据。韩非从道与物、道与理的关系来诠释道。道是万物生成的根本动力,是万理构成形式的总汇。就物的生成而言,道是主动性、主宰性力量,理是使万物各不相同的外在形式。道对物的生成的主宰功能要通过理来实现,所以说"道,理之者也"。韩非从道与物的关系论及君主与他所任用的臣子不相同,这就从道与物的分殊延至君与臣的悬隔,也意味着君成为道在人间的化身,这是韩非本体论的理论目的所在。道同时还是价值本体,而它由君主掌握的意义就在于,君主可由此了解万物的起源,知道成败的原因,而一旦做到上述两点,就可以虚无冷静地对待一切,让名称自然命定,让事情自然确定。这就是由道而术,进入政治操作阶段了。因此,可以说韩非的道论实际上可归结为君之道论,因为道被君垄断了。韩非的认识论即如何如其所是地认识道,其中关键在于不可用认识物的方法去把握道。韩非的工夫论是为君主设计的,是君主的工夫论。韩非的历史观是为他的法治思想服务的,他在讲古今治理不同时特别强调“时”的重要性。韩非政治哲学包括基本理论与具体主张,前者主要是君与道的关系以及由道与万物的关系引申而来的君与臣民的关系,后者则是他的法、术、势思想。韩非的道论是为他的政治哲学提供依据的,道是君的模板,君是道在人间的化身,由此他将道与物的关系引入政治关系中,确立君主的绝对地位并证成政治等级的合理性。韩非认为君臣存在利益冲突,他们之间是对抗性关系,合作是一种交易。韩非还有一个有名的观点,即明君治吏不治民。他认为君臣之间、君民之间都存在着利益交换关系,这就否定了仁义治国论。韩非还认为民众如婴儿,不知自己的真正利益所在,因此得民心则不可治。韩非是战国时代法家思想的集大成者,所谓“集大成”,即他主张同时运用法、术、势三种手段维护君主的地位与利益。韩非吸收黄老道家思想,论述法与道的关系。韩非说“因道全法”,即依据道而使法完备,道周载万物,则法亦无所遗漏。法内无过,法是人们的行为准则,由此则人无离法之罪,天下就没有治理不好的了。法效仿道的周遍性,获得合理性。韩非认为法是君主治天下的工具。在韩非这里,法还是君主集权的象征,凭借君主所授之权柄,能够以贱治贵。韩非实现法治的具体措施包括立法、明信、普法、用法等方面。韩非也和商鞅一样主张实行连坐和鼓励告奸。他还根据重罚轻赏原则,不主张救灾。韩非对法与术的理解是:法是用来治吏民的,术是专门治吏的,因此法贵公开,术贵隐秘。可见在韩非这里,术是专供君主用来驾驭臣下的工具,它是君主的专利。韩非术论以上下交战为前提讲了两个方面的内容,即君主面临的危险和君主的对策。韩非认为臣下的行为给君主带来的危险是权势被劫夺。针对种种不利于君主的行为,君主的反制措施即是术,执术以驭下。用术时要牢记的原则是不可信任任何人。势是结合了君之名与君之实的政治等级与政治地位,君之名的获得涉及君位继承即最高权力转移时的种种因素,君之实的获得则需要君主把本该属于自己的权力抓在自己手中,名实合一,君才成其为君,势才能充分发挥作用。

前249年（秦庄襄王元年），吕不韦执东周公归，周室亡而天子绝。至此，消灭六国、重归一统成为秦国的既定方针。吕不韦作为秦庄襄王与秦王政前期的主政者，对于统一之后的政治、文化制度有自己的一套设想。他仿效战国四公子，招募各派学者（以儒、道为主）编撰了一部书，称《吕氏春秋》，希望以此指导年轻的君主来实行。吕不韦是有政治理想的人，但他的理想与秦王政背道而驰，这成为两人之间的深刻分歧。国君与国相之间本是政治上的同盟，但他们两人却是政治上的敌手。《吕氏春秋》正是这种对立的一个证明。我们认为，这种对立的实质内容是：吕不韦在秦统一前夕已经在谋划秦国政治转轨，也就是将秦国政治从法家型转为儒道兼用的新型政治，而秦王政则仍坚持秦国自商鞅以来的法家制度。在这样的背景下看《吕氏春秋》，它的结构安排、内容取舍所包含的意义才能呈现出来。《吕氏春秋》在结构上由览、论、纪三部分组成，共有八览、六论、十二纪，共计二十余万言。十二纪之后的《序意》，由吕不韦亲自说明该书的写作依据和目的。依据即“黄帝之所以教颛顼矣”。颛顼是原始宗教文化的开创者，所谓“教”只是传说，是为了说明它的来源极古。十二纪即春、夏、秋、冬四个季节，每个季节再分孟、仲、季三个阶段，次第排列而为十二纪，内容是五行生胜与五德终始。君主与时偕行，政治治理也体现出德刑、生杀兼备的特点，这与法家以刑为德的观念格格不入。八览、六论则是在十二纪统领下分别围绕不同主题进行阐发。《吕氏春秋》对诸子百家思想的取舍透露出重大信息。秦法自商鞅以来便采取了法家的精神，而自惠王以来又渗入了墨家的主张。因此它兼取儒家、道家，而批判墨家、法家，这本身就具有重大意义。《吕氏春秋》写作时间在秦王政八年，距离秦统一六国还有十八年，此时秦王政已经二十一岁，也就是说，此时正是应当结束吕不韦摄政、还政于秦王政的时间，选择在这个时机推出这样一部具有重大政治意义的著作，可以视为吕不韦公开自己政治主张的举动。当然随着他在政治斗争中的失败，他的设想也化为泡影，但正如郭沫若所说，“吕不韦在中国历史上应该是一位有数的大政治家”，我们对他的贡献应该给予充分肯定。

《吕氏春秋》中的本体论属于他生型本体论，因此常伴随着宇宙论。由于本体论属他生型，因此万物生化的动力不来自自身而来自外部。道对于物“使之”的主宰作用是为了证成人类社会中君主对臣民的统治权力。“物莫不为用”即是道的应用。道既然与君的权威相关，则它必然被君主垄断，这样一来，能够知道、得道的就只能是君主了。可以效法道的是君主,《序意》中说“大圜在上,大矩在下,汝能法之,为民父母”,说的就是君主法道,以治天下。可见《吕氏春秋》的本体论与宇宙论最终落脚在政治秩序的建立上。《吕氏春秋》认识论思想非常丰富,这些思想服务于该书的宗旨,即教导秦王政成为一名合格的君主。当然,这些认识论思想本身在哲学史上也是有意义的。关于人性论,《吕氏春秋》没有论及人性善或恶,只是将人视为生理学意义上的人,以之作为立论的前提。《吕氏春秋》的工夫论主要针对君主,即教导君主如何着手做工夫,同时也包括了君子士人。君主的工夫论主要从身与心两方面展开,需要处理的是它们与物和道的关系。对待物的正确态度来自对自身欲望的节制。《吕氏春秋》关于君子士人的工夫论强调修行的内在性与诚。《吕氏春秋》中的人生哲学也是儒、道兼而有之,道家贵生,儒家在生的问题上则有超出生存的价值追求。《吕氏春秋》政治哲学基本上围绕着治道进行。关于国家起源,《吕氏春秋》是通过“君”如何产生来表述的。作者认为君的产生合乎天道,表现出逻辑与历史的统一。治道是《吕氏春秋》全书的中心问题,吕不韦关于治道的主张集中体现在《序意》中。根据吕不韦自己的说法,他主张的治道来源于“黄帝之诲颛顼”,其原则是“法天地”,具体而言是“上揆之天,下验之地,中审之人”。十二纪反映五行相生胜和五德相终始的观念,君主依照四季更替所代表的天意来施政,恩威并施,刑赏均衡。这对秦国自商鞅变法以来法家重刑轻赏的政治理念与制度无疑是一种巨大冲击。在具体政治治理上,《吕氏春秋》儒道兼收,道家思想主要表现为因循自然、身比天下重的观念。儒家的治理之道主要是乐教和忠孝之教。《吕氏春秋》关于君道的思想极为丰富,就其思想的学派归属而言,也是道儒兼而有之。道家的君道主要是讲君与道的关系以及君的本分。儒家的君道没有术的内容,所以强调君当用众、重学。

在战国时期诸子蜂起、道术为天下裂之后,政治统一要求思想统一,在思想上出现由分而合、由子学而官学的发展态势。《吕氏春秋》是这种综合的重要表现,贾谊的思想也具有兼容并包的特点,董仲舒改造后的儒学同样是融合的产物。董仲舒将易学列为六艺之科、孔子之术,经汉武帝表彰之后,孔子之学由子学、家学上升为官学,这样,从《吕氏春秋》开始的重建新官学的努力成为现实。在汉代易学发展中,河南籍易学家京房、荀爽作为汉代象数易学与注经派象数易学的代表,将学术活动与现实需要紧密结合,表现出儒家士人以天下为己任的救世情怀。

汉魏之际，玄学开始登上中国思想舞台，经由正始玄学、竹林玄学之演变，及至西晋玄学，呈现出了波澜壮阔的思想画卷，这一历史阶段是中国思想史上少有的学术剧变时期。河南哲学家，诸如何晏、王弼、阮籍、郭象等，面对艰巨的时代和理论课题，提出自己的解决方案。从思想史的角度看，魏晋玄学的主题是调和儒道矛盾，即处理自然与名教的关系；从人的生存境遇而言，它力图消除个体的精神自由与现实的政治道德规范之间的张力；从政治的层面来说，它建构了儒道融会的统治秩序和"内圣外王"之道。魏晋玄学就其哲学本质而言，是一种高度抽象思辨的本体论，由此而塑造了魏晋所特有的时代精神和价值理想，成为中华文化之树上的一颗硕果。玄学的主题是自然与名教的关系。何晏在正始年间已经基本形成了"贵无论"的玄学思想，这在他的《道论》《无名论》中表现出来。《论语集解》中何晏自注己意的部分也反映了玄学的调和倾向，并将道家的"自然""无"作为名教的基础。王弼年少聪慧，极具哲学天赋，对当时流行的"形而上"之玄论有着自己天才的见解，超越何晏而完成了"贵无论"的整体性建构。正始玄学的基本命题是"以无为本"，王弼更进一步，通过《老子指略》和《老子注》，提出了"崇本息末""守母存子""崇本举末"等命题，这是对"以无为本"本体论的进一步深化，将"无"和"有"，也就是本体和现象结合起来，以实现本末体用的现实性功能，从而论证名教的合理性。王弼的《周易略例》与《周易注》在中国思想史上居于重要地位，首先表现为它使得玄学的抽象"无"与具体"有"之范畴在更为深广的方面加以结合，《老子注》偏重于讲"无"的本体论，以确立万物的根本，《周易注》侧重于论"有"的时义，以把握人事的规律；其次是标识出易学史中象数派和义理派的显著区分，系统地建构了义理派易学的内容框架，极大丰富了《周易》的哲学思想。"名教"与"自然"之关系在正始玄学中已经展开。所谓"名教"是指封建社会占主导地位的宗法伦理等级制度和皇权政治意识形态，它主要是以儒家思想为核心；所谓"自然"是指超越于宇宙万物和社会现象的一般性存在，它既是万物生成的根源，也是事物存在的根本，主要以道家思想为源头，二者在理论和现实中都有着一定的张力。魏晋玄学以思辨二者关系为主线，何晏与王弼主张名教与自然相调和，将名教置于自然本体之中，即"名教本于自然"，以反对曹魏名法之治的弊端。及至竹林玄学，嵇康《释私论》提出"越名教而任自然"，使得玄学之运思又达到了一个新的阶段，并开启一代旷达之风，阮籍也是超越名教而游移自然之中的典型代表。阮籍关于名教与自然关系的思想经历了从调和自然与名教到“越名教而任自然”的演变，表现出思想与历史的张力与平行。郭象调和玄学内部“有”“无”本体二论，提出“独化”说，否定由无生有而主张“万物自生”，这是由于万物的“自性”与“相因”，名教与自然是统一的。正始玄学认为名教本于自然，阮籍则认为二者是对立的，至郭象将二者统一，达成了玄学否定之否定发展的思辨历程。

魏晋玄学从理论的层面看，主要是一种本体论哲学，也就是寻找世界万物和社会存在之外的决定性本体。因其远离现实人事，被称为“玄远之学”。玄学产生于政治现实需求和上层门阀士族的清谈活动，也是为了服务于门阀士族的统治。与此同时，有部分知识分子群体却保持着究物之理的注重实际的学术倾向，反对玄虚体道的清谈之风，而力图探索事物生成的物质性原因和“自然之理”，从而与玄学形成鲜明对比，显现出朴素的唯物主义和科学探索精神，杨泉即是其中一位杰出的代表。杨泉在研究自然科学的基础上，形成了朴素的唯物主义，主要体现在《物理论》之中。他提出“气一元论”的宇宙生成论，并对玄学之风做出批判。范缜在中国唯物主义哲学发展史中有重要地位，其神灭论学说是古代无神论发展的高峰。古代的朴素唯物主义形神观，一般是以“气论”的宇宙生成观为基础，通过气的相聚离散来解释人的生命现象。范缜的理论坚持朴素唯物论，将“神”（精神）视为“形”（身体）的功能，并由此展开了与佛教神不灭论的理论交锋。

隋唐时期由于统治者的倡导，佛教与道教获得长足发展，出现儒、释、道三教并行的局面。在魏晋南北朝时期儒、释、道初步融合的基础上，出现了“三教合流”的主张。唐朝统治者奉行三教并行的政策，即尊道、礼佛、崇儒。这使得佛教和道教获得了与儒家思想并立和抗衡的局面。为了恢复儒家的正统地位，唐代中后期出现了复兴儒学的运动，为宋明新儒学的产生奠定了基础。

佛教产生于印度，经过魏晋南北朝时期的传播，到隋唐时期达到鼎盛，并开始中国化过程。在佛教中国化过程中出现创宗立派现象，出现中国化的唯识宗、华严宗、禅宗等宗派。智顗是天台宗的真正创始人，他创五时八教的判教方法，发明一念三千、三谛圆融的道理。“五时八教”的理论体系非常严密，达到了佛陀说法时间先后顺序和义理的完美结合，在理论上达到了非常完美的境界。

智顗大师从“一念”开出三千大千世界，也即是从一“心”开出外在的大千世界。中国哲学所开创的内圣外王的道路从此发生根本转变，人们更加看重内圣的功夫，内圣之学变得更加紧迫，为中国化的佛学形态即禅宗的产生奠定了基础，也为中国哲学走向心性本体奠定了基础。“假”“空”“中”被称为“三谛”。这“三谛”同时存在于心中，“一念心即是三谛圆融”，故“三谛”实际上即是“一蒂”。任何一法，即假即空即中，法法圆具三谛。只有体悟到三谛圆融之境界，才能够把握绝对真理，破迷开悟。华严宗三祖法藏在当时的东都洛阳重译和宣讲了《华严经》，使现行《华严经》得以完善。法藏对印度和中国的佛教进行了判释，提出“五教十宗”。法藏继承智俨法界缘起的思想，他推崇华严，倡导法界缘起的理论，用四法界、十玄无尽、六相圆融等法门，来阐明圆融法界无尽缘起的内容。他的理事圆融论成为佛教哲学与中国传统思想相互融合的重要理论，宋代程朱理学甚至直接使用理事、理气等作为哲学思考范畴。唐朝著名三藏法师玄奘曾西行天竺求取佛法，回国后立志从事译经事业，和弟子共翻译七十五部经、论著作，还编写了《大唐西域记》一书。玄奘在佛学方面的主要贡献是创立唯识论和发展因明学。少林禅宗主张不立文字，每个法师都只是做一些平常的日常事务，随机说法，不像其他宗派有成套的理论体系。

唐初道士成玄英主要从事老庄之学的研究，他继承和发挥“重玄”思想，对《道德经》《庄子》推崇备至，并致力于注疏。相对于先秦两汉老庄学与魏晋玄学，成玄英建立的哲学体系发展到道家哲学的第三时期，是道教在偏离道家后的高层次回归。道家哲学经过先秦老庄哲学、两汉黄老道家、魏晋玄学和神仙道教之后，由成玄英实现了对老庄传统的回归。成玄英的“重玄”思想通过“有无双遣”“遣之又遣”，排除主观和客观的对立，达到“境智冥和”“处染不染”的境地，使人从外在和内在的束缚中解脱出来，达到自由的境界。成玄英积极借鉴佛教的内容和形式，用佛教的基本理论对道家进行诠释，丰富和提升道教的理论水平和理论体系，使道家重玄学理论更加丰富、完善和深入，也抬高了道家的地位。另外，也促进佛道之间的交流与融合，使之相互吸收、利用和借鉴。中国固有的哲学体系在吸收、借鉴佛教哲学基础上，对概念的明晰性和逻辑的一贯性的要求更加自觉。通过“援佛入道”，儒、释、道终于发展成为中华文明相互依存又不可分割的一部分。

韩愈认为，佛家不顾人伦，误入虚无之中，道家反对仁义礼智，只是寓于一己之“私”,仁义道德才是真正的大道,因为它不离人伦日用,是切切实实的道,而非虚无缥缈和自私自利的“道”。韩愈从对仁义的解释,反对和批判佛家和道家的“道”,建立自己的“道”。他认为,虽然儒家、佛家和道家都有自己的“道”,但不能抽象地谈道论道,而是应该具体地、有实际内容地谈论“道”的问题。经过这样的论证和解说,韩愈把自己的“道”与佛老的“道”区别开来,并为此建立儒家所谓的“道统”说,以抗衡佛老。佛教和道教都有自己的“道统”或“法统”,这是为了确立其“正宗”地位所找出的传法世系,这给儒家学者以启发。为了在与佛、道抗衡中取得一席之地,韩愈也极力寻找儒家的道统体系。韩愈尊崇孔孟,把荀子一派排除在儒家正统之外,并以儒家道统继承者自居,认为他自己的道是“夫子”“孟轲”之道。在韩愈之前的道统谱系中,当权者皆以道统自居,而在韩愈的道统论中,儒生以传道、授业、解惑的身份对当权者有了矫正和干预的权力和权威,从而使得当政者倾向于儒家思想,保证儒家在与佛老学说抗衡中的地位,重新振兴和光大儒学。刘禹锡看到佛教有很多方面可以补足儒家的不足,但他始终没有走入佛教的信仰之中。天人关系上,刘禹锡认为天与人都是万物之一,二者都受“数”(客观规律)的支配,二者不一亦不异,不断亦不常,天、人各有所能。天之能,人不能之;人之能,天也有所不能。“天与人交相胜耳”,天与人彼此融通、相互涉入,这显然是一种中道的思想。他还认为包括天人在内的一切事物都是相互联系、相互制约、相互对立又相互成就的。

宋明理学滥觞于宋初,形成于北宋五子,至朱熹集理学诸说形成以“理气二分”为特征的性二元论,道学日臻大成。在由宋朝到元朝再到明朝的学脉传承过程中,河南的作用无可替代。陈抟、邵雍、王安石奠定理学发展的基石,确立理学研究的基本命题,为理学的发展开辟了道路。程颢、程颐将理学发展推向新的高度,洛学传人谢良佐及朱熹则进一步将理学集大成并发扬光大。此后在元朝时期,姚枢与许衡在理学北传的过程中发挥了重要的桥梁作用。经过宋元两朝的传承与发展,明朝的理学家一方面在保持学脉传统的基础上进行发展创新,代表人物有曹端及薛瑄;另一方面衍生出新的理学思想即气学,代表人物有王廷相、高拱、吕坤。

陈抟出儒入道,融合易学与老学,他的思想主要来源于传承自麻衣道者的《正易心法》与《先天图》以及传承自吕洞宾的《无极图》,又通过穆修、李之才等人传至邵雍、周敦颐等人,开创宋代象数易学的发展道路,对宋明理学的产生与发展起到重要而深远的影响,其独特的睡功成为一种高深的内丹学修养方法。在本体论层面,陈抟将无极视为本体,无极在太极之先,随后由无到有,太极作为混沌的、包含万物的气团化生进而产生万事万物。这种无极而太极的本体论给宋明理学以巨大启示。

邵雍在继承陈抟先天图的基础上,建立起先天象数学体系。邵雍借用《易传》中的"太极"概念在其先天象数学体系内将宇宙的本源设定为太极,太极是一化生万物,是宇宙的开端与本源。太极发用产生神妙的作用,正是这一神妙的作用力推动"数"的产生,"数"再产生"象","象"再产生"器"即万事万物,万事万物最终又复归于"神",可以说"神"就是太极化生万物的原动力。邵雍以太极为本体开创宋明理学的先河,其后的理学家皆以太极为基础构建学说。在邵雍宇宙论体系内,太极本体由"一"到"多"是借助"象"和"数"的演化进行的,其"加一倍法"结合太极动静,垂直演绎为八卦系统,再通过法象思维将天地八种元素与八卦一一对应,进而将八种基本元素以意义链对应的方式横向扩展,最终将万事万物囊括进其象数学体系。另外,邵雍的思想还包括以元会运世为核心的历史观和"以理观物"与"以物观物"的工夫论。

王安石通过注释《老子》阐发其以道为体的本体论思想。在王安石看来,道或者天是万物本体,万物由其化生,道为天下之母,而道之本是"无",由道化生的万物则是"有",是道之末,并且是"无"产生了"有"。这与魏晋王弼的贵无论若合一契,只是将道置于"有"与"无"之间,以"无"与"有"分别标注了道的形上本体地位与万物的形下存有地位,从而使形上与形下世界的沟通成为可能。另外,道之于人的本体意义不仅在于它能化生人之形体,而且还是道德的源泉,进而德通过不同的形式展现为仁、义、礼、智、信五个方面,这就为道德赋予形上的本体地位,道是万物器质本体的同时也是德之本体,从而具有价值意义。在宇宙论上,王安石认为是气沟通了道与万物。他通过引入体、用范畴来说明道与气的关系。在他看来,元气是道之本体处于不动的状态,而冲气是道之发用流行,进而元气与冲气处于一种体用范畴之中,是道之一体两面。元气是阴阳未分的状态,从而使一阴一阳成为道的两方面属性,这一阴一阳为冲气的产生提供了可能,所以说元气产生了冲气。同时,正是一阴一阳的存在使道至万物都具有了"变"的属性,王安石用"耦"来描述这种状态。他认为正是万物中存在对立的"耦"而使万物具备了"变"的性质,可以说万事万物皆在变化之中,这种

“变”的思想也为后期王安石变法提供了哲学依据。在天人关系上,他既重视天的权威地位,又主张积极发挥人的主观能动性。这种看似矛盾的天人关系论正是特殊历史背景下在形上天人关系论指导下所做出的人事中和,既不推翻天人感应说所确立的“君权神授”地位,又扬弃了天对人事的过度干预,解放出人改造世界的主观能动性,为其实行变法奠定理论基础。王安石思想还包括性命观和修养工夫论。

程颢、程颐以儒家伦理思想为基础,吸收佛教思想,建立起一个比传统儒学更有思辨性的哲学思想体系。华严宗的六相圆融讲相互缘起、相互贯通,并且条理分明。总相与别相相互贯通,一与多相互贯通,又不完全等同。二程的天理观中可以看出与此十分相近的地方。二程的理应该不仅仅是规律,规律仅仅是分理,二程的理中透着万物皆是一理的内涵。在理气关系方面,二程是以形而上和形而下来区别的,这个区分在周敦颐和华严宗那里都没有。这种理气二元论,后来影响了朱熹,也为陆王心学的出现留下余地。程颐认为气是阴阳,而把理突出到与阴阳相分离的地位。他认为理是所以然,是事物的根据,这也是程颐突出一理的原因。在程颐这里,道、理是气的所以然,是在反思中把握的气的根据,阴阳之气以理为体、为用,天下万物要由阴阳之气造化而成,但也正是因为这样,二程反而无法解释气是如何生成的,于是就表述为,有了理以后,气也自然而然生出来了。为了进一步解释理气之间的关系,程颐引入“理一分殊”命题。这可以很好地解释天理本体与具体形器之间的关系。形器虽然众多,但其所具天理则为一;天理虽是一个,散于众多形器之中却无一少缺。这也表明体用之间的关系并非割裂,而是统一的。二程的“理一分殊”思想落脚在儒家的传统及其生活方式上,理、性、仁、诚、敬等达到浑然一体的境界。在工夫论上,二程兄弟都讲“诚”“敬”,但他们的理解有所不同。程颐强调在内心诚敬的同时,外表也应该严肃恭敬。而程颢则认为,如果只是过分强调敬畏,就会过于拘谨,他提出必须首先识得仁体然后以诚敬之心存养之。关于格物致知,程颐认为格物致知最终还是要通过格物穷理而修炼心体,格物致知是通达本体的途径或工具,只知格物,却不知格物为何事,纵格尽天下物也没有用处。

谢良佐被推尊为程门第一高徒,是二程门人中最有创造性的人物。他的思想更注重从精神和心理去研究宇宙,所以更接近于程颢。将天理作为世界的最高本体是从二程开始的,天理论由二程提出,朱熹发展、完善而集大成。作为二程的重要门人,谢良佐在这一过程中起到了承上启下的作用。谢良佐在二程理论基础之上提出了理是“自然底道理”的观点。二程将人类的伦理道德说成是天理,从而使人伦礼法成为不可违背的准则。谢良佐很忠实地继承和发挥了二程的这一思想。在他的理论里面,天理既是整个宇宙生生不息、存在变化的原因,也是人类社会存在的基本准则。谢良佐完全继承二程的天理、人欲对立的思想。他把仁等同于至高无上的天理,天理是自然之理。通过把仁说成非杜撰的天理,谢良佐就把“天理当然”的普遍性扩展到了以“仁”为代表的儒家伦理秩序的层面。谢良佐还发展了程颢没有知觉是不仁的思想,并把这种思想扩大,说“仁”就是有知觉,这就是谢良佐重要的“以觉言仁”思想。在工夫论上,谢良佐也强调敬,他对“敬”的解释,最具代表性的是他认为“敬是常惺惺法”。这种对佛学思想的吸收,被后世学者称为“以禅证儒”。这种思想遭到后世学者包括朱熹的批评,不过谢良佐之所以在理学发展史上有重要的地位,确也在于他敢于吸收佛家思想充实、完善儒家理论。谢良佐顺着二程“致知在格物”的说法,提出一些新的思想。他的认识论最具有代表性的说法是通过格物、穷理而“寻个是处”。谢良佐认为理、性、命是同一的,而穷理是尽性、知命的基础和方法,所以,在认识理的过程中,只要抓住“穷理”这个关键环节即可。

朱熹通过其父朱松、老师李侗继承二程思想,并吸收周敦颐、张载、邵雍等人的思想,在此基础上发展、构建起宏大的理学体系,成为理学集大成者。他的思想是两宋理学的总结和发展的最高峰。朱熹广收学徒,培养大批理学传人,对后世儒学的发展影响巨大,其对“四书”的注解在元明两朝成为官方注解,科举也以“四书”为出题范围,并且答案必须以朱熹的注解为根据,后世的理学家皆受其影响。在朱熹理学中,天理具有至上性、普遍性、统一性、形上性等突出特性,这些特性保证了天理的最高本体地位。朱熹还把理赋予伦理道德的意义。在朱熹看来,儒家的伦理纲常皆是理化生的结果,是人与物的“所当然之则”。理不仅是一个超验的、抽象的、绝对的、普遍的、统一的本体存在,更以实体的方式存在于伦理道德与人物之中,它是最完满、最崇高、最本质的存在。朱熹继承周敦颐思想,以太极为理,以阴阳为气来完成他的世界图景。在理气关系上,他认为理是宇宙论中的本源,理对于气具有逻辑在先的关系,理对世界的建构通过“理乘气动”来实现。理乘气动意味着理要落入气中,进而才能到达万事万物之中,在这一过程中,气禀的差异造成对理的遮蔽,进而产生人与物的差别。朱熹用理一分殊解释万事万物之理与最高天理的关系。作为本体的理乘气动,进入万事万物,进而生成无尽的分理,万事万物各得其理,按照自己的理去发展,此即理一分殊。虽然万物之理千差万别,捉摸不定,但是上溯到最高的本体理依然并且只能是一个理,这就为通过体认万事万物之理来把握最高本体之理提供了可能。天命之性是未进入气质的本然之理,天命之性堕入气质之中也会形成不同的人物之性,这个人物之性就是气质之性。到这一步,个体已完成禀气禀理,具备成为个体的条件,一方面是禀气禀得的形质,另一方面是禀理得到的分理与气质之性,三者结合,人、物得以创生,世界得以构建。世间万物中人是最接近天理的,最容易体认天理的,其可能性在于心具万理,因此人能够通过心去做工夫、去体认理,这就为其工夫论提供了可能。他主张通过格物致知达到对最高本体天理的体认。

姚枢思想继承自程朱,并无突出创新,但他对理学在元朝的传播特别是在理学由南向北传播的过程中起到举足轻重的作用,在宋明理学学脉传承之间更是起到承上启下的巨大作用。他对理学北传的贡献主要体现在三个方面:力劝帝王采纳儒家治国思想并发展儒学教育;保护南宋儒学人才,并使之在元朝传播理学;姚枢不仅为理学北传创造了客观条件,还亲自学习并传播理学,深刻影响了元朝的理学思想家。许衡传承程朱理学,并使其传播开来,在客观上进一步促进程朱理学的北传,直到 1313 年程朱理学被定为科举程式,正式确立起程朱理学的官学地位,其中许衡承上启下的贡献是不可忽视的。

在明初普宗朱子与融合陆王的学术背景下,曹端一方面坚定地继承朱熹思想,在此基础上有进一步的发明与辨正,力推躬行实践,另一方面深刻影响了薛瑄的思想,从而对河东学派的开创与发展起到至关重要的作用。另外,他开创的“事心之学”对心学在明朝中后期的发展产生深远影响,开启了理学在明朝的新转向。曹端继承朱熹的说法,将太极即理作为其本体论的基石。他将理与太极并列,认为太极是理的一个别名,天道的化用流行正是通过理实现的,因此理的根源就是天,进而他将河图洛书、《周易》、八卦及六十四卦次序方位之图等皆视为天道之显现,而它们都是理学的最初形态,这样就把理学的学脉传承归至易学乃至天道范畴,从而实现了对太极或理本体形上地位的塑造。关于理气关系,曹端则是通过批判朱熹太极动静学说来阐发的。曹端不同意朱熹以人跨马的比喻解读理气关系,他认为动静是太极的本来属性。他认为在这个比喻中,抹杀了人或者理的主动性,被动随马或气才有动静的直接结果就是人成了死人,理成了死理,进而造成人的万物之灵地位或理的形上本体地位严重名不副实。而唯一的解决办法就是将这种主动性归还于人或理,使人成为活人,由随马动变为驭马动,使理成为活理,由乘气动变为驭气动。在曹端视域下的理气关系中,二者处于一种相得益彰、密不可分的状态之中,进而超越朱熹理气相分学说。更为重要的是,虽然曹端这里并未直言理气唯一,但是深深地影响了后世学说。在明初融合朱陆的学术背景下,曹端对朱熹的心性学说既有继承又有发展。在曹端那里,心的概念较之朱熹已经逐渐具有了心学的特征,心的虚灵知觉特性已经较为接近王阳明"虚灵明觉"的说法,都是对心知觉功能的摹状,而心对于人行事的主宰作用亦是心学的题中之义,这些都对心学的产生和发展产生了重要的影响。朱熹划分天命之性与气质之性,曹端在继承朱熹这种性二元论的基础上构建了自己的心性思想。曹端也关注到现实层面存在的人性之恶,并试图解释其产生的原因。形上的天命之性或理始终是要指向现实形下层面而顺发出气质之性,在这一过程中,受气禀或物欲遮蔽较少的情况下天理胜,在此时人性始终保持着自理而来的纯粹之善,反之则会被气禀及物欲遮蔽,表现出恶的特征。在工夫论道路上,曹端抛弃朱熹格物穷理的方法,主张以涵养居敬和事心之学为修养工夫,呈现出务实力行的工夫论特征。薛瑄继承朱熹以理为绝对纯粹本体的思想。在理气关系上,薛瑄继承朱熹的框架与道路,但是在由形上到形下的具体过程中有了自己的思考与改进。薛瑄在继承朱熹思想的基础上,特别重视对心性思想的研究与体悟,力图构建起天人沟通的桥梁。

理学发展至明朝中后期,一方面是王阳明心学的崛起撼动程朱理学的主导地位,另一方面朱学传承至罗钦顺已然出现向气学演化的倾向,而王廷相通过批判邵雍、周敦颐、二程、朱熹、陆九渊、王阳明等理学家,再继承发展张载气学思想,构建起以"气本论"为核心的哲学思想体系,启迪了王夫之等实学思想家,在学术上起到重要的承上启下作用。王廷相将理在气先与老庄道生天地相提并论,认为皆是悬空之谈。他认为在学理上,悬空的理是无法产生气的,元气才是至高、终极、永恒本体,元气之上无物、无道、无理,化生天地万物,理只是以气为载体,是气之具,由此便解构了由宋代以来建立起的理气关系,理学之理本论至此反转为气本论。在将气确立为本体后,王廷相又开始以气为核心构建其宇宙生成论,他将气分为元气与生气两个阶段。王廷相以有形无形划分元气与生气,其中,元气无形无息,处于形上本体阶段,而到了生气阶段则是实有的、有形之气对万物进行具体的化生。王廷相认为,万物的生灭皆是气之聚散造成的。他以实证观察方式举出下雨与水蒸发的例子,认为水的蒸发并不意味着水之灭息,而是以气的状态回归太虚之中,不增不减。值得注意的是,这种观点已经与近代科学研究成果相似,反映出当时已经出现的实证科学研究对王廷相的影响。对于程朱“理一分殊”命题,王廷相也进行了批判。他认为万物所得只是太极之一气,而不是整个太极之气,正是万物禀得的气不同,才有美恶、偏全、大小等的差异。他认为性不是处于悬空的形上位置,性需要以人物之形质为着落处,而人物形质的生灭以气之聚散为根据,因此性的有与无必然与气之聚散、人物生灭的形下具体过程有关,否则就会成为悬空的佛家之言。王廷相从性自气出、性气相资的角度出发,认为程朱等人的性二元论是为了逢迎孟子性善说而牵强附会的结果,其中脱离形气、束之高阁的本然之性正是性二元论错误的本原。他认为,天由气所出,人禀天之气为性,因此禀赋于天的本然之性自然不存在,性之善恶是由气决定的,气有清浊混驳之分,性有善恶之分。他认为性的善恶不仅禀赋于气,还与人的后天修习有关。王廷相以主敬存诚为工夫切入点,认为做工夫不仅要动静皆养,还要内外交养,对内要克服纷乱杂思扰乱心智,对外要端正衣冠、严肃整齐,使外表展现出敬的状态。

在明朝中后期心学与气学并肩而立的学术背景下,高拱一方面继承、发展王廷相气学思想,提出气一元的宇宙论与心性思想,将气学推向新的高度,进而在张载到王夫之气学之间起到承上启下的重要作用;另一方面,他以气学思想为基础,提出实政、实言、实事等实学思想,一改当时空谈心性的学术思想氛围,为明清之际实学思潮的兴起开辟道路。

吕坤的气学思想继承和发展自宋明气论学派。他认为,有形之物就像一个袋子一样,给予气所附着的载体,而气则是有形之物发展的必要条件,两者密不可分。另外,气是有形之物的本体,是万物之精华,而有形之物则是渣滓。形不可离气,因此没有无气之形,气中无形,因此有无形之气,这就确立了气的形上本体地位与有形之物的形下地位。吕坤以气构建的宇宙论系统,呈现出十分明显的科学精神,将天视为气化的一种客观存在而不具有主观意志,反对封建迷信思想。

由于宋南渡后中国政治、经济、文化中心的长久转移,朱、陆、王等学术领袖及群体多集中在闽赣江浙一带,中原地区渐趋保守、消沉。明清之际,孙奇逢迁入河南苏门山定居、授徒、办书院与整编典籍,成为当时的儒学大师与道德楷模,并对后学和后世产生广泛影响。他以孔孟仁学为内核,对先秦儒学、汉唐经学、宋明道学与明清学术的基本内涵作全面反思与简要总结以构建宏大学统。清末民初,嵇文甫、赵纪彬、冯友兰三位有突出贡献的河南籍哲学家在传统典籍的理论改造与现代文明的智识滋养中勾勒独特的思想图谱,尤其冯友兰的中国哲学史巨著写作与新理学系统创构,是传统哲学向现代哲学转进的一个代表,具有标杆价值与里程碑意义,是近代以来河南籍哲学家在新的思想与时代背景下对传统哲学现代化的有益探索。

孙奇逢理学思想主要有四个方面,可概括为学圣中理、学宗本天、学传明统、学功求真。孙奇逢以此界定理的元、命、性,学的天、心、说,传的上、中、近,道的修、悟、得,简括理学传道。其学归宗天理如程朱,王道溯源本心如陆王,此圣学、王道合而为一,意味着孙奇逢的理学要旨蕴含程朱理学精义与陆王心学奥义。其重理,重事,更重统;重人,重说,更重学;重圣,重王,更重经;重古,重今,更重传。因而,要在理事合、人说合、圣王合、古今合,标榜学统经典传承,不重学说理论创造。孙奇逢心学思想主要包括五个方面,主张心性动静虚实契合于理。孙奇逢以陆王心学的道统,融会程朱理学的宗源,重申宋明道学的本义,其归根心切而开新意缺。这种心思可从程颢、陆九渊与王阳明及其后学的心路历程上观其究竟旨趣。孙奇逢实学之用,在方法论上调和心学与理学,资用于儒学发展;在本体论上求证根源性与合理性,意在回归本心本天的正统之学;更重要的是通过后学、后人应用在政治与学术事业,从理论上规范与引导现实社会。此实学并非其思想的主体内涵与本体承诺,能形成长期稳定、足够精简的儒家学统,致力于维护心心相传的道统与人人担当的政统。它更多的是方法论、工夫论、认识论层面的理论效果,尚未构成本体论、心性论、价值论方面的理论探索,其经学原典、道学根源、理学宗旨与心学统系已提供基础支撑。此知其内核在仁不在实,这是孙奇逢与实学思潮代表颜元、李塨等人的根本差异。

嵇文甫对先秦子学、宋明理学有独特研究与较高造诣,他是最早使用唯物史观方法研究传统中国哲学与思想史的马克思主义学者。他对先秦七子思想研究的基本结论是:孔孟荀儒家因其仁礼论、王霸论与礼法论而为德化主义,墨子因其爱利论、齐一论与教皇论而为实用主义,老庄因其无为论、天钧律、在宥论而为放任主义,韩非因其法术势论、进化论、生产竞争论而为功用主义。嵇文甫毕生用心最深、用功最勤、成果最多、反响最大的是他对明清哲学名家的研究。嵇文甫讲“十七世纪中国学者的哲学思想”时认为,“中国近古哲学史上的根本问题”是“理气问题”与“心性问题”,对应宇宙论与人生论,以程朱学派为“理气二元论”背景衬托出明清间大师刘宗周、黄宗羲、颜元、李塨的“气一元论”思想特色。他在阳明后学左派思想特质与王夫之哲学体系分析上,自觉或有意用马克思主义的历史辩证法,探索其发生的社会生活根源与文化发展趋势,得出传统道学的宇宙论与人生论视野下理气一元论的正反证明,及王夫之性理哲学与历史哲学视域中辩证法的正反合考量。

赵纪彬对传统思想的诠释主要体现在以马克思主义理论指导的中国哲学史系列研究中,体现在中国唯物论史、中国知行学说简史、中国逻辑史与孔子儒家哲学研究中。他认为中国哲学的特质是“辩证法、唯物论发展的不充分”、受“人生哲学的支配”与“其发展的停滞性”,此由“中国社会的特殊构造”与不发达的自然科学所决定,可运用马克思主义哲学的唯物辩证法来求解。就此,他站在近现代哲学立场上,运用马克思主义的唯物史观方法和要点来贯通中国古代思想资源,得出相应的现实评判和大体的历史重构。赵纪彬知行学说简史分先秦、两汉隋唐、宋明和清四个时代,这一贯通先秦诸子思想到明清学者的观念发展简史以孙中山知难行易说为标准,此标准检阅其宇宙观、人生论、政治论、认识论、方法论、历史观与科学性,突出行(实践)为知(理论)的源泉、知为行的指导、知行互动并进与辩证统一,判据是马克思主义学说主客符合的真理观与历史、逻辑相统一的发展观。在《中国哲学史纲要》里,赵纪彬把“孔子哲学”定位在“经验论”基础上“关于宗教神话的怀疑主义”,其“政治论、伦理学、逻辑学三位一体”,以此展开思孟学派的“唯心论”及“仁义与功利的辩证法”和荀子学派的“唯物论、无神论”及“逻辑学认识论”的子学理论特色,进而以此人生经验、政治事业和伦理精神在唯物、唯心及历史、逻辑的硬性矛盾冲突及其统合中转承汉唐宋明清儒经学观念发展与开显。

冯友兰早期的中国哲学史写作是在谢无量的传统写法与胡适的现代理解的共同影响下完成的。谢无量的优长在通,局限在诠释方法仍是经学的。胡适的不足在断,特长在引入新的诠释方法。冯友兰结合二者优势,致力于突破局限以开创新的哲学史写作范式。他的三个版本的中国哲学史呈现三条哲学史主线,分别是西方哲学逻辑分析方法建构的子学与经学之传统理路、中国传统哲学语境阐发的圣王之道的现代理路和马克思主义哲学阶级斗争方法模塑的当代理路。目前,中国哲学史研究者试图努力走出冯友兰的当代理路,重新关注其现代理路和彻底检讨其传统理路,而当时甚至更早,在他的新理学系统建构中对此三种理路的理已隐含矛盾的困惑与超越的困局。冯友兰接着宋明理学讲中国哲学,其理论来源是宋明理学,思想出发点是日常生活经验,研究方法是西方逻辑学与形而上学,认知内容是中国传统文化基本内涵,形式建构是概念命题系统,价值诉求是做全新哲学家与创造较新哲学,结果把不可思议、不可言说、不可名状的传统中国哲学即宋明道学之绝对天理,变成可思辨、可名言、可抽象的现代中国哲学即新理学之普遍原理。"贞元六书"是新理学在纯粹哲学、文化社会、生活方法、觉解主体、主流意识与认知范式的宏观照应与微观辨析。如果说《新理学》是其理论内核、提供原理支撑,那么《新事论》是其实际出路、展示事务职责,《新世训》是其操作手段、归结经验教训,《新原人》是其自由主体、觉解精神境界,《新原道》是其历史主流、确立道学新统,《新知言》是其方法表达、求证认知形式。

明清之际至近现代的河南哲学家,孙奇逢是传统中国哲学的经学形态最后理论发挥的典范人物,嵇文甫、赵纪彬、冯友兰是现代中国哲学的子学形态最初理论创造的实际担当者。他们是明清之际到近现代之间河南哲学思想发展转进的枢纽人物,在不同背景下,以自己的努力为思想传承与发展作出了自己的贡献。

第一章 河南与中国哲学的诞生

河南古称“豫州”，因为大部分地区为平原，又称“中原”。距今1万年左右，河南进入新石器时代。裴李岗文化（距今8000余年至7000年）、仰韶文化（距今7000年至5000年）、龙山文化（距今5000年至4000年）先后出现，说明这里是中华文明的重要发祥地；对于中国文明起源的研究，证明这里还是中华民族形成中最重要的熔炉①。来自不同地域的人们及其文化在这里碰撞、交融，形成具有长久生命力与强大辐射力的原始宗教文化。它推动政治上的联合，促进各大民族集团的融合。

第一节　原始宗教文化的形成与演变

距今4800年至4600年，华夏集团的黄帝族与东夷集团的少昊族在文化上发生深度融合，这件事被称为颛顼“绝地天通”。

一、“绝地天通”与原始宗教文化的形成

“绝地天通”是中国远古时期的一次宗教改革，主持这项改革的是黄帝族的

① 苏秉琦在他关于中国文明起源的“条块说”中，提到“以关中、晋南、豫西为中心的中原”时认为：“把黄河中游以汾、渭、伊、洛流域为中心的地域，称作中华民族的摇篮并不确切，如果把它称作在中华民族形成过程中起到最重要的凝聚作用的一个熔炉，可能更符合历史的真实。”见苏秉琦：《中国文明起源新探》，生活·读书·新知三联书店1996年版，第65页。

颛顼。改革成功后，颛顼以黄帝族与少昊族共同首领的身份迁都帝丘（今河南省濮阳市），成为华夏正统，而改革所形成的原始宗教文化则成为正统文化。

（一）“绝地天通”改革的内容

“绝地天通”最详细的记载在《国语·楚语下》：

> 昭王问于观射父，曰：“《周书》所谓重、黎寔使天地不通者，何也？若无然，民将能登天乎？”
>
> 对曰：“非此之谓也。古者民神不杂。民之精爽不携贰者，而又能齐肃衷正，其智能上下比义，其圣能光远宣朗，其明能光照之，其聪能听彻之，如是则明神降之，在男曰觋，在女曰巫。……于是乎有天地神民类物之官，是谓五官，各司其序，不相乱也。民是以能有忠信，神是以能有明德，民神异业，敬而不渎，故神降之嘉生，民以物享，祸灾不至，求用不匮。及少皞之衰也，九黎乱德，民神杂糅，不可方物。夫人作享，家为巫史，无有要质。民匮于祀，而不知其福。烝享无度，民神同位。民渎齐盟，无有严威。神狎民则，不蠲其为。嘉生不降，无物以享。祸灾荐臻，莫尽其气。颛顼受之，乃命南正重司天以属神，命火正黎司地以属民，使复旧常，无相侵渎，是谓绝地天通。其后，三苗复九黎之德，尧复育重、黎之后，不忘旧者，使复典之。……”

首先对材料本身进行分析。观射父对这段历史的追叙是因楚昭王的提问引起的。昭王提到的《周书》，指的是《尚书·周书·吕刑》，里面对于“绝地天通”有一个语焉不详的描述：“乃命重、黎绝地天通，罔有降格。”昭王的提问中包含这样的逻辑：既然“绝地天通”之后，民不得再登天，那么此前民是可以登天的。因此，“绝地天通”是人为的干涉行为，相反，民能登天则是自然的行为。自然高于人为，如此，则“绝地天通”的正当性就变得可疑。正是针对昭王提问中暗含的逻辑，观射父将远古时期的民神关系描述为“民神不杂—民神杂糅—民神不杂”的演变过程，这样，民神不杂（即民不可登天）就是自然，“绝地天通”改革就是恢复这种自然状态，它的正当性就不容置疑了。但实际上，“在人类历史上，原始宗教的产生是在政治权力达到复杂化之前。在典型部落社会中，原始宗教活动大多表现为与政治生活平行的一个领域，并且完全是大众化的，无专业神职人员”[①]。涂尔干对澳洲土著部落宗教生活的研究[②]也证实了这一点。这表明在民神关系上,实际的情形是民神杂糅在先,是自然;民神不杂在后,是人为。所谓“人为”,就中国而言即是指颛顼的宗教改革。

有了以上结论,再来分析这段文字中传递的信息,可知其要点如下:第一,起初,世界可分为不同层次,其中主要的便是天和地,神居天上,人居地上,通过某种特定的仪式和媒介,人神之间或天地之间可以进行沟通,人据此可知神意。第二,在颛顼改革之前,各氏族都有自己与神沟通的方式,每个氏族都保持着独自与神沟通的权力。第三,宗教改革的契机在于宗教上的分散状况引发了严重的经济与社会后果。第四,颛顼受天命进行改革,各氏族的通天行为被禁止,此后由南正重负责与天沟通。第五,绝地天通的改革成果经过长期反复斗争才得以保持至今。

这些信息的获得主要是对文献材料进行翻译的结果,结合前面关于颛顼改革背景的推测,运用宗教社会学方法,我们对“绝地天通”的内容作如下解释:在中国远古时期的母系氏族社会,产生了以氏族为单位的原始宗教,其宗教形式大概相当于人类学家所说的“图腾”。图腾是“用来命名氏族集体的物种”[③],是一个氏族的标记、旗帜,用来区分和确认不同的氏族,这个标记为每一个氏族成员所共享[④]。图腾被视为生命本原,具有神圣性。而图腾为氏族成员共享则意味着对神圣性的共享。据《左传·昭公十七年》郯子的追忆,分属华夏集团与东夷集团的不同氏族都曾经历过图腾崇拜时期,这大概就是“夫人作享,家为巫史”的情形。由于氏族各有各的图腾,在宗教生活中就各通各的天/神,各氏族之间呈现出不共戴“天”的情形,而这种宗教上的分散状态实际是现实中氏族各

---

① 谢维扬:《中国早期国家》,浙江人民出版社 1995 年版,第 294 页。

② 这里指的是法国社会学家爱弥尔·涂尔干(Emile Durkheim,1858—1917)的代表作《宗教生活的基本形式》一书。该书引用大量人类学材料,从最原始、最简单的宗教形式——图腾制度入手讨论了人类宗教生活之构成的基本原理及命题,得出了人类的宗教信仰及概念范畴皆根源于社会的结论。我们认为中国上古时期也曾存在过图腾制度,因此将涂尔干的研究方法及一些重要结论用于对中国远古时期宗教形式及相关问题的考察。

③ [法]爱弥尔·涂尔干:《宗教生活的基本形式》,渠东、汲喆译,上海人民出版社 2006 年版,第 133 页。

④ [法]爱弥尔·涂尔干:《宗教生活的基本形式》,渠东、汲喆译,上海人民出版社 2006 年版,第 275 页。

自分立状态的反映。颛顼作为第一个跨氏族的首领，政治上的联合要求宗教领域的统一。这应当是他发动宗教改革的根本原因。改革的关键内容是“命南正重司天以属神，命火正黎司地以属民”，有学者认为“南正重司天以属神”的意思是确立天神崇拜，“火正黎司地以属民”指的是确立祖先崇拜①。因此改革的结果是在宗教领域内以天神崇拜和祖先崇拜代替了图腾崇拜。就两位大巫的身份而言，“重”属于少昊族，“黎”则属于黄帝族，也从一个方面印证这一改革的内容。

（二）“绝地天通”改革的意义

我们从四个方面说明改革的意义。

一是促进民族融合。据徐旭生的研究，远古时期我国存在三大民族集团，即华夏集团、东夷集团、苗蛮集团。炎帝族与黄帝族同属华夏集团，黄帝为帮助炎帝，曾与东夷集团的蚩尤族作战并获胜，“黄帝杀他（蚩尤）以后就在他的同族内选择一位能同征服部落合作的首长，大约是另外一个氏族的首长叫作清的，使他仍居少昊故地，绥靖蚩尤原来领导的人民，因地称氏，所以也叫作少昊”②。徐旭生以为少昊挚的族名是因居地而得，这是对“命蚩尤于宇少昊”的误解造成的。据劳思光，《尝麦》一文乃是周成王“追溯本民族往史”，所以“原文之意正谓昔日蚩尤所居之地即是后来少昊之地”③。这样做是因为在图腾制度下，政治权力不能跨越氏族界限进行统治。到了颛顼的时候，特殊的原因，造成两个氏族之间文化上的融合，他的改革，促进少昊族从母系社会向父系社会转变，并实现宗教上的统一。宗教改革的成功不可避免地加深了不同民族集团的联系，促进了民族之间的融合。

二是确立正统观念。首先是宗教文化上的正统观念，这缘于它的进步性。颛顼的改革用天神崇拜和祖先崇拜代替图腾崇拜。而天神崇拜与祖先崇拜都是从对改革前的图腾崇拜的否定、超越而来。在改革之前，图腾作为生命本原，既是氏族之“天”，又是氏族之“祖”，图腾崇拜中包含着对“天”与“祖”的崇拜；

---

① 余敦康：《中国宗教与中国文化（卷二）宗教 · 哲学 · 伦理》，中国社会科学出版社 2005 年版，第 17—18 页。

② 徐旭生：《中国古史的传说时代》，文物出版社 1985 年版，第 50—51 页。

③ 劳思光：《新编中国哲学史》，广西师范大学出版社 2005 年版，第 21 页。

改革之后,图腾制度消亡,“天”被统一起来,“祖”则由图腾变为人,也就是氏族的男性始祖。从对动物、自然物的崇拜,到对自然界主宰的天和人的祖先的崇拜,都是理性的表现。其次是政治上的正统观念,它与前者相表里。原始宗教文化在颛顼之后至周初被历代中原地区统治者奉为正统文化,并用它来支持政治权力的正当性。

三是强化政治统一。颛顼的改革针对的是各氏族不同的崇拜对象(图腾),也即不同的“天”。他的改革取消了各氏族的图腾,代之以统一的“天”。这即是说,“绝地天通”中的“天”在改革前后,其内涵发生了变化:改革前是各氏族的图腾,改革后变成统一的“天”。对于民而言,经过改革所断绝的,既包括各氏族的图腾,也包括统一后的“天”。而能够与统一后的“天”沟通的,只有王和王的代理人(即“司天”的重)。这透露出一个重要信息:在颛顼的时代,被王所垄断的通天权中的“天”不是既成的,而是被“创造”的。颛顼的改革是以“普世之王”而要求统一的“天”,改革重心“毫无可疑地是放在政治秩序,而非宗教秩序的上面”①。我们由此可以推测:颛顼是按照普世之王对“天”的需要而“创造”出这个只有他(和他的代理人)能够与之沟通的“天”,由此垄断与天的沟通并强化政治上的统一。另外,它也从开端上确定政治与宗教的关系:政治改造、利用宗教,宗教依附、服务于政治。

四是重塑天人关系。改革前“夫人作享,家为巫史”的状态,就天人关系而言,是集体性的“天人合一”。氏族成员共享神圣性,因而具有双重性,即凡俗与神圣双重本性。当人暂时离开凡俗生活进入宗教生活时,即是由凡入圣之时,也就是人神、地天沟通之时。经过改革,天的内涵得到深化、扩展,统治者垄断与天沟通的权力,将原本属于全体氏族成员的神圣性攫取到自己手中,使天人关系从(集体性的)“天人合一”向(集体性的)“天人分裂”转变。

---

① 余英时:《论天人之际——中国古代思想起源试探》,台湾联经出版事业有限公司 2014 年版,第 78 页。

二、尧舜禹时代对“绝地天通”成果的继承与巩固

宗教改革确立了正统观念，肯定了跨氏族首领们的权力正当性，反过来政治权力也维护着这一正统文化。为了巩固改革成果，颛顼的后继者们进行了长期的斗争。

（一）恢复火正黎的职务

颛顼是我国远古时期第一个跨氏族的首领，继颛顼而立的是帝喾，《史记·五帝本纪》称他为颛顼的“族子”，故而也属于黄帝族。他的事迹在《五帝本纪》中比较笼统，但在《史记·楚世家》中则有一条关于他的材料：“重黎为帝喾高辛居火正，甚有功，能光融天下，帝喾命曰祝融。共工氏作乱，帝喾使重黎诛之而不尽。帝乃以庚寅日诛重黎，而以其弟吴回为重黎后，复居火正，为祝融。”这里的“重黎”实指火正黎。黄帝族与共工氏的斗争在帝喾时期取得了重大胜利，但代价是颛顼改革时的大巫火正黎（或其后人）被诛。根据这个材料，我们推测，在颛顼之后的帝喾时期，“绝地天通”的改革事业经历了一次挫折。由此我们才能理解《国语·楚语下》中尧“复育重、黎之后，不忘旧者，使复典之”这句话。这意味着火正黎的家族曾经失官，直到尧的时候才恢复了这一职务。

（二）与苗蛮集团的斗争

尧舜禹时代与炎黄时代相比，对外战争的性质开始带有宗教战争色彩，而战争的对象主要是南方的苗蛮集团。如《吕氏春秋·恃君览第八·召类》载“尧战于丹水之浦，以服南蛮”“舜却苗民，更易其俗”，《尚书·舜典》载舜“窜三苗于三危”，《墨子·非攻下第十九》记录禹对三苗的战争，并最终大破三苗。

对苗蛮的战争之所以带有宗教战争的性质，乃是因为颛顼主持的宗教改革是华夏集团与东夷集团合力完成而不及于南方苗蛮集团，双方在宗教文化上的

歧异终于导致频繁的战争[①],至禹大破三苗,苗蛮集团失去反抗能力。由于这一决定性胜利,此后祝融氏后裔的芈姓一支向南迁徙,中原地区的宗教文化亦随之向南扩散[②],促进华夏、东夷、苗蛮三大集团之间的融合。

(三)“尧则天”

远古时期的圣王中,尧的主要事迹通常被描述为“尧则天”[③]。我们认为,这是他巩固颛顼宗教改革成果的表现。《尚书·尧典》说:“黎民于变时雍。乃命羲和,钦若昊天,历象日月星辰,敬授人时。……帝曰:‘咨!汝羲暨和。期三百有六旬有六日,以闰月定四时,成岁。允厘百工,庶绩咸熙。’”通常认为这是服务于农业生产的需要,江晓原不同意这种观点并提出详细论据说明“历法为农业服务”之论言过其实[④]。他认为:“所谓‘观象授时’或‘敬授人时’,其本义绝不是指‘安排农事’,而是指依据历法知识,安排统治阶级的重大政治事务日

① 劳思光认为颛顼改革时的两个大巫重、黎分别来自少昊与华夏,“则此一改革运动不仅在东夷地区开始,且其所关人物亦表示华夷二集团之混合。则此一运动为二集团合力完成之运动,其结果自使二集团之混合益加密切”。“然而颛顼之影响,但及于夷夏诸族之地区。南方之三苗地区,显然未受影响,且因此种宗教及文化之歧异,终于导致双方之战争。此所以凡述颛顼之改革者,每每言及三苗也。”劳思光:《新编中国哲学史》,广西师范大学出版社 2005 年版,第 29 页。

② 劳思光在撮述上古三集团(华夏、东夷、苗蛮)分合及古代南北文化传统形成时说:“……在夏后氏时,禹大破苗蛮,苗族遂衰不复振。其后颛顼族后裔之‘祝融八姓’中芈姓之荆移入江汉之地,于是原属苗蛮之地区,遂以此颛顼族之后裔为主要势力。”劳思光:《新编中国哲学史》,广西师范大学出版社 2005 年版,第 43 页。

③ 孔子曾赞叹道:“唯天为大,唯尧则之……”(《论语·泰伯第八》)金景芳说:“我是学先秦史的,经过多年研究,我认为可称为中国传统文化的,无过于下述三事:一、为尧则天,二、为禹敷土,三、为尧舜禹三世相传的允执其中。”金景芳:《论中国传统文化》,《中国文化》1995 年第 1 期。李泽厚说:“‘尧则天,禹敷土’是中国上古史的两件大事。”李泽厚:《说巫史传统》,载于李泽厚:《历史本体论·己卯五说》,生活·读书·新知三联书店 2008 年版,第 170 页。

④ 江晓原:《天学真原》,辽宁教育出版社 1995 年版,第 141—144 页。

程。"[①]细读这段文献,可能还伴随古巫师的助日祭日仪式[②]。这些仪式要证明的是尧作为人王而能参赞太阳运行,这是他"格于上下"的具体体现,目的在于通过显示其"通天"的能力来强化他作为普世之王的权威。

(四)协调族群关系

据《尚书·尧典》,帝尧"克明俊德,以亲九族。九族既睦,平章百姓。百姓昭明,协和万邦"。余敦康解释为:"在处理人间事务方面,首先是克明俊德,从各个不同的氏族部落中选拔任用俊德之士,负责调节血缘集团内部的九族关系,使之团结和睦。然后在此基础上平章百姓,协和万邦,调节不同族别和不同邦国之间的关系,使整个部落联合体的黎民众庶都团结和睦。"[③]他还评价说:"帝尧克明俊德,以亲九族,充分发挥祖先崇拜的文化组织功能来促进九族内部的团结和睦,说明此时对人类处境本身的认识比颛顼时代有了明显的进步。"[④]帝舜则继承了帝尧的事业,实行五常之教,注意从不同族群中选拔俊德之士。这些都表现出普世之王对各氏族参与政治的权利及其相对独立性的尊重,以此为前提,才能协和万邦,使王权得到不同族群的认可与支持。

---

① 江晓原:《天学真原》,辽宁教育出版社1995年版,第151页。

② 赵世超研究认为:《尧典》有分命羲仲"寅宾出日,平秩东作",命羲叔"平秩南讹",命和仲"寅饯纳日,平秩西成",命和叔"平在朔易"等一段文字,细玩文意,我们感到与颁历相伴,早期必然还有十分隆重的仪式。寅,敬也;宾,导也。郑玄说,"寅宾出日"就是"春分朝日"。平,辨也;秩,次序也。平秩,含有辨别测定之义。东作,指日东升的时刻。这八个字前半是讲用某种动作引导春分之日顺利升起,后半才是讲对日出时刻的观察、测定和记录,其间包含着如此丰富的内容,难道不十分令人深思吗?同样地,当秋分日西没的时刻,也要送其顺利地落入地平线,这叫作"寅饯纳日",饯字送行的含义一直保存到今天。而当夏至时日道从北回归线向南移动,或冬至时日道从南回归线向北移动,仍是既"平秩南讹""平在朔易",而且还要作出一定的表示,以敬日之回归。日出需导,日入需送,这些导与送的动作,又很容易使人想到巫师作法。羲与和原是日神和月神,在《尧典》却被分化成四个历史人物,我们似有理由推测,起初导日、送日的执行者应是王者本身。若此说大致不误,则"协时月正日"也就有了完全不同的意义,即古王不仅于巡守时公布天象和历法,而且极可能还以逼真的表演,证明日月运行、四季更化都处于自己无边法力的支配下。他的存在及行为既然对诸邦人民如此重要,他的崇高地位也就轻易无法动摇了。赵世超:《巡守制度试探》,《历史研究》1995年第3期。

③ 余敦康:《中国宗教与中国文化(卷二)宗教·哲学·伦理》,中国社会科学出版社2005年版,第19页。

④ 余敦康:《中国宗教与中国文化(卷二)宗教·哲学·伦理》,中国社会科学出版社2005年版,第21页。

三、夏商时期原始宗教文化的演变

夏商时期,围绕中原地区最高领导权,华夏集团与东夷集团之间出现相争而交胜的局面。世俗王权与宗教权威之间的斗争则通过巫统与血统之争表现出来,推动原始宗教文化的发展。

陶磊借鉴萨满教研究成果,用“巫统”与“血统”两个概念理解我国自颛顼“绝地天通”至周初的对天神的崇拜与对祖先的崇拜之间的对立与冲突,重点讨论商代后期的宗教斗争。他的研究对于我们理解原始宗教文化的演变有启发意义。

“巫统”与“血统”概念最初由日本学者大间知笃三提出[①],他特别指出:“氏族共同神是氏族单位的信仰对象。所以与氏族相关的范围内其信仰带有公共性质,是深刻而强有力的东西。但是其信仰不能涉及氏族集团范围之外,这是一种原则。”[②]这说明巫统神灵与血统神灵作为信仰对象,是以氏族为单位的。据前所述,颛顼改革确立起对天神与祖先的崇拜。由于颛顼是我国远古时期第一个跨氏族首领,相应地,宗教领域的“天”也跨越氏族界限而成为华夏与东夷集团共戴之“天”,这是政治上的联合在宗教上的体现。因此,在借用“巫统”这一概念时,需要将它的适用范围扩大,以适应原始宗教文化的这一实际情况。这是我们对陶磊的研究所作的补充说明。

下面分别说明巫统与血统之争在夏商时期的表现。

陶磊在讨论占卜领域中从巫到史的转变时,认为筮占本为巫术,是巫者发明的通天手段,但为血统(即世俗首领)所分享(《归藏》占辞:夏后启筮乘飞龙

---

① 大间知笃三在讨论达斡尔族的氏族共同信仰时说:“据我调查,以莫昆为单位的信仰对象的神灵即氏族共同神,根据其系统的差异,分成如下三种类型。第一系统:血统上的氏族祖先神。第二系统:巫统上的氏族祖先神,即斡卓尔。第三系统:不归属上述任何一方的氏族共同神。”大间知笃三:《达斡尔族巫考——以海拉尔群体为主要对象》(原载《建国大学研究院学报》第41卷,1944年),[日]大间知笃三等:《北方民族与萨满文化——中国东北民族的人类学调查》,辻雄二、色音编译,中央民族大学出版社1995年版,第58页。

② [日]大间知笃三等:《北方民族与萨满文化——中国东北民族的人类学调查》,辻雄二、色音编译,中央民族大学出版社1995年版,第58页。

登于天，吉)，“不过，由于夏后启是血统的代表，所以被帝投之于渊”①。夏启的这一遭遇大概是血统侵削巫统未能成功的表现。

颛顼改革的重要结果是普世之王垄断与天的沟通权，但在实践中，这种禁令的生效范围是有限的，它针对特定的地方(比如神山)、特定的器物(比如鼎、玉器等)大概比较有效，但以人身为中介的通天行为则很难禁绝，而且，巫者还不断发明新的通天手段来应对这种禁令，正所谓“道高一尺，魔高一丈”。这种禁而不止的情况在大禹之前没有导致激烈的冲突，大概是因为颛顼、喾、尧、舜、禹这些普世之王自身都有通天的本领，或者也可以反过来说，因为有通天的本领，他们才有资格做普世之王。但是，从夏代开始王位世袭之后，出现了新问题：权力可以世袭，通天的本领却未必能够世袭。这意味着，在世袭制下，王者未必有能力通天，由此才把巫统神权与世俗王权，即巫统与血统之间的矛盾显露出来。这一矛盾、斗争在商代后期呈现愈演愈烈的趋势。

陶磊认为：“从祖甲对祖先神的升格，到武乙的射天，再到纣的自绝于天，可以看出商晚期血统与巫统在宗教领域斗争日益激化的态势。”②

殷人在宗教领域表现出尊祖抑天的倾向，缘于巫统势力的强大对世俗王权的威胁，但这种做法无异于自掘坟墓：跨氏族的“天”是普世王权的正当性依据，普世之王的权力来自跨氏族的“天”，而不是本氏族的“祖”，抬高祖先神、贬低天神，在理论上是对普世王权的自我否定，在实际中则会失去巫统神权的支持。强大的殷商王朝最终被小邦周取代，殷人在宗教领域的困境是重要原因，而殷人未能摆脱宗教领域的困境也预示着，在王位世袭制下，原始宗教文化走到了尽头。

---

①　陶磊：《从巫术到数术——上古信仰的历史嬗变》，山东人民出版社 2008 年版，第 55 页。

②　陶磊：《从巫术到数术——上古信仰的历史嬗变》，山东人民出版社 2008 年版，第 40 页。

第二节 西周新型宗教文化的形成

殷周鼎革,在政治上是东夷集团与华夏集团相争而交胜的又一次体现,在宗教上则表现为突破困境,在新的观念基础上统一巫统与血统,将原始宗教文化改造为新型宗教文化。

一、周人对原始宗教文化的继承

周人姬姓,原来居住在我国西北地区,在血统上属于华夏集团的黄帝族,但是他们在夏末商初才由母系社会进入父系社会,在文化上属于后起民族。这就是说,他们没有参与到从颛顼开始的华夏集团与东夷集团的融合进程中,因此,直到与作为共主的殷商王朝有了接触之后,才逐渐受到原始宗教文化的影响。周人在“翦商”(《诗经·鲁颂·閟宫》)的过程中,非常注意对原始宗教文化的继承。

(一)尊天宾帝

在《尚书·周书》周公东征前的文献中,对于“天”[①]的尊崇表现得非常突出,这与殷代后期尊祖抑天的倾向形成鲜明对比。

《牧誓》是周武王在讨伐殷纣王的牧野之战前誓师时的誓词,在列举纣王“罪状”时说他“昏弃厥肆祀弗荅”,孔安国解释为“乱弃其所陈祭祀,不复当享鬼神”[②];又说他“弃厥遗王父母弟不迪”,孔安国传曰:“王父,祖之昆弟。母弟,

① 据郭沫若先生的考证,殷代至上神先称“帝”,后称“上帝”,殷周之际称“天”。参看郭沫若:《先秦天道观之进展》,载于郭沫若:《青铜时代》,科学出版社 1957 年版,第 9 页。

② 十三经注疏整理委员会:《尚书正义》(十三经注疏),北京大学出版社 2000 年版,第 338 页。

同母弟。言弃其骨肉，不接之以道。”孔颖达正义引郑玄曰：“经先言弃祀、弃亲者，郑玄云：‘誓首言此者，神怒民怨，纣所以亡也。’”[①]可见这里主要指责纣王不敬鬼神、不友爱叔伯兄弟，并未言及纣王不祀祖先，这从侧面说明纣王的“罪状”重在轻慢巫统神灵的祭祀，而武王这样的指责也间接表明自己的立场，即敬天事神，所以他才会将自己的行为说成是“今予发惟恭行天之罚”。

《金縢》由周公作于武王伐纣第二年。孔颖达正义曰：“武王有疾，周公作策书告神，请代武王死。”[②]周公通过他的三位祖先（大王、王季、文王）向天请命。孔颖达正义：“‘请命’请之于天，而告三王者，以三王精神已在天矣，故‘因大王、王季、文王以请命于天’。”[③]这种通过死去的祖先与天沟通的办法是殷人的发明。陶磊的解释是：“当殷人需要向上帝祈求时，他先向其先祖祷告，然后再由其先祖之灵向上帝转达。尽管先祖属于血统神灵，但一旦在帝左右，自然就可以向帝提出一些要求了。这是血统针对帝本为巫统神灵所发明的通天手段。”[④]这是对殷人发展了的原始宗教文化的继承。周公在策书中极力游说，要与鬼神做交易：“予仁若考能，多材多艺，能事鬼神。乃元孙不若旦多材多艺，不能事鬼神。乃命于帝庭，敷佑四方，用能定尔子孙于下地。四方之民，罔不祗畏。呜呼！无坠天之降宝命，我先王亦永有依归。今我即命于元龟，尔之许我，我其以璧与珪归俟尔命。尔不许我，我乃屏璧与珪。”这种对于天既奉承又引诱又兼威吓的态度，说明当时周人观念中的天与殷人一样，既神通广大又不可捉摸，需要有特殊才能的人与之沟通。

《大诰》是成王即位，三监叛乱后，周公东征前向友邦和卿士们作的战前动员令。

“弗吊，天降割于我家不少。延洪惟我幼冲人，嗣无疆大历服。弗造哲，迪民康，矧曰其有能格知天命？”“予不敢闭于天降威用。宁王遗我大宝龟，绍天明即命。曰：‘有大艰于西土，西土人亦不静，越兹蠢。殷小腆，诞敢纪其叙。天降威，知我国有疵，民不康。曰：‘予复。’反鄙我周邦。今蠢，今翼日，民献有十夫，予翼以于敉宁武图功。我有大事休，朕卜并吉。”这两段话是说天命非人可知，

---

① 十三经注疏整理委员会：《尚书正义》（十三经注疏），北京大学出版社2000年版，第338页。
② 十三经注疏整理委员会：《尚书正义》（十三经注疏），北京大学出版社2000年版，第393页。
③ 十三经注疏整理委员会：《尚书正义》（十三经注疏），北京大学出版社2000年版，第394页。
④ 陶磊：《从巫术到数术——上古信仰的历史嬗变》，山东人民出版社2008年版，第28页。

于是用文王留下的大宝龟来占卜平叛能否取胜,结果是吉,这说明天命仍在周,殷人的叛乱不可能成功。在友邦和卿士们劝他“违卜”时,他则从继承文王事业和天命不可违两个方面进行游说,并最终落脚在后者。

“予惟小子,不敢替上帝命。天休于宁王,兴我小邦周,宁王惟卜用,克绥受兹命。今天其相民,矧亦惟卜用。呜呼！天明畏,弼我丕丕基。”这里甚至说文王受命是因为用了占卜,以此说明占卜结果可信不可违。

“予永念曰,天惟丧殷,若穑夫,予曷敢不终朕亩？天亦惟休于前宁人,予曷其极卜,敢弗于从？率宁人有指疆土,矧今卜并吉？肆朕诞以尔东征。天命不僭,卜陈惟若兹。”最后再次以占卜结果说明周人的天命不会失去,坚定众人的信心。

周公如此重视龟卜,是因为周人与殷人一样,相信龟占结果可以传达天意。陶磊在讨论易占的性质时曾比较龟与龙这两种神物,认为“龟卜与蓍占同时都包含着载人升天与占卜的功能,在性质上原本都是巫者之术。由于龟占较早地为血统势力所侵占,其从巫到史的转变也先于蓍占,所以文献中已很难见到龟载人升天的记载,至多被人理解为转达天意的使者。而在远古,蓍占的地位远不及龟占,考古发现的大量龟卜实物,包括王龟,都足以说明此点。乘龙升天,盖在龟作为升天的工具被禁止后巫者所发明的新思路。然惟其兴起较晚,故在文献中多有记载。”①这即是说,在殷周时期,龟占属血统,筮占属巫统,所以对龟占的重视包含着血统与巫统的对立,这也是周人继承殷人原始宗教文化的一个表现。

另外,《诗经·大雅·文王》开篇就说:“文王在上,于昭于天。周虽旧邦,其命维新。有周不显,帝命不时。文王陟降,在帝左右。”以祖配天,在帝左右以察知帝意的观念也与殷人无异。

(二)营灵台与演周易

周人经过数代经营,终于在武王时翦商成功,而文王时代是一个关键时期,他的事迹很多,其中有一件事值得特别注意,即修筑灵台。此事在《诗经·大雅·灵台》中有生动的描述:“经始灵台,经之营之。庶民攻之,不日成之。”但此

---

① 陶磊:《从巫术到数术——上古信仰的历史嬗变》,山东人民出版社 2008 年版,第 56 页。

诗本身只叙事,没有言明灵台的功能及一向恤民的文王搞人海战术修筑灵台的原因。

灵台乃巫台,"巫觋作法通天之坛场"[①],故而只有最高统治者才有权拥有[②],这是颛顼"绝地天通"后由统治者垄断的特权,但此时的天下共主是殷商,周只是众多依附殷商的小邦之一,依正统观念,此举是明显的僭越行为,但是,结合殷代后期殷人尊祖抑天的倾向,文王此举反其道而行之,既证明自己有通天的本领,又表明自己对巫统的认可。在当时,巫统神权是跨氏族的普世王权的信仰基础,文王此举对于周人争取人心具有重要作用。

关于文王演周易的故事,如果考虑到文王演周易的背景("文王拘而演周易",即文王被纣王囚禁时演绎周易),那么,两厢对照之下,它的意义就更突显出来:周人敬天,认同巫统,因此周人有受天命的资格。殷人则反之,自绝于天,那么他们被天抛弃,就是顺理成章的事了。

可以说,周人在夺天下的过程中,特别注意对原始宗教文化的继承。当然,从另一面来看,也可以说,周人充分利用了殷人在宗教领域的困境。

二、新型宗教文化的内涵

周公东征成功并收服殷遗后,周人的共主位子才算坐稳。鉴于胜利来之不易,周人在回顾总结的过程中产生浓厚的忧患意识,看到天命转移中人自身的力量。另外,夺取天下之后,周人与殷人之间攻守易势,不得不同样面对殷人在宗教领域的困境。为了摆脱困境,周人在宗教领域进行革新,新型宗教文化由此产生。与原始宗教文化相比,新型宗教文化新在"天"的内涵发生了变化,总的原则是从无常向有常转变。

(一)以德配天

周人在宗教领域革新的基础是新的观念的产生,即敬德、保民。

---

① 江晓原:《天学真原》,辽宁教育出版社1995年版,第99页。

② 孔颖达疏引公羊说云:"天子有灵台以观天文……诸侯卑,不得观天文,无灵台。"参看十三经注疏整理委员会:《毛诗正义》(十三经注疏),北京大学出版社2000年版,第1220页。

王敬作所，不可不敬德。（《尚书·周书·召诰》）

我不可不监于有夏，亦不可不监于有殷。我不敢知曰，有夏服天命，惟有历年；我不敢知曰，不其延。惟不敬厥德，乃早坠厥命。我不敢知曰，有殷受天命，惟有历年；我不敢知曰，不其延。惟不敬厥德，乃早坠厥命。……（《尚书·周书·召诰》）

关于“德”的理解，金春峰认为，德在甲骨文中有类似字，即“徝”。他说：“甲骨文‘徝’字的字形应为会意字。彳，乃通衔大路之意。中间字形乃一‘目’加一直线在‘目’上方。‘目’代表头，有如甲骨文‘监’‘鉴’字，水盆上的‘目’乃‘头、脸’之代表。……‘监’‘鉴’字‘目’上无直线，‘徝’字则‘目’上有直线。直线乃悬挂之形，即头被砍下，悬挂于通路大道处，以震慑敌方。‘德’字承甲骨文‘徝’字而来，但在下面加上‘心’，意为使其有头有心，成为一活的人，或不加杀戮而以服人之心（使其心服）代之。故无‘心’则不成其为‘德’。‘德’之内涵是‘敬天、保民’，全生、保生、厚生，引申为首领个人的这种道德、才能、行为。以后，哲学上，‘德’转义为‘生’——‘性’‘德性’，宇宙气化论上转为‘精气’‘精神’。孔子前，‘性’为生，‘德’亦与‘生’相关联，故‘德性’常常连用，成为本性之现实的表现。‘德’与‘性’亦可互用。《庄子·外篇》多有此用法。”[①]依金春峰，这里的“德”就是统治者的一种能力，即对于“民”，统治者应当生之畜之。这本是天的职责，但是通过周人而实现，这意味着周人配得起天，有资格领受天命。它与传统观念的联系在于，它本是巫的能力，即襄助“天”生人成物。这个观念新在它是通过民心而得到天心。

德与民的关联，使得周初统治上层将生民与天命关联起来，如此则爱民、保民的观念自然产生。

天亦哀于四方民，其眷命用懋。（《尚书·周书·召诰》）

王命予来承保乃文祖受命民，越乃光烈考武王弘朕恭。（《尚书·周书·洛诰》）

汝惟小子，乃服惟弘王应保殷民，亦惟助王宅天命，作新民。（《尚书·周书·康诰》）

---

① 金春峰：《〈论天人之际〉与〈说巫史传统〉述评》，《湖南大学学报（社会科学版）》2016年第3期。

若保赤子，惟民其康乂。(《尚书·周书·康诰》)

虽然是统治者以永延天命为目的而产生的观念，但毕竟第一次从观念上明确统治者对民的责任(即保障其基本生存权)，意义重大。放在巫统与血统概念的框架内，这也许可以理解为在巫统与血统斗争中，出现了第三种力量，即民。他们以被动的方式与天之间存在着联系，并间接决定天命所归。

以德配天的观念对于“天”的改造，在于引入“德”这个新观念和“民”这个新力量，对天进行“祛魅”，釜底抽薪一般，对巫统所通的那个天进行改造，将它从神通广大而反复无常的天变成理性的、有常的天，理论上使得巫的通天手段失去存在的前提，正所谓“皮之不存，毛将焉附”。当然，在实践中，在与天的沟通中，仍然需要特殊的才能与外在的手段，但因为天的理性化、有常化，它们的重要性相对地降低了。

经过这一改造，祭祀的信仰基础发生改变，祭祀的外在表现即礼乐被人文化，德成为礼乐的核心，礼乐实践也从宗教领域向政治社会领域扩展。巫统的信仰基础被抽离，而巫的通天手段就从道术合一变成有术无道。巫的地位降低，进一步推动知识精英从巫到史的转变。另外，商代后期巫统与血统之间既斗争又融合，经过周初的宗教革新，统一巫统与血统，巫统神灵血统化，天神崇拜与祖先崇拜合一。巫统与血统的融合使得四时观念发生了从四凤到五方的转变，为五行观念的产生奠定基础。

(二)改造周易

前已述及，筮占本是巫者发明的新的登天通神工具，属于巫统。周初在新的观念基础上统一巫统与血统，不可避免地要对筮占进行改造，在长期的改造过程中，进一步扩大了天的内涵。

周人对筮占的改造可说是一种“去巫化”处理，旨在改变其巫术性质。陶磊通过与商易《归藏》的比较研究，认为主要包括以下几个方面：其一，改变卦名。如把恒我卦改为恒卦，原因是“恒我”本是神名。其二，改变卦序。以乾卦代替坤卦而为六十四卦之首，将关于龙的内容安排在乾卦名下。因为坤卦为首反映的是筮占由女性创造并为巫术的历史。其三，卦爻辞的“去神化”。秦简《归藏》中提到很多神话人物和自然神，《周易》卦爻辞中几乎没有神的影子。其四，占断解释的去巫化。在对筮占结果进行吉凶判断时，引入德的观念，削弱巫随意解释神意的权力。①

经过改造，巫术的痕迹从文本表面上看已经被清理掉，但是，在成卦规则上，却仍然没能“去巫化”。从成卦规则看，筮占本为巫术，而据易类帛书《要》所言，只是在“达乎数”之后，筮占主体才由巫变为史（《要》：赞而不达乎数，则其为之巫，数而不达乎德，则其为之史），筮占的巫术性质才得到彻底改变。从周代一直不重视筮占（龟长筮短）来看，这个改造经历了长期的过程，大概直到春秋时代才完成。

如果不考虑成卦规则中的巫术成分，仅从改造后的《周易》文本来看，其中蕴含着宇宙秩序观念。就六十四卦卦序而言，劳思光认为“乾指发生，坤指质料，二卦为首，即是以能生之形式动力与所凭之质料为宇宙过程之基始条件。既济表完成，未济表未完成。由乾坤始，至既济止，然宇宙之生灭变化永不停止，故最后加一未济，以表宇宙过程本身无穷尽”②，“此种排列命名，即明显表示古代思想中之简单宇宙论观念。宇宙始于发生之力与基始质料，过程无穷，不可有‘终’，只好以未济（即无穷）本身作为‘终’”③。以封闭的系统表示无尽的宇宙，说明筮占在迷信的外表下，包含有理性的内容，内容与形式之间存在着张力。六十四卦将宇宙万事万物囊括其中，说明对世界的整体性把握。通过对世界秩序化、条理化的整理，将其祛魅化，否定筮占的信仰基础，天从无常向有常转变，剩下的就是从技术上实现有常。

第三节　中国哲学的诞生

西周中期以后，天灾人祸不断，人民流离失所，周王朝统治危机加剧，反映到思想上，人们怀疑天上和地下的权威，社会批判思潮涌动，成为思想解放的契

① 陶磊：《从巫术到数术——上古信仰的历史嬗变》，山东人民出版社 2008 年版，第 62—65 页。

② 劳思光：《新编中国哲学史》，广西师范大学出版社 2005 年版，第 62 页。

③ 劳思光：《新编中国哲学史》，广西师范大学出版社 2005 年版，第 63 页。

机。这一解放在春秋时代最重要的表现是:“天”被解放了。具体而言就是,平王东迁以后,周王室无德以配天,周初的观念已成具文。两周之际的怨天、咒天之作中,天又成了反复无常的天,周初在新观念基础上实现的巫统与血统的统一,出现反复。一些知识精英在新的历史条件下,以新的面貌、借助于新的手段,再造一个“天”,并解释天意,介入现实政治。从改造的方向(无常到有常)来看,它是对新型宗教文化的继承;从改造主体来看,它是由巫统主导的改造,又有原始宗教文化的特点,因此可以认为它是新旧宗教文化在春秋时代的发展。它们共同构成中国轴心突破[①]的背景与渊源,这一突破过程同时也是中国哲学诞生的过程。

一、子产与新兴的天道观

子产是郑国公族,祖父是郑穆公(前627—前606年在位),父亲是公子发,字子国,子产名公孙侨,字子产。他的生年史书没有记载,据《左传》,他第一次发表政论在鲁襄公八年。当时他认为郑国入侵蔡国必将得祸,父亲子国斥他“童子言焉,将为戮”。作为春秋后期著名的政治家、思想家,对于轴心突破的发生,子产有独特的贡献。

子产不是纯粹的思想家,而是以政治家兼思想家,要准确理解他的思想,需要搞清楚他的政治活动与政治立场。我们的基本结论是:子产为政的目的是保

---

① “轴心突破”由余英时提出,它由“轴心时代”和“哲学的突破”两个概念综合而来。前者来自德国哲学家雅斯贝斯,后者来自美国社会学家帕森斯。雅斯贝斯在论及“世界历史轴心”时说:“看来要在公元前500年左右的时期内和在公元前800年至公元前200年的精神过程中,找到这个历史轴心。正是在那里,我们同最深刻的历史分界线相遇,我们今天所了解的人开始出现。我们可以把它简称为‘轴心期’(Axial Period)。”见[德]卡尔·雅斯贝斯(Karl Jaspers,1883—1969):《历史的起源与目标》,魏楚雄、俞新天译,华夏出版社1989年版,第7—8页。帕森斯认为:“在公元前一千年之内,希腊、以色列、印度和中国四大古代文明,都曾先后各不相谋而方式各异地经历了一个‘哲学的突破’的阶段。所谓‘哲学的突破’即对构成人类处境之宇宙的本质发生了一种理性的认识,而这种认识所达到的层次之高,则是从来都未曾有的。与这种认识随而俱来的是对人类处境的本身及其基本意义有了新的解释。”转引自余英时:《古代知识阶层的兴起与发展》,载于余英时:《士与中国文化》,上海人民出版社1987年版,第28—29页。

存郑国社稷("苟利社稷,死生以之"),手段则可以表述为"依礼而行,不可则变"。评价政治家子产,仅仅强调他知礼、守礼是不够的,或者说是不准确的。在礼坏乐崩的时代背景下,子产作为与郑国公室同心同德的贵族,他行事的出发点不是抽象的观念,而是具体的、现实的利益,即郑国的存亡。他对周礼的态度,也当从这个角度理解,才不致给他戴上不合适的帽子。

由于对子产政治实践的性质持不同观点,以往学术界对子产思想的性质也存在截然不同的评价。我们认为,对他思想的评价应当结合他的政治立场进行具体分析。这里我们放弃使用"进步"与"保守"这两个过于简单的概念,而是采用"轴心突破"概念考察他的思想,我们将发现,他实际上是中国轴心突破的先驱。

杨伯峻的《春秋左传注》曾对子产"信鬼神"而"不信天道"的思想表现感到困惑,下面就从这两个方面分析子产的思想。

(一)"信鬼神"

子产"信鬼神"的依据主要是他两次论晋侯疾、祀伯有之鬼、禳火。

第一次论晋侯疾在鲁昭公元年。

晋侯有疾,郑伯使公孙侨如晋聘,且问疾。叔向问焉,曰:"寡君之疾病,卜人曰'实沈、台骀为祟'。史莫之知,敢问此何神也?"子产曰:"昔高辛氏有二子,伯曰阏伯,季曰实沈,居于旷林,不相能也,日寻干戈,以相征讨。后帝不臧,迁阏伯于商丘,主辰。商人是因,故辰为商星。迁实沈于大夏,主参。唐人是因,以服事夏、商。其季世曰唐叔虞。当武王邑姜方震大叔,梦帝谓己:'余命而子曰虞,将与之唐,属诸参,而蕃育其子孙。'及生,有文在其手曰虞,遂以命之。及成王灭唐,而封大叔焉,故参为晋星。由是观之,则实沈,参神也。昔金天氏有裔子曰昧,为玄冥师,生允格、台骀。台骀能业其官,宣汾、洮,障大泽,以处大原。帝用嘉之,封诸汾川。沈、姒、蓐、黄实守其祀。今晋主汾而灭之矣。由是观之,则台骀,汾神也。抑此二者,不及君身。山川之神,则水旱疠疫之灾于是乎禜之;日月星辰之神,则雪霜风雨之不时,于是乎禜之。若君身,则亦出入、饮食、哀乐之事也,山川星辰之神,又何为焉?侨闻之,君子有四时:朝以听政,昼以访问,夕以修令,夜以安身。于是乎节宣其气,勿使有所壅闭湫底以露其体,兹心不爽,而昏乱百度。今无乃壹之，则生疾矣。侨又闻之，内官不及同姓，其生不殖，美先尽矣，则相生疾，君子是以恶之。故《志》曰：‘买妾不知其姓，则卜之。’违此二者，古之所慎也。男女辨姓，礼之大司也。今君内实有四姬焉，其无乃是也乎？若由是二者，弗可为也已。四姬有省犹可，无则必生疾矣。”叔向曰：“善哉！肸未之闻也，此皆然矣。”（《左传·昭公元年》）

这则材料里，由于晋平公生病，子产作为郑国执政，赴晋问疾，所以这实际上是一场外交活动。叔向说晋侯的病据卜人说是“实沈、台骀为祟”，但“史莫知之”，即史官不知“实沈”“台骀”的来历，因此才问子产“此何神也”。正是为了回答叔向提的这个问题，子产才讲了一大段关于鬼神的话。在回答“此何神也”的问题后，他明确否认晋侯之疾与鬼神（实沈、台骀）有关，至于子产信不信有鬼神，在这个材料里不能直接体现出来。

到了鲁昭公七年，晋平公生病，子产又去问疾，韩宣子问子产“今梦黄熊入于寝门，其何厉鬼也”，这是说晋平公梦见黄熊在寝宫门口，怀疑这是病因，因而问它的来历。子产这次直接否认韩宣子的推论，并顺便恭维晋国君臣，“以君之明，子为大政，其何厉之有”，他解释黄熊为鲧之神，建议晋君祀夏郊。这里似乎说明子产是相信有鬼神的。我们认为，在“礼乐征伐自诸侯出”的春秋时代，子产在与霸主晋国打交道时，既要回答疑问、解决问题，又要有分寸地说实话，还要恭维霸主。他两次答疾，都有策略在内。这两则材料不能证明他相信鬼神，也不能证明他不信鬼神，只能是存疑。

祀伯有之鬼也在鲁昭公七年。

及子产适晋，赵景子问焉，曰：“伯有犹能为鬼乎？”子产曰：“能。人生始化曰魄，既生魄，阳曰魂。用物精多，则魂魄强，是以有精爽至于神明。匹夫匹妇强死，其魂魄犹能冯依于人，以为淫厉，况良霄，我先君穆公之胄，子良之孙，子耳之子，敝邑之卿，从政三世矣。郑虽无腆，抑谚曰‘蕞尔国’，而三世执其政柄，其用物也弘矣，其取精也多矣，其族又大，所冯厚矣。而强死，能为鬼，不亦宜乎！”（《左传·昭公七年》）

子产去晋国，晋国贵族问他，伯有这样的人怎么也能为鬼享祀。这其实是在质疑子产的决定，这是外交场合，子产当然不会让步。他的回答应该是当时人们的普遍观念，他作为政治家不可能不在意民众的看法，所以这个事例主要说明他作为政治家的施政策略，即循俗安民。

子产禳火发生在鲁昭公十八年。对这件事,以往的关注点主要放在子产不信从裨灶建言上面,忽视了他在拒绝裨灶以国家禳火之后,采取了一系列措施以禳火,因为这些措施是"礼"的规定。可见简单地说子产信鬼神或不信鬼神,都不足以说明他思想的实际情况。从他依周礼而行祭祀的表现看,即使信鬼神,他所信的,也是周初巫统与血统统一后,在新的信仰基础上形成的神灵系统。联系他的政治立场,他以维护郑国社稷存续为政治目的,而作为姬姓诸侯,郑国的社稷与周王室在宗法上、宗教上密不可分,二者是毛与皮的关系,所谓"皮之不存,毛将焉附"。因此,他不可能从根本上否定周礼、否定鬼神,强行给他贴上"无神论"标签,等于把不可能的观念强加于他,这超越了他的身份,更超越了他的时代。

(二)"不信天道"

对子产"不信天道"的判断来自《左传・昭公十八年》的记载。

> 夏五月,火始昏见。丙子,风。梓慎曰:"是谓融风,火之始也;七日,其火作乎!"戊寅,风甚。壬午,大甚。宋、卫、陈、郑皆火。梓慎登大庭氏之库以望之,曰:"宋、卫、陈、郑也。"数日皆来告火。裨灶曰:"不用吾言,郑又将火。"郑人请用之,子产不可。子大叔曰:"宝以保民也,若有火,国几亡。可以救亡,子何爱焉?"子产曰:"天道远,人道迩,非所及也,何以知之?灶焉知天道?是亦多言矣,岂不或信?"遂不与,亦不复火。

这一事件的顺序是:昭公十七年冬,星象出现异常,鲁大夫用"天道恒示人以象"的理论推断诸侯将有火灾,并据星象分野理论推算将会在宋、卫、陈、郑四国出现火灾。郑国大夫裨灶也得出同样的结论,建议执政子产用"瓘斝玉瓒"禳火,被子产拒绝,子大叔以为子产舍不得国宝,劝他用国宝保民,于是子产说出自己拒绝的理由:"天道远,人道迩,非所及也,何以知之?灶焉知天道?是亦多言矣,岂不或信?"仔细分析这段话,其中包含两个重点:一是天道与人道不相及,二是裨灶不知天道。所谓"相及",即天垂象,降吉凶,"非所及"否定的是"天道恒示人以象",不承认人间将要发生的事会通过特定的天象提前显示出来。这是从理论根基上进行的否定,所以子产"不信天道"是不相信这种天人感应说。子产认为裨灶不知天道("焉知天道"是以疑问句表示否定)。裨灶是郑国大夫,并非专职的天学家,在《左传》中与他有关的记录有六则,全部是星占学预言(襄公二十八年、三十年,昭公九年、十年、十七年、十八年)。陈泳超分析认为这里的天道与子产所信的鬼神不是一回事,“这里所谓的‘天道’并不是‘弗吊天降丧于殷,殷既坠厥命,我有周既受’或‘明明在下,赫赫在上,天难忱斯,不易维王’式的有意志的天,它指的是自然属性的天,这主要是由占星家们倡导出来的。……春秋之时,以周之苌弘、鲁之梓慎、郑之裨灶等为代表的一大批占星家显得异常活跃,他们不单像商人那样观察大火,甚至主张一切天象均能示人吉凶,总结出了‘天事恒象’的核心理论,并有阴阳、气、数纪之类一大套概念武器。这里的天,就不能用‘上帝’替换了。这就脱离开了传统的鬼神系统(‘天’‘帝’也可统称为‘鬼神’),另外形成了一类干预人事的超验力量”①。

我们认为这是一个重要的判断,由此可以将问题推向深入。司马迁《史记·天官书》中曾列出一份“传天数者”的名单:

> 昔之传天数者,高辛之前:重、黎;于唐、虞:羲、和;有夏:昆吾;殷商:巫咸;周室:史佚、苌弘;于宋:子韦;郑则裨灶;在齐:甘公;楚:唐眛;赵:尹皋;魏:石申。

江晓原认为:“十余人既列入同一名单,则诸人必有某种共同之处,此共同之处为何?可一言以蔽之曰:通天。传天数者,即专司通天事务之人物。在此名单中,历史演进之迹也判然可见——古代的星占学家,正是由上古通天巫觋演变而来。”“古代天文星占之学,即属上古通天之术,太史观星测候,不啻巫觋登坛作法。”②

运用巫统、血统概念判断,春秋时代的占星家与颛顼“绝地天通”时的大巫“南正重”(后世一般将其与“火正黎”合称重黎)一样同属通天阶级,因此可以说裨灶等人属于巫统。据前所论,由于周初已统一巫统与血统,在世俗政权的建制中,已不存在独立的巫统。春秋时代的“传天数者”,除宋国子韦(司星)外,其他如周王室苌弘、鲁国梓慎、郑国裨灶,都不是专职天学家。他们运用天学知识,在周初的天之外,另造一个天,以“天事恒象”与星象分野理论为基础,通过观测天象(主要是行星的异常星象)来预言人事,干预现实政治。

这可以看作西周末年“天”解放之后,巫统复兴、反扑的一个表现。子产作

---

① 陈泳超:《关于子产天道鬼神观的误解与探正》,《湖南师范大学社会科学学报》1998 年第 5 期。

② 江晓原:《天学真原》,辽宁教育出版社 1995 年版,第 98 页。

为郑国世袭贵族、郑国社稷的卫护者，对裨灶等人反周初传统的新兴观念持坚决反对的立场，是再正常不过的事了，而双方的观点、立场之争，也明白地昭示出西周宗教神学的危机。

从上面的材料我们看到的是子产对颠覆性思想的反对（破），另一则材料则让我们看到他的理论建设（立）。

> 子大叔见赵简子，简子问揖让、周旋之礼焉。对曰："是仪也，非礼也。"简子曰："敢问，何谓礼？"对曰："吉也闻诸先大夫子产曰：'夫礼，天之经也，地之义也，民之行也。'天地之经，而民实则之。则天之明，因地之性，生其六气，用其五行。气为五味，发为五色，章为五声。淫则昏乱，民失其性。是故为礼以奉之：为六畜、五牲、三牺，以奉五味；为九文、六采、五章，以奉五色；为九歌、八风、七音、六律，以奉五声。为君臣上下，以则地义；为夫妇外内，以经二物；为父子、兄弟、姑姊、甥舅、昏媾、姻亚，以象天明，为政事、庸力、行务，以从四时；为刑罚威狱，使民畏忌，以类其震曜杀戮；为温慈惠和，以效天之生殖长育。民有好恶、喜怒、哀乐，生于六气。是故审则宜类，以制六志。哀有哭泣，乐有歌舞，喜有施舍，怒有战斗；喜生于好，怒生于恶。是故审行信令，祸福赏罚，以制死生。生，好物也；死，恶物也；好物，乐也；恶物，哀也。哀乐不失，乃能协于天地之性，是以长久。"简子曰："甚哉，礼之大也！"对曰："礼，上下之纪、天地之经纬也，民之所以生也，是以先王尚之。故人之能自曲直以赴礼者，谓之成人。大，不亦宜乎！"简子曰："鞅也，请终身守此言也。"（《左传·昭公二十五年》）

这则材料里子大叔转述子产论礼之言，我们认为这或许可以认为是子产针对当时新兴的反传统观念，在新的信仰基础上论证礼的合理性，这个基础就是自然之天。

周礼的信仰基础是有常的天，即可以生民、保民、赏善罚恶的天。子产这里作为礼之依据的天，则没有意志、人格，它表现它自己，人们自主地去效法它。从思想发生的逻辑来说，这是把理想化的礼投射到自然，以之为模仿对象，再把礼"天经地义"化，但他把礼的基础奠定在自然之天上，这本身就是对传统思想的突破。这是作为政治家的子产在思想领域所能跨出的最大一步，我们称他为轴心突破的先驱，应当是不为过的。

二、老子的轴心突破

关于老子其人其书，学术界有很多讨论。我们认为，关于老子其人，在没有更可靠的材料之前，应该相信司马迁《史记·老子韩非列传》主传中对老子其人的记载，即老子姓李氏，名耳，又叫老聃，是春秋末年周王室史官，年代在孔子稍前，里籍在今河南省鹿邑县。关于《老子》其书，由于成书时间较长，其中存在后世添加的内容，但基本思想属于老子。传世本《老子》版本较多，鉴于帛书本在一些重要的地方对传世本有补充、纠正，本书在引用时采用李零校正的帛书本《老子》，章节顺序则仍依传世本。

春秋时期，由于周王室衰落，诸侯之上出现权力真空，当时出于调解华夏诸侯内部纠纷以及应对戎狄侵犯的需要，出现霸主政治。图霸往往伴随着大国对小国的兼并活动，以老子故国陈国为例，春秋中期以后晋楚争霸，陈国夹在两大国之间，逐渐从华夏诸侯沦为楚国的附庸，几度被灭国，虽曾复国，最终仍成为楚国的一个县。兼并战争使“存亡绝续”的古老传统名存实亡。在那个弱肉强食的时代，老子选择站在弱者一方，替朝不保夕的小国统治者出主意，这是他的基本立场。就思想发展的线索而言，如前所述，春秋时代出现新的天道观，将解放了的“天”沿着有常的方向发展，成为宇宙法则的化身，可预示吉凶却不具备赏善罚恶的功能，用以指导人事，意味着人们不需要修德，只需要“知天道”和运用相应的方术就可以了。这不仅反西周传统，也与当时的人文主义思潮相悖，因而受到有识之士(如子产)的反对。作为史官的老子，面对时代问题与思想实际，通过哲学创造突破以往的思想框架，完成他的轴心突破。我们从本体论、认识论、人生哲学与政治哲学等方面对《老子》哲学进行阐述。

(一)本体论

“道”是《老子》的最高范畴，它是世界本原，具有创生功能，是存在之所以存在的根据，可谓最高存在。此前的思想中，能与之类比的应该是“天/帝”观念。老子没有沿用这一名称作为最高范畴，而是另外提出一个新概念“道”来阐发自己的思想，并用“自然”来规定道，这成为《老子》乃至道家哲学的特色。下面我们据《老子》文本，阐述老子本体论思想。

1.“自然”的性质与内容

道是世界本原和价值依据，而“道法自然”，因此，理解“自然”是理解“道”的前提。“自然”在《老子》中出现五次，它的字面意思是“自己如此”。若沿着这个字面解释进行引申，则“自然”一词应是对事物不受外部力量、意志主导的一种实然存在状态的描述，只具有描述义而没有规范义。我们认为，“自然”是老子理想中的状态，它具有规范义。下面对文本中的“自然”逐一进行分析。

太上，下知有之；其次，亲誉之；其次，畏之；其下，侮之。信不足，焉有不信，悠兮其贵言也。成功遂事，而百姓皆谓我自然。（第17章）

这段话第一句“太上，下知有之”是站在百姓的角度对最好的统治者的描述，而这个描述本身就包含了一种价值肯定。最后一句“成功遂事，而百姓皆谓我自然”，这里的“自然”就不仅是对一种实然状态的描述，更是对最好的治理的评价，而这就属于应然判断。

希言自然。飘风不终朝，暴雨不终日。孰为此？天地而弗能久，又况于人乎？……（第23章）

“希言自然”看似描述一个事实，但仔细分析其中仍包含价值判断，因为既肯定“希言”是“自然”，则“多言”必定为不自然。这样，所谓“自然”就包含了作者的一种特殊肯定，“自然”就不仅仅是对于实然的描述，而是一种判断、规范。

道生之而德畜之，物形之而势成之。是以万物尊道而贵德。道之尊，德之贵也，夫莫之爵而恒自然也。故道生之畜之，长之育之，亭之毒之，养之覆之。生而弗有也，为而弗恃也，长而弗宰也，此之谓玄德。（第51章）

“道之尊，德之贵也，夫莫之爵而恒自然也”即是说在老子看来，有功无爵为自然，而道对万物有生化之功却能“生而弗有”，可谓有功无爵，这在这里被评价为“恒自然”，反之，若因有功而求爵则是“生而有之”，则为不自然。可见，这里的“自然”仍是一种特殊肯定。

其安也，易持也。其未兆也，易谋也。其脆也，易判也。其微也，易散也。为之于其未有也，治之于其未乱也。合抱之木，生于毫末；九层之台，作于累土；百仞之高，始于足下。为之者败之，执之者失之。是以圣人无为也，故无败也；无执也，故无失也。民之从事也，恒于几成而败之。故慎终若始，则无败事矣。是以圣人欲不欲，不贵难得之货；学不学，而复众人之

所过,能辅万物之自然,而弗敢为。(第 64 章)

这段话中前面老子根据事物发展客观规律,提出处事主张:要能见微知著,防患于未然。若事已不可为,则不为。事之将成要慎重,以免功亏一篑。最后一句“能辅万物之自然,而弗敢为”,从上下文来看,“万物之自然”指的是事物发展的规律,是没有外部力量、意志主导的实然存在,不包含价值判断,“自然”在这里有描述义而无规范义。不过本句重点不在讲“万物之自然”而在于肯定圣人之治的一个重要方针:能辅万物之自然,而弗敢为。它是相对于“有为”而言的,因此这里的“自然”仍包含一种特殊肯定。

有物混成,先天地生。寂兮寥兮,独立而不改,可以为天地母。吾未知其名,字之曰道,吾强为之名曰大。大曰逝,逝曰远,远曰返。道大,天大,地大,王亦大。国中有四大,而王居一焉。人法地,地法天,天法道,道法自然。(第 25 章)

最后一句“道法自然”对于理解老子思想非常重要,但历来歧解甚多。其中关键在于对“法”与“自然”的理解不同。对于“道法自然”的理解,我们认为“法”用作动词,作谓语,“自然”用作名词,作宾语,“道法自然”是一个主谓宾结构的判断句。从“人法地”,到“地法天”,到“天法道”,到“道法自然”,四句之间层层递进,“自然”成为最高规定。这里的问题是:“自然”是实然还是应然?或者说“自然”指的是物理自然还是人文自然?“自然”若为物理自然,则“道”所取法的对象就是实然之物理世界,那个世界中,没有意志,没有价值判断,不存在“应如是”的问题。这类似前述春秋时代新天道观的天道有吉凶无善恶的机械式观念。老子超越了这种观念,“自然”不是物理自然而是人文自然。

2.“道”的定义与位置

借鉴涂又光的做法,我们通过《老子》第 1 章与第 2 章来讨论《老子》“道”的定义。

道可道也,非恒道也;名可名也,非恒名也。无名,万物之始也;有名,万物之母也。故恒无欲也,以观其妙;恒有欲也,以观其所徼。两者同出,异名同谓。玄之又玄,众妙之门。(第 1 章)

天下皆知美之为美,恶已;皆知善,斯不善已。有无之相生也,难易之相成也,长短之相形也,高下之相盈也,音声之相和也,先后之相随也,恒也。是以圣人居无为之事,行不言之教。万物作而弗始也,为而弗恃也,成

功而弗居也。夫唯弗居,是以弗去。(第2章)

老子思想具有反常识的特点,他给"道"下定义时也不循常规,即不从正面来讲,而从反面提示。首章第一句说"道可道也,非恒道也",说明老子所谓道,实指"恒道","道"是简称。为什么恒道不可道?当从第2章对"恒"的界定来求。帛书本在"有无之相生也,难易之相成也,长短之相形也,高下之相盈也,音声之相和也,先后之相随也"后,有"恒也"二字,说明"有无""难易""长短""高下""音声""先后"是事物对立的一面,"相生""相成""相形""相盈""相和""相随"是对立面的统一,"恒也"是说恒的内涵是上述具体现象反映出的事物的对立统一。涂又光据此推论《老子》下定义的独特方式:"下定义,可以只用内涵,下的是内涵定义,说的是其类的共相;也可以只用外延,下的是外延定义,说的是其类的分子即殊相;也可以兼用内涵和外延,说的是具体共相。从帛书本才知道老子为恒下的是外延定义,由此才恍然大悟:老子为'道'下的也是外延定义。由此才发现:下外延定义,是老子下定义的独特方式。这种独特方式,其哲学形上学的意义,便是以殊相为本。"①我们认为,除此之外,这一定义还针对一种常见的思想定式,即在有无、大小、强弱、高下、贵贱之间重前者而轻后者。老子则一反常态,把后者提起来,提到与前者对等的地位,并且后者的存在是前者存在的前提。在观念中它们相对而成立,在现实中二者之间也会发生逆转,而非一成不变。这是老子独特的思想倾向,即重视无、小、弱、下、贱的价值。事实上,以殊相为本,必然重视被忽略者与被压迫者。通过对道(恒道)的定义,老子表达出一种世界观,即事物存在的方式是对立统一,而个体是世界的基础。这个定义说明道作为最高范畴,具有价值内涵,道在价值排序中处于最高位置。

上德不德,是以有德;下德不失德,是以无德。上德无为而无以为也,上仁为之而无以为也,上义为之而有以为也,上礼为之而莫之应也,则攘臂而扔之。故失道而后德,失德而后仁,失仁而后义,失义而后礼。夫礼者,忠信之薄也,而乱之首也。前识者,道之华也,而愚之首也。是以大丈夫居其厚而不居其薄,居其实[而]不居其华。故去彼取此。(第38章)

这一段论述以距离"无为"的远近对道、德、仁、义、礼进行规定并排序,呈现为依次下降的序列。有上德、上仁、上义、上礼而无"上道",因为道(恒道)是最

---

① 涂又光:《楚国哲学史》,湖北教育出版社1995年版,第218—219页。

高范畴，至高则无上。德有上下之分，上德无为，同于道，从下德开始有为，于是就不自然，不以自为本，有了包办代替。仁、义、礼都包含在下德之中，而在表述上与上德相应，称为上仁、上义、上礼。因此这一序列描述的是道与德（上、下）的关系，最后着重批判礼，因为“夫礼者，忠信之薄也，而乱之首”。从思想背景来说，只有在礼被形式化、工具化的时候，才会有这样激烈和彻底的批判。春秋时期周礼的信仰基础被颠覆，礼失掉内容，变成仪式，有识之士如子产、孔子从不同方向为礼重新奠基。我们有理由认为，这从一个方面说明《老子》思想是以春秋现实与思想为背景的。

由于“道法自然”，自然的内容是以自（殊相、个体）为本，它必然否定不尊重个体意愿的包办代替，后者在《老子》中就是“为”，这种“为”反面就是《老子》常提的“无为”，因此“无为”从正面来说就是让事物（人）“自为”。礼在序列中居最下，说明礼是“有为”最多的一项活动。这里的礼是周礼，据前所述，周礼是周初宗教革新的成果，周人统一巫统与血统，将巫统神灵血统化，一并进行祭祀，有祭祀权的是各级贵族，这是周人对“绝地天通”后天人分裂传统的继续。至《老子》提出“道法自然”，以自为本，则与最高存在沟通的权力就不再是特定阶级的专利，而是每个个体的权力。这样就有可能在个人本位的基础上，实现高一级的天人合一（相对于“绝地天通”之前的“民神杂糅”），因此《老子》哲学在哲学史上的意义是巨大的。

3.《老子》本体论

《老子》中关于万物的根源，有多种不同的表述。涂又光研究认为，它们构成“一部本体论发展史”，具体而言就是“第一阶段是‘玄牝’所生说，第二阶段是‘有生于无’说，第三阶段是有无‘异名同谓’说。第一阶段、第二阶段是他生型，第三阶段是自生型。但第一阶段是原始的前逻辑思维，第二阶段是文明的逻辑思维，第三阶段是文明的后逻辑思维。用另一套术语说，可依次名为神话思维、科学思维、元学思维，又可依次名为感性思维、知性思维、理性思维”[①]。我们同意这个判断，并进一步追溯它们的思想渊源，认为这是老子作为史官出身的士，对此前“生物（成物）”观念的提炼与升华。

---

① 涂又光：《楚国哲学史》，湖北教育出版社1995年版，第228—229页。

第一阶段：

谷神不死，是谓玄牝。玄牝之门，是谓天地之根。绵绵兮若存，用之不勤。（第6章）

这里将生物之神称为“谷神”，“谷是两山之间的河谷，它和下文的‘玄牝’相似，也具有陷下与虚空的特点，水从谷出，汇为江海，也与‘玄牝’生天地万物相似”①。“谷神不死”指生物者（谷神）具有长生（不死）的特征，因其不死，故可以生生不息。而以“玄牝”与之类比，应当是原始社会生殖崇拜的遗迹，但就其所阐发的思想来看，则是一种“神创论”，即由一个生物之神，像女人生孩子一样，生出天地万物。

第二阶段：

……天下之物生于有，有生于无。（第40章）

前面是具体形象化的创生论，这里则将生物者抽象为“无”这个概念，这已经是哲学化的表述了。谷神也好，玄牝也好，这些生物者本身也都是“有”，因此谷神生物实际上是“有生有”，进一步追问，则有又从何而来？无穷追问下去，只能以“无”来回应。李泽厚认为：“被今人释为所谓‘本体实在’亦即《老子》一书中最为重要的观念‘道’-‘无’，其真实根源仍在巫术礼仪。‘无’，即巫也，舞也。它是在原始巫舞中出现的神明。在巫舞中，神明降临，视之不见，听之无声，却功效自呈。”②这是就“无”这一概念的思想渊源着眼所作的推论。“天下之物生于有”，“有”指的是什么？据前所论，“有”是生物之神，在古人的观念中，物之生由神掌握，一旦生物不顺利，则巫者可施展其通神的本领，召唤神灵，帮助物的生长，这或许是有（生物之神）生于无（通神之巫）观念的渊源。

第三阶段：

……两者同出，异名同谓。玄之又玄，众妙之门。（第1章）

“两者同出，异名同谓”的具体内涵是“指无名的万物和有名的万物，同出于道，一个叫‘无’，一个叫‘有’，其实是一回事”③。这即是说生物者（无）与被生

---

① 李零：《人往低处走——〈老子〉天下第一》，生活·读书·新知三联书店2008年版，第39—40页。

② 李泽厚：《说巫史传统》，《历史本体论·己卯五说》，生活·读书·新知三联书店2008年版，第184—185页。

③ 李零：《人往低处走——〈老子〉天下第一》，生活·读书·新知三联书店2008年版，第26页。

者(有)合一,涂又光由此推出老子本体论是“自生型的本体论”,“有无同谓,是同谓道,即同谓本体。如此达到本体,不仅不走有生于有的路子,而且不走有生于无的路子。有生于无,超越了有生于有。有无同谓,超越了有生于无。超越了有生于无,就超越了谁生谁的关系,也就没有谁生谁的问题了。所以以有无同谓为特性的第三阶段,本身没有谁生谁的问题。若比照前两阶段,还是要问谁生谁,那就只有说自己生自己”①。

这三个阶段的本体论,前两阶段都存在“谁生谁”的问题,故而属他生型本体论,第三阶段取消了“谁生谁”的问题,属自生型本体论,这种类型的本体论不再需要通过生成论来证明自己的地位。涂又光论及这种区别时说:“自生型的本体论,独立于生成论而自足。他生型的本体论,不过是生成论的附庸,其本体不过是宇宙生成序列的首项,离开生成序列便丧失其首领地位,没有本体资格了。所以只有自生型的本体论,才是真正的本体论。有无同谓既是同谓事物,也是同谓殊相,确立殊相为本的地位,排除造物者的地位。”②

我们认为,自生型本体论是老子最重要的哲学创造,但它并非向壁虚造,它是春秋时期以数为基础的新天道观的发展。在这一天道观下,神灵、造物者的地位被抽象的数(宇宙法则)取代,数内在于物之中,因而物具有自生性。这一天道观是巫统(“传天数者”)在春秋时期的理论创造,老子接续这个工作,用新的话语建构起哲学本体论,完成古代中国伟大的哲学突破,《老子》成为中国第一部哲学著作,老子成为中国第一位哲学家,可以说是当之无愧的。

关于这一突破的意义,我们认为,从天人关系方面来说,他生型本体论以天(生物者)、人(被生者)的二分为前提,自生型本体论则实现了天人合一。它不仅具有重大的理论意义,还有深刻的现实意义。宗法制下人是家庭这个绵延体的过客、家的产业的临时代理人,人不属于他自己,而属于祖先和后世子孙,从根本上来说,是续嗣的工具。③ 这即是说社会是以家为本位构成的。在《老子》这里,社会则以个人(自)为本位构成,个人首先是他自己,是平等的个体,并以这种身份进入政治组织与伦理关系中,因此这种本体论具有“制造个人”的功能。

---

① 涂又光:《楚国哲学史》,湖北教育出版社 1995 年版,第 237 页。

② 涂又光:《楚国哲学史》,湖北教育出版社 1995 年版,第 238 页。

③ 代云:《个体人立场下的秩序与自由——老子政治哲学新探》,《商丘师范学院学报》2013 年第 1 期。

（二）认识论

认识论首先要回答的问题是：认识是如何可能的？

1.认识是如何可能的

所谓认识的可能性问题，是说认识主体（我）怎么可能得到关于认识客体（道）的正确知识，或者简而言之，我如其所是地认识道的可行性在哪里。我们从理论内部的一致性来进行回答。

有什么样的本体论，就有什么样的认识论。由于《老子》本体论属自生型，理论目标是以个体为本位实现天人合一，由此可以从否定的方面推出老子认识论的两个原则：不他求、不外求。不他求即不通过中间人（比如可通天的巫）来到达道，不外求是不从自身之外（比如物）找办法。通过排除这两种方法，可以从肯定的方面得出老子认识论的原则：内求于己。实际上，老子本体论与老子认识论是匹配的，这种匹配关系解决了认识的可能性问题。

2.认识的方法

对于认识可能性的回答，导向认识的方法。

> 善建者不拔，善抱者不脱，子孙祭祀不绝。修之身，其德乃真；修之家，其德有余；修之乡，其德乃长；修之国，其德乃丰；修之天下，其德乃溥。以身观身，以家观家，以乡观乡，以邦观邦，以天下观天下。吾何以知天下之然哉？以此。（第54章）

老子这段话第一句是说若要家国天下延续不断，方法（善建、善抱）很重要。接下来讲修身，修身的目标是归真，回到人本来的样子，即自然的样子。下面的“余”“长”“丰”“溥”都是量词，表示归真的范围从家到乡、邦、天下，越来越广，最后是天下归真。这就是说，“真”或者“自然”是德之体，“余”“长”“丰”“溥”是德之量。接下来“以身观身”等五句是讲方法，即以某观某。以某观某可以笼统地解释为按照世界的本来面目认识世界，但它的具体内容是什么？这由《老子》本体论决定。认识的对象是《老子》本体论构想的世界，也就是以自（殊相、个体）为本的世界，由于“修之身”等五句中“身”是最根本的，其他如家、乡、邦、天下是推扩的结果，因此以某观某中，身最重要，或者说“自”最重要。因为自生型本体论中，世界不仅是他，世界还是我，世界既包含着我，则世界内在于我之中，因此对世界的认识就指向自我认识。

3.认识的过程

《老子》第21章描述了认识的过程：

……道之物，唯恍唯忽。忽兮恍兮，中有象兮。恍兮忽兮，中有物兮。窈兮冥兮，中有精兮。其精甚真，其中有信。自今及古，其名不去，以顺众父。吾何以知众父之然也？以此。（第21章）

这是说，在到达“道”的过程中，经历了象、物、精三个阶段。李泽厚认为：“《老子》中保存的好些非常难解和神秘的章段……所有这些，闪烁出的正是神秘的巫术礼仪的原始面貌。”[①]我们认为眇是人无欲时才能观到的道的样子，这里通过玄觉对精的认识，从渊源上当可追溯到巫统降神的过程。从外（象、物）到内，从形到神，与神相接，获知神意（信）。这是天人分裂时期巫统通神的过程。老子这里是从操作层面上对这种传统的继承，不同之处在于理论基础发生改变，即从原始天神信仰转为自生型本体论，认识主体也从巫者转为所有人，实现的是以自为本的天人合一。

（三）人生哲学与政治哲学

据《老子》自生型本体论及文本表述，《老子》人生哲学可表述为以自为本，返璞归真。《老子》政治哲学则为实现这一目标提供保障。

1.人生哲学

关于《老子》人生哲学，我们主要通过其关于“身”的论述来说明。从第54章可以看出，《老子》社会结构有五层：身、家、乡、邦、天下。其中“身”是社会共同体的基本单位，这是自生型本体论在人生问题上的体现。人生问题在《老子》这里是由人有“身”而引发的。

宠辱若惊，贵大患若身。何谓宠辱若惊？宠之为下，得之若惊，失之若惊，是谓宠辱若惊。何谓贵大患若身？吾所以有大患者，为吾有身也；及吾无身，有何患？故贵为身于为天下，若可以托天下矣；爱以身为天下，如可以寄天下矣。（第13章）

这是说身是大患的根源，但《老子》并没有朝着无身的方向去思考，而是以

---

① 李泽厚：《说巫史传统》，载于李泽厚：《历史本体论·己卯五说》，生活·读书·新知三联书店2008年版，第184页。

身为前提,以存身全生为目标进行思考,坚持了中国哲学的世俗性格。

《老子》主要站在普通人(民)的角度讲存身全生,与之相关的有内(主观)外(客观)两方面。内主要指欲望,外则包括他人(统治者)及社会(各级共同体)。《老子》主张知足寡欲,以身的自然需要为限,为腹不为目。

> 五色,使人目盲;驰骋田猎,使人心发狂;难得之货,使人之行妨;五味,使人之口爽;五音,使人之耳聋。是以圣人之治也,为腹不为目,故去彼取此。(第12章)

> 天下有道,却走马以粪;天下无道,戎马生于郊。罪莫大于可欲,祸莫大于不知足,咎莫憯于欲得。故知足之足,恒足矣。(第46章)

外物是通过人的主观欲望而成为占有对象的,因此老子从主观出发来讲存身的问题是合乎情理的。老子并不抽象地讲身的问题,他针对当时实际情况,区分民与统治者,对其作不同的要求,即民要重身,君要轻身。因为相比较而言,民的生存条件、自保手段不如统治者,因此应当重身;统治者有足够多的资源、手段存身全生,因此应当轻身。这里的关键问题是:在身与天下之间,究竟是以身为目的、天下为手段,还是反过来,以天下为目的、以身为手段。民当然是希望统治者以天下为目的,以身许天下,而不是相反:以天下奉一人,天下成了一人之身的手段。这可以看作“损有余而补不足”的“天之道”的要求。

据上所论,以身为本,在当时的情况下,就是以民之身为本,体现的是《老子》高者下之、贵者贱之的价值倾向。

2.政治哲学

《老子》政治哲学是《老子》自生型本体论在政治领域的展开。以实现“以自为本”为总目标,《老子》政治哲学的具体目标是:积极的方面是促成“以自为本”的实现,消极的方面是不危害“以自为本”的实现。

老子将社会结构分为五个层级,即身、家、乡、邦、天下(第54章),其中身是社会共同体的基本单位,用“质”与“量”的概念来表述,则身是质,家、乡、邦、天下是量,这些共同体是身的扩展,它们存在的意义是实现身(自、殊相、个体)。

以自为本的政治哲学,是相对于以家为本的政治现实而来的。坚持以自为本,则对于“家”中的伦理规范会有截然不同的主张。周道尊尊,主张父慈子孝而着重在孝。老子不同,相对于孝,更重慈。

> 故大道废,焉有仁义。智慧出,焉有大伪。六亲不和,焉有孝慈。邦家

昏乱，焉有贞臣。（第18章）

绝圣弃智，民利百倍；绝仁弃义，民复孝慈；绝巧弃利，盗贼无有。此三者也，以为文未足，故令有所属：见素抱朴，少私而寡欲。（第19章）

天下皆谓我大，大而不肖。夫唯不肖，故能大；若肖，久矣其细也夫。我恒有三宝，持而宝之：一曰慈，二曰俭，三曰不敢为天下先。夫慈，故能勇；俭，故能广；不敢为天下先，故能为成事长。今舍其慈且勇，舍其俭且广，舍其后且先，则必死矣。夫慈，以战则胜，以守则固。天将建之，如以慈垣之。（第67章）

可以看出，老子在从肯定的方面讲时只说"慈"（《老子》第67章）而不提"孝"，在"孝慈"（《老子》第18章与第19章）并举时则是在批判传统的伦理观念。理论上，慈是先天情感，人与动物皆同，因而接近自然；就《老子》思想倾向而言，就像在存身全生问题上要求上位者轻身一样，老子在伦理规范中更多地要求长者而不是幼者，因此更重视慈。

乡在《老子》中只出现一次（第54章），因此我们将乡与邦合并论述。关于统治者的权力来源，老子认为在于"得一"。

昔之得一者，天得一以清，地得一以宁，神得一以灵，谷得一以盈，侯王得一而以为天下正。其致之也，谓天毋以清将恐裂，谓地毋以宁将恐废，谓神毋以灵将恐歇，谓谷毋以盈将恐竭，谓侯王毋以贵以高将恐蹶。故必贵而以贱为本，必高矣而以下为基。夫是以侯王自谓孤、寡、不穀。此其贱之本与？非也。故致数誉无誉。是故不欲琭琭若玉，硌硌若石。（第39章）

一即太一、道，正即统治者，则"侯王得一而以为天下正"仿照君权神授的说法，在《老子》里，就是"君权道授"。由个体在道之下的平等地位可知，邦不是凌驾于民众之上的统治机构。因此《老子》第17章会说"太上，下知有之；其次，亲誉之；其次，畏之；其下，侮之"。这里根据人民对现实存在的政治权力的感受，将统治者分为四等，这是一个从"以自（下）为本"到"以治（上）为本"的过程，治理原则从否定的角度来讲是要求统治者无为，从肯定的角度来讲是要求统治者辅万物之自然，即以自为本而不是以治为本。

《老子》第80章描述老子的理想国：

小邦寡民，使有什百人之器而毋用，使民重死而不远徙。有舟车，无所乘之；有甲兵，无所陈之。使民复结绳而用之。甘其食，美其服，乐其俗，安其居,邻邦相望,鸡狗之声相闻,民至老死,不相往来。

理想国里实行的是无为之治,不治之治,前提是地小人少,这样内部关系简单,便于自治,它是去中心、离散性的自治型政治,代价是不发展。实际上,政治上的自治与文化上的发展,本质上是不矛盾的,但在特定阶段则互相冲突,这是时代局限在他思想中的反映,我们应当以历史的眼光去看待而不是简单地否定。

关于天下,《老子》讲了取天下与治天下。当时的天下共主名义上仍是周天子,所谓天下名义上仍是周人的天下,而《老子》却在讲天下的取与治,其思想背景是:西周末期,周人心目中天下的"天"已经变了。"天"被解放,周人的"天命"也名存实亡,因此当时的知识阶层都在另造理论,"传天数者"(春秋时代的巫统)造出一个理论,诸子也各造天/道,天/道恢复其公共性(而非家天下的依据),但内涵却各自不同,为战国时代的百家争鸣埋下伏笔。

关于如何取天下,老子主张无为。为什么无为而可取天下?

> 将欲取天下而为之,吾见其弗得已。夫天下神器也,非可为者也。为者败之,执者失之。物或行或随、或嘘或吹、或培或堕。是以圣人去甚,去泰,去奢。(第29章)

所谓"执",其实质就是把天下当成私物私产,老子这是在反对家天下的观念。视天下为"神器",则是肯定天下的神圣性,神圣在于天下属于所有人,而不是某家某姓。

《老子》通过大邦与小邦的关系讲如何取天下,同时也可以认为是对强者(大邦)的建议:

> 大邦者,下流也,天下之牝也。天下之交也,牝恒以静制牡。为其静也,故宜为下。大邦以下小邦,则取小邦;小邦以下大邦,则取于大邦。故或下以取,或下而取。故大邦者,不过欲兼畜人,小邦者,不过欲入事人。夫皆得其欲,大者宜为下。(第61章)

强者当示弱,弱者当自强,这样大邦才能顺利地取小邦,从而取天下。

从身到家、乡、邦、天下,处处体现出以自(殊相、个体)为本,家、乡、邦、天下在《老子》的设想中都是实现"以自为本"的设施。

《老子》政治哲学可称为道治或自治,在当时的宗法家族制下,这一思想具有革命性、颠覆性,其意义不仅是中国的,还是世界的。

三、孔子的轴心突破

孔子(前551—前479),名丘,字仲尼,春秋时期鲁国人,儒家学派创始人。

孔子与河南有很深的渊源。孔子祖上是宋国(都城在今河南商丘)公族,在与宋国贵族华督斗争失败后逃往鲁国,因此孔子祖籍河南。孔子从小就对周礼感兴趣,敏而好学,曾到周王室都城洛阳,问礼于时为史官的老子。孔子有自己的政治理想,想要从政,但鲁国季氏专政,用亲不用贤,把他挡在权力之外,直到季氏受到宗法家臣的威胁,孔子才迎来从政的机会,仕于季氏,而为鲁卿,但他实际上有官而无爵无邑,有禄而无土无民,乃是新式官僚。他执政期间的作为基本是围绕着为季氏谋利而进行,但他的目标是张公室,这触及季氏的禁忌,邻近的齐国也不愿看到鲁国公室强大,插手干预,孔子被迫逃亡。在河南流亡的13年,是孔子思想成熟的重要时期。

对于时代问题,如果说老子的关注点主要在于制度对人的异化和弱肉强食的国际环境,孔子则更多关注的是王室衰微、权力下移和礼的形式化。这应当与他出生在鲁国有关。鲁国是周王室在东方最重要的诸侯国,周文化积累最丰厚,这一方面使孔子有条件学习周礼,另一方面,在鲁国的现实政治中,他又深刻地观察到礼的形式化。春秋时期的权力下移在鲁国的表现最突出,孔子说“陪臣执国命”(《论语·季氏第十六》),这种事只有鲁国才发生过。

春秋时期思想上的发展,一方面天被解放,恢复自然神的面目,新的天道观兴起,构成自然主义思潮,神也要受到约束;另一方面,民为神主,神依人而行等观念出现,构成人文主义思潮,在民神关系中抬高民的地位,神处于从属地位。这两种思潮中,鬼神都被有常化,并且地位下降。春秋时期思想领域的新发展,是孔子轴心突破的思想背景。他突破的对象则是周代宗教神学的两个重要观念,即天命与礼。

(一)对天、天命的突破

孔子突破传统“天”的观念,形成自己关于理想世界的观念,用以批判、规范现实世界。根据《论语》,孔子的理想世界是“有道”的世界。道的内容是什么?

从孔子所说“志于道，据于德，依于仁，游于艺”（《论语·述而第七》），则道当从德求，而归于仁。那么在孔子那里，德、仁与此前的德观念相比有什么不同？我们可以通过帛书《要》篇来分析。

> 子曰：“《易》，我后亓祝卜矣！我观亓德义耳也。幽赞而达乎数，明数而达乎德，又仁[守]者而义行之耳。赞而不达于数，则亓为之巫；数而不达于德，则亓为之史。史巫之筮，乡之而未也，好之而非也。后世之士疑丘者或以《易》乎？吾求亓德而已，吾与史巫同涂而殊归者也。君子德行焉求福，故祭祀而寡也；仁义焉求吉，故卜筮而希也。祝巫卜筮亓后乎？”①

易本为巫术，是巫者发明的通神之术。西周初年的宗教革新中对它进行了改造但并不彻底，易的成卦规则仍是巫术，所谓“幽赞”即巫舞蹈招来精气的仪式，此时所通之天乃是反复无常的自然神。春秋时期易经历数术化改造，成卦规则从幽赞神明变为揲卦，信仰基础从无常的自然神变为有常的自然之天。孔子显然对巫统所造的这个“天”不满意，他理想中的天要有德，是有常的义理之天，并以“仁[守]者而义行之耳”。从巫到史再到孔子（儒），知识精英身份的演变，透露出的是从殷周至春秋天道观的发展。这里还有一个环节需要指出，由于周初“以德配天”观念的产生，天已经经历了一次有常化改造，但在西周中期以后天被解放，恢复了以前的自然神面目，因此需要明确孔子有常的义理之天与周初的德化之天的关系。我们认为，周初的德观念是统治者的道德，内容是生民保民，它是周人获得天命的依据。德字的含义，是使本该死去的人活着，天的内涵就是生（活着），孔子则进一步扩展其内容，以仁表述德，也就是使人成为人，不仅是生理意义上的人，更是伦理道德意义上的人、区别于禽兽的人。成为人是一个自觉的过程，人人都有责任成为人，这是人的天命，能知此天命方才配为君子。孔子自认是“知天命”之人，因此，他在知此天命之时即已实现了对此前天、天命观念的突破。

（二）对礼的突破

礼乐在西周之前本是巫统的通神手段，经过周初的宗教革新，天从反复无

---

① 廖名春：《帛书〈要〉释文》，载于廖名春：《帛书〈周易〉论集》，上海古籍出版社 2008 年版，第 389 页。亓通其。

常的自然神变为“德”化的有常之天，统治者可通过敬德保民得到天的认可。德观念的引入，使礼乐从宗教向人文方向转化，并与宗法制相结合，从通神的宗教仪式被改造为一套等级森严的政治-伦理制度。西周中期以后，周王室无德以配天，周礼的信仰基础发生动摇，因此春秋时期的礼坏乐崩是必然结果。当时的有识之士如子产尝试为礼寻找新的依据，但主要是从外部思考，即基于自然之天。孔子思考礼之本，则向内收，将它与人之为人的依据相表里，这个依据即“仁”。

仁来自现实世界，通往超越世界，再作用于现实世界。仁是总德，是孔子之道的具体内容。周初以德说礼，孔子则以仁释礼，即以仁的观念作为礼的内在依据，将礼内在化、合理化，使其符合人之常情。《论语》中记载了孔子答宰予三年之丧的话，是孔子以仁释礼的注脚。

> 宰我问：“三年之丧，期已久矣。君子三年不为礼，礼必坏；三年不为乐，乐必崩。旧谷既没，新谷既升，钻燧改火，期可已矣。”子曰：“食夫稻，衣夫锦，于女(汝)安乎?”曰：“安。”“女(汝)安，则为之。夫君子之居丧，食旨不甘，闻乐不乐，居处不安，故不为也。今女(汝)安，则为之。”宰我出。子曰：“予之不仁也！子生三年，然后免于父母之怀。夫三年之丧，天下之通丧也。予也有三年之爱于其父母乎?”(《论语·阳货第十七》)

孔子认为三年之丧的依据是“子生三年，然后免于父母之怀”，因此说“三年之丧，天下之通丧也”。宰予从实用的角度出发，感觉三年之丧时间太久，服丧三年有可能导致礼坏乐崩。孔子对他的主张不置可否，却反问他在丧期内食稻衣锦是否心安。孔子为何会有此问？这是因为对孔子而言，礼不是形式化的仪式，而是内在之情外发的表现，因此礼对人的约束实际是基于内在的不容自己之心。正因如此，在宰予答“安”后，他说“女(汝)安，则为之”。只在他走后发出失望的感叹，说宰予“不仁”，其具体内容是说宰予对父母没有“三年之爱”。这段对话由讨论礼开始，却落脚在仁与爱，这正表明孔子礼的观念是以仁为基础的，而仁则自孝始。这样孔子就把礼与仁即人之为人的规定性关联起来，说明仁德的形成需要在社会关系中实践，基于经验并超越经验，实现人的“仁”化，由此礼就不再是外在的形式，而是内心自然之情的发用，礼与仁就是一而二、二而一的关系。以仁释礼的结果，礼成为仁的载体。

仁的实现虽然依靠人的自觉，但它不在真空中，而在各种社会关系中。人身处政治社会,政治要为人实现仁提供条件,而天下为公的政治才会以此为目标。仁不是手段,而是目的。但在政治精英那里,延续一家一姓的天下或社稷是目的,德也好,礼乐也好,都是手段。政治精英的终极关怀始终是功利的,只有像孔子这样的政治边缘人,才超越各种功利目的,自觉地担起这个使命,这就是他感知到的天命。天之命从使人活着(德)变成使人成为人(仁)。儒学理论结构中的三个层面,即超越的(命、天命)、心性的(仁)、社会政治的(礼)[①],从思想的历史联系看,孔子的仁、礼、天命观念对于周初的德、礼、天命观念实现了全面的突破。其中仁对德的突破是关键,由此出发,孔子实现了对天命与礼的突破。

中国哲学诞生于春秋末年,它的背景与渊源则是新旧宗教文化及其在春秋时代的发展,而它们都与河南有着不解之缘。中国哲学的诞生与老子和孔子在轴心时代的哲学突破紧密相关,可以说他们各自的哲学突破成为中国哲学的开端。由于老子和孔子与河南有着深刻的渊源,可以说,河南在中国哲学诞生中有重要贡献。

① 崔大华:《儒学引论》,人民出版社 2001 年版,第 23 页。

第二章 河南与战国时代的百家争鸣

从春秋到战国，礼坏乐崩、王室衰微呈现出不可逆转之势。旧制度、旧思想难以为继，社会变革势在必行。随着老子、孔子轴心突破的实现，维持旧制度的旧思想被批判甚至被颠覆，但是，他们的工作不是结束，而是开始。由于社会本身的需要和思想发展的逻辑，他们的思想也不可避免地成为批判的对象，推动社会制度变革，导致思想理论的碰撞，这就是先秦诸子百家争鸣。拉开这一序幕并活跃在思想舞台上的是墨子和他创立的墨家学派。

第一节　战国时代的墨家

墨学是战国时代的“显学”（《韩非子·显学第五十》），墨家则是一个由墨者组成的宗教性与政治性团体，这在先秦诸子中独树一帜。墨家团体首领称“巨子”（或“钜子”），第一任巨子即墨家创始人墨子。墨子名翟，《史记》无传，只在《孟荀列传》文末缀附数语，“盖墨翟，宋之大夫，善守御，为节用。或曰并孔子时，或曰在其后”。据清代学者孙诒让的考证，墨子生卒年是“（周）定王元年迄（周）安王二十六年，凡九十有三年”①，即公元前468年至公元前376年。可知他生于孔子死后数年，与孔子之孙子思相比，“当与子思并时，而生年尚在其后”②。

近代以来，随着墨学再度成为“显学”，墨子里籍成为长期聚讼不已的问题。

---

① （清）孙诒让撰，孙启治点校：《墨子间诂》，中华书局2001年版，第695页。

② （清）孙诒让撰，孙启治点校：《墨子间诂》，中华书局2001年版，第695页。

目前主要有三种观点:鲁国、宋国、楚国鲁阳。前两种观点主要依据传世文献进行推测,后一种主要从《墨子》中的方言进行考证。我们认为,墨子是战国时代楚国鲁阳(今河南省鲁山县)人,但他的活动范围不限于河南,还包括山东、湖北等地。墨子思想主要体现在《墨子》一书中,该书原本七十一篇,后佚失十八篇,现存五十三篇。其中《经上》《经下》《经说上》《经说下》《大取》《小取》六篇合称"墨辩",《备城门》《备高临》《备梯》《备水》《备突》《备穴》《备蛾傅》《迎敌祠》《旗帜》《号令》《杂守》等十一篇合称"城守篇",其余各篇属于"思想篇"。由于成书时间较长,书中有些篇章存在后人的添加,而墨子思想则较为集中地体现在《天志》《尚贤》《尚同》《明鬼》《非命》《兼爱》《非攻》《节葬》《节用》《非乐》等篇中,《鲁问》《公孟》《贵义》《公输》等篇中记载了墨子的言论与行迹,也是研究墨子思想的重要材料。

一、墨子思想概述

墨子生于公元前468年,目睹了"三家分晋"与"田氏代齐"[①]这两件大事。"三家分晋"与"田氏代齐"是中国历史从春秋进入战国时期的标志。进入战国之后,与春秋时期相比,诸侯国数目变少,战争规模变大。战争消耗大量人力物力财力,给人民带来深重灾难。现实的残酷与荒谬激起墨子的批判精神与救世热情,这是墨子思想的时代背景。就思想内部发展线索而言,春秋时期新的天道观,其突出特征是天失去赏善罚恶的功能,统治者的行为因而也失去观念上的约束,政治社会变成弱肉强食的动物世界。老子、孔子对待鬼神的理性主义态度不能满足现实需要,于是墨子应时而生,批判地继承此前的思想,从另一个方向实现思想突破。

(一)"天"的突破

通常认为兼爱是墨子思想的核心,我们认为要考察兼爱思想的理论基础,

① 公元前406年,周天子承认三晋即韩、赵、魏。公元前386年田和为齐侯。公元前379年,姜齐绝祀。

则要从墨子的“天”论中来求，这是他思想的逻辑起点和理论架构的枢纽。正如郭沫若所说“这(天志——作者注)是他(墨子——作者注)的一切学术思想的一根脊椎”①。墨子的轴心突破，也首先表现在他的天帝鬼神思想中。

墨子所主张的天是人格化公共性他生型的天。人格化是说墨子的天是有意志的天，具有赏善罚恶的能力，天像人一样有爱憎。

> 然则天亦何欲何恶？天欲义而恶不义。(《墨子·天志上第二十六》)
>
> 然则天之将何欲何憎？子墨子曰：天之意不欲大国之攻小国也，大家之乱小家也，强之暴寡，诈之谋愚，贵之傲贱，此天之所不欲也。不止此而已，欲人之有力相营，有道相教，有财相分也。又欲上之强听治也，下之强从事也。(《墨子·天志中第二十七》)

天是比天子更高的权威，能对天子的行为进行赏罚。

> 子墨子曰：吾所以知天之贵且知于天子者，有矣。曰：天子为善，天能赏之；天子为暴，天能罚之；天子有疾病祸祟，必斋戒沐浴，洁为酒醴粢盛，以祭祀天鬼，则天能除去之。(《墨子·天志中第二十七》)
>
> 夫爱人利人，顺天之意，得天之赏者，谁也？曰：若昔三代圣王，尧舜禹汤文武者是也。……夫憎人贼人，反天之意，得天之罚者，谁也？曰：若昔者三代暴王桀纣幽厉者是也。……(《墨子·天志中第二十七》)

公共性是说天不是某个特定阶级的天，而是所有人的天，表现为天享受天下人的祭祀、供奉，天爱天下人。

> 然则何以知天爱天下之百姓？以其兼而明之。何以知其兼而明之？以其兼而有之。何以知其兼而有之？以其兼而食焉。何以知其兼而食焉？曰：四海之内，粒食之民，莫不犓牛羊，豢犬彘，洁为粢盛酒醴，以祭祀于上帝鬼神。天有邑人，何用弗爱也？且吾言杀一不辜者，必有一不祥。杀不辜者谁也？则人也。予之不祥者谁也？则天也。若以天为不爱天下之百姓，则何故以人与人相杀，而天予之不祥？此我所以知天之爱天下之百姓也。(《墨子·天志上第二十六》)

他生型是说天与人是生与被生的关系，天是生者，人是被生者。墨子没有完整的本体论、宇宙论，但他相关的思想还是很清晰的。

---

① 郭沫若：《墨子的思想》，载于郭沫若：《青铜时代》，科学出版社1957年版，第158页。

古者天之始生民,未有正长也,百姓为人。(《墨子·尚同下第十三》)

他认为天下所有人皆为天所生,故又称人为天之臣或天民。

今天下无小大国,皆天之邑也。人无幼长贵贱,皆天之臣也。(《墨子·法仪第四》)

夫取天之人,以攻天之邑,此刺杀天民……(《墨子·非攻下第十九》)

通常认为墨子的天帝鬼神思想是落后保守的表现,但是,当我们将这一思想置于思想的历史联系中时,则会得出相反的结论,即墨子的天帝鬼神思想不是落后保守,而是兼有继承性与革命性的思想。

如前所述,西周中期以后,"天"被解放,恢复自然神面目。进入春秋时期,一批"传天数者"(即新的"通天阶级")造出一个数化的天,天失去赏罚功能。孔子与老子对待鬼神都采取理性主义态度,其中孔子是"敬鬼神而远之"(《论语·雍也第六》)、"不语怪力乱神"(《论语·述而第七》)。老子对鬼神不是否定的态度,而是将其置于道之下,使其失去往日的权威("以道莅天下,其鬼不神",《老子·六十章》)。这些都是思想进步的表现,但面对当时残酷的现实,却不能回应普通民众的心理需求。墨子重新举起意志之天的大旗,这一方面是对周初"德"化的天的继承,另一方面又是对春秋时期思想的反拨。它表现的是墨子的现实主义与救世精神,也是思想与历史平行发展的反映。

在继承周初意志之天的同时,墨子又抛弃了其中包含的等级性内容,破除贵族对"天"的垄断。天不再是特定阶级的天,而是全体民众的天。

周初宗教革新之后,依周礼,祭祀天是天子的特权。通天权是少数人的专利,这是"绝地天通"的一个结果,而民与天之间是不能直接沟通的。到了墨子这里,普通民众与天子一样,可以祭祀天帝鬼神,天从少数人的天变成所有人的天。人们在"天"之下,获得一个平等的身份,即天之臣,老百姓是天之臣,天子也是天之臣。阻断天人沟通的障碍在墨子这里被消除了。这是墨子的轴心突破。

墨子对天的这一改造,不仅推翻了周初的天命神学,还颠覆了周人的宗法制,因此它看似保守,实则革命。

(二)以"天志"为核心的思想体系

墨子思想以"天"论为核心,环环相扣,次第展开,形成一个完整而自洽的体系。

如前所述,墨子的天是人格化的意志之天,祂有自己的欲与恶,所欲者为义,所恶者为不义。那么,义与不义的具体内容是什么?兼即义,别则不义。

是故子墨子言曰:戒之慎之,必为天之所欲,而去天之所恶。曰:天之所欲者何也?所恶者何也?天欲义而恶其不义者也。(《墨子·天志下第二十八》)

曰:顺天之意者,兼也;反天之义者,别也。兼之为道也,义正;别之为道也,力正。(《墨子·天志下第二十八》)

可知墨子的兼爱内在于天志思想中,它是对天志的规定与描述,天志与兼爱二者是能指与所指的关系。以兼爱为枢纽,墨子思想向正、反两面展开,即一方面正面论述自己的主张,另一方面则批判反驳与其主张相反的实践和理论。

兼与别相对,别是有差别,兼是无差别,因此别爱是有亲疏有差别的爱,兼爱就是不分亲疏无差别的爱。在墨子这里,天生万物(包括人),因而天能不分亲疏地兼爱天下所有人,天是兼爱的代表,人当法天,去别取兼,视人若己,消除对抗,从而消除乱源。

圣人以治天下为事者也,不可不察乱之所自起。当察乱何自起?起不相爱。(《墨子·兼爱上第十四》)

因不相爱,人与人之间、国与国之间都是亏人以自利,墨子的解决办法就是以兼代替别。

若使天下兼相爱,爱人若爱其身,犹有不孝者乎?视父兄与君若其身,恶施不孝?犹有不慈者乎?视弟子与臣若其身,恶施不慈?故不孝不慈亡有。犹有盗贼乎?故视人之室若其室,谁窃?视人身若其身,谁贼?故盗贼亡有。犹有大夫之相乱家、诸侯之相攻国者乎?视人家若其家,谁乱?视人国若其国,谁攻?故大夫之相乱家、诸侯之相攻国者亡有。若使人下兼相爱,国与国不相攻,家与家不相乱,盗贼无有,君臣父子皆能孝慈,若此则天下治。(《墨子·兼爱上第十四》)

墨子还用是否兼爱天下人为标准,把士、君区别为“兼士”与“别士”、“兼君”与“别君”(《墨子·兼爱下第十六》)。他在回答“兼爱是如何可能的”这一问题时,用人们赴死前安排身后事时用兼士而不用别士,说明人们事实上需要和认同兼而不是别,以此说明兼的合理性。这是一个很难反驳的论证。

当墨子以天志为仪法，“执其规矩，以度天下之方圆”（《墨子·天志上第二十六》）时，不可避免地发现当时的现实距离理想太过遥远，强烈的社会责任感与宗教热情促使他举起天志大旗，以义（兼）为原则，在理论上建构起一个理想的政治社会。

墨子认为天兼爱天下人，这就从观念上肯定了人与人在天之下的平等关系，而基于血缘、出身等先天因素的世袭制，自然不为他所承认和肯定。因此，墨子的理想社会中有等级而无世袭，人们的等级则由其贤能程度来决定，贤的标准就是兼。

为贤之道将奈何？曰：有力者疾以助人，有财者勉以分人，有道者劝以教人。若此，则饥者得食，寒者得衣，乱者得治。若饥则得食，寒则得衣，乱则得治，此安生生。（《墨子·尚贤下第十》）

可知用贤士即用兼士，用兼士则天下治。

墨子所主张的用贤（兼），是与现实中用“骨肉之亲、无故富贵、面目美好者”（《墨子·尚贤下第十》）相对的，后者的地位都与后天努力无关。不仅公卿的任用要以贤为标准，连天子的选任也要以贤为标准，他以舜为例说明。

古者舜耕历山，陶河濒，渔雷泽，尧得之服泽之阳，举以为天子，与接天下之政，治天下之民。（《墨子·尚贤中第九》）

是故古之圣王之治天下也，其所富，其所贵，未必王公大人骨肉之亲、无故富贵、面目美好者也。是故昔者舜耕于历山，陶于河濒，渔于雷泽，灰于常阳，尧得之服泽之阳，立为天子，使接天下之政，而治天下之民。（《墨子·尚贤下第十》）

可知墨子尚贤主张是包括了从天子到基层官吏的选任，这在当时是一种彻底的反对世袭制的理论，具有进步意义。

贤士即兼士，兼体现的是天的意志，从基层官吏到天子的选任是层层向上，一步步接近天志的过程。天子是天下最能代表天意的人，但天子之上还有天，天子的权威不能越过天，天是最高、最后的权威，天是最终标准，因此层层向上也是层层上同的过程，这构成墨子的尚同思想。

墨子的尚同思想论证是从设想中的原始状态出发的。他认为远古时期人们各是其义而不能相容，是以天下大乱，但这是为了说明政治社会出现的必要性，它并不符合事实。

墨子设计的政权结构包括四级：里长、乡长、国君、天子。天子置三公，国君置卿大夫，作为辅佐，三公与卿大夫不构成独立的一级政权。

> 明乎民之无正长，以一同天下之义，而天下乱也，是故选择天下贤良圣知辩慧之人，立以为天子，使从事乎一同天下之义。天子既以立矣，以为唯其耳目之请，不能独一同天下之义，是故选择天下赞阅贤良圣知辩慧之人，置以为三公，与从事乎一同天下之义。天子、三公既已立矣，以为天下博大，山林远土之民不可得而一也，是故靡分天下，设以为万诸侯国君，使从事乎一同其国之义。国君既已立矣，又以为唯其耳目之请，不能一同其国之义，是故择其国之贤者，置以为左右将军、大夫，以远至乎乡里之长。(《墨子·尚同中第十二》)

天子、国君、乡长、里长分别是天下、一国、一乡、一里内的贤者，组织形式上仍采用分封制的外壳，但组织原则不再是宗法制，而是以贤(兼)为原则，是一种无宗法的分封制，或者称为尚贤的分封制，用旧瓶装新酒的方式，颠覆了周代宗法制度。

要贯彻兼爱天下的天意，需要各级政长在自己管辖范围内推行兼，向上看齐，以贤于己者为典范，上同而下不比，层层上同，以至于天。

> 天下既已治，天子又总天下之义，以尚同于天。(《墨子·尚同下第十三》)

> 夫既尚同乎天子，而未尚同乎天者，则天菑将犹未止也。(《墨子·尚同中第十二》)

此处“未尚同乎天”的主语是天下百姓。

> 天下之百姓皆上同于天子，而不上同于天，则菑犹未去也。(《墨子·尚同上第十一》)

百姓可通过天所降的福与祸来判断天子的行为是否合乎天意，这里包含着天人感应思想，但其重点在于否定天子权威的至上性。

自然灾害是对天子的示警，能够切实惩罚政长们的则是鬼神，为此墨子用很大篇幅论证鬼神的实有、明察及其罚暴的能力。据《明鬼》所列的事例，鬼是人死后的状态，神则包括天帝之佐使、山川等自然神。在墨子的天帝鬼神系统中，天(帝)是主宰，祂的意志通过人间的贤者(各级政长)来实施，对于违背天意者，则通过鬼神进行惩罚。惩罚系统的存在能保证天志的权威，使人们保持对天及其代表的价值的信心。因此,对于墨子思想而言,鬼神不是可有可无的,而是必不可少。至于有人认为这是落后保守,我们认为,就像子产也谈论鬼神,而并不简单否定一样,从治理的角度看,百姓的观念是不能忽视和轻视的。

墨子思想在当时具有颠覆性,与当时的理论与现实都格格不入,因此他的不少主张是借助批判来阐发的,其中包括非攻、非命、非乐、节葬、节用等方面。

墨子反对当时的一切战争,他在论证“非攻”主张时,通常是把攻伐别国与盗窃行为类比联系起来,说明战争的非正义性,这是一种由小到大、层层推进的论证方法,但实际上这一主张是墨子天志思想的逻辑展开,也就是说,非攻主张在墨子思想中具有内在线索。

墨子认为,天有意志,祂希望人们能够兼相爱交相利,而不是相反。

> 天之行广而无私,其施厚而不德,其明久而不衰,故圣王法之。既以天为法,动作有为必度于天,天之所欲则为之,天所不欲则止。然则天何欲何恶者也?天必欲人之相爱相利,而不欲人之相恶相贼也。(《墨子·法仪第四》)

他称赞尧舜禹汤为顺天意,从事兼而不从事别的兼王。

> 兼者,处大国不攻小国,处大家不乱小家,强不劫弱,众不暴寡,诈不谋愚,贵不傲贱。观其事,上利乎天,中利乎鬼,下利乎人。(《墨子·天志中第二十七》)

因此攻伐不符合天意。

> 夫取天之人,以攻天之邑,此刺杀天民,剥振神之位,倾覆社稷,攘杀其牺牲,则此上不中天之利矣。(《墨子·非攻下第十九》)

墨子强烈谴责战争造成的损失和给人民带来的灾难。

> 今不尝观其说好攻伐之国,若使中兴师,君子,庶人也必且数千,徒倍十万,然后足以师而动矣。久者数岁,速者数月,是上不暇听治,士不暇治其官府,农夫不暇稼穑,妇人不暇纺绩织纴,则是国家失卒,而百姓易务也。然而又与其车马之罢弊也,幔幕帷盖,三军之用,甲兵之备,五分而得其一,则犹为序疏矣。然而又与其散亡道路,道路辽远,粮食不继傺,食饮之时,厕役以此饥寒冻馁疾病,而转死沟壑中者,不可胜计也。此其为不利于人也,天下之害厚矣。(《墨子·非攻下第十九》)

他判断当时的兼并战争都是不合乎天意的不义之战,并一一反驳“王公大人”们的战争理由。

墨子的天论继承周初有赏罚功能的意志之天,同时将其从特定阶级的天变成所有人的天,这就从理论上否定了周人从天那里得到的天命,具有思想解放的意义。春秋时期新的天道观,天道有吉凶而无善恶,否定了能赏罚的天的存在,而当时孔子后学所持的有命论,把所有的结果都视为命所决定,人们不再为自己的行为负责,躲在命这个挡箭牌之下,要么消极不作为,要么胡作非为,这些都是墨子极力反对的。鉴于此,墨子大力批判这种有命论,主张天有判断善恶、执行赏罚的能力,人们要为自己的行为负责。他立“三表”作为标准论证有命论的错误,他还指出有命论的危害。

> 今用执有命者之言,则上不听治,下不从事。上不听治,则刑政乱;下不从事,则财用不足。上无以供粢盛酒醴、祭祀上帝鬼神,下无以降绥天下贤可之士,外无以应待诸侯之宾客,内无以食饥衣寒,将养老弱。故命上不利于天,中不利于鬼,下不利于人。而强执此者,此特凶言之所自生,而暴人之道也。(《墨子·非命上第三十五》)

墨子对乐也持反对态度。前已述及,墨子改造了周人的天,又以尚贤的分封制代替宗法分封制。周礼是宗法等级制的外在表现,所谓“皮之不存,毛将焉附”,因此周礼就在理论上被推翻了。礼与乐相表里,两者是一而二、二而一的关系。所以墨子非乐在其理论内部是有清晰线索的。墨子在论证时说:“虽身知其安也,口知其甘也,目知其美也,耳知其乐也,然上考之不中圣王之事,下度之不中万民之利。是故子墨子曰:为乐非也。”(《墨子·非乐上第三十二》)

丧葬之礼是周代礼制中的重要组成部分,也是宗法制度的集中表现。如前所论,墨子从根本上推翻周礼的观念基础,则他反对王公大人们厚葬久丧就是应有之义,不过,在论证时他主要从实用角度说明其危害,即厚葬久丧不利于“富贫众寡,定危治乱”(《墨子·节葬下第二十五》)和“干上帝鬼神之福”(《墨子·节葬下第二十五》)。

墨子承认社会等级的存在,但在他的设计中,天子、国君、乡长、里长与普通百姓之间在利益方面不是互相对抗的关系,原因在于他们是天志(兼相爱交相利)的代表,墨子把这个理想投射到古圣王身上,以古圣王作为效法对象,批判当时统治者的骄奢淫逸。

墨子虽以“贱人”自称,但他博学多能,雄辩无双,因此他其实属于知识精英，但从他非攻、非乐、节葬、节用等主张可以看出，他是站在普通民众的角度，从下向上看待当时统治者的行为，为底层民众张目，替他们发声。可以想见孟子说墨子之言“盈天下”（《孟子·滕文公下》），所言并非无据。

二、墨子对儒学的批判

墨子与孔子之孙子思时代相近，与孔门七十二弟子和再传弟子同时。战国初年，孔门弟子活跃在政治、学术舞台上，与墨学形成相争之势。两派学说不同，论战不可避免。论战内容较集中地反映在《非儒》与《公孟》两篇之中，《耕柱》中也有一些材料。

（一）对孔子的批判

墨子对孔子的批判包括对孔子学术思想与孔子政治活动两个方面。思想上主要是对孔子所主张的周礼的批判。首先是对周代宗法制的批判。他认为周礼在家庭内的亲疏关系上过于重视夫妻与父子，而降低了同族兄弟的地位。

> 儒者曰：“亲亲有术，尊贤有等。”言亲疏尊卑之异也。其《礼》曰：“丧父母三年，妻、后子三年，伯父叔父弟兄庶子其，戚族人五月。”若以亲疏为岁月之数，则亲者多而疏者少矣，是妻、后子与父母同也。若以尊卑为岁月数，则是尊其妻、子与父母同，而亲伯父、宗兄而卑子也。逆孰大焉？其亲死，列尸弗敛，登屋窥井，挑鼠穴，探涤器，而求其人焉。以为实在，则赣愚甚矣；如其亡也，必求焉，伪亦大矣。
>
> 取妻，身迎，祗褍为仆，秉辔授绥，如仰严亲，昏礼威仪，如承祭祀。颠覆上下，悖逆父母，下则妻子，妻子上侵。事亲若此，可谓孝乎？儒者：“迎妻，妻之奉祭祀；子将守宗庙，故重之。”应之曰：此诬言也。其宗兄守其先宗庙数十年，死，丧之其；兄弟之妻奉其先之祭祀，弗服。则丧妻、子三年，必非以守奉祭祀也。夫忧妻、子以大负累，有曰“所以重亲也”。为欲厚所至私，轻所至重，岂非大奸也哉！（《墨子·非儒下第三十九》）

周代宗法制的重要内容是嫡长子继承制，因此在礼制上重视嫡子与嫡妻的地位。墨子思想包含反宗法内容，兼之墨家是宗教团体，墨者作为天之臣，大家都是兄弟，所以对兄弟的重视超过对妻、子的重视。在价值排序上，墨者之义高于父子之间的孝道，这是墨家与儒家一个基本差异。

墨子还反对春秋时代的战场礼仪。

> 又曰：君子胜不逐奔，掩函弗射，施则助之胥车。应之曰：若皆仁人也，则无说而相与。仁人以其取舍是非之理相告，无故从有故也，弗知从有知也，无辞必服，见善必迁，何故相？若两暴交争，其胜者欲不逐奔，掩函弗射，施则助之胥车，虽尽能犹且不得为君子也。意暴残之国也，圣将为世除害，兴师诛罚，胜将因用儒术令士卒曰："毋逐奔，掩函勿射，施则助之胥车。"暴乱之人得活，天下害不除，是为群残父母而深贱世也，不义莫大矣！（《墨子・非儒下第三十九》）

这种分歧反映的是时代的变化。春秋时期的战争还是受到传统观念与伦理规范的影响，特别是华夏诸侯之间的战争，很多时候并不是你死我活的以消灭对方为目的的战争；进入战国时代，周天子在名与实上都被踢开，在重新争夺天下的过程中，墨子认为上述观念与行为不利于仁者胜暴，因而不可取法。

墨子对孔子政治实践的批判主要在于三个方面。

一是孔子仕于鲁国，"舍公家为奉季孙"（《墨子・非儒下第三十九》）。这个指责忽略了孔子出仕的背景。鲁国自鲁宣公之后三桓专政，而季氏最强。三桓侵削鲁公室，造成鲁国内耗，不断削弱鲁国国力。上行下效，三桓的家臣为了自己的利益也开始作乱，阳虎就曾挟季氏而专鲁政。在平定阳虎之乱后，为抑制宗法性家臣的势力，季氏才启用孔子及其弟子，作为新式官僚，有爵禄而无民人封邑，所以孔子作为鲁司寇，名义上是仕于鲁国国君，实际上是仕于鲁国世卿季氏。孔子出仕后的主要政治活动如夹谷之会和隳三都，都是在为季氏除害谋利，这是事实，但孔子当时志在张公室，为季氏谋利乃属于策略，属于曲线救国。正因如此，才不为季氏所容，后来齐国插手，孔子不得已离开鲁国，开始长期的政治流亡。墨子对孔子的这个指控（"舍公家而奉季孙"）过于严厉，没有注意到鲁国政治的特殊性。

二是插手他国政治，帮助"乱党"作乱。通过晏婴之口，暗示孔子曾助楚国白公之乱。

> 婴闻所谓贤人者，入人之国，必务合其君臣之亲，而弭其上下之怨。孔某之荆，知白公之谋，而奉之以石乞，君身几灭，而白公僇。婴闻贤人得上

不虚，得下不危，言听于君必利人，教行下必于上，是以言明而易知也，行明而易从也。行义可明乎民，谋虑可通乎君臣。今孔某深虑同谋以奉贼，劳思尽知以行邪，劝下乱上，教臣杀君，非贤人之行也；入人之国而与人之贼，非义之类也；知人不忠，趣之为乱，非仁义之也。逃人而后谋，避人而后言，行义不可明于民，谋虑不可通于君臣，婴不知孔某之有异于白公也，是以不对。（《墨子·非儒下第三十九》）

楚国白公之乱事在鲁哀公十六年七月，而孔子已于此年四月去世，时间不合，故不可信。另外是说齐伐鲁时，孔子周旋在齐鲁吴之间，为鲁国谋利①。事实上据《论语·宪问第十四》《左传·哀公十四年》的记载，在陈恒弑齐简公时，孔子曾请求伐齐。另据《史记·仲尼弟子列传》，当时的情况是"田常欲作乱于齐，惮高、国、鲍、晏，故移其兵欲以伐鲁"。在这种情况下，孔子使子贡出使齐国，游说田常伐吴，又游说吴国救鲁伐齐，与齐人战于艾陵，大破齐师，后越王趁机袭破吴。可知使齐国四大族伐鲁的是田常，为应对此事，孔子使弟子劝田常伐吴，以缓解鲁国压力。因此，墨子的这个指责并不成立。这些攻击都带有先入为主的偏见，不够实事求是。

三是认为孔子虚伪，在逃亡中不计较食物的来历，回到鲁国则讲究各种礼节，还为自己辩解"曩与女为苟生，今与女为苟义"（《墨子·非儒下第三十九》）。墨子的评价是："夫饥约则不辞妄取以活身，嬴饱则伪行以自饰，污邪诈伪，孰大于此！"（《墨子·非儒下第三十九》）孔子青年时代就以知礼闻名，他本人也顶着非议身体力行着礼，《论语·乡党第十》中有专门的描述。但孔子践行礼并不拘泥于形式，而是经与权相结合，在生存与行礼之间选前者。人的生命可贵且不可逆，应当死得有价值，有些东西在孔子看来，如同要求管仲为公子纠赴死一样，是"匹夫匹妇之为谅"，非君子所当为。因此墨子的这个批判也失之苛刻，不合情理。

（二）对孔子后学的批判

墨子对孔子后学的批判属于墨家大宗师与儒门小人儒的论战，结果当然是

---

① 乃遣子贡之齐，因南郭惠子以见田常，劝之伐吴，以教高、国、鲍、晏，使毋得害田常之乱，劝越伐吴。三年之内，齐吴破国之难，伏尸以言术数，孔某之诛也。（《墨子·非儒下第三十九》）

墨胜儒败。

与墨子论辩的孔子后学主要是巫马子和公孟、程繁等人，以问答方式保存在《公孟》《耕柱》中。根据辩论的主题，大致分以下三个方面论述。

1.天帝、鬼神、命

墨子在与程繁论辩时曾说："儒之道足以丧天下者，四政焉。儒以天为不明，以鬼为不神，天鬼不说，此足以丧天下。又厚葬久丧，重为棺椁，多为衣衾，送死若徙，三年哭泣，扶后起，杖后行，耳无闻，目无见，此足以丧天下。又弦歌鼓舞，习为声乐，此足以丧天下。又以命为有，贫富寿夭、治乱安危有极矣，不可损益也。为上者行之，必不听治矣；为下者行之，必不从事矣，此足以丧天下。"（《墨子・公孟第四十八》）这即是说，儒家之道有四个方面在政治实践中会导致政治失败：天鬼、命、礼、乐。通过墨子之口确认了孔子后学与墨家的思想对立，这里先着重讲前两个方面。前两个方面又集中在一点，即天有没有意志、能不能赏罚。

> 公孟子曰："贫富寿夭，齰然在天，不可损益。"又曰："君子必学。"子墨子曰："教人学而执有命，是犹命人葆而去亓冠也。"（《墨子・公孟第四十八》）

《论语・颜渊第十二》中，子夏曾引孔子之言说过"死生有命，富贵在天"。这是对于自然、社会中人力不可控因素所持的理性态度，与"君子必学"的有为姿态并不矛盾。死亡问题不可避免，所以墨子这里批判的焦点应是在"富贵"上。墨子认为这说明儒家持有命论，所谓命，具体而言就是贵族世袭制。孔子对世袭制有意见，主张用亲加用贤，在这个问题上他是个改良主义者，而墨子则是革命主义者。他用旧瓶装新酒的方法设计了他的尚贤式分封制，从理论上推翻当时的贵族世袭制，在他这里，富贵当然不在天，而在于后天，即是否贤。既是后天因此造成，何来命定一说？

> 公孟子谓子墨子曰："有义不义，无祥不祥。"子墨子曰："古圣王皆以鬼神为神明，而为祸福，执有祥不祥，是以政治而国安也。自桀纣以下，皆以鬼神为不神明，不能为祸福，执无祥不祥，是以政乱而国危也。故先王之书子亦有之曰：'亓傲也，出于子，不祥。'此言为不善之有罚，为善之有赏。"（《墨子・公孟第四十八》）

"义"即宜也，"有义不义"是说人们的行为有应当不应当的问题，祥是反映祸福,鬼神对于人的行为所降下的祸与福,即赏罚。公孟的说法是说,对于行为的判断标准是义,而鬼神不参与判断,这是理性主义的体现。双方的分歧根源于在天的性质问题上的分歧,在墨子那里,天是人格化的意志之天,孔子那里天是义理之天,却不是人格化的至上神,赏罚在历史中,在人心向背中,而不是通过鬼神之手来实施。

> 公孟子曰:“无鬼神。”又曰:“君子必学祭祀。”子墨子曰:“执无鬼而学祭礼,是犹无客而学客礼也,是犹无鱼而为鱼罟也。”(《墨子·公孟第四十八》)

孔子对鬼神是否存在持理性存疑态度,如“敬鬼神而远之”(《论语·雍也第六》)、“未能事人,焉能事鬼”(《论语·先进第十一》)、“祭神如神在”(《论语·八佾第三》)。孔子从没有断言说没有鬼神,而他的后学公孟则向前跨了一步,在这个问题上表明态度,但又首尾难顾,从而陷入困境,被墨子抓住反击:如果没有鬼神,则对祖先的祭祀又该作何理解？这里需要区分理智的判断与情感的判断:理智上认为没有,情感上则宁可相信有。其间分寸的把握,后学显然远不及孔子。

> 巫马子谓子墨子曰:“鬼神孰与圣人明智？”子墨子曰:“鬼神之明智于圣人,犹聪耳明目之与聋瞽也。昔者夏后开使蜚廉折金于山川,而陶铸之于昆吾,是使翁难雉乙卜于白若之龟,曰:‘鼎成三足而方,不炊而自烹,不举而自臧,不迁而自行,以祭于昆吾之虚,上乡!’乙又言兆之由曰:‘飨矣!逢逢白云,一南一北,一西一东,九鼎既成,迁于三国。’夏后氏失之,殷人受之;殷人失之,周人受之。夏后殷周之相受也,数百岁矣。使圣人聚其良臣与其桀相而谋,岂能智数百岁之后哉？而鬼神智之。是故曰鬼神之明智于圣人也,犹聪耳明目之与聋瞽也。”(《墨子·耕柱第四十六》)

巫马子的提问似是以承认有鬼神为前提,但他的预设立场应是用圣人压鬼神,方式是认为圣人比鬼神明智。“圣”本写为“聖”,本义是指耳聪目明,这是巫觋必具的条件(《国语·楚语下》观射父语),周代以后则经历了一个理性化的改造过程,到孔子时代,圣人指的是多才多艺、无所不知的人。墨子当然不能同意巫马子的潜在结论,他在回答时用夏启铸九鼎所昭示的朝代更迭说明鬼神之明智。鼎乃通天之具,象征着统治者的天命,鬼神负责赏罚,给予是赏,褫夺是罚,因此墨子把三代更替说成是鬼神明智的表现,而没有哪个“圣人”能有这样的神通。

2.兼爱与别爱

如前所述，墨子由天志而倡兼爱，兼的对立面是别，兼爱是无差别的爱，别爱则相反，是通过从近到远的推扩，才能从亲人到达陌生人乃至自然界（“亲亲而仁民，仁民而爱物”，《孟子·尽心上》）。这是人之常情。如此，则墨子的兼爱是如何可能的？孔子后学巫马子与墨子进行了论辩。

> 巫马子谓子墨子曰：“我与子异，我不能兼爱。我爱邹人于越人，爱鲁人于邹人，爱我乡人于鲁人，爱我家人于乡人，爱我亲于我家人，爱我身于吾亲，以为近我也。击我则疾，击彼则不疾于我，我何故疾者之不拂，而不疾者之拂？故有我有杀彼以我，无杀我以利。”子墨子曰：“子之义将匿邪，意将以告人乎？”巫马子曰：“我何故匿我义？吾将以告人。”子墨子曰：“然则一人说子，一人欲杀子以利己；十人说子，十人欲杀子以利己；天下说子，天下欲杀子以利己。一人不说子，一人欲杀子，以子为施不祥言者也；十人不说子，十人欲杀子，以子为施不祥言者也；天下不说子，天下欲杀子，以子为施不祥言者也。说子亦欲杀子，不说子亦欲杀子，是所谓经者口也，杀常之身者也。”子墨子曰：“子之言恶利也？若无所利而不言，是荡口也。”（《墨子·耕柱第四十六》）

儒家理解的人是关系人，人处在社会关系之网中，而社会关系首先是家庭内的关系，爱的生成是在家庭内，再向外推展。巫马子描述的儒家之爱则是从外向内，从远到近，反方向推到极致，最后是“身”，即自己——为了与墨家区隔，他把自己变成了道家杨朱一派，正印证了孟子说的“逃墨必归于杨”（《孟子·尽心下》）的道理，于是墨子就用对付杨朱的办法对付他，让这种“别”到个体人的爱接受天下人的评价，结果当然很不妙。

> 巫马子谓子墨子曰：“子兼爱天下，未云利也；我不爱天下，未云贼也。功皆未至，子何独自是而非我哉？”子墨子曰：“今有燎者于此，一人奉水将灌之，一人掺火将益之，功皆未至，子何贵于二人？”巫马子曰：“我是彼奉水者之意，而非夫掺火者之意。”子墨子曰：“吾亦是吾意，而非子之意也。”（《墨子·耕柱第四十六》）

巫马子从功利的角度批评墨子，这不是穷本之论，没有造成有效对话，最后又给了墨子嘲讽的机会。

3.形式与实质

《墨子》中提到的孔子后学的不少观点都表现出片面、僵化的特点，割裂名与实，被重质不重文的墨子逮个正着，一一破之。

公孟子曰："君子不作，术而已。"子墨子曰："不然，人之其不君子者，古之善者不诛，今也善者不作。其次不君子者，古之善者不遂，己有善则作之，欲善之自己出也。今诛而不作，是无所异于不好遂而作者矣。吾以为古之善者则诛之，今之善者则作之，欲善之益多也。"（《墨子·耕柱第四十六》）

孔子自称"述而不作"（《论语·述而第七》），后学跟着学舌，说君子只述不作，但实际上，如前所论，孔子是以述为作，绝非全盘复古，况且，与其执着于述或作的形式，不如关注述与作的内容，墨子正是从欲善之多来说明自己为什么要"作"。可见孔子后学只学到了皮毛，没有抓住精神实质。

公孟子戴章甫，搢忽，儒服，而以见子墨子，曰："君子服然后行乎？其行然后服乎？"子墨子曰："行不在服。"公孟子曰："何以知其然也？"子墨子曰："昔者齐桓公高冠博带，金剑木盾，以治其国，其国治。昔者晋文公大布之衣，牂羊之裘，韦以带剑，以治其国，其国治。昔者楚庄王鲜冠组缨，绛衣博袍，以治其国，其国治。昔者越王勾践剪发文身，以治其国，其国治。此四君者其服不同，其行犹一也。翟以是知行之不在服也。"公孟子曰："善！吾闻之曰'宿善者不祥'，请舍忽、易章甫，复见夫子，可乎？"子墨子曰："请因以相见也，若必将舍忽、易章甫而后相见，然则行果在服也。"（《墨子·公孟第四十八》）

公孟子曰："君子必古言服，然后仁。"子墨子曰："昔者商王纣、卿士费仲为天下之暴人，箕子、微子为天下之圣人，此同言而或仁或不仁也。周公旦为天下之圣人，关叔为天下之暴人，此同服或仁或不仁。然则不在古服与古言矣。且子法周而未法夏也，子之古非古也。"（《墨子·公孟第四十八》）

服在春秋时代，在华夏诸侯内部是身份等级的标志，在外部则是华夷之辨的重要内容。公孟以服为行，墨子则认为服什么与行无关，他说的行是治国，还举春秋几位霸主（齐桓公、晋文公、楚庄王、越王勾践）的例子，既有华夏，又有蛮夷，很有说服力。认为古言古服才是仁，这是一种重形式轻实质的观念，用这种死脑筋与墨子论辩，当然要落败。

子墨子谓公孟子曰："丧礼，君与父母、妻、后子死，三年丧服，伯父、叔父、兄弟期，族人五月，姑、姊、舅、甥皆有数月之丧。或以不丧之间诵诗三百，弦诗三百，歌诗三百，舞诗三百。若用子之言，则君子何日以听治？庶人何日以从事？"公孟子曰："国乱则治之，国治则为礼乐。国治则从事，国富则为礼乐。"子墨子曰："国之治，治之废，则国之治亦废。国之富也，从事，故富也。从事废，则国之富亦废。故虽治国，劝之无餍，然后可也。今子曰'国治则为礼乐，乱则治之'，是譬犹噎而穿井也，死而求医也。古者三代暴王桀纣幽厉，薾为声乐，不顾其民，是以身为刑僇，国为戾虚者，皆从此道也。"（《墨子·公孟第四十八》）

礼乐教化在孔子儒家那里是政治的重要内容，墨子以礼乐妨碍两种生产而非议礼乐，公孟子的回答把治理与礼乐变成两张皮，礼乐在治之后，成了文饰政治的东西，被墨子抓住破绽，成功反击。

公孟子谓子墨子曰："子以三年之丧为非，子之三日之丧亦非也。"子墨子曰："子以三年之丧非三日之丧，是犹倮谓撅者不恭也。"（《墨子·公孟第四十八》）

公孟子曰："三年之丧，学吾之慕父母。"子墨子曰："夫婴儿子之知，独慕父母而已。父母不可得也，然号而不止，此亓故何也？即愚之至也。然则儒者之知，岂有以贤于婴儿子哉？"（《墨子·公孟第四十八》）

第一个对话没有积极内容，以一个极端反对另一个极端，不是取胜之道。第二段对话则涉及一个重要问题，即丧礼的内在依据。孔子在与弟子宰我论三年之丧时，曾有"三年之爱"（《论语·阳货第十七》）的说法，其中包含有报本返始的观念。公孟子则说对父母行丧礼是来自小孩子对父母的依赖、爱慕之情，实际上即是本能所致。这是人们培养道德自觉的开始，而不是结束，应当从这里出发，提升自己，把本能上升为道德理性。基于经验而超越经验，这样的情感才能成为丧礼的坚实依据。可见公孟子的理解过于表面和肤浅，因而又遭到墨子的诘问与嘲讽。

墨子对孔子所言并非全盘否定，而是有所称述的。

子墨子与程子辩，称于孔子。程子曰："非儒，何故称于孔子也？"子墨子曰："是亦当而不可易者也。今鸟闻热旱之忧则高，鱼闻热旱之忧则下，

当此，虽禹汤为之谋，必不能易矣。乌鱼可谓愚矣，禹汤犹云因焉。今翟曾无称于孔子乎？”（《墨子·公孟第四十八》）

虽不知所称述的具体内容，但孔子思想圆融，后学则走了极端，钻进死胡同，理论上不能自洽，论辩时捉襟见肘。

三、后期墨家

墨家是一个有着严密组织与高度行动力的派别，为了完成宣传学说、改造社会的使命，早在墨子在世时，墨者内部就有了分工。据《尚贤上第八》可分为“德行、谈辩、道术”（“厚乎德行，辩乎言谈，博乎道术”），《墨子·耕柱第四十六》则分为“谈辩、说书、从事”诸科（“能谈辩者谈辩，能说书者说书，能从事者从事”），与儒门分为“德行、言语、政事、文学”（《论语·先进第十一》）四科有相似之处。这几科的墨者中，在理论上发展了墨家学说的是属于谈辩科的三墨，即《韩非子·显学第五十》中说的墨离为三的墨家三派及其弟子，有关材料保存在墨辩六篇中，而这些谈辩之士被称为后期墨家。

后期墨家出现在战国中期之后，他们参与了百家争鸣，并在交锋论战中吸收了其他学派的思想，一方面发展了墨家认识论，一方面也造成了墨者内部的分歧，“别墨”之名也由此而来。

（一）墨辩中反映出的墨家认识论的发展

《庄子·杂篇·天下第三十三》对于后期墨家有这样一段描述：

相里勤之弟子，五侯之徒，南方之墨者苦获、已齿、邓陵子之属，俱诵《墨经》，而倍谲不同，相谓“别墨”。以坚白同异之辩相訾，以觭偶不仵之辞相应，以巨子为圣人，皆愿为之尸，冀得为其后世，至今不决。

这里明确指出互称对方为“别墨”的是南北两派，即属于北方的“相里勤之弟子，五侯之徒”与属于南方的“南方之墨者苦获、已齿、邓陵子之属”。据郭沫若的考证，“相里勤不用说就是相里氏，五侯大概就是柏夫，这两派属于北方。

邓陵与苦获、已齿属于南方，与前二派相合仍是三派”[①]。“以坚白同异之辩相訾”是说这两派在“坚白”与“同异”问题上观点相左，因而互相辩驳。《墨经》即墨辩六篇中的《经上》与《经下》。这一判断在《经上》《经下》与解经的《经说上》与《经说下》中得到印证。以下引文只标篇名。

1.坚白论

在坚白论上，“经上派”主张盈坚白，“经下派”则主张离坚白，即“坚白不相外也”（《经上》）。

白色的石头既坚且白，坚与白“不相外”即坚与白不相离。白石，人以手触之可知其坚，以目视之可知其为白，所谓“不相离”即在感官中、在经验中二者同处一物（白石）中而不可离。

> 一，偏弃之，谓而固是也，说在因不（否）。可偏去而二，说在见与俱、一与二、广与脩。[②]（《经下》）

> 二与一亡，不与一在，偏去。……见不见离，一二不相盈，广脩，坚白。（《说下》）

> 于一，有知焉，有不知焉，说在存。（《经下》）

> 于石，一也。坚白，二也，而在石。故有智（知）焉，有不知焉，可。（《说下》）

坚与白都可以与石头分开，或者说，不坚不白并不妨碍石头之为石头，这就是“二与一亡，不与一在”“于石，一也。坚白，二也，而在石”的意思，这说明人们对物的认识在发展，区分物之属性与本质，意识到坚与白乃是石的两种属性，它们规定“白色的石头”这一殊相，而不是“石头”这一共相。可见从《经上》到《经下》，通过盈坚白与离坚白的讨论，推动了认识从现象向本质的发展。

2.同异论

> 同，重体合类。异，二，不体不合不类。同异交得于有无。（《经上》）

> 同：二名一实，重同也。不外于兼，体同也；俱处于室，合同也；有以同，类同也。（《说上》）

---

① 郭沫若：《名辩思潮的批判》，载于郭沫若：《十批判书》，东方出版社 1996 年版，第 293 页。

② 郭沫若认为，此处“不”字读为否，当连上，与“无穷不害兼，说在盈否”同例，旧连下读，遂使《经》与《说》不能相通。又“俱”字疑是“不见”之误合。参看郭沫若：《名辩思潮的批判》，载于郭沫若：《十批判书》，东方出版社 1996 年版，第 295—296 页。

异：二必异，二也。不连属，不体也；不同所，不合也；不有同，不类也。

同异交得，于福家良恕（贫庶？）有无也。……

止类以行乂，说在同驷（然？）异说。推类之难，说在［异］之大小，物尽同。（《经下》）

止，彼以此其然也，说是其然也。我以此其不然也，疑是其然也。谓四足兽与牛马异，物尽异，大小也。此然，是必然，则俱为糜同。（《说下》）

《经上》对同异进行了分类，用的是列举法，这是对经验的总结，《经下》则否定了这种方法（“止类以行乂”），意即“不要用推类之法以打通淆杂”[①]。这明显与惠施的同异之辩相同[②]。

对于“类”，“经下派”也有了更深入的探讨。

一法者之相与也尽，若方之相合也，说在方。（《经下》）

一：方尽类，俱有法而异，或木或石，不害其方之相合也，尽类犹方也。物俱然。（《说下》）

方形之物，同在方之形，异在物之质（即或木或石）。“方”是一个抽象概念，是从无数个方形之物中抽象出来的，这是这些物的共相，物本身则千差万别，但物虽异，不碍其方之同。对于类、同的认识表明，从《经上》到《经下》，墨家的认识论从朴素的经验论上升到观念论。

（二）“别墨”与战国时代的争鸣和融合

据《庄子·杂篇·天下第三十三》，“别墨”是墨者两派给对方的称呼（“相谓‘别墨’”），与“别墨”相对的是“真墨”（《韩非子·显学第五十》）。“真墨”即正宗的墨者，即以墨子真正继承人自居；“别墨”即不正宗的墨者，假墨，冒牌墨者。它不是自称，不是一个叫作“别墨”的学派，而是一顶帽子，互相戴给对方。由于墨子作为墨家创始人，不仅是个思想家，还是个宗教家，是墨家第一任巨子，因而双方竞相以“真墨”自居，不仅是学术之争，还包括了对于“巨子”之位的争夺，即《庄子·杂篇·天下第三十三》中所说的“以巨子为圣人，皆愿为之

① 郭沫若：《名辩思潮的批判》，载于郭沫若：《十批判书》，东方出版社 1996 年版，第 299 页。

② 大同而与小同异，此之谓小同异，万物毕同毕异，此之谓大同异。（《庄子·杂篇·天下第三十三》）

尸,冀得为其后世”。这说明分歧从理论上延伸到组织上,同时也说明墨家学派的与众不同之处。

墨辩中显露出的分歧,是战国时代墨家参与争鸣和吸收其他学派以发展自己的表现。如前所论,在坚白论上,“经下派”主张离坚白,这与公孙龙的主张一致;在同异论上,“经下派”的主张与惠施相同。这些都构成墨家认识论的发展。若以述与作来表达墨者内部的这种分歧,则可视作墨家“述”派与“作”派之争,同时也说明百家争鸣不仅有争,还有合。

第二节　战国时代的道家

战国时代的思想舞台上,儒家与墨家并称“显学”(《韩非子·显学第五十》),但实际上,终战国之世,道家各派也十分活跃,亦可当得起“显学”之名。只不过那时尚未有“道家”之名,该派人物通常是以个人的名义被提起和评价。

一、杨朱

在战国初年,道家学派名气最大的是杨朱。杨朱在先秦典籍中又叫阳子居、阳生。他是战国初期魏国人。杨朱没有著作传世,其思想片段保留在《孟子》《庄子》《韩非子》《吕氏春秋》《淮南子》等典籍中。《列子》中有《杨朱篇》,以往多认为是魏晋人的伪作,但也可以作为研究杨朱思想的一种参考资料。

关于杨朱思想的学派归属,学术界有不同看法。杨朱与老子之间存在师承关系,杨朱思想是老子思想的片面发展。他的思想由于具有颠覆性,在战国初年引起巨大反响,成为孟子严厉批判的对象之一。在先秦典籍中,他的思想被归纳为“重生”“贵己”,我们认为这正是老子“以自为本”的本体论在人生领域展开并发展的结果。

（一）杨朱“重生”思想及本体依据

先从杨朱思想的批判者孟子来看儒家眼中的杨朱。

> 杨子取为我，拔一毛而利天下，不为也。（《孟子·尽心上》）

这是说杨朱是极端利己主义者，与“墨子兼爱，摩顶放踵利天下，为之”的极端利他主义形成两个极端。这两种极端在孟子看来都不可取。

“拔一毛利天下而不为”的另一面是“以天下易其一毛而不为”。

> 今有人于此，义不入危城，不处军旅，不以天下大利，易其胫一毛。世主必从而礼之，贵其智而高其行，以为轻物重生之士也。（《韩非子·显学第五十》）

这里所说的“轻物重生之士”明显指的是杨朱一派。韩非子与孟子一样，也在批判杨朱以及欣赏杨朱思想的“世主”，但侧重点不同：在孟子眼中极端自私的“为我”，在韩非子这里则是有选择的“轻物重生”。合而观之，杨朱一派在“天下”（权力）与“一毛”（身体）之间选择后者。他们既没有高尚到以身救世，也没有“忘我”地以身谋权，天下大义与天下大利在他们面前，都没有吸引力。因为前者，他们令孟子感到不齿；因为后者，他们又让韩非子感到无法驱使（即不能“易民死命”）。可见杨朱一派在当时的救世热潮中，属于政治冷淡派。当时经过“三家分晋”与“田氏代齐”，各国之间的争战变成赤裸裸的兼并战争，历史车轮辗压着无数人的身体前行，在这样的背景下，杨朱“重生”思想对于身的重视和他对当权者不配合的态度，无疑是一种反抗姿态。这意味着个体意识的觉醒。它应该反映了当时很多人的愿望，因此其言能“盈天下”而煊赫一时，应当说是有合理性的。

但是孟子显然不能理解和接受杨朱思想的合理性，他将杨朱与墨子并举，进行严厉批判。

> 杨氏为我，是无君也；墨氏兼爱，是无父也。无父无君，是禽兽也。（《孟子·滕文公下》）

这是将杨、墨视为异端而毫不留情地斥之为“禽兽”。那么在孟子眼中，杨、墨这两个异端“异”在何处？我们认为，异在杨、墨这里的人是个体人，而儒家主张的人是关系人。个体人意味着对宗法制度及其价值排序的否定，这是儒家不能容忍的。墨子主张的个体人是“天”之下的人，那么杨朱呢？他这种主张的理论根据何在？我们认为他的这一主张来自老子“以自为本”的本体论。

> 伯成子高不以一毫利物，舍国而隐耕。大禹不以一身自利，一体偏枯。古之人损一毫利天下不与也，悉天下奉一身不取也。人人不损一毫，人人不利天下，天下治矣。（《列子卷第七·杨朱篇》）

据前所论，老子在身的问题上对民和治者采取的是不同的态度，即在天下与身之间，民重身，君轻身。伯成子高是民，所以他的做法是“损一毫利天下不与也”，把身看得比天下重，就不会去抢那个位子。而大禹是君，他的做法是“悉天下奉一身不取也”，把天下看得比身重，不去亏民自利。这样统治者的存在对于民而言就是“太上，下知有之”。民不争夺，君不居功，最后的结果就是保障了以民之身为本（“人人不损一毫，人人不利天下”），从而实现“天下治”。

进入战国时代，社会变革速度加快，社会以个人为铺路石而向前推进时，社会客观要求与这一哲学理念之间的冲突加剧，杨朱作为老子后学，在这样的背景下把《老子》中的人生哲学部分推向极致，产生了耸动人心的极端个人主义思想。历史地看，这是具有思想解放意义的进步思想，也体现出思想与历史的互动。

（二）杨朱后学对杨朱思想的发展

通常认为，先秦典籍中的子华子、詹何属于杨朱后学，其中子华子把杨朱思想进一步发展成为全生、养生思想。

> 韩、魏相与争侵地。子华子见昭釐侯，昭釐侯有忧色。子华子曰：“今使天下书铭于君之前，书之曰：‘左手攫之则右手废，右手攫之则左手废，然而攫之必有天下。’君将攫之乎？亡其不与？”昭釐侯曰：“寡人不攫也。”子华子曰：“甚善。自是观之，两臂重于天下也，身又重于两臂。韩之轻于天下远，今之所争者，其轻于韩又远，君固愁身伤生以忧之臧不得也？”昭釐侯曰：“善。教寡人者众矣，未尝得闻此言也。”子华子可谓知轻重矣。知轻重，故论不过。（《吕氏春秋·开春论第一·审为》）

《审为篇》主要讲身与天下之轻重（“身者，所为也，天下者，所以为也，审所以为而轻重得矣”）。这一段材料的论辩方法与墨子相似，其思想则与杨朱一致，即身重于天下。这可以视为后学对杨朱的“述”。

> 子华子曰：“全生为上，亏生次之，死次之，迫生为下。”故所谓尊生者，

全生之谓;所谓全生者,六欲皆得其宜也。所谓亏生者,六欲分得其宜也。亏生则于其尊之者薄矣。其亏弥甚者也,其尊弥薄。所谓死者,无有所以知,复其未生也。所谓迫生者,六欲莫得其宜也,皆获其所甚恶者。服是也,辱是也。辱莫大于不义,故不义,迫生也。而迫生非独不义也,故曰迫生不若死。奚以知其然也?耳闻所恶,不若无闻;目见所恶,不若无见。故雷则掩耳,电则掩目,此其比也。凡六欲者,皆知其所甚恶,而必不得免,不若无有所以知。无有所以知者,死之谓也,故迫生不若死。嗜肉者,非腐鼠之谓也;嗜酒者,非败酒之谓也;尊生者,非迫生之谓也。(《吕氏春秋·仲春纪第二·贵生》)

这一篇主要是说不可放纵感官欲望,而当节制("耳目口鼻不得擅行,必有所制"),处理的是生与欲的关系。重生思想在老子和杨朱那里,都是与轻天下相对而言的,也就是说,这一思想有明确的参照物,是一种有着特定情境的思想主张。《审为篇》中还能看到这种情境,而在《贵生篇》里,生不再与身外之物(天下)相对,而是与身的本能欲望相对,这一参照物的转变,使重生(轻天下)思想向着全生(制欲)转变,这意味着它从一种具有反抗精神和独立意识的进步思想变成一种技术性的卫生之学。如果说杨朱对于老子是片面的、极端的发展,杨朱后学对于杨朱则是庸俗化发展。

战国初期至中期,杨朱之学与儒、墨俨然呈三足鼎立之势,而在战国中期以后则迅速衰落。据以上分析,其主要原因应当在于杨朱思想本身的片面性、相对性。它一方面在特定情境下极其犀利,另一方面又不完整,因此,在《老子》广泛传播、庄子崛起之后,杨朱之学就被淹没了。虽然如此,仍当肯定杨朱思想的历史进步意义。

二、列子

列子,名御寇(或写作圄寇、圉寇),战国初期郑国人。列子的思想在先秦典籍《庄子》《吕氏春秋》中保留有一些片段。《汉书·艺文志》说列子著有"《列子》八篇",但此书早已亡佚,现存《列子》一书,以往学者们多认为是晋人作的"伪书",但自20世纪90年代以来,一些学者考证认为《列子》是战国早期黄老道家的作品。我们认为,现存《列子》一书应当是后人辑录的先秦道家材料,其基本思想面貌是对老子思想的多方面展开,反映了道家在战国早期的发展。当然也有一些篇章是后人的增益附会,我们认为这是古书成书过程中的普遍现象,据此可以说明成书的时间,但不能简单地认定为其基本思想的出现时间。

《列子》继承和发展了《老子》本体论思想,《老子》中的他生型本体论与隐而待发的自生型本体论在《列子》中得到更充分的论证与表述,两种本体论在认识论、人生哲学、政治哲学中有不同表现。另外,对精神世界的探索以及对得道的追求又发展出工夫论。这些构成先秦道家从老子到庄子的桥梁。

(一)本体论(含宇宙论)

他生型本体论需要宇宙生成论以说明万物是怎样被生化的,自生型本体论则需要向人们解释宇宙是如何存在的,因此宇宙存在论与宇宙生成论是与两种本体论相匹配的。

1.自生型本体论(含宇宙存在论)

《老子》第1章中透露出《老子》本体论史的第三个阶段,即取消他生,归为自生,但在《老子》中未得到明确的发挥,而在《列子》中自生型本体论被明白无误地表述出来。

> 有生不生,有化不化。不生者能生生,不化者能化化。生者不能不生,化者不能不化,故常生常化。常生常化者,无时不生,无时不化。阴阳尔,四时尔,不生者疑独,不化者往复。往复其际不可终,疑独其道不可穷。《黄帝书》曰:"谷神不死,是谓玄牝。玄牝之门,是谓天地之根。绵绵若存,用之不勤。"故生物者不生,化物者不化。自生自化,自形自色,自智自力,自消自息。谓之生化、形色、智力、消息者,非也。(《列子卷第一·天瑞篇》)

这段材料是列子在离开郑国去往卫国之前,应弟子之请,转述他的老师壶丘子林与他的朋友伯昏瞀人的一段话。这段话是通过暴露他生型本体论的问题,引出自生型本体论。"有生不生,有化不化",张湛注为"生物而不自生者也","化物而不自化者也"①。"不生者能生生,不化者能化化",张湛注为"不生

---

① 杨伯峻:《列子集释》,中华书局2013年版,第2页。

者,固生物之宗","不化者,固化物之主"①。"不生者""不化者"即他生型本体论中的本体,祂负责生物、化物,而其自身则不再被别的什么所生、所化。这是为了摆脱无穷追问导致的无穷后退而不得不对本体作的规定。"常生常化者,无时不生,无时不化。阴阳尔,四时尔"是描述他生型本体论下物的被动生化状态。"不生者疑独,不化者往复",卢重玄的解释是"神无方比,故称独也。老子曰'独立而不改'也。疑者不敢决言以明深妙者也"②。"不化者往复"是对道的运动特征"反"的描述,可知以上这些全是对《老子》他生型本体论的"述",表现出对《老子》的继承。这种"述"同时也是一种否定,因为它把万物作为被生化者的被动性暴露出来,其实质是本体与其所生化的万物之间的异质性,即本体生成万物的前提是祂不能再被生化。然后又引用《老子》第 6 章(所谓《黄帝书》乃六国贤者所作,托名黄帝)点明以上所发挥的老子思想属于《老子》中的他生型本体论。"故生物者不生,化物者不化"是对以上所述本体论的矛盾之处进行的总结。在把问题充分暴露出来之后,解决问题的方法也顺理成章地被导引出来,这就是接下来所说的"自生自化,自形自色,自智自力,自消自息"。这才是以肯定的语气说出一种克服了他生型本体论内在矛盾的另一种本体论,即自生型本体论。最后一句"谓之生化、形色、智力、消息者,非也"则明确指出不可混淆两种本体论。

这段材料不论从文本还是思想上都清楚地说明这种自生型本体论以《老子》为背景而又发展了《老子》,其中述与作的区别与联系是清晰可见的,其思考与论证过程体现出思想发展的内在逻辑。

与自生型本体论相应的是宇宙存在论,它保存在一则寓言中。

> 殷汤问于夏革曰:"古初有物乎?"夏革曰:"古初无物,今恶得物?后之人将谓今之无物,可乎?"殷汤曰:"然则物无先后乎?"夏革曰:"物之终始,初无极已。始或为终,终或为始,恶知其纪?然自物之外,自事之先,朕所不知也。"殷汤曰:"然则上下八方有极尽乎?"革曰:"不知也。"汤固问。革曰:"无则无极,有则有尽;朕何以知之?然无极之外复无无极,无尽之中复无无尽。无极复无无极,无尽复无无尽。朕以是知其无极无尽也,而不知

① 杨伯峻:《列子集释》,中华书局 2013 年版,第 2 页。

② 杨伯峻:《列子集释》,中华书局 2013 年版,第 3 页。

其有极有尽也。”(《列子卷第五·汤问篇》)

汤的问题是从物在时间上的开端开始的,他问“古初有物乎”,这种问法本身就暗含着一个结论,即在所有的物之外要有第一个物,或者说造物者,它的弊端在壶丘子林的论述中已经很明确了。可知汤的提问是以他生型本体论为预设的。对于这个问题的回答可以有两种:一种是靠信仰拒绝回答,一种是推翻这个问题本身。夏革用的是后一种。他先反问:“古初无物,今恶得物?后之人将谓今之无物,可乎?”这就从常识的角度说明物的存在没有古今之别。汤不能反驳,但仍然发问:“然则物无先后乎?”这是他生型本体论的展开,即物一定是有先有后,有母有子,物一定是被生出来的,生者在先,被生者在后。夏革的回答比较委婉:“物之终始,初无极已。始或为终,终或为始,恶知其纪?然自物之外,自事之先,朕所不知也。”这是自生型本体论的必然结果,即物无始无终,不存在时间上的起点,有存在而无先后。所谓“不知”物之外、事之先,其实是因为那是个陷阱,它会导致无穷后退,他推说“不知”实际上是不去跳那个陷阱。但汤还是要追问,问物之外的问题,夏革不得已回答他“无则无极,有则有尽①;朕何以知之?然无极之外复无无极,无尽之中复无无尽。无极复无无极,无尽复无无尽。朕以是知其无极无尽也,而不知其有极有尽也”。无极是讲物之外不可计数,无尽是说物之内不可穷尽。因此,宇宙万物无始无终,无极无尽,无先无外,这正是自生型本体论的应有之义。

2.他生型本体论(含宇宙生成论)

他生型本体论在《列子》中是主流,相关的材料也很多,较集中地表述在下面这段托名《黄帝书》的“引文”和对它的解释中。

> 《黄帝书》曰:“形动不生形而生影,声动不生声而生响,无动不生无而生有。”形,必终者也;天地终乎?与我偕终。终进乎?不知也。道终乎本无始,进乎本不久。有生则复于不生,有形则复于无形。不生者,非本不生者也;无形者,非本无形者也。生者,理之必终者也。终者不得不终,亦如生者之不得不生。而欲恒其生,画其终,惑于数也。(《列子卷第一·天瑞篇》)

形动、声动、无动三句是说影、响、有乃是形、声、无所生,这是强调形、声、无

---

① 据后文,“有尽”当为“无尽”。杨伯峻:《列子集释》,中华书局2013年版,第55页。

对于影、响、有的先在性、优越性，目的是说明道对于物的决定作用，这是他生型本体论的典型特征。接下来就是发挥这种思想："形，必终者也；天地终乎？与我偕终。终进乎？不知也。道终乎本无始，进乎本不久。""进"当为"尽"，"久"当为"有"①。这是说凡被生者皆有死，不停地生，不停地死，因而没有尽头，万物有生有死，而又无穷无尽，即"终不可尽"。"道终乎本无始"，张湛注"无始故不终，无有故不尽"②。而之所以这样，正是道这个生物者存在的证明。这即是说道与万物不同，无终无尽。实际上，正是万物不停地生死终尽，才印证和保证了道的无终无尽。在他生型本体论中，道对物并不是一种单方面的主宰关系，它们双方是互相抓住对方，互相成就对方。"有生则复于不生，有形则复于无形。"有生有形者都会有一个尽头，即归于死（不生）、归于灭（无形）。紧接着的一句"不生者，非本不生者也；无形者，非本无形者也"是对"不生"与"无形"这两个可能引起误解的用语所作的解释，意思是因有生而归于死的不生不是那个本不生者，后者即壶丘子林所说的自生自形者，即自生型本体论的本体，可见为《黄帝书》作解释的人是很清楚二者之间的差别的。这也再次确认了《列子》中存在两种本体论。"生者，理之必终者也。终者不得不终，亦如生者之不得不生"再次强调被生者的生与死的被动性，"而欲恒其生，画其终（"画"当作"止"）③，惑于数也"这句的意思是，作为被生者试图永生不灭，是由于不明白自然之理（数）。

他生型本体论对宇宙生成论有刚性需求，所以《列子》中有完整的宇宙生成论。

> 昔者圣人因阴阳以统天地。夫有形者生于无形，则天地安从生？故曰：有太易，有太初，有太始，有太素。太易者，未见气也；太初者，气之始也；太始者，形之始也；太素者，质之始也。气形质具而未相离，故曰浑沦。浑沦者，言万物相浑沦而未相离也。视之不见，听之不闻，循之不得，故曰易也。易无形埒，易变而为一，一变而为七，七变而为九。九变者，穷也；乃复变而为一。一者，形变之始也。清轻者上为天，浊重者下为地，冲和气者

① 杨伯峻：《列子集释》，中华书局2013年版，第19页。
② 杨伯峻：《列子集释》，中华书局2013年版，第19页。
③ 杨伯峻：《列子集释》，中华书局2013年版，第20页。

为人;故天地含精,万物化生。(《列子卷第一·天瑞篇》)

《老子》中阴阳二字出现过一次(“万物负阴而抱阳”,《老子·四十二章》),其内涵并没有展开。这里则是以阴阳思想来讲宇宙生成论,阴阳不是物,而是物之理,天地是最大的物,故圣人运用阴阳之理以统御天地。“圣人”应当是道家的得道者,即通晓万物生化之理者。“夫有形者生于无形,则天地安从生?”无形即不可见,感官所不及,从“有”推出“无”。“故曰:有太易,有太初,有太始,有太素。”这是说本体名为太易,从太易到太初、太始、太素是从无到有的过程。“太易者,未见气也;太初者,气之始也;太始者,形之始也;太素者,质之始也。气形质具而未相离,故曰浑沦。浑沦者,言万物相浑沦而未相离也。”张湛注“太易”时说“如易系(即《易传·系辞》)之太极,老氏之浑成也(有物浑成,先天地生)”[①]。在从无到有的过程中,气充当了中介角色,但这并不是气本论。有了形、质之后,首先处于一个待分化状态,即混沌。这是一个没有上下高低贵贱差别的状态,它是一,是理想状态,但又必须发展成为有差别的状态。“视之不见,听之不闻,循之不得,故曰易也。”[②]不可视、听、循,即看不见、听不到、摸不着,总之是感官所不能及的一种存在。这说明它不是普通的物,而是在物之外、物之上,即物之本体,因此名之曰易。“易无形埒”,埒即形[③]。“易变而为一,一变而为七,七变而为九。九变者,穷也;乃复变而为一。”讲易的变化,先变为一,这意味着易消失在、保存在一之中,再经过变化,至九而穷,然后再复归为一。“一者,形变之始也。清轻者上为天,浊重者下为地,冲和气者为人;故天地含精,万物化生。”前面说太易、太初到太始是气之始、形之始,至太素为质之始,有了气、形、质,则成为一个未分离的浑沦,由此再分化。而后面这些描述则是归为一,从一开始分化,先有天地人,再有万物。后面这些关于生化过程的论述不同于《老子》,当有汉代人的添加,但与《老子》相比变得更加具体和精致了。

(二)认识论

与两种本体论相应,《列子》中有两种认识论。

---

① 杨伯峻:《列子集释》,中华书局2013年版,第6页。

② 循正字为揗,意为拊、摩也。见《列子集释》第7页。

③ 杨伯峻:《列子集释》,中华书局2013年版,第7页。

其一,天人合一式的认识论。这是自生型本体论在认识领域展开的结果,在《列子》中是通过壶子与列子关于“游”的不同见解表达出来的。其二,物我统一式的认识论。这是他生型本体论在认识领域的展开,认识的可能性在于道的运动特征即反,它是观念上对于万物混同的理想状态的回归,因此在方法上就表现为物我去差别化、齐同化。《周穆王篇》通过寓言讲了观念上的有差别到无差别是怎样实现的。尹文转述老聃的话,是从本体论开始的,“有生之气,有形之状,尽幻也”。这是说作为被生者的“有”,都是被生化的和暂时的,就此而言,万物虽有不同,但都是不真实的,万物之间的差别是相对的,同归于一则是绝对的,同一是真,差别是幻,常人以幻为真,得道之人则破幻归真。他又以造物者(生者)与因形者(被生者)在巧与功的不同解释为什么万物生化是幻非真,并得出结论“知幻化之不异生死也,始可与学幻矣”。这是说人要改变对万物的看法,不再执着于幻象,才能接近真实,还说:“吾与汝亦幻也,奚须学哉?”我们与物一样,都是被生者,随起随灭,亦是幻象。这应当是指人的形体,形是人被动接受的东西,但精神呢?精神是人可自主的,有创造性的,可能同于“造物者”的。这一过程应当是人的本体化过程。人作为万物之一,凭借自己的能动性,可以由末返本,获得本体的“神通”,因此老成子在完成这一过程后,就能够“存亡自在,憣校四时;冬起雷,夏造冰。飞者走,走者飞”了。这类似巫术,但理论基础却是他生型本体论。

(三)工夫论

道家工夫论是以本体化为目标所作的修行,与两种本体论相应,《列子》中的工夫论也有两种。

其一,内外并重的工夫论。表现为重神不轻形,内圣而外王。《黄帝篇》中描述了黄帝修行的三个阶段。第一阶段是满足身体的口腹之欲,这是以身为我,犯了方向性错误。第二阶段是竭智力以治天下,废形劳神,仍是苦不堪言。经过这两种修行,黄帝意识到修行方法有误,于是暂时离开世俗生活,专注于养神,放松自己,神游到一个奇异的国度,那里没有统治者与被统治者,人们对于生死夭寿物我的差异都无所知,还有一些类似巫术的能力。黄帝由此悟道,然后内圣而外王,天下大治。黄帝的神游应当是壶子所主张的“内观”,他梦中所至的华胥之国,可以视为自生型本体论的示范区,以不治为治。他在实现本体化之后,没有停留在那种状态中,而是反身回到世俗生活中,以自己所悟之道促成天下向着理想状态转变,这是内外并重的修行,也说明自治要通过他治来实现。两种本体论虽不同,但在根本上不是对立关系,而是接力。其二,重内轻外的工夫论。这是将道家他生型本体论本体化的结果,重内轻外,表现为重神轻形,有内圣无外王。这种本体论以神来规定人,因此在神形关系上重前者轻后者。《周穆王篇》中周穆王贵为天子,在享受到极致的物质生活后,在化人的帮助下,经过"默存""神游",进入一个令人目眩神迷的所在,回过神之后,化人告诉他以虚为实则实亦为虚的道理,他因此开悟,抛下政事,摒弃欲望,"肆意远游",乐此不返。把这个故事与前述《黄帝篇》中黄帝的故事相比,黄帝悟道之后,以内圣而外王,促成天下大治,周穆王则是有往无返,放弃世俗生活,过起神仙一样的生活来。两人对待世俗生活的不同态度,正是缘于两种工夫论在内外关系上的不同态度。内外并重,则外是实现内的工具;重内轻外,则以外为负累,容易从道家走向神仙道。

(四)人生哲学与政治哲学

认识论与工夫论是本体论的展开,对于人而言,都是以本体论为依据,建立起相应的世界观(或称为本体化),经过这个过程,人们就得道了。得道之后如何生活,构成《列子》的人生哲学和政治哲学。

1.人生哲学

得道是对于一种理想生活的领悟,但它存在于主观幻想中,并作为参照衬托出现实生活的不完美,怎样处理这种落差?《列子》中有两种不同的描述。

一是往返自如。《仲尼篇》中列子聚众收徒,家里非常热闹。他与南郭子为邻,却老死不相往来,弟子们以为他们有嫌隙。有一个来自楚国的弟子问列子这件事是否属实,列子没有正面回答。从他对南郭子的评价来看,对方应是一位得道者,而且像是活在另一个世界的人。列子带着一些弟子去见南郭子,大家发现他果然像木头人一样,无法沟通。但是,这位南郭先生突然从列子的弟子中挑出一个并和他说话,并且态度很是直率和好胜("衎衎然若专直而在雄者")。他这种出人意料的表现令弟子们大为不解,怀疑他并非得道之人。列子以不言之言、不知之知来解释。我们认为这反映的是南郭子在得道后,在理想世界与现实世界之间往返自如的生活方式。"若欺魄焉,而不可与接"是神游在理想世界的状态，而一旦发觉列子弟子中有人未达道，他立刻以自己的方式点拨对方。这是他返回现实世界的表现，因此这位得道者的处理方法是不即不离，“不即”即神游状态，暂时离开现实生活，“不离”即对现实生活保持着一种关切并有所行动。

二是往而不返。《周穆王篇》中记载了一个叫华子的怪人，他似乎患了失忆、失智病一样，令家人苦不堪言，求了史、巫、医各施其术，却都不见效，最后有一个鲁国儒生自告奋勇替华子治疗。他的方法是先让华子的感官恢复作用，又与他独居一室七日，把华子的病治好了。可是华子一旦恢复如常，却不喜反怒，“黜妻罚子，操戈逐儒生”，众人问原因，他说自己回不去了。卢重玄的解释是“华子思反真而无从也，故怒其妻子以逐儒生也”①。可知华子当初的失智状态是神游于理想世界的状态，他不感谢儒生“治愈”他，是因为他不想回到纷纷扰扰的现实生活中。这种得道后的生活方式就是往而不返，对现实生活采取的是离而不即的态度。

2.政治哲学

修道的君主在得道之后怎样处理现实与理想的落差，《列子》中也有典型的例子。

一是由此而彼。《黄帝篇》里的黄帝在神游中“看见”了一个神奇的理想国度，“其国无师长，自然而已。其民无嗜欲，自然而已”，这与现实世界形成鲜明对比，但黄帝并没有做出去此（现实世界）取彼（理想世界）的选择，没有待在那个世界中不回来，相反，他折返回不完美的现实世界，促成现实向理想的转变。在修道的工夫论上属于内外并重类型，就政治哲学而言，则是由此而彼，即由这个世界通向那个世界，这是一种负责任的、积极的态度。二是去此取彼。《周穆王篇》里的周穆王在神游至仙境一样的理想国度后，他的选择是弃国事，去远游，乐此不返，所以他对得道后的落差采取的是去此取彼的态度，有取舍，实则有差别，也即去差别化并不彻底，结果仍是承认了差别，并且没有去消除差别。人君在得道之后放弃职责，这与黄帝的选择截然不同，追根溯源，仍在于本体论的不同。因此，周穆王与黄帝的不同选择，在于他们所修的是不同的“道”。

据上所论，《列子》一书虽掺有汉代以后的思想，但就其基本思想面貌而言，

---

① 杨伯峻：《列子集释》，中华书局 2013 年版，第 115 页。

则属于战国早期道家后学对老子哲学的继承与发展,就本体论而言,以他生型本体论为主,自生型本体论为辅,前者是对老子的发展,后者则构成老子到庄子之间的桥梁。

三、宋钘

宋钘又称为宋牼、宋荣、宋荣子,战国时期宋国人,《庄子·天下》将宋钘与尹文并称,视为道家一派。据《汉书·艺文志》,宋钘有著作“《宋子》十八篇”,已佚。郭沫若考证《管子》中的“《心术》和《内业》是宋钘的著述或他的遗教”,黎翔凤不赞成这个看法,我们在将《庄子·天下》与《管子》四篇(即《心术上》《心术下》《内业》《枢言》)比较之后,同意黎翔凤的意见,即认为《心术》《内业》与《天下篇》对宋尹学派的描述不符,因此,我们主要依据《庄子》《孟子》《荀子》《韩非子》《吕氏春秋》中的相关材料阐述宋钘的思想。

(一)认识论与工夫论

宋钘在认识论上与此前的道家学者相比,呈现出客观化倾向,工夫论则褪去神秘色彩,更加强调实践。至于本体论,由于文献不足,这里不能单独讨论。

1.认识论

《庄子·天下》说宋钘这一派“接万物以别宥为始”,这是说他是以“别宥”为前提以“接万物”。“别宥”意为破除心蔽①。郭沫若认为,《尸子·广泽篇》所述“料子贵别囿”中“别囿即别宥,则料子自即宋子,料乃钘之讹”,“其(宋钘)遗说尚保存于《吕氏春秋》《去尤》与《去宥》二篇”。②

《去尤》认为人的主观好恶是人们认识的障碍。

世之听者多有所尤,多有所尤则听必悖矣。所以尤者多故,其要必因

① 奚侗:《说文》:“别,分解也。”宥,当作“囿”。《说文》:“囿,苑有垣也。”垣为界限,故心有所限者曰囿。别囿,谓分解其心之所囿,犹言破除之也。马叙伦:“宥”借为“囿”。《尸子·广泽篇》“料子贵别囿”是其证也。料子无考,疑即宋子。囿为有所蔽,别囿谓解蔽也。崔大华:《庄子歧解》,中华书局 2012 年版,第 841 页。

② 郭沫若:《宋钘尹文遗著述》,载于郭沫若:《青铜时代》,科学出版社 1957 年版,第 248 页。

人所喜与因人所恶。东面望者不见西墙，南乡视者不睹北方，意有所在也。（《吕氏春秋·有始览第一·去尤》）

作者还举例说明这一障碍的后果，包括疑邻窃斧的故事，公息忌谏以结实的组（丝绳）代替易断的帛来连缀甲裳、邾公因其从中牟利而不再用组的故事，鲁人因爱其子而不辨美丑的故事。第一个故事是讲先入为主的偏见导致错误的判断。第二个故事是说邾国国君因对方的牟利动机而否定了正确的决定，对人不对事，判断依据不在事情本身对错，而在于进谏者的动机。第三个故事是说鲁人因为对儿子的爱，在审美上与常人的判断相左，以丑为美。这三个故事的主人公之所以不能做出正确的判断，都是因为囿于一偏。这说明在宋钘看来，人不应当沉溺于个人的主观世界，世界是客观的，人们的判断有是非对错之分，不能采取相对主义的态度。

夫人有所宥者，固以昼为昏，以白为黑，以尧为桀，宥之为败亦大矣。亡国之主，其皆甚有所宥邪？故凡人必别宥然后知，别宥则能全其天矣。（《吕氏春秋·先识览第四·去宥》）

这段材料还讲述了四个故事：秦惠王因受人挑拨，以至于心存怒气，听不进东方墨者谢子的话；楚威王学书于沈尹华，却因小人挑拨，说威王是沈尹华的弟子，他因此疏远了对方；一个人怀疑邻居劝自己砍掉枯树是因为要借来烧柴；一个齐人当众偷金子，因为他眼中只看到了金子。前两个故事都是劝君主当以公心待人处事，不可被成见、无谓的好胜心蒙蔽，以至于对人对事有失公正。第三个故事属于错误的因果推论，它源于以动机而不以事实进行判断的做法。第四个故事类似掩耳盗铃，沉浸在个人主观世界里做出不具有普遍可模仿性的事。它对于说明世界的客观性具有典型意义。最后一段总结仍是强调世界的客观性，不仅包括事实还包括价值判断，并说“故凡人必别宥然后知”，这与“接万物以别宥为始”是一个意思，即反对认识问题上的相对主义立场，主张世界是客观的，人们的认识有真理性可言，获得真知要从消除主观上的各种障碍出发。“别宥则能全其天”，是说在除掉认识上的障蔽之后，真实的世界就呈现在人们面前了，主观统一于客观，是为“全其天”。这与此前道家带有反常识与神秘色彩的认识论大异其趣，表现出肯定的、入世的倾向。

2.工夫论

宋钘在认识论上有客观标准，在工夫论上也一样，即“不累于俗，不饰于物，不苟于人，不忮于众，愿天下之安宁以活民命，人我之养，毕足而止”。接下来的一句“以此白心”的解释是：“白，洗涤也。句谓以此为准，过则洗涤其心。吕惠卿：愿人安养而不求余，其心有不然，则以为垢而洗之，是以此白心也。”[①]说明这一派的人在修行时有比较具体的标准来判断是不是合乎要求。这些要求包括：不为世俗所牵累，不以外物矫饰自己，不苛察别人，不逆众意，希望天下太平，人人都能安稳地活着并得到温饱。修行时对照这些要求进行，具有较强的可操作性，而不再是神秘的个人体验，并具有以外显内的特点，因此他“语心之容，命之曰心之行”，这句话历来有不同理解，据《庄子歧解》，“容，借为‘欲’。句谓心有意欲，是心之行为。章炳麟：‘容’借为‘欲’。《乐记》‘感于物而动，性之欲也’，《乐书》作‘性之颂也’，‘颂’，‘容’古今字。‘颂’借为‘欲’，故‘容’亦借为‘欲’。阮毓崧：心之容即意计之容于心者，犹言心之所欲也。宋尹于心之所欲以‘行’名之，盖藉明内外如一，所行绝无矫饰耳。”[②]以具体的材料为目标来修行，这个过程称为白心（或曰洗心），再以此心指挥行动，当心统御形时，人的欲与行、内与外就统一起来了，统一之后意味着工夫做到了家，之后则“以聏合欢，以调海内，请欲置之以为主”，前两句的意思是“以暱（昵）合欢，调和天下”[③]，说明宋钘的学说意在调和。最后一句我们认为“之”字承前语，指心形统一的宋钘学派之人，因此这一句当解为“宋尹二子请置立此合驩调和之人为物主”[④]，这就与墨家以巨子为首领有相似之处了。

（二）人生哲学与政治哲学

1.人生哲学

与其他道家人物相比，宋钘的人生哲学是积极的、入世的哲学，较为突出的内容有情欲寡浅、见侮不辱、自苦利他。

《庄子·天下》总论宋尹学派时说他们“以情欲寡浅为内”，《荀子·正论篇第十八》的表述是：“子宋子曰：‘人之情欲寡，而皆以己之情为欲多，是过也。’”杨倞注为：“宋子以凡人之情，所欲在少，不在多也。《庄子》说宋子曰‘以禁攻

---

① 崔大华：《庄子歧解》，中华书局 2012 年版，第 841 页。
② 崔大华：《庄子歧解》，中华书局 2012 年版，第 842 页。
③ 崔大华：《庄子歧解》，中华书局 2012 年版，第 842 页。
④ 崔大华：《庄子歧解》，中华书局 2012 年版，第 842 页。

寝兵为外,情欲寡浅为内'也。"[1]这即是说,宋钘这个主张是认为人的欲望在事实上是有限度的,有客观标准的,超出的部分就是"过"了。联系《庄子·天下》中所说的"人我之养,毕足而止"和"先生不得饱,弟子饥"的情形,可知宋钘是以身为限规定人们的欲望,以维持生存为限度而主张情欲寡浅的。这一主张使人们从物质生活上消除了贫富贵贱差异,荀子因此而将他与墨子并提,批判他们"上功用,大俭约,而僈差等,曾不足以容辨异,县君臣"(《荀子·非十二子篇第六》)。

"见侮不辱"是说受到别人羞辱时,不以之为羞辱。这看起来有些自欺欺人,但它实际上是"不苟于人,不忮于众"的表现。韩非子曾将宋钘与漆雕对比说明此意。

> 漆雕之议,不色挠,不目逃,行曲则违于臧获,行直则怒于诸侯,世主以为廉而礼之。宋荣子之议,设不斗争,取不随仇,不羞囹圄,见侮不辱,世主以为宽而礼之。夫是漆雕之廉,将非宋荣之恕也;是宋荣之宽,将非漆雕之暴也。(《韩非子·显学第五十》)

可知见侮不辱是宋钘一派人士以身作则,宽以待人,消除争斗的方法。

宋钘一派有着高涨的救世热情、高度的使命感,食虽不饱而"不忘天下,日夜不休",并对自己的主张抱有极大的信心,"以为无益于天下者,明之不如已也"。这种表现也更近于墨家,而与道家拉开距离。

2.政治哲学

宋钘一派的政治哲学主要内容是平等与和平。《庄子·天下》中说他们"作为华山之冠以自表","华山之冠"成玄英解为"华山,其形如削,上下均平",蒋锡昌解为"宋钘以华山之冠以自表,似有提倡人类生活平等之意"[2]。从他主张"情欲寡浅","人我之养,毕足而止"以及荀子批判他"曾不足以容辨异,县君臣"来看,蒋说可从。这是以身为限度的低水平的平等,无上下之分,意味着不存在一个凌驾于众人之上的统治阶级,"置之以为主"的"主"不是建立统治秩序,而是为了和平。《庄子·天下》说他们"禁攻寝兵,救世之战","愿天下之安宁以活民命",说明宋钘是站在民的立场上的和平主义者,宋钘一派没有君人南

---

① (清)王先谦撰,沈啸寰、王星贤点校:《荀子集解》,中华书局1988年版,第406页。

② 崔大华:《庄子歧解》,中华书局2012年版,第841页。

面之术,没有政治冷淡主义,都与他们的这个立场有关,因此,孟子虽不赞成他以利游说秦楚罢兵,但对他个人仍非常尊敬(见《孟子·告子下》)。

宋钘的思想带有浓厚的调和色彩,他与此前的道家相比,从积极的意义上确立起价值目标,作为行动方向,使生命有了活着之外的意义,由此而使道家一变而为一种入世的乃至舍身救世的学说,因此在诸子争鸣中他既受到批评,也受到尊敬。

四、惠施

惠施(约前370—约前310),又称惠子,战国中期宋国人,曾为魏惠王相十五六年,是战国时期合纵政策的实际组织者,因此,他不仅是思想家,还是有重要影响的政治家,而他的思想也是服务于他的政治主张的。惠施的著作已经散佚,其思想片段保存在《庄子》《荀子》《战国策》《吕氏春秋》等典籍中,我们主要依据《庄子·天下》中的惠施"历物十事"阐述他的思想。

(一)合同异

"历物十事"如下:

> 历物之意,曰:至大无外,谓之大一;至小无内,谓之小一。无厚,不可积也,其大千里。天与地卑,山与泽平。日方中方睨,物方生方死。大同而与小同异,此之谓小同异;万物毕同毕异,此之谓大同异。南方无穷而有穷。今日适越而昔来。连环可解也。我知天下之中央,燕之北、越之南是也。氾爱万物,天地一体也。(《庄子·杂篇·天下第三十三》)

我们认为,第一事是惠施认识论的理论基础或出发点,第十事是他的理论的落脚点,中间八事是展开论证。"至大无外",这是将常识中对事物大小的观念推向极致后得出的结论。"大"推向极致则无"外"可言,无外即意味着全部、整体,这是道家的本体,惠施称为大一。大一即是道①。"小"推向极致则无

① "这大一便是黄老派的本体,也就是道。"见郭沫若:《名辩思潮的批判》,载于郭沫若:《十批判书》,东方出版社1996年版,第277页。

“内”可言,无内则可为物的构成元素。大一是道,道的化身即宇宙万物,万物由小至无内的小一构成,由小一构成的万物是有差异的,但就其本质而言,都是大一的显现,因此万物的“异”是相对的,“同”则是绝对的。这与人们的常识相左,具有反常识的特点。以此为准,其余八事可分别解释如下:

第二事“无厚,不可积也,其大千里”。无厚形容事物没有厚度,接近于无形,不可积是说无厚之物在常识中不可积累以成其大,但是,却能“其大千里”,因为与小一相比,它仍是“大”,自小一观之,自然是其大千里。这就从小一的角度把大与小的差别泯灭了。

第三事“天与地卑,山与泽平”。常识中天在上地在下,山为高泽为深,这是以人为中心进行观察所做出的判断,它不具有绝对的意义,因为与大一比,天不为高,泽不为深,正如成玄英所说:“夫物情见者,则天高而地卑,山崇而泽下。今以道观之,则山泽均平,天地一致矣。”①

第四事“日方中方睨,物方生方死”。睨为“侧视”之意②。日方中方睨是说太阳刚到天正中就开始西斜,物方生方死是说万物在出生的一刻就开始走向死亡。他没有否定日有中睨、物有生死,但四个“方”字强调的却是中与睨、生与死的差异若以道观之,则不足为异。

第五事“大同而与小同异,此之谓小同异;万物毕同毕异,此之谓大同异”。小同异是物与物之间的同异,比如物的种属关系,大同异是在道观照下物与物的同异。大同指较大的类概念所包含的事物,小同指较小的类概念包含的事物。这种物的不同属种之间的大同与小同的差异,称为小同异,之所以为小,乃因其本质上同为大一的显现。万物毕异,这是就小一构成万物而言,物虽多,却没有两个完全相同,同为毕异,万物毕同仍是从万物同为道的化身而言,以道观之,万物无不同。

第六事“南方无穷而有穷”。南方无穷是极言向南的空间之无限。这也许与当时人们的地理观念有关,以中原为中心向南的中国南方地域广阔而尚待开发,给人以无穷无尽之感,这是常识,但与至大无外者相比,则中国的南方之地仍是有穷的。

---

① 崔大华:《庄子岐解》,中华书局2012年版,第858页。

② 崔大华:《庄子岐解》,中华书局2012年版,第858页。

第七事“今日适越而昔来”。这个命题历来歧解甚多。我们认为这里强调的是“今”与“昔”概念的相对性。就常识而言,若今日出发去往越地,到达之日当在今日之后,但今日之后的明日、后日是以今日为参照的概念,若以后日为“今”,则明日即“昔”,今昔的差异源于参照物的不同,因此今昔差异不具有实指性,同之亦可。

第八事“连环可解也”。这个命题歧解也非常多。惠施是如何解开连环的,不得确知,大概是通过概念游戏解的。我们尝试这样理解:两环相贯,称为连环,两环相贯则两环为一,解之则不成为连环,但连环没有解开的时候是相连的两环,解开则成为并列的两环,解与不解都是两环,就此而言没有实质上的差异。

第九事“我知天下之中央,燕之北、越之南是也”。在时人的观念中,中原为天下之中,这是常识,但惠施要打破的正是这类常识。他立此论,说明中心与边缘之间的相对性,即若以燕之北、越之南为中心,则中原地区就成为边缘,因此中原的地位并非天经地义。在古代中国,中原不仅是地理概念,还是政治、宗教概念,惠施此论,具有解放思想的意义。

由以上破除常识、泯除差异的论证,最后的结论即是第十事“氾爱万物,天地一体”。天地万物与道相比,同为道之显现,这种同是本质上的同,或曰大同,则差异就显得不足道,对于万物就当氾爱之了。

惠施的“历物十事”,以泯除差异为前提,提倡合同异,这一思想是服务于其政治主张的,即在战国中期以后一超(秦)多强(六国)并存的情况下,反对秦的吞并,维持现状的政治主张。

(二)逐物不反

惠施虽为道家[1],但他与老子、杨朱、列子以及同时代的庄子相比,倾向于外求而不内反,其思想的概念论、知识论色彩浓厚,却没有工夫论,因此他的学说乃是为人之学,不是为己之学,生命在向外追逐中成为政治活动的工具,这与道家对生的重视截然不同。庄子对此深感惋惜,他批评惠施说:“道与之貌,天与

① 郭沫若称他为“道家别派”,见郭沫若:《名辩思潮的批判》,载于郭沫若:《十批判书》,东方出版社 1996 年版,第 287 页。

之形，无以好恶内伤其身。今子外乎子之神，劳乎子之精，倚树而吟，据槁梧而瞑。天选子之形，子以坚白鸣。”(《庄子·内篇·德充符第五》)

《庄子·天下》中对惠施的评价更是充满着批判意味。

惠施多方，其书五车，其道舛驳，其言也不中。

惠施日以其知与人之辩，特与天下之辩者为怪，此其柢也。然惠施之口谈，自以为最贤，曰:“天地其壮乎!”施存雄而无术。

以反人为实，而欲以胜人为名，是以与众不适也。弱于德，强于物，其涂隩矣。由天地之道观惠施之能，其犹一蚊一虻之劳者也。其于物也何庸!夫充一尚可，曰愈贵道，几矣!惠施不能以此自宁，散于万物而不厌，卒以善辩为名。惜乎!惠施之才，骀荡而不得，逐万物而不反，是穷响以声，形与影竞走也，悲夫!

“多方”指博学、善譬。“存雄而无术”，据陆长庚的理解“夫守雌者道也，存雄非道也，故曰‘无术’。无术则去道远矣”[①]。“弱于德，强于物”等语是说惠施逐物不反，终不达道，而停留在物之中。“穷响以声，形与影竞走”是说他的做法如同由响求声、以影知形一样，浪费了自己的才能与智慧，见物不见道，外索而不内观，所获越多，离道越远，最后只是以善辩名世，可惜可叹。《庄子》的态度也从侧面说明惠施的思想从道出发，却往而不反的特征，道与生活相脱节，其思想成为政治实践的理论工具。因其思想以道为基础，可称道家，又因其逐物不反，终成名家。

五、庄子

庄子名周，战国中期宋国蒙(今河南省商丘东北)人，与齐威王、梁惠王(即魏惠王)同时，与惠施为友。据马叙伦考证，其生卒年为公元前 369 年至公元前 286 年[②]。庄子是继老子之后道家的宗师级人物，郭沫若曾这样评价庄子之于道家的作用:“道家本身如没有庄子的出现，可能是已经归于消灭了，然而就因

---

① 崔大华:《庄子歧解》，中华书局 2012 年版，第 871 页。

② 崔大华:《庄学研究》，人民出版社 2015 年版，第 2—6 页。

为有他的出现,他从稷下三派(即宋尹、田骈慎到、关尹——作者注)吸收他们的精华,而维系了老聃的正统,从此便与儒、墨两家鼎足而三了。”①

庄子有著作流传下来,传世的《庄子》一书是庄子及其后学的作品。该书在汉代有五十二篇,经晋人郭象删汰并注释,保存下来的有三十三篇,其中内篇七、外篇十五、杂篇十一。通常认为内篇是庄子所作,外篇、杂篇是庄子后学所作,但是也有相反的看法。《庄子·杂篇·天下第三十三》(以下简称《天下篇》),对于庄子思想有一个提纲挈领式的介绍,我们认为这是研究庄子本人思想的重要材料。谨慎起见,我们将《庄子》一书视为以庄子为代表的庄子学派的作品,对《天下篇》之外的三十二篇不作内、外、杂的严格区分,而是从思想发展的角度理解其中的差异,重点则在于阐述庄子思想的发展。

(一)本体论

与《列子》一样,《庄子》本体论也有两种类型,即自生型与他生型。

1.自生型本体论

《庄子》中的自生型本体论也是通过对他生型本体论的超越完成的。

南郭子綦隐机而坐,仰天而嘘,荅焉似丧其耦。颜成子游立侍乎前,曰:“何居乎?形固可使如槁木,而心固可使如死灰乎?今之隐机者,非昔之隐机者也。”子綦曰:“偃,不亦善乎,而问之也!今者吾丧我,汝知之乎?女闻人籁而未闻地籁,女闻地籁而未闻天籁夫!”子游曰:“敢问其方。”子綦曰:“夫大块噫气,其名为风。是唯无作,作则万窍怒呺。而独不闻之翏翏乎?山林之畏佳,大木百围之窍穴,似鼻,似口,似耳,似枅,似圈,似臼,似洼者,似污者。激者、謞者、叱者、吸者、叫者、譹者、宎者、咬者,前者唱于而随者唱喁。泠风则小和,飘风则大和,厉风济则众窍为虚。而独不见之调调,之刁刁乎?”子游曰:“地籁则众窍是已,人籁则比竹是已,敢问天籁。”子綦曰:“夫吹万不同,而使其自已也。咸其自取,怒者其谁邪!”(《庄子·内篇·齐物论第二》)

这是道家一位得道者与弟子之间的对话。据成玄英疏,南郭子綦是“楚昭

① 郭沫若:《庄子的批判》,载于郭沫若:《十批判书》,东方出版社1996年版,第206页。

王之庶弟，楚庄王之司马，字子綦。古人淳质，多以居处为号，居于南郭，故号南郭”[①]。据陆德明《经典释文》：“‘颜成子游’李云：子綦弟子也，名偃，字子游。”[②]这个故事在《庄子·杂篇·徐无鬼第二十四》中也出现过，那里称南郭子綦为南伯子綦，颜成子游则称为颜成子，“隐机而坐”写为“隐几而坐”。“隐，凭也”[③]，隐几即倚扶几案之意。故事的开头是说南郭子綦凭几而坐，仰天长叹，样子看起来像是失去了共耦。颜成子游不解发问，问的是形神问题。他觉得眼前的老师跟此前不一样了，以前是丧形（形如槁木），如今丧心（心如死灰），他感到不可思议。南郭子綦的回答是“今者吾丧我”。这里涉及的问题是，道家由于本体论的发展而在形神关系上的体悟也随之进化、提升了。在形神关系上，道家认为形乃神之寓所（精舍），神统御形，二者相对而立，这种主宰与被主宰的关系是他生型本体论在形神关系上的反映。在道家修行的第一阶段强调神对形的主宰，再进一步，则要扬弃这种对立，抛开重神轻形的观念，不强调形神差异，“吾丧我”丧的是对立关系，然后回到本来的状况，消除对立，这样世界就会在自己面前全部呈现。丧从表面上看是失去，实际上却是获得，因此“吾丧我”其实是我超越了我，成为完全的我。所谓完全的我即本体化了的我，这个本体即自生型本体。南郭子綦在这里通过地籁与天籁的对比，把这个本体显露出来。南郭子綦说颜成子游闻人籁而不闻地籁与天籁，所以在颜成子游“问其方”的时候，他就从地籁说起，因此后面一大段就是讲地籁。它的特点是，有生化者与被生化者之分，有主动与被动之分，这一段的中心就是在讲这种区分。“独不闻”“独不见”两句，亦是讲大块对于各种地籁的主动性，意思是若无大块在动、在作，则地籁不可自动、自作。从“闻地籁”到“闻天籁”表明南郭子綦修行上的进益，而根本原因在于本体论的发展，这也再一次说明在道家内部，自生型本体论是踏着他生型本体论的肩膀发展起来的。二者的区别，若以道与自然的关系而论，他生型本体论是道法自然，自生型本体论是道即自然[④]。

自生型本体论下，道与物之间不存在主从、高下之分，道不遗物，道外无物，

---

① （清）郭庆藩撰，王孝鱼点校：《庄子集释》，中华书局2012年版，第48页。

② （清）郭庆藩撰，王孝鱼点校：《庄子集释》，中华书局2012年版，第49页。

③ （清）郭庆藩撰，王孝鱼点校：《庄子集释》，中华书局2012年版，第48页。

④ 涂又光通过对《庄子·外篇·天地第十二》“道兼于天”的解释，得出此结论，可以采信。见《楚国哲学史》第367—372页。

道具有遍在性。

东郭子问于庄子曰:“所谓道,恶乎在?”庄子曰:“无所不在。”东郭子曰:“期而后可。”庄子曰:“在蝼蚁。”曰:“何其下邪?”曰:“在稊稗。”曰:“何其愈下邪?”曰:“在瓦甓。”曰:“何其愈甚邪?”曰:“在屎溺。”东郭子不应。庄子曰:“夫子之问也,固不及质。正获之问于监市履狶也,‘每下愈况’。汝唯莫必,无乎逃物。至道若是,大言亦然。周遍咸三者,异名同实,其指一也。尝相与游乎无何有之宫,同合而论,无所终穷乎!尝相与无为乎!澹而静乎!漠而清乎!调而闲乎!寥已吾志。无往焉而不知其所至,去而来而不知其所止。吾已往来焉而不知其所终;彷徨乎冯闳,大知入焉而不知其所穷。物物者与物无际,而物有际者,所谓物际者也;不际之际,际之不际者也。谓盈虚衰杀,彼为盈虚非盈虚,彼为衰杀非衰杀,彼为本末非本末,彼为积散非积散也。”(《庄子·外篇·知北游第二十二》)

东郭子的问题属于离物言道之问,它存在一个预设,即道是玄远高明,物是平庸琐屑,道在物之上、物之外,道与物之间是悬隔的。庄子说道“无所不在”,否定了他的预设,否定道与物的悬隔,不从物外言道,举例时则特意越说越至卑下秽贱之物,以此说明道无所不在,周遍无遗,凡物皆是道的显现,道不在特定的地方,不系于特定之物,无物非道,“无乎逃物”。道事实上如此,言谈中亦当如此展现,周、遍、咸三个字异名同实,都是指道的周遍无遗。

自生型本体论就物的存在而言表现为道不离物,就物的变化而言,则是物固自化。

……云将曰:“吾遇天难,愿闻一言。”鸿蒙曰:“意!心养。汝徒处无为,而物自化。堕尔形体,吐尔聪明,伦与物忘,大同乎涬溟,解心释神,莫然无魂。万物云云,各复其根,各复其根而不知;浑浑沌沌,终身不离;若彼知之,乃是离之。无问其名,无窥其情,物固自生。”云将曰:“天降朕以德,示朕以默;躬身求之,乃今也得。”再拜稽首,起辞而行。(《庄子·外篇·在宥第十一》)

鸿蒙是道家的得道者,云将是有志于成物之人(愿合六气之精以育群生),他向鸿蒙请教,对方不应,再三请求后鸿蒙讲了上面这段话,关键在于“物自化”“物固自生”两句。物本可自化,不需要云将去“育群生”,“徒处无为”即可。“物固自生”一语否定的也是人为。郭象注:“窥问则失其自生也。”成玄英疏说："道离名言，理绝情虑。若以名问道，以情窥理，不亦远哉！能遣情忘名，任于独化，物得生理也。"①可知此自生乃是不假外铄，自己生化之意，这里强调的是物生化的内在性、自主性，否定包办代替。

2.他生型本体论

《庄子》对《老子》本体论予以全面的继承和发展，除前述自生型本体论外，对他生型本体论的发挥非常普遍和突出。

> 夫道，有情有信，无为无形；可传而不可受，可得而不可见；自本自根，未有天地，自古以固存；神鬼神帝，生天生地；在太极之先而不为高，在六极之下而不为深，先天地生而不为久，长于上古而不为老。狶韦氏得之，以挈天地；伏戏氏得之，以袭气母；维斗得之，终古不忒；日月得之，终古不息；堪坏得之，以袭昆仑；冯夷得之，以游大川；肩吾得之，以处大山；黄帝得之，以登云天；颛顼得之，以处玄宫；禺强得之，立乎北极；西王母得之，坐乎少广，莫知其始，莫知其终；彭祖得之，上及有虞，下及五伯；傅说得之，以相武丁，奄有天下，乘东维，骑箕尾，而比于列星。（《庄子·内篇·大宗师第六》）

这段材料是《庄子》他生型本体论的正面阐述，分为两部分：第一部分描述这个本体，第二部分讲得此道者的神通与功业。第一句说道"有情有信，无为无形"，以有与无相对而言，从肯定与否定两个方面描述道。有情有信是说道是实有，不是虚构。② 无为是道之德，道虽生物，但对于物采取因任的态度；无形是说道不是普通的物，道没有形体，本不可命名，只是出于表述的需要，不得已而命之曰道。道可传可得却不可受不可见，郭象注此二句为"古今传而宅之，莫能受而有之"，"咸得自容，而莫见其状"③。这两句应放在一起理解，可传可得说明在得道的过程中，有先知先觉者，即师。老师启发弟子，使弟子悟道，于是道就传了下去。不可受是说道非物，不可以相授受④。物的授受具有排他性，一物由我得之，则其他人就不可再得。道则不同，人人可得而道不减损，不排斥任何人，不被任何人所专有、垄断，具有公共性。不可见仍是说道不是物，不能用有

---

① （清）郭庆藩撰，王孝鱼点校：《庄子集释》，中华书局 2012 年版，第 400 页。

② "情，信，谓'道'是实际存在的。林希逸：情，实也。信亦实也。"崔大华：《庄子歧解》，中华书局 2012 年版，第 233 页。

③ （清）郭庆藩撰，王孝鱼点校：《庄子集释》，中华书局 2012 年版，第 252 页。

④ "谓道非物体，故可理解而不可授受"。崔大华：《庄子歧解》，中华书局 2012 年版，第 233 页。

限的物来规定道。自本自根是说道以自己为本根，不存在道之外的世界本原。这是防止无穷后退，避免头上安头，是对“有生有”的超越。“自本自根”至“自古以固存”，郭象注：“明无不待有而无也。”①通过对有生有的超越而到达无生有的阶段，本体是无，无始无终，没有时间上的开端，道对物是逻辑上的在先。“神鬼神帝，生天生地”是讲道对天地鬼神的主宰作用。“神”字是使动用法，使鬼、帝“神”，即鬼、帝的神通皆由道而来，于是不必否定鬼、帝而将其祛魅化，用道改造传统的观念，保证道的优越地位。“生天生地”，主语是道，是说道生天生地。“在太极之先而不为高，在六极之下而不为深”，这是极言道之广大，可包容一切。用太极、六极作对比来讲道，这是依托于有限讲无限。“先天地生而不为久，长于上古而不为老”，是说物因道而生生不息，道因物而常新不老。“狶韦氏得之”以下一段，陆长庚解释为：“是道也，帝不得不可以为帝，日月星斗山川不得不可以为日月星斗山川，仙真贤圣不得不可以为仙真贤圣。”②这个名单中有黄帝之前的一些人物，还有自然神，但是不包括儒家所称颂的尧舜禹和夏商周的开国之君们，说明道家所继承和发展的是周文化之外的另一系文化，即以楚国为中心保存和发展的原始宗教文化。由此可知，道家的思想材料和学术渊源与原始宗教文化的关系更深。

宇宙生化论在《庄子》中曾借由老子之口表述如下：

> 至阴肃肃，至阳赫赫；肃肃出乎天，赫赫发乎地；两者交通成和而物生焉，或为之纪而莫见其形。消息满虚，一晦一明，日改月化，日有所为，而莫见其功。生有所乎萌，死有所乎归，始终相反乎无端而莫知其所穷。非是也，且孰为之宗！（《庄子·外篇·田子方第二十一》）

这是老子对孔子解释“物之初”时说的话，成玄英疏：“初，本也。夫道通生万物，故名道为物之初也。”③可知实际上是在讲道和道的生化功能。这里运用阴阳观念，说阴出乎天，阳发乎地，二者相交而生物。“或为之纪而莫见其形”是说道有功而无形，道生化过程无穷无尽，这样的神通，若不是道，谁能做到呢？成玄英疏：“若非是虚通生化之道，谁为万物之宗本乎！夫物云云，必资于道

---

① （清）郭庆藩撰，王孝鱼点校：《庄子集释》，中华书局2012年版，第252页。

② 崔大华：《庄子歧解》，中华书局2012年版，第235页。

③ （清）郭庆藩撰，王孝鱼点校：《庄子集释》，中华书局2012年版，第709页。

也。”[1]

（二）认识论

《庄子》认识论的中心问题在于处理物论之争，其工具即道家的本体论，或曰道论。

1.以道论否定物论

以寓言故事的形式批判其他学派是较常见的方式。

> 意而子见许由。许由曰：“尧何以资汝？”意而子曰：“尧谓我：‘汝必躬服仁义而明言是非。’”许由曰：“而奚来为轵？夫尧既已黥汝以仁义，而劓汝以是非矣，汝将何以游夫遥荡恣睢转徙之涂乎？”意而子曰：“虽然，吾愿游于其藩。”许由曰：“不然。夫盲者无以与乎眉目颜色之好，瞽者无以与乎青黄黼黻之观。”意而子曰：“夫无庄之失其美，据梁之失其力，黄帝之亡其知，皆在炉捶之间耳。庸讵知夫造物者之不息我黥而补我劓，使我乘成以随先生邪？”许由曰：“噫！未可知也。我为汝言其大略。吾师乎！吾师乎！整万物而不为义，泽及万世而不为仁，长于上古而不为老，覆载天地、刻雕众形而不为巧。此所游已。”（《庄子·内篇·大宗师第六》）

这段材料的主题是道家人士许由批判儒家圣人尧和儒家的主张即仁义是非。许由将仁义是非视为对人的残害，以黥刑、劓刑作比，并认为一旦受此刑残，即成为儒家，就不可能再成为道家做逍遥之游了。成玄英疏：“夫仁义是非，损伤真性，其为残害，譬之刑戮。汝既被尧黥劓，拘束性情，如何复能遨游自得，逍遥放荡，从容自适于变化之道乎？言其不复能如是。”[2]这种观念实际上把二者明确对立起来，彼此是非，壁垒分明。意而子不想被挡在道家门外，他提出一个折中办法，即向道家靠拢，游于其藩。成玄英疏：“我虽遭此亏残，而庶几之心靡替，不复敢当中路，愿涉道之藩傍也。”[3]但这一要求遭到许由拒绝，他将意而子比作盲人，以目盲者不可得见颜色来说明遭受仁义刑残者不可知道，堵住意而子的向道之路。意而子不服，举三个弃其所务以知道的例子说明自己先学儒

---

① （清）郭庆藩撰，王孝鱼点校：《庄子集释》，中华书局 2012 年版，第 710 页。

② （清）郭庆藩撰，王孝鱼点校：《庄子集释》，中华书局 2012 年版，第 285 页。

③ （清）郭庆藩撰，王孝鱼点校：《庄子集释》，中华书局 2012 年版，第 285 页。

术并不是知道的障碍,认为可以视为锻炼。最后一句,郭庆藩综合诸家解释,解为:“乘,犹载也。成,犹备也,与《诗》‘仪既成兮’义同。黥、劓则形体不备,息之补之,复完成矣。言造物者使我得遇先生,安知不使我载一成体以相随耶?”① 意而子搬出“造物者”来,本以为可以说服固执的许由,没想到许由还是不接受,他说“未可知也”,表面上是不确定,但联系他后面所言,实际上是“不可能”之意。他称道为“吾师”②,道“齑万物而不为义,泽及万世而不为仁,长于上古而不为老,覆载天地、刻雕众形而不为巧”。“齑”字有不同解释,我们认为,从句式看,这四句是排比句,每句之内的表述则都具有反常识特点,即依常理,泽及万世、长于上古、覆载天地刻雕众形当为仁、老、巧,但在道家看来,却不为仁、老、巧,据此可知,“齑万物而不为义”,所谓“齑万物”也一定是常识中应该被肯定的事,我们认为,当解为“利万物”,因此这一句就是说道利万物而不为义。依道家,常识之见不是穷本之论,或称为物论,而道家则可穷本溯源,站在道的高度批判物论,所以这几句不是调和之语,其所强调的仍是对立。这段话落脚在“此所游已”,这是接前面质疑意而子时说的“汝将何以游夫遥荡恣睢转徙之涂乎”,没有明言意而子不可游,但他的态度已经很明显了。可知许由严守儒道藩篱,寸步不让。

上面的故事是以儒家为对象进行批判,下面的故事中则同时批判儒、墨。

子张问于满苟得曰:“盍不为行?无行则不信,不信则不任,不任则不利。故观之名,计之利,而义真是也。若弃名利,反之于心,则夫士之为行,不可一日不为乎!”满苟得曰:“无耻者富,多信者显。夫名利之大者,几在无耻而信。故观之名,计之利,而信真是也。若弃名利,反之于心,则夫士之为行,抱其天乎!”子张曰:“昔者桀纣贵为天子,富有天下,今谓臧聚曰,汝行如桀纣,则有怍色,有不服之心者,小人所贱也。仲尼墨翟,穷为匹夫,今谓宰相曰,子行如仲尼墨翟,则变容易色称不足者,士诚贵也。故势为天子,未必贵也;穷为匹夫,未必贱也;贵贱之分,在行之美恶。”满苟得曰:“小盗者拘,大盗者为诸侯,诸侯之门,义士存焉。昔者桓公小白杀兄入嫂而管

---

① (清)郭庆藩撰,王孝鱼点校:《庄子集释》,中华书局2012年版,第287页。

② 成玄英疏:“吾师者乎,至道也。”见(清)郭庆藩撰,王孝鱼点校:《庄子集释》,中华书局2012年版,第287页。

仲为臣，田成子常杀君窃国而孔子受币。论则贱之，行则下之，则是言行之情悖战于胸中也，不亦拂乎！故《书》曰：'孰恶孰美？成者为首，不成者为尾。'"子张曰："子不为行，即将疏戚无伦，贵贱无义，长幼无序；五纪六位，将何以为别乎？"满苟得曰："尧杀长子，舜流母弟，疏戚有伦乎？汤放桀，武王杀纣，贵贱有义乎？王季为适，周公杀兄，长幼有序乎？儒者伪辞，墨者兼爱，五纪六位将有别乎？且子正为名，我正为利。名利之实，不顺于理，不监于道。吾日与子讼于无约曰：'小人殉财，君子殉名。其所以变其情，易其性，则异矣；乃至于弃其所为而殉其所不为，则一也。'故曰，无为小人，反殉而天；无为君子，从天之理。若枉若直，相而天极；面观四方，与时消息。若是若非，执而圆机；独成而意，与道徘徊。无转而行，无成而义，将失而所为。无赴而富，无殉而成，将弃而天。比干剖心，子胥抉眼，忠之祸也；直躬证父，尾生溺死，信之患也；鲍子立干，申子不自理，廉之害也；孔子不见母，匡子不见父，义之失也。此上世之所传，下世之所语，以为士者正其言，必其行，故服其殃，离其患也。"（《庄子·杂篇·盗跖第二十九》）

这是孔子弟子子张与道家人士的对话。二人一入世一出世，子张劝满苟得入世，即为行，子张先从世俗角度说为行合于义，宜行之。再进一步说抛开名利，返归于心①，则不可不为。成玄英疏解不可不行为"不可一日不行仁义"②。可知所反之道是儒家的仁义。满苟得认为名利皆由不正当手段得来，所以若抛开名利，返回本心，其结果不是行仁义，而是"抱其天"，《庄子歧解》解此句为"抛开名利而返归本心，士之行则可葆其天真"③。同样是反，道不同，所反亦不同，因此这段材料是道家与儒家之争，而在论战中，由于子张将墨子与孔子并举，满苟得也把墨家一并拉来进行批判，子张说人的贵贱不在出身而在其行之美恶，满苟得则说田常窃齐而孔子受币，以此证明其行不美，子张说不为行则没有秩序可言，满苟得则说儒墨正是秩序的破坏者（"儒者伪辞，墨者兼爱，五纪六位将有别乎"），二人追名逐利，皆不明于道，因此应当弃之，而"与道徘徊"，不

---

① "反"有歧义，分别为"乖逆""反省""返归"，见《庄子歧解》第776页。我们认为，子张在此语境所言，乃是先弃后反，先末后本，因此反不是否定词，不可解为"乖逆"，与弃外物相对，反当是回到内心，因此，"反省"也不妥当，我们取第三义，即返归。

② （清）郭庆藩撰，王孝鱼点校：《庄子集释》，中华书局2012年版，第996页。

③ 崔大华：《庄子歧解》，中华书局2012年版，第777页。

要限于一偏,追求身外之物,丢掉了自然天性(弃而天)。最后举例说明正言必行之祸,落脚在存身全生,仍是以道论批判物论。

2.以道论超越物论

《庄子》认识论进入第二阶段则开始超越物论,即超越儒墨是非,不取否定或肯定态度,而是"和之"。

> 夫言非吹也,言者有言,其所言者特未定也。果有言邪?其未尝有言邪?其以为异于彀音,亦有辩乎,其无辩乎?道恶乎隐而有真伪?言恶乎隐而有是非?道恶乎往而不存?言恶乎存而不可?道隐于小成,言隐于荣华。故有儒墨之是非,以是其所非而非其所是。欲是其所非而非其所是,则莫若以明。物无非彼,物无非是。自彼则不见,自知则知之。故曰彼出于是,是亦因彼。彼是方生之说也,虽然,方生方死,方死方生;方可方不可,方不可方可;因是因非,因非因是。是以圣人不由,而照之于天,亦因是也。是亦彼也,彼亦是也。彼亦一是非,此亦一是非。果且有彼是乎哉?果且无彼是乎哉?彼是莫得其偶,谓之道枢。枢始得其环中,以应无穷。是亦一无穷,非亦一无穷也。故曰莫若以明。(《庄子·内篇·齐物论第二》)

这段材料主要讲如何对待儒墨是非。庄子以自然界的声音为参照,说明人的言论有内容有立场有对立,因对立而有是非之争,在一系列发问之后,他认为问题在于"道隐于小成,言隐于荣华"。郭象注:"夫小成荣华,自隐于道,而道不可隐。则真伪是非者,行于荣华而止于实当,见于小成而灭于大全也。"成玄英疏:"小成者,谓仁义五德,小道而有所成得者,谓之小成也。世薄时浇,唯行仁义,不能行于大道,故言道隐于小成,而道不可隐也。""荣华者,谓浮辩之辞,华美之言也。只为滞于华辩,所以蔽隐至言。"[①]真正的道与言被小成、荣华遮蔽,这等于说儒墨乃无本之说,其是非判断缺少坚实依据,为反对而反对,与其这样,不如将道显露出来。"物无非彼"以下解释"莫若以明",彼、此相对而言,这两个概念是相对而生、相伴而生,这样的概念是没有绝对性可言,这是讲指物时的彼、此概念,延伸到是非概念,亦是一样,是与非相对而生、相伴而生。在这样的论场中,你会发现你只有两个立场可站,要么此,要么彼,非此即彼。可是庄

① (清)郭庆藩撰,王孝鱼点校:《庄子集释》,中华书局2012年版,第70页。

子发明了一种方法:如果把这个场看成一个圆,我不站在圆周上的任何一点,而是站在中央,从这里能通向任何一点,而且等距离,这称为道枢,而“明”就是庄子的道,它使庄子在儒墨是非问题上采取两行的态度。

可乎可,不可乎不可。道行之而成,物谓之而然。恶乎然?然于然。恶乎不然?不然于不然。物固有所然,物固有所可。无物不然,无物不可。故为是举莛与楹,厉与西施,恢恑憰怪,道通为一。其分也,成也;其成也,毁也。凡物无成与毁,复通为一。唯达者知通为一,为是不用而寓诸庸。庸也者,用也;用也者,通也;通也者,得也;适得而几矣。因是已。已而不知其然,谓之道。劳神明为一而不知其同也,谓之“朝三”。何谓“朝三”?狙公赋芧,曰:“朝三而暮四。”众狙皆怒。曰:“然则朝四而暮三。”众狙皆悦。名实未亏而喜怒为用,亦因是也。是以圣人和之以是非而休乎天钧,是之谓两行。(《庄子·内篇·齐物论第二》)

“可乎可,不可乎不可”,意思是说,人囿于成见,而只能接受与己同者,排斥异于己者。“道行之而成”是说路是走出来的,“物谓之而然”是说物是你这么叫它,所以它就叫这个名字。这是否定路与名的天经地义性。然与不然都没有真正的依据,只是出于己意而已,所以庄子会接着说“物固有所然,物固有所可”,“固”的意思就是真正的依据,也就是道、明。怎么然怎么可?不否定任何东西,这是说不持任何相对性的观念。如此则不会有好坏美丑之分,道博大宽容,能够将常识中的不齐之物一视同仁地对待之。“道通为一”,“林希逸:以道观之,则横直者各当其用,美恶者各全其质,皆可通而为一矣,言皆归之造物也。林云铭:凡物之不同,在道则无不通”①。“其分也”以下解释“道通为一”,物因分而成,又因成而毁,这种变化在物的层面上显示出的是差别,在道的层面上则是不增不减。对于道而言,物之成不使之增,物之毁不使之减,这样的道理唯有达者才能明白,朝三暮四与朝四暮三不是对错问题,而是排序问题,不明白二者无实质差别,非要断出个是非对错,就与众狙一样,因朝四暮三而喜,因朝三暮四而怒了。庄子看透这些,对儒墨是非采取的是“和之以是非而休乎天钧”的两行态度,这与《天下篇》中“独与天地精神往来,而不敖倪于万物,不谴是非,以与世俗处”是一致的,天钧、天地精神即庄子的道,道即自然,即浑沌,浑沌之死乃

---

① 崔大华:《庄子歧解》,中华书局2012年版,第66页。

因有分，分即死，全则生。与许由严守家法相比，第二阶段的两行之论显然更进一步，这是庄子本体论发展的表现。

（三）工夫论

道家的工夫论是修道者本体论的过程，或者说是至道的过程。道有两种类型或两个阶段，工夫论因此也分两种类型或两个阶段。

1.往而不反

这个阶段的工夫论是把至道当成一个目标，由外物而遗外，最后造成意义失落。

修道者的本体化又被称为"见独"。

> 南伯子葵问乎女偊曰："子之年长矣，而色若[孺]子，何也？"曰："吾闻道矣。"南伯子葵曰："道可得学邪？"曰："恶！恶可！子非其人也。夫卜梁倚有圣人之才而无圣人之道，我有圣人之道而无圣人之才，吾欲以教之，庶几其果为圣人乎！不然，以圣人之道告圣人之才，亦易矣。吾犹守而告之，参日而后能外天下；已外天下矣，吾又守之，七日而后能外物；已外物矣，吾又守之，九日而后能外生；已外生矣，而后能朝彻；朝彻，而后能见独；见独，而后能无古今；无古今，而后能入于不死不生。杀生者不死，生生者不生。其为物，无不将也，无不迎也；无不毁也，无不成也。其名为撄宁。撄宁也者，撄而后成者也。"（《庄子·内篇·大宗师第六》）

女偊是道家一位得道者，年老而容颜如童子，南伯子葵很惊奇，问他原因，答曰"吾闻道矣"，成玄英疏："闻道故得全生，是以反少还童，色如稚子。"①于是南伯子葵转而追问道是否可学，此问遭到女偊断然否定，道为什么不可学？大概是怕他把道当成一门技术、一门手艺来学，认为可凭借才智得道，所以女偊接下来就举一个叫卜梁倚（卜当是官职或身份，此人的职业是占卜，名梁倚，因此他实际上是巫史）的人与自己对比。对方是有圣人之才而无圣人之道，自己则相反。卜梁倚是巫史，女偊是道家得道之士，双方的道不同，一个通向天神，一个通向至道，对方的圣人之才是通神的才能，这与其身份相符，女偊不信那个道，没有通神之才，二人道不同，通向道的方法（才）也不同，所以他说自己没办

---

① （清）郭庆藩撰，王孝鱼点校：《庄子集释》，中华书局2012年版，第257页。

法教那个人至道，但是“以圣人之道告圣人之才”是很容易的，“吾犹守而告之”，据《庄子歧解》“成(玄英)本正作‘告而守之’”①。后面讲修道次第，先告后守，所以“告”当解为“至”，即到达某个阶段之意。以至道为目标时，相应的方法也是容易得到的，这就是至而守之，这就照应了前面“有圣人之道而无圣人之才”的说法，意思是自己其实是有圣人之才的，只是与卜梁倚不同。道家在本体与工夫上都与巫统有极深渊源，但又有本质差别，女偊在这里强调的是后者。

女偊做工夫的次第是先达到“外天下”的地步，郭象注：“外，犹遗也。”②遗天下，这是对政治的态度，在身与天下之间，取前者。然后是守之，再达到“外物”的境界，以我与物相对，取前者。“外生”是以神与形相对，取前者。此后即能“朝彻”，据《庄子歧解》可解为“周彻，洞彻”③。之后“见独”，独即至道④。因此见独意味着修道者完成本体化的过程，此后就能“无古今”，再“入于不死不生”。最后一句是对至道的描述，杀生者，生生者，指的就是至道(独)。所谓“不死不生”，就得道者而言，实际上就是长生不死。

女偊认为巫史不能至道，但儒家却可以入道，在《庄子》中有不少由儒入道的例子。

> ……颜回曰：“吾无以进矣，敢问其方。”仲尼曰：“斋，吾将语若！有[心]而为之，其易邪？易之者，暤天不宜。”颜回曰：“回之家贫，唯不饮酒不茹荤者数月矣。如此，则可以为斋乎？”曰：“是祭祀之斋，非心斋也。”回曰：“敢问心斋。”仲尼曰：“若一志，无听之以耳而听之以心，无听之以心而听之以气！听止于耳，心止于符。气也者，虚而待物者也。唯道集虚。虚者，心斋也。”颜回曰：“回之未始得使，实自回也；得使之也，未始有回也；可谓虚乎？”夫子曰：“尽矣。吾语若！若能入游其樊而无感其名，入则鸣，不入则止。无门无毒，一宅而寓于不得已，则几矣。绝迹易，无行地难。为人使易以伪，为天使难以伪。闻以有翼飞者矣，未闻以无翼飞者也；闻以有知知者矣，未闻以无知知者也。瞻彼阕者，虚室生白，吉祥止止。夫且不止，

---

① 崔大华：《庄子歧解》，中华书局2012年版，第237页。

② (清)郭庆藩撰，王孝鱼点校：《庄子集释》，中华书局2012年版，第259页。

③ 崔大华：《庄子歧解》，中华书局2012年版，第237页。

④ 《庄子歧解》：“独，指体道者认识到的对象：至道。”崔大华：《庄子歧解》，中华书局2012年版，第238页。

是之谓坐驰。夫徇耳目内通而外于心知，鬼神将来舍，而况人乎！是万物之化也，禹舜之所纽也，伏戏几蘧之所行终，而况散焉者乎！”（《庄子·内篇·人间世第四》）

这个故事的前因是：颜回想去卫国劝卫庄公爱民，向孔子辞行，孔子却断言此行不会达成目标，而且还可能自身难保，颜回就讲了自己的应对方法，“端而虚，勉而一”“内直而外曲，成而上比”，孔子认为还是不可能“化”卫君。颜回办法用尽，仍不能达到目标，只好向孔子请益，孔子答曰“斋”，并提醒颜回不可有心为之。颜回以祭祀前的斋戒来理解，孔子答曰“心斋”，所谓“心斋”，即道家做工夫的一种方法，首先是要专注起来，专于听。以耳听是外求，以心听则转向内，以气听则遗形与心，感官失灵，物我之分消失。以耳听受制于此感官的局限①，即向外而不向内，以心听的局限在于要通过心，因此也受制于心，心止于符即同于心者才能被听到②，因此会有遗漏。相比之下，气则无耳、心之局限，气无偏蔽，无遗漏，“虚而待物”，不规定什么东西可以进来，什么东西不可以，凡物皆可入。“唯道集虚”是承“气也者，虚而待物者也”而来，讲道对气的作用。气能虚而待物，道则是能集虚者，即是气之所集，这是强调道的地位。“虚者，心斋也”，是说人当法道，将自己放空以待物。颜回对虚的理解是“回之未始得使，实自回也；得使之也，未始有回也”，这是说当我未至道时，我是颜回，当我至道后，就没有颜回了。孔子的回答是以巫者降神来比拟道家的心斋工夫。“虚室生白，吉祥止止”，据《庄子集释》，“俞樾曰：止止连文，于义无取。《淮南子·俶真篇》作虚室生白，吉祥止也，疑此文下止字亦也字之误。唐卢重元注《列子·天瑞篇》曰，虚室生白，吉祥止耳，亦可证止止连文之误”③。可知此句当为“吉祥止也”，句意为通过心斋将自己的身心打扫干净，则吉祥集至。若做不到这样，则虽形坐（静）而心驰（动），“夫徇耳目内通而外于心知，鬼神将来舍，而况人乎”！《庄子歧解》：“王雱：耳目外也，心智内也，惟能忘我，则超然自得。耳目非必在外，而心智非必在内，体与化合而理与神契，况人间焉有不化乎！林疑

---

① 俞樾说：“听止于耳，当作耳止于听。”见（清）郭庆藩撰，王孝鱼点校：《庄子集释》，中华书局2012年版，第153页。

② “符，符合也，止，至也，仅也。心止于符，尚有物我对立之谓也。林希逸：听以心则外物必有与我相符合者，便是物我对立也。”见崔大华：《庄子歧解》，中华书局2012年版，第137页。

③ （清）郭庆藩撰，王孝鱼点校：《庄子集释》，中华书局2012年版，第156—157页。

独：夫能定者，耳目非必在外，心志非必在内。故虽有思有为而无涉世之患，鬼神将来舍，而况于人乎！”[①]这是说以此可化万物，且已为古圣王所实践。“而况散焉者乎”，依上下文当为进一步的肯定，古圣王是个人行为，现在大家都是天之子（与天为徒者，知天子之与己，皆天之所子），所以这种至道之术就可以变成所有人的行为，而不是僭越。

颜回曰：“回益矣。”仲尼曰：“何谓也？”曰：“回忘仁义矣。”曰：“可矣，犹未也。”他日，复见，曰：“回益矣。”曰：“何谓也？”曰：“回忘礼乐矣。”曰：“可矣，犹未也。”他日，复见，曰：“回益矣。”曰：“何谓也？”曰：“回坐忘矣。”仲尼蹴然曰：“何谓坐忘？”颜回曰：“堕肢体，黜聪明，离形去知，同于大通，此谓坐忘。”仲尼曰：“同则无好也，化则无常也。而果其贤乎！丘也请从而后也。”（《庄子·内篇·大宗师第六》）

郭象注“回益矣”为“以损之为益也”[②]。从后文来看，损即忘，从仁义到礼乐到形与知，损之又损，以至于“同于大通”。孔子的评价是“同则无好也，化则无常也”，郭象注：“无物不同，则未尝不适，何好何恶哉！”[③]通过忘而达到虚而待物，实现本体化。

孔子行年五十有一而不闻道，乃南之沛见老聃。老聃曰：“子来乎？吾闻子，北方之贤者也，子亦得道乎？”孔子曰：“未得也。”老子曰：“子恶乎求之哉？”曰：“吾求之于度数，五年而未得也。”老子曰：“子又恶乎求之哉？”曰：“吾求之于阴阳，十有二年而未得。”老子曰：“然。使道而可献，则人莫不献之于其君；使道而可进，则人莫不进之于其亲；使道而可以告人，则人莫不告其兄弟；使道而可以与人，则人莫不与其子孙。然而不可者，无佗也，中无主而不止，外无正而不行。由中出者，不受于外，圣人不出；由外入者，无主于中，圣人不隐。名，公器也，不可多取。仁义，先王之蘧庐也，止可以一宿而不可久处。觏而多责。古之至人，假道于仁，托宿于义，以游逍遥之虚，食于苟简之田，立于不贷之圃。逍遥，无为也；苟简，易养也；不贷，无出也。古者谓是采真之游。以富为是者，不能让禄；以显为是者，不能让

① 崔大华：《庄子歧解》，中华书局2012年版，第145页。

② （清）郭庆藩撰，王孝鱼点校：《庄子集释》，中华书局2012年版，第288页。

③ （清）郭庆藩撰，王孝鱼点校：《庄子集释》，中华书局2012年版，第291页。

> 名;亲权者,不能与人柄,操之则栗,舍之则悲,而一无所鉴,以窥其所不休者,是天之戮民也。怨恩取与谏教生杀八者,正之器也,唯循大变无所湮者为能用之。故曰,正者,正也。其心以为不然者,天门弗开矣。"(《庄子·外篇·天运第十四》)

孔子曾自述他"五十而知天命"(《论语·为政第二》),这个故事中则说孔子"五十有一而不闻道",因为这里的道是道家的道。因未闻道,就去南方向老子请教。孔子向老子讲自己求道的过程,先是求之于度数,然后又求之于阴阳,积年而无所得。老子说道不可献、不可进、不可告人、不可与人,这是说道不是个物件,可外索;道是与自己有关的东西,要内求,要自己去求,别人只能提点,领悟还是要靠自己。他说古之真人假道于仁,托宿于义,以游逍遥之虚,成玄英疏:"古之真人,和光降迹,逗机而行博爱,应物而用人群,何异乎假借涂路,寄托宿止,暂时游寓,盖非真实。而动不伤寂,应不离真,故恒逍遥乎自得之场,彷徨乎无为之境。"①"采真之游",成玄英疏:"古者圣人行苟简等法,谓是神采真实而无假伪,逍遥任适而随化遨游也。"②这几句是说修道可由儒至于道,这里是以旅游打比方,假道、托宿也是象征语,是说经过、暂停,但不止于是。

他生型本体论的工夫论目标是至道,至道则可长生。

> 黄帝立为天子十九年,令行天下,闻广成子在于空同之(上)[山],故往见之,曰:"我闻吾子达于至道,敢问至道之精。吾欲取天地之精,以佐五谷,以养民人,吾又欲官阴阳,以遂群生,为之奈何?"广成子曰:"而所欲问者,物之质也;而所欲官者,物之残也。自而治天下,云气不待族而雨,草木不待黄而落,日月之光益以荒矣,而佞人之心翦翦者,又奚足以语至道!"黄帝退,捐天下,筑特室,席白茅,闲居三月,复往邀之。广成子南首而卧,黄帝顺下风膝行而进,再拜稽首而问曰:"闻吾子达于至道,敢问,治身奈何而可以长久?"广成子蹶然而起,曰:"善哉问乎!来!吾语女至道。至道之精,窈窈冥冥;至道之极,昏昏默默。无视无听,抱神以静,形将自正。必静必清,无劳女形,无摇女精,乃可以长生。目无所见,耳无所闻,心无所知,女神将守形,形乃长生。慎女内,闭女外,多知为败。我为女遂于大明之上

① (清)郭庆藩撰,王孝鱼点校:《庄子集释》,中华书局2012年版,第521页。

② (清)郭庆藩撰,王孝鱼点校:《庄子集释》,中华书局2012年版,第522页。

> 矣，至彼至阳之原也；为女入于窈冥之门矣，至彼至阴之原也。天地有官，阴阳有藏。慎守女身，物将自壮。我守其一以处其和。故我修身千二百岁矣，吾形未常衰。”黄帝再拜稽首曰：“广成子之谓天矣！”广成子曰：“来！余语女。彼其物无穷，而人皆以为有终；彼其物无测，而人皆以为有极。得吾道者，上为皇而下为王；失吾道者，上见光而下为土。今夫百昌皆生于土而反于土，故余将去女，入无穷之门，以游无极之野。吾与日月参光，吾与天地为常。当我，缗乎！远我，昏乎！人其尽死，而我独存乎！”（《庄子·外篇·在宥第十一》）

黄帝想以至道“佐五谷，以养民人”，“官阴阳，以遂群生”，这都是远古大巫的神通，在道家系统中则是得道者的神通，他这是想内圣而外王，以道治天下。广成子说他想问的是物之质，要的却是物之残，陆长庚说“质者，犹云未散之朴”，“残者，犹云朴散之器”[①]，质与残即道与器，广成子说这样本末倒置，来治天下就糟了。黄帝自修三月，再来见广成子时就直接问治身长久之法，广成子很高兴，讲自己所理解的至道，又讲了长生久视之道，并称自己“修身千二百岁矣，吾形未常衰”，所以他把所有人都甩在后面，“人其尽死，而我独存”，这是道家长生之术，已经接近于神仙道了。

2.往而知反

> 子列子问关尹曰：“至人潜行不窒，蹈火不热，行乎万物之上而不栗。请问何以至于此？”关尹曰：“是纯气之守也，非知巧果敢之列。居，予语女！凡有貌象声色者，皆物也，物与物何以相远？夫奚足以至乎先？是色而已。则物之造乎不形而止乎无所化，夫得是而穷之者，物焉得而止焉！彼将处乎不淫之度，而藏乎无端之纪，游乎万物之所终始，壹其性，养其气，合其德，以通乎物之所造。夫若是者，其天守全，其神无郤，物奚自入焉！夫醉者之坠车，虽疾不死。骨节与人同而犯害与人异，其神全也，乘亦不知也，坠亦不知也，死生惊惧不入乎其胸中，是故遻物而不慴。彼得全于酒而犹若是，而况得全于天乎？圣人藏于天，故莫之能伤也。复雠者不折镆干；虽有忮心者不怨飘瓦，是以天下平均。故无攻战之乱，无杀戮之刑者，由此道也。不开人之天，而开天之天，开天者德生，开人者贼生。不厌其天，不忽

---

① 崔大华：《庄子歧解》，中华书局2012年版，第340页。

于人,民几乎以其真!"(《庄子·外篇·达生第十九》)

列子问关尹至人的神通是怎么得来的,关尹先从正面回答说是"纯气之守也",接着又从反面回答"非知巧果敢之列"。"知巧果敢"习得的是知识、技艺,而不是至道,至道之术在于"纯气之守",成玄英疏:"夫不为外物侵伤者,乃是保守纯和之气,养于恬淡之心而致之也,非关运役心智,分别巧诈,勇决果敢而得之。"[①]关尹讲做工夫的理论根据,大意是物与物之间的差异是有限的,一物不足以为另一物之本,郭象注:"同是形色之物耳,未足以相先也。"[②]以此可推知,物之先必定是无形无色、无生无化的,这样才不会为物所制,因此,修道者的工夫就是同于此本体,"以通乎物之所造",至此境界则"天守全,其神无郤",物就无法伤害人,潜水、入火、登高就不会使人窒、热和栗了。"不开人之天,而开天之天",《庄子歧解》:"指两种工夫而言,宣颖:不启人心之窦。知巧果也,皆天人之天者。但由自然之门,纯气之守是也。陈寿昌:不凿混沌之窍,而辟虚静之门。"[③]原因在于"开天者德生,开人者贼生"。"不厌其天,不忽于人",《庄子歧解》:"林疑独:不厌其天,不以人灭天也;不忽于人,不以天废人也。"[④]以人合天,天人合一。成玄英疏:"率土尽真,苍生无伪者也。"[⑤]与广成子独得长生相比,这里的修道工夫到最后是天下归真。

> 梓庆削木为鐻,鐻成,见者惊犹鬼神。鲁侯见而问焉,曰:"子何术以为焉?"对曰:"臣工人,何术之有!虽然,有一焉。臣将为鐻,未尝敢以耗气也,必齐以静心。齐三日,而不敢怀庆赏爵禄;齐五日,不敢怀非誉巧拙;齐七日,辄然忘吾有四枝形体也。当是时也,无公朝,其巧专而外骨消;然后入山林,观天性;形躯至矣,然后成见鐻,然后加手焉;不然则已。则以天合天,器之所以疑神者,其是与!"(《庄子·外篇·达生第十九》)

一个叫梓庆的工匠做的鐻很神奇,"见者惊犹鬼神",郭象注:"不似人所作也。"[⑥]鲁君问制作方法,他讲了自己的准备工夫:先是不敢耗气,斋以静心,不怀

---

① (清)郭庆藩撰,王孝鱼点校:《庄子集释》,中华书局2012年版,第633页。
② (清)郭庆藩撰,王孝鱼点校:《庄子集释》,中华书局2012年版,第633页。
③ 崔大华:《庄子歧解》,中华书局2012年版,第502页。
④ 崔大华:《庄子歧解》,中华书局2012年版,第502页。
⑤ (清)郭庆藩撰,王孝鱼点校:《庄子集释》,中华书局2012年版,第637页。
⑥ (清)郭庆藩撰,王孝鱼点校:《庄子集释》,中华书局2012年版,第657页。

世俗名利之心，非誉双遣，忘掉四肢形体，无视所有的外在之物，制作时以天合天，郭象注："不离其自然也。"①因其天然而作之，才会不似人为，从而被人"疑神"。这种由技入道的过程，也是道家往而知反的工夫论。

> 子贡南游于楚，反于晋，过汉阴，见一丈人方将为圃畦，凿隧而入井，抱瓮而出灌，搰搰然用力甚多而见功寡。子贡曰："有械于此，一日浸百畦，用力甚寡而见功多，夫子不欲乎？"为圃者卬而视之曰："奈何？"曰："凿木为机，后重前轻，挈水若抽，数如泆汤，其名为槔。"为圃者忿然作色而笑曰："吾闻之吾师，有机械者必有机事，有机事者必有机心。机心存于胸中，则纯白不备；纯白不备，则神生不定；神生不定者，道之所不载也。吾非不知，羞而不为也。"子贡瞒然惭，俯而不对。有间，为圃者曰："子奚为者邪？"曰："孔丘之徒也。"为圃者曰："子非夫博学以拟圣，於于以盖众，独弦哀歌以卖名声于天下者乎！汝方将忘汝神气，堕汝形骸，而庶几乎！而身之不能治，而何暇治天下乎！子往矣，无乏吾事！"
>
> 子贡卑陬失色，顼顼然不自得，行三十里而后愈。其弟子曰："向之人何为者邪？夫子何故见之变容失色，终日不自反邪？"曰："始吾以为天下一人耳，不知复有夫人也。吾闻之夫子，事求可，功求成。用力少，见功多者，圣人之道。今徒不然。执道者德全，德全者形全，形全者神全。神全者，圣人之道也。托生与民并行而不知其所之，汒乎淳备哉！功利机巧必忘夫人之心。若夫人者，非其志不之，非其心不为。虽以天下誉之，得其所谓，謷然不顾；以天下非之，失其所谓，傥然不受。天下之非誉，无益损焉，是谓全德之人哉！我之谓风波之民。"反于鲁，以告孔子。孔子曰："彼假脩浑沌氏之术者也；识其一，不知其二；治其内，而不治其外。夫明白入素，无为复朴，体性抱神，以游世俗之间者，汝将固惊邪？且浑沌氏之术，予与汝何足以识之哉！"（《庄子·外篇·天地第十二》）

子贡去楚国游历，在汉水之南见到一位丈人，浇菜不用槔而是从地里挖一地道通向井，再抱一瓦罐盛水灌溉。子贡觉得这办法太没效率，就推荐了一种灌溉工具，叫槔，那人却不领情，说这东西我知道，可是我不用，因为我听老师说过，机械机事机心，有机心不能得道。成玄英疏："夫有机关之器者，必有机动之

---

① （清）郭庆藩撰，王孝鱼点校：《庄子集释》，中华书局2012年版，第658页。

务；有机动之务者，必有机变之心。机变存乎胸府，则纯粹素白不圆备矣。纯粹素白不圆备，则精神县境，生灭不定。不定者，至道不载也，是以羞而不为。此未体真脩，故抱一守白者也。”①最后一句是成玄英的评价，其实是说那位丈人尚未得道。子贡被他说服，不敢再言，他问子贡是做什么的，子贡说是孔丘弟子。丈人听此言，评价孔子是“博学以拟圣”之人，孔子曾因博学多能被时人称为圣人，但他并不认可，自陈“吾不试，故艺”（《论语·子罕第九》），但这种观念在当时大概比较盛行，因此使人对孔子产生误解，这位丈人就是其中之一，讽刺完孔子，又教训子贡，让他修道，态度很不客气。子贡有点失魂落魄，其弟子问他缘故，他说自己原先眼中只有孔子一人，现在发现天外有天。回去之后跟孔子汇报自己的思想变化，孔子说他自以为得道的想法似是而非，“彼假脩浑沌氏之术者也；识其一，不知其二；治其内，而不治其外”。郭象注：“以其背今向古，羞为世事，故知其非真浑沌也。”②一二、内外之评价说明孔子所理解的道家是要入世、做事，内外不遗的，“夫明白入素，无为复朴，体性抱神，以游世俗之间者”即道家修道者修行到家之后，折返入世，这是道家哲学成熟的表现。

（四）人生哲学

《庄子》人生哲学的阶段性在人生哲学中也有着较为突出的表现。第一阶段是反世俗反常识，第二阶段是应时顺命。

1.第一阶段：逆反

道家人生哲学从老子、杨朱、列子到庄子，一个基本倾向是重身轻利，不做工具，不做牺牲品，在身与名利之间取前者，这与世俗之见背向而行，成为道家的一个标签。《庄子》中有不少材料反映这一倾向。

> 泽雉十步一啄，百步一饮，不蕲畜乎樊中。神虽王，不善也。（《庄子·内篇·养生主第三》）

这是以野外生存的鸡与笼中豢养的鸡作比较，二者之中庄子取前者。第一句据郭象注：“蕲，求也。樊，所以笼雉也。夫俯仰乎天地之间，逍遥乎自得之

---

① （清）郭庆藩撰，王孝鱼点校：《庄子集释》，中华书局2012年版，第440页。

② （清）郭庆藩撰，王孝鱼点校：《庄子集释》，中华书局2012年版，第443页。

场，固养生之妙处也。又何求于入笼而服养哉！”[1]后一句“神虽王，不善也”，据褚伯秀：“泽雉饮啄虽艰而不愿就养，若受畜樊中，则虽饮啄有余而飞行失形，形虽王，不善也。诸本多作‘神’，使其神王，岂得谓之不善哉？况受絷樊中，无神王之理。传写之误，失于订正耳。”[2]泽中之鸡觅食不易，笼中之鸡饮食无虞，虽如此，仍愿生活在野外而不愿被装入笼中豢养，因为那样就失去自由，失去对生命的自主权了。

> 宋有荆氏者，宜楸柏桑。其拱把而上者，求狙猴之杙者斩之；三围四围，求高名之丽者斩之；七围八围，贵人富商之家求椫傍者斩之。故未终其天年，而中道之夭于斧斤，此材之患也。故解（以）之［以］牛之白颡者与豚之亢鼻者，与人有痔病者不可以适河。此皆巫祝以知之矣，所以为不祥也。此乃神人之所以为大祥也。（《庄子·内篇·人间世第四》）

这个故事先讲三种树（楸、柏、桑）因有用而夭于斧斤，被不同的人砍掉做不同的器物，以明“材之患”，再讲牛、豚与人因有各种毛病而免于做牺牲当祭品，最后有两句评论。这些动物和人在巫祝看来是不祥之物，但在神人看来却是大祥。这是因为判断标准不同，巫祝以为做祭品以取悦神灵是为祥，而在道家（神人）看来，活着才更重要。

> 庄子钓于濮水，楚王使大夫二人往先焉，曰：“愿以境内累矣！”庄子持竿不顾，曰：“吾闻楚有神龟，死已三千岁矣，王巾笥而藏之庙堂之上。此龟者，宁其死为留骨而贵乎？宁其生而曳尾于涂中乎？”二大夫曰：“宁生而曳尾涂中。”庄子曰：“往矣！吾将曳尾于涂中。”（《庄子·外篇·秋水第十七》）

这个故事是说庄子正在河边钓鱼，楚王使人请庄子出仕，他就以神龟自比，以“死而留骨”比喻出仕，以“生而曳尾于涂中”比喻自己当下的生活，在身与名利之间选择了前者。

> 庄子行于山中，见大木，枝叶盛茂，伐木者止其旁而不取也。问其故，曰：“无所可用。”庄子曰：“此木以不材得终其天年。”夫子出于山，舍于故人之家。故人喜，命竖子杀雁而烹之。竖子请曰：“其一能鸣，其一不能鸣，

---

① （清）郭庆藩撰，王孝鱼点校：《庄子集释》，中华书局 2012 年版，第 132 页。

② 崔大华：《庄子歧解》，中华书局 2012 年版，第 116 页。

请奚杀?”主人曰:“杀不能鸣者。”明日,弟子问于庄子曰:“昨日山中之木,以不材得终其天年;今主人之雁,以不材死;先生将何处?”庄子笑曰:“周将处乎材与不材之间。材与不材之间,似之而非也,故未免乎累。若夫乘道德而浮游则不然。无誉无訾,一龙一蛇,与时俱化,而无肯专为。一上一下,以和为量,浮游乎万物之祖;物物而不物于物,则胡可得而累邪!此神农黄帝之法则也。若夫万物之情,人伦之传,则不然。合则离,成则毁;廉则挫,尊则议,有为则亏,贤则谋,不肖则欺。胡可得而必乎哉!悲夫!弟子志之,其唯道德之乡乎!”(《庄子·外篇·山木第二十》)

庄子与弟子先在山中看到一棵大树因无用(不材)而终天年,后又见一农户家中一雁因无用(不能鸣)而先死,弟子因这两个相反的例子而问庄子将何以自处。庄子先开玩笑似的说他“将处乎材与不材之间”,接下来又认真地否定了这个说法,并从正面讲自己的处世之道,即“乘道德而浮游”,不会刻意地去做什么或不做什么,随时随地因时因地而宜,以和为标准而上或下,“浮游乎万物之祖”,即实现本体化,表面上与物俱化,实际上不为物役,不为其所累。讲完自己的处世方法后又与“人伦之传”作比较,有是己非人之嫌,这大概是早期庄子的思想。

还有一个故事从庄子的角度说明见利忘身的危害。

庄周游于雕陵之樊,睹一异鹊自南方来者,翼广七尺,目大运寸,感周之颡而集于栗林。庄周曰:“此何鸟哉,翼殷不逝,目大不睹?”蹇裳躩步,执弹而留之。睹一蝉,方得美荫而忘其身;螳螂执翳而搏之,见得而忘其形;异鹊从而利之,见利而忘其真。庄周怵然曰:“噫!物固相累,二类相召也!”捐弹而反走,虞人逐而谇之。庄周反入,三月不庭。蔺且从而问之:“夫子何为顷间甚不庭乎?”庄周曰:“吾守形而忘身,观于浊水而迷于清渊。且吾闻诸夫子曰:‘入其俗,从其(俗)[令]。’今吾游于雕陵而忘吾身,异鹊感吾颡,游于栗林而忘真,栗林虞人以吾为戮,吾所以不庭也。”(《庄子·外篇·山木第二十》)

这个故事里,庄子因对物(异鹊)起了好奇与猎获之心,跟在其后,随即发现自己处在一个捕猎链中,即庄子—异鹊—螳螂—蝉,后三者皆因见到猎物而忘掉危险,见利忘身,庄子突然醒觉自己背后可能也有一双眼睛,自己也逃不脱被猎杀的命运,于是叹道“物固相累,二类相召也”,即祸害皆由逐利而来。他扔掉弹弓就走,果然身后有虞人怀疑他偷栗子而边追边质问他。庄子逃脱后回到家三个月都闷闷不乐,弟子问原因,他说自己犯了两个错误:一是号称重身而实际上却忘身,“吾守形而忘身”,据《庄子歧解》:“守形,养生也。句谓谈养生而忘己身。林希逸:守形,养生者也。我为养生之学,忽因逐鹊而忘其身,是以欲而汩其理也。”[①]二是因物欲而忘记师训,没有守人家的规矩,以致被当盗贼,所以心中不乐。这个故事形象地展现了庄子对逐利忘身的警惕。

反常识是在反世俗基础上进一步思考“生”的问题而作出的反常之举。

老聃死,秦失吊之,三号而出。弟子曰:“非夫子之友邪?”曰:“然。”“然则吊焉若此,可乎?”曰:“然。始也吾以为其人也,而今非也。向吾入而吊焉,有老者哭之,如哭其子;少者哭之,如哭其母。彼其所以会之,必有不蕲言而言,不蕲哭而哭者。是遁天倍情,忘其所受,古者谓之遁天之刑。适来,夫子时也;适去,夫子顺也。安时而处顺,哀乐不能入也,古者谓是帝之县解。”(《庄子·内篇·养生主第三》)

秦失与老聃是朋友,老聃死,秦失去吊唁,草草号了三声就作罢,老子弟子不解,就问他,他解释了自己这样做的理由。他认为去吊唁的人如丧亲人般的哭丧并非由衷而发,乃是“遁天倍情”,此句林希逸解为:“遁逃天理,背弃情实,此皆得罪于天者,故曰遁天之刑。”“忘其所受”,郭象注“天性所受,各有本分,不可逃,亦不可加”[②],因此这里当指自然。至于老子,他是顺应自然,视生死为来去,坦然受之顺之。“安时而处顺,哀乐不能入也”,郭象注:“夫哀乐生于失得者也。今玄通合变之士,无时而不安,无顺而不处,冥然与造化为一,则无往而非我矣,将何得何失,孰死孰生哉!故任其所受,而哀乐无所错其间矣。”[③]这种态度即是“帝之县解”。此句林云铭解为“人之生如物悬空中,死则解其悬而下矣”[④]。

相对于乐生恶死的观念,这种生死观显然是反常识的。

子祀子舆子犁子来四人相与语曰:“孰能以无为首,以生为脊,以死为尻,孰知死生存亡之一体者,吾与之友矣。”四人相视而笑,莫逆于心,遂相

---

① 崔大华:《庄子歧解》,中华书局2012年版,第543页。

② (清)郭庆藩撰,王孝鱼点校:《庄子集释》,中华书局2012年版,第134页。

③ (清)郭庆藩撰,王孝鱼点校:《庄子集释》,中华书局2012年版,第135页。

④ 崔大华:《庄子歧解》,中华书局2012年版,第118页。

与为友。俄而子舆有病，子祀往问之。曰："伟哉夫造物者，将以予为此拘拘也！曲偻发背，上有五管，颐隐于齐，肩高于顶，句赘指天。"阴阳之气有沴，其心闲而无事，跰𨇤而鉴于井，曰："嗟乎！夫造物者又将以予为此拘拘也。"子祀曰："女恶之乎？"曰："亡，予何恶！浸假而化予之左臂以为鸡，予因以求时夜；浸假而化予之右臂以为弹，予因以求鸮炙；浸假而化予之尻以为轮，以神为马，予因以乘之，岂更驾哉！且夫得者，时也；失者，顺也。安时而处顺，哀乐不能入也，此古之所谓县解也，而不能自解者，物有结之。且夫物不胜天久矣，吾又何恶焉！"俄而子来有病，喘喘然将死，其妻子环而泣之。子犁往问之，曰："叱！避！无怛化！"倚其户与之语曰："伟哉造化！又将奚以汝为，将奚以汝适？以汝为鼠肝乎？以汝为虫臂乎？"子来曰："父母于子，东西南北，唯命之从。阴阳于人，不翅于父母；彼近吾死而我不听，我则悍矣，彼何罪焉！夫大块载我以形，劳我以生，佚我以老，息我以死。故善吾生者，乃所以善吾死也。今大冶铸金，金踊跃曰'我且必为镆铘'，大冶必以为不祥之金。今一犯人之形，而曰'人耳人耳'，夫造化者必以为不祥之人。今一以天地为大炉，以造化为大冶，恶乎往而不可哉！"成然寐，蘧然觉。（《庄子·内篇·大宗师第六》）

子祀等四人因持同样的生死观而成为莫逆之交。"以无为首，以生为脊，以死为尻，孰知死生存亡之一体者，吾与之友矣"，成玄英疏："夫人起自虚无，无则在先，故以无为首；从无生有，生则居次，故以生为脊；既生而死，死最居后，故以死为尻；亦故然也。尻首离别，本是一身；而死生乃异，源乎一体。能达斯趣，所遇皆适，岂有存亡欣恶于其间哉！谁能知是，我与为友也。"[①]这就把生与死的差异泯除了。生死乃是造物生化之功所致，不仅如此，子舆奇怪的身体也是造物者的作品，因异于常人，子祀问他会不会厌恶，他说不会，并以"化"的观念说明自己作为物所可能会有的变化。与秦失一样，他视生死为得失，倡导时也顺也的态度。"物有结之"，成玄英疏："处顺忘时，萧然无系，古昔至人，谓为县解。若夫当生虑死，而以憎恶存怀者，既内心不能自解，故为外物结缚之也。"[②]"物不胜天"，"天"当指造物者，物不胜造物者，这是必然的，所以逆天而行不可取。

① （清）郭庆藩撰，王孝鱼点校：《庄子集释》，中华书局 2012 年版，第 263 页。
② （清）郭庆藩撰，王孝鱼点校：《庄子集释》，中华书局 2012 年版，第 266 页。

子来有病将死，其妻儿悲泣，被子犁呵斥，让他们走开，不要惊到子来之化，他还猜测子来将会有怎样的变化。子来则认为造物者不会让人选择性变化，而对于死亡生化，人很是从容。最后一句“成然寐，蘧然觉”，郭象注：“寤寐自若，不以死生累心。”①

庄子妻死，惠子吊之，庄子则方箕踞鼓盆而歌。惠子曰：“与人居，长子老身，死不哭亦足矣，又鼓盆而歌，不亦甚乎！”庄子曰：“不然。是其始死也，我独何能无概然！察其始而本无生，非徒无生也而本无形，非徒无形也而本无气。杂乎芒芴之间，变而有气，气变而有形，形变而有生，今又变而之死，是相与为春秋冬夏四时行也。人且偃然寝于巨室，而我噭噭然随而哭之，自以为不通乎命，故止也。”（《庄子·外篇·至乐第十八》）

庄子之妻去世，惠施吊唁，见庄子伸开腿坐着（而不是跪坐），敲击瓦缶唱歌，惠施觉得他很过分，不通情理，就责怪庄子。庄子自辩说，刚开始他也是有感触的，但想到人之生乃是本于无，成玄英疏：“从无生有，假合而成，是知此身不足惜也。”②他又讲了生化过程，认为这与四时循环更替一样，是自然现象，不需悲春伤秋，最后一句“人且偃然寝于巨室，而我噭噭然随而哭之，自以为不通乎命，故止也”，成玄英疏：“偃然，安息貌也。巨室，谓天地之间也。且夫息我以死，卧于天地之间，譬彼炎凉，何得随而哀恸！自觉不通天命，故止哭而鼓盆也。”③

在道家人士眼中，死不是结束，不是生命的消失，死是另一个生化过程的开始，生命如四时更替，生生不息。这是一种以化为基础的大生命体观念，由此跳出常识的局限，采取超然豁达的态度，而庄子对身后事的交代是典型表现。

庄子将死，弟子欲厚葬之。庄子曰：“吾以天地为棺椁，以日月为连璧，星辰为珠玑，万物为赍送。吾葬具岂不备邪？何以加此！”弟子曰：“吾恐乌鸢之食夫子也。”庄子曰：“在上为乌鸢食，在下为蝼蚁食，夺彼与此，何其偏也。”（《庄子·杂篇·列御寇第三十二》）

庄子不同意弟子厚葬自己，并讲自己理想中的葬仪。成玄英疏：“庄子妙达

---

① （清）郭庆藩撰，王孝鱼点校：《庄子集释》，中华书局2012年版，第269页。

② （清）郭庆藩撰，王孝鱼点校：《庄子集释》，中华书局2012年版，第614页。

③ （清）郭庆藩撰，王孝鱼点校：《庄子集释》，中华书局2012年版，第614页。

玄道,逆旅形骸,故棺椁天地,炉冶两仪,珠玑星辰,变化三景,资送备矣。门人厚葬,深乖造物也。”①

2.第二阶段:顺应

第一阶段逆反属于直接反应,因为不作过多考虑,率性而为,比较容易。第二阶段则是顺应,和光同尘,需要生存智慧,讲技巧,懂妥协,其实是困难的选择,但也是成熟的标志。

> 叶公子高将使于齐,问于仲尼曰:“王使诸梁也甚重,齐之待使者,盖将甚敬而不急。匹夫犹未可动,而况诸侯乎!吾甚栗之。子常语诸梁也曰:‘凡事若小若大,寡不道以欢成。事若不成,则必有人道之患;事若成,则必有阴阳之患。若成若不成而后无患者,唯有德者能之。’吾食也执粗而不臧,爨无欲清之人。今吾朝受命而夕饮冰,我其内热与!吾未至乎事之情,而既有阴阳之患矣;事若不成,必有人道之患。是两也,为人臣者不足以任之,子其有以语我来!”仲尼曰:“天下有大戒二:其一,命也;其一,义也。子之爱亲,命也,不可解于心;臣之事君,义也,无适而非君也,无所逃于天地之间。是之谓大戒。是以夫事其亲者,不择地而安之,孝之至也;夫事其君者,不择事而安之,忠之盛也;自事其心者,哀乐不易施乎前,知其不可奈何而安之若命,德之至也。为人臣子者,固有所不得已。行事之情而忘其身,何暇至于悦生而恶死!夫子其行可矣!丘请复以所闻:凡交近则必相靡以信,远则必忠之以言。言必或传之。夫传两喜两怒之言,天下之难者也。夫两喜必多溢美之言,两怒必多溢恶之言。凡溢之类妄,妄则其信之也莫,莫则传言者殃。故法言曰:‘传其常情,无传其溢言,则几乎全。’且以巧斗力者,始乎阳,常卒乎阴,[泰]至则多奇巧;以礼饮酒者,始乎治,常卒乎乱,[泰]至则多奇乐。凡事亦然。始乎谅,常卒乎鄙;其作始也简,其将毕也必巨。言者,风波也;行者,实丧也。[夫]风波易以动,实丧易以危。故忿设无由,巧言偏辞。兽死不择音,气息茀然,于是并生心厉。克核大至,则必有不肖之心应之,而不知其然也。苟为不知其然也,孰知其所终!故法言曰:‘无迁令,无劝成,过度益也。’迁令劝成殆事,美成在久,恶成不及改,可不慎与!且夫乘物以游心,托不得已以养中,至矣。何作为报也!莫若为

---

① (清)郭庆藩撰,王孝鱼点校:《庄子集释》,中华书局2012年版,第1058页。

致命。此其难者。”(《庄子·内篇·人间世第四》)

楚国的叶公名诸梁,字子高,他受楚王之命出使齐国。楚王对此行寄望甚大,而叶公知道齐国的态度很有可能是敬人而怠事,所以害怕自己会有祸患。他提起孔子曾说过的话,意思是事无大小,都可能成为祸患之端。事成与不成都可能会有灾祸,只有有德者能够免之。他因焦虑,尚未出使就身体不适,未有人道之患,先有阴阳之患,于是求救于孔子。孔子给他讲了一番道理,“天下有大戒二”,据成玄英疏:“戒,法也。寰宇之内,教法极多,要切而论,莫过二事。”[①]“二事”即命与义,命是先天无可选择的关系,如父子。义是后天职分所在的关系,如君臣。这是两大准则。什么是孝?顺适而安,不择地者,不因地而异。什么是忠?不论夷险,任何情况下都尽其职守,是谓不择事而安之。不要去想后果,但行其所当行即可。

孔子接下来又就叶公为使者这一职务所当注意的事项,向他讲了处事方法,成玄英疏:“夫处涉人间,为使实难,必须探察常情、必使宾主折中,不得传一时喜怒,致两言(虽)[难]窥。能如是者,近获全身。夫子引先圣之格言,为当来之轨辙也。”[②]他又从反面讲了若任智放利而行,可能会适得其反,无所适从。在传授人生经验之后,他以穷本之论的做法,说:“且夫乘物以游心,托不得已以养中,至矣。何作为报也!莫若为致命。此其难者。”相对于心、中而言,物、事(不得已)是乘、托之对象,目的是游心、养中,既如此,则不须计较后果,成玄英疏:“直致率情,任于天命,甚自简易,岂有难邪!此其难者,言不难。”[③]

如何既入世又全生,与避世隐居以全生相比,这是高难度的任务。

颜阖将傅卫灵公大子,而问于蘧伯玉曰:“有人于此,其德天杀。与之为无方,则危吾国;与之为有方,则危吾身。其知适足以知人之过,而不知其所以过。若然者,吾奈之何?”蘧伯玉曰:“善哉问乎!戒之,慎之,正女身也哉!形莫若就,心莫若和。虽然,之二者有患。就不欲入,和不欲出。形就而入,且为颠为灭,为崩为蹶。心和而出,且为声为名,为妖为孽。彼且为婴儿,亦与之为婴儿;彼且为无町畦,亦与之为无町畦;彼且为无崖,亦与

---

① (清)郭庆藩撰,王孝鱼点校:《庄子集释》,中华书局2012年版,第161页。

② (清)郭庆藩撰,王孝鱼点校:《庄子集释》,中华书局2012年版,第164页。

③ (清)郭庆藩撰,王孝鱼点校:《庄子集释》,中华书局2012年版,第169页。

之为无崖。达之，入于无疵。汝不知夫螳蜋乎？怒其臂以当车辙，不知其不胜任也，是其才之美者也。戒之，慎之！积伐而美者以犯之，几矣。汝不知夫养虎者乎？不敢以生物与之，为其杀之之怒也；不敢以全物与之，为其决之之怒也。时其饥饱，达其怒心。虎之与人异类而媚养己者，顺也；故其杀者，逆也。夫爱马者，以筐盛矢，以蜃盛溺。适有蚊虻仆缘，而拊之不时，则缺衔毁首碎胸。意有所至而爱有所亡，可不慎邪！”（《庄子·内篇·人间世第四》）

颜阖将要去做卫灵公太子的师傅，就去向卫国贤大夫蘧伯玉请教。他说小人无德，纵之制之皆有危险，其知只足以知人之过，却不知己之过，这种人该怎么对付呢？蘧伯玉说的一套道理是和光同尘的办法。“形莫若就，心莫若和”，郭象注：“形不乖迕，和而不同。”[①]成玄英疏：“身形从就，不乖君臣之礼。心智和顺，迹混而事济之也。”[②]既不要拧着来，也不是毫无原则，而是随顺俱化。但这还不够，还有毛病。要做到虽就而不欲入，虽和而不欲出。因为形就心和会纵容其恶，所以要同之而化。“达之，入于无疵”一句林希逸解为：“到其可觉悟处，就加点化，使之跃然醒悟，或可以入无疵之地。达之者，觉悟之也；无疵者，无过也。”[③]蘧伯玉又举驯兽的例子印证其说。

子桑户孟子反子琴张三人相与友，曰：“孰能相与于无相与，相为于无相为？孰能登天游雾，挠挑无极；相忘以生，无所终穷？”三人相视而笑，莫逆于心，遂相与为友。莫然有间而子桑户死，未葬。孔子闻之，使子贡往侍事焉。或编曲，或鼓琴，相和而歌曰：“嗟来桑户乎！嗟来桑户乎！而已反其真，而我犹为人猗！”子贡趋而进曰：“敢问临尸而歌，礼乎？”二人相视而笑曰：“是恶知礼意！”子贡反，以告孔子，曰：“彼何人者邪？修行无有，而外其形骸，临尸而歌，颜色不变，无以命之。彼何人者邪？”孔子曰：“彼，游方之外者也；而丘，游方之内者也。外内不相及，而丘使女往吊之，丘则陋矣。彼方且与造物者为人，而游乎天地之一气。彼以生为附赘县疣，以死为决疣溃痈。夫若然者，又恶知死生先后之所在！假于异物，托于同体；忘其肝

---

① （清）郭庆藩撰，王孝鱼点校：《庄子集释》，中华书局2012年版，第170页。

② （清）郭庆藩撰，王孝鱼点校：《庄子集释》，中华书局2012年版，第170页。

③ 崔大华：《庄子歧解》，中华书局2012年版，第156页。

胆,遗其耳目;反复终始,不知端倪;芒然彷徨乎尘垢之外,逍遥乎无为之业。彼又恶能愦愦然为世俗之礼,以观众人之耳目哉!”子贡曰:“然则夫子何方之依?”孔子曰:“丘,天之戮民也。虽然,吾与汝共之。”子贡曰:“敢问其方?”孔子曰:“鱼相造乎水,人相造乎道。相造乎水者,穿池而养给;相造乎道者,无事而生定。故曰:鱼相忘乎江湖,人相忘乎道术。”子贡曰:“敢问畸人?”曰:“畸人者,畸于人而侔于天。故曰:天之小人,人之君子;人之君子,天之小人也。”(《庄子·内篇·大宗师第六》)

子桑户、孟子反、子琴张三人组成道家小团体,称为莫逆之交。不久子桑户死,还未下葬,孔子听说后派子贡往吊,并帮助办理丧葬之事。子贡到了之后却看见他们小团体中的人在作乐歌唱,子贡不解,问他们临尸而歌算是什么礼,却被反驳,暗示他不知礼意。郭象注:“夫知礼意者,必游外以经内,守母以存子,称情而直往也。若乃矜乎名声,牵乎形制,则孝不任诚,慈不任实,父子兄弟,怀情相欺,岂礼之大意哉!”①子贡不解其道,汇报给孔子,孔子知道其中差异所在,以游于方内与游于方外者区分儒与道,郭象注:“夫理有至极,外内相冥,未有极游外之致而不冥于内者也,未有能冥于内而不游于外者也。”②内必至外,外必至内,孔子虽自命方内,实则内外不遗。孔子称他们是造物者的人化,即本体化的人,可游天地之一气,同于大通,对他们而言,生是累赘,死是解脱。既如此,他们就不会把生死差异化,乐此而厌彼。异物而同体,体就是本体,意思是物之形虽异,同为本体之表现,相异之形就被忘却了。无始无终,通天下者一气耳。于是跳出世俗之外,作逍遥之游,这样的人怎么会行世俗之礼,悦于众人之耳目呢?孔子自认是方内入世之人,他与他们之间道不同而可相安。这是调解儒道之争的意思。子贡称这帮人为畸人,即与众不同之人。孔子说这些人与世俗社会格格不入,但是与天相得。这里将天与人相对而言,虽有天人之分,但又不必非得与世俗为敌。严复解最后一句时说:“鱼不能去水,人不能离道,则方内外皆可相忘,何必求为畸人之侔于天则畸于人乎?庄子盖知孔子之深。”③这样一来,儒道之争就被超越了。

---

① (清)郭庆藩撰,王孝鱼点校:《庄子集释》,中华书局 2012 年版,第 272 页。
② (清)郭庆藩撰,王孝鱼点校:《庄子集释》,中华书局 2012 年版,第 273 页。
③ (清)郭庆藩撰,王孝鱼点校:《庄子集释》,中华书局 2012 年版,第 254 页。

庄子曰："人有能游，且得不游乎？人而不能游，且得游乎？夫流遁之志，决绝之行，噫，其非至知厚德之任与！覆坠而不反，火驰而不顾，虽相与为君臣，时也，易世而无以相贱。故曰至人不留行焉。夫尊古而卑今，学者之流也。且以狶韦氏之流观今之世，夫孰能不波，唯至人乃能游于世而不僻，顺人而不失己。彼教不学，承意不彼。"（《庄子·杂篇·外物第二十六》）

此段前两句郭象注："性之所能，不得不为也；性所不能，不得强为；故圣人唯莫之制，则同焉皆得而不知所以得也。"[①]这是说人当顺性而为，不可勉强而为。流遁之志、决绝之行，都不是至道者所为，至道者会明白，君臣只是时势所致，换个时势，说不定就换个位置，因此不可因现在的君臣位置而相贱，这应该是在警告当权者。"至人不留行"，意思是任自然而俱化无迹。尊古而卑今是学者们的通病，道家也有这个倾向，而庄子这里明确地反对这种观念。他认为如果用古之圣王来观今世，肯定会不平而有偏。因此只有至道之人才能游世而不僻，顺人不失己。对于别人，因性而教，顺意而导。这段材料里的庄子与《天下篇》里"独与天地精神往来，而不敖倪于万物，不谴是非，以与世俗处"的庄子一样，持两行之道，无偏激之辞与乖世之行。这是晚期庄子思想成熟的反映。

（五）政治哲学

根据对于治的态度，庄子政治哲学也分两个阶段，即批判阶段与建设阶段。

1.第一阶段：批判

这一阶段是以自然无为为依据，批判各种有为，主张不治或无为而治，前者激进，后者温和。激进派批判的是治本身，矛头是所有的治，以身为本，否定政治社会的存在，向往无治的至德之世。

马，蹄可以践霜雪，毛可以御风寒，龁草饮水，翘足而陆，此马之真性也。虽有义台路寝，无所用之。及至伯乐，曰："我善治马。"烧之，剔之，刻之，雒之，连之以羁絷，编之以皂栈，马之死者十二三矣；饥之，渴之，驰之，骤之，整之，齐之，前有橛饰之患，而后有鞭策之威，而马之死者已过半矣。陶者曰："我善治埴，圆者中规，方者中矩。"匠人曰："我善治木，曲者中钩，

---

① （清）郭庆藩撰，王孝鱼点校：《庄子集释》，中华书局2012年版，第930页。

直者应绳。”夫埴木之性，岂欲中规矩钩绳哉？然且世世称之曰“伯乐善治马，而陶匠善治埴木”。此亦治天下者之过也。（《庄子·外篇·马蹄第九》）

这一篇讲治的危害，主张以不治为治，举马的例子，原本活得自由自在，却被伯乐一番整治，死了大半，体现人治对天性的戕害。陶者治埴，匠人治木，则是对土、木的破坏，由伯乐、陶者、匠人推及治天下者，也都是通过破坏来治理，都是自然的敌人，不可效法。其正面主张是：

吾意善治天下者不然。彼民有常性，织而衣，耕而食，是谓同德；一而不党，命曰天放。故至德之世，其行填填，其视颠颠。当是时也，山无蹊隧，泽无舟梁；万物群生，连属其乡；禽兽成群，草木遂长。是故禽兽可系羁而游，乌鹊之巢可攀援而窥。夫至德之世，同与禽兽居，族与万物并。恶乎知君子小人哉！同乎无知，其德不离；同乎无欲，是谓素朴；素朴而民性得矣。及至圣人，蹩躠为仁，踶跂为义，而天下始疑矣；澶漫为乐，摘僻为礼，而天下始分矣。故纯朴不残，孰为牺尊！白玉不毁，孰为珪璋！道德不废，安取仁义！性情不离，安用礼乐！五色不乱，孰为文采！五声不乱，孰应六律！夫残朴以为器，工匠之罪也；毁道德以为仁义，圣人之过也。（《庄子·外篇·马蹄第九》）

作者认为人们的物质需要是类似的，这称为同德；不治的表现在因民之常性，同德而非人为齐之，称为天放。放，养也，自然之养，因性而成。作者描述至德之世，人们行动迟重，视线专一①。人们不去整治自然，自然与人和谐相处，无君子小人之分，即无等级差别。无知无欲，民性可得。成玄英解“素朴而民性得矣”为：“夫苍生所以失性者，皆由滞欲故也。既而无欲素朴，真性不丧，故称得也。”②这是赞美至德之世人们天性皆存，然后圣人出现，破坏了这一切。从后文看是指主张仁义礼乐的圣人，批判他们弃本取末，破坏自然天性。

作者最后以赫胥氏之时为至德之世，则以下即为圣人出现之世，应当从黄帝开始。

---

① “其行填填，其视颠颠”，据王敔：“填填，迟重貌，行不迤也。颠颠，专一也，目不游也。”见崔大华：《庄子歧解》，中华书局 2012 年版，第 309 页。

② （清）郭庆藩撰，王孝鱼点校：《庄子集释》，中华书局 2012 年版，第 345 页。

> 门无鬼与赤张满稽观于武王之师。赤张满稽曰:“不及有虞氏乎!故离此患也。”门无鬼曰:“天下均治而有虞氏治之邪?其乱而后治之与?”赤张满稽曰:“天下均治之为愿,而何计以有虞氏为!有虞氏之药疡也,秃而施髢,病而求医。孝子操药以脩慈父,其色燋然,圣人羞之。至德之世,不尚贤,不使能;上如标枝,民如野鹿;端正而不知以为义,相爱而不知以为仁,实而不知以为忠,当而不知以为信,蠢动而相使,不以为赐。是故行而(为)[无]迹,事而无传。”(《庄子·外篇·天地第十二》)

门无鬼与赤张满稽二人论治之好坏,自上而下排出一个顺序:至德之世—有虞氏(舜)—周武王。周武王伐纣,以干戈取天下,舜则靠禅让,赤张满稽认为武王不及舜,门无鬼则提出疑问:若天下已治,何劳舜来治?赤张满稽对此表示认可,即舜之治是因乱而治。“有虞氏之药疡也”一句,据成玄英:“疡,头疮也。夫身上患创,故求医疗,亦犹世逢纷扰,须圣人治之。是以不病则无医,不乱则无圣。”[①]“病而求医”,不过令人恢复健康,乱而后治,也不过是恢复到太平,不是什么值得炫耀的功劳。在此之上的至德之世,不治而天下治,“上如标枝,民如野鹿”,如此则所谓的上与民之间不是尊卑上下的关系,而是不知有尊卑上下的自然状态。

温和批判如下:

> 故昔者尧问于舜曰:“我欲伐宗、脍、胥敖,南面而不释然。其故何也?”舜曰:“夫三子者,犹存乎蓬艾之间。若不释然,何哉!昔者十日并出,万物皆照,而况德之进乎日者乎!”(《庄子·内篇·齐物论第二》)

尧欲伐三小国,心中不安,问于舜,舜认为王者之德若日,以德普照之是更好的办法。

> 尧治天下,伯成子高立为诸侯。尧授舜,舜授禹,伯成子高辞为诸侯而耕。禹往见之,则耕在野。禹趋就下风,立而问焉,曰:“昔尧治天下,吾子立为诸侯。尧授舜,舜授予,而吾子辞为诸侯而耕,敢问,其故何也?”子高曰:“昔尧治天下,不赏而民劝,不罚而民畏。今子赏罚而民且不仁,德自此衰,刑自此立,后世之乱自此始矣。夫子阖行邪?无落吾事!”俋俋乎耕而不顾。(《庄子·外篇·天地第十二》)

---

① (清)郭庆藩撰,王孝鱼点校:《庄子集释》,中华书局 2012 年版,第 450 页。

尧、舜、禹原本都是古圣王，这里将尧、舜归为一类，把禹单列出来，认为自禹以后，用刑罚而天下不治。这可以理解为无为与有为之别，成玄英解“昔尧治天下”一句时说：“夫赏罚者，所以著劝畏也。而尧以无为为治，物物从其化，故百姓不待其褒赏而自勉行善，无劳刑罚而畏恶不为。此显尧之圣明，其德如是。”①夏是中国文明时代的开端，禹传启而始家天下，相传禹时有了监狱，伯成子高的话当有史据。

柏矩学于老聃，曰：“请之天下游。”老聃曰：“已矣！天下犹是也。”又请之，老聃曰：“汝将何始？”曰：“始于齐。”至齐，见辜人焉，推而强之，解朝服而幕之，号天而哭之曰：“子乎子乎！天下有大灾，子独先离之，曰莫为盗！莫为杀人！荣辱立，然后睹所病；货财聚，然后睹所争。今立人之所病，聚人之所争，穷困人之身使无休时，欲无至此，得乎！古之君人者，以得为在民，以失为在己；以正为在民，以枉为在己；故一形有失其形者，退而自责。今则不然。匿为物而愚不识，大为难而罪不敢，重为任而罚不胜，远其涂而诛不至。民知力竭，则以伪继之，日出多伪，士民安取不伪！夫力不足则伪，知不足则欺，财不足则盗。盗窃之行，于谁责而可乎？”（《庄子·杂篇·则阳第二十五》）

老子被弟子拉着去游天下，先去了齐国，到那里，见一个受刑致死的人，推他起来坐好，又给他披上衣服，哭吊之。哭的内容是控诉当政者立荣辱、聚货财而终于导致人们为盗和杀人，并以古今对比说明刑罚致人伪诈，形成恶性循环，因此君人者当为民的盗窃行为负责。最后一句，成玄英疏：“夫知力穷竭，谲伪必生；赋敛益急，贪盗斯起；皆由主上无德，法令滋彰。夫能忘爱释私，不贵珍宝，当责在上，岂罪下民乎！”②

文王观于臧，见一丈夫钓，而其钓莫钓；非持其钓有钓者也，常钓也。文王欲举而授之政，而恐大臣父兄之弗安也；欲终而释之，而不忍百姓之无天也。于是旦而属之大夫曰：“昔者寡人梦见良人，黑色而髯，乘驳马而偏朱蹄，号曰：‘寓而政于臧丈人，庶几乎民有瘳乎！’”诸大夫蹴然曰：“先君王也。”文王曰：“然则卜之。”诸大夫曰：“先君之命，王其无它，又何卜焉！”

---

① （清）郭庆藩撰，王孝鱼点校：《庄子集释》，中华书局 2012 年版，第 428 页。

② （清）郭庆藩撰，王孝鱼点校：《庄子集释》，中华书局 2012 年版，第 897 页。

遂迎臧丈人而授之政。典法无更,偏令无出。三年,文王观于国,则列士坏植散群,长官者不成德,[鈇]斛不敢入于四竟。列士坏植散群,则尚同也;长官者不成德,则同务也,鈇斛不敢入于四竟,则诸侯无二心也。文王于是焉以为大师,北面而问曰:“政可以及天下乎?”臧丈人昧然而不应,泛然而辞,朝令而夜遁,终身无闻。颜渊问于仲尼曰:“文王其犹未邪?又何以梦为乎?”仲尼曰:“默,汝无言!夫文王尽之也,而又何论刺焉!彼直以循斯须也。”(《庄子·外篇·田子方第二十一》)

这个故事是说,周文王在臧地见到一丈人钓鱼,不以钓到鱼为意,就想请他辅政,但是担心周围人猜忌,就说自己梦到一个良人跟他说臧丈人可用。众人说那个良人是先君,信之不疑,不卜就去请他来,授之以政,果然把国家治理得很好。可是当文王问“政可以及天下乎”,也就是试图取商而代之的时候,臧丈人不再跟文王合作,不告而别,永不再见。这说明道家某派认为以周代商是以下犯上,以臣犯君,与儒家相比,这是一种保守的政治哲学。

汤将伐桀,因卞随而谋,卞随曰:“非吾事也。”汤曰:“孰可?”曰:“吾不知也。”汤又因瞀光而谋,瞀光曰:“非吾事也。”汤曰:“孰可?”曰:“吾不知也。”汤曰:“伊尹何如?”曰:“强力忍垢,吾不知其他也。”汤遂与伊尹谋伐桀,克之,以让卞随,卞随辞曰:“后之伐桀也谋乎我,必以我为贼也;胜桀而让我,必[以]我为贪也。吾生乎乱世,而无道之人再来漫我以其辱行,吾不忍数闻也。”乃自投(稠)[椆]水而死。汤又让瞀光曰:“知者谋之,武者遂之,仁者居之,古之道也。吾子胡不立乎?”瞀光辞曰:“废上,非义也;杀民,非仁也;人犯其难,我享其利,非廉也。吾闻之曰,非其义者,不受其禄,无道之世,不践其土。况尊我乎!吾不忍久见也。”乃负石而自沈于庐水。(《庄子·杂篇·让王第二十八》)

这个故事里汤伐桀之前,与隐士卞随和瞀光谋划,他们都不合作。汤在成功后为自己的行为辩护并责怪瞀光,后者指责汤伐桀是犯上作乱。儒家称颂汤武革命,以仁胜残,顺天应人,而在隐士看来,这是“废上非义,杀民非仁”,这是站在统治者立场判断是非的做法,已近于法家了。

2.第二阶段:建设

《庄子》政治哲学第二阶段由破转向立,由玄谈转为务实,以现实为出发点,站在君主立场上务求天下得治。

世俗之人,皆喜人之同乎己而恶人之异于己也。同于己而欲之,异于己而不欲者,以出乎众为心也。夫以出乎众为心者,曷常出乎众哉!因众以宁所闻,不如众技众矣。而欲为人之国者,此揽乎三王之利而不见其患者也。此以人之国侥幸也,几何侥幸而不丧人之国乎!其存人之国也,无万分之一;而丧人之国也,一不成而万有余丧矣。悲夫,有土者之不知也!夫有土者,有大物也。有大物者,不可以物;物而不物,故能物物。明乎物物者之非物也,岂独治天下百姓而已哉!出入六合,游乎九州,独往独来,是谓独有。独有之人,是谓至贵。(《庄子·外篇·在宥第十一》)

这里首先批评世俗之人喜同恶异之心术不足为治,而“有土者”即君主们却不知其弊。这很像是法家人士的口气了。后面讲治的方法,“物物者”(主宰者,道)可治物①,得道者以道治天下,不仅如此,还能有超人的神通。

贱而不可不任者,物也;卑而不可不因者,民也;匿而不可不为者,事也;粗而不可不陈者,法也;远而不可不居者,义也;亲而不可不广者,仁也;节而不可不积者,礼也;中而不可不高者,德也;一而不可不易者,道也;神而不可不为者,天也。故圣人观于天而不助,成于德而不累,出于道而不谋,会于仁而不恃,薄于义而不积,应于礼而不讳,接于事而不辞,齐于法而不乱,恃于民而不轻,因于物而不去。物者莫足为也,而不可不为。不明于天者,不纯于德;不通于道者,无自而可;不明于道者,悲夫!何谓道?有天道,有人道。无为而尊者,天道也;有为而累者,人道也。主者,天道也;臣者,人道也。天道之与人道也,相去远矣,不可不察也。(《庄子·外篇·在宥第十一》)

这里一系列主张是以承认差异而又利用差异的反映。物—民—事—法—义—仁—礼—德—道—天,有差异但又各有各的位置,从物至于道,可见圣人就算入世,也还是道家的圣人。道不遗物,无弃人,不需要否定、排斥什么,只需要给予妥善安置即可。差别之下有分工,天道与人道,君主与臣子之间有尊卑之分,其分工则是君逸臣劳,这些都接近法家。

本在于上,末在于下;要在于主,详在于臣。三军五兵之运,德之末也;

---

① 《庄子歧解》解“有土者有大物”一句为“物物,主宰物;不物,不役于物”。见崔大华:《庄子歧解》,中华书局 2012 年版,第 351 页。

赏罚利害，五刑之辟，教之末也；礼法度数，刑名比详，治之末也；钟鼓之音，羽旄之容，乐之末也；哭泣衰绖，隆杀之服，哀之末也。此五末者，须精神之运，心术之动，然后从之者也。末学者，古人有之，而非所以先也。君先而臣从，父先而子从，兄先而弟从，长先而少从，男先而女从，夫先而妇从。夫尊卑先后，天地之行也，故圣人取象焉。天尊，地卑，神明之位也；春夏先，秋冬后，四时之序也。万物化作，萌区有状，盛衰之杀，变化之流也。夫天地至神，而有尊卑先后之序，而况人道乎！宗庙尚亲，朝廷尚尊，乡党尚齿，行事尚贤，大道之序也。语道而非其序者，非其道也；语道而非其道者，安取道！是故古之明大道者，先明天而道德次之，道德已明而仁义次之，仁义已明而分守次之，分守已明而形名次之，形名已明而因任次之，因任已明而原省次之，原省已明而是非次之，是非已明而赏罚次之。赏罚已明而愚知处宜，贵贱履位；仁贤不肖袭情，必分其能，必由其名。以此事上，以此畜下，以此治物，以此修身，知谋不用，必归其天，此之谓大平，治之至也。故书曰："有形有名。"形名者，古人有之，而非所以先也。古之语大道者，五变而形名可举，九变而赏罚可言也。骤而语形名，不知其本也；骤而语赏罚，不知其始也。倒道而言，迕道而说者，人之所治也，安能治人！骤而语形名赏罚，此有知治之具，非知治之道；可用于天下，不足以用天下；此之谓辩士，一曲之人也。礼法数度，形名比详，古人有之，此下之所以事上，非上之所以畜下也。(《庄子·外篇·天道第十三》)

这里不仅强调等级，区分本末君臣上下，还强调本(天)的地位，礼仪制度文物都是精神、心术之末、从。值得注意的是，这里还从理论上论证等级的天经地义性。这与道家自老子以自为本、庄子人皆为天之子的观念不符，这说明庄子后学中有一个通过儒家而接近法家的派别。这在理论上是对老子的歪曲式发展，道家由此进入现实政治，不再是学术上的在野党。

第三节　战国时代的法家

春秋时代，几个主要华夏诸侯国经由不同途径形成世卿制，于是，继周天子被架空后，诸侯国公室也相继被架空。“三家分晋”与“田氏代齐”意味着春秋时代最强大的两个华夏诸侯国晋国与齐国公室被本国世卿取而代之。这两场政治地震使各国公室感到强烈的统治危机，因此，进入战国时代，针对世卿大族的变法成为时代主题，法家也由此登上历史舞台并大显身手。

一、商鞅

商鞅（约前 390—前 338）是卫国公族，姬姓，称公孙鞅，又称卫鞅，后因封于商地，又称商鞅、商君。商鞅在秦国的变法持续二十多年，以耕战作为秦国核心决策，强公室，打击旧贵族，为平民和奴隶提供上升通道，充分动员秦国民力，推动秦国制度变革，使秦国一跃成为战国时代最先进、最强大的国家，为后来统一六国打下坚实基础，也奠定了后世大一统帝国的制度基础。

《史记》的《商君列传》和《秦本纪》记载了商鞅的生平与行迹，《战国策》《吕氏春秋》中也有一些材料。据《汉书·艺文志》，商鞅的思想保存在《商君》中，共二十九篇，今存二十六篇（其中两篇亡佚，实存二十四篇），此书中一些篇章如《徕民》显系后人伪托，其余则大体可体现商鞅的思想。我们将依上述文献阐述商鞅的思想。

（一）历史观

商鞅的历史观可概括为不法古不修今。他持的是一种变易的历史观，认为随着时势的不同，治理之道也要随之变化。另外，他的历史观是为了证成变法的必要性，因此，与儒、墨、道家美化古代不同，他无意描绘一个存在于上古的黄金时代,而意在创造一个新时代。

其一,时变道易。《开塞》中从母系社会(上世)讲到战国时代(下世),目的是讲变易,时势变则治道易。在这个过程中,为了建立秩序,产生三种原则:亲亲、上贤(即尚贤)、贵贵。亲亲因有私而导致争讼,为了解决讼无正、民失性问题,出现贤者,由此亲亲让位于上贤。贤者又有等差,治理水平不一,各自为政,又出现乱子,然后出现圣人,于是又就土地、财产、婚姻问题建立制度。制度不行,立禁以制之,于是出现相应的官职。为统一管理他们,出现君主,贵贵取代上贤成为新的原则。商鞅认为这些原则本身并不存在对立关系,问题在于"民道弊而所重易也,世事变而行道异也",都是为了治而确立的道。道的变缘于民、世的变,治道不一就是必然的,所谓"王道有绳",其实是与时偕行,以治为目标,绳的含义在于变,不在于因循,固守成法。

其二,效法汤武。商鞅入秦,在秦孝公支持下准备变革秦国旧法,这不可避免地要触及秦国大贵族利益,为了变法顺利展开,秦孝公主持了一场关于变法合理性的辩论,由商鞅力战甘龙、杜挚这两个守旧派代表。甘龙、杜挚反对变法,主张因循秦国旧法,即秦穆公以来的宗法封建制,但又不明指,只是一味地用"古"来压人。于是商鞅就以其人之道还治其人之身,来讲"古"为什么不可法:因为"古"是变化的,没有抽象的古,圣王们的礼、法都不同,那么该法哪个"古"呢?既然无古可法,只能当时立法,因事制礼,由此"反古者"(商鞅)就不当受到非议,"循礼者"(甘、杜)就不比变法者更正确。法古在当时意味着政治正确,商鞅的辩词把这种政治正确性的根据推翻,变法在理论上就能够成立了。通过与甘、杜论战,商鞅确立起变法的政治正确性以及与时偕行的政治原则。以此为前提,可以看出,商鞅对于古圣王之道的真实态度是:有选择地效法适合于变法需求的道,即学汤武以武力征服诸侯。

(二)人性论

商鞅不是性恶论者,当然也不是性善论者,他对于人性只当作事实(当然有片面性)来分析、利用,但不作是非好坏的判断,因此可以说他所主张的是实用主义的人性论、从治道着眼的人性论。下面从两方面阐述。

其一,人性是变化的。在《开塞》中商鞅认为民之性不是一成不变的,而是古今有别的。上古时期,人们质朴厚道,可以德治。现在的老百姓变得奸诈虚伪，只能优先采取刑治了。对朴厚与巧伪他不作价值判断，也不打算将民从巧诈变回到朴厚，他是着眼于治，思考的是对这样的百姓采取怎样的措施，以利用他们实现国家富强的目标。这是他的人性论的主体内容。

其二，人是理性人。商鞅对民之性的看法是相当消极和片面的，他认为人凭本能行动，像动物一样，算计利害得失，是典型的理性人。《算地》中他认为人性的实情是饿了要吃，累了要歇，苦了求乐，辱则求荣，四条归为两条，即名与利。他认为人为了追名逐利，可以不顾礼之法与性之常，他又举盗贼罔顾禁令求利与士人忍常人不能忍以求名的例子，来说明名利对人的诱惑力之大，由此得出结论"名利之所凑，则民道之"，即名利在哪儿，民就追到哪儿。

（三）治道论

商鞅的治道论，就是以君道为起点和前提，论述如何在秦国确立法治。

其一，论君道。商鞅变法是在秦孝公支持下进行的，他实行变法的权力来源于秦孝公，为保证变法成功，首先要做的是使秦孝公成为法家理想中的明君，不求法外之治，不开法外之恩，成为变法最后和最重要的保障。法家理想中的明君的重要特征是任法去私，商鞅以权、衡这些量度器比喻法，主张用法判断贤与不肖，作为赏罚依据，还说不以法而可断贤与不肖，只有尧这样的圣君才行，但国君不可能人人成为尧。依法赏罚，公正无私，人们不会得到不公正对待，不会出现争执，国君好法，上行下效，实干的人就会受到重用，若国君好言，耍嘴皮子的人就得势了。任法要求国君自己要无私，自觉地将自己的利益与国家绑在一起，国君没有国家利益之外的特殊利益。国君是国的化身，这实际上会对国君滥用权力构成约束。商鞅重法，而驭下的帝王心术，由于与任法主张有冲突，所以他对此是持警惕和反对的态度。但是商鞅也不是不讲术，只不过他说的术是围绕着法来的。他说"主贵多变"，多变是为了事能得齐。变法是顶着巨大压力进行的，变法前、变法中、变法后，反对声一直没有停止，所以免不了要与旧贵族周旋，需要有特殊的人事安排，而"主贵多变"就应当是把权力掌握在国君手中，为变法保驾护航，显然，这不同于一般的驾驭臣下的帝王心术。

其二，论法治。商鞅重法，法治是他的思想主体与中心。商鞅认为法治可强国，法治则真正的贤人就能出头，依法举贤，法断于下，则不肖者就没有空子可钻，国家治理的有效程度就加倍了。《靳令》中商鞅认为定法的时候必须谨慎,一旦定下,则不因善言改变。这一点的前提就是法必须合理、公平,否则法就成了特殊利益集团徇私的工具,还容不得更改,这就是恶法了。商鞅作为政治家,他对人心人情、对法所涉及的方方面面都有极深入的洞察,深信其合理,因此他敢说这种话。任功与任善有何不同?功可计算,可操作性强,善没法计算,可操作性差,所以这个上升通道的评价标准要具有客观性,这样才能免于扯皮,后者会降低国家决策实施的效率。五里十里,里是居住单位,也是基层治理单位,五里十里是形容决断的基层单位的层级,越靠下,说明效率越高。宿治是相对于日、夜而言,这是时间,前者与后者是相关的,越靠下解决,时间当然就越短。把问题解决在基层,这样才是法治的表现,才能让主上无为而治,而官吏也难以从中上下其手,欺上瞒下。关于立法中要注意的问题,商鞅认为过于深奥的语言,聪明人(上知)也难以理解,能自觉循礼守法不靠外部约束的人,千万人中才有一个,圣人要治的是普通人,而不是千万分之一的人,所以立法时不能按上知的水平去表述,要让所有人都能懂。负责法令的官吏就像天下人的老师一样,要教他们知法、懂法,免于犯法。按这样的原则立法,就能降低人们犯法的几率。因法易知而知法,因知法而不犯法,不犯法则相当于民自治,于是天下大治。这是商鞅独特的法治理论,也是经过实践检验的一套方法,应该说有其合理性。秦孝公问商鞅,法令制定后,怎样才能尽快让吏民知法、用法,无偏差,无私意掺杂。商鞅的回答是这件事要专人负责。蒋礼鸿说:“此言既造法令,则荐主法令之官于天子也。朴,朴悫能执法也。”[①]“天子则各主法令之”一句“各”当为若,认可的意思,“主法令之”即“主法令之官”。这些人再下到诸侯郡县履行职责。老百姓有乱法者,以其所乱定其罪名,“迁徙”当为“迁徙”[②]。负责法令的官员若有迁徙,接替者要尽快学习法令,若不能按时准确学会,就要受惩罚。商鞅认为立法须谨慎,一旦订立,必须原样执行,不可更改。为此商鞅定下近乎苛刻的刑法,规定凡有吏民更改法令一字以上者,即为死罪。吏民若就某条法令询问主法令官,则要以一尺六寸之木详细记录所问的法令名及年月日时,若不按这些规定执行,主法令之官将被追究罪行,罪名即吏民所问法令之罪。符券一分为二,左券由询问者留存,右券由主法令官藏于官中,并加盖法令之长

---

① 蒋礼鸿:《商君书锥指》,中华书局 1986 年版,第 141 页。

② 蒋礼鸿:《商君书锥指》,中华书局 1986 年版,第 141 页。

印，目的在于“既有官私各藏之左右券，则但取以校核，便可证明官民犯法或法吏弄法，而无有枉纵也”①。可知这是为了避免因对法令有歧解而导致的职责不清。所有法令均有副本，一个副本放在天子殿中，还有一个专门收藏法令的地方（禁室），门上有锁，还有封条，法令要加盖封印，藏于室中。若有擅自揭门上封条进入室中去偷看法令者，以及修改法令一字以上者，皆定死罪。“一岁受法令以禁令”中“受”读为授②，意为每年以禁令授法令之官。这即是说每年颁布的法令都以藏于禁室中的法令为准。法令有专人负责，即主法令之官，若有吏民想知道法令的，都去找法官，这大概就是“以吏为师”的由来。如此，则天下吏民都能知法，普法工作就能完成了。官吏知道民知法，就不敢以非法之举行政，民也不敢做违法之事以冒犯法官。若有民不懂法，去问法官，法官即告之以法之罪，民再向吏转告法官的话，吏一见这情形，就不敢骗民，民也不敢犯法。这样一来，那些聪明有辩才的人就不能随意解释歪曲法令，有钱也无状可讼，那些人就不会再弄巧，而是致力于自治奉公了。可知商鞅对于立法、普法、用法方方面面都有周详的考虑和安排，法治的最后结果是自治。

（四）治术论

商鞅在秦国的变法是围绕着农战（耕战）进行的，可以说，他把农战变成了秦国当时的国策。为落实这一国策，他提出一个总的原则，即利（爵禄或名利）出一孔（农战），以此为指导原则，他从各个角度提出配套的政策措施，这构成他的治术论。

提出国策与指导原则。商鞅认为民应当参加农战（并有成效）来与国家作交易，换取财富和地位（爵禄），而实际情形却是，人们都不通过农战得到爵禄。在这个交易中，国家没能换到自己最需要的东西，没有正确地引导、使用民力，这就叫劳民③。商鞅认为这种不对等交换会削弱国力。他将爵禄与农战并举，说“国之所以兴者，农战也”（《农战》），这实际上就是把农战作为既定的、不言自明的国策来看待了。为了正确使用民力，他从正面提出贯彻农战政策的原

---

① 蒋礼鸿：《商君书锥指》，中华书局 1986 年版，第 142 页。

② 蒋礼鸿：《商君书锥指》，中华书局 1986 年版，第 144 页。

③ 蒋礼鸿：“敝精力于无用，故曰劳民。劳民者，劳其民也。”《商君书锥指》第 20 页。

则,即作壹或利出一孔。"教民"即引导民,让他们"作壹而得官爵",即通过农战得到官爵,从巧言虚道到作壹,需要国家的倾向性措施,堵住农战之外获得爵禄的途径,剩下农战这一个途径,这就叫利出一孔(利之从壹空出)。一旦达到利出一孔,民就不会逃避农战,一旦民都参加农战,国家就能富强,于是民与国就能各得其所,实现双赢。相反的情形是,民避农战而可富贵显荣,则国家就危险了。

正确地使用民力在商鞅这里有一个名词,称为"抟"。《农战》中他直接指出治理国家最怕的是民力不能充分地为国所用。"抟"有集中、汇聚之意。为了抟民力,就要作壹,即利出一孔。若能执行一年,则国可强十年,十年则可强百年,执行百年,可强千年,若能强一千年,就肯定能称王了。这是一段非常有煽动性和诱惑力的说辞,表现出商鞅对这个原则的强大信心。怎样做到利出一孔?利用赏、罚这两个工具。修赏罚,用它们从正反两个方面引导民众从事耕战。赏罚都以法令形式规定,民要学习法令,此为教,若能习以为常,则大事可成。

确立国策与指导原则之后,商鞅的任务就是训练教化民众服从法令,成为能够为国家所用的力量。具体方法是"以弱去强"(《去强》),在商鞅看来,不听令即是强,听令则是弱,所以交易要成功,首先要将民变成服从号令的民,即愿意用命去获取富贵名利的民。可知儒、墨、道家人士都属于他所谓的强民,属于"去"的对象。与此同时还要用户籍制度准确掌握人口,对于可用的民力做到心中有数。这是大方针,具体措施是刑赏政策。商鞅刑赏的原则是刑九赏一。所谓物以稀为贵,得赏不易,赏就尊贵了,爵尊则民知感恩。另一个原则是轻罪重罚,以此威慑人们为国家效命。法详刑繁,法繁刑省,后一句据蒋礼鸿,当为"刑繁则刑省"[①],法令规定得详细则惩罚措施就随之繁多,惩罚措施多,则触犯刑法的行为就少了,这就是以刑去刑的理论。民治则乱,当为"民不治则乱"[②],治不得法,以乱求治,则会持续乱下去。要用有效的办法去治,而不是相反。前者得治,后者得乱。"民之情也治,其事也乱",蒋礼鸿:"情犹本也、朴也、初也,言民

---

① 蒋礼鸿:《商君书锥指》,中华书局1986年版,第37页。

② 蒋礼鸿:《商君书锥指》,中华书局1986年版,第37页。

未始不治,但治之之事非其宜,则乱也。”①民本可治,之所以乱,乃因没找到有效的方法。接下来集中讲以刑去刑是怎样实现的。他不主张罪罚相当,而是轻罪重罚。这样一来,人们连轻罪都不会犯,更不用说重罪了。这是以治求治。如果是相反的做法,重罪重罚,轻罪轻罚,人们不会从中得到深刻教训,轻罪仍会犯,重罪也一样。这就是以乱求治。

利出一孔意味着要以堵多孔为前提开一孔,所以商鞅不厌其烦地列举出农战以外的各种致富显荣途径,作为防范打击对象。堵住多孔之后,最后剩下农战这一孔,还要有相应的措施正面引导、促成。商鞅认为国家要采取有效政策把农民训练成战士,让他们怯于私斗而勇于公战,具体办法是刑赏并用。上战场杀人本是难事,怎样由难变易?蒋礼鸿说:“欲民习于以力攻敌,始甚难也。既已习之,则难者亦易矣,故轻死。”②以农战国策在内部抟力,向外使用则称杀力,然后人可富,出可强。

二、申不害

申不害(约前385—前337)又称申子。他是战国时期郑国京地(今河南省荥阳市京襄城村)人,后因郑为韩灭,他成了韩国人。他是法家术派代表,辅佐韩昭侯在韩国进行改革。据《史记·老子韩非列传》和《汉书·艺文志》,他著有《申子》,后佚失。他的思想片断保存在《韩非子》《战国策》《吕氏春秋》《史记》中。另外,《群书治要》中辑有《大体》篇,《艺文类聚》《太平御览》中也有零星材料。

申不害与商鞅同时,迟商鞅一年死,其在韩国当政也后于商鞅。另外,不论在《史记》中还是在《汉书》中,他都排在商鞅之后,可见在汉代人看来,他与商鞅同时而稍后,所以虽然他与商鞅并称“申商”,我们仍据上所述,将他放在商鞅之后。

司马迁称申不害“学术以干韩昭侯”,这里的“术”据索隐“即形名之法术

① 蒋礼鸿:《商君书锥指》,中华书局1986年版,第37页。

② 蒋礼鸿:《商君书锥指》,中华书局1986年版,第68页。

也”，具体而言即君主的驭下之术，而他之所以能以此与韩昭侯相得，就在于它本就是韩昭侯兴趣所在，申不害所学正投其所好。这同商鞅与秦孝公之间的以法相得形成鲜明对比。为了说明这种不同，在论述申不害思想之前，先对他们的行迹作一叙述。

（一）韩昭侯与申不害的君臣相遇

韩昭侯（前362—前333在位）又称韩釐侯、韩昭釐侯，战国时代韩国君主。从《韩非子》中记录的几则故事可以看出他的为君之道。

> 韩昭侯使人藏弊裤，侍者曰：“君亦不仁矣，弊裤不以赐左右而藏之。”昭侯曰：“非子之所知也。吾闻明主之爱，一嚬一笑，嚬有为嚬，而笑有为笑。今夫裤岂特嚬笑哉！裤之与嚬笑相去远矣，吾必待有功者，故藏之未有予也。”（《韩非子·内储说上七术第三十》）

这个故事是说韩昭侯把自己穿过的旧裤子收藏起来，侍奉之人觉得他太小气，穿过的裤子不拿来赏人却藏起来。韩昭侯讲了一番话，大意是君主连做个表情都有道理，不能随便做，藏旧裤更不可同日而语，也是有道理的：我要用这条珍而重之收藏起来的旧裤子赏给有功之人，而不是随便赏给什么人。可知韩昭侯是一个特别有为君者自觉的人，一言一动都有明确的目的性。同样是自己用过的东西，若随手赏人，就不贵重；若自己摆出很重视的姿态，将来作为给有功者的赏赐，对方就会视为恩赏，破衣服就成了珍宝。如此既收拢人心，又能废物利用，可谓一举两得。对比一下商鞅在秦国的赏赐制度，可以看出韩昭侯是在市私恩，而秦国则依法而定，且全是围绕着国策进行，其间差距一目了然。

他还是一个谙熟帝王心术的国君，对于驭下、察奸这种事特别在行。

> 韩昭侯握爪而佯亡一爪，求之甚急。左右因割其爪而效之。昭侯以此察左右之不诚。（《韩非子·内储说上七术第三十》）

“爪”，据郭沫若，“这爪恐怕是爪甲上的套饰，故所以能够握之而佯亡”[①]。这是说他假装丢了爪甲上的套饰，急吼吼地让人去找，身边的人来不及去找，就把自己的套饰取下献给他。本以为可以取悦他，他却以此考察随从是不是忠诚于他。所谓“诚不诚”，也就是是否依其令而行。他急令去找“丢失”的甲饰，随

---

① 郭沫若：《前期法家的批判》，载于郭沫若：《十批判书》，东方出版社1996年版，第355页。

从们应该依令去找，而不是拿自己的东西糊弄他，这样以谎试诚，其用心从一开始就歪了，上行下效，又怎么能指望底下人诚呢？

韩昭侯使骑于县，使者报，昭侯问曰："何见也？"对曰："无所见也。"昭侯曰："虽然，何见？"曰："南门之外，有黄犊食苗道左者。"昭侯谓使者："毋敢泄吾所问于女。"乃下令曰："当苗时禁牛马入人田中，固有令，而吏不以为事，牛马甚多入人田中。亟举其数上之；不得，将重其罪。"于是三乡举而上之。昭侯曰："未尽也。"复往审之，乃得南门之外黄犊。吏以昭侯为明察，皆悚惧其所而不敢为非。(《韩非子·内储说上七术第三十》)

这个故事是说韩昭侯先悄悄派人骑马下乡去巡查，得知一个情报，即南门外有小黄牛在大路左边吃禾苗。他严令此人不准把这件事泄露出去，然后下令查禁牛马踏禾苗的情况。底下人报上来，他说不够，还有遗漏，再查果然发现南门外还有一起。官吏们由此而认为韩昭侯明察秋毫，都害怕他，不敢欺瞒他了。这还是用小把戏来驾驭臣下，用欺骗防止欺骗。若依商鞅所定秦法来看，这是无法之治，能收一时之效，却不会造成治，而将埋下乱源。

申不害要辅佐的就是这样一位自诩聪明、玩弄权术的君主，他"学术以干韩昭侯"的这个术也就不言而喻了。再来看申不害的行事。

魏之围邯郸也，申不害始合于韩王，然未知王之所欲也，恐言而未必中于王也，王问申子曰："吾谁与而可？"对曰："此安危之要，国家之大事也。臣请深惟而苦思之。"乃微谓赵卓、韩晁曰："子皆国之辩士也，夫为人臣者，言可必用，尽忠而已矣。"二人各进议于王以事。申子微视王之所说以言于王，王大说之。(《战国策·韩策一》)

这个故事在《韩非子》中有类似的记述。

赵令人因申子于韩请兵，将以攻魏。申子欲言之君，而恐君之疑己外市也，不则恐恶于赵，乃令赵绍、韩沓尝试君之动貌而后言之。内则知昭侯之意，外则有得赵之功。(《韩非子·内储说上七术第三十》)

两种记录合而观之，当是同一事的不同记述。郭沫若认为："赵绍即赵卓，韩沓与韩晁自系一人，而名必有一误。考魏伐赵围邯郸，是在魏惠王十七年，赵成侯二十一年，韩昭侯九年。赵被魏兵，故遣人求救于韩，于时乃申不害相韩之第二年，与'始合于韩王'之说正相合。韩国究竟参加了那一边，两说都不明，但就史事看来，就在昭侯九年，韩侯朝魏于中阳，其明年魏又以韩师败诸侯师于襄陵，足证韩国是参加了魏的一边，而拒绝了赵的请求。”①这件事中申不害最关切的是怎样通过此事取得韩昭侯的欢心与信任，为此他压下自己的本来意愿而先用好话劝两个人去“打前站”，试探韩昭侯的心意。在确定韩昭侯想站魏一边后，申不害就果断抛弃自己援赵的打算，转而赞成与魏国结成联盟。这样专以揣摩上意为务的所谓术派实际上是政治投机者。他与韩昭侯可谓同类相召，以心术对心术。

在上面的故事中，他为确知韩昭侯心思，在劝赵、韩二人时就表现出言行不一的特征，而在另一个故事中，他被韩昭侯发觉了。

> 韩昭侯谓申子曰：“法度甚不易行也。”申子曰：“法者，见功而与赏，因能而受官。今君设法度而听左右之请，此所以难行也。”昭侯曰：“吾自今以来知行法矣，寡人奚听矣。”一日，申子请仕其从兄官，昭侯曰：“非所学于子也，听子之谒，败子之道乎？亡其用子之谒。”申子辟舍请罪。（《韩非子·外储说左上第三十二》）

这个故事在《战国策》中有一个类似的版本。

> 申子请仕其从兄官，昭侯不许也。申子有怨色。昭侯曰：“非所谓学于子者也。听子之谒，而废子之道乎？又亡其行子之术，而废子之谒乎？子尝教寡人循功劳，视次第。今有所求，此我将奚听乎？”申子乃辟舍请罪，曰：“君真其人也！”（《战国策·韩策一》）

两种记录可互相补充以得其全：起初是韩昭侯苦于有法难行，申不害讲了行法的道理和难行的原因，即法度要赏有功者，用有能者，而韩昭侯却是一边立法度，一边又用私议破坏法度，这才造成法度难行。从这番话可以看出申不害不愧是法家，于理于事都有精到的见解，因此而令韩昭侯信服。后来他向韩昭侯推荐自己的本家兄弟做官，韩昭侯就以其人之道还治其人之身，把他说的道理再转述给他，他的反应两个故事都有记载，《韩非子》中是“辟舍请罪”，《战国策》中还加了一句“君真其人也”，更加形象，意思是国君真是个明白人，不好糊弄。他这种一边谈法治一边又去法任私的特点，也让我们对于相关史料的择取持更加谨慎的态度。总的来说，与商鞅相比，申不害不是一个坚定的法治派改革家，他最本质和最突出的主张是术治。这符合他的行事，也迎合了韩昭侯，就

① 郭沫若：《前期法家的批判》，载于郭沫若：《十批判书》，东方出版社 1996 年版，第 352—353 页。

此而言,他与韩昭侯也是君臣相得的典范。

(二)申不害的重术思想

申不害的思想包含法与术,但以术为主。术是站在君主立场上控制臣民的方法,就其性质而言,若法属公,则术属私,具有私人性质。

> 凡官者,以治为任,以乱为罪。今乱而无责,则乱愈长矣。人主以好暴示能,以好唱自奋。人臣以不争持位,以听从取容。是君代有司为有司也,是臣得后随以进其业。君臣不定,耳虽闻不可以听,目虽见不可以视,心虽知不可以举,势使之也。凡耳之闻也藉于静,目之见也藉于昭,心之知也藉于理。君臣易操,则上之三官者废矣。亡国之主,其耳非不可以闻也,其目非不可以见也,其心非不可以知也,君臣扰乱,上下不分别,虽闻曷闻,虽见曷见,虽知曷知!驰骋而因耳矣,此愚者之所不至也。不至则不知,不知则不信。无骨者不可令知冰。有土之君能察此言也,则灾无由至矣。且夫耳目知巧,固不足恃,惟脩其数、行其理为可。韩昭釐侯视所以祠庙之牲,其豕小,昭釐侯令官更之。官以是豕来也,昭釐侯曰:"是非向者之豕邪?"官无以对。命吏罪之。从者曰:"君王何以知之?"君曰:"吾以其耳也。"申不害闻之,曰:"何以知其聋?以其耳之聪也。何以知其盲?以其目之明也。何以知其狂?以其言之当也。故曰:去听无以闻则聪,去视无以见则明,去智无以知则公。去三者不任则治,三者任则乱。"(《吕氏春秋·审分览第五·任数》)

这一篇讲君道,但是先从臣子的职守讲起。人臣对于君主本该有纠正、谏议之责,若不尽职,则人君只能自正,等于是人君做了人臣该做的事,这样就君臣易守。人君的三官(耳、目、心)就不能正确发挥作用了。亡国之君就是被闭目塞听的人。接下来进一步讲耳目心这些器官不足恃,要靠"脩其数、行其理"以察奸驭下,举了韩昭侯的例子:祭祀的时候他让下面办事的人把小猪换成大猪,那个官员糊弄他,没换却告诉他换了,他说这不还是原来的那头猪吗?官员无言以对,被治罪。身边随从问韩昭侯怎么知道的,他说是根据猪的耳朵。申不害听说后,给了一番评价,大意是说当一个人本身耳聪、目明、言当时,他才能据此判断别人有可能是聋、盲、狂。这是说这种判断是有条件的和有局限的,所以要消除这种局限性,就要去听、去视、去知,不依赖耳、目、心去判断,如此则可治,不如此则乱。这是黄老道家的君道。贵因、贵数,执本以驭末,在申不害这里成为法家术派的帝王心术。这是唯有君主才能用的术,不可示人,要藏起来,韩昭侯把它亮出来,这不符合术的隐秘性要求。《韩非子》中有类似的观点。

申子曰:“上明见,人备之;其不明见,人惑之。其知见,人惑之;不知见,人匿之。其无欲见,人司之;其有欲见,人饵之。故曰:吾无从知之,惟无为可以规之。”(《韩非子·外储说右上第三十四》)

这一段讲的是在上下交战的情况下,人君只要把自己的意思显露出来,不管是明见、不明见、知见、不知见,都会被窥测,无欲见、有欲见都会被钻空子,如此则始终处于被动状态,怎样克服?唯有无为可以对付他们。

这种术是独家秘器,独用而不可示众,所以他的术要求人君要“独”。

申子曰:“独视者谓明,独听者为聪,能独断者故可以为天下主。”(《韩非子·外储说右上第三十四》)

这里的视、听前加了“独”字,就是人君的观察要在暗中秘密进行,不被人窥测到首尾,神龙见首不见尾,这样才能永远居于主动,以一敌万,以此为前提做出决断,就能王天下。这是将术的威力无限夸大了。

三、韩非

韩非(约前280—前233)又称韩子、韩非子。韩非是贵族出身,司马迁称他是“韩国诸公子”。他出生时已是战国晚期,韩国已经灭了郑国并迁都到新郑,因此韩非是河南人。韩国在战国七雄中实力最弱,申不害的改革不彻底,因此并未从根本上改变韩国的处境,韩国不断被强大的邻国秦国侵犯,不得不依附于秦国。韩非多次上书韩王安,劝谏以法术治国,但是没有被采纳。他愤而著书十万余言,陈述自己的思想。他写的《孤愤》《五蠹》等篇传入秦国,秦始皇大加赞赏,以夺取韩非为由发兵攻韩。韩非在秦王政十三年(前234)来到秦国,秦始皇欣赏他的学说,却没有信任和任用他,李斯、姚贾等人在秦始皇面前挑拨是非,后来韩非被下狱治罪,李斯派人送毒药使其自杀。韩非与李斯都是荀子的学生,但都由儒入法。郭沫若认为:“韩非之学,实在是有秦一代的官学,行世虽并不很久，但它对于中国文化所播及的影响是十分深刻的。”①韩非的著述被后人编纂为《韩非子》一书，该书共五十五篇，除少量后人增益之外，大部分出自韩非，它是我们了解韩非思想的主要材料。

（一）本体论

韩非的本体论即他的道论。韩非通过对道的阐释，为自己的政治主张找到依据。

> 道者，万物之所然也，万理之所稽也。理者，成物之文也；道者，万物之所以成也。故曰："道，理之者也。"物有理，不可以相薄，物有理不可以相薄，故理之为物之制。万物各异理，万物各异理而道尽。稽万物之理，故不得不化；不得不化，故无常操；无常操是以死生气禀焉，万智斟酌焉，万事废兴焉。天得之以高，地得之以藏，维斗得之以成其威，日月得之以恒其光，五常得之以常其位，列星得之以端其行，四时得之以御其变气，轩辕得之以擅四方，赤松得之与天地统，圣人得之以成文章。道与尧、舜俱智，与接舆俱狂，与纣、桀俱灭，与汤、武俱昌。以为近乎，游于四极；以为远乎，常在吾侧；以为暗乎，其光昭昭；以为明乎，其物冥冥。而功成天地，和化雷霆，宇内之物，恃之以成。凡道之情，不制不形，柔弱随时，与理相应。万物得之以死，得之以生；万事得之以败，得之以成。道譬诸若水，溺者多饮之即死，渴者适饮之即生；譬之若剑戟，愚人以行忿则祸生，圣人以诛暴则福成。故得之以死，得之以生，得之以败，得之以成。（《韩非子·解老第二十》）

韩非从道与物、道与理的关系来诠释道。道是万物生成的根本动力，是万理构成形式的总汇。就物的生成而言，道是主动性、主宰性力量，理是使万物各不相同的外在形式。道对物的生成的主宰功能要通过理来实现，所以说“道，理之者也”。“物有理不可以相薄”，王先谦解释：“薄，迫也。”②不同的物都是通过理而生成，物与道、理之间有差异、有等级，但物之间不存在本质差异，而是平等的。万物各有各的理，这些构成道的内容。道汇总万物之理，理要通过万物表现出来，所以道随之外化，道散而为万物，故而不执一，后面讲道的变化与神通，

---

① 郭沫若：《韩非子的批判》，载于郭沫若：《十批判书》，东方出版社1996年版，第408页。

② （清）王先慎撰，钟哲点校：《韩非子集解》，中华书局1998年版，第156页。

与《老子》《列子》《庄子》类似。对道的理解与此前相比,引入理这个概念,把道到物的生成过程更加具体化了。

> 夫道者,弘大而无形;德者,核理而普至。至于群生斟酌用之,万物皆盛而不与其宁。道者,下周于事,因稽而命,与时生死。参名异事,通一同情。故曰:道不同于万物,德不同于阴阳,衡不同于轻重,绳不同于出入,和不同于燥湿,君不同于群臣。凡此六者,道之出也。道无双,故曰一。是故明君贵独道之容。君臣不同道,下以名祷,君操其名,臣效其形,形名参同,上下和调也。(《韩非子·扬权第八》)

这里同时解道与德。道宏博广大而无形,德内含道理而无所不至,与《解老篇》以理解德相比,都是在强调它们与物的关系,“至于群生斟酌用之,万物皆盛而不与其宁”,这是说物因道、德而成,物有盛衰生灭,而道没有。道普遍存在于事物之中,通过潜化渗透而命定事物。特定事物有着特定的生死周期,由于事物是道的体现,所以“参考异事之名,必令通一而又同情”。韩非这里讲道与物的关系,落脚在道与物的分殊、差异,道不同于万物,因为它们之间是生与被生的关系,德不同于阴阳,德是一,阴阳是二,衡不同于轻重,量器不等于重量,墨线不同于它所矫正的弯曲,定音器与影响声音的干湿不同,它们是尺度、本原。同理,君与他所任用的臣子不相同,这就从道与物的分殊延至君与臣的悬隔,也意味着君成为道在人间的化身,这是韩非本体论的理论目的所在。

> 道者,万物之始,是非之纪也。是以明君守始以知万物之源,治纪以知善败之端。故虚静以待令,令名自命也,令事自定也。(《韩非子·主道第五》)

这里对道的界定,除了世界本原外,又多了一项内容,即是非的准则,因此,道这个本体就同时成为价值本体,而它由人主掌握的意义就在于,君主可由此了解万物的起源,知道成败的原因。而一旦做到上述两点,就可以虚无冷静地对待一切,让名称自然命定,让事情自然确定。这就是由道而术,进入政治操作阶段了。因此可以说韩非的道论实际上可归结为君之道论,道被君垄断,就像“绝地天通”之后轴心突破之前的天被垄断一样。

(二)认识论

韩非认识论即如何如其所是地认识道,关键在于不可用认识物的方法去把握道。

聪明睿智天也，动静思虑人也。人也者，乘于天明以视，寄于天聪以听，托于天智以思虑。故视强则目不明，听甚则耳不聪，思虑过度则智识乱。目不明则不能决黑白之分，耳不聪则不能别清浊之声，智识乱则不能审得失之地。目不能决黑白之色则谓之盲，耳不能别清浊之声则谓之聋，心不能审得失之地则谓之狂。盲则不能避昼日之险，聋则不能知雷霆之害，狂则不能免人间法令之祸。书之所谓治人者，适动静之节，省思虑之费也。所谓事天者，不极聪明之力，不尽智识之任。苟极尽则费神多，费神多则盲聋悖狂之祸至，是以啬之。啬之者，爱其精神，啬其智识也。故曰："治人事天莫如啬。"(《韩非子·解老第二十》)

韩非认为认识需要借助于人与天来进行，天即人天生的视力、听力与智力，人指后天的动静思虑、主观意志、行动方向，二者结合才会有认识行为的发生。韩非此段是为了解释"治人事天莫如啬"，所以他着重讲感官向外追逐不可过度，过则会适得其反，感官失效，就会产生不良后果，结论是不可过度耗费精神与智识。

空窍者，神明之户牖也。耳目竭于声色，精神竭于外貌，故中无主。中无主，则祸福虽如丘山无从识之。故曰："不出于户，可以知天下；不窥于牖，可以知天道。"此言神明之不离其实也。(《韩非子·喻老第二十一》)

这里韩非继续探讨人的精神(神明)与身体(空窍)的关系。他认为五官是精神的门窗，即精神要通过人的感官与外界发生接触，若精神与耳目一样也竭力向外，则就无所谓精神，身体就事实上没有主宰了。失去主宰，就失去对祸福的判断。神明要坐镇居中，不能像五官一样一味向外。

人希见生象也，而得死象之骨，案其图以想其生也，故诸人之所以意想者皆谓之象也。今道虽不可得闻见，圣人执其见功以处见其形，故曰："无状之状，无物之象。"(《韩非子·解老第二十》)

人们很少看见活的大象，但是可以见到死了的大象骨头，通过骨骸而可想象活象的样子，韩非以此类比人对道的认识。他认为道与物虽悬隔，不可凭感官以闻见，但可由显见隐。"圣人执其见功以处见其形"，王先慎说："今人不闻道见一，圣人则执其显见之功以处见其形也。”①

（三）工夫论

韩非的工夫论是特别为人君设计的，是人君的工夫论，目的在于实现人君的本体化。

> 凡有国而后亡之，有身而后殃之，不可谓能有其国，能保其身。夫能有其国必能安其社稷，能保其身，必能终其天年，而后可谓能有其国，能保其身矣。夫能有其国保其身者，必且体道。体道则其智深，其智深则其会远，其会远众人莫能见其所极。唯夫能令人不见其事极，不见其事极者为能保其身，有其国。故曰：“莫知其极，莫知其极则可以有国。”（《韩非子·解老第二十》）

有国不能长存，有身不能长保，都不能说是有其国、保其身。有国、保身的标准是安其社稷、终其天年。要安要终，则必须体道。体道要达到的境界是“人莫能见其所极”，这也就是要人主深藏不露，以静制动，后发制人的意思。这里讲了人君做工夫的必要性与达到的目标。

> 上不天则下不遍覆，心不地则物不毕载。太山不立好恶，故能成其高；江海不择小助，故能成其富。故大人寄形于天地而万物备，历心于山海而国家富。上无忿怒之毒，下无伏怨之患，上下交顺，以道为舍。故长利积，大功立，名成于前，德垂于后，治之至也。（《韩非子·大体第二十九》）

这里最重要的一句话是“以道为舍”，要求人君以道为宿舍，居于道而包容覆载所有的物，合理安排它们。

具体的工夫主要是虚、静，“虚则知实之情，静则知动者正”（《韩非子·主道第五》），虚其心则可知事情真相，不动声色才能不被人左右，它导向驭下之术。

> 去好去恶，臣乃见素；去旧去智，臣乃自备。故有智而不以虑，使万物知其处；有行而不以贤，观臣下之所因；有勇而不以怒，使群臣尽其武。是故去智而有明，去贤而有功，去勇而有强。群臣守职，百官有常；因能而使之，是谓习常。故曰：寂乎其无位而处，漻乎莫得其所。（《韩非子·主道第

① （清）王先慎撰，钟哲点校：《韩非子集解》，中华书局 1998 年版，第 157 页。

五》)

人君不应当表露自己的好恶,去除成见与智巧,让臣子无法投机,没有空子可钻。人君像道一样无所不在而又不可捉摸,以此对臣子们形成威慑,从而以一驭多。这是韩非工夫论的归宿。

众人之用神也躁,躁则多费,多费之谓侈。圣人之用神也静,静则少费,少费之谓啬。啬之谓术也,生于道理。夫能啬也,是从于道而服于理者也。众人离于患,陷于祸,犹未知退,而不服从道理。圣人虽未见祸患之形,虚无服从于道理,以称蚤服。(《韩非子·解老第二十》)

韩非以圣人与众人相类比讲工夫论。众人用神躁,圣人用神静,躁则多费,静则少费。用神多是因为向外追逐,少是因为精神向内求。他认为啬作为一种术,即修炼方法,生于道理,即源于道的要求。

(四)历史观

韩非的历史观是为他的法治思想服务的,他在讲古今治理不同时特别强调时的重要。

上古之世,人民少而禽兽众,人民不胜禽兽虫蛇;有圣人作,构木为巢,以避群害,而民悦之,使王天下,号之曰有巢氏。民食果蓏蚌蛤,腥臊恶臭而伤害腹胃,民多疾病;有圣人作,钻燧取火,以化腥臊,而民说之,使王天下,号之曰燧人氏。中古之世,天下大水,而鲧、禹决渎。近古之世,桀、纣暴乱,而汤、武征伐。今有构木钻燧于夏后氏之世者,必为鲧、禹笑矣;有决渎于殷、周之世者,必为汤、武笑矣。然则今有美尧、舜、汤、武、禹之道于当今之世者,必为新圣笑矣。是以圣人不期修古,不法常可,论世之事,因为之备。宋人有耕者,田中有株,兔走触株,折颈而死,因释其耒而守株,冀复得兔,兔不可复得,而身为宋国笑。今欲以先王之政,治当世之民,皆守株之类也。(《韩非子·五蠹第四十九》)

韩非举上世、中世、近古圣人的不同功业,说明他们之所以为圣人,乃是因时而动,满足了人们当时最迫切的需要。由于对“时”的重视,他导出一个普遍性的结论,即古今异事,古不可法,显然这与商鞅不同。韩非对于一切“古”都持有限的肯定态度,只肯定它们在当时当地的合理性,至于当今之世,人君必须自我作古。他具体讲其中的原因:

> 尧之王天下也，茅茨不翦，采椽不斫；粝粢之食，藜藿之羹；冬日麑裘，夏日葛衣：虽监门之服养不亏于此矣。禹之王天下也，身执耒臿，以为民先；股无胈，胫不生毛：虽臣虏之劳不苦于此矣。以是言之，夫古之让天子者，是去监门之养而离臣虏之劳也，古传天下是不足多也。今之县令，一日身死，子孙累世絜驾，故人重之。是以人之于让也，轻辞古之天子，难去今之县令者，薄厚之实异也。夫山居而谷汲者，媵腊而相遗以水；泽居苦水者，买庸而决窦。故饥岁之春，幼弟不饟；穰岁之秋，疏客必食。非疏骨肉，爱过客也，多少之心异也。是以古之易财，非仁也，财多也；今之争夺，非鄙也，财寡也。轻辞天子，非高也，势薄也；重争士橐，非下也，权重也。故圣人议多少、论薄厚为之政。故罚薄不为慈，诛严不为戾，称俗而行也。故事因于世，而备适于事。(《韩非子·五蠹第四十九》)

韩非认为尧舜禅让不是基于高尚的道德，而是缘于远古时期圣王的生活条件艰苦，待遇太差，没人愿意争这个苦差事。韩非是政治上的非道德主义者，对此事仍是作非道德理解。他认为当今之世人君、官吏与普通人之间的生活条件悬殊，自然就会有争夺了。

> 搢笏干戚，不适有方铁銛；登降周旋，不逮日中奏百；狸首射侯，不当强弩趋发；干城距衝，不若堙穴伏橐。古人亟于德，中世逐于智，当今争于力。古者寡事而备简，朴陋而不尽，故有珧铫而推车者。古者人寡而相亲，物多而轻利易让，故有揖让而传天下者。然则行揖让，高慈惠而道仁厚，皆推政也。处多事之时，用寡事之器，非智者之备也；当大争之世，而循揖让之轨，非圣人之治也。故智者不乘推车，圣人不行推政也。(《韩非子·八说第四十七》)

这段材料是说当今之世礼乐无用，因为“当今争于力”，即以力气相争，不同于上古亟于道德和中古以智谋相争，可见他还是从古今生存环境的不同解释为什么不能法古。

> 古者文王处丰、镐之间，地方百里，行仁义而怀西戎，遂王天下。徐偃王处汉东，地方五百里，行仁义，割地而朝者三十有六国，荆文王恐其害己也，举兵伐徐，遂灭之。故文王行仁义而王天下，偃王行仁义而丧其国，是仁义用于古不用于今也。故曰：“世异则事异。”当舜之时，有苗不服，禹将伐之，舜曰：“不可。上德不厚而行武，非道也。”乃修教三年，执干戚舞，有

苗乃服。共工之战,铁铦短者及乎敌,铠甲不坚者伤乎体,是干戚用于古不用于今也。故曰:“事异则备变。”上古竞于道德,中世逐于智谋,当今争于气力。齐将攻鲁,鲁使子贡说之,齐人曰:“子言非不辩也,吾所欲者土地也,非斯言所谓也。”遂举兵伐鲁,去门十里以为界。故偃王仁义而徐亡,子贡辩智而鲁削。以是言之,夫仁义辩智非所以持国也。去偃王之仁,息子贡之智,循徐、鲁之力,使敌万乘,则齐、荆之欲不得行于二国矣。(《韩非子·五蠹第四十九》)

韩非用同样行仁义的周文王与徐偃王一个王天下一个亡国的不同结局,说明“仁义用于古不用于今”的道理。当今之世乃大争之世,当以力气相争,仁义、智辩都行不通,不是强国之道。

(五)政治哲学

韩非的政治哲学内容非常丰富,这里从两个方面进行阐述,即基本理论与具体主张。基本理论主要是君与道的关系以及由道与万物的关系引申而来的君与臣民的关系,具体主张则是他的法、术、势思想。

1.基本理论

韩非的道论是为他的政治哲学提供依据的,道是君的模板,君是道在人间的化身,由此他将道与物的关系引入政治关系中,确立君主的绝对地位并证成政治等级的合理性。

一是君与道的关系。韩非以类比的方式点出君与道的关系。他从道与物的关系出发,认为道对于物是主宰、生成关系,因此君对臣的统御关系自然也是道的这种功能的体现,君之于臣如同道之于物。道是君的本体,是君效法的对象。在《解老》中韩非认为道生于有国之术,可知他的道是有国者之道,是为人君设立的。在庄子那里具有公共性的道,经过黄老转手,到韩非这里重新成为统治者的专利,被有国者占据。

二是君与臣的关系。韩非认为君臣存在利益冲突,他们之间是对抗性关系,合作是一种交易。韩非认为君主不能放任臣子们结党,不能随意赏赐,若制于下则会陷入危险境地。他引用《黄帝书》说“上下一日百战”,即君臣之间一天内就有上百次冲突,臣子隐瞒实情以探测君主,君主则以法度制裁之。君以令(法令)为宝,臣以聚(结党)为宝,臣子之所以不杀君主,不过是因为条件不成熟,所以上下之间是你进我退、此消彼长的关系。在君臣关系上,韩非的基本观点就是二者利异而以计相合。韩非还有一个有名的观点,即明君治吏不治民。在解说这一观点时,他举出树干与树枝、纲绳与网眼的例子比喻吏与民。

三是君与民的关系。韩非眼中的民是趋利避害、只受利益驱使的理性人。他甚至认为父子之间也是以利益维系的关系。他说父子之间会因为对方未尽到责任而怨怪对方,主人与雇工之间由于互相满足对方的要求,就可以相处融洽,韩非的结论是利害关系才是人们之间的基本关系。韩非认为父母与子女之间不存在天然的爱,父母在对待子女时也怀着功利目的,存着算计之心。血亲之间尚且如此,何况是没有血缘关系的君臣之间呢?这就否定了仁义治国论。他认为人之所以可以以利驱使,是因为人的动物性需要。如果人们不衣不食而能不饥不寒,还不怕死,那就不可能想到去侍奉君主了。若事上之意不能由君主驾驭,就不能为人君所驱使了,这等于是说君民之间是一种交换关系,交换要由人君主宰。韩非还认为民众如婴儿,不知自己的真正利益所在,因此得民心则不可治。

2.具体主张

韩非是战国时代法家思想集大成者。所谓集大成,即他主张同时运用法、术、势三种手段维护君主的地位与利益。

一是法。韩非法治思想非常丰富,我们主要从三个方面阐述。首先,法与道。韩非吸收黄老道家思想,论述法与道的关系。韩非说"因道全法"(《韩非子·大体第二十九》),即依据道而使法完备,道周载万物,则法亦无所遗漏。法内无过,法是人们的行为准则,由此则人无离法之罪,天下就没有治理不好的了。法效仿道的周遍性,获得合理性。其次,法与君。韩非认为法是君主治天下的工具。韩非认为法由体道之圣王确立,法令条备,具有可操作性,足以鼓励和禁止人们的行为。法还是人君维护自己地位与安全的手段。在韩非这里,法还是君主集权的象征,凭借君主所授之权柄,能够以贱治贵。最后,法治措施。韩非实现法治的具体措施包括立法、明信、普法、用法等方面。立法方面,他认为要首先考虑愚者的理解程度。韩非认为法令条文若过于简略,打官司的事情就会多起来,因此明智的君主立法时必定详尽完备,要优先着眼于愚者的便利,这与商鞅的主张是一致的。明信方面,韩非举吴起的例子来说明。他以秦魏边境冲突为背景,讲吴起采用小事大赏、步步为营的策略,取信于民,使人们为之卖命取赏。普法方面他与商鞅一样主张以吏为师，“故明主之国，无书简之文，以法为教；无先王之语，以吏为师”（《韩非子·五蠹第四十九》）。在用法方面，韩非主张以法来治吏与民。韩非主张以法治群臣，防止他们结党、外交，危害国家。这些人若得势，忠臣就会被排挤，国君就会被架空。他因此告诫人君要使法择人，使法量功，不要随心所欲，破坏法度。君主只要以法为依据进行判断即可。关于刑治的必要性，韩非举了一个极端的例子，即一个被家人娇惯坏的孩子，为害乡里，父母、乡人、师长都劝不动，但是州部之吏带着兵依法抓捕时，他就害怕，就改好了。民是“骄于爱听于威”（《韩非子·五蠹第四十九》）的人，因此教化不足恃，刑罚最管用。这是韩非的结论。韩非也和商鞅一样实行连坐，鼓励告奸。另外，他还根据重罚轻赏原则，不主张救灾。

二是术。如果说商鞅是国家本位主义者，韩非就是君主本位主义者[①]。“商君以国家的富强为本位，而韩非是以君主的利害为本位”[②]，因此商鞅言法不言术，韩非则不仅言法，更要言术。由于君臣利异，双方是一种合作与交换关系，理想的状态即田鲔所说的“欲利而身，先利而君；欲富而家，先富而国”（《韩非子·外储说右下第三十五》），即以公事而得私利，公私兼顾，但在实际中则存在着损公肥私，损害国家、君主利益而得到富贵的情况，人君不察，就等于在切身利益问题上患上失语症，被臣子们攻略、利用。为克服失语症，韩非主张君主要懂得用术。关于术，韩非是通过与法的比较来定义的。韩非在评价管仲的一段话时讲了自己对法与术的理解：法是用来治吏民的，术是专门治吏的，因此法贵公开，术贵隐秘。韩非在批判仁义治国时再次法、术并举，“凡术也者，主之所以执也；法也者，官之所以师也”（《韩非子·说疑第四十四》）。可见在韩非这里，术是专供君主用来驾驭臣下的工具，它是君主的专利。

韩非术论以上下交战为前提讲了两个方面的内容，即君主面临的危险和君主的对策。

第一，面临的危险。韩非认为来自臣下的行为给人君带来的危险是权势被劫夺。韩非把人臣篡权分为三种：明劫、刑劫、事劫。明劫是有重臣把持朝政，

---

① 郭沫若在比较商鞅与韩非时说：“商君言法不言术，以国家为本位而不以君主为本位，采取责任内阁而不主张君主专制，从这节的批评中，明白地可以看出。故商君与韩非虽同被列于法家，而两人毕竟是大有不同的。”参看郭沫若：《十批判书》，东方出版社 1996 年版，第 362 页。

② 郭沫若：《韩非子的批判》，载于郭沫若：《十批判书》，东方出版社 1996 年版，第 366 页。

国家出现君主之外的另一个权力中心，最高权力在名与实之间出现分裂，君不君臣不臣。刑劫是人臣把刑罚这个权柄抓在手中，夺走君主的部分权力。事劫是臣子掌握了国家大事上的话语权，诳骗君主去冒险，一旦失败，祸落在君主头上，一旦成功，功劳就归臣子所有。这是把君主与国家当作富贵之资，抱着投机的心态用事的结果。韩非在政治上属于非道德主义者，所以针对人臣的篡权行为，他并不作道德谴责，而是回到人君身上找原因。韩非认为如果人君的好恶显露于外，臣子们就会投其所好，以满足自己的私利。他认为人君错在“不掩其情，不匿其端，而使人臣有缘以侵其主”（《韩非子·二柄第七》），严重的情况还会造成失国亡身。韩非认为对大国君主而言，祸患来自大臣擅权；对小国君主来说，则来自过于信任近臣。他基于君臣利异的思想，认为臣子有可能以损害、出卖君主与国家利益为前提而获益，这意味着君臣之间不仅不是合作者，反而更可能是敌人，人君若见不及此，则“索国之不亡者，不可得也”（《韩非子·孤愤第十一》）。他认为人君要把事情的决断权掌握在自己手里，不能被操控。如果把自己的决策权下放给臣子，则人君就从国家的主人变成客人，成为“托食于国者”（《韩非子·八说第四十七》）。朝廷中有重臣，宫廷中有近侍，这两类人往往是人君的催命符。一个乱法，一个揽权，一外一内，把人君架空了。人君失去威力，国家就像马车失去控制了一样，不亡何待？权势是人君的爪牙，宋桓侯、齐简公把爪牙给了子罕和田常，于是就身死国亡。韩非用这样的道理与事实告诫人君要有危机感。韩非还列举了君主需要明察的六种隐秘情况，即六微：权借在下、利异外借、托于似类、利害有反、参疑内争、敌国废置（《韩非子·内储说下六微第三十一》）。一是君主把权势借给臣下；二是君臣利益不同而臣下借用外力谋私；三是臣下假托类似的事蒙骗君主；四是君臣利害关系彼此相反；五是等级名分上下混乱而导致内部争权夺利；六是敌国设谋按他们的意图任免大臣。前四种是君臣关系中冲突的情况，后两种是内乱与外渗。这些需要明察的情况都是危及君主和国家安危的事。韩非认为对于人君来说，最危险和最可怕的事在于，他成为亲近的人清除的目标。韩非以一个韩国公室成员的观感，说出一个令君主们胆战心惊的事实，即他们的死亡可能是身边某些人的利益所在。这些人的地位会因现任国君的爱转向别的女人和儿子而受到威胁，对于他们而言，君主早死，他们就能早日由后备转正，他们的安全、利益才能得到保障，因此，在利益驱使下，亲人变成死敌，提前敲响君主的丧钟。

第二,君主的对策。针对种种不利于君主的行为,人君的反制措施即是术,执术以驭下。用术时要牢记的原则是不可信任任何人,“人主之患在于信人,信人则制于人”(《韩非子·备内第十七》)。相信别人等于把自己的安全交在别人手上,韩非认为这是极其危险的。怎样应对那些危险?韩非出了很多主意。针对八种奸行,韩非提出的对策是人主要分清内外轻重,不使后宫干政,不让左右侍从钻空子,父兄大臣要为自己的行为负责以免胡乱推荐,游玩要有度,不给人拍马的机会,越级施惠收买人心的行为必须禁绝,总的来说就是人君耳朵要硬,心中有成算,对内有手腕,对外要硬气。

三是势。势是结合了君之名与君之实的政治等级与政治地位。君之名的获得涉及君位继承即最高权力转移时的种种因素,君之实的获得则需要君主把本该属于自己的权力抓在自己手中。名实合一,君才成其为君,势才能充分发挥出作用来。韩非论势可分为两个方面,即势对于人君的重要性以及怎样从名到实地建立起势。

第一,势的重要性。韩非认为君主失势是非常危险的事。韩非将势比作高山,君主临万物、制天下,靠的就是高高在上的地位,与材不材没有关系,他举暴君桀与圣王尧的例子说明,他们的所作所为与势有关,而与贤无关。韩非又把势比作船,有了船则可载重千钧,无船则很轻的东西也会沉下去。韩非得出结论“短之临高也以位,不肖之制贤也以势”(《韩非子·功名第二十八》)。这段话为了突出势的作用,犯了片面性错误,因为势不是凭空得来的,不可能与材完全无关。为了弥补这种缺失,他接下来讲与势有关的因素,即天下人的拥戴。

第二,势的建立。韩非认为势不是一种自然之物,而是人为设立的。韩非认为有四种情况会使人君失去地位,亡身灭国,包括嫡庶无别、妻妾不分、臣与相地位相当、臣与君地位相当,这些都会成为祸乱之源,所以他引用《周纪》作为对策:“不要抬高妾的身价而压低正妻的地位,不要降低嫡子的地位而抬高庶出者的身份,不要推重宠臣而使他们与上卿匹敌,不要因为尊敬大臣而使他的权势与君主相当。”《周纪》所记是西周以来长期经验积累形成的政治智慧,当属于周礼的内容,它涉及权力更替时的合法性与最高权力的唯一性问题,韩非的肯定态度体现出他对周礼的继承,这是值得注意的。

第四节　吕不韦与《吕氏春秋》

自商鞅变法以来，经历了六代君主（秦孝公、秦惠文王、秦武王、秦昭襄王、秦孝文王、秦庄襄王）的接力经营，秦国成为战国七雄中实力最强也最有可能统一天下的诸侯国。前256年（秦昭襄王五十一年），西周公与山东六国伐秦，秦人取九鼎而归。前249年（秦庄襄王元年），吕不韦执东周公归，周室亡而天子绝，至此，消灭六国，重归一统成为秦国的既定方针。吕不韦作为秦庄襄王与秦王政前期的主政者，对于统一之后的政治、文化制度有自己的一套设想。他仿效战国四公子招募各派学者（以儒、道为主），编撰出一部书，称《吕氏春秋》，希望以此指导年轻的君主来实行。当然，最后他失败了。虽然吕不韦的个人命运是个悲剧，但他对统一中国事业的贡献是不能否认的，而他在中国政治转型中的尝试也是有重要意义的。

一、吕不韦

关于吕不韦，我们主要从吕不韦其人及他与《吕氏春秋》的关系来说明。

（一）吕不韦其人

据《史记·吕不韦列传》，吕不韦是阳翟人。阳翟在战国末年属韩国，在今天河南省禹州市。《战国策》说他是濮阳人。濮阳在战国时代属卫国，在今天河南省濮阳市西南。据东汉高诱为《吕氏春秋》作的序，“吕不韦者，濮阳人也，为阳翟之富贾”，则吕不韦籍贯是濮阳，因行商迁到阳翟，但不管怎么说，吕不韦是河南人这一点是没有疑问的。

吕不韦是当时的大商人，司马迁说：“吕不韦者，阳翟大贾人也。往来贩贱卖贵，家累千金。”这是说他通过低价买进、高价卖出赚取价差，从而发家致富。

这说明他是商业奇才，有见识、有胆魄，才能取得这样的成功。他将自己的商业头脑用于政治冒险，进行了一次大胆的政治投机，最后居然获得成功，一跃从商人成为政治家。

前256年，吕不韦在赵国邯郸经商时，见到秦昭襄王之孙异人。异人当时在赵国做人质，生活窘迫，很不得志。商人的敏锐嗅觉让吕不韦意识到这是一个难得的投资机会。《战国策》记载了他与父亲的一次对话，把他作此决定的原因形象地讲出来。

> 濮阳人吕不韦贾于邯郸，见秦质子异人，归而谓父曰："耕田之利几倍？"曰："十倍。""珠玉之赢几倍？"曰："百倍。""立国家之主赢几倍？"曰："无数。"曰："今力田疾作，不得暖衣余食；今建国立君，泽可以遗世。愿往事之。"（《战国策·秦策五》）

他将种地、经商、政治投资的利润率作对比，分别是十倍、百倍和无数倍，于是吕不韦决定帮助异人争夺秦国君位继承权，即他自己所说的"建国立君"。起初异人并不信任他，据《史记·吕不韦列传》，他用"吾门待子门而大"说服异人，与之结成政治联盟，斥巨资资助他，自己还亲自去秦国替他游说。当时秦国国君是秦昭襄王，太子是安国君。安国君最宠爱华阳夫人，而华阳夫人无子。吕不韦看准这一点，疏通关系，通过华阳夫人之姊见到华阳夫人，一方面称赞异人贤德，广结宾客，一方面发动情感攻势，说异人"以夫人为天，日夜泣思太子及夫人"。华阳夫人被打动，吕不韦又通过华阳夫人之姊劝她为长远计，既要靠丈夫，更要靠儿子，"夫在则重尊，夫百岁之后，所子者为王，终不失势，此所谓一言而万世之利也"。至此彻底说服华阳夫人，在她的推动下，异人（后改名为子楚）在众多儿子中脱颖而出，成为安国君世子。前250年，安国君即位，是为秦孝文王。秦孝文王于当年去世，异人即位，是为秦庄襄王。

秦庄襄王即位后实践自己的诺言，任命吕不韦为相，封文信侯，食河南雒阳十万户。吕不韦的投资果然得到无数倍的回报。秦庄襄王在位三年去世，前247年，太子政即位，吕不韦仍为相，并被秦王政尊称为"仲父"。据《史记正义》："仲，中也，次父也，盖效齐桓公以管仲为仲父。"由于秦王政尚未成年，吕不韦成了秦国的摄政王，作为秦国的掌舵人，推动秦国统一大业进行。与此同时，随着秦王政日渐长大，他与吕不韦之间的矛盾也突显出来。秦王政九年，嫪毐叛乱被镇压，牵连到吕不韦，次年他被免去相职，逐出咸阳，就国河南，离开权力中心。秦王政十二年,吕不韦举家被流放,他为免受屈辱而服毒自杀。

(二)吕不韦与《吕氏春秋》的编撰

吕不韦是有政治理想的人,但他的理想与秦王政背道而驰,这造成两人之间深刻的分歧。国君与国相之间本是政治上的同盟,但他们两人却是政治上的敌手。《吕氏春秋》正是这种对立的一个证明。

郭沫若通过研究嫪氏、吕氏的势力消长和最终结局,认为吕不韦与秦王政的矛盾主要不是私人恩怨,而是政治上的对立与分歧已经达到水火不容的地步①。我们认为,这种对立的实质内容是:吕不韦在秦统一前夕已经在谋划秦国政治转轨,也就是将秦国政治从法家型转为儒道兼用的新型政治,而秦王政则仍坚持秦国自商鞅以来的法家制度。在这样的背景下看《吕氏春秋》,它的结构安排、内容取舍所包含的意义才能呈现出来。

据《史记》《汉书》的记载,《吕氏春秋》在结构上由览、论、纪三部分组成,共有八览、六论、十二纪,共计二十余万言,十二纪之后的《序意》,由吕不韦亲自说明该书的写作依据和目的。依据即"黄帝之所以诲颛顼矣"。颛顼是原始宗教文化的开创者,因此所谓"诲"只是传说,是为了说明它的来源极古。十二纪即春、夏、秋、冬四个季节,每个季节再分孟、仲、季三个阶段,次第排列而为十二纪,内容是五行生胜与五德终始。君主与时偕行,政治治理也体现出德刑、生杀兼备的特点,这与法家以刑为德的观念格格不入。八览、六论则是在十二纪统领下分别围绕不同主题进行阐发。十二纪每纪之下各五篇,共六十篇。八览每览八篇,《有始览》缺一篇,共六十三篇。六论每论六篇,加上《序意》,原书本该一百六十一篇,现存一百六十篇。据《史记》《汉书》,原来的顺序是览、论、纪,《序意》在全书末尾,后来的顺序变为纪、览、论,《序意》就附在纪之后,置于全书中间了。这篇残缺的《序意》证明了该书是在吕不韦通盘指导下,由学者们按他的意愿进行编纂的,大体上可以认为该书体现了吕不韦的思想,或者也可以说是他的政治纲领。

《吕氏春秋》对诸子百家思想的取舍透露出重大信息。据郭沫若的研究,

---

① 郭沫若:《吕不韦与秦王政的批判》,载于郭沫若:《十批判书》,东方出版社 1996 年版,第 413—420 页。

《吕氏春秋》"对于各家虽然兼收并蓄,但却有一定的标准。主要的是对于儒家、道家采取尽量摄取的态度,而对于墨家、法家则采取批判的态度。这是最值得注意的本书的一个原则,也可以说是吕不韦作为政治家或文化批评家的生命。而且我们还要知道,他是在秦国做丞相,在秦国著书的人,在秦国要批判墨家、法家,与在秦国要推尊儒家、道家,这行为本身已经就具有重大的意义。因为秦法自商鞅以来便采取了法家的精神,而自惠王以来又渗入了墨家的主张"①。因此说它是"杂家"并不确切。根据郭沫若的考证,《吕氏春秋》的写作时间在秦王政八年②,距离秦统一六国还有十八年,此时秦王政已经二十一岁,也就是说此时正是应当结束吕不韦摄政、还政于秦王政的时间。选择在这个时机推出这样一部具有重大政治意义的著作,可以视为吕不韦公开自己政治主张的举动。当然随着他在政治斗争中的失败,他的设想也化为泡影,但正如郭沫若所说,"吕不韦在中国历史上应该是一位有数的大政治家"③,我们对他的贡献是应该给予充分肯定的。

二、《吕氏春秋》

《吕氏春秋》以十二纪为纲领,贯通古今,包罗万象,全书立意高远、结构严整、内容丰富。我们从以下几个方面阐述。

(一)本体论(含宇宙论)

《吕氏春秋》中的本体论属于他生型本体论,因此常伴随着宇宙论。

> 音乐之所由来者远矣,生于度量,本于太一。太一出两仪,两仪出阴阳。阴阳变化,一上一下,合而成章。浑浑沌沌,离则复合,合则复离,是谓

---

① 郭沫若:《吕不韦与秦王政的批判》,载于郭沫若:《十批判书》,东方出版社 1996 年版,第 423—424 页。

② 郭沫若:《吕不韦与秦王政的批判》,载于郭沫若:《十批判书》,东方出版社 1996 年版,第 421 页。

③ 郭沫若:《吕不韦与秦王政的批判》,载于郭沫若:《十批判书》,东方出版社 1996 年版,第 410 页。

> 天常。天地车轮，终则复始，极则复反，莫不咸当。日月星辰，或疾或徐，日月不同，以尽其行。四时代兴，或暑或寒，或短或长，或柔或刚。万物所出，造于太一，化于阴阳。萌芽始震，凝凛以形。形体有处，莫不有声。声出于和，和出于适。和适，先王定乐，由此而生。(《吕氏春秋·仲夏纪第五·大乐》)

作者在讲音乐的来源时，将其归本于太一。太一即道（本篇后面说“道也者至精也，不可为形不可为名，强为之，谓之太一”），这个道具有生化功能，太一出两仪，即道生天地。高诱注：“两仪，天地也。出，生也。”[①]天地生阴阳，阴阳一下一上，交合而成形[②]。道先生成浑沌之物，交会离合，这就是天之常道。可见这是从道与物的关系来确认道作为本体的地位。天地、日月、四时都因道而生成，故而“万物所出，造于太一”，道是世界本原。太一有时也称为圜道、一。

> 天道圜，地道方，圣王法之，所以立上下。何以说天道之圜也？精气一上一下，圜周复杂，无所稽留，故曰天道圜。何以说地道之方也？万物殊类殊形，皆有分职，不能相为，故曰地道方。主执圜，臣处方，方圜不易，其国乃昌。

> 日夜一周，圜道也。月躔二十八宿，轸与角属，圜道也。精行四时，一上一下各与遇，圜道也。物动则萌，萌而生，生而长，长而大，大而成，成乃衰，衰乃杀，杀乃藏，圜道也。云气西行，云云然，冬夏不辍，水泉东流，日夜不休，上不竭，下不满，小为大，重为轻，圜道也。黄帝曰：“帝无常处也。有处者乃无处也。”以言不刑蹇，圜道也。人之窍九，一有所居则八虚，八虚甚久则身毙。故唯而听，唯止。听而视，听止。以言说一，一不欲留，留运为败，圜道也。一也齐至贵，莫知其原，莫知其端，莫知其始，莫知其终，而万物以为宗。(《吕氏春秋·季春纪第三·圜道》)

天道与地道相对而言，天道圜而地道方，天道主无穷生化，地道主等级差别。作者用精气的往复运动解释天道之圜，万物的运动变化都在体现圜道周而复始、物极则反的运行规律。水在天地之间呈现出升而为云，降而为雨，在上不竭，在下不满的状态。作者引黄帝语说明君道无为（“帝无常处也。有处者乃无

---

① 许维遹：《吕氏春秋集释》，中华书局2009年版，第108页。

② 许维遹：《吕氏春秋集释》，中华书局2009年版，第108页。

处也”)。“以言不刑蹇”,据俞樾:“刑蹇二字连文……踬碍之谓。”[①]“不刑蹇”即无滞碍,变动不居之意。作者又以人身为例来说明不可拘执。“以言说一”,高诱注:“一,道本。”许维遹认为:“‘以言说一’犹云专精于一官,注乃逆探下文为说。”[②]“一不欲留,留运为败,圜道也”,还是讲圜道的流动不居。道是一,一者无对,无所匹敌,“莫知其原,莫知其端,莫知其始,莫知其终,而万物以为宗”,高诱注:“道无形,其原始终极莫能知之。道生万物,以为宗本。”[③]道是最后的根据,不可再进一步追究了。

由于本体论属他生型,因此万物生化的动力不来自自身而来自外部。

> 春气至则草木产,秋气至则草木落,产与落或使之,非自然也。故使之者至物无不为,使之者不至物无可为。古之人审其所以使,故物莫不为用。(《吕氏春秋·孝行览第二·义赏》)

本篇讲赏罚,以春生秋杀比兴,对于自然界这种变化,作者认为不是万物自己如此,而是“或使之”,即有一个万物之外的力量使其如此,这个与物相对的“或”应该就是道。道对于物“使之”的主宰作用是为了证成人类社会中君主对臣民的统治权力。“物莫不为用”即是道的应用。道既然与君的权威相关,则它必然被人君垄断,这样一来,能够知道、得道的就只能是君主了。

> 民无道知天,民以四时寒暑日月星辰之行知天。四时寒暑日月星辰之行当,则诸生有血气之类皆为得其处而安其产。(《吕氏春秋·不苟论第四·当赏》)

日月星辰、四时寒暑是天道的显现,民与它们一样都是道的产物,被生被化而不能知晓生化之主,即道。可以效法道的是人君,《序意》中说“大圜在上,大矩在下,汝能法之,为民父母”就是讲人君法道以治天下。可见《吕氏春秋》的本体论与宇宙论最终落脚在政治秩序的建立上。

(二)认识论

《吕氏春秋》的认识论思想非常丰富,这些思想服务于该书的宗旨,即教导

---

① 许维遹:《吕氏春秋集释》,中华书局 2009 年版,第 80 页。
② 许维遹:《吕氏春秋集释》,中华书局 2009 年版,第 80 页。
③ 许维遹:《吕氏春秋集释》,中华书局 2009 年版,第 80 页。

秦王政成为一名合格的君主。当然,这些认识论思想本身在哲学史上也是有意义的。我们从几个方面阐发。

1.认识主体

与本体论中体现的等级差异相应,《吕氏春秋》认识论的认识主体也是有等级界限的。认识的最终目的是知道,而这不是所有人的权利,臣民不需要知道,能够知道的是王者以及他们的师。这种情形可以和轴心突破前"天"被通天阶级垄断相类比。

> 凡人主必审分,然后治可以至,奸伪邪辟之涂可以息,恶气苛疾无自至。夫治身与治国,一理之术也。今以众地者,公作则迟,有所匿其力也。分地则速,无所匿迟也。主亦有地,臣主同地,则臣有所匿其邪矣。主无所避其累矣。凡为善难,任善易。奚以知之?人与骥俱走,则人不胜骥矣。居于车上而任骥,则骥不胜人矣。人主好治人官之事,则是与骥俱走也,必多所不及矣。夫人主亦有居车,无去车,则众善皆尽力竭能矣,谄谀诐贼巧佞之人无所窜其奸矣,坚穷廉直忠敦之士毕竟劝骋骛矣。人主之车,所以乘物也。察乘物之理,则四极可有。不知乘物而自怙恃,夺其智能,多其教诏,而好自以,若此则百官恫扰,少长相越,万邪并起,权威分移,不可以卒,不可以教,此亡国之风也。(《吕氏春秋·审分览第五·审分》)

本篇首句"凡人主必审分"说明是对人君讲的,所谓分,即人君的本分,作者是通过君臣对比来说明何为人君本分。作者把臣子称为"为善"者,人君则是"用善"者,还举了一个生动的例子说明其中差别:人跟着马跑,人跑不过马,但若人坐在车上赶着马跑,形势就一下子由被动变主动了。作者认为人君应当做驾驭者,不能做车下与马赛跑的人。后者是以人君而治人臣之事,属于不守自己本分的举动。人君的车是用于乘物的,即控制、利用物,若能明白"乘物之理",则"四极可有",即可君临天下了。那么这个理是什么或者说要求人君做什么?

> 明君者,非遍见万物也,明于人主之所执也。(《吕氏春秋·审分览第五·知度》)

贤明的君主不必要知道所有的事情,只需要知道应当执守什么即可。执守的具体内容是什么?

> 天地阴阳不革,而成万物不同。目不失其明,而见白黑之殊。耳不失

其听，而闻清浊之声。王者执一，而为万物正。军必有将，所以一之也。国必有君，所以一之也。天下必有天子，所以一之也。天子必执一，所以抟之也。一则治，两则乱。(《吕氏春秋·审分览第五·执一》)

本篇开头先讲差异，"天地阴阳不革，而成万物不同"，高诱注："革，改也。不同，区以别也。"①天地阴阳不改，万物出于天地阴阳，但是物物之间却有不同，因不同而各有所职守，王者超越所有的物而不与物同，表现为"王者执一，而为万物正"。正即政长，高诱注："正者主。"②意思是一样的。执一即执道，王者执道以驭万物，这个道就成为君道。

夫一能应万、无方而出之务者，唯有道者能之。(《吕氏春秋·审分览第五·君守》)

高诱注："一者，道也。"③关于得道者，本篇首句说："得道者必静，静者无知，知乃无知，可以言君道也。"无知即不必遍知万物，静与动相对，知此方可以言君道，所谓君道即法道而行，并且只有人君才有资格、有权力效法道。这是《吕氏春秋》认识论中认识主体中一个值得注意的地方。

2.认识对象

认识对象包括道与物，但该书重点在于前者，即主要以道为认识对象。

道也者，视之不见，听之不闻，不可为状。有知不见之见、不闻之闻、无状之状者，则几于知之矣。道也者，至精也，不可为形，不可为名，强为之谓之太一。故一也者制令，两也者从听。先圣择两法一，是以知万物之情。故能以一听政者，乐君臣，和远近，说黔首，合宗亲。能以一治其身者，免于灾，终其寿，全其天。能以一治其国者，奸邪去，贤者至，成大化。能以一治天下者，寒暑适，风雨时，为圣人。故知一则明，明两则狂。(《吕氏春秋·仲夏纪第五·大乐》)

这一段先从道的特征讲起，"视之不见，听之不闻，不可为状"，这是将道与物区分开来，然后讲怎样知道，作者认为若能不由感官而体悟道的存在，则近于知道。后面一句点出道又名太一，也可简称为一。道是一，物即是多，或称两。

---

① 许维遹：《吕氏春秋集释》，中华书局2009年版，第469页。
② 许维遹：《吕氏春秋集释》，中华书局2009年版，第469页。
③ 许维遹：《吕氏春秋集释》，中华书局2009年版，第441页。

一与两之间的关系就是主宰与被主宰的关系，这样道与物的关系就成为人类社会中君与民的关系的模板，因此知道就只能是人君的专利。这是从理论上讲，在现实中人君知道也是需要下功夫去学的。

凡物之然也必有故，而不知其故，虽当，与不知同，其卒必困。（《吕氏春秋·季秋纪第九·审己》）

陶鸿庆认为"'故'犹言所以然也"[①]。这句是说对于物不仅要知其然，还要知其所以然，即物之理。能够知物之所以然者，是先王、名士、达师，也就是王者与其师友。

在《吕氏春秋》中，认识不是以求得纯粹的知识为目的，而是作为下一步行动的指南，因此很强调认识事物的趋势。

凡智之贵也，贵知化也。人主之惑者则不然，化未至则不知，化已至，虽知之，与勿知一贯也。（《吕氏春秋·贵直论第三·知化》）

作者认为聪明智慧在于知化，所谓知化，即由已知推未知，见微知著，知道事情发展变化的趋势。另外还包括对治乱存亡的认识。

使治乱存亡若高山之与深溪，若白垩之与黑漆，则无所用智，虽愚犹可矣。且治乱存亡则不然，如可知，如可不知；如可见，如可不见。故智士贤者相与积心愁虑以求之，犹尚有管叔、蔡叔之事与东夷八国不听之谋。故治乱存亡，其始若秋毫。察其秋毫，则大物不过矣。（《吕氏春秋·先识览第四·察微》）

这是说对于治乱存亡的认识不是一件简单容易的事，因为事情一开始并没有很明显的征兆，这就需要人君察微，见微知著，从而防患于未然。

3.认识方法

《吕氏春秋》在认识方法上尝试找出认识规律来。

先王之所以为法者，人也。而己亦人也，故察己则可以知人，察今则可以知古，古今一也，人与我同耳。有道之士，贵以近知远，以今知古，以益所见，知所不见。（《吕氏春秋·慎大览第三·察今》）

"以益所见"，据毕沅、许维遹，"益"为衍字[②]。这一段是讲为何不可法先王

---

① 许维遹：《吕氏春秋集释》，中华书局2009年版，第208页。

② 许维遹：《吕氏春秋集释》，中华书局2009年版，第391页。

之成法，在强调了时的重要性之后，回到现实，指出先王之所以可法者，在于对人的认识，因此应当效法的是这一点。这里用了类推的方法，作者说古今一、人我同，这是类推的前提，因为类同，所以可以以今知古、以已知人。这个结论在认识论上有普遍意义，但考虑到本篇的语境与该书的宗旨，则这种方法并不是对所有人的要求，主要还是指人君及其师友，所以接着说有道之士可以用这种方法，由近知远，以今知古，以已知推未知。但是类推方法需要以别类为前提，类不同则不可推。

知不知，上矣。过者之患，不知而自以为知。物多类然而不然，故亡国僇民无已。夫草有莘有藟，独食之则杀人，合而食之则益寿。万堇不杀。漆淖水淖，合两淖则为蹇，湿之则为干。金柔锡柔，合两柔则为刚，燔之则为淖。或湿而干，或燔而淖，类固不必，可推知也。小方，大方之类也；小马，大马之类也。小智，非大智之类也。（《吕氏春秋·似顺论第五·别类》）

不知即不知类。类同是类推法的前提，若不同类而推，则推理过程虽然正确，但由于前提、起点错误，所以结论也将会是错的。

关于认识的规律性问题，《吕氏春秋》提出了遵循天道的观点。

事多似倒而顺，多似顺而倒。有知顺之为倒、倒之为顺者，则可与言化矣。至长反短，至短反长，天之道也。（《吕氏春秋·似顺论第五·似顺》）

这是说事情表现上与实质上相反的情况。作者在后文举楚庄王伐陈的例子，说明同样的事实可以有不同的理解，最后的行动决策也不一样。作者说“至长反短，至短反长”，这是一种辩证思维，是对事物变化规律的一种认识，这种方法就带有一种普遍性了。

4.认识过程

认识是一个通往道的过程，《吕氏春秋》的作者认为要知道，需要去私，消除各种主观障碍并认为感官不可靠。

上揆之天，下验之地，中审之人，若此则是非可不可无所遁矣。天曰顺，顺维生。地曰固，固维宁。人曰信，信维听。三者咸当，无为而行。行也者，行其理也。行数，循其理，平其私。夫私视使目盲，私听使耳聋，私虑使心狂。三者皆私设精则智无由公，智不公则福日衰，灾日隆。（《吕氏春秋·季冬纪第十二·序意》）

“三者皆私设精则智无由公”一句，据俞樾：“精之言甚也。吕氏之意，盖谓目耳心三者皆为私设，至其甚则智无由公矣。”①私与公相对而言，私视私听私虑，属于人君个人的特殊需要，带着这种私念进入认识过程，则目不可视，耳不可听，心也会发狂。因此主观上的障碍会让人不能如其所是地认识人与事。

世之听者多有所尤，多有所尤则听必悖矣。所以尤者多故，其要必因人所喜与因人所恶。东面望者不见西墙，南乡视者不睹北方，意有所在也。(《吕氏春秋·有始览第一·去尤》)

在认识过程中，主观成见、先入为主会成为一种障蔽，妨碍人们获得正确认识。

夫人有所宥者，固以昼为昏，以白为黑，以尧为桀，宥之为败亦大矣。亡国之主，其皆甚有所宥邪？故凡人必别宥然后知，别宥则能全其天矣。(《吕氏春秋·先识览第四·去宥》)

人们对世界的认识需要通过主观呈现出来，因此主观因素在认识中的作用不能忽视，不可低估，作者在这里说到一些反常识的认识结果，将白天当成黑夜，把白色说成黑色，把圣君视为暴君。作者的结论是去除那些主观上的障碍，才能知即正确地认识。能够正确地认识，才能全其天，高诱注：“天，身也。”②所谓全其身，即感官能够如实地呈现世界。

《吕氏春秋》非常重视心在认识过程中的作用。

耳之情欲声，心不乐，五音在前弗听。目之情欲色，心弗乐，五色在前弗视。鼻之情欲芬香，心弗乐，芬香在前弗嗅。口之情欲滋味，心弗乐，五味在前弗食。欲之者，耳目鼻口也。乐之弗乐者，心也。心必和平然后乐，心必乐然后耳目鼻口有以欲之，故乐之务在于和心，和心在于行适。(《吕氏春秋·仲夏纪第五·适音》)

这篇讲人对音乐的体验。在古代，音乐是治道的重要组成部分，因此对音乐的认识与体验就与道相关了。音乐要用耳朵听，可是仅有耳朵还不足以让人听到与领会音乐。作者在这里强调了心在这个体验过程中的重要性。我们平常说视而不见，听而不闻，因此在认识那些可感知之物时，要以五官去跟对象接

---

① 许维遹：《吕氏春秋集释》，中华书局 2009 年版，第 274 页。

② 许维遹：《吕氏春秋集释》，中华书局 2009 年版，第 426 页。

触,但五官之上还有心(神)这个主宰,若心不在焉,则感官是不能对物产生反应的。

> 人之目以照见之也,以瞑则与不见同,其所以为照、所以为瞑异。瞑士未尝照故未尝见,瞑者目无由接也,无由接而言见,謊。智亦然,其所以接智、所以接不智同,其所能接、所不能接异。智者其所能接远也,愚者其所能接近也。所能接近而告之以远化,奚由相得?无由相得,说者虽工,不能喻矣。(《吕氏春秋·先识览第四·知接》)

这一篇讲得更细致,作者认为眼睛因为光明而能看见物,因为黑暗而看不见物,这在所有人来说都是一样的,但不同的是所谓光明与黑暗对不同的人而言不相同。处在黑暗中的人什么也看不见,若不能看见物而说自己看见,那就是说谎。智慧也是如此,人们用以获得智慧的凭借是相同的,但能力却不一样。智者能见远,愚者只能见近。智者至道,愚者至物,之所以不同,乃是由于内在的接收途径不同,这仍是强调主观精神世界在认识中的重要作用。

> 凡耳之闻以声也,今不闻其声而以其容与臂,是东郭牙不以耳听而闻也。桓公、管仲虽善匿,弗能隐矣。故圣人听于无声,视于无形,詹何、田子方、老耽是也。(《吕氏春秋·审应览第六·重言》)

这段材料的前文是齐桓公与管仲商议伐莒之事,还没公开就被人发觉了。齐桓公以为管仲泄漏消息,管仲则说是因为齐国有圣人,果然找到一个叫东郭牙的人,他讲了自己的推理经过。作者发出议论,认为东郭牙不靠耳听而能闻,因此圣人可听到无声,看到无形,这种神通詹何、田子方、老耽都有,后三人都是道家得道者。不通过耳目,说明对象不是物而是道。

《吕氏春秋》的作者认为人君的认识要通往道,则感官不足恃。

> 君臣不定,耳虽闻不可以听,目虽见不可以视,心虽知不可以举,势使之也。凡耳之闻也借于静,目之见也借于昭,心之知也借于理。君臣易操,则上之三官者废矣。亡国之主,其耳非不可以闻也,其目非不可以见也,其心非不可以知也,君臣扰乱,上下不分别,虽闻曷闻,虽见曷见,虽知曷知!驰骋而因耳矣,此愚者之所不至也。不至则不知,不知则不信。无骨者不可令知冰。有土之君,能察此言也,则灾无由至矣。
>
> 且夫耳目知巧固不足恃,惟脩其数、行其理为可。(《吕氏春秋·审分览第五·任数》)

《吕氏春秋》一直强调君臣之分，君不可行臣之事，陷于具体事务之中，那样的话，认识对象就指向物，而不是道，因此作者明确点出"耳目知巧固不足恃，惟脩其数、行其理为可"。高诱注："理，道。"①可知对人君的要求是知道、行道。

5.认识目的

《吕氏春秋》中认识不是以纯粹知识为目的，而是为了求治，治包括治身与治天下，二者紧密相关。

> 且天生人也，而使其耳可以闻，不学，其闻不若聋；使其目可以见，不学，其见不若盲；使其口可以言，不学，其言不若爽；使其心可以知，不学，其知不若狂。故凡学，非能益也，达天性也。能全天之所生而勿败之，是谓善学。（《吕氏春秋·孟夏纪第四·尊师》）

本篇开篇先说古代圣君贤君都尊师，这应该是对秦王政的劝谏。尊师是为了学，关于学，这里提出一个重要的论点，即学习的目的不是增加什么，而是实现自己的天性。作者在后面用"成身"来说明学习目的。

> 故教也者，义之大者也；学也者，知之盛者也。义之大者莫大于利人，利人莫大于教。知之盛者莫大于成身，成身莫大于学。身成，则为人子弗使而孝矣，为人臣弗令而忠矣，为人君弗强而平矣，有大势可以为天下正矣。（《吕氏春秋·孟夏纪第四·尊师》）

帝王师的职责是教人君全其性、成其身，最终而可为"天下正"，正即政长，天下正即天下之政长、天子。这是吕不韦对秦王政的殷切期望。本篇应是儒家学者关于认识目的的主张，在这个问题上还有道家一系的观点。

> 故能以一听政者，乐君臣，和远近，说黔首，合宗亲。能以一治其身者，免于灾，终其寿，全其天。能以一治其国者，奸邪去，贤者至，成大化。能以一治天下者，寒暑适，风雨时，为圣人。故知一则明，明两则狂。（《吕氏春秋·仲夏纪第五·大乐》）

这是讲道（一）的功用，知道则能以道治身、治国、治天下。这说明不管是儒家还是道家，在认识目的问题上，具体观点虽有异，但都是为了治，这一点上儒道两家是一致的。

---

① 许维遹：《吕氏春秋集释》，中华书局2009年版，第445页。

6.认识的真理性

怎样判断认识的结果正确与否,《吕氏春秋》提出了真理性标准。

郑国多相县以书者。子产令无县书,邓析致之。子产令无致书,邓析倚之。令无穷,则邓析应之亦无穷矣,是可不可无辨也。可不可无辨,而以赏罚,其罚愈疾,其乱愈疾,此为国之禁也。故辨而不当理则伪,知而不当理则诈,诈伪之民,先王之所诛也。理也者,是非之宗也。(《吕氏春秋·审应览第六·离谓》)

这里举郑国邓析"上有政策,下有对策"的做法,说明对于诡辩的处理方法是以理为是非之宗。高诱注:"宗,本也。"①

凡论人心,观事传,不可不熟,不可不深。天为高矣,而日月星辰云气雨露未尝休也。地为大矣,而水泉草木毛羽裸鳞未尝息也。凡居于天地之间、六合之内者,其务为相安利也?夫为相害危者不可胜数。人事皆然。事随心,心随欲。欲无度者,其心无度。心无度者,则其所为不可知矣。人之心隐匿难见,渊深难测。故圣人于事志焉。圣人之所以过人以先知,先知必审徵表,无徵表而欲先知,尧、舜与众人同等。徵虽易,表虽难,圣人则不可以飘矣。众人则无道至焉。无道至则以为神,以为幸。非神非幸,其数不得不然。(《吕氏春秋·恃君览第八·观表》)

这是讲人君怎么观察人心与判断事情。圣人的方法是观表,以先识见微知著,众人无此先见之明,以为是神异或侥幸,但实际上却是"其数不得不然",提出数的概念,说明这是事情发展的必然趋势。

(三)人性论

关于人性论,《吕氏春秋》没有论及人性善或恶,只是将人视为生理学意义上的人,以之作为立论的前提。

天生人而使有贪有欲。欲有情,情有节,圣人修节以止欲,故不过行其情也。故耳之欲五声,目之欲五色,口之欲五味,情也。(《吕氏春秋·仲春纪第二·情欲》)

这是说人们的生理欲望是天生的,但欲望需要节制,"不过行其情",高诱

---

① 许维遹:《吕氏春秋集释》,中华书局 2009 年版,第 487 页。

注:“不过其适。”①

大寒既致,民暖是利。大热在上,民清是走。是故民无常处,见利之聚,无之去。(《吕氏春秋·仲春纪第二·功名》)

这篇是讲立功名之道,提出要根据民的需要来行事。作者认为民是趋利避害的生物,有利则聚,无利则去。作者在这里并不对这样的人性作价值判断,只是当成事实来陈述,讲立功名的条件。

人情欲生而恶死,欲荣而恶辱。死生荣辱之道一,则三军之士可使一心矣。(《吕氏春秋·仲秋纪第八·论威》)

跟前面一样,作者主张利用人们欲生恶死、欲荣恶辱的本能,来训练人们遵守纪律,行动听指挥。“使一心矣”,高诱注:“一于纪。”②

凡人之性,爪牙不足以自守卫,肌肤不足以捍寒暑,筋骨不足以从利辟害,勇敢不足以却猛禁悍。然且犹裁万物,制禽兽,服狡虫,寒暑燥湿弗能害,不唯先有其备,而以群聚邪。群之可聚也,相与利之也。利之出于群也,君道立也。故君道立则利出于群,而人备可完矣。(《吕氏春秋·恃君览第八·恃君》)

这是说人的生理条件(爪牙、肌肤、筋骨、勇敢)都不足以令人在自然界中生存,但人能够利用万物应对那些危险,不仅仅是因为预先有准备,更因为人们能组织起来。作者这里是为了论证君道的合理性,但也说出一个真理,即群体中的人才能在与自然的斗争中生存和发展。

凡乐,天地之和,阴阳之调也。始生人者天也,人无事焉。天使人有欲,人弗得不求。天使人有恶,人弗得不辟。欲与恶所受于天也,人不得与焉,不可变,不可易。世之学者有非乐者矣,安由出哉?(《吕氏春秋·仲夏纪第五·大乐》)

作者这里是为了说明乐是天所生,批评非乐主张。为了说明这个问题先用人作比,说人是被生者,人的所欲所恶皆由天生,人必须服从,不能逃避,不可变易。

性者,万物之本也,不可长,不可短,因其固然而然之,此天地之数也。

① 许维遹:《吕氏春秋集释》,中华书局2009年版,第42页。

② 许维遹:《吕氏春秋集释》,中华书局2009年版,第179页。

(《吕氏春秋·不苟论第四·贵当》)

这是说性是物之为物的规定性，是一种来自外部的规定性，不可人为地改变，只能因顺之。作者称其为天地之数。

生，性也；死，命也。(《吕氏春秋·恃君览第八·知分》)

这是大禹在巡行南方时，遇到黄龙负舟时说的话。生与死相对而言，死既是天注定，则活着当然也是上天的一种安排。这里的性所表达的仍是一种外部规定或者主宰性力量。

(四)工夫论

《吕氏春秋》的工夫论主要针对人君，即教导人君如何着手做工夫，同时也包括了君子士人。我们分而言之。

1.人君的工夫论

人君的工夫论主要从身与心两方面展开，需要处理的是它们与物和道的关系。《本生》中讲性与物的关系。就人而言，性指人本来应该有的样子，性寿，指人的自然生命可以持续很久，但由于错误地利用物，导致性不寿。作者认为性与物的关系是主从关系，人当以物养性，物是手段、工具，性是目的。把物当成追逐对象，以物役身，是不知轻重的表现。作者这里提出了对待物的态度。

对待物的正确态度来自对自身欲望的节制。《重己》中作者认为正确的方法是节制欲望，他举住、食、衣、行、玩几个方面，认为它们各自的功能都是养人之性，而不在于享乐。

人君的修心工夫，主要解决的是如何知道、得道。《有度》从治理的角度出发讲人君工夫论，作者认为让人君不能至道执一者，在于外物的诱惑，他提出的解决办法是“通意之悖，解心之缪，去德之累，通道之塞”，高诱注：“悖、缪、累、塞四者，所以为人病也，唯执一者能解去道之塞，不壅闭也。”[①]具体分析其内容，除掉这些障塞，心自然就会正，“正则静，静则清明，清明则虚”，高诱注：“虚者，道也。道尚空虚，无为而无不为。人能行之，亦无不为也。”[②]这是通过做减法达到虚的境界，实现本体化，即得道。

① 许维遹：《吕氏春秋集释》，中华书局2009年版，第665页。
② 许维遹：《吕氏春秋集释》，中华书局2009年版，第666页。

2.君子士人的工夫论

《吕氏春秋》对于君子士人的工夫论强调修行的内在性与诚。

> 君子之自行也,敬人而不必见敬,爱人而不必见爱。敬爱人者己也,见敬爱者人也。君子必在己者,不必在人者也。必在己,无不遇矣。(《吕氏春秋·孝行览第二·必己》)

这篇的主题是“外物不可必”。外部世界超出自己掌握的范围,人们能够掌握的是自己的意志与行为,因此个体修行就是一个向内用力的过程。人们忠于内心的行为,比如敬人、爱人,反馈回来的不一定是同样的敬与爱。怎样对待这样的现实?去敬、爱别人,这是自己可以掌握、可以主动做的事,这件事在于己;被别人敬、爱,这是别人的反应,这件事在于人。君子必须做那些由己不由人的事,这样才能“无不遇”,遇即合,与什么遇合?这里没有明说,应当是道。《具备》中孔子跟巫马旗说自己曾告诉宓子贱“诚乎此者刑乎彼”,据陶鸿庆的解释:“刑与形同。犹言诚中而形外也。”①可知,诚乎此即诚乎内,刑乎彼即形于外。诚于内是内在工夫,形于外是外部作用。孔子这句话是让宓子贱向内用力做工夫,把自身修好了,再来教化民众,就能收到那种效果。这里讲出了儒家做工夫的一贯原则,具有重要的指导意义。

(五)人生哲学

《吕氏春秋》中的人生哲学也是儒、道兼而有之,道家贵生,儒家在生的问题上则有超出生存的价值追求。我们分而言之。

1.道家人生哲学

道家人生哲学围绕着人的生存问题展开,主要处理生存与欲望、生存与环境的关系,以及生存需要的智慧等问题。《本生》中作者认为当时的富贵之人在身与物的关系问题上本末倒置,惑于物欲,以身徇物,而非以物养身。高诱注:“遁,流逸不能自禁也。”②作者认为以万物伤一身,则无不伤;以万物养一身,则无不长。圣人在这个问题上的态度是制万物以全其天,高诱注:“天,身也。”③

---

① 许维遹:《吕氏春秋集释》,中华书局2009年版,第508页。

② 许维遹:《吕氏春秋集释》,中华书局2009年版,第15页。

③ 许维遹:《吕氏春秋集释》,中华书局2009年版,第15页。

这是应当效法的。作者还认为有养生之资而无养生之道，则不如不贵不富。

在道家人士看来，以身徇物这样的生活属于生不如死的状态。《贵生》中子华子发挥杨朱重生思想，讲了四种生存状态。全生即以物养身，各个感官都得其所宜；亏生是物质不足以养身；死是身体死亡，感官失效，如同未生之时；迫生则是所有的感官都不得其宜而得其恶，这是违背身体正常需要，物质不养人反倒害人的情况，在作者看来，这比死亡还要不堪忍受。

由于这种重生观念，道家人士往往在身与政治之间取前者。楚国贤人孙叔敖与楚庄王相遇合，按世俗看法，这是孙叔敖的荣幸，即有贤君赏识，得以施展治世才干。但在道家人士看来，这是楚国之幸而非孙叔敖个人之幸。由于孙叔敖才智出众，总揽楚国政事，楚庄王得以优游享受，主逸臣劳，就养生而言，孙叔敖实际上受了政事的拖累，而楚庄王的功业也是建立在孙叔敖不得便生的基础之上，所以作者会认为权位对于孙叔敖来说不是幸事。

关于全生，《吕氏春秋》中还有很具体的卫生之学。《尽数》讲到养生中需要注意的问题，即不可郁积，原理是“流水不腐，户枢不蠹”，推及养生则是“形不动则精不流，精不流则气郁”。这应当是有一定依据的。作者还提及水的轻重、味道对人们身体健康的影响。这属于经验科学范畴。作者还谈到饮食中需要注意的问题，如口味不能过重，食材最好当令，食量要节制，吃东西的时候要养成良好的习惯，等等。作者还抨击了那些错误的祛病方法，如“卜筮祷祠”，认为这属于扬汤止沸，无益有害。这种观念体现出作者的理性精神，具有进步意义。

道家人生哲学还表现在洞悉人心世情，以反求正的生存智慧。《异宝》中说孙叔敖做楚国执政，生前拒不受封，但据成例在他死后会封其子，因此他死前交代，要求儿子接受封赏但不取好地，而是取人之所弃以长保之，后来果真如此。作者称其为有道者，着眼点在于他不随俗，不因“寝丘”之名而恶之，因此做出明智的选择，甘居人下，不与人争，以不争而使封地“至今不失”，这是典型的以反求正之术。

2.儒家人生哲学

儒家人生哲学是从全身到杀身，表现出对超越性价值的追求。

乐正子春下堂而伤足，瘳而数月不出，犹有忧色。门人问之曰：“夫子下堂而伤足，瘳而数月不出，犹有忧色，敢问其故？”乐正子春曰：“善乎而问之。吾闻之曾子，曾子闻之仲尼，父母全而生之，子全而归之，不亏其身，不损其形，可谓孝矣。君子无行咫步而忘之。余忘孝道，是以忧。”故曰：身者，非其私有也，严亲之遗躬也。(《吕氏春秋·孝行览第二·孝行》)

这个故事是说乐正子春脚受伤，痊愈后仍旧数月不出，忧心忡忡，门人问其故，他转述曾子的话，说父母把自己完整地生下来(生)，自己应该完整地归还(死)，做到身不亏，形不损，这才叫孝。这件事时刻都不能忘，他却忘记教诲，走路不小心伤到脚，所以感到忧虑。作者评论说身体不是个人私有，而是父母遗留给自己的身体。同样讲身，道家主要是在一个相对语境中来讲，即与世俗价值的比较中强调生的重要，儒家则在伦理规范中找依据。

不过，在儒家价值系统中，全生并不具有绝对意义。

士之为人，当理不避其难，临患忘利，遗生行义，视死如归。有如此者，国君不得而友，天子不得而臣。大者定天下，其次定一国，必由如此人者也。故人主之欲大立功名者，不可不务求此人也。贤主劳于求人，而佚于治事。(《吕氏春秋·季冬纪第十二·士节》)

“当理不避其难”，高诱注：“理，义也。杀身成义，何难之避也。”[1]由此可见，全父母所遗之身体，对于儒家士人来说，并不具有终极价值，在更高价值指引下，可以赴死献身。“遗生行义”，高诱注：“惟义所在，不必生也，故曰‘遗生’也。”[2]为了道义可以轻死，对于这种人，国君不可得与之为友，天子不可以臣子对待之。这反映出以道制势的理想，对于当时以法家为指导思想的秦国而言，无疑是一种具有革命性的思想。

(六)政治哲学

《吕氏春秋》是吕不韦试图影响秦王政，转变秦国政治轨道的一部书，因此全书基本上围绕着治道进行。我们从以下几个方面阐述。

1.国家起源

关于国家起源，《吕氏春秋》是通过“君”如何产生来表述的，我们主要从两个方面论证，即人与自然和人与人的斗争。《恃君》中作者认为人的各项生理条件在大自然中都不占优势，但人能与自然抗衡，抵御各种侵害，其原因有二：一

---

① 许维遹：《吕氏春秋集释》，中华书局2009年版，第262页。

② 许维遹：《吕氏春秋集释》，中华书局2009年版，第262页。

是人们提前有所防备(先有其备);二是人们能够组织起来,利用群体的力量与自然抗争以生存与发展。作者又追溯君道立之前的历史,当时人们聚居在一起,处于母系社会阶段,没有等级制度与伦理规范,生产生活条件非常原始简陋,作者认为这是没有君的弊端,他甚至还认为自从上古立君之后,虽然很多国家不复存在,但君道不废,仍然保留下来,这是天下之利,所以说国家灭亡不能说明君道不合理,那只不过是废除掉不合格的君主而已,而合格的君主则存续下来。所谓君道,就是利民而非自利。《荡兵》旨在批判偃兵之说,强调用兵、战争的不可避免性,在这个过程中,作者讲到君主(国家)的产生。他认为战争从人类诞生以来就有了,五帝之间靠战争胜负递次争长做头领,但仅仅是争做头领还不够,因此有了君主,君主仍不足以治之,又改为立天子。若将这段叙述与历史相对照,则似乎是中国政治发展从黄帝到颛顼到夏启这三个阶段的反映。这等于说,以争为起点,依次产生了长、君、天子,战争成为催生政治社会与促进人类文明发展的动力。这是从发生学角度讲国家起源和君主的产生。另外,作者认为君的产生合乎天道,表现为逻辑与历史的统一。《本生》中作者认为天子处于天与人之间,天生人而天子养人,所谓养,即全其天性,天子的职能是襄助天地之化育,帮助、促进人们实现其天性,这是对君道合理性的一种有效论证。

2.治道

治道是《吕氏春秋》全书的中心问题,吕不韦关于治道的主张集中体现在《序意》中。

> 维秦八年,岁在涒滩,秋,甲子朔。朔之日,良人请问十二纪。文信侯曰:“尝得学黄帝之所以诲颛顼矣,爰有大圜在上,大矩在下,汝能法之,为民父母。”盖闻古之清世,是法天地。凡十二纪者,所以纪治乱存亡也,所以知寿夭吉凶也。上揆之天,下验之地,中审之人,若此则是非可不可无所遁矣。天曰顺,顺维生。地曰固,固维宁。人曰信,信维听。三者咸当,无为而行。(《吕氏春秋·季冬纪第十二·序意》)

根据吕不韦自己的说法,他主张的治道来源于“黄帝之所以诲颛顼”,其原则是“法天地”,具体而言是“上揆之天,下验之地,中审之人”。十二纪反映五行相生胜和五德相终始的观念,人君依照四季更替所代表的天意来施政,恩威并施,刑赏均衡。这对秦国自商鞅变法以来法家的重刑轻赏政治理念与制度无疑是一种巨大的冲击。

以十二纪为指导的制度下，天官（史官）负责协助人君与天帝沟通，属于通天阶级，而一旦他们察觉天意有变，则会用实际行为彰显天意所在，因此史官出逃在古人观念中就是天命转移的先兆。《先识》中提到一个重要观念“民从于贤”，这里的贤者是天意的体察者，贤者通天，民从贤者，这是说贤主通过得到贤者而得到民。这意味着在政治权力之外存在一个相对独立的道义、舆论中心，这在法家型政治制度中是绝对不允许存在的，因此这也是针对秦国现实提出的一种具有革命性的政治治理之道。

由于不肯定现实政治权力的绝对合理性，《吕氏春秋》不否定家天下这个现实，但更倾向于公天下。《贵公》中作者认为不仅历史上治天下要出于公心，而且得天下也是公意的结果。“凡主之立也生于公”，陶鸿庆说：“广雅释诂：‘生，出也。’言立君之本义，出于人心之公，所谓‘天生烝民，作之君，作之师’也。”①这就将公与权力正当性关联起来，否定了以暴力征伐取得天下的观念。

公天下主张并不否定政治上的等级，相反，它极力说明政治等级的合理性，强调分工的必要性。《圜道》中说：“天道圜，地道方，圣王法之，所以立上下。”这是说人类社会中的君臣上下关系是效法天与地的上下关系而来的，这就上升到本体论高度为等级制度找依据，说明其合理性。《处方》中将等级关系从君臣扩大到父子夫妇，认为“六者当位”则会有合理的秩序，等级差别是实现天下大治的关键。

在具体政治治理上，《吕氏春秋》儒道兼收。道家思想主要表现为因循自然，身比天下重的观念。《贵因》中作者把夏商周三代得天下的原因归为“因”，提出“因则无敌”的论断，并举大禹、舜、汤、武的例子说明。因即因循、利用之意，禹因循的是水势，舜因的是人心，汤武因的是人欲。篇末又举了因应自然、入乡随俗而成功的例子。作者还把因与专对举，因则成功，专则失败。高诱注：“专则败，故曰拙。”②所谓专，当与因循顺应相反，有逆反之意，所以因循与法家抟民力以致富强的观念与做法也是完全相反的。道家另一个观点是身比天下重，治天下乃治身之余事。《审为》中作者将身与天下相对而言，把身视为主体，为内；天下视为对象，为外。作者认为内重外轻，身重天下轻，牺牲身去追逐物，

---

① 许维遹：《吕氏春秋集释》，中华书局 2009 年版，第 24 页。

② 许维遹：《吕氏春秋集释》，中华书局 2009 年版，第 390 页。

是不知轻重的表现。治身先于治天下，治身成功则天下可治。其中的道理在于，治身以知道为目标，为君者当效法道，所以知道意味着通晓为君之道，如此则天下可治。

儒家的治理之道主要是乐教和忠孝之教。《适音》中作者认为音乐加之于人的感官时，存在一定的接收限度，声音不可太大、不可太小、不可太清、不可太浊，而应当适度。乐应当平和中正，如此方能用以安民化俗。作者在这里讲的是音乐的教化功能，而不是娱乐功能。《音初》中作者认为音乐是人们情感、意志的外在表现，听不同地方的音乐就能知道那里的风俗、人们的意志德行，这是无法隐藏的。可以通过音乐来观察世风民情，并发挥音乐的积极教化功能，通过乐教使人们向道。儒家治道还有一个重要方面是忠孝之教。《劝学》里说先王教人孝、忠以求显、荣，孝与忠乃人亲人君之所欲，荣与显乃人子人臣之所愿。这里存在一种社会功利主义倾向。作者认为现实中大家都不能如愿，是因为不知理义，要知理义则应当学习。《孝行》把孝提到忠之上，变成一个更为基本的伦理规范。视孝为行之本，将孝作为忠的依据，这是典型的儒家思想。作者把孝视为民之本教，即人之为人的本分。讲具体的孝行，包括养、敬、安、卒，从物质到精神，从养生到送死，再到父母死后的态度与作为。作者还将孝伦理作为仁、礼、义、信、强的内容，强化其地位。孝则乐生，不孝则受刑辟，于是孝从伦理规范上升为治国原则。

3.君道

《吕氏春秋》中关于君道的思想极为丰富，就其思想的学派归属而言，也是道儒兼而有之。我们分而言之。

道家的君道主要是讲君与道的关系以及君的本分。《博志》讲“物不可两大”的道理，以此讲君道，天子不能包揽一切，不可企图“用智褊”，即以君而行臣职。君与臣当有分工，人君应当守自己的本分。《审分》中作者认为人君明白自己的本分，才可能使国至于治，作者还以种地为例，说明职责不明会导致没有效率。用驾车比喻人君的本分，不主张人君治官吏之事。《分职》中作者认为所谓君道，就是能用非其所有，如己有之，具体而言就是能够将众人的智、能、为，为己所用，以遂事功。这样的君其实是道的化身，表现为“处虚素服而无智”。人君不能行臣职去强行地智、能、为。《知度》讲君道强调的关键是君不必亲自处理所有的事，而应当把事权下放给官吏，官治事，君治官。下放事权则需要察奸,于是就需要有察奸之术。《审应》要求人君言谈应对时秉持循名责实、后发制人的原则,对于臣下进行审核考评。

儒家的君道没有术的内容,所以强调君当用众、重学。《用众》中作者主张人君当取乎众,原因是人君出乎众,不当舍弃众,这是针对要求人君独断专制的法家思想,同时也与黄老道家不相同。儒家还特别重视学习,认为君主应当尊师重道。《尊师》中作者举出古代圣王、近代霸主的例子,说明当今人主地位、智慧皆不及彼,自然更应当尊师,这像是对秦王政的委婉劝谏。

关于为君之道,《吕氏春秋》还从很多具体方面进行阐述。

第一,修身。包括:人君要能够控制自己的情绪,人君当顾全大局,不可任性而为,人君应当有忧患意识,人君当爱民,人君当虑及长远,人君不可贪图小利,人君应当讲信用,人君出言要谨慎。第二,听言。包括:人君在听取臣子言谈时要有法度,人君应当有听取直谏的胸怀,人君对待传言与诡辞要能明察。第三,用贤。作者认为贤者被重用,才可能有治世出现,这是《吕氏春秋》在用贤问题上的基本态度。《观世》中作者认为天下的有道之士虽然有,但是数量少,而治天下必待贤者。贤者虽有,却未必能被任用,因此历史上治世短而乱世长。作者提到天下是“周室既灭,天子断绝”,即出现一个最高权力真空。七国之中无疑秦国是最有可能填补这一真空的国家,而吕不韦对秦王政的殷切期望也于此表露出来,为此他希望秦王政能求得有道之士的辅助,以成就大业。《下贤》中作者还提出一个重要观点,即民从士。由于天下之人追随士人,因此士人为谁所用,谁就能称帝。这里的士人跟前述抱图籍出逃的史官功能类似,都成了天命转移的象征。这是绝对不为法家思想所容的。由此也可见《吕氏春秋》的现实批判意义。如何实现君臣遇合?作者认为明主才能吸引贤者。《期贤》中作者举人们用火吸引蝉的例子,说明君主贤明方能吸引人才来投奔,而明之所以为明,乃因大环境的黑。作者认为当今之世乃黑暗时代,所以人君若能明其意,则可吸引天下之士归之。在选贤、用贤的方法上,《吕氏春秋》强调了以下几个方面。察贤,即辨别士人是不是人才,另外人无完人,用人的时候当用其所长,不可求全责备。第四,使民。关于如何用民,《吕氏春秋》基本上持儒家立场。《用民》中作者认为用民之道在使之以义,这里的义与赏罚相对而言,属伦理范畴,所以也是以法家为批判对象的。

4.臣道

《吕氏春秋》关于臣道的内容不如君道丰富,主要有以下几个方面。一是为人臣当公私兼顾,二是欲富贵而不苟为,三是君臣悬隔,臣无由知君。《当赏》中作者将君与臣的关系视为道与物的关系、主宰与被主宰的关系,臣只能以人君赏罚为指挥棒行事。这是典型的法家思想,这种为臣之道是属于法家的。

战国时代的主题是社会变革与思想争鸣,出生或活动在河南的哲学家在其中发挥了重要作用。墨子对儒家的批判拉开了百家争鸣的序幕,墨子思想也构成轴心时代哲学突破的重要内容,后期墨家的思想是百家争鸣的结果。道家各派继承和发展《老子》哲学,庄子成为老子之后又一宗师级人物,庄子后学的思想表现出兼容各家的特征。法家应时而生,推动制度革新,加快统一步伐,韩非子吸收道家本体论,为法家思想寻找理论依据。吕不韦主持编撰《吕氏春秋》试图指导秦国政治转型,虽然没有成功,但其贡献应当承认。

第三章 河南与汉代哲学

前206年,刘邦建立汉王朝,制度上承袭秦朝,同时不断总结秦亡教训,贾谊是其中突出代表。在处理中央政府与地方诸侯、汉廷与匈奴关系上,贾谊也贡献了自己的政治智慧,深深影响了西汉前期的政治。在战国时期诸子蜂起、道术为天下裂之后,政治统一要求思想统一,在思想上出现由分而合、由子学而官学的发展态势。《吕氏春秋》是这种综合的重要表现,贾谊的思想也具有兼容并包的特点,董仲舒改造后的儒学同样是融合的产物。他将易学列为六艺之科、孔子之术,经汉武帝表彰之后,孔子之学由子学、家学上升为官学,从《吕氏春秋》开始的重建新官学的努力成为现实。田昌五认为,贯穿先秦与秦汉思想发展史的基本线索是易学①。在汉代易学发展中,河南籍易学家京房、荀爽作为汉代象数易学与注经派象数易学的代表,将学术活动与现实需要紧密结合,表现出儒家士人以天下为己任的救世情怀。

第一节　贾谊

贾谊(前200—前168)是西汉时期的政论家和思想家。汉文帝元年(前179)被召为博士,其间作《过秦》,上疏《论定制度兴礼乐疏》和《论积贮疏》(主张重农)等。文帝三年(前177),贾谊见疏于文帝,被发落到离长安千里之遥的诸侯小国长沙出任太傅,途中写下了千古名作《吊屈原赋》。文帝五年(前175)写下了包含他重要哲学观点的《鹏鸟赋》。文帝六年(前174),贾谊被重新召回

① 田昌五:《易学与秦汉思想文化形态的演变》,《求是学刊》1998年第5期。

长安，任文帝少子梁怀王的太傅，死于文帝十二年（前168），终年33岁。

贾谊早年深受儒家思想影响，18岁时，即前183年，被河南守吴公“召置门下，甚幸爱”，吴公尝学于李斯，可说是荀子的再传弟子。贾谊从学于吴公，可说是李斯的再传弟子，荀子的三传弟子。贾谊也深受法家和黄老思想影响，王洲明和徐超先生的论述很能说明问题：“贾谊的思想主要为儒家内容，也有法家成分，甚至还有道家色彩……他的思想，显示出汉初以儒家为主的各家学派合流的趋势，显示出儒家经过加工改造，最终将成为封建社会统治思想的发展趋势。”[①]贾谊的著作，据《汉书·艺文志》著录，有《贾子》五十八篇，赋七篇。今本《新书》是后人纂辑的贾谊著作汇编，其中赋五篇，即《吊屈原赋》《鹏鸟赋》《旱云赋》《惜誓》和《虡赋》。

一、道论

《鹏鸟赋》中，“道”字共出现四次：“天不可预虑兮，道不可预谋。”“至人遗物兮，独与道俱。”“真人恬漠兮，独与道息。”“寥廓忽荒兮，与道翱翔。”贾谊的论道思想，其精神与老子、庄子之间有一定的渊源关系。

贾谊对“道”的讨论首先是从追问其本质来切入的。《新书·道术》中说：“数闻道之名矣，而未知其实也，请问道者何谓也？”贾谊所处的时代大乱初定，冠以“道”之名的各种学说使人不知所从。他对“道”的解释是：“道者所道接物也，其本者谓之虚，其末者谓之术。”首先指出道是人们所由以处理人、事、物的凭证。然后贾谊又对虚为本和术为末进行了解释。他说：“虚者，言其精微也，平素而无设诸也。”“术也者，所以从制物也，动静之数也。凡此皆道也。”也就是说，贾谊直接指出了先秦道家未曾直接表明的思想，即“虚”就是道的本质，这里并不是说道的本质是空无一物的虚无，而是强调道的精微特征，并且这种精微之中不藏储任何东西。而道与物的相接，不能只停留在虚这一精微之处，而是要通过“术”来完成。“术”就是用来治理、裁度事物的规则，起到使事物动静各宜的作用。徐复观曾指出：“虚乃道在人心中的本来面貌，术乃道在人生中所发

① 王洲明、徐超：《贾谊集校注》，人民文学出版社1996年版，第8页。

生的具体作用。若使用后来的体用两词,则就道体现于人心而言,虚是体而术是用。”[①]所以说,术虽然是道之末,但如果道要落实到具体的事物之上,那么术有切实的大用。

贾谊的道之接物是从虚之接物和术之接物两个层面来论述的。首先,虚与物如何相接呢?《新书·道术》中记载:曰:“请问虚之接物何如?”对曰:“镜义而居,无执不臧,美恶毕至,各得其当;衡虚无私,平静而处,轻重毕悬,各得其所。明主者南面正而清,虚而静,令名自命,物自定,如鉴之应,如衡之称。有舋和之,有端随之,物鞠其极,而以当施之。此虚之接物也。”这里“镜义”与“衡虚”相应,义者,平也[②];衡者,也是指平[③]。所以虚之接物就如同平放着的镜面,无所执着,也不储藏东西,令外物来与镜面相接。因为这平放着的镜子事先没有美恶的观念预设,与外物相接之时,它们就会按照本来的面目呈现出来。同时,虚之接物也如同平静放着的天平,外物来接之时,它们也会按照本来的分量悬之于左右。也就是说,虚之接物其实就是物主动与虚相接。贾谊对虚之接物的解释还体现在君主的为君之道上,他希望君主如鉴、衡一样清虚守静,使事物呈现本来的面貌,不人为地去观照和主观地强制。

虚之接物强调了道的无为、无私的特性,那么如何无为而有为,完成由虚到实的转化呢?这就需要由术之接物来完成。贾谊《新书·道术》中对术之接物的解释是:“人主仁而境内和矣,故其士民莫弗亲也;人主义而境内理矣,故其士民莫弗顺也;人主有礼而境内肃矣,故其士民莫弗敬也;人主有信而境内贞矣,故其士民莫弗信也;人主公而境内服矣,故其士民莫弗戴也;人主法而境内轨矣,故其士民莫弗辅也。举贤则民化善,使能则官职治;英俊在位则主尊,羽翼胜任则民显;操德而固则威立,教顺而必则令行;周听则不蔽,稽验则不惶,明好恶则民心化,密事端则人主神。术者,接物之队。凡权重者必谨于事,令行者必谨于言,则过败鲜矣。此术之接物之道也者。其为原无屈,其应变无极,故圣人尊之。夫道之详,不可胜术也。”在贾谊看来,君主的为君之道也是术之接物的最直接表现,君主如果做到仁、义、礼、信、公、法这六个原则,境内就会和谐稳

① 徐复观:《两汉思想史》(卷二),台湾学生书局1987年版,第154页。

② 《孔子家语·执辔》:“以之义则国义。”王肃《注》曰:“义,平也。”详见阎振益、钟夏:《〈新书〉校注》,中华书局2000年版,第306页注9。

③ 《淮南子·主术》中有“衡之于左右,无私轻重,故可以为平”。

定、井然有序,从而得到人民的信任、爱戴和拥护辅佐。同时,君主还需要举贤使能,任用有才能的官员并知人善任。这是建议君主避免一意孤行,做到广开言路、汲取民智、量才而用。当然,君主也需要一定的权术,如立威、兼听、多加检验、对机密之事谨言慎行等等。贾谊用为君之道来解释术之接物,是为了说明术的重要性,强调术作为接物之道的作用。也就是说,不仅仅是君主治国,包括个人修身、人与人交往等等都需要术之接物。最后需要强调的是,因为道的不屈、物的无极,即道的运行是清虚守静的,而与道相接的物是无穷无尽的,所以接物之术也必然是处于无止境的状态,所以说不可胜述也。

二、民本思想

先秦时期是中国古代民本思想的形成时期。秦王朝以法家思想为核心内容,指导自己的政治实践,否定了民本思想继续发展。然而秦王朝二世而亡,民本思想又重新回归。刘邦让陆贾总结秦亡及古今成败之国的经验教训,陆贾在《新语》中对君民关系、国民关系作了一番分析,认为“欲建国强威,辟地服远者,必得之于民”(《新语·至德》),强调立国强国必须得民心。“怀道者众归之,恃刑者民畏之”(《新语·至德》),指出了得民心必须行王道,施仁政。贾谊在此基础上,提出了更加系统的民本思想体系,为汉文帝施行仁政提供了强大的精神动力和理论依据。在《过秦》中,贾谊总结了秦的强大及兴亡史,说明秦之所以能够在争雄战争中取得胜利,关键在于其改革及其统一事业顺应了历史发展潮流,符合民心民意,如果秦王及二世能够顺应人民愿望,采取“约法省刑”“轻赋少事”“贩济贫困”“塞万民之望”的仁政政策,秦的统治是可以长久的。但秦王“怀贪鄙之心,行自奋之智……以暴虐为天下始”,二世更是“繁刑严诛,吏治刻深,赏罚不当,赋敛无度……百姓困穷,而主不收恤”,因此,貌似强大的秦王朝很快覆灭。所以,贾谊得出了这样的结论:“故夫民者,大族也,民不可不畏也。故夫民者,多力而不可适也。呜呼,戒之哉戒之哉,与民为敌者,民必胜之”,“与民为仇者,有迟有速,而民必胜之”(《新书·大政上》)。人民是社会的主体,占人口的绝大多数,人多力量大,如果与人民为敌,人民最终将战胜它。与先秦思想家相比,贾谊的认识是深刻的。

贾谊认为，在国家政治生活中，处理政事制定政策都要以人民为根本，因为人民是国家的根本、国君的根本、官吏的根本。国家因为有人民才有人去保社稷江山，国君因为有人民，才能显示自己的地位和威势，官吏因为有人民，才有管理的对象，才能施展自己的政治才华。这就是民之为本的原因所在。贾谊在《新书·大政上》篇开头就清楚地讲道："闻之于政也，民无不为本也。国以为本，君以为本，吏以为本。故国以民为安危，君以民为威侮，吏以民为贵贱。此之谓民无不为本也。"

贾谊对如何以民为本也有系统的看法，其中包含了对君主的要求，也有对官吏的考察标准，另外，在治民手段、安民政策等方面也提出了全面的分析和论述。要实行以民为本的政治策略，作为最高统治者的国君将起到至关重要的作用。因为，君主位于金字塔的顶端，拥有至高无上的权力，所以，他的品德、他的言行举止，对政策的施行起着重要的导向作用。贾谊对统治者的行为及品德提出了较高的要求。他说，"君以知贤为明，吏以爱民为忠"。首先，君主要知贤用贤；其次，君主要"忧民之忧，乐民之乐"（《新书·礼》）；然后，君主选拔官吏，一定要让人民参与、尊重人民的意愿。贾谊对官吏的考察也提出了原则和标准，那就是"主耳忘身，国耳忘家，公耳忘私，利不苟就，害不苟去，唯义所在"①。即为了国家的事业，公正无私，不趋利避害，以一颗仁义之心为标准。在治国理民的方法手段上，贾谊提出以礼治国，以礼理民。贾谊认为，夺取天下靠暴力，治理天下则要靠仁义，取与守不同术。若要使民归附，就要用正确的方法，即以一颗仁爱之心去对待人民，他说："故夫士者，弗敬则弗至；故夫民者，弗爱则弗附。故欲求士必至，民必附，惟恭与敬，忠与信，古今毋易矣。"（《新书·大政下》）贾谊还提出了"富安天下"的思想，认为安民的关键是富民，要轻徭薄赋、防止浪费，使人民有稳定的生活。

三、政治哲学

关于君臣关系，贾谊提出凡事要讲求尊卑的等级秩序，臣下应该明上下之

---

① 《汉书》卷四十八《贾谊传》。

分,对于君主的至尊地位,要懂得去维护:“人主之尊,辟无异堂。阶陛九级者,堂高大几六尺矣。若堂无陛级者,堂高殆不过尺矣。天子如堂,群臣如陛,众庶如地,此其辟也。故陛九级上,廉远地则堂高;陛亡级,廉近地则堂卑。高者难攀,卑者易陵,理势然也。故古者圣王制为列等,内有公卿大夫士,外有公侯伯子男,然后有官师小吏,施及庶人,等级分明,而天子加焉,故其尊不可及也。”[①]对古制“礼不下庶人,刑不上大夫”的重申:君之宠臣,虽或有过,刑戮不加其身,尊君之势也,此则所以为主上豫远不敬也,所以体貌群臣而厉其节也[②]。

对于太子教育的具体内容,贾谊提出了礼教的思想,“《学礼》曰:‘帝入东学,上亲而贵仁,则亲疏有序而恩相及矣。帝入南学,上齿而贵信,则长幼有差而民不诬矣。帝入西学,上贤而贵德,则贤智在位而功不遗矣。帝入北学,上贵而尊爵,则贵贱有等而下不逾矣。帝入太学,承师问道,退习而考于太傅,太傅罚其不则而匡其不及,则德智长而理道得矣。’”[③]太子是未来的最高统治者,他们必须在东、南、西、北四学中学习礼教的内容,只有全面地掌握“仁”“信”“贤”“德”这些礼的思想,才能成为一个合格的君王。

贾谊认为当时诸侯王的僭越、富贾的奢靡和匈奴的入侵是给大汉王朝带来危害的几个社会问题,他把当时的形势比喻成“抱火措之积薪之下而寝其上”,一旦大火燃烧起来,汉王朝就会重蹈秦王朝灭亡的覆辙。他是西汉初期较早提出大一统政治主张的人。贾谊认为,诸侯王在制度上形成了僭越,他们在宫室官制方面等同天子,违背了上下尊卑的等级关系原则,不符合礼制要求,而且容易使诸侯王野心膨胀,甚至觊觎帝位。“诸侯王所在之宫卫,织履蹲夷,以皇帝所在宫法论之;郎中、谒者受谒取告,以官皇帝之法予之;事诸侯王或不廉洁平端,以事皇帝之法罪之。曰一用汉法,事诸侯王乃事皇帝也。谁是则诸侯之王乃将至尊也。然则,天子之与诸侯,臣之与下,宜撰然齐等若是乎?”[④]西汉王室就像一个得了浮肿病的人,诸侯王国如同大如腰的胫、大如股的指,王室政权,身不由己,无法运转。这是一种恶疾,如不及时治疗,将严重威胁王室政权。对此,他提出了“割地定制”思想。“割地定制,齐为若干国,赵、楚为若干国,制既

---

① 阎振益、钟夏:《新书校注·阶级》,中华书局2000年版,第80页。
② 阎振益、钟夏:《新书校注·阶级》,中华书局2000年版,第80页。
③ 阎振益、钟夏:《新书校注·保傅》,中华书局2000年版,第184页。
④ 阎振益、钟夏:《新书校注·等齐》,中华书局2000年版,第46页。

各有理矣。于是齐悼惠王之子孙王之，分地尽而止，赵幽王、楚元王之子孙，亦各以次受其祖之分地，燕、吴、淮南佗国皆然。其分地众而子孙少者，建以为国，空而置之，须其子孙生者，举使君之。诸侯之地其削颇入汉者，为徙其侯国及封其子孙于彼也，所以数偿之。"[1]他认为，如果天子与诸侯王国界不正，犬牙交错，是万万行不通的，必须采取措施加以改变。贾谊的"割地定制"思想，抓住了汉初社会存在的主要矛盾，并提出了解决矛盾的办法。贾谊以其敏锐的政治眼光和卓越的政治才华，在一片歌舞升平、歌功颂德之后洞察到诸侯王严重威胁中央政权的危机，提出了限制、打击诸侯王势力，消除诸侯王威胁的主张，为西汉中后期及以后的封建王朝在制定相应政策方面提供了有益的历史借鉴。遗憾的是文帝只是部分接受了贾谊的建议，"乃分齐为六国，尽立悼惠王子六人为王，又迁淮南王喜于城阳，而分淮南为三国，尽立厉王三子以王之"。

秦汉之际，北方匈奴逐渐强大起来，不断地侵犯边境，汉初统治者无力与匈奴对抗，所以采用了和亲的政策，贾谊强烈呼吁维护大汉天子至高无上的地位和权力，提出了解决匈奴问题的"三表""五饵"。所谓"三表"，一是"以事势谕天子之信，使匈奴大众之信陛下也"；二是"以事势谕陛下之爱，令匈奴之自视也，苟胡面而戎状者，其自以为见爱于天子也，犹若子之遻慈母也"；三是"谕陛下之好，令胡人之自视也，苟其技之所长与其所工，一可当天子之意"。所谓的"五饵"，一是赏赐华丽的锦绣以坏其目，二是赏赐精美的食物以坏其口，三是赏赐舞者歌者以坏其耳，四是赏赐厚重的财富以坏其腹，五是厚待胡人贵族子弟以坏其心。后人有人笑话贾谊这是一种不切实际的幻想，不过这些措施中也未尝没有可取之处。

西汉初年，商人势力强大，富商大贾生活侈靡，导致社会风气日趋败坏。贾谊分析了这种风气在社会上蔓延的原因和危害，认为人们以侈俗相耀，互相攀比，会直接导致越法犯禁的人增多和社会秩序的混乱。他从重建礼制、重建社会秩序出发，呼吁文帝采取措施，提出了定经制。他说："立君臣等上下，使父子有礼，六亲有纪……悲夫！备不豫具之也，可不察乎！"[2]整个社会只有建立起等级分明的有序关系，人们才能各处其位，各司其职，社会机能才能正常运转，国

---

① 阎振益、钟夏：《新书校注·五美》，中华书局2000年版，第67页。

② 阎振益、钟夏：《新书校注·俗激》，中华书局2000年版，第92页。

家才能稳定发展。

第二节　京房

京房(前77—前37),西汉学者,本姓李,字君明,东郡顿丘(今河南清丰西南)人,生活在汉昭帝至汉元帝之间,汉元帝时为郎、魏郡太守,师从梁人焦延寿。焦延寿把汉代的易学变为术数,讲授《易》时,很喜欢推演灾异现象,以自然灾害解释卦象,并进而推衍人事。师从焦延寿的京房对《易》的研究也颇有影响,开创了京氏易学,把灾异与政治相联系,自成一派,有《京氏易传》存世。

一、作易以垂教

汉代今文经学将儒家经典与阴阳学说结合起来,形成了天人感应的理论,谶纬之学也在官方和民间的推动下兴盛起来,象数易学与当时的天文、历法、数学、医学等知识相结合,发展出构建宇宙模式的易学理论。京房把五行、干支、天文、历法、星象、物候等已有的知识引入易学研究,构建自己的宇宙图式。

京房认为天人之间是同构的,并受到一个统一力量和法则的支配。他力图以易道沟通天人,把天干地支、五行阴阳纳入到他的学说之中,建立了以八宫结构为框架的易学体系。京房的天人感应之说以八宫卦为基础展开,他认为,八卦因天人在本质上的同构而能够通乎万物,易道也因此能“包备有无”。《易》垂教示人以吉凶,教导人们把握这种有与无的关系,考天时察人事,从而知隐显灾祥。

京房认为,圣人效法天道,探索宇宙的运行规则,然后定人伦、明秩序。易道是对天道人事的模拟,八宫六十四卦系统就是模拟天道的运行,通过易道测算,人们就可以掌控天道人事,易道成为沟通天人的中介。天道与人道是同构的,自然界的变化与人事的变化也是相互关联的,当人道能够符合天道时,就会出现祥瑞,悖逆天道时灾异就会出现。这就使得京房的易学具有了很强的教化意义。

在论述五行中的“木”时,京房提出了使民以时、劝农桑、安百姓等主张,反对夺民时、伤民财。在京房看来,作易是为了教化人们,“阴阳运行,一寒一暑;五行互用,一吉一凶。以通神明之德,以类万物之情。故易所以断天下之理,定之以人伦而明王道。八卦建,五气立,五常法象乾坤,顺于阴阳,以正君臣父子之道”。

《京氏易传》认为,“生吉凶之义,始于五行,终于八卦。从无入有,见灾于星辰;从有入无,见象于阴阳也”。“八卦仰观俯察在乎人,隐显灾祥在乎天,考天时察人事在乎卦”。天通过天象表达自己的意志,把天象变化隐藏在易卦中,人们可以通过易卦推知天意。京房由此创立了一套由天时考察人事的筮法体系。在这套体系中,京房还把六亲(父、子、兄、弟、夫、妇)与六爻作了对应的关系说明,也即是把家庭宗法关系纳入到其易学研究之中,表明他正人伦、明王道的思想意图。他认为易是“考天时、察人事”的天人之学,即是为了断天下之理,定之以人伦。

二、灾异论与政治目的

京房结合阴阳五行说研究《易》,被称为“《易》阴阳”,即以四正卦分别代表一年中的冬至、春分、夏至和秋分,以便预测一年的气候和灾害,通过观测气象(“风雨寒温”)变化推测阴阳二气的消长,然后比较其与对应卦气正常状态之间的差异,通过运用数术逻辑推论出人事中的阴阳盛衰转变,进而占卜、预测或评论人事,根据天候的灾变预言政治兴衰成败和政治进退权变的策略。古人将灾异看作天意的表现,认为是对不善人事的警告和谴责,预示着人事的凶灾,京房的《易》灾异论是其中的一种,也就是将数术占验之学与《易》结合起来,把一年中的三百六十五又四分之一天分配入《易》六十四卦,每卦主六又八十分之七日,然后以一段时间内的气候气象变化与所主之卦代表的阴阳消息相对比,据以占卜吉凶,所以京房灾异论数术色彩浓重。京房灾异说的前提是天人以类相感,理论工具是阴阳数术卦气之学。

京房曾数次上书预测灾异发生的时间,结果“所言屡中,天子说之”,因此得到汉元帝的数次召见,京房也因此能够陈述自己的主张。面见元帝后,京房便不再预言灾异之事,而是指出灾异产生的原因,并推荐了他的“考功课吏法”,《汉书·京房传》载:“天子说之,数召见问。房对曰:‘古帝王以功举贤,则万化成,瑞应著,末世以毁誉取人,故功业废而致灾异。宜令百官各试其功,灾异可息。’”

京房提出考功课吏法,以应对阴阳灾异,这明显与一般的阴阳术士是不同的,比如对于灾异不只是从阴阳学说层面加以解释并用祭祀等方式加以解决,而是从人们实际的作为上来加以化解。为了落实自己的想法,京房把政策的实施与灾异、祥瑞等现象相连接。在朝中,京房与大臣辩论考功法的必要性与可行性,可见他预言灾异只是进身之阶,是服务于他的政治理想和政治信念的。他申述人事必先以天道为基础,以天道来推演人事,认为“邪说虽安于人,天气必变,故人可欺,天不可欺也”,并向元帝提出警告,希望元帝不要违逆天意。

京房有着深厚的儒学背景和强烈的儒家价值取向,对儒家的尊王思想、家庭伦理道德和使民以时等有着高度的信仰,体现出儒家的救世情怀,他只不过利用预言和灾异论宣扬儒家价值观念。他虽然重视阴阳术数,但他的政治和伦理思想基本上都属于儒家思想。当时汉代由盛转衰,灾异说十分盛行,京房通过预言灾异增强自己的威信和说服力,取得了皇帝的重视并进入朝廷,然后通过人事灾异的占卜和对灾异原因的解释,来表达他的政治主张和政治理想。京房以其易道言说政治,易道只是他所选择的言说政治的工具,因此可以说京房不仅仅是一位易学家,更是一位拥有救世情怀的理想主义政治家。

第三节　荀爽

汉代对《周易》的注解偏重于象数方面,西汉和东汉又略有不同:前者关注《易》的卦象变化规律,力图构建一种宇宙图式和占筮体系,如焦延寿的卦气说,是占候之术的先驱,京房易学则成为后世占断吉凶的源头;后者侧重注经,虽然受到西汉卦气说的影响,但却较少言及阴阳灾异和占筮,显示出了义理的倾向,被称为注经派象数易学。荀爽即是东汉末年的注经派象数易学大家,其易学思想的独创性在于提出了"乾升坤降"说,对后世产生了一定的影响。

一、荀爽生平著作

荀爽,生于128年(东汉顺帝永建三年),卒于190年(汉献帝初平元年),字慈明,一名谞,东汉颍川颍阴(今河南许昌)人。荀爽有兄弟八人,当时被人誉为"八龙",其中荀爽聪敏好学,最为出名,时人称之"荀氏八龙,慈明无双"(《后汉书》卷六十二《荀韩钟陈列传》)。

荀爽作为东汉末年著名的经学家,潜心著述,淡泊仕途名利,因抨击时弊和反对宦官专权而遭党锢,解禁后也不应王室之召。献帝时应召拜为平原相,旋即升为司空。当时董卓擅权,荀爽因董卓而位至三公,遭受后人诟病。但是,荀爽当时想联合大臣反对董卓,未及实行即病故,也说明他并非夤缘附会之人。范晔《后汉书》为之辩护曰:"及后潜图董氏,几振国命,所谓'大直若屈',道固逶迤也",意为荀爽所为并非一己之私利,实乃为匡扶国家,一定程度上为荀爽正名,是较为中肯的评价。

荀爽一生笔耕不辍,著作等身,但大都散佚。据《后汉书·荀韩钟陈列传》载:荀爽"著《礼》《易传》《诗传》《尚书正经》《春秋条例》,又集汉事成败可为鉴戒者,谓之《汉语》。又作《公羊问》及《辩谶》,并它所论叙,题为《新书》。凡百余篇,今多所亡缺"。荀爽所作《易传》大多保存在唐人李鼎祚《周易集解》中,清人又对之辑佚钩沉,荀爽易学日渐受到关注,成为易学思想史中的重要发展环节。

二、乾升坤降说

乾升坤降之论,或者说阳升阴降说,是荀氏易学的核心,其要义是本于乾坤两卦相互对待、推荡、交易,而生成别卦,通乎万物。先秦之《易传》,已有"一阴一阳之谓道”的观念,并强调乾坤两卦的根本地位。至汉代孟喜、京房等象数易学大师,形成了阴阳升降变化的系统易学体系,以乾坤两卦为六十四卦之父母,并以二者为体,阴阳与之相埒而为用,阐发两者交互的象数之形式与义理之内涵。京房认为,“奇偶之数,取之于乾坤。乾坤者,阴阳之根本”①,“八卦之要,始于乾坤,通乎万物”②。《易纬·乾凿度》亦曰:“阳动而进,变七之九。阴动而退,变八之六……阳变阴化,以成六十四卦、三百八十四爻。”二者交互推荡相生,荀爽谓之“交易”,并说“阴阳相易,转相生也”③。在此基础上,荀爽以阴阳变化交易为基本原则,通过乾坤对待相生提出了“乾升坤降”新的象数易学体例。

荀氏的“乾升坤降”之义本于《周易》内涵,即立足于万物的变化、生息和交互。《系辞上》曰,“爻者,言乎变者也”,“生生之谓易”,明确了以变动不居的思维方式来审视世界,这是《易经》的基本法则。《易纬·乾凿度》说“《易》者,易也,变易也,不易也。管三成德,为道苞籥”④,即所谓的“《易》一名而三义”。首先,就是简易、简单的含义,《系辞上》说,“易简而天下之理得矣”;其次,是变化的含义,六十四卦中的每个卦象和爻象皆并非一成不变的,而处在不断的生息运动之中,这也对应着社会人事、天象和政治,须从交互交易的方面才能把握;再次,变动不居的“象”之背后,隐藏着不变的大道,这就需要将之提炼并运用到具体现象之中,即衍生为体用之关系。荀爽显然是继承并丰富了这一思想,乾升坤降之说亦表明了这三个方面的基本要义。

乾升坤降说简易之表现,在于其将世界万物的大衍之要素归纳为阴阳二爻,立足于二者交互推移,以确立万物演化之基本原则。阴阳二爻大衍以成万事万物,《易传》中已有明确表达,将之抽绎出规律并系统阐述,则肇始于汉代象数易学大师孟喜和京房。孟喜的四正卦说、十二辟卦说,即是根据阴阳二爻有规律的变化,将之与四时、十二个月份、二十四节气、七十二候等相合而形成系统化的易学体系。十二辟卦又称十二消息卦,按照阴阳消长变化对应十二个月份。十二辟卦是复、临、泰、大壮、夬、乾、姤、遁、否、观、剥、坤等,乾卦对应四月

① 唐颐:《图解京氏易传》,陕西师范大学出版社 2013 年版,474 页。

② 唐颐:《图解京氏易传》,陕西师范大学出版社 2013 年版,486 页。

③ (清)李道平撰,潘雨廷点校:《周易集解纂疏》,中华书局 2016 年版,第 561 页。

④ 萧洪恩:《易纬今注今译》,武汉大学出版社 2016 年版,第 32 页。

巳，坤卦对应十月亥，每卦为一月之主，其他各月卦爻皆为阴阳消息之表征。如乾卦䷀表示四月阳气升至极点，则阳爻去而阴爻来，从初爻开始变化，经历姤䷫、遁䷠、否䷋、观䷓、剥䷖，至坤䷁则阴气至极点，随之阳气逐步上升。这亦可从卦气说来理解。京房所创制的八宫卦，更是本于阴阳二爻推演而成。京房说，“内外刚长，阴阳升降”[1]，“阳升阴降，阳来荡阴”[2]，对六十四卦进行了重新的排列，以此预测社会与人事。

荀爽乾升坤降之说，很大程度上表现出了卦气说和象数之特征，但与前人不同之处在于，荀爽所谓的“阳升阴降”之阴阳，并非仅指阴阳二爻的象数之变，亦即不是单纯地从阴阳二爻之象的变化来重新安排易之体例，更多的是来表达六十四卦因阴阳之交易表征出的义理内涵。因而，用易比附天象四时，或预测占卜人事，并非荀爽学说之要义，他偏重于社会伦理等级和尊卑名分，以确立合理的社会秩序。荀爽对此说，“阳升阴降，天道行也”，此处的天道即是《序卦》所说的“有天地，然后有万物；有万物，然后有男女；有男女，然后有夫妇；有夫妇，然后有父子；有父子，然后有君臣；有君臣，然后有上下；有上下，然后礼义有所错”[3]。人文义理是荀爽关注的核心，荀爽注《乾卦·文言》“利者，义之和也”曰“阴阳相和，各得其宜，然后利矣”[4]，注“贞者，事之干也”曰“阴阳正而位当，则可以干举万事”[5]。从中可以看出，荀爽的阳升阴降之目的在于其位是否正当。

阳升阴降的简易之道，蕴含着二者的交易变动，从其根本而言，在于乾坤两卦的交通对待。荀爽注《乾·彖》“万物资始”曰“谓分为六十四卦，万一千五百二十册，皆受始于乾也，册取始于乾，犹万物之生本于天”[6]，注《坤·彖》“至哉坤元，万物资生”曰“谓万一千五百二十册，皆受始于乾，由坤而生也”[7]。这突出了乾坤相互对待交易而生成其他六十二卦和世界万象。荀爽注《坤·彖》“品

---

① 唐颐：《图解京氏易传》，陕西师范大学出版社 2013 年版，第 330 页。
② 唐颐：《图解京氏易传》，陕西师范大学出版社 2013 年版，第 387 页。
③ （清）李道平撰，潘雨廷点校：《周易集解纂疏》，中华书局 2016 年版，第 724 页。
④ （清）李道平撰，潘雨廷点校：《周易集解纂疏》，中华书局 2016 年版，第 41 页。
⑤ （清）李道平撰，潘雨廷点校：《周易集解纂疏》，中华书局 2016 年版，第 42 页。
⑥ （清）李道平撰，潘雨廷点校：《周易集解纂疏》，中华书局 2016 年版，第 35 页。
⑦ （清）李道平撰，潘雨廷点校：《周易集解纂疏》，中华书局 2016 年版，第 71 页。

物咸亨”曰“天地交，万物生”①，注《系辞下》“功业见乎变”曰“阴阳相变，功业乃成者也”②。乾升坤降的基本交易法则是阳进阴退，或者说阳息阴消，即阳性欲升，阴性欲承，由此明确阐释了阴阳二气相互交易感应的基本义理。荀爽注《乾·象》“潜龙勿用，阳在下也”曰“气微位卑，虽有阳德，潜藏在下，故曰‘勿用’也”，注“见龙在田，德施普也”曰“见者，见居其位。‘田’谓坤也。二当升坤五，故曰‘见龙在田’，‘大人’谓天子，见据尊位。临长群阴，德施于下，故曰‘德施普也’”③。从中可以看出，荀爽注易，根本目的是阐发其关注社会现实的义理精神和人文情怀。

因万物生于阴阳，二者的感应相生也是从乾坤二卦的交易发轫，荀爽的基本方法是乾卦初九爻、九二爻、九四爻、上九爻分别与坤卦六四爻、六五爻、初六爻、六三爻进行交易，《系辞上》说：“天一，地二；天三，地四；天五，地六；天七，地八；天九，地十。”④乾为天，为奇数，坤为地，为偶数，乾坤交易彼此占据合适爻位才能正当。以乾卦九二爻与坤卦六五爻相互交易为例，二、五作为下卦和上卦的中爻，荀爽是极为重视的，乾坤交易的核心在于此，他注《乾·文言》“本乎天者亲上”曰“谓乾九二。本出于乾，故曰‘本乎天’。而居坤五，故曰‘亲上’”，注“本乎地者亲下”曰“谓坤六五。本出于坤，故曰‘本乎地’。降居乾二，故曰‘亲下’也”⑤。上卦和下卦的中爻象征着中和的现实理想情怀，乾坤两卦阴阳推荡相互对待成万物、序人伦，正是二者交易而各得其位。

就《易经》本身而言，乾坤对待生成新的卦象，上卦为坎，下卦为离，水火既济䷾，荀爽注《既济·象》“既济亨，小者亨也”曰“天地既交，阳升阴降，故‘小者亨也’”。李道平疏曰：“泰本天地交也，既济则阴阳又交，二阳升于五，五阴降于二，二阴得正，故称‘小者’。交故通，通故亨也。”⑥荀爽重视乾、坤、离、坎四卦，因之代表着天、地、日、月，他注《乾·象》“大明终始”曰：“乾起于坎而终于离，

---

① （清）李道平撰，潘雨廷点校：《周易集解纂疏》，中华书局2016年版，第72页。
② （清）李道平撰，潘雨廷点校：《周易集解纂疏》，中华书局2016年版，第619页。
③ （清）李道平撰，潘雨廷点校：《周易集解纂疏》，中华书局2016年版，第39页。
④ （清）李道平撰，潘雨廷点校：《周易集解纂疏》，中华书局2016年版，第595页。
⑤ （清）李道平撰，潘雨廷点校：《周易集解纂疏》，中华书局2016年版，第53页。
⑥ （清）李道平撰，潘雨廷点校：《周易集解纂疏》，中华书局2016年版，第528页。

坤起于离而终于坎。离坎者,乾坤之家而阴阳之府,故曰‘大明终始’也。”[①]这表明荀爽受到了卦气说和孟喜四正卦的影响,阴阳与天地日月水火共同构成了组成万事万物的基本要素,天地日月水火的变化正是阴阳交易的结果,而阴阳处于合适的位置,天气万物、四时十二月等都有序运转,也契合了荀爽乾升坤降说的位分追求。

但是,交易变化并非一成不变的,阳极则阴生,阴极则阳息,事物总是在一定的限度内运行,超过了规律所限定的范围就向自身的对立面转化。《乾·上九》中的“亢龙有悔”就表达了这样的含义。荀爽对此也有明确的认识,他注《乾·文言》“是以动而有悔也”曰:“升极当降,故有悔。”[②]荀爽也从十二辟卦的方面对此进行了注释,阐释了阴阳变化消长和事物依时而转化的辩证思想,表明了他的哲学深刻把握了易之穷则变、变则通、通则亨的内在理念,对后世产生了较大的影响。

无论是阴阳升降、物极必反的哲学观,或者是须依时势而行,不可一味只求升降的人事准则,荀爽的乾升坤降说有着明确的本质内涵和变动准则,即以卦象的二、五爻作为下卦和上卦,或内卦和外卦的中爻,并以之为阴阳爻变动的鹄的,以求获得致中和的理想境界。直接而言,就是前述的阳当升居五位,阴当降居二位,五爻是天位,二爻是地位,各得其所才能明天地、序万物。荀爽的核心思想在于“中和”,这也是对《易经》基本思想的阐发,他注《系辞上》“天下之理得,而易成位乎其中矣”曰:“阳位成于五,五为上中;阴位成于二,二为下中。故‘易成位乎其中’也。”[③]乾升坤降或者阳升阴降的普遍意义,就在于阳进于五,阴降于二,否则就是失位。这是在交易变动的基本运动规律之中所抽绎出的世界基本秩序图景。如果阴阳交易变动缺乏这种理想性的目的之所在,就会导致万物混乱而不能和谐,变动的意义也就不复存在了,也就没有什么好处。荀爽明确说道:“阴阳相和,各得其宜,然后利矣。”他注《乾·象》“或跃在渊,进无咎也”曰“乾者,君卦。四者,阴位。故上跃居五者,欲下居坤初,求阳之正。地下称渊也。阳道乐进,故曰‘进无咎也’”[④],又注《乾·文言》“云行雨施,天下平

---

① (清)李道平撰,潘雨廷点校:《周易集解纂疏》,中华书局2016年版,第36页。

② (清)李道平撰,潘雨廷点校:《周易集解纂疏》,中华书局2016年版,第54页。

③ (清)李道平撰,潘雨廷点校:《周易集解纂疏》,中华书局2016年版,第547页。

④ (清)李道平撰,潘雨廷点校:《周易集解纂疏》,中华书局2016年版,第39页。

也”曰“乾升于坤曰云行，坤降于乾曰雨施。乾坤二卦成雨既济，阴阳和均而得其正，故曰‘天下平’”①。

荀氏易学亦有阳降阴升之例，如否卦䷋变为随卦䷐则是初六升上六，上九降初九，荀爽注《随·彖》“大亨贞无咎”曰：“随者，震之归魂。震归从巽，故大通。动爻得正，故‘利贞’。阳降阴升，嫌于有咎。动而得正，故无咎。”②可见，荀爽的象数易学有着明确的目的性和变动的趋向性，阳升阴降具有普遍性的意义，与之相反的变动则须据具体情境而定，其最终目的则在于宇宙之伦序、社会之和谐。

三、政治哲学

荀爽解易不侧重讲阴阳灾异，也不热心于卜筮预言，而是继承了费氏易学注重义理的治学特征，与其治国理政、匡扶天下的志向相互融渗，并终其一生恪守经纬人伦的文化情怀，展现了一个思想家忧国忧民的形象。这与荀爽的现实关切和人文理念是分不开的，也表现在他参与政治时不畏权贵、秉公直言的政治哲学理念中。

东汉后期，社会政治处于失范之中，象数易学并没有为家国太平提供更多的有效思想手段。面对混乱黑暗的社会现实，作为大儒荀子之后裔并成长于儒学环境之中的荀爽提倡用儒家的“礼”来矫正当时的社会风气，以期教化天下。《后汉书·荀韩钟陈列传》中引荀爽的话说：“昔者圣人建天地之中而谓之礼，礼者，所以兴福祥之本，而止祸乱之源也……夫寒热晦明，所以为岁；尊卑奢俭，所以为礼；故以晦明寒暑之气，尊卑侈约之礼为其节也。《易》曰：‘天地节而四时成’……礼者，尊卑之差，上下之制也……宜略依古礼尊卑之差，及董仲舒制度之别，严督有司，必行其命。此则禁乱善俗足用之要。”

从中可以看出，荀爽所谓礼，是封建社会严格的尊卑等级制度，礼与天地万物生成的大道是一致的，就如四时由于天地的时位而形成的那样，礼是社会的

---

① （清）李道平撰，潘雨廷点校：《周易集解纂疏》，中华书局 2016 年版，第 61 页。

② （清）李道平撰，潘雨廷点校：《周易集解纂疏》，中华书局 2016 年版，第 210 页。

等级关系，明确上下之分，遵守礼，就可以获得社会祥和，并消弭现世的各种乱象。这实际上是为了维护君主的地位，使得君臣有别、君民各得其所。

荀爽提出阳升阴降之说，确立阳居尊位之论，也是针对东汉末年女主专政的政治现象，以对之进行拨乱反正。《后汉书·荀韩钟陈列传》记载荀爽之论："臣闻有夫妇然后有父子，有父子然后有君臣，有君臣然后有上下，有上下然后有礼义。礼义备，则人知所厝矣。夫妇人伦之始，王化之端，故文王作《易》，上经首乾、坤，下经首咸、恒。孔子曰：'天尊地卑，乾坤定矣。'……'昔圣人之作《易》也，仰则观象于天，俯则察法于地，睹鸟兽之文，与地之宜。近取诸身，远取诸物，以通神明之德，以类万物之情。'今观法于天，则北极至尊，四星妃后。察法于地，则崐山象夫，卑泽象妻。睹鸟兽之文，鸟则雄者鸣鸲，雌能顺服；兽则牡为唱导，牝乃相从。近取诸身，则乾为人首，坤为人腹。远取诸物，则木实属天，根荄属地。阳尊阴卑，盖乃天性……宜改尚主之制，以称乾坤之性。"

荀爽的乾升坤降之说，就是为了服务这种上下有别的等级关系，论证其存在的现实合理性。他所强调的九五之阳爻，是为天、为君、为尊、为男，因而相对的下卦六二之阴爻，则应当象征为地、为臣、为卑、为女。荀爽注《解·象》"无所往"曰"阴处尊位，阳无所往也"①，这就处于秩序的混乱状态。不同的社会阶层只有根据这种等级分明的礼制各安其位，各司其职，恪守本分，如万物因阴阳而化生趋于其本性，天地社会才能通泰中和，并能够顺利地上下感应而实现亨通，天下也就太平可享。荀爽注《临卦》"知临，大君之宜，吉"曰："五者，帝位，大君谓二也，宜升上居五位，吉。故曰'知临，大君之宜也'。二者处中，行升居五，五亦处中，故曰行中之谓也。"②

荀爽也提倡孝道思想，曾上疏汉桓帝确立以孝为本，严守丧礼。《后汉书·荀韩钟陈列传》记载道："臣闻之于师曰：'汉为火德，火生于木，木盛于火，故其德为孝，其象在《周易》之《离》。'夫在地为火，在天为日。在天者用其精，在地者用其形。夏则火王，其精在天，温暖之气，养生百木，是其孝也。冬时则废，其形在地，酷烈之气，焚烧山林，是其不孝也。故汉制使天下诵《孝经》，选吏举孝廉……《孝经》曰：'安上治民，莫善于礼。'"

---

① (清)李道平撰，潘雨廷点校：《周易集解纂疏》，中华书局2016年版，第368页。

② (清)李道平撰，潘雨廷点校：《周易集解纂疏》，中华书局2016年版，第226页。

荀爽继承了汉代象数易学的卦气思想，构建了阴阳相生相合的宇宙图景，并通过注易阐发了自己的人文思想，从儒家的传统人文理念中汲取思想的养分，提炼出了《易经》所蕴含的“中和”之核心要义，贯穿于其中的是阴阳交易感应，且合宜其位。从中可以看出，无论是他的宇宙生成之图景，还是社会人事之伦常，荀爽的思想之归宿在于中和，臻于天道和人道的契合。从宇宙生成方面看，这是很自然的事情，阳性欲升，阴性欲承，无论具体形式和路径有何差别，这才体现出二者的本性，在这个生成的过程中，阳居于主导地位，阴居于从属的地位，万物才能通泰而伦序井然，形成和谐的状态。

从社会现状而言，由于女主专权、外戚干政，社会政治制度遭到了严重的破坏，其根源就在于阴阳的本性失衡失调，社会就处于动荡不安之中，中和之理想自然就难以企及。荀爽阐明了阴阳和合的最理想的状态就是中，这是乾坤、天地、日月、水火等相互交易，同时又各安其分、各守其性、各趋其位的理想状态，是宇宙演化、万物相生的最高境地，彼此处于完满的状态之中，其价值和意义也就得以完全的彰显。

荀爽之前的象数易学，侧重于将爻象比附于天象，推演六爻之变化以推断人事吉凶，但对于现实政治并没有实际的效用，反而愈加繁琐，对于人心混乱起到了推波助澜的负面作用。荀爽在一定程度上有意识地继承了费氏易学的义理取向，实现了天道与人道在精神和人文层面的亨通，具有很高的思想价值。虽然荀氏易学有着很大的局限性，如未能完全摆脱象数的影响等，但在某种程度上，我们也可以说，荀氏易学透露出了魏晋玄学的一缕光芒，即发掘人自身的价值，通过对天道的认识、对中和的向往，获得和谐社会理想的实现。

汉代哲学经先秦而来，但又有自身的时代特征，其发展脉络大致表现为从汉初注重休养生息的黄老之学，到西汉中期的“罢黜百家，独尊儒术”的大一统思想和经学思潮，再到西汉后期的谶纬之术的兴盛和东汉古文经学的复兴等。在这个思想发展过程中，初步建构了儒道互补融会的思想格局。贾谊在西汉初年，就以秦汉更替为例论证了儒学作为立国思想之本的合理性。京房、荀爽分别代表了汉以降《周易》研究的两大方向：象数派易学和义理派易学，对后世有着较大的影响。河南哲学家的思想具有一定程度的开创性，在两汉思想史中占有重要地位。

第四章 河南与魏晋玄学

汤用彤先生“称汉末至隋代之前为中国的‘黑暗时代’,同时也是中国的‘启蒙时代’”[①]。魏晋玄学的兴盛是中国思想史上的一次精神启蒙,哲学思辨的本体论由此而得到确立,玄学即是“本体之学,为本末有无之辨”,并获得了“人的发现”。魏晋玄学所开创的启蒙精神,并非空穴来风,而是在批判继承的基础上建造的思想高峰。批判是针对西汉以来经学思潮的腐朽性和象数易学的神秘性,继承是指对道家自然和儒家名教的合理化融会。总的来看,魏晋玄学是对汉魏以来时代课题的直接回应,经学危机和黄老复兴是其思想领域的矛盾展现,士族阶层的政治和思想困境、庄园经济的发展则是其社会动因。

第一节　何晏、王弼、阮籍、郭象与魏晋玄学

汉魏之际,玄学登上中国思想舞台,经由正始玄学、竹林玄学之演变,及至西晋玄学,呈现出了波澜壮阔的思想画卷,这一历史阶段是中国思想史上少有的学术剧变时期。河南哲学家,诸如何晏、王弼、阮籍、郭象等,面临着艰巨的时代和理论课题,提出了自己的解决方案。从思想史的角度看,魏晋玄学的主题是调和儒道之间的矛盾,即处理自然与名教的关系;从人生存的境遇而言,它力图消除个体的精神自由与现实的政治道德规范之间的张力;从政治的层面来说,它建构了儒道融会的统治秩序和“内圣外王”之道。魏晋玄学就其哲学本质

---

① 汤一介、孙尚扬:《〈魏晋玄学论稿〉导读》,载于汤用彤:《魏晋玄学论稿》,上海古籍出版社 2001 年版,第 3 页。

而言，是一种高度抽象思辨的本体论，由此而塑造了魏晋所特有的时代精神和价值理想，成为中华文化之树上的一颗硕果。

一、何晏《论语集解》与魏晋玄学的创立

（一）何晏生平著作

陈寿《三国志》记载："晏，何进孙也。母尹氏，为太祖夫人。晏长于宫省，又尚公主，少以才秀知名，好老庄言，作《道德论》及诸文赋著述凡数十篇。"[①]《世说新语》裴松之注引《魏略》有另一种说法："何晏字平叔，南阳宛（今河南南阳）人，汉大将军进孙也。或云何苗孙也。"[②]关于何晏生年，史籍未明确记载，一般认为何晏生于190年至195年之间。嘉平元年，即249年，何晏在高平陵政变中被司马懿所杀。

何晏是曹操的养子，自幼受到良好的教育，天资聪颖。《三国志·曹爽传》记载："（何）晏，何进孙也……少以才秀知名，好老庄言。"《世说新语·文学篇》引《魏氏春秋》曰："晏少有异才，善谈《易》《老》。"何晏对"三玄"的兴趣既与其成长环境和社会背景有关，也是当时的政治形势和清谈风气使然。他以《易》《老》释儒，提出了"以无为本"的本体论哲学思想，成为正始玄学的代表人物。《文心雕龙·论说篇》："何晏之徒，始盛玄论。于是聃、周当路，与尼父争涂矣。详观兰石之《才性》，仲宣之《去代》，叔夜之《辨声》，太初之《本元》，辅嗣之《两例》，平叔之《二论》，并师心独见，锋颖精密，盖人伦之英也。"[③]

何晏是正始玄学的创立者，著述颇丰。据《三国志·魏书·曹爽传》记载，何晏著有"《道德论》及诸文赋著述凡数十篇"。何晏的著作大多已佚，有关玄学的著作完整保留下来的只有《论语集解》。《道德论》较为系统地阐述了其玄学思想，但只在东晋张湛《列子注》中保留《道论》和《无名论》两段残篇。我们

---

① （晋）陈寿撰，（南朝宋）裴松之注，岳群点校：《三国志》，岳麓书社2008年版，第200页。

② （南朝宋）刘义庆撰，（南朝梁）刘孝标注，余嘉锡笺疏：《世说新语》，中华书局2006年版，第74页。

③ （南朝梁）刘勰著，范文澜注：《文心雕龙注》，人民文学出版社1958年版，第327页。

从中可以探寻玄学的发端及其最初的理论表述。

(二)《道论》与《无名论》的“以无为本”思想

何晏曾根据自己的《老子注》(已佚)而作《道论》《德论》,后者全部散佚,只剩两个残篇收录于东晋张湛的《列子注》中,《道论》录于《列子·天瑞篇注》中,《无名论》录于《列子·仲尼篇注》中。严可均《全三国文》中收录有《无名论》和《无为论》。这几段残篇是窥视何晏“贵无论”玄学思想的重要文献。

《道论》:

> 有之为有,恃无以生;事而为事,由无以成。夫道之而无语,名之而无名,视之而无形,听之而无声,则道之全焉。故能昭音响而出气物,包形神而章光影;玄以之黑,素以之白,矩以之方,规以之员。员方得形而无此形,白黑得名而无此名也。

《无名论》:

> 为民所誉,则有名者也;无誉,无名者也。若夫圣人,名无名,誉无誉,谓无名为道,无誉为大。则夫无名者,可以言有名矣,无誉者,可以言有誉矣。然与夫可誉可名者岂同用哉?此比于无所有,故皆有所有矣。而于有所有之中,当与无所有相从,而与夫有所有者不同。同类无远而相应,异类无近而不相违。譬如阴中之阳,阳中之阴,各以物类自相求从。夏日为阳,而夕夜远与冬日共为阴;冬日为阴,而朝昼远与夏日同为阳。皆异于近而同于远也。详此异同,而后无名之论可知矣。凡所以至于此者何哉?夫道者,惟无所有者也。自天地已来皆有所有矣;然犹谓之道者,以其能复用无所有也。故虽处有名之域,而没(当作不没)①其无名之象;由以在阳之远体,而忘(当作不忘)②其自有阴之远类。夏侯玄曰:“天地以自然运,圣人以自然用。”自然者,道也。道本无名,故老氏曰:“强为之名。”仲尼称尧荡荡无能名焉,下云巍巍成功,则强为之名,取世所知而称耳,岂有名而更当云“无能名焉”者邪?夫唯无名,故可得遍以天下之名名之。然岂其名也哉?惟此足喻而终莫悟,是观泰山崇崛而谓元气不浩芒者也。

---

① 余敦康:《魏晋玄学史》,北京大学出版社2016年版,第87页。

② 余敦康:《魏晋玄学史》,北京大学出版社2016年版,第87页。

在这两段残篇中，何晏的“贵无论”哲学框架被勾勒出来，形成了正始玄学“以无为本”的基本概念范畴。《道论》的第一句话“有之为有，恃无以生；事而为事，由无以成”确立了“无”的本体论地位，世界万物和社会事物都是通过“无”而得以存在。何晏的“有”与“无”的抽象概括来自老子“天下万物生于有，有生于无”，后者具有宇宙生成论的特征，何晏虽然在表述中显示出了生成论的痕迹，但是他所言的“生”“成”是通过否定性的方式来把握万物存在的本体，表现在两个方面，一是舍弃了汉代以来的元气生成论，不再从感性而具体的有形元素出发来解释世界的存在及其终极原因；二是从哲学高度将世界抽象为两大基本范畴，即“有”和“无”，有形的事物、社会政治和伦理规范等都被归结为“有”的范畴，而“无”则是有形事物背后的原因和根据。

《道论》可与《晋书·王衍传》的另一段文字作对比：“天地万物，皆以无为本。无也者，开物成务，无往不存者也。阴阳恃以化生，万物恃以成形，贤者恃以成德，不肖恃以免身；故无之为用，无爵而贵矣。”①从中可以看出，“无”不再从生成论的意义上作为万物存在的最高等级和链条式衍生关系，如老子曰“道生一，一生二，二生三，三生万物”，“无”作为本体贯穿于所有事物的存在之中，既包括物质世界，也包括社会人事。整个世界通过“有”“无”之范畴而分为“现象”与“本质”。这段话部分程度地触及到了无与有、道与德、本质与现象的关系。但从中也可以看出，何晏确立“以无为本”的玄学思想，未能将道（本体、自然）与性（现象）从逻辑上联结起来，它是“深微”的“象外之意”，王弼的“言意之辨”是对此问题的玄学解决路径。

“无”是事物的根据，那么它是什么呢？何晏借助于老子的否定性论证，将“无”与“道”等同起来，“夫道之而无语，名之而无名，视之而无形，听之而无声，则道之全焉”。“无”就是不可语、不可名、不可视、不可听的道，在与作为具体事物的现象相对的本质中，只有把握了这样“深微”的道，才能做到以无为本。作为世界的终极本原和本体，道是不能通过感性体察的，正因为如此，它才能对有形的事物做出规定性，形成事物的具体特性、社会的秩序与政治规则。“故能昭音响而出气物，包形神而章光影；玄以之黑，素以之白，矩以之方，规以之员。员

---

① （清）严可均辑：《全三国文》，商务印书馆 1999 年版，第 410 页。这段残篇在该书中题为《无为论》。

方得形而无此形,白黑得名而无此名也。”反过来说,如果我们从有出发,不能认识到世界是如何存在的,或者说社会人事不能通过其存在的现象得到解释,而必须追溯到其背后的根源。

在《无名论》残篇,何晏较为详细地论述了“有”与“无”相关联的方式。何晏说,“自天地已来皆有所有矣;然犹谓之道者,以其能复用无所有也”,自世界存在以来,人们所经验到的只是“有”,但是从具体的现象不能把握事物的原理——道,道是通过“无”的方式存在于有形事物背后并发挥作用的。“道”和“无”的存在可以通过事物现象的感应呈现出来,如“阴中之阳,阳中之阴”,夏日夕夜是阳之阴,冬日朝昼是阴之阳。二者相联结的方式是“同类无远而相应,异类无近而不相违”,同质的事物不论时空多远都相互感应,不同质的事物不论时空多近都彼此相斥,“无”存在于具体事物之中,感应于道而发挥着本体的功能。“无”随着具体的事物不同而有着相异的名称。“则夫无名者,可以言有名矣,无誉者,可以言有誉矣。然与夫可誉可名者岂同用哉?此比于无所有,故皆有所有矣”。

何晏由此将“以无为本”的思想运用于社会政治和道德伦理之中,天地以自然的规律运转,圣人按自然的法则治理,这样的规律是无形无名的,老子勉强给它起名曰道,孔子称赞尧的功绩,也是勉强用人们所能理解的语言来赞誉他,这并非是其有名而谓之无名,正因为它们的功能超越一般现象而深微不可体察,才能给它冠以各种名号。从而,现象和具体的名号并不是根本,其背后自然之道的规律才是万物的本根。如果以此譬喻还无法理解,那就是看到泰山却否认元气浩然的实存。何晏将圣人与“无”联系起来,圣人的本质则是“若夫圣人,名无名,誉无誉”,超越具体的社会现象不具感性色彩,从而能够把握自然规律。《三国志·钟会传》裴松之注云:“何晏以为圣人无喜怒哀乐,其论甚精,钟会等述之。”[①]这种圣人无情的观点是“贵无论”玄学初期强调“无”的本体地位必然的逻辑结果。

(三)《论语集解》中的玄学思想

《论语集解》成书于正始(240—249,魏齐王曹芳年号)年间,是一部集体撰

---

① (晋)陈寿撰,(宋)裴松之注,岳群点校:《三国志》,岳麓书社 2008 年版,第 536 页。

写的著作。《论语集解序》:"光禄大夫关内侯臣孙邕,光禄大夫臣郑冲,散骑常侍中领军安乡亭侯臣曹羲,侍中臣荀顗,尚书驸马督尉关内侯臣何晏等上。"①其时何晏从魏明帝"浮华案"的抑黜境况中摆脱,党于曹爽,任吏部尚书,位高权重,是该书撰写的主导者。

何晏《论语集解序》曰:"前世传受师说,虽有异同,不为之训解。中间为之训解,至于今多矣。所见不同,互有得失。今集诸家之善说,记其姓名。有不安者,颇为改易。名曰《论语集解》。"②《论语集解》是传统论语学发展的必然,表现了对两汉今文经学的神秘性、繁琐性和谶纬化的扬弃。同时,曹魏统治思想依然是以儒家思想为主,这从魏明帝反对当时人物品鉴活动的清谈活动可窥见,他亦忧虑"经学废绝"。齐王芳继位,年幼帝王的经学教育提上日程,《三国志·魏书·三少帝纪》记载:"(正始)二年春二月,帝初通《论语》,使太常以太牢祭孔子于辟雍,以颜渊配。"《论语集解》的出现也是为了迎合曹魏统治者对孔子和儒学的尊崇。

《论语集解》是官修之书,虽然出于统治之需,何晏不能在官修之经书中任意表达其学术见解,但其中玄学思想也是较为明显、深邃的,即以《老》《庄》《易》三玄的思想来解儒家经典,部分程度地调和名教与自然、道教与儒家的思想,并通达于"性与天道"方面的融合。这是由于何晏"好老庄言",其玄学思想早在明帝时就露出端倪,何晏在《景福殿赋》中说道:"至于帝皇,遂重熙而累盛。远则袭阴阳之自然,近则本人物之至情。上则崇稽古之弘道,下则阐长世之善经。"③这段话是对明帝的赞誉,国家繁荣昌盛是皇帝遵循自然之道和人的自然天性的结果。余敦康对此说道:"这就是后来玄学家所服膺的名教本于自然思想的最早表述。"④

何晏的学术思想和政治情怀并不止于现实的名法之治和秩序规则,希冀探寻名教背后更为终极的根本之道。及至正始时期何晏官位显赫,有机会实现其无为之治的理念,必然表现在学术和政治活动之中,《论语集解》正反映了这一点。

---

① (三国)何晏注,(宋)邢昺疏:《论语注疏》,中国致公出版社 2016 年版,序解第 9 页。

② (三国)何晏注,(宋)邢昺疏:《论语注疏》,中国致公出版社 2016 年版,序解第 8 页。

③ (清)严可均辑:《全三国文》,商务印书馆 1999 年版,第 405 页。

④ 余敦康:《何晏王弼玄学新探》,齐鲁书社 1991 年版,第 90 页。

玄学的主题是自然与名教的关系。何晏在正始年间已经基本形成了“贵无论”的玄学思想，这在他的《道论》《无名论》中表现出来。《论语集解》中何晏自注己意的部分也反映了玄学的调和倾向，并将道家的“自然”“无”作为名教的基础。

《论语·公冶长第五》：“夫子之言性与天道，不可得而闻也已矣。”何晏注曰：“性者，人之所受以生者也。天道者元亨日新之道也，深微，故不可得而闻也。”[①]“性与天道”之论乃具有形而上特征，儒家传统对此的解释并不追根究源，回避了对世界终极原因的探寻，偏重于感性和现实的层面。郑玄对此注曰：“性，谓人受血气以生，贤愚、吉凶。天道，谓七政变动之占。”[②]何晏所注，不再讲受生之情状，舍弃了性的感性和道德善恶方面，是为其“圣人无情”论服务；也未按儒学传统言及性之命或天，舍弃了汉以来“天命之谓性”中的天人感应之谶纬倾向，将之归为自然之道而不再是有意志的天。宋邢昺疏曰：“言人感自然而生，有贤愚吉凶，或仁或义，若天之付命遣使之然，其实自然天性，故云：‘性者，人之所受以生者也。’”[③]

何晏《无名论》：“夏侯玄曰：‘天地以自然运，圣人以自然用。’自然者，道也。道本无名，故老氏曰：‘强为之名。’”自然即是道，也是贵无论玄学所抽象出来的宇宙的本体“无”，它规定着人的天性和宇宙变化的根本法则，因而，“天道者元亨日新之道”。宇宙之本体超越于名教和现实礼制，对此难以名状，即“深微，故不可得而闻也”。此注与何晏的《道论》“有之为有，恃无以生；事而为事，由无以成”中的思想具有契合性。

《论语·卫灵公第十五》：子曰：“赐也，女以予为多学而识之者与？”对曰：“然，非与？”曰：“非也，予一以贯之。”何晏注：“善有元，事有会，天下殊途而同归，百虑而一致。知其元则众善举矣。”[④]何晏此处的思想是以无为本体来统摄万物，“知其元”是指把握了宇宙万物的自然之道，则能够实现社会伦理和政治秩序的和谐有序，反映了玄学调和儒道的倾向。

《论语集解》何晏注也体现出了玄学《论语》的基本特征。正始玄学的核心

---

① （三国）何晏注，（宋）邢昺疏：《论语注疏》，中国致公出版社2016年版，第69页。

② 王素：《唐写本论语郑氏注及其研究》，文物出版社1991年版，第43页。

③ （三国）何晏注，（宋）邢昺疏：《论语注疏》，中国致公出版社2016年版，第69—70页。

④ （三国）何晏注，（宋）邢昺疏：《论语注疏》，中国致公出版社2016年版，第69—70页。

是“贵无论”，以无为本，“无”是宇宙和社会、有形事物和现实伦理得以存在的根据。由此探寻现实世界背后的终极原因，又将其作为政治秩序和统治规则的内在动因。《论语·述而第七》：“子曰：‘志于道，据于德，依于仁，游于艺。’”何晏注：“志，慕也。道不可体，故志之而已。据，杖也。德有成形，故可据也”。[①]何晏此处将道和德的关系转化为有形和无形，实际上是指无和有。道即是无，“无”没有肯定的规定性和直接的感性存在形式，并不能为人通过感觉而体察到，故曰“道不可体”。宋邢昺疏：“道者，虚通无拥，自然之谓也。”[②]这与上述何晏关于“性”的思想是一致的。道是无形无名的世界本体，又是社会和人生的终极本原，虽不能够直接把握其存在和本质，但也必须时刻追寻之，即对道的志慕。“德”是有形的社会存在与现象，是以“无”或“道”为根据而生成的现实世界，故言“德有成形，故可据也”。何晏此注反映出了玄学中的本末体用、有与无、道与德的相互关系，为正始玄学的发展提供了相应的理论和概念框架，并由王弼建构成体系。

何晏“好老庄言”，且其政治哲学中蕴含着“无为而治”的思想，《论语集解》何晏所注的部分，渗透着《老》《庄》《易》三玄的思想气息。《论语·子罕第九》曰：“子绝四：毋意，毋必，毋固，毋我。”何晏注曰：“以道为度，故不任意也。用之则行，舍之则藏，故无专必也。无可无不可，故无固行也。述古而不自作，处群萃而不自异，唯道是从，故不自有其身也。”[③]何晏在注中彰显了致虚守静、和光同尘的道家气息和无为之用的圣人之治。何晏显然是用《道德经》第二十一章的“孔德之容，惟道是从”来诠释孔子的“毋我”，现象变动不居，唯有道永恒不变，德之为有形的事物，是本于道的，随着“道”而变化转移，从而“故不自有其身也”。

何晏注也渗入了庄子的思想。《论语·阳货第十七》：“吾岂匏瓜也哉，焉能系而不食。”何晏对此注曰：“匏，瓠也，言匏瓜得系一处者，不食故也。吾自食物，当东西南北，不得如不食之物，系滞一处也。”[④]何晏之意与庄子《逍遥游》有内在相合之处：“今子有五石之瓠，何不虑以为大樽而浮乎江湖，而忧其瓠落无

① (三国)何晏注，(宋)邢昺疏：《论语注疏》，中国致公出版社 2016 年版，第 69—70 页。
② (三国)何晏注，(宋)邢昺疏：《论语注疏》，中国致公出版社 2016 年版，第 97 页。
③ (三国)何晏注，(宋)邢昺疏：《论语注疏》，中国致公出版社 2016 年版，第 130 页。
④ (三国)何晏注，(宋)邢昺疏：《论语注疏》，中国致公出版社 2016 年版，第 277 页。

所容？则夫子犹有蓬之心也夫！”孔子以匏瓜为譬喻，谓之实现自身理想与价值可不择地而治也，只要做到磨而不磷，涅而不缁。何晏援引庄义入经，以自然之道的逍遥精神来诠释儒家的现实情怀和圣人境界，具有浓郁的玄学气息。

二、王弼对《老子》与《周易》的诠释与发展

王弼与何晏一样主张“以无为本”，他在《老子指略》中说：“《老子》之书，其几乎可一言而蔽之。噫！崇本息末而已矣。”在此基础上王弼对有与无的关系、本末体用、言意之辨、现象与本质等进行了全面的阐释，建构了较为系统的“贵无论”玄学体系。

（一）王弼生平与著作

王弼（226—249），字辅嗣，三国魏山阳（今河南焦作）人，魏晋正始玄学的主要代表人物及创始人之一。王弼年少聪慧，极具哲学天赋，对当时流行的“形而上”之玄论有着自己天才的见解，超越何晏而完成了“贵无论”的整体性建构。何晏所留残篇《道论》和《无名论》是受王弼《老子注》思想启发而作，《世说新语·文学》记载：“何平叔注《老子》始成，诣王辅嗣，见王《注》精奇，乃神伏曰：‘若斯人，可与论天人之际矣。’因以所注为《道德二论》。”①何晏所惊奇王弼之处，是王弼通过其崇本息末和崇本举末之本体论，将本与末联结为一个有机的哲学体系。

王弼人生只有二十四个春秋，但其著作等身，学术成就卓著。王弼的著作有《老子注》《老子指略》《周易注》《周易略例》《周易大衍论》《论语释疑》等。王弼的思想具有独创性，一扫汉代繁琐、谶纬和象数的学术弊端，唱响了富有震撼力的“正始之音”，对魏晋以后中国思想史的发展起到了重要作用。

（二）王弼《老子注》对《老子》的发展

正始玄学的基本命题是“以无为本”，王弼更进一步，通过《老子指略》和

① （南朝宋）刘义庆著：《世说新语·文学第四》，中国画报出版社 2016 年版，第 68 页。

《老子注》,提出了"崇本息末""守母存子""崇本举末"等命题,是对"以无为本"本体论的进一步深化,将"无"和"有",也就是本体和现象结合起来,以实现本末体用的现实性功能,从而论证名教的合理性。

1.本末相合的本体论

王弼在其《老子指略》一书中说道:"《老子》之书,其几乎可一言而蔽之。噫!崇本息末而已矣。观其所由,寻其所归,言不远宗,事不失主。文虽五千,贯之者一;义虽广赡,众则同类。解其一言而蔽之,则无幽而不识;每事各为意,则虽辩而愈惑。"①这段话可以看作正始玄学"贵无论"成熟的标志。王弼不仅继承了何晏"以无为本"的基本哲学范畴,而且在此基础上提出了自己"崇本息末"的本体论思想,并形成了较为完整的思想体系。何晏《道论》说"有之为有,恃无以生;事而为事,由无以成",是说明世界所得以生成和存在的本体是无,王弼则将现象与本体结合,通过归纳和深入的思辨,抽绎出现象背后所具有的共同的本体,而本体并非悬空于具体事物背后的抽象之概念,必须返回到现象并发挥根本性的功能和作用。本体不能够离开现象,须通过现象表现出来。本体是"宗""一",居于统摄的地位,现象只有遵循本体才能获得自身存在的合理性,否则就陷入了迷惑与瞀乱之中。王弼《老子指略》曰:"故象而形者,非大象也;音而声者,非大音也。然则,四象不形,则大象无以畅;五音不声,则大音无以至。四象形而物无所主焉,则大象畅矣;五音声而心无所适焉,则大音至矣。"②从中可以看出,王弼全面论述了"有与无"的辩证关系,本体与现象是相互结合的,这就将何晏的"以无为本"提升到了更高的哲学境界。

在王弼之前,庄子已论述过本末的关系,《庄子·天下》说:"明于本数,系于末度。"褚伯秀认为,本数即所谓一,自一以往皆末也③。王弼将二者在逻辑上贯穿起来,并结合自己的时代背景,形成了自己独特的思想内涵。王弼改造了《老子》的宇宙生成论思想,并将汉代以来把感性事物作为世界本源的理论加以扬弃,形成自己特有的概念体系。《老子》中的生成论思想是较为明显的,《老子》第四十章曰:"天下万物生于有,有生于无。"王弼注曰:"天下之物,皆以有为生。

---

① (魏)王弼注,楼宇烈校释:《老子道德经注校释》,中华书局2016年版,第205页。

② (魏)王弼注,楼宇烈校释:《老子道德经注校释》,中华书局2016年版,第202页。

③ 崔大华:《庄子歧解》,中华书局2012年版,第830页。

有之所始,以无为本。将欲全有,必反于无也。"《老子》文本语义带有朴素的本源性思维,所谓"天下万物生于有"是指事物的存在是通过有形的东西而产生,有形的东西则产生于无。这样的逻辑思路也表现在《老子》第四十二章:"道生一,一生二,二生三,三生万物。"王弼注曰:"万物万形,其归一也。何由致一?由于无也。由无乃一,一可谓无。"[①]比对二者,《老子》思想的生成链条是很明显的,王弼并没有否定老子的生成论,但通过将之抽象为有与无的关系,明确表明无是万物之本,而不仅是生成性的本源。这个无也可以说是"一",居于本体支配的地位。王弼《老子注》第四十二章继续说道:"故万物之生,吾知其主,虽有万形,冲气一焉。百姓有心,异国殊风,而王侯得一者主焉。以一为主,一何可舍?"[②]"一"既是万物的根本,也是人事的主宰,有形的众多现象都以"一"为总的规律。要想把握万物运行与社会人事的变动,就必须遵循其背后的本体和规律。

本与末的关系在王弼那里也表现为"母"与"子"。《老子》第五十二章:"天下有始,以为天下母。既得其母,以知其子;既知其子,复守其母,没身不殆。"王弼《老子注》曰:"母,本也。子,末也。得本以知末,不舍本以逐末也。"[③]"母"也即是万物的根本,"子"是万物派生的现象。母与子是不可分割的统一体,通过本体才可得知万有,掌握万有必须经由本体,否则就会陷入危机之中。尤其是在社会人事中,做到本末体用,守母存子,才能达到即体即用的状态。

中国哲学的传统是关注天人之际,并非纯粹抽象的哲学思辨,哲学的功能偏重于社会人事和伦理教化。所谓本体,即是对世界终极原因和事物本质的探究,儒家对此涉及较少,玄学经由道家思想而臻于本体之道,但又必须复归于现象界和社会之中,否则就会沦于贫乏的语言游戏。因而,何晏"以无为本"的思想只强调"无"作为本体,而未论及本体与现实如何结合,具有一定的局限性。《老子》第三十九章曾论述过本,"贵以贱为本,高以下为基",但并未涉及末,这与老子激烈否定名教的整体思想是有关系的。但王弼所处的时代,名教已经成为具有普遍性的政治教化、社会规范和生活方式,不能简单否定之,本体思想之

---

① (魏)王弼注,楼宇烈校释:《老子道德经注校释》,中华书局2016年版,第120页。
② (魏)王弼注,楼宇烈校释:《老子道德经注校释》,中华书局2016年版,第120页。
③ (魏)王弼注,楼宇烈校释:《老子道德经注校释》,中华书局2016年版,第143页。

确立,是为名教存在之合理性与圣人无为而治提供形而上的理论基础。本末之说对老子的思想做了契合时代的解释与建构。

故此,王弼《老子指略》曰:“故执大象则天下往,用大音则风俗移也。无形畅,天下虽往,往而不能释也;希声至,风俗虽移,移而不能辩也。是故天生五物,无物为用。圣行五教,不言为化。……五物之母,不炎不寒,不柔不刚;五教之母,不皦不昧,不恩不伤。虽古今不同,时移俗易,此不变也,所谓‘自古及今,其名不去’者也。……物生功成,莫不由乎此,故‘以阅众甫’也。”①“以阅众甫”出自《老子》第二十一章,王弼《老子注》曰:“众甫,物之始也,以无名阅万物始也。”②王弼将现实的名教与宇宙的本体相结合,从“无”之本体的高度来审度之,魏晋统治和现实风俗之所以出现名实相乖等问题,是由于没有认识到名教得以发挥功能的本质性原因,从而舍本逐末的结果。这段话明确表达了正始玄学“名教本于自然”的主题思想。

2.“无”是本体论的核心范畴

《老子指略》开篇曰:“夫物之所以生,功之所以成,必生乎无形,由乎无名。无形无名者,万物之宗也。”③“无”在王弼的哲学体系中处于宗主的地位,也是其核心概念和范畴。《老子注》第一章曰:“凡有皆始于无,故未形无名之时,则为万物之始。及其有形有名之时,则长之、育之、亭之、毒之,为其母也。言道以无形无名始成万物,以始以成而不知其所以然,玄之又玄也。”④此处王弼所言“无形无名”,较之“道”也具有更高的范畴,“道”经由“无”才能生产万物,再为其母。王弼通过形名学的方法来建构其“无”的本体地位,及其与“道”之间的关系。

《老子注》第二十五章曰:“名以定形。混成无形,不可得而定,故曰‘不知其名’也。”《老子指略》:“名也者,定彼者也;称也者,从谓者也。名生乎彼,称出乎我。故涉之乎无物而不由,则称之曰道;求之乎无妙而不出,则谓之曰玄。”⑤也就是说,事物的名字是根据其可见的形式而得以确定,如果不是具体有

① (魏)王弼注,楼宇烈校释:《老子道德经注校释》,中华书局2016年版,第202—203页。
② (魏)王弼注,楼宇烈校释:《老子道德经注校释》,中华书局2016年版,第56页。
③ (魏)王弼注,楼宇烈校释:《老子道德经注校释》,中华书局2016年版,第202页。
④ (魏)王弼注,楼宇烈校释:《老子道德经注校释》,中华书局2016年版,第2页。
⑤ (魏)王弼注,楼宇烈校释:《老子道德经注校释》,中华书局2016年版,第205页。

形的事物,就不能获得自身的名号。所以,名是确定事物区分的标志,是人的主观意识给事物的称号。“道”和“玄”是对“无物”“无妙”的一种表达,不能够给其命名。但是,“道”与“无”相比而言仍然可谓是一个名称,是对宇宙本体不同侧面的某一方面的描述。

《老子指略》继续说道:“名号生乎形状,称谓出乎涉求。名号不虚生,称谓不虚出。故名号则大失其旨,称谓则未尽其极。是以谓玄则‘玄之又玄’,称道则‘域中有四大’也。”[①]这表明“道”和“玄”也不是对本体的最终而完整的状态之描述。《老子注》第二十五章:“四大,道、天、地、王也。凡物有称有名,则非其极也。言道则有所由,有所由,然后谓之为道,然则道是称中之大也。不若无称之大也。无称不可得而名,故曰域也。道、天、地、王皆在乎无称之内,故曰‘域中有四大’者也。”[②]“道”属于“四大”之一,也是对“大”的一个称谓,则是有所由的。所谓“由”可以解为“因”,道之称有之因,而不能是万物之极,比起“无称”而言则不具有整体性和包全性。

故此,《老子指略》曰:“夫‘道’也者,取乎万物之所由也;‘玄’也者,取乎幽冥之所出也;‘深’也者,取乎探赜而不可究也;‘大’也者,取乎弥纶而不可极也;‘远’也者,取乎绵邈而不可及也;‘微’也者,取乎幽微而不可睹也。然则,‘道’‘玄’‘深’‘大’‘微’‘远’之言,各有其义,未尽其极者也。”[③]这表明,诸多的描述事物本体和背后本质的概念范畴只是“无极”的一个方面、一个属性,也是《老子》所言的“字之曰道”“谓之曰玄”,勉强赋予它一个称谓。如果拘泥于某一个方面的属性就会失其常,而不能全面把握事物真正的本体。

要想深入到宇宙的本体和事物的本质之中,只能通过“无”,王弼的“无”是一种混成的状态,包含了道、玄、深、大、微、远等。如果不能从肯定的方面来确定本体的特性,只能够以否定的方法臻于无极。《老子指略》曰:“无形无名者,万物之宗也。不温不凉,不宫不商。听之不可得而闻,视之不可得而彰,体之不可得而知,味之不可得而尝。故其为物也则混成,为象也则无形,为音也则希声,为味也则无呈。故能为品物之宗主,苞通天地,靡使不经也。若温也则不能

---

① (魏)王弼注,楼宇烈校释:《老子道德经注校释》,中华书局 2016 年版,第 205 页。

② (魏)王弼注,楼宇烈校释:《老子道德经注校释》,中华书局 2016 年版,第 66 页。

③ (魏)王弼注,楼宇烈校释:《老子道德经注校释》,中华书局 2016 年版,第 203 页。

凉矣，宫也则不能商矣。形必有所分，声必有所属。故象而形者，非大象也；音而声者，非大音也。”[①]通过对各种具体现象及其背后所彰显的状态的否定性描述，王弼将“无”确立为最高的核心概念，通过此来统摄不同的存在状态、事物形式和社会人事。

通过“无”这个范畴，才能“全于有”，真正把握宇宙运转和社会人事的终极之根据。那么真正的宇宙之本体究竟是什么呢？既然只能描述它而不能够称呼它，也就无法给其定名。《老子注》第二十五章曰：“名以定形。混成无形，不可得而定，故曰‘不知其名’也。”[②]宇宙的本体是一种混成无形的状态，不能够对其作出任何的界定，无法确定其名称。《老子注》第二十一章：“至真至极，不可得名。无名，则是其名也。……众甫，物之始也，以无名阅万物始也。……言吾何以知万物之始于无哉，以此知之也。”[③]如果达到了宇宙最终极的本真状态，则是不能够给其命名的，也没有其某个属性的称谓，这是至真至极的境界，可以称之为“无名”，以此阅万物，才能做到不失其常，不离其真。

3.“崇本举末”与“以无为用”

前述《庄子·天下》言“明于本数，系于末度”，意为掌握了宇宙的根本规律之后，就应当用其来指导具体事物的变化与运动。王弼将“有”与“无”、“本”与“末”相结合构建的严密哲学体系运用于实际之中，是中国哲学传统的内在禀赋使然。为此，王弼提出了“以无为用”“崇本举末”的概念。

王弼《老子注》第三十八章曰：“守母以存其子，崇本以举其末，则形名俱有而邪不生，大美配天而华不作。故母不可远，本不可失。”[④]王弼此注总体上还是强调“本”和“母”，但已经较为明晰地表达出本末体用的思想观念，“无”作为万物存在的根本，也具有现实的功能，所谓“崇本以举其末”则是实行无为而治，从而实现君治天下，教化人伦，“故执大象则天下往，用大音则风俗移也”。崇本举末在“无”为核心的本体论体系中，即是将本体和现象、本质与功能密切结合起来，即是王弼所言的“以无为用”。

---

① （魏）王弼注，楼宇烈校释：《老子道德经注校释》，中华书局 2016 年版，第 202 页。

② （魏）王弼注，楼宇烈校释：《老子道德经注校释》，中华书局 2016 年版，第 65 页。

③ （魏）王弼注，楼宇烈校释：《老子道德经注校释》，中华书局 2016 年版，第 55 页。

④ （魏）王弼注，楼宇烈校释：《老子道德经注校释》，中华书局 2016 年版，第 100 页。

《老子注》第一章:“凡有之为利,必以无为用;欲之所本,适道而后济。”①“有”是有形有名的事物和社会现象,“利”,王弼《老子注》第十九章释为“用之善也”②,要想在现象世界获得有益的效果,就必须遵循本体的法则,其具体的含义即为自然无为,从而达到有的功用和巧利。《老子注》第十一章,王弼以具体事例昭示“以无为用”:“毂所以能统三十辐者,无也。以其无能受物之故,故能以寡统众也。木、埴、壁所以成三者,而皆以无为用也。言无者,有之所以为利,皆赖无以为用也。”③“无”即是事物所以存在、变化和发展的根本,事物要想发挥自身的作用,也必须遵从“无”的支配。这对于社会人事亦然,天地运行、国家治理、圣人无为都是以虚为主。《老子注》第三十八章曰:“万物虽贵,以无为用,不能舍无以为体也。舍无以为体,则失其为大矣,所谓失道而后德也。以无为用,则得其母,故能己不劳焉而物无不理。”④这里涉及如何实现“以无为用”的境界,王弼哲学的逻辑连接之处正在于“德”。《老子注》第三十八章:“德者,得也。常得而无丧,利而无害,故以德为名焉。何以得德?由乎道也。何以尽德?以无为用。”⑤在王弼看来,“德”是形而下的事物,是能够得到的,在天曰道,在人曰德,道是德的本体,德是道在人身上的体现。社会人事就必然追求利害,如果经常能保持“德”,就能够有利无害获得用之善,其背后的原因则在于遵从道,善用无。

从而,在逻辑上,王弼也论证了儒家和道家的关系是“道本儒末”“名教本于自然”,也就是说儒家思想偏重于社会人事——诸如仁义礼智等,而道家则是自然无为的“以无为本”的万物之道。儒家是属于形而下的层面,道家则是形而上的层面。但是,通过“以无为用”,王弼又从本体复归于“器”,认为如此才能实现真正的名教之治、国家和谐有序与个人性情之畅。

《老子注》第二十八章曰:“朴,真也。真散则百行出,殊类生,若器也。圣人因其分散,故为之立官长。以善为师,不善为资,移风易俗,复使归于一也。”⑥

---

① (魏)王弼注,楼宇烈校释:《老子道德经注校释》,中华书局2016年版,第2页。
② (魏)王弼注,楼宇烈校释:《老子道德经注校释》,中华书局2016年版,第48页。
③ (魏)王弼注,楼宇烈校释:《老子道德经注校释》,中华书局2016年版,第29页。
④ (魏)王弼注,楼宇烈校释:《老子道德经注校释》,中华书局2016年版,第99页。
⑤ (魏)王弼注,楼宇烈校释:《老子道德经注校释》,中华书局2016年版,第98页。
⑥ (魏)王弼注,楼宇烈校释:《老子道德经注校释》,中华书局2016年版,第75—76页。

“朴”既是道，也是“无”，道分散于万物之中，则各种道德品行就会呈现出来，所谓“失道而后德”。各种有形的事物涌现，是道的一个方面的具体表现。有形现象世界和社会道德规范因分散而无序，故需要圣人为其立名分、定尊卑，以顺其自然而然，达到合乎道的状态。《老子注》第三十二章：“始制，谓朴散始为官长之时也。始制官长，不可不立名分以定尊卑，故始制有名也。过此以往，将争锥刀之末，故曰‘名亦既有，夫亦将知止’也。遂任名以号物，则失治之母也，故‘知止所以不殆’也。”①当万物有了各自的名分和称呼之后，就要明白其界限和限制，守住其所应有的制约和本位，也就复归于道和无，就可以避免危机的发生。如果不能复归于“无”，只是追逐名分本身，则会迷失在纷繁复杂的现象之中，导致名不副实、名实相违，进而引发社会道德的混乱与政治秩序的失范。这即是所谓“失治之母”。

王弼由此批判了当时的诸子之学执于一端，不能从整体上把握本末体用的根本之道，而陷入了混乱之中，也折射出当时曹魏政权所实行的名法之治并非正确的政治策略。《老子指略》曰：“而法者尚乎齐同，而刑以检之。名者尚乎定真，而言以正之。儒者尚乎全爱，而誉以进之。墨者尚乎俭啬，而矫以立之。杂者尚乎众美，而总以行之。夫刑以检物，巧伪必生；名以定物，理恕必失；誉以进物，争尚必起；矫以立物，乖违必作；杂以行物，秽乱必兴。斯皆用其子而弃其母。”②

那么，要做到“以无为用”“崇本举末”与“无为而治”，就必须将“道”与“器”、“无”与“有”、“用”与“利”相合成。《老子注》第二十九章曰：“神，无形无方也。器，合成也。无形以合，故谓之神器也。”③《老子注》第三十六章曰：“利器，利国之器也。唯因物之性，不假刑以理物。器不可睹，而物各得其所，则国之利器也。”④“神”即是“道”之称，无形无类。器物则是有形而具体的，道与器之相合，即是“崇本举末”“以无为用”，可谓之神器。遵循了事物本身的自然法则，就能按照自身的规律有序运转，彼此之间秩序井然，则国家就可以“无为而治”。《老子注》第五十八章中，王弼论述了他的政治策略及圣人“无为而治”的

① （魏）王弼注，楼宇烈校释：《老子道德经注校释》，中华书局 2016 年版，第 84 页。

② （魏）王弼注，楼宇烈校释：《老子道德经注校释》，中华书局 2016 年版，第 203—204 页。

③ （魏）王弼注，楼宇烈校释：《老子道德经注校释》，中华书局 2016 年版，第 78 页。

④ （魏）王弼注，楼宇烈校释：《老子道德经注校释》，中华书局 2016 年版，第 93 页。

社会状态："言善治政者，无形、无名、无事、无政可举。闷闷然，卒至于大治。故曰'其政闷闷'也。其民无所争竞，宽大淳淳，故曰'其民淳淳'也。"[①]这是正始时代整个社会的共同政治理想，是玄学家们所追求的"内圣外王"之道。

（三）《周易略例》与《周易注》

王弼的《周易略例》与《周易注》在中国思想史上居于重要地位，首先表现为它使得玄学的抽象"无"与具体"有"之范畴在更为深广的方面加以结合，《老子注》偏重于讲"无"的本体论，以确立万物的根本，《周易注》侧重于论"有"的时义，以把握人事的规律；其次是标识出了易学史中象数派和义理派的显著区分，系统地建构了义理派易学的内容框架，极大丰富了《周易》的哲学思想。《周易略例·明象》曰："忘象以求其意，义斯见矣。"这两个方面王弼主要是通过其"言意之辨"的方法论来完成的，并由此将"本末体用""执一统众"的思想贯穿到整个注解之中，形成了极具特色的理性主义哲学思想。

1.言意之辨

道家和儒家思想在形式和内容上都有显著的差异，王弼通过《老子注》确立了"以无为本"的本体论思想，将世界万物、社会人事、政治伦理等视为无的现象。儒家的思想与之不同，偏重于具体的社会伦理规范和现实问题，王弼要想建立一种较为系统的学说，就必须在很大程度上把本体和现象连接起来。《世说新语·文学》记载，裴徽就此问题对王弼诘问："夫无者，诚万物之所资，圣人莫肯致言，而老子申之无已，何邪？"王弼曰："圣人体无，无又不可以为训，故言必及有；老庄未免于有，恒训其所不足。"[②]裴徽所问，切中儒道相异之肯綮，他说，既然我们都认为无是万物的根本，但是圣人（孔子）对此并没有探讨，而老子却一直在讨论之，二者显然是有差异的，这是为何？王弼的回答是很巧妙的，展现出天才哲学家的思辨能力，他说，圣人（孔子）是把握了宇宙本体"无"，但"无"不能仅仅是悬空于具体事物的抽象概念，否则就不能够实现人伦教化的目的，因而圣人就依据本体而指导具体事物"有"。老庄并没有完全达到本体"无"的高度，所以必须探讨它。关于这一点，王弼在其《老子指略》中也表现出

---

① （魏）王弼注，楼宇烈校释：《老子道德经注校释》，中华书局2016年版，第156页。

② （南朝宋）刘义庆著：《世说新语·文学第四》，中国画报出版社2016年版，第69页。

来,王弼通过形名学的方法,将道、深、微、玄等概念视为“无”的某个方面特征的“名称”,而“无形无名”才是宇宙的本根,从而也说明了老子未能完全把握“物之极”。

儒家贵名教,道家明自然,调和名教与自然是玄学家的主要任务。王弼在注释儒家经典之时须将其本体论思想一以贯之,从而获得理论的自洽性,王弼通达于其理论的方法即是“言意之辨”。“言意之辨”从思想背景看,源于当时的人才学和形名学,即为了选择合适的人才而须综核名实。但是关于一个人的品德、才性和能力,不能够完全用语言来表达,就产生了“言不尽意”之说。荀粲将之扩展到对圣人及经典的理解方面,认为“六经虽存,固圣人之糠秕”,这是他否定汉以来象数派拘泥于经典表面文字的浅薄做法,“盖理之微者,非物象之所举也”,认为应该透过表层探寻深微之理。王弼通过本末体用的哲学建构,也主张言不尽意并加以变通,是为抛弃言的表层之义,而深入到其内在根本义理,从而由用以求体,提出“得意忘言”之说。

《周易·系辞上》曰:“子曰:书不尽言,言不尽意。然则圣人之意,其不可见乎?子曰:圣人立象以尽意,设卦以尽情伪,系辞焉以尽其言。”①这段话的含义为,文字不能够完全反映人的言辞,言辞也不能够完全表达圣人之意,为此,圣人设立表征事物共同特征的卦象,由此而推演社会人事的各种矛盾的情感与行动,“系辞”是对此的解释与描述。王弼在其《周易略例·明象》中的“言意之辨”包含了以上三个方面:言、象、意,即《周易》中的卦爻辞、卦爻象、卦爻的义理。关于它们之间的关系,王弼《周易略例·明象》曰:“夫象者,出意者也。言者,明象者也。尽意莫若象,尽象莫若言。言生于象,故可寻言以观象;象生于意,故可寻象以观意。意以象尽,象以言著。”②三者的关系由此而得到明晰。

象,直观之意是指卦象,即象征符号,如☰(乾)、☷(坤)。《周易·系辞下》:“古者包牺氏之王天下也,仰则观象于天,俯则观法于地,观鸟兽之文,与地之宜;近取诸身,远取诸物,于是始做八卦,以通神明之德,以类万物之情。”③这段话表明,八卦之卦象符号是模拟万物的性状与运行,来表征出具有共同特性

① (魏)王弼注,楼宇烈校释:《老子道德经注校释》,中华书局2016年版,第244页。
② (魏)王弼注,楼宇烈校释:《老子道德经注校释》,中华书局2016年版,第284页。
③ (魏)王弼注,楼宇烈校释:《老子道德经注校释》,中华书局2016年版,第247页。

的事物，从而把握宇宙之道和万物之情。因而，象也可以是指宇宙万物所表现出来的征兆与性状。象作为符号是用来表达征兆所蕴含的意义，符号必定是有意义的，这种意义即是“神明之德”“万物之情”，它们并不是存在于卦象表层，而是隐藏在其背后，意义是通过象而得以彰显。但是，象并不能直接将意义表现出来，因为符号所指的含义，并不能为人们所直接理解，需要通过言辞加以显现和澄明，即“言者，明象者也”。王弼此处是说，卦象作为符号和征兆，其所要表明的综合物象依赖于语言的对应性描述。例如，☰这个符号（象）用语言对应为“乾”，《周易·说卦》：“乾，健也。”“乾为马。”“乾为首。”经由卦爻辞，可以对卦象有直观的认知与理解。乾卦爻辞也谈及“龙”，通过龙马之象征，可以得出乾卦的意义为君子之道等，但是马作符号的表达，并无一定之论，汉儒说易，必以乾比马，则是拘泥于言象而不得其意。

因而，它们三者是一种递进的关系，按王弼之意，依照意义生成的顺序，可如下排列：象（符号）—言（描述）—综合的象（触类）—意（卦象的意义）。这是一个否定之否定的过程。语言的表述，是对“卦象”符号的直观含义的否定，获得了具有深层次综合意义的“象征”。本体与现象的结合，又是对综合象的否定，获得了卦象所要呈现出的义理。这种层层递进的方法意在指出，要想把握圣人之道，不能拘泥于言辞和象本身，而应将之作为工具，当我们通过工具而达到了目的，就应当将之搁置不论，即“忘言”“忘象”。

王弼《周易略例·明象》曰：“故言者所以明象，得象而忘言；象者所以存意，得意而忘象。犹蹄者所以在兔，得兔而忘蹄；筌者所以在鱼，得鱼而忘筌也。”① 王弼主要的结论是“得象忘言”“得意忘象”，并援引庄子筌蹄之论而加以论证。王弼并没有将言和象完全摈弃，即扫落象数，而是将言象作为得意的阶梯，这符合一般的认识论特点和理性思辨的阶段性。对一个事物的认知，总是从感性出发，并通过概念对之加以界定，由此而对该事物的本质加以探明。如果我们只是停留于感性层面，就不能得出抽象的概念；同样，只在抽象概念之间演绎，也难以真正理解事物的本质，而必须将概念加以综合返回到具体的事物，以获得事物所蕴含的规律和意义。

以此而论，言意之辨既是一种方法论，也是一种认识论，王弼提出“得意忘

---

① （魏）王弼注，楼宇烈校释：《老子道德经注校释》，中华书局2016年版，第285页。

象”“得象忘言”意在寻求《周易》各种卦爻辞和卦爻象背后的义理和本体，寻得圣人的微言大义和具体事物背后的共性。以此方法来解易，是将他的玄学主旨一以贯之，目的是调和名教与自然：道家的自然之道是融于社会万物和道德伦理之中的本体，儒家的仁义礼智等伦理规范是符合自然之道的名教，二者是内在统一的，是本末体用、守母存子的关系。由此，才能建立一种没有虚伪与冲突的自然而然的和谐世界。

《周易略例·明象》云：“是故触类可为其象，合义可为其徵。义苟在健，何必马乎？类苟在顺，何必牛乎？爻苟合顺，何必坤乃为牛？义苟应健，何必乾乃为马？而或者定马于乾，案文责卦，有马无乾，则伪说滋漫，难可纪矣。互体不足，遂及卦变；变又不足，推致五行。一失其原，巧愈弥甚。纵复或值，而义无所取。盖存象忘意之由也。忘象以求其意，义斯见矣。”[①]因而，言意之辨也是对汉代以来象数派易学的批判，指出他们的弊端在于过分拘泥于卦象和卦爻辞，而未能把握其背后的根本义理，从而也就不能获得真正的玄理。王弼通过“得象忘言”“得意忘象”扫除了汉人象数易学的繁琐性、神秘性和附会性，奠定了从汉代经学向魏晋玄学转变的根基，易学义理之学风由此而肇始，具有重大的哲学意义。

2.“执一统众”的玄学整体观

王弼之玄学，《老子注》确立“以无为本”的本体论，《周易注》则多论“有”，致力于本末、有无相结合。道家偏于无，儒家重于有，《世说新语·文学》记载，王弼关于二者曰：“圣人体无，无又不可以为训，故言必及有；老庄未免于有，恒训其所不足。”[②]王弼通过其言意之辨，破除了汉儒象数派易学的穿凿附会，很大程度上批判了象数之学，也超越了汉代建立在易学基础上的宇宙生成论。从某种意义上而言，这也打破了汉以来所建构的世界图景模式，王弼无意建立一套新的宇宙论体系，但也必须将本体与现象在具体的层面加以结合。在《周易略例》和《周易注》中，王弼以其本体论思想来解易，发掘出《周易》所蕴含的义理思想，臻于有与无的贯通。

《易传》中的思想与《老子》有相合之处，表现为对宇宙本源的探究，且都侧

---

① （魏）王弼注，楼宇烈校释：《老子道德经注校释》，中华书局2016年版，第285页。

② （南朝宋）刘义庆著：《世说新语·文学第四》，中国画报出版社2016年版，第69页。

重于生成论，王弼则从无之本体论贯通二者。《周易·系辞上》曰："是故易有太极，是生两仪，两仪生四象，四象生八卦。"韩康伯注曰："夫有必始于无，故太极生两仪也。太极者，无称之称，不可得而名，取有之所极，况之太极者也。"①王弼将《周易》关于宇宙衍生的最高之根本与"无"相埒，是以玄旨解易，从本体论上将易老打通。《老子》第四十二章论有无相生曰："道生一，一生二，二生三，三生万物。"王弼注曰："万物万形，其归一也。何由致一？由于无也。由无乃一，一可谓无？"②世界万物的本源和本体，是无，是一，二者在本体的层面也是同等的，一即是道，亦可谓之太极，是万物之所以成、所以有的基础。

但老子论及从"无"至"有"之演化，并未系统展开，《周易》之书，尤其是《易传》则详尽推演万物之演变，即为八经卦和六十四别卦，构建天象和社会之图式，王弼的《大衍义》则明确表达出摈弃象数而趋于玄旨。《周易·系辞上》："大衍之数五十，其用四十有九。"此处本是讲用揲蓍之法推演卦象，即万物之生成演变，问题在于：为何大衍之数有一数不用？汉代象数易学对此皆从神秘主义出发，将万物与数同构，引出天象与人事之关联，且侧重于宇宙生成之论。如郑玄注曰："天地之数五十有五，以五行气通，凡五行减五，大衍又减一，故四十九也。"③孔疏引京房云："五十者谓十日、十二辰、二十八宿也，凡五十。其一不用者，天之生气，将欲以虚来实，故用四十九焉。"④

王弼则一扫生成论之旧说，以本体论思想来阐发"一"之义理。王弼玄学为之一变，注曰："演天地之数，所赖者五十也。其用四十有九，则其一不用也。不用而用以之通，非数而数以之成，斯易之太极也。四十有九，数之极也。夫无不可以无明，必因于有，故常于有物之极，而必明其所由之宗也。"⑤"一"数之不用，因为它是万物的本体，是"无"，是《周易》中的最高范畴"太极"。作为本体，"一"并不是"用"——也就是具体的事物，但具体的事物因它而得以贯通，它并不属于具体的四十九个数或者象，但四十九数之演化为物象，则是由于它而得以成形。万物是因本体而存在，二者并不是截然二分，由万物也可复归于本体。

① （魏）王弼撰，楼宇烈校释：《周易注校释》，中华书局 2016 年版，第 243—244 页。
② （魏）王弼注，楼宇烈校释：《老子道德经注校释》，中华书局 2016 年版，第 120 页。
③ 汤用彤：《魏晋玄学论稿》，上海古籍出版社 2001 年版，第 58 页。
④ 汤用彤：《魏晋玄学论稿》，上海古籍出版社 2001 年版，第 59 页。
⑤ （魏）王弼撰，楼宇烈校释：《周易注校释》，中华书局 2016 年版，第 240 页。

“一”或者道、太极统率万物，是其宗主，通过“有”而展现出来，要想把握“有”的最终之归宿和本根，必须明白这个根本的终极之道。这种思想贯穿于解易之始终。

《周易略例·明象》曰：“夫彖者，何也？统论一卦之体，明其所由之主也。夫众不能治众，治众者，至寡者也。夫动不能制动，制天下之动者，贞夫一者也。故众之所以得咸存者，主必致一也；动之所以得咸运者，原必无二也。”[1]《周易》一书论天地之大衍，太极是万物之本和最高之规律。由揲蓍之法推演而成的六十四卦象，则涉及万物和人事的具体情况，表达了特定时空的特殊规律，王弼称之为某一卦之“道”。如，需卦䷄，乾下坎上。王弼注彖辞曰：“位乎天位，用其中正，以此待物，需道毕矣。”[2]履卦䷉，兑下乾上。王弼注初九曰：“处履之初，为履之始。履道恶华，故素乃无咎。”[3]同时，王弼注履卦彖辞曰：“凡彖者，言乎一卦之所以为主也。成卦之体，在六三也。”[4]再次阐明“执一统众”的解易思想，正如纷繁复杂的万物必本于无，归于一，每卦六爻之中，也必由一爻作为整卦之宗。涉及具体的社会事物，都有其自然而然的运动规律，把握了这种规律就能够掌握万物和社会的基本状况而达到不乱不惑。

《周易略例·明彖》曰：“物无妄然，必由其理。统之有宗，会之有元，故繁而不乱，众而不惑。故六爻相错，可举一以明也；刚柔相乘，可立主以定也……故自统而寻之，物虽众，则知可以执一御也；由本以观之，义虽博，则知可以一名举也。”[5]此处统、本均为本体之意，也即是道、一或太极。由此可见，王弼在解易之时，将其玄学思想加以充分运用，不再采用象数派的互体、变卦之方法，或将卦爻附会于天象，而是确立整体的理性思考路径，寻求卦象的内在之深意和统摄之本义，把本末体用、有无相合的思想融于对《周易》的注解之中，以探赜其中的微言大义，把握万物人事运行的基本规律，做到既掌握了一般的规律和本质，也能够与具体情境有机结合，达到体用一如的境界。如此，人们才能够把握自己的命运，社会秩序和伦理规范也得以顺畅运行。

---

[1] （魏）王弼撰，楼宇烈校释：《周易注校释》，中华书局 2016 年版，第 269 页。
[2] （魏）王弼撰，楼宇烈校释：《周易注校释》，中华书局 2016 年版，第 25 页。
[3] （魏）王弼撰，楼宇烈校释：《周易注校释》，中华书局 2016 年版，第 46 页。
[4] （魏）王弼撰，楼宇烈校释：《周易注校释》，中华书局 2016 年版，第 45 页。
[5] （魏）王弼撰，楼宇烈校释：《周易注校释》，中华书局 2016 年版，第 269 页。

可以看出，王弼玄学意在调和名教与自然之间的关系，名教是本于自然的名教，自然是用于名教的自然，自然是本，名教为用。这样的一种状态才能真正符合无为而治、内圣外王之道。

三、阮籍与“名教”“自然”之辩

“名教”与“自然”之关系在正始玄学中已经展开。所谓名教是指封建社会占主导地位的宗法伦理等级制度和皇权政治意识形态，它主要是以儒家思想为核心；所谓自然是指超越宇宙万物和社会现象的一般性存在，它既是万物生成的根源，也是事物存在的根本，主要以道家思想为源头，《老子》曰“道法自然”。二者在理论和现实中都有着一定的张力，魏晋玄学以思辨二者关系为主线，何晏与王弼主张名教与自然相调和，将名教置于自然本体之中，即“名教本于自然”，以反对曹魏名法之治的弊端。及至竹林玄学，嵇康《释私论》提出“越名教而任自然”，使得玄学之运思又达到了一个新的阶段，并开启一代旷达之风，阮籍也是超越名教而游移自然之中的典型代表。

（一）阮籍生平与著作

阮籍（210—263），字嗣宗，三国魏陈留尉氏（今河南省尉氏县）人。阮籍曾出任东平相，求为步兵校尉，又被称为“阮步兵”。阮籍是“竹林七贤”之一，好老庄，“志气宏放，傲然独得，人性不羁”，这是阮籍玄远放达之一面。从这个方面看，阮籍的行为与其“任自然”的思想是一致的。但这种浪漫潇洒的旷达行为，不全然由于老庄思想之缘故，更由于现实残酷的政治环境使然。阮籍在其人生和思想鼎盛时期，正值曹魏集团与司马懿集团斗争激烈之际，他既目睹当时名教之乖戾，也感悟政治之惨烈。因而，既没有应曹爽之召而出仕，也没有向司马懿篡魏集团低头。为了避免嵇康被杀的祸端，阮籍处事慎重，不随意臧否人物，而时常饮酒佯狂，以超然之态度来躲避现实之政治。如司马懿想与阮籍结为亲家，阮籍烂醉几十天，让提亲者无功而返；司马昭晋爵晋王而让其撰写劝进表章，阮籍也借醉拖延。故此，其放达之行为，既由于其理想，也是由于现实之逼迫，这种心境在阮籍诗歌中得以宣泄，《文心雕龙・才略》曰“阮籍使气以命诗”,借古人之风范和美酒之逍遥,浇自己胸中之块垒,确乎是“醉翁之意不在酒”。

阮籍著作丰富,有诗、赋、论等,其哲学思想主要体现在《论》中,包括《乐论》《通易论》《达庄论》《通老论》等,《大人先生传》表达了阮籍的理想世界图景。

(二)“自然者无外”

1.正始玄学“名教本于自然”

玄学的主题是“名教”与“自然”的关系,何晏在其《无名论》中说,“夏侯玄曰:‘天地以自然运,圣人以自然用。’自然者,道也”,将世界万物的本体“道”与“自然”相等同,这是贵无论玄学的最高范畴和概念,万物的本性和存在皆是由于自然之本体的运化。王弼《周易略例·明象》曰,“物无妄然,必由其理”,汤用彤解释为“物无妄然,即自然,此二句是‘道顺自然’之确解”①。由此可以看出,自然若与道等同,则是万物之本,若为道之外化,则是自然而然的规律,是万事万物必须遵循的秩序与法则。

玄学倡导名教本于自然之论,则是玄学家的哲学思想在政治制度和社会人事方面的运用,名教指官位之恰当设立、位份尊卑之有序定夺、综核名实与风俗教化等,它要获得自身的合理性、有序性,实现内圣外王,就必须遵循自然之道。这体现在王弼“本末体用”的命题之中,本体、自然即形而上的道,名教即是形而下的器。《老子》第二十八章:“朴散则为器,圣人用之则为官长。”王弼注曰:“朴,真也。真散则百行出,殊类生,若器也。圣人因其分散,故为之立官长。以善为师,不善为资,移风易俗,复使归于一也。”②

名教与自然之关系,盖可以称为“道”与“器”、“无名”与“有名”、“君”与“臣”之关系。名教如果离开了自然之本体、秩序和规律,则是朴散为器而失“一”,实不可取,故名教与自然应相结合,后者是前者合理性的本体和基础。

2.阮籍“自然者无外”思想调和名教与自然

阮籍之思想,是玄学发展的一个阶段,在名教与自然之辨方面,与何、王有

---

① 汤用彤:《魏晋玄学论稿》,上海古籍出版社 2001 年版,第 138 页。

② (魏)王弼注,楼宇烈校释:《老子道德经注校释》,中华书局 2016 年版,第 75—76 页。

承接之处，也反映了玄学调和名教与自然的积极格调。《晋书·阮籍传》云："籍本有济世志，属魏晋之际，天下多故，名士少有全者，籍由是不与世事，遂酣饮为常。""济世志"即是投身于现实社会政治活动、遵从于社会伦理与道德规范，这完全是属于名教的范畴。由于受玄学思想的影响，阮籍早期对于名教合于自然，君臣合乎礼制，从而臻于和谐有序的社会状态充满了乐观的哲学精神。由此，他以老庄深入阐述了有关道、自然等思想，并将之作为名教、德的根据。在这一点上，阮籍没有超越正始玄学的基本范畴。

阮籍《通老论》曰："道者，法自然而为化，侯王能守之，万物将自化。《易》谓之'太极'，《春秋》谓之'元'，老子谓之'道'。"[①]阮籍认为，所谓道，是世界遵循自然而运动的状态，自然是道的展现和运行，自然而然的行动过程之中，道得以彰显。这显然是对老子思想的进一步发挥，并通过道与自然的等同和运作，贯通了儒道二家。道即是自然，可谓之《周易》中的太极，它既是万物的本体，也是生成的根源。"《春秋》谓之'元'"，《春秋公羊传》曰："元年春王正月。"何休注："变一为元。元者气也。"因而，阮籍的自然思想之中，蕴含着元气生成论的宇宙观。

自然在阮籍看来是一个最高的概念了，与何晏、王弼类似之处在于，他认为自然是一个规律性的存在，也是万物生成之本原。那么，自然这个概念的内涵是什么？阮籍《达庄论》曰："天地生于自然，万物生于天地。自然者无外，故天地名焉；天地者有内，故万物生焉。当其无外，谁谓异乎？当其有内，谁谓殊乎？……天地合其德，日月顺其光，自然一体，则万物经其常，入谓之幽，出谓之章，一气盛衰，变化而不伤。是以重阴雷电，非异出也；天地日月，非殊物也。故曰：自其异者视之，则肝胆楚越也；自其同者视之，则万物一体也。"[②]阮籍发挥《庄子·齐物论》的思想，认为世界万物是一体的，在本质上是类同的，没有根本的差别。之所以是这样的情况，是由于它们是自然的存在，可以被囊括在自然这个最高的范畴之中。

与王弼的最高范畴"无"有所区别，阮籍将自然视为最高的存在者，自然是包罗万象的存在，天地万物都是从中而生，即"自然者无外"。因而，自然是世界

① （魏）阮籍撰，陈伯君校注：《阮籍集校注》，中华书局2014年版，第132页。
② （魏）阮籍撰，陈伯君校注：《阮籍集校注》，中华书局2014年版，第115页。

的界限，其外没有任何事物了，也就无法给其命名，天和地从自然而生，有了内外之分，就产生了特殊的名称，万物也因而得以产生自己的性质。但是，从最高的自然层面看，无内外之分，浑然一体，特殊的事物也是相同的。天地合乎自然所赋予的名分，具体的事物遵循自己的本性，即“天地合其德，日月顺其光”，整个世界由此贯通为一体。

阮籍没有探讨“道”“无”与“有”“器”之概念及其关系，他直接将自然作为最高范畴，进而论及自然与名教之关系。前述阮籍《通老论》曰“道者，法自然而为化，侯王能守之，万物将自化”，直接表明了自然是名教的基础。“侯王”是社会政治的代表，是君和道、圣人之谓，如果能够按照自然的方式，万物就能够各自遵循自己的名分和本性。《通老论》曰：“圣人明于天人之理，达于自然之分，通于治化之体，审于大慎之训，故君臣垂拱，完太素之朴；百姓熙洽，保性命之和。”①天地生于自然而合其德，圣人遵循天地之运化，与自然本体相合，辨明刑罚礼制，从而能够做到“垂拱”而治，即无为而治的朴素之状态，百姓也能各安其位，和谐共处，德性与命运就能够得到安稳保全。从自然与名教相合的程度来审视历史上圣人之所为和国家治理，我们就能看出时代的优劣好坏。《通老论》对此说道：“三皇依道，五帝仗德，三王施仁，五霸行义，强国任智：盖优劣之异，薄厚之降也。”②古人所持的是一种历史退化观，表现在哲学上即不再遵循最高的本体和智慧，即道、自然、无等，而沦于局限在具体情境的特殊性中，就不能够把握整体，每个人都为自己的智慧而得意妄为，为了名分而争夺，社会便陷入利益纷争的混乱之中。

阮籍立论“自然者无外”，名教也在自然之中是理所当然的，要达到社会无为而治的圣人“至德”之境界，就必须使二者在最高的层面相通。《达庄论》说：“故至道之极，混一不分，同为一体，得失无闻。……使至德之要，无外而已。大均淳固，不贰其纪，清净寂寞，空豁以俟，善恶莫之分，是非无所争，故万物反其所而得其情也。”③圣人之治达到“至德”的境界，就与“至道”相贯通了，“至道之极”表现为一种混沌一体的状态，“至德”也是“无外”，是一种纯朴均衡、遵循本

① （魏）阮籍撰，陈伯君校注：《阮籍集校注》，中华书局 2014 年版，第 132 页。
② （魏）阮籍撰，陈伯君校注：《阮籍集校注》，中华书局 2014 年版，第 133 页。
③ （魏）阮籍撰，陈伯君校注：《阮籍集校注》，中华书局 2014 年版，第 125 页。

性、清静无为、善恶不分的自然境况，名教也就得以完全地符合自然，二者同为一体。在这个意义上，阮籍的“至道”也是一种本体论。

自然与名教、至道与至德本身就是一体的，实现天下教化二者不可偏废，施行教化之手段，圣人已经制定完善，阮籍在《乐论》中表达了名教自然相结合的思想。“夫乐者，天地之体，万物之性也。合其体，得其性，则和；离其体，失其性，则乖。昔者圣人之作乐也，将以顺天地之体，成万物之性也，故定天地八方之音，以迎阴阳八风之声，均黄钟中和之律，开群生万物之情，故律吕协则阴阳和，音声适而万物类，男女不易其所，君臣不犯其位……乾坤易简，故雅乐不烦；道德平淡，故五声无味。不烦则阴阳自通，无味则百物自乐，日迁善成化而不自知，风俗移易而同于是乐，此自然之道，乐之所始也。”①阮籍以《乐论》阐释其名教与自然相通的思想，名教的刑、教为一体，礼乐的音声、器具和礼仪都对现实中的尊卑、上下、性情等有直接的教化作用。礼治用来制约人的外在行为，乐是用来陶冶人内在的性情，如果做到这一点，就可以实现天下太平。

但是，其后出现了礼崩乐坏，“圣人不作，道德荒坏，政法不立，化废欲行”，整个社会因失去了自然之道，圣人的教化也隐没不行而处于混乱状态。阮籍认为，只要能够恢复到自然的状态，还是能够实现名教的等级制度和伦理规范。《通易论》说道：“先王既殁，德法乖易，上凌下替，君臣不制，刚柔不和，天地不交。是以君子一类求同，遏恶扬善，以致其大，谦而光之，裒多益寡，崇圣善以命，雷出于地，于是大人得位，明圣又兴，故先王作乐荐上帝，昭明其道，以答天贶。于是万物服从，随而事之，子遵其父，臣承其君，临驭统一，大观天下，是以先王以省方观民设教，仪之以度也。”②阮籍乐观积极的调和精神在此表露无遗，他认为虽然当下礼乐废弛，只要圣人、君子或大人得位，复归于自然无为之道，是能够再次实现宗法制度和伦理道德的有序性的，政治秩序也将趋于稳定，并符合天地自然的运行规则，实现天下太平的和谐状态。

（三）“越名教而任自然”

阮籍在正始期间的思想力主调和自然与名教，但高平陵政变的发生，彻底

① （魏）阮籍撰，陈伯君校注：《阮籍集校注》，中华书局 2014 年版，第 65—66 页。

② （魏）阮籍撰，陈伯君校注：《阮籍集校注》，中华书局 2014 年版，第 92 页。

击碎了阮籍的名教与自然相合的信念,其思想和行为也转向了以放达和自然为主导。曹魏政权时期,综核名实的人才选拔和名法之治的弊端,使得玄学家们目睹现实名教被扭曲,成为追逐名利和皇帝肆意弄权的工具,为建立和谐的封建秩序,就要恢复正常的名教,即符合自然的名教,其根本特点就是圣人垂拱而治,君臣本于名分,万物各得其性,如此纷争可息,政治清明,风俗淳朴,德性复本。但司马懿集团篡夺了曹魏政权,不但没有建立更好的政治秩序,反而打着名教的旗号,大肆铲除异己,国家陷入了更为深重的混乱和动荡之中。

名教意味着现实的政治,司马懿集团的政治统治根本就不是真正的教化天下、移风易俗,名教只是其权力的玩物,以阮籍之性情,是不愿意依附这种虚伪和血腥的“名教”的。既然不愿意与之同流合污,又不能够在现实中获得精神满足,为保全自己,阮籍只有超越现实,而游刃于理想的自然之中。但是,阮籍是怀有济世之志的,因而,在其放达之外,也透露出深邃的矛盾与挣扎,这在其《咏怀》诗中也展现出来。

阮籍《咏怀》五言诗共八十二首,第一首云,“夜中不能寐,起坐弹鸣琴……徘徊将何见,忧思独伤心”①,世事如此险恶,名教几近衰败,阮籍忧思天下,夜不能寐。这份哀愁烦乱之心绪,也只能自己独自体会了。第二首“二妃游江滨,逍遥顺风翔。交甫怀环佩,婉娈有芬芳。猗靡情欢爱,千载不相忘。倾城迷下蔡,容好结中肠。感激生忧思,萱草树兰房。膏沐为谁施,其雨怨朝阳。如何金石交,一旦更离伤”②。诗中采用大量典故,表达了阮籍心中理想状态的名教濒于幻灭,令人极度失望和哀伤。因该诗是有所指的,陈沆《诗比兴笺》认为,这首诗影射司马懿和司马师父子二人。魏明帝曹叡驾崩前将齐王芳托孤于司马懿,名教之治应符合君臣之道,但司马懿却很快发动高平陵政变,掌握军政大权,随后司马师废掉曹芳,另立曹髦为傀儡,名教已经荡然无存。《咏怀》诗第十六首“是时鹑火中,日月正相望”③,更是将司马师废曹芳一事暗示出来。

阮籍的思想中充满了矛盾,通过诗歌艺术以隐喻的方式来抒发内心的苦闷,表达了自我独立的精神与意识。在这个名教黑暗的时代,魏晋玄学通过自

① (魏)阮籍撰,陈伯君校注:《阮籍集校注》,中华书局 2014 年版,第 174 页。

② (魏)阮籍撰,陈伯君校注:《阮籍集校注》,中华书局 2014 年版,第 175 页。

③ (魏)阮籍撰,陈伯君校注:《阮籍集校注》,中华书局 2014 年版,第 224 页。

然之超越,再次发现了自我,即超越虚伪名教的现实,而获得一种理想的人格与性情,实现自我的主体性。这个自我是大写的我,主体已经是超越现实名教之规范的自我意识了,个体作为生命的存在,应当超越现实而与至道之本体合而为一。这即是"越名教而任自然",是嵇康在其《释私论》中所提出的"夫称君子者,心无措乎是非,而行不违乎道者也。何以言之?夫气静神虚者,心不存于矜尚;体亮心达者,情不系于所欲。矜尚不存乎心,故能越名教而任自然;情不系于所欲,故能审贵贱而通物情。物情顺通,故大道无违;越名任心,故是非无措也"①。所谓"君子"即是体道之人,道即是无,是自然,如此则能够超越世事之是非。这个根本的原因在于内心的境界,如果心境空虚寂然,不骄傲自负,禀性符合道体,情感摆脱物质欲望束缚,则行动就能够不违背道。因而,排除了自我内心的欲望和自负,就能够超越名教的各种等级规范之制约而顺从自然之运化。"情不系于所欲",与王弼之说类似,亦即应物而不累于物,这是理想圣人的人格特质,由此能够把握万物各自的价值本性,了解万物之情状,从而不违背宇宙的根本法则道,超越具体的名教规约,就超越了现实的各种对立。虽然嵇康思想中也没有彻底摒弃名教本身,但从整体上看,他明确表达了个人要想获得安身立命,就必须超越现实的各种伦理规范和虚伪名利,内心寡欲,不骄傲自负,与自然相合而体道。

阮籍也描绘了一个理想的世界图景,《大人先生传》说道:"昔者天地开辟,万物并生;大者恬其性,细者静其形;阴藏其气,阳发其精;害无所避,利无所争;放之不失,收之不盈。亡不为夭,存不为寿;福无所得,祸无所咎;各从其命,以度相守。明者不以智胜,暗者不以愚败;弱者不以迫畏,强者不以力尽。盖无君而庶物定,无臣而万事理,保身修性,不违其纪;惟兹若然,故能长久。"②这种状态是一种自然之境,阮籍仍然表达了其名教与自然相合的思想。

阮籍目睹名教之破碎,也对名教进行了激烈的批判,《大人先生传》曰:"今汝造音以乱声,作色以诡形,外易其貌,内隐其情;怀欲以求多,诈伪以要名;君立而虐兴,臣设而贼生。坐制礼法,束缚下民。欺愚诳拙,藏智自神,强者睽眂而凌暴,弱者憔悴而事人,假廉以成贪,内险而外仁。……此非汝君子之为乎?

---

① (魏)嵇康撰,戴明扬校注:《嵇康集校注》,人民文学出版社 1962 年版,第 234 页。
② (魏)阮籍撰,陈伯君校注:《阮籍集校注》,中华书局 2014 年版,第 141 页。

汝君子之礼法,诚天下残贼、乱危、死亡之术耳!"①现实的政治和道德规范已经沦落到如此地步,整个社会都异化了,变成了异己的存在,人们存在于其中只有两种选择,要么与之同流合污,要么超越这种状态,因为它凭一己之力是难以改变的。作为个体的存在者,要想体道就必须复归于理想境界,在自我意识和精神层面获得自由和独立。

为此,《大人先生传》确立了一个超越现实名教的理想境界,个体游刃于自然大全的宇宙整体之中,与名教全然相离,阮籍由此也超越了他在《达庄论》中通过"齐物论"结合名教与自然的思想,塑造了一个独立的精神境界、一个理想的圣人人格。在其中,宇宙自然是完全自足的,与名教所确立的社会制度处于对立的状态,向着自我绝对自由的方向运化。《大人先生传》曰:"养性延寿,与自然齐光。其视尧舜之所事,若手中耳。……先生以为中区之在天下,曾不若蝇蚊之着帷,故终不以为事,而极意乎异方奇域,游览观乐非世所见,徘徊无所终极……夫大人者,乃与造物同体,天地并生,逍遥浮世,与道俱成,变化散聚,不常其形。"②在个体精神体于宇宙之道,超越现实之后,所见所观已经没有名教的存在了,只有纯粹的自由和精神中的彼岸世界。

四、郭象对《庄子》的诠释与发展

正始玄学确立"以无为本"的本体论,王弼追求本末相结合,提出了"崇本息末""崇本举末"的命题,以将名教本于自然。但王弼哲学中存在着理论上的矛盾。阮籍沿袭"崇本息末"的方向发展,超越名教而任自然。元康时期裴頠反对之,高扬"崇本举末",因作《崇有论》,认为万物"自生而必体有",论证名教现实的合理性。郭象则调和玄学内部"有""无"本体二论,提出"独化"说,否定由无生有而主张"万物自生",这是由于万物的"自性"与"相因",名教与自然是统一的。正始玄学认为名教本于自然,阮籍则认为二者是对立的,至郭象将二者统一,达成了玄学否定之否定发展的思辨历程。

---

① (魏)阮籍撰,陈伯君校注:《阮籍集校注》,中华书局2014年版,第141页。

② (魏)阮籍撰,陈伯君校注:《阮籍集校注》,中华书局2014年版,第137页。

(一)郭象生平著作

郭象(?—312),字子玄,洛阳(今河南洛阳)人。郭象综合前人玄学思想而提出自己独特的本体论,在当时享有很高的学术声誉。《世说新语·文学》注引《文士传》曰,象“慕道好学,托志老、庄,时人咸以为王弼之亚”。《晋书·郭象传》,象“少有才理,好老、庄,能清言”。魏晋时期清谈之风一直兴盛,郭象作为名士时常参与,是当时的清谈名家,时人有赞郭子玄云“郭象言类悬河”,可见其辩才之高深。郭象作为当时的名士,目睹了现实政治之破碎惨烈,初期也“常闲居,以文论自娱”,不愿意卷入政治旋涡,随波追逐名利官爵,“州郡辟召,不就”,颇有些类似阮籍之风度,超越现实名教之外。但后来朝廷征召,郭象就不再隐居而出仕,由司徒掾而黄门侍郎。随后西晋政治动乱的主要人物东海王司马越提拔郭象为太傅主簿,郭象接受该职位并掌握了一定的权力。这种情况与郭象玄学是有些矛盾的,时人对其评价也不高,称他“操弄天权,刑赏由己”,“熏灼内外”。这实际上也符合郭象的思想,《庄子·内篇·人间世第四》注曰:“千人聚,不以一人为主,不乱则散。故多贤不可以多君,无贤不可以无君。此天人之道,必至之宜。”①从哲学上而言,万事万物还是要有一个宗主,名教与自然不能如嵇、阮那般对立起来,要臻于身居庙堂而心在山林的境界,“戴黄屋,佩玉玺”,“心无异于山林之中”,二者是统一的。

郭象的主要著作是《庄子注》,相传是剽窃向秀注而成。但无论如何,郭象有自己的思想,通过注《庄子》而形成哲学体系,有着独特的见解则是无疑义的。郭象引申发挥庄子的思想而切合时代课题,既是对庄子的发展,也推动了玄学的进一步深化。此外,郭象还著有《论语体略》,皇侃《论语义疏》中保留有郭象注部分内容。

(二)“独化论”哲学体系

王弼确立“以无为本”,阮籍认为“自然者无外”,裴頠则提出“崇有论”。玄学发展至郭象成为合题。郭象玄学体系的核心是其“独化”概念。所谓“独化”,意指世间万物单独的存在、独立的演化或发展变化,事物的这种演变是无

---

① (晋)郭象注,(唐)成玄英疏:《庄子注疏》,中华书局2016年版,第85页。

条件的、绝对的，并不依赖于它物，而是以自然自为的方式进行。郭象以“独化”说描述世界万物的生化特征和存在状态，由此而言，世界并没有一个本源的生成因素，诸如气、无等，也不存在人格神意义上的造物主。但是，“独化”何以发生？其根本是什么？其归宿如何？围绕这些问题，郭象也必须论述物的存在的根源及特性，由此建构了自己的哲学体系。

1.事物是自然的存在

玄学是一种本体论，何晏、王弼等论述万物的本体，是为找到它们存在的根据，以及内在于事物运行变化之中的普遍性规律，这个本体被称为“无”。但是，在正始玄学中，仍然没有完全摆脱汉代宇宙论和《老子》本源论的思想影响，还保留有宇宙生成论的痕迹，也就是说，“无”既可以说是万事万物存在之根据，也是万事万物生成的本源和创造者。这种情况在哲学史中是常见的，但在由无向有的转换中出现了逻辑上的困难，“无”的内涵是否定性的，排除了一切有名事物和具体现象的规定性，那么，它是如何产生有或作为有的依据？王弼对此也没有深入地讨论。裴頠认识到其中的理论困境，同时也不满意因“崇无”而导致的名教与自然之对立，提出了“崇有论”，目的在于“疾世俗尚虚无之理”，“矫虚诞之弊”。裴頠《崇有论》说“夫总混群本，宗极之道也”，意为整个世界作为群有，即是万物的本体之所在，存在本于“有”，而不是本于非存在“无”。

郭象承接裴頠的“崇有论”，对“无”的本体论和生成论进行了否定，并对裴頠的“群有”之本体也加以扬弃。他通过追问“独化”事物之根源而论证事物是自生而存在的。事物是如何存在和生成的呢？郭象《庄子·内篇·齐物论第二》注曰：“世或谓罔两待景，景待形，形待造物者。请问：夫造物者有邪？无邪？无邪则胡能造物哉！有也则不足以物众形。故明众形之自物，而后始可与言造物耳！是以涉有物之域，虽复罔两，未有不独化于玄冥者也。故造物者无主，而物各自造；物各自造而无所待焉。此天地之正也。”①所谓“待”，是指依赖，或者事物存在的条件。“罔两”，郭象注曰“景外之微阴也”。从有形的现象去追问其存在的根源，则并不能得出确定的结论。如果微阴依赖于影子，影子存在的条件是形体，形体本于造物主，但造物主的存在如何追问？如果它是“无”，无如何生有？如果它是有，那么抽象的有如何产生杂多的形体呢？可见，之前的

---

①　(晋)郭象注，(唐)成玄英疏：《庄子注疏》，中华书局2016年版，第60页。

“有”“无”之本体都有理论上的困境。

因而,郭象首先否定了“无”的本体论地位和生成性含义,《庄子·外篇·知北游第二十二》注曰:“非唯无不得化而为有也,有亦不得化而为无矣。是以夫有之为物,虽千变万化,而不得一为无也。不得一为无,故自古无未有之时而常存也。”[①]可见,郭象认为无不能生有,有的存在是自始至终而绝对的,从而也对裴頠的“群有”,即“大有”或整体的存在作为事物的本体也加以否定。既然事物并不依赖于本体或造物主,那么它是如何存在的呢?郭象注《庄子·内篇·齐物论第二》曰:“故造物者无主,而物各自造;物各自造而无所待焉。此天地之正也。”[②]世界本来就是事物自我生成和发展的,并不需要为此找到事物自身外部的力量,也就是“无待”而自然发生的。郭象注《庄子·内篇·知北游第二十二》曰:“言万物虽以形相生,亦皆自然耳。”[③]《庄子·杂篇·天下第三十三》总结老聃的思想曰:“建之以常无有,主之以太一。”郭象注也否定了老聃的生成论和本源论:“夫无有何所能建?建之以常无有,则明有物之自建也。自天地以及群物,皆各自得而已,不兼他饰,斯非主之以太一邪?”[④]事物的存在并不是因为有或者无,而是自得而已,自得即是独化的一个特征,事物是以其自身的“有”而存在。《庄子·外篇·知北游第二十二》注:“谁得先物者乎哉?吾以阴阳为先物。而阴阳者,即所谓物耳。谁又先阴阳者乎?吾以自然为先之,而自然,即物之自尔耳。吾以至道为先之矣。而至道者,乃至无也。既以无矣,又奚为先?然则先物者谁乎哉?而犹有物,无已。明物之自然,非有使然也。”[⑤]此处的物意指存在的所有事物,或者说是每一个个体事物,它们的存有并不依赖于任何造物主或者本体,而是自然而然的存在者,由此构成了大千世界。

2.事物因“性”而自生

自然之含义,是指物的存在完全是由自己而确立的,是天然的过程和结果,这样的过程和结果就体现在事物本身的“性”之中。事物的发展并不依赖于(无待)任何本体和本源,其发展变化的根由在于自身的特性,每个存在的事物(或

---

① (晋)郭象注,(唐)成玄英疏:《庄子注疏》,中华书局2016年版,第405页。

② (晋)郭象注,(唐)成玄英疏:《庄子注疏》,中华书局2016年版,第60页。

③ (晋)郭象注,(唐)成玄英疏:《庄子注疏》,中华书局2016年版,第395页。

④ (晋)郭象注,(唐)成玄英疏:《庄子注疏》,中华书局2016年版,第567页。

⑤ (晋)郭象注,(唐)成玄英疏:《庄子注疏》,中华书局2016年版,第406页。

说世间万物)都有着自己的特性,并遵循着相应的限度而运化。何谓性?郭象《庄子·外篇·山木第二十》注曰:“凡所谓天,皆明不为而自然。言自然则自然矣,人安能故有此自然哉?自然耳,故曰性。”[①]性是自然而然的特征,事物之所以这样而非那样,是不能够由抽象的“无”和“有”而产生和决定的,它本来就存在于事物之中,本然如此。从而,每个事物的存在都是“物各自造而无所待焉”。因而,自然也就是“不为”了。《庄子·内篇·逍遥游第一》注曰:“自然者,不为而自然者也。”[②]性是天生而不可更改的,只有“不为”才能符合本性或事物的自性。

每个事物都具有自己的“性”,也就是自身存在的规定性,这种规定性是自然的、天生的、本然的存在,因而不可更改,不能逃避,也不能增加。这便是所谓的“性命”。《庄子·内篇·养生主第三》注曰:“天性所受,各有本分,不可逃,亦不可加。”[③]但是不同的人具有不同的特性,或为智者,或为愚钝,也都是不可更改的。《庄子·内篇·齐物论第二》注:“性各有分,故知者守知以待终,而愚者抱愚以至死。岂有能中易其性者也。”[④]独化之含义也在于此,事物包括人的特性和性命都是本然而被规定好的,是无待于外物的,因而也是不能改变的。但是,无论是何种“自性”,其在本质上都是等同的,并不存在大小之分。《庄子·外篇·秋水第十七》注:“所大者,足也;所小者,无余也。”[⑤]大小之所称,都在于事物的特性,从独化的角度看,事物只要自足于自身的性,就实际上是同一的。“夫物之所生而安者,趣各有极。”[⑥]每个事物都有自身的界限和存在时空,做到各安其分,这也就获得了逍遥之境界。

因而,独化是事物单独的生成变化,变化之根由也在于事物自身的性质,只要符合自身的特性就是自然之运化。为进一步说明这种变化没有任何外在的本体和造物者,郭象将此过程称为“自生”。《庄子序》曰:“然庄生虽未体之,言则至矣。……上知造物无物,下知有物之自造也。”[⑦]这也就是说,世界万物都是

---

① (晋)郭象注,(唐)成玄英疏:《庄子注疏》,中华书局 2016 年版,第 371 页。
② (晋)郭象注,(唐)成玄英疏:《庄子注疏》,中华书局 2016 年版,第 11 页。
③ (晋)郭象注,(唐)成玄英疏:《庄子注疏》,中华书局 2016 年版,第 69 页。
④ (晋)郭象注,(唐)成玄英疏:《庄子注疏》,中华书局 2016 年版,第 31 页。
⑤ (晋)郭象注,(唐)成玄英疏:《庄子注疏》,中华书局 2016 年版,第 313 页。
⑥ (晋)郭象注,(唐)成玄英疏:《庄子注疏》,中华书局 2016 年版,第 306 页。
⑦ (晋)郭象注,(唐)成玄英疏:《庄子注疏》,中华书局 2016 年版,南华真经序第 1 页。

由于自身而得以存在的，物的存在不需要任何外在的条件而是突然发生的，归根结底还是一种自然而然的现象。《庄子·杂篇·庚桑楚第二十三》注："欻然自生非有本。"[①]由此否定了事物本于自身之外的根源的观点。《庄子·内篇·齐物论第二》注："无既无矣，则不能生有；有之未生，又不能为生，然则生生者谁哉？块然而自生耳。"[②]进一步追问，为何物会自生呢？郭象认为，这个问题是没有意义的，不必刨根究底，因为它并不比"无中生有"更加难以理解。如果非要追问，则不能有任何结果，所应当做到的是认识到事物自生、自性的自然之境况，而顺从之则各安其分。《庄子·外篇·天运第十四》注曰："自尔，故不可知也。……夫物事之近，或知其故，然寻其原以至乎极，则无故而自尔也。自尔则无所稍问其故也，但当顺之。"[③]很显然，郭象此论既否定了造物者的存在，也否定了目的论的观念，认为事物变化发展的根源就在于其自身的特性，非得寻求外在的原因，找到其额外的动力和归宿，则是徒劳的，也是不必要的。

现象世界千变万化，每一时刻都与下一时刻不同，每处空间也与别处有异，概都源于自然的规律和事物自身的特性，从每个相异之处观之，只要符合其特性，也都是相同的，因而事物变化的原因不能超越其自身而无限后退追溯。既然事物只本于自身，那么它也即是"无待"，所谓"无待"，如前所述，是指没有任何依赖，无任何条件和原因。这与董仲舒的神学目的论、亚里士多德的"四因说"形成了鲜明的对比，郭象之学说由此观之更类似于西方的现象学，由本体或造物主而返回到事物本身，将非事物及其现象的一切都悬置起来。同时，事物由自性而自生，也不以其他具体事物为条件，因而是单独的演化。《庄子·内篇·齐物论第二》曰："天机自尔，坐起无待。无待而独得者，孰知其故，而责其所以哉？"[④]世界本身就是自然的，不依赖他者，自身是自身的决定性要素，是自己变化发展的本根之所在，这即是"独化"。郭象对此说道，"故造物者无主，而物各自造；物各自造而无所待焉。此天地之正也。"独化自生是无待、自得的，把握住这样的本性，就是体道了。"各自得耳，非相同也，而道一也。"事物性各异，只要玄虚体道，忘情利害，就能自得而独化。

---

① （晋）郭象注，（唐）成玄英疏：《庄子注疏》，中华书局 2016 年版，第 423 页。
② （晋）郭象注，（唐）成玄英疏：《庄子注疏》，中华书局 2016 年版，第 26 页。
③ （晋）郭象注，（唐）成玄英疏：《庄子注疏》，中华书局 2016 年版，第 267 页。
④ （晋）郭象注，（唐）成玄英疏：《庄子注疏》，中华书局 2016 年版，第 59 页。

（三）“神器独化于玄冥之境”

“独化论”所论事物是单独个体的存在，独自进行着纷繁复杂的变化，事物因其本性自然发展变化而无待，不以它物或本体为条件。那么，这种状况构建的世界图景是个体事物之间没有任何关系，犹如莱布尼茨的单子，各不相干，“夫相因之功，莫若独化之至也”。但是，现实却并非如此，事物并不是完全孤立的一个一个自生自灭的粒子，事物之间是如何进行联系的呢？为解决此问题，郭象提出“独化于玄冥”，力图为事物之存在及其相互之联系找到一个原始朴素混沌未开的最初境界。

郭象的玄冥与事物独化往往联系在一起，事物的自性、自为都是玄冥之一个层面和不同程度的演化。《庄子·内篇·大宗师第六》注云：“卓者，独化之谓也。夫相因之功，莫若独化之至也。故人之所因者，天也；天之所生者，独化也。人皆以天为父，故昼夜之变，寒暑之节，犹不敢恶，随天安之，况乎卓尔独化，至于玄冥之境，又安得不任之哉？”[①]郭象以玄冥来调和事物之间的联系，这种联系难以说清楚，只好采用比拟的方法来描述。人所生活的世界，每个事物都有着自己的特性，由此而自为、自生、自得。天即是如此，我们对于天时的各种变化不能随意憎恶，因它是自然的表现，对于人自身而言同样如此，人与天之所以发生昼夜、寒暑的情感关系，从现实的表象上考量二者的关系没有太大的意义，关键是要认识到，二者都是由自然本性而自生，又共同发展变化臻于玄冥的状态。在玄冥之境，事物才有相因，这很大程度上难以言表，只能说它也是一种独化过程，事物之性未分时的状态，因而也就无善恶、情伪等之分，可以称之为无，但并非王弼否定性意义上的“无”，而是有无相成的状态，是各种可能性的集合。

《庄子·内篇·大宗师第六》注曰：“玄冥者，所以名无而非无也。”[②]玄者，深远。冥者，幽暗。“玄冥”，指一种难以明辨和言表的存在之状态，庄子认为玄冥是一种较为高深莫测的境界，郭象也觉得有此含义，但他将玄冥与具体事物相结合，偏重于世界整体性的结构模式，以此来自洽其理论体系。否则，独化的世界是一个完全寂静、孤独和死气沉沉的静止图景，这与现实没有任何关系，且

---

① （晋）郭象注，（唐）成玄英疏：《庄子注疏》，中华书局 2016 年版，第 133 页。

② （晋）郭象注，（唐）成玄英疏：《庄子注疏》，中华书局 2016 年版，第 141 页。

不符合知觉现象与理性认知。郭象必须保证世界整体的有序性和相关性，玄冥之境因而可以说是独化之源头，也是独化之归宿。事物因而无论在其自然而然发展之处、变化之中还是灭亡之际，都通过玄冥而交织在一起。

郭象提出玄冥之范畴，也与他企图综合“有”“无”本体有关，或者说力图超越二者而达到新的综合，以期消除逻辑上不能自洽的问题。前述郭象评判“贵无论”，认为无不能生有，完全的无是没有任何“性”的，也就不能够性分而自生，作为“零”的无不能够与有形事物发生关联。对于“崇有论”亦然，抽象意义上的“存在”也无“性分”，不能够解释大千世界光怪陆离之现象。玄冥之境的提出，是说明事物的本性，其发生、变化和灭亡都有着自身的规律——这种规律是神秘的、不可知的，事物个体的“性”就源自它。但是，玄冥之境包含了所有的可能性，事物的具体表象是这种可能性的现实展开，事物之关系也是在玄冥之境中得以规定，因而也是本然的、自生的，认识到这一点做到各安其分，就能顺乎自然。

因而，玄冥之境是一个综合的原初性概念。从哲学概念而言，玄冥是指将有无未分之际加以统合，但又包含二者的一个更为抽象的范畴，其含义因而是难以明晰的，它不能以规定性的方式来呈现，也不能用语言来表述，否则就失之整体性；从事物自身而言，它联结着独化者之间的关系，《庄子·内篇·齐物论第二》注：“故彼我相因，形景俱生，虽复玄合，而非待也。”①虽然事物之运化并非由于彼此交互，但因玄冥而相因，一个超越本体而凝聚各种事物之可能性的世界图景就被描绘出来了；从名教自然之关系而言，玄冥之境是一种圣人境界的表达，是现实政治统治的理想状态，万事万民若以自然本性而独化，则玄同彼我，返璞归真，各安其分，名教与自然就会归于玄冥之境而社会处于真正和谐的状态。

郭象明确提出其《庄子注》的根本目的在于“明内圣外王之道”，基本路径是通过其哲学体系“上知造物无物，下知有物之自造也”，这种状态便如《庄子注·南华真经序》所言：“至仁极乎无亲，孝慈终于兼忘，礼乐复乎已能，忠信发乎天光。用其光则其朴自成。是以神器独化于玄冥之境而源深流长也。”②“神

① （晋）郭象注，（唐）成玄英疏：《庄子注疏》，中华书局2016年版，第60页。

② （晋）郭象注，（唐）成玄英疏：《庄子注疏》，中华书局2016年版，南华真经序第1页。

器”，《老子》第二十九章云“天下神器不可为也”，指现实的政治和道德伦理规范，也即是名教。名教之合理性及其与自然(道)之关系，玄学家们几经探索，并未紧密结合。王弼的本体“无”与之有着逻辑上的隔离，裴頠之“有”有些同义反复的论证。郭象通过自性、自为和自得进而独化臻于玄冥之境，论证了名教与自然的同一性，即一般所认为的“名教即自然”。

在玄冥之境中，名教与自然合而为一，内圣与外王之道也得以彰明，二者并非分裂的，甚至对立的，而是一种内在于圣人内心之中的冥合状态。《庄子·内篇·大宗师第六》注曰：“理有至极，外内相冥，未有极游外之致而不冥于内者也，未有能冥于内而不游于外者也。故圣人常游外以冥内，无心以顺有，故虽终日见形，而神气无变，俯仰万机，而淡然自若。”①这段话即明确地表明内圣与外王是合而为一的，二者相合正在于独化于玄冥。内圣外王之道，也即是玄冥之状态，之所以能够达到，原因在于“无心以顺有”，这很大程度上类似于王弼之说，圣人有情但“应物而不累于物”。《庄子·内篇·逍遥游第一》注云：“无己故顺物，顺物而至矣。”达到顺物的冥合境界，正是由于独化，顺其自然、各安其性，遵守本分，《庄子·外篇·达生第十九》注曰：“各任性分之适而至矣。”②《庄子·杂篇·外物第二十六》注：“性之所能，不得不为也；性所不能，不得强为也。故圣人唯莫之制，则同焉皆得，而不知所以得也。”③圣人就是遵循独化而行事，帝王遵从本性而统治，天下就和谐了。因而，郭象热情洋溢地宣告自己的理想：“神人无用于物，而物各得自用，归功名于群才，与物冥而无迹，故免人间之害，处常美之实。”④《庄子·杂篇·外物第二十六》注：“神人即圣人也，圣言其外，神言其内。”⑤郭象表达了“虽在庙堂之上，然其心无异于山林之中”的理想境界。

---

① (晋)郭象注，(唐)成玄英疏：《庄子注疏》，中华书局2016年版，第147页。
② (晋)郭象注，(唐)成玄英疏：《庄子注疏》，中华书局2016年版，第12页。
③ (晋)郭象注，(唐)成玄英疏：《庄子注疏》，中华书局2016年版，第488页。
④ (晋)郭象注，(唐)成玄英疏：《庄子注疏》，中华书局2016年版，第99页。
⑤ (晋)郭象注，(唐)成玄英疏：《庄子注疏》，中华书局2016年版，第492页。

第二节　杨泉、范缜对玄学与佛教的批判

一、杨泉对玄学的批判

魏晋玄学从理论的层面看,主要是一种本体论哲学,也就是寻找世界万物和社会存在之外的决定性本体。因其远离现实人事,被称为“玄远之学”。玄学产生于政治现实需求和上层门阀士族的清谈活动,也是为了服务于门阀士族的统治。与此同时,有部分知识分子群体却保持着究物之理的注重实际的学术倾向,反对玄虚体道的清谈之风,而力图探索事物生成的物质性原因和“自然之理”,从而与玄学形成鲜明对比,显现出朴素的唯物主义和科学探索精神。杨泉即是其中一位杰出的代表。

(一)杨泉生平著作

杨泉,字德渊,生卒年难以考证,没有定论,生平事迹史载不详。一般认为他是魏晋时期吴国(今江浙一带)人,吴国较为务实,不尚清谈,为他的自然主义学术倾向提供了背景支持。吴国灭亡之后,他迁徙至洛下,不应辟召,以“处士”“征士”身份著书立说,在当时有着一定的影响力。另有一说,杨泉是梁国(今河南商丘)人。无论是哪一种情况,在其学术鼎盛时期,杨泉主要活动范围在河南洛阳应大致可以肯定。

与上层士族知识分子截然不同,杨泉是一位自然科学家。他关注劳动人民的生产和生活实践,对有关农事、水利、天文、器物、兵法等都有所涉及,但其著作大多散佚。后人整理其著作残篇为辑本,主要有《物理论》《太玄经》。杨泉在研究自然科学的基础上,形成了朴素的唯物主义,主要体现在《物理论》之中,提出了“气一元论”的宇宙生成论,并对玄学之风做出了批判。

(二)《物理论》中的朴素唯物论思想

杨泉的《物理论》是关于自然哲学的著作,承接两汉扬雄、王充、张衡等朴素唯物主义思想,论述宇宙的形成和演化,并涉及具体的技术和现实政治问题。

由于科学认知、技术实践的限制,古代唯物主义哲学家在论述其自然哲学思想时,一般都从天文现象出发,这首先是由于,“天”作为一种现象,最先被人们所观察;其次,“天”之概念的形成与宗教信仰和生存文化密切相关,成为哲学家们不得不首先解释的对象。杨泉的自然哲学思想也必须以“天地”之所以然为根据。《物理论》说道:“所以立天地者,水也,成天地者,气也。……夫水也者,地之本也。吐元气,发日月,经星辰皆由水而兴。……夫地有形而天无体,譬如灰焉,烟在上,灰在下也。”[①]这段话将宇宙之所以生成和结构加以表述,是典型的宇宙生成论,明确地表达出“气”是宇宙生成的本源,迥异于玄学抽象空洞的本体。但是,杨泉所论述的天地似乎有两个本源——水和气,那么他的思想是水、气二元生成论还是气一元生成论呢?

杨泉说:“成天地者,气也。”气是天地生成的本源,这是比较明确的。问题的关键在于“夫水也者,地之本也”中“本”为何意。在玄学中,“本”与“末”是相对的概念,可以理解为世界的本体。杨泉《物理论》说:“盖气,自然之体也。地发黄泉,周伏回旋,以生万物”,“顺物布气,天地之性,自然之体也”[②]。此处论述,气为自然之体,自然者天地。可见,杨泉将本、体对应不同的层面,这就与玄学有所不同了。根据文意,杨泉所谓体,可以指宇宙之本体或本源,而本是一种有形的基质,是本源演化的要素。他以灰为例,烟如气很快飘散而无形,灰则有形,是为地所立之本。所以说,地有形天无体,是生成之后的物质现象被描述的状况。“立天地者,水也”,天地是由气而生成的,天地生成之后运转的动力和基质则是水。

因而,结合杨泉的论述,气一元论是比较确定的,水在此所扮演的角色,侧重于天地生成之后,事物演化的动力和基质。似乎杨泉意识到,如果只是论述宇宙之生成及其要素,不能解决宇宙万物变化发展的原因,水作为内在力量和

---

① (清)王仁俊辑:《玉函山房辑佚书续编三种》,上海古籍出版社1989年影印版,第188页。

② (清)王仁俊辑:《玉函山房辑佚书续编三种》,上海古籍出版社1989年影印版,第188页。

要素就成为必需。杨泉选择气作为宇宙生成的本源,是继承了传统唯物论的思想,但以水为有形质,是较有创新的思想。道家思想中有关水的论述是很多的,《老子》第八章说“上善若水”,表明水之德,也就是具体事物运动的态势。此外,《周易》坎卦指水,《说卦》说“润万物者,莫润乎水”,表明水之用。杨泉作为经世致用的儒家学者,十分熟悉当时玄学的新道家学说,应综合了此类思想。

在气一元论基础上,结合当时流行的天文理论——盖天说、浑天说,杨泉提出了自己的宇宙结构论和天地运行论。盖天说,《周髀算经》认为,天如一个弧形的穹顶,地是平直的,天有极点向地的四方垂下,“天似穹庐,笼盖四野”是对此说形象的描述。浑天说认为“天地之体状如鸟卵,天包地外,犹壳之裹黄也。周旋无端,其形浑浑然,故曰浑天也”①。张衡《浑天仪》曰:“浑天如鸡子。天体圆如弹丸,地如鸡中黄,孤居于内……天表里有水,天之包地,犹壳之裹黄。天地各乘气而立,载水而浮。”②从中也可以看出,杨泉的气之为体,水立天地,与浑天说有一定的承续关系。杨泉描述宇宙之形状,《物理论》曰:“天者,旋也,均也,积阳纯刚,其体回旋,众生之所大仰。”③天由气所生,处于运动之中,不停地旋转,是阳气凝聚而生成的纯然之宇宙,人们对此无不感到敬仰。由此,杨泉也解释了星体运动和极点的问题,《物理论》说道:“北极,天之中。极南为太阳,极北为太阴,日月五星行太阴则无光,行太阳则能照。故为昏明寒暑之限极也。”④这种现象之所以发生,杨泉在《太玄经》中说道:“天气左转,星辰右行;阴阳运度,报返相迎。”⑤宇宙中形体的变化是自身运动的结果,对于这种自然现象,杨泉完全是从物理学的角度加以阐释的,在当时是难能可贵的。

通过对宇宙万物之构成及运行的描摹,杨泉论述了其社会人事的观点。《织机赋》曰:“事物之宜,法天之常。既合利用,得道之方。”⑥“常”即是事物运动的规律,如果能恰当利用,则事物好的方面就能为我所用,是人们获得实践成功的方法。他在《物理论》中大量论述了农业、手工业、纺织等方面的知识和技

---

① (清)王仁俊辑:《玉函山房辑佚书续编三种》,上海古籍出版社 1989 年影印版,第 230 页。
② 陈美东:《张衡〈浑天仪注〉新探》,《社会科学战线》1984 年第 3 期,第 157 页。
③ 魏明安,赵以武:《傅玄评传——附杨泉评传》,南京大学出版社 1996 年版,第 394 页。
④ (清)王仁俊辑:《玉函山房辑佚书续编三种》,上海古籍出版社 1989 年影印版,第 187 页。
⑤ 魏明安,赵以武:《傅玄评传——附杨泉评传》,南京大学出版社 1996 年版,第 393 页。
⑥ (清)严可均辑:《全三国文》,商务印书馆 1999 年版,第 750 页。

术，都是本于事物本身的“理”，从某种意义上可以说是今天的“物理”之义，如此才能促进生产，提高效率，改造世界。

（三）对玄学的批判

可以看出，杨泉的哲学是本于自然现象的运行规律，将之通过哲学抽象而对世界的起源、构成和运行进行理论上的总结。杨泉的观点是朴素的唯物主义，不能强求他抽象出“物质”的客观实在哲学范畴，但其精神却是彻底的唯物主义，只是从物质现象本身来寻求自然万物的运行模式。根据这种唯物主义的思想，杨泉非常重视劳动实践、生产技术。《物理论》在论述人的生产活动时说道：“夫蜘蛛之罗网，蜂之作巢，其巧妙矣，而况于人乎！……故工匠之方圆规矩出乎心，巧成于手，非睿敏精密，孰能著勋形，成器用哉！”①杨泉关于人的能动性即生产活动的比喻，与马克思的思想有近似之处，虽然他并没有发展出意识的能动性思想，但也深刻表明了杨泉对物质生产的重视。对工匠技术的成器的论述，正是对人的意识能够认识事物、掌握规律、改造世界的赞美。杨泉的思想基本是从物质世界出发，从客观的现象出发，总结事物运动变化的一般性表征，总结客观事物发展的规律性。

杨泉从其思想和实践的立场出发，作为一个自然哲学家和科学家，对玄学所引起的虚无放诞之风气深恶痛绝。杨泉说道：“虚无之谈，无异于春蛙秋蝉，聒耳不已。”②表现出了对玄学贵无而引起的浮华之风的轻蔑。这种批判并非流于浅薄，裴頠也对玄学的虚诞颇有不满而提出崇有论。杨泉对玄学的批判也是由于他的儒学主导倾向，因为儒家讲究经世致用，追求现实之功用。虽然名教存在着诸多弊端，但杨泉认为这并不是圣人本身的问题，他谈及《论语》时说道：“论语圣人之至，教王者之大化。”③充满了溢美之词。从朴素唯物论思想出发，他认为玄学不是从事物自身的规律出发，没有真正研究事物的“理”，而是寻求超言脱象的虚无之境，也就不能发现问题的实质。杨泉对此说道：“夫论事比类，不得其体。虽饰以华辞，文以美言，无异锦绣衣掘株，管弦乐土梗，非其趋

---

① （清）王仁俊辑：《玉函山房辑佚书续编三种》，上海古籍出版社 1989 年影印版，第 185 页。

② 魏明安，赵以武：《傅玄评传——附杨泉评传》，南京大学出版社 1996 年版，第 407 页。

③ （清）王仁俊辑：《玉函山房辑佚书续编三种》，上海古籍出版社 1989 年影印版，第 184 页。

也。”[①]也就是说,玄学虽力图抓住事物的根本,却是走错了方向。

二、范缜对佛教的批判

范缜在中国唯物主义哲学发展史上占有重要的地位,其神灭论学说是古代无神论发展的高峰。古代的朴素唯物主义形神观,一般是以“气论”的宇宙生成观为基础,通过气的相聚离散来解释人的生命现象。范缜的理论坚持朴素唯物论,将“神”(精神)视为“形”(身体)的功能,并由此展开了与佛教神不灭论的理论交锋。

(一)范缜生平著作

范缜(约450—约510),字子真,生活于南朝宋、齐、梁时期,《南齐书》称其“顺阳范缜”,南乡舞阴(今河南泌阳西北)人。范缜生活在一个较为动荡、分裂的时代,政权更迭不断,但学术思想较为活跃和自由。佛教的传入受到了当时统治者的青睐,统治者大兴佛法,广建佛寺,加重了人民的负担和社会的凋敝。统治者利用佛教的诸多教义,诸如轮回、三报论等维系自身的统治。范缜接过前贤唯物论的遗产,展开了对佛教神不灭论的批判。

范缜的思想与其成长环境、个性有直接的关系。《梁书·范缜传》记载,缜“少孤贫,事母孝谨”,生活于落魄的下层阶级。范缜师从当时的名儒刘瓛,恪守清贫,刻苦读书,熟稔各种经典。但范缜并未由此而攀缘高升,他性格直爽,十分反感当时的门阀制度,对社会黑暗之风加以批判。史书记载他“性质直,好危言高论”,对佛教教义的核心问题“灵魂”(神)的存在加以彻底否定,并在齐、梁两次辩论中不畏权贵,坚持自己的无神论,在思想和行动上都展现出坚持真理的战斗无神论精神。

范缜的著作大都散佚,现保存有《神灭论》《答曹舍人》两篇反佛战斗檄文,前者在《梁书》和梁僧祐编纂的《弘明集》中皆有收录,后者载于《弘明集》。

---

① 魏明安,赵以武:《傅玄评传——附杨泉评传》,南京大学出版社1996年版,第407页。

（二）范缜“神灭论”产生的理论渊源与社会背景

恩格斯曾说：“全部哲学，特别是近代哲学的重大的基本问题，是思维和存在的关系问题。”①这是自人类的自我意识产生以来，人们在对象化的实践活动中所抽象出的主客二元思维结构和认知模式，对于人而言，就表现为身体（形）与精神（神）二者之间的关系问题。身体是可见的、物质的构成，而精神则是不可见的却又不可否定的现象。例如，文明初级阶段，人们难以解释梦的形成、死亡的原因以及精神的本质，就产生了灵魂不死、精神独立存在、死后有鬼的观念，并逐步发展出万物有灵论的原始崇拜，以及具有理论系统性的较为精致的多神论和一神论宗教信仰。但与此同时，在有关精神现象的哲学探索中，有着与之相反的解释路径，即并不从神秘主义的彼岸世界来说明精神和意识，而是从具体的物质性原因出发，将精神与意识归于物质的运动及其结果，这属于科学认知的范围，并得出了朴素唯物主义的结论。

先秦时期就产生了朴素的唯物论思想。《庄子·外篇·知北游第二十二》曰：“人之生，气之聚也。聚则为生，散则为死。……故曰，通天下一气耳。”虽然庄子的论述并没有涉及形神问题，但很显然将人的生死归结为物质运动的结果，而否定了灵魂和精神的独立存在。齐国稷下学派宋钘、尹文提出了“精气”说，对精神现象加以解释。《管子·内业第四十九》说，“精也者，气之精者也……凡人之生也，天出其精，地出其形”，表明了形神二元的倾向，认为精神是天上“精气”之所生，形乃由地之气所生，但将二者都归结为物质，具有了形神唯物论的雏形。荀子在此基础上，提出了“形具神生”的命题，《荀子·天论第十七》说，“形具而神生，好恶喜怒哀乐臧焉，夫是之谓天情”，将身体与精神的关系认知提高到了较高的思辨水平，认为人的精神情感、意识活动是在形体的基础上才发生的。

两汉时期的科学技术、生理医学都有很大的发展，由此对形神问题的认识进一步深化了。《黄帝内经》一书的作者认为人的精神是基于形体而出入往来的。《灵枢·本神》说：“生之来谓之精，两精相搏谓之神，随神往来者谓之魂，并

① 中共中央马克思恩格斯列宁斯大林著作编译局编译：《路德维希·费尔巴哈和德国古典哲学的终结》，载于《马克思恩格斯选集》（第四卷），人民出版社 1995 年版，第 223 页。

精而出入者谓之魄。”生命的诞生是源于“精”，两精即阴阳相和就产生了意识，意识的表现就是精神活动，魄是指人的形体的感受性。《黄帝内经》从生理医学实践出发，将无形的感觉、意识和精神归于物质的活动和形体的一种能力，这就表明了较为彻底的神灭论思想。东汉初年桓谭关于形神问题提出了“人死如烛灭”的唯物主义命题，《新论·祛蔽第八》曰：“精神居形体，犹火之然烛矣。……烛无，火亦不能独行于虚空，又不能后然其灺。”

桓谭的学说系统地论述了精神与身体的关系，精神是内在于身体之中的，犹如火焰内在于烛，火只有通过烛才能燃。如果烛（身体）燃尽了，那么火焰也就熄灭了。王充对此有进一步的发展，将烛火深化为火光之譬喻。《论衡·论死第六十二》曰：“人之死，犹火之灭也。火灭而耀不照，人死而知不惠，二者宜同一实，论者犹谓死有知，惑也。”人的身体可谓之火，精神（惠、智慧）是火所照耀的光芒，人死了、火灭了，也就是没有光耀了，精神也就消逝了。王充的类比更为切合形神的唯物论，火是物质性的存在，而火所发出的光，则是火的属性，火灭其属性自然不存在。因而，人的形体死亡了，作为形体的属性的精神也就不存在了。“火灭光消而烛在，人死精亡而形存。谓人死有知，是谓火灭复有光也。”可见，范缜之前的唯物主义形神观已经达到了很高的认知水平，范缜精通经典，他的形神观继承了前贤光辉的唯物主义传统和科学精神。

范缜所生活的南朝，正是佛教广泛传入中国并日益昌盛的时代，玄学此时已经式微，佛学大行其道，提倡与神灭论相对的神不灭论。东晋僧人道安宣扬“六道轮回”“因果报应”。道安的著名弟子慧远所著《沙门不敬王者论·形尽神不灭》，强调神（精神）的独立性、本体性，“神为生本”。在精神与身体的关系方面，佛教认为二者是可以分离的，彼此独自存在，“神形不相资”，身体死亡后精神依然存在。同时，慧远也从理论思辨的层面反对形神的“烛火”论。桓谭和王充的“人死火灭”论题具有一定的缺陷，从个体层面而言，烛尽火灭光消，但并不完全否定火具有自身的独立存在性，仍然表现出二元论的倾向，因而就群体的层面而言，此火泯灭，而彼火点燃，火光可以在不同个体之间传递。可见，“烛火”之喻既可以从形神相即的角度理解，也可逻辑地推论出形神分离，神在烛灭之后传递给另外的形体。这种解释可以将火（神、精神）作为承担业报主体的方便说，有利于论证佛教的三世轮回和因果报应，从而论证佛教的合理性。

慧远在《沙门不敬王者论·形尽神不灭》中说道：“火之传于薪，犹神之传于形;火之传异薪,犹神之传异形。前薪非后薪,则知指穷之术妙;前形非后形,则悟情数之感深。惑者见形朽于一生,便以谓神情俱丧,犹睹火穷于一木,谓终期都尽耳。此由从养生之谈,非远寻其类者也。"[①]慧远之论,自是利用了烛火之喻的理论漏洞。因而,唯物主义的形神观必须有更进一步的发展,才能应对佛教较为精致和思辨的理论。

南朝梁武帝佞佛,多次舍身寺奴,并以国家资产来赎其回宫,同时耗费大量人力物力,建造富丽堂皇的寺庙、佛像等,一方面繁荣了寺院经济,另一方面造成国家社会经济的损失。在范缜等忧国忧民的有识之士看来,对佛教的批判就势在必行了。梁武帝也热衷于佛性论,写了不少论证神不灭的文章,提出了"真神佛性论"。梁武帝《立神明成佛义记》曰:"夫涉行本乎立信,信立由乎正解,解正则外邪莫扰,信立则内识无疑。然信解所依,其宗有在。何者?源神明以不断为精,精神必归妙果。"[②]梁武帝综合了传统的儒家思想和鬼神观念,从修行确立信念出发,排除各种杂念邪说,才能成就涅槃妙果,它的根本,则是不断灭的神明,即精魂、智慧和精神。关于不断之义,沈绩注曰:"随行善恶,祸福自追,此即不灭断之义也。"[③]梁武帝的神不灭论,仍然与因果报应联系起来。

梁武帝和沈绩在佛性论的层面将"神明"与"心识"相埒,"夫心为用本,本一而用殊,殊用自有兴废,一本之性不移"[④],心为各种功能和现象的根本,本体只有一个,现象则相差迥异,各种显现有生灭变化,但心却是不生不灭、不变不动的。"故知识虑应明,体不免惑,惑虑不知,故曰无明,而无明体上,有生有灭,生灭是其异用,无明心义不改。"[⑤]梁武帝此处所言人的心识是本体,与中国传统的灵魂、精神和神不尽一致,是在佛性论的层面表明神不灭,具有相当的理论精致性。但是,这种理论必须复归于人的精神和形体之关系上,如果失却人的精神独立存在这个基础,就无法自圆佛性心识的本体存在之论。因而,从根本的意义上来说,梁武帝的真神佛性的心本论,实际上肯定了精神的独立性和灵魂不灭。

① (南朝梁)僧祐撰,刘立夫、魏建中、胡勇译注:《弘明集》,中华书局 2016 年版,第 331 页。
② (南朝梁)僧祐撰,刘立夫、魏建中、胡勇译注:《弘明集》,中华书局 2016 年版,第 585 页。
③ (南朝梁)僧祐撰,刘立夫、魏建中、胡勇译注:《弘明集》,中华书局 2016 年版,第 585 页。
④ (南朝梁)僧祐撰,刘立夫、魏建中、胡勇译注:《弘明集》,中华书局 2016 年版,第 588 页。
⑤ (南朝梁)僧祐撰,刘立夫、魏建中、胡勇译注:《弘明集》,中华书局 2016 年版,第 588 页。

范缜对此有敏锐的认知，他提出了一系列的命题，对精神与形体的关系、精神的来源、精神的功能等做了唯物主义的阐释，对佛教的神不灭论造成沉重的打击。正因为范缜的理论具有科学唯物论的思想光芒，因而当时的统治者针对范缜的两次论战，都不能从理论和思想上战胜他。第一次论战，是齐竟陵王萧子良对范缜的围攻和辩论，并威逼利诱，但没有驳倒他。第二次，梁武帝萧衍作为皇帝组织群臣与范缜论辩，结果是其重臣曹思文只好承认“无以折其锋锐”，唯物主义形神观取得了辉煌的胜利。

（三）范缜“神灭论”的思想

精神与身体、灵魂与肉体之关系，认为前者是后者的主宰，具有独立的本体地位，一直是宗教信仰和教义的核心。佛教自然也不例外。因为无论何种超越性或超验的佛性与境界，都不外乎人从生存的现实世界出发，经由理想的建构而形成完美的彼岸世界——相对于不完美的此岸世界，而精神符合这种幻想性的静止与恒常，身体却不能停止变化与衰亡，二者也就在信仰中必须分野开来。范缜正是从身体与精神的唯物论关系来反对宗教唯心论的信仰之根和理论之本。形神问题正是宗教神不灭的唯心论与“神灭”的唯物论争辩的核心。

1.“形神相即”

针对佛教神不灭论的有关“形神相异”“形神相离”的命题，范缜提出了“形神相即”的唯物主义命题。《弘明集·难神灭论》开篇曰：“‘子云神灭，何以知其灭邪？’答曰：‘神即形也，形即神也。是以形存则神存，形谢则神灭也。’”[①]我们前述先秦唯物形神观有二元论的倾向，汉代桓谭和王充的“烛火”之喻，也有逻辑上的外在关系，都有着内在缺陷而被慧远反驳。范缜形神观首先确立了形神一元论的理论基础。所谓“即”，是指形神二者的关系而言，有三层含义：“不离”，不相分离；“不异”，互不对立；“不二”，相互统一。[②] 但二者何者是本体呢？形体是处于第一性的方面，是物质性的存在决定精神的存在，如果物质不存在了，那么精神也就灭失了。范缜坚持了唯物主义的形神一元论。

确立物质（形体）第一性的观点，对佛教教义而言是不可接受的，佛教信仰

---

① （南朝梁）僧祐撰，刘立夫、魏建中、胡勇译注：《弘明集》，中华书局 2016 年版，第 593 页。

② 方立天：《中国古代哲学》，中国人民大学出版社 2006 年版，第 278 页。

者自然会对此做出反击。梁曹思文作《难神灭论》反驳范缜"形神相即"说,认为二者分别是独立的,相合才能为用,视二者为一体则是不对的。《弘明集·难神灭论》中曹思文说道:"形非即神也,神非即形也,是合而为用者也。而合非即矣。生则合而为用,死则形留而神逝也。"[①]曹思文仍然强调形神二元分离,并肯定神的实在性。他还援引古代传说,赵简子生病五日不省人事,秦穆公酣睡七天,但他们的精神(魂灵)都游历天帝宫苑,欣赏美妙的音乐。这都说明形留而精神可以独立活动。庄周梦蝶也表明了形与神可分离,形体处于睡眠之时,神离开形体而化为蝴蝶,清醒过来神又与形相合,仍复为庄周。

范缜则反其道而行之,用同样的事例,运用逻辑思辨的力量来破除其中的荒谬。范缜认为,即便秦穆公在酣睡之中游历天帝宫苑,聆听音乐,品尝美味,仍然是以形体为基础的,否则就不可能有各种感觉;庄周如果神化为蝴蝶,醒来之时就会有蝴蝶的形体,而事实上是不存在的。这都说明形神不可分。虽然范缜的反驳并没有把握做梦的本质和精神的虚构能力,但他坚持形神一元论的理论品格则是难能可贵的。

2."形质神用"

范缜确立了形神一元论,并将形体作为第一性的存在,这就排除了二者的外在关系,例如"烛火"之喻就可以认为,"烛"与"火"有内在关系,即火是烛的功能表现,但二者也可以理解为彼此独立,相合才能发出火光。范缜也必须解决二者关系的性质问题,为此提出了"质""用"范畴来说明二者的具体关系内涵。

这首先源于形神确有性质上的不同,萧琛《难神灭论》问曰:"形者无知之称,神者有知之名。知与无知,即事有异;神之与形,理不容一。形神相即,非所闻也。"[②]形体是无知的,精神却是有知的,二者在道理上不相容,形神不可分离的说法不能令人信服。范缜对此反驳说:"形者神之质,神者形之用,是则形称其质,神言其用,形之与神,不得相异。"[③]形体是精神的质料主体,精神是质料主体的功用,因而,形体是指其物质性的方面,而精神则是物质的功能,二者是不

---

① (南朝梁)僧祐撰,刘立夫、魏建中、胡勇译注:《弘明集》,中华书局2016年版,第618页。

② (南朝梁)僧祐撰,刘立夫、魏建中、胡勇译注:《弘明集》,中华书局2016年版,第593页。

③ (南朝梁)僧祐撰,刘立夫、魏建中、胡勇译注:《弘明集》,中华书局2016年版,第594页。

能分离的。

但是,二者确实是不同的,在没有科学证据的情况下,很难表明形体与精神的物质同一性。佛教信仰者继续诘问:“神故非质,形故非用,不得为异,其义安在?”①精神既然不是质料和主体,形体也不是功用,二者又不相异,道理何在呢?范缜对曰:“名殊而体一也。”②名称虽然不同,但其在本体上是一致的。“名既已殊,体何得一?”③名称既然不一样了,那么它们的本体也就有了差别,如何统一?

这段辩论显然受到魏晋玄学的影响,范缜的“质”“用”范畴和梁武帝的神明真神佛性论都借鉴了玄学的体用思想。范缜将神作为形之用,佛教讲体用一如,却是归于精神妙果。这背后隐含着循名责实的形名学理论痕迹,如果一个事物有名称,则意味着它是一个实体或者有形的现象,精神(神)有其名,则精神作为实体是无疑的。如何就能说精神是以形体为本体呢?从玄学看,本体只能是无形的,形体就不能作为第一性的存在者;就佛教而言,以精神为本体,是三世轮回和因果报应的方便说。范缜发展体用思想,提出了“刃利之喻”,将精神归于物质本体,作为第一性的存在,并指出精神是物质的功能和作用。

范缜说道:“神之于质,犹利之于刃;形之于用,犹刃之于利。利之名非刃也,刃之名非利也。然而舍利无刃,舍刃无利。未闻刃没而利存,岂容形亡而神在?”④玄学和佛教都是以无形的存在作为有形事物的根据,范缜将玄学体用思想通过唯物主义的改造,从物质性的现象出发,解释人的精神和功用,而不是寻求虚无缥缈、抽象空洞的彼岸世界之解释,闪烁着唯物论的思想光辉。形体即是刀的刃,刃是质料和主体,本身就包含有锋利之功用,精神即是刃的锋利,它是刃的功用,是刃(形体)决定了锋利(精神)而不是相反。如果是一把钝刀,则锋利自然就不存在了。从而,形神并非两个实体,而是物与物的属性关系。“刃利之喻”克服了“烛火之喻”的二元论漏洞,完全确立了形神的物质同一性,对神不灭论造成了沉重打击。

3.“不同的质有不同的用”

范缜从具体现象出发,抽象出形神关系的一般性论断,有着很强的逻辑合

① (南朝梁)僧祐撰,刘立夫、魏建中、胡勇译注:《弘明集》,中华书局2016年版,第598页。
② (南朝梁)僧祐撰,刘立夫、魏建中、胡勇译注:《弘明集》,中华书局2016年版,第598页。
③ (南朝梁)僧祐撰,刘立夫、魏建中、胡勇译注:《弘明集》,中华书局2016年版,第598页。
④ (南朝梁)僧祐撰,刘立夫、魏建中、胡勇译注:《弘明集》,中华书局2016年版,第598页。

理性与说服力。佛教信仰者难以反驳,或者偷换概念进行狡辩。如沈约《难范缜神灭论》说:“刀则唯刃犹利,非刃则不受利名,故刀是举体之称,利是一处之目。刀之与利既不同矣,形之与神,岂可妄合耶?”[①]显然,沈约将范缜的“刃利之喻”偷换为了“刀利之喻”,刀作为总称,有锋利的刀和钝刀,而刃则内在地含有锋利之功用。这种反驳也可以说反证了范缜之论的恰当性和正确性。

但是,锋利之刀却只是刀作为类的一个子部分,也存在着不锋利的刀,由此反观形神问题,精神是形体的功用,究竟是哪一部分呢?是整体的形,还是形质的某部分?佛教信仰者诘问道:“形即神者,手等亦是神耶?”范缜回应道:“皆是神之分也。”[②]意为,形体即是精神,那么手这个形体也是精神吗?范缜认为它是精神的一部分,但是手有感觉,而没有辨别是非的思虑。感觉和思虑都是精神的不同展现,粗浅的是感觉,深刻的是思虑。辨别是非是心这一物质器官的功能,“是非之虑,心器所主”[③],不同的感官(形)决定着不同的神(精神),正如七窍有所不同,其功能也不尽一致。

从范缜与论敌之所辩可以看出,他认为精神是有差异和等级的,但并没有正确认识到感觉和思维的关系,并且将心这一器官作为思维的“质”。这是由于受到当时生理学、医学等自然科学知识的局限。但是,范缜始终从形体物质性的立场出发,来说明人体不同的感觉、思维、情感和意志等,坚持了物质第一性的唯物主义形神观。

从人自身的不同形质(器官)来反驳范缜的形之用(精神)未能奏效,佛教信仰者扩大了形质的范围,从不同类的形质来挑战范缜的形之用。他们诘问道:“木之质无知也,人之质有知也。人既有如木之质,而有异木之知,岂非木有其一,人有其二邪?”范缜回应道:“异哉言乎!人若有如木之质以为形,又有异木之知以为神,则可如来论也。今人之质,质有知也,木之质,质无知也,人之质非木质也,木之质非人质也,安在有如木之质而复有异木之知!”[④]范缜将人的形质与木的形质严格区分,这两者是不同的类,具有不同的物质构造,因而其用也是不一样的。不同的质有着不同的用,这是自然的道理,正如刃作为形质之用

① 潘福恩,马涛:《范缜评传》,南京大学出版社 2011 年版,第 154 页。
② (南朝梁)僧祐撰,刘立夫、魏建中、胡勇译注:《弘明集》,中华书局 2016 年版,第 603 页。
③ (南朝梁)僧祐撰,刘立夫、魏建中、胡勇译注:《弘明集》,中华书局 2016 年版,第 604 页。
④ (南朝梁)僧祐撰,刘立夫、魏建中、胡勇译注:《弘明集》,中华书局 2016 年版,第 599 页。

则为利，而人的形质之用则不能说是锋利的那样。范缜总结道："人无无知之质，犹木无有知之形。"①

论辩者又以死人形骸是无知觉的形体（质）与树木的质相同来继续狡辩，认为精神与形体是分离的。范缜反驳道，死人形骸的质与活人是不一样的，活人是有知觉的，死人形骸犹如枯木，不得与活着的时候相淆乱。"死者有如木之质，而无异木之知；生者有异木之知，而无如木之质。"②因为从物质的角度来看，形体经历了一个生灭变化的过程，其质也发生了改变，精神也随之而生灭变化。范缜对此说道："生形之非死形，死形之非生形，区已革矣，安有生人之形骸而有死人之骨骼哉？""生灭之体，要有其次故也。夫欻而生者必欻而灭，渐而生者必渐而灭。欻而生者，飘骤是也；渐而生者，动植是也。有欻有渐，物之理也。"③可见，范缜始终坚持形神观的唯物主义一元论，将一般性和特殊性相结合来说明精神现象的差异性，并提出了事物是根据自然规律发展变化的思想。范缜的思想是我国古代唯物主义和无神论思想的高峰，既具有对现实的批判性，也有理论的深刻性。

魏晋玄学是一种关于世界和社会存在根源的本体论学说，它的产生既是对汉代黄老之学、经学思潮和象数易学等方面的批判发展，也是对现实名教危机的回应。玄学的根本目的是调和儒道，亦即名教与自然的关系。随着魏晋时代特征的变化，玄学思想也在自我发展，展现出贵无论、超越名教而任自然、独化论等不同阶段的思想内涵。魏晋玄学的代表人物大都是河南人，例如王弼、阮籍、郭象等，他们所建构的玄学既塑造了一个时代的精神风貌，也为中国哲学注入了新的思想特质，为中华文化的发展做出了不可磨灭的贡献。玄学从哲学本质上而言，是一种唯心主义。魏晋南北朝时期，河南也涌现出了唯物主义哲学先贤，杨泉和范缜就是其中的杰出代表。杨泉侧重于物质性的实践活动和生产技术总结，提出了朴素的唯物主义宇宙生成论。范缜是南北朝时期唯物主义形神观的集大成者，代表着我国古代无神论和唯物论的思想高峰。

---

① （南朝梁）僧祐撰，刘立夫、魏建中、胡勇译注：《弘明集》，中华书局 2016 年版，第 599 页。
② （南朝梁）僧祐撰，刘立夫、魏建中、胡勇译注：《弘明集》，中华书局 2016 年版，第 599 页。
③ （南朝梁）僧祐撰，刘立夫、魏建中、胡勇译注：《弘明集》，中华书局 2016 年版，第 600 页。

第五章

河南与隋唐佛教、道教发展及儒学复兴

隋唐时期由于统治者的倡导,佛道获得长足发展,出现儒释道三教并行的局面。在魏晋南北朝时期儒、释、道初步融合的基础上,出现了“三教合流”的主张。唐朝统治者奉行三教并行的政策,即尊道、礼佛、崇儒。这使得佛教和道教获得了与儒家思想并立和抗衡的局面。为了恢复儒家的正统地位,唐代中后期出现了复兴儒学的运动,为宋明新儒学的产生奠定了基础。

第一节 隋唐佛教与道教发展

佛教产生于印度,经过魏晋南北朝时期传入,到隋唐时期达到鼎盛,并开始了中国化的过程。在佛教中国化过程中出现了创宗立派的现象,出现了中国化的唯识宗、华严宗、禅宗等宗派。为了与佛教一争高下,一些道家人物也开始借鉴佛教思想,援佛入道,用佛教的基本理论对道教进行诠释,使道教发展成为一个重要的理论派别。

一、天台四祖智顗、华严三祖法藏

(一)天台四祖智顗

智顗(538—597),南朝陈、隋时代高僧,中国天台宗的开宗祖师,原出生于湖北潜江,陈文帝天嘉元年(560)来到光州(今河南光山县)大苏山。中国佛教的天台宗以龙树为初祖,慧文为二祖,慧思为三祖,智𫖮被称为四祖,隋炀帝授予他智者之号,所以世称智者大师。智者大师实际上是天台宗的真正创始人,所以又称天台大师。智𫖮创五时八教的判教方法,发明一念三千、三谛圆融的道理。著有《法华玄义》《法华文句》《摩诃止观》各二十卷及四教义等著作。

1.五时八教

佛家经典甚多,佛陀说法的时间、地点和因缘各异,佛教传到中国时,面临着对之进行归纳、整理的任务,这就是中国佛教史上的"判教"问题,这是中国的祖师大德诠释外来佛教的方式之一。中国祖师大德的"判教"自南北朝时期就开始了,而到了隋唐时期,有创宗的需要,各家各派都争相对外来佛教进行判释。天台宗所创立的"五时八教",可以说实现了理论构架上的"完美"。

"五时"是说佛陀说法前后相继的五个时间段,即"华严时、鹿苑时、方等时、般若时、法华涅槃时"五个时段。第一时"华严时",是佛成道后第二十七日以"顿"的方式所说之法,是佛陀"试机"的时期,"如日出先照高山,未照及平地幽谷",只摄大机,味如牛乳;第二时"阿含时",原本叫鹿苑时,是十二年后佛陀为小乘说的法,如四《阿含》等,"如日照幽谷",味似乳酪;第三时"方等时",是其后八年间说《维摩》《思益》《楞伽》等经,叹大乘、贬小乘,如在食时,味同生酥;第四时"般若时",是佛陀在其后二十年间所说诸部般若经,味如熟酥;第五时"法华涅槃时",是最后八年说的《法华经》和灭度前说的《涅槃经》,醍醐味相。

"八教"即把佛陀所说之法分为"化仪四教"和"化法四教"。"化仪"是佛教教化众生的方式,有"顿""渐""秘""不定"四教。"化法"是佛教教化众生的内容,有"藏""通""别""圆"四教。

"五时八教"之间的关系可用下图表示:

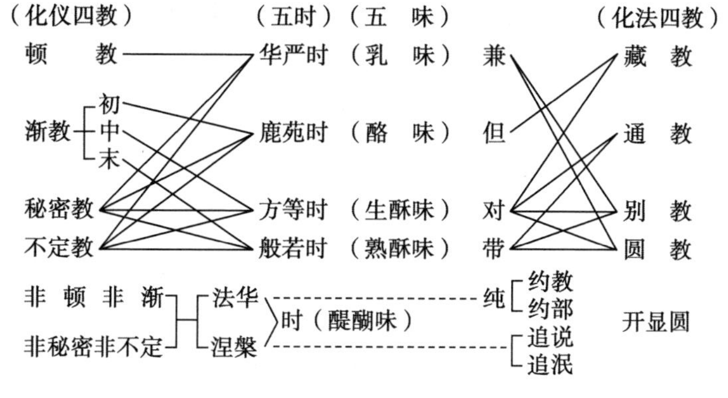

佛教的传入,对于中国人来说,首先要整理归纳原始佛典资料,并对其进行判释、鉴别,以中国人易于接受或者按照某种逻辑方式对外来佛教进行重新编排。可以说“判教”是自佛教传入中国时就开始进行的事情,而到了隋唐时期,人们已经不满足于仅仅引进外来佛典,还十分渴望建立自己的佛教话语体系,甚至建立自己的宗派。隋唐时期的“判教”不只是对印度佛法的引进和判释,更是为了“立宗”。当然,“判教”也很重要,对佛教原典的不同判释,标志着不同宗派的建立。自东汉末期佛教传入中国,到隋唐时期,已经经过了吸收消化,因此隋唐时期对佛教原典的判释已经达到了非常精细的程度,其中以智𫖮大师的“五时八教”最为完善,“五时八教”的理论体系是非常严密的,达到了佛陀说法时间先后顺序和义理的完美结合,可以说在理论上达到了非常完美的境界。

2.一念三千

“一念三千”,即“一念心具三千世界”,“一念”是指人们当下一念心,“三千”既是一念的对象,也是一念自身。具体来说,“一念三千”是由十如是、十法界、三世间诸种观念相互含融而得到的概念。鸠摩罗什在所译的《法华经》中认为,世界万物都有相、性、体、力、作、因、缘、果、报、本末究竟等十个方面的相状,被称为“十如是”。“十法界”是处于十个不同层次的十种众生,即“地狱、饿鬼、畜生、阿修罗、人、天、声闻、缘觉、菩萨、佛”,前六种即“地狱、饿鬼、畜生、阿修罗、人、天”被称为“六凡法界”,后四种“声闻、缘觉、菩萨、佛”被称为“四圣法界”,总称为“六凡四圣”。“三世间”是指“众生世间”“国土世间”和“五阴世间”。“众生世间”是所有的有情众生的世间,“国土世间”是有情众生生存的环境,“五阴世间”是构成一切有情、无情的色、受、想、行、识五种基本要素。智𫖮认为,“一心具十法界,一法界又具十法界、百法界;一界具三十种世间,百法界即具三千种世间。此三千在一念心,若无心而已,介尔有心,即具三千”,由此便成“一念三千”。

“一念三千”在智𫖮那里并非这样简单的相乘与叠加而得出的数字,而是为了说明“凡心一念”即具足一切善恶性相。智𫖮在《法华玄义》卷二中认为:“游心法界者,观根尘相对,一念心起,于十界中必属一界。若属一界,即具百界千法。于一念中,悉皆俱足。”这就是说人当前的一个念头就具有三千种法的内容,从而也就显现出宇宙的全体,“三千”是天台宗对宇宙的总称。观此一念,即得三千境相。一念与三千的关系是主体与客体、修持与境界、一与一切的关系,同时也说明一即是一切,主体之一念与宇宙万法无别。从而我们的修持与修行便只需从一心开始即可,心既是一切法的根本,又是一切迷惑烦恼的根本。这一念之心是妄心和无明心,通过观心,了悟宇宙万法皆由一心所现,便不生妄想、不再执着。智𫖮以一念三千说明"心是一切法,一切法是心"的不可思议境界。在此境界中,心与物、精神与物质、主体与客体、一与一切、一与多,乃至千差万别事相之间的界限、差别、矛盾都不存在了,彼此相即相渗,圆融和谐。

智𫖮大师从"一念"开出三千大千世界,也即是从一"心"开出外在的大千世界。中国先秦时期的文化缺乏对"心"的考察,而由于佛教的传入,对"心"的考察与思考变得十分广泛与深入。把世界万物统摄于一"心",以"心"的运作来说明外在的大千世界,表明对作为个体的人的关注,这与传统哲学从整体和群体审视个体不同,而是从个体来审视整体,这进一步把人们的注意力转向内在,使人遁入内心世界。中国哲学所开创的内圣外王的道路从此发生了根本的转变,人们更加看重内圣的工夫,内圣之学变得更加紧迫,为中国化的佛学形态禅宗的产生奠定了基础,也为中国哲学走向心性本体奠定了基础。

3.三谛圆融

"三谛"思想源于《中论》卷四"观四谛品"(大正 30 · 33b),"众因缘生法,我说即是空,亦为是假名,亦是中道义",其中包含了"空""假"与"中道"三个名词。佛家认为时间存在的一切现象并不实在,被称为"假",一切现象都无实体,被称为"空",但世间万物又非假非空,即"中"。"假""空""中"被称为"三谛"。这"三谛"同时存在于心中,"一念心即是三谛圆融",故"三谛"实际上即是"一蒂",故智𫖮认为:"圆教但明一实谛。《大经》云:实是一谛,方便说三。今亦例此,实是一谛,方便说三。《法华》云:更以异方便,助显第一义耳。"一心具足三谛,也即是一念中具足三谛,这是说无论是一蒂还是三谛,解释方便说,实际上都是为了说一实蒂。

用现在的话来表达,"空""假""中"三谛代表相对真理,相对真理是绝对真理(一实蒂)的显现,而绝对真理(一实蒂)存在于相对真理(三谛)之中,而不是另外有一个绝对的真理(一实蒂)。相对真理是为了引导众生走向绝对真理,走向绝对真理离不开相对真理。可以说,相对真理和绝对真理是相互包容、圆融统一的,二者不是一和多的关系,而是圆融一体的。任何一法,即假即空即中,法法圆具三谛。只有体悟到三谛圆融之境界,才能够把握绝对真理,破迷开悟。

（二）华严三祖法藏

唐代僧人法藏（643—712）开创了华严宗，宗内称为三祖，武则天赐以贤首之名，所以被称为“贤首国师”。法藏推崇华严，在当时的东都洛阳（今河南洛阳）重译和宣讲了《华严经》，使现行《华严经》得以完善。法藏还参加翻译了《密严经》《金光最胜王经》《大宝积经》《显识论》《大乘法界无差别论》等多种经论。法藏的著作主要有《华严探玄记》20卷、《华严经旨归》1卷、《华严经文义纲目》1卷、《华严策林》1卷、《华严一乘教义分齐章》（又称《华严五教章》或《华严教分记》）4卷、《华严经问答》2卷、《华严经义海百门》1卷、《华严游心法界记》1卷、《修华严奥旨妄尽还原观》1卷、《华严经普贤观行法门》1卷、《密严经疏》4卷、《般若心经略疏》1卷、《入楞伽心玄义》1卷、《大乘起信论义记》5卷、《大乘起信论别论》1卷、《法界无差别论疏》1卷、《华严经传记》5卷等。

法藏善用实物教学，比如他准备10面镜子安放于八方、上下，镜面相对，距离一丈并点燃一支火炬，照着中间安放的一尊佛像，于是每面镜子中都重重叠叠地现出佛像，其他镜子也都映现出了佛像，使人一下子就明白了事事无碍的道理。这便是法藏的“善巧化诱”。武则天曾命法藏为自己讲解新译《华严经》，但华严宗义理极其深奥复杂，武则天无法领悟其中深义，法藏就以宫殿前的金属狮子为教具，撰写《金狮子章》，使艰深的义理变得明白易懂，武则天遂豁然开悟。《金狮子章》不足1100字，以实物为例，深入浅出，舍弃了很多论证过程，却囊括了华严宗的基本理论和判教说法，显示了法藏高度的概括能力和善于利用教具进行直观教学的能力。

1.判教：“五教十宗”

法藏对印度和中国的佛教进行了判释，提出“五教十宗”，五教是对经论所做的判定，十宗是对教义内容的分类。五教是指：（1）小乘教，即《阿含经》及小乘阿毗达摩论而言；（2）大乘始教，分相始教、空始教二种，前者指《解深密经》及法相宗各种论典，后者指《般若经》及《中论》等空宗典籍；（3）大乘终教，即《楞伽经》《胜鬘夫人经》《起信论》等，属如来藏缘起论；（4）顿教，与前面循序而进的渐教不同，指顿悟法门而言，《维摩诘经》《思益经》等属此；（5）圆教，华严教法，圆融无碍。

将五教内容再加细分，成为“十宗”，即“我法俱有宗、法有我无宗、法无去来宗、现通假实宗、俗妄真实宗、诸法但名宗、一切皆空宗、真德不空宗、相想俱绝宗、圆明具德宗”等十宗，前六宗属小乘，后四宗属大乘。

2.法界缘起

法藏继承智俨法界缘起的思想，他推崇华严，倡导法界缘起的理论，用四法界、十玄无尽、六相圆融等法门，来阐明圆融法界无尽缘起的内容。他把宇宙分为四个层次：(1)事法界，即宇宙间的现象世界；(2)理法界，即现象世界所依据的本体界，指真如法性；(3)理事无碍法界，即真如法性与现象之交融无碍；(4)事事无碍法界，即一真法界、华藏世界，指现象与现象间相互融摄而不相妨碍，一切摄一，一摄一切。宇宙是一重重无尽、相互缘起的连锁系统，不可分割的全体。理事圆融论成为佛教哲学与中国传统思想相互融合的重要理论，宋代程朱理学甚至直接使用理事、理气等作为哲学思考范畴。

法藏还以金狮子为譬喻，向武则天解说法界缘起思想，即“十玄门”：(1)同时具足相应门：对事事无碍法界，完全的、相互依存的、无时空差异的宇宙之总说，其余九门是分述。(2)一多相容不同门：说明个体与全体的关系。一即宇宙的一真法界，多即现象界中不同的事物。一与多有差别，但互相融摄，如一只金狮子中，黄金与狮子的形象之间相互容受。(3)诸法相即自在门：现象与现象之间可以相互融摄，如金狮子的眼睛、耳朵、鼻子，其本质并无分别。而眼睛、鼻子、耳朵的外形则有差别相。(4)因陀罗网境界门：现象与现象之间有层层无尽的含摄。因陀罗网是印度神话中在天帝宫殿里张开的一张网，上面有无数宝珠，每一颗宝珠都能映现出其他宝珠及其他宝珠中映射的珠影。在事事无碍法界中，纷然万法如因陀罗网一般重重含摄。(5)微细相容安立门：极短暂的时间，极微小的物质，可以容纳极大的事物。在一毛孔之中，即有无量佛国。(6)秘密隐显俱成门：宇宙间的现象有显有隐，但显与隐的都是存在的现象，如金狮子在本质上是黄金，在显现上是狮子，事实上金子与狮子同时俱成，都是存在的。(7)诸藏纯杂具德门：自理而看事，一切现象都是纯一的。自事而看事，一切现象又是杂多的。理与事的差别由角度不同引起，并不具有本质差异，二者不相妨碍，纯与杂同时存在。(8)十世隔法异成门：不同时间可以相互融摄。一念之间，可以含摄过去、现在、未来等不同阶段时间。(9)唯心回转善成门：心是为善为恶、成圣成佛的关键。(10)托事显法生解门：事事无碍的道理，在一切事上就能显示出来，因此，事就是理，不须事外求理。

3.六相圆融

六相圆融的理论源出《华严经·十地品》与《十地经论》。六相是现象界的六个范畴，即总相、别相、同相、异相、成相、坏相。如一金狮子，金狮子是总相；眼耳鼻等是别相；眼耳鼻均为金子做成，是同相；眼耳鼻外形不同，是异相；因缘和合形成狮子，是成相；因缘不和合，则不成狮子，是坏相。六个范畴可以分成两组，一组是总、同、成，一组是别、异、坏。这两组概念既对立又统一，圆融无碍。比如别相指部分，是整体中具有差别的构成要素。无别相，则无总相。别相则依总相而存在。同相是构成事物整体过程中的共同要素、作用等，异相指事缘差异性存在。成相是构成事物存在的作用力量，坏相指事物诸要素"各住自法"的相对稳定性。六相圆融是对十玄门的又一重解说，同样构成华严法界缘起论的内容。

二、玄奘唯识宗、少林禅宗

（一）玄奘

唐朝著名三藏法师玄奘（602—664）是洛阳（今河南偃师）人，中国法相唯识宗创始人，因其精通经、律、论三藏，世称唐三藏。玄奘曾西行天竺求取佛法，回国后立志从事译经事业，和弟子共翻译七十五部经、论著作，还编写了《大唐西域记》一书。玄奘在佛学方面的主要贡献是创立了唯识论和发展了因明学。

1.玄奘的"五不翻"原则

玄奘在西行天竺之后，致力于佛法原典的翻译工作，力求恢复佛教的原貌。针对已有佛典翻译的不足和缺陷，玄奘在翻译佛法方面，提出和主张"五不翻"，即出现以下五种情况，不再翻译：（1）秘密故不翻，陀罗尼是。（2）多义故不翻，如"薄伽梵"含六义故。（3）此无故不翻，如阎浮树。（4）顺古故不翻，如"阿耨菩提"，实可翻之。但摩腾已来存梵音故。（5）生善故不翻，如"般若"尊重，智慧轻浅。令人生敬,是故不翻。①

也就是说,具有神秘色彩的词语、具有多种含义的词语、中国没有的词语、约定俗成的词语、让人产生尊重的词语等,不再翻译成相应的汉语言文字,保持原来的读音,以音译代替意译。

玄奘提出的“五不翻”原则对佛经翻译理论的发展做出了巨大贡献,事实上,音译最能保持原文的意思,而意译则有可能失去原汁原味,这是尊重佛法原典的做法,对于我们的翻译事业有积极的借鉴意义。然而,音译的词汇很难一下子契入中国人的思维,给普通的读者领会佛法造成诸多困难,甚至会产生望而生畏之感。不过,玄奘的“五不翻”原则确实对保持佛典原貌起到了不容忽视的作用。

2.玄奘的因明学

因明是古印度佛家的五明之一,“五明大论:一曰声明,释诂训字,诠目疏别;二工巧明,伎术机关,阴阳历数;三医方明,禁咒闲邪,药石针艾;四曰因明,考定正邪,研核真伪;五曰内明,究畅五乘因果妙理”。② 因明用于与其他派别或大小乘之间的辩论。

故因明即是“考定正邪,研核真伪”,最初为印度的陈那论师所发明。因明的所有内容包括在八种事当中,即能破、能立各有真实和相似两类,现量、比量也分真实和相似两种,总共有八种,所以叫“因明八事”或“推理八事”。

能破分为真实能破和相似能破。真实能破又分为“出过能破”和“立量能破”两种,“出过能破”是用比较可靠的语言驳斥别人的观点,“立量能破”是采用一些论式来破除对方观点。“相似能破”是指所采用的理论不圆满、语言不完整。

能立也分为真实能立和相似能立。完全具足“宗、因、喻”三相者被称作“真实能立”,也就是用类似于逻辑学中的小前提、大前提、结论这三项驳斥别人的观点,建立自己的观点。如果说只是建立了一个学说,但理由并不充足,则被称作“相似能立”。

---

① 曹仕邦:《中国佛教译经史研究余沈之四》,载于《中国佛教译经史论集》,东初出版社 1990 年版,第 187 页。

② 董志翘译注:《大唐西域记》,中华书局 2012 年版,第 113 页。

现量有真实现量和相似现量两种。真实现量是五根(眼耳鼻舌身)识得到的结论,它未受到任何思想和分别念的干扰,不夹杂语言文字的一种觉受。而相似现量则是由迷乱后的根识取景后得出的结论。比量也分真实比量和相似比量。如果论证的三相推理圆满具足,称为真实比量;如果使用了推理,但不圆满,就叫相似比量。

以上所述,即是因明学的"因明八事"。

3.玄奘的唯识学

玄奘与其弟子窥基创建了法相唯识宗,窥基发挥唯识宗教义,奠基了中国唯识学的基本理论,可以说中国的唯识学首创于玄奘,成于窥基。玄奘创立唯识宗过程中,糅合印度"十大论师"的著作,诠释编译出《成唯识论》。

为了解我们每天用的"心"是如何运作的,玄奘把"心"分为"八识",即眼识、耳识、鼻识、舌识、身识、意识、末那识、阿赖耶识。由于"识"无法直接把握,便需要从其产生时的作用来了解这"八识"。前五识的作用分别是视、听、嗅、味、触,第六识"意识"的作用是分析、判断外在的一切,前六识的特点都是了别外境。第七识"末那识",产生"我"的概念,即执第八识"阿赖耶识"为"我"。第八识有含藏业习种子的功能,其内部含藏有能够产生一切的业习种子,这些业习种子有些是无始以来就存在的,有的是后天熏习而来的,每个人所带的业习种子并不一样,当那些业习种子遇到外缘时,就会显出作用。唯识宗认为,世上的一切皆由"识"变显出来,具体地说,是由阿赖耶识所含藏的种子变显出来的,即是说前七识都依着第八识而存在。

前五识"眼识、耳识、鼻识、舌识、身识"依靠着各类感觉器官眼根、耳根、鼻根、舌根、身根,对外界产生各种感受。第六识对其进行分别、联想、思维、想象等,意识依靠着意根(大脑)起作用,第六识的运作我们是可以感觉得到的,而第七识的运作比较细微,不易觉察,第八识的运作就更加微细了,我们凡夫根本感觉不到。不过,第七识和第八识决定着前六识的运作。第七识"末那识"中的"末那"的意思是"意",为和第六识"意识"相区别,就音译为"末那识","末那识"是第六识的根。在玄奘的《八识规矩颂》里这样描述"第七识":"恒审思量我相随。"即是说第七识在连续地、不断地思考着有个"我"存在,第六识的运作就是因为有个"我"存在,我们的生命就是这样运作的,因为我们已经习惯于有个"我",并且认同它。这是我们烦恼的根源,因为一旦妄想和假想有个"我"存在，就会执着于它，就很难解脱。所以第七识是我们整个生命活动的污染源，由于“我执”的存在，第六识的运作都被污染了，因此我们的生命活动也被污染了，故而我们的生命是“苦”的。

第七识执着于有个“我”存在，那第七识又是从何而来的呢？这是因为第七识认为第八识里面有个“我”存在，其实这是对第八识的误判。第八识处于我们整个生命的最深层，《八识规矩颂》里这样描述“第七识”：“受薰持种根身器，去后来先作主公。”第八识有两大功能，即“能藏”和“所藏”，“能藏”即是把我们所作所为的一切都含藏起来，我们所造的善业恶业都执持起来，等将来某个时候机缘成熟就会展现出来，呈现善报或者恶报。“所藏”是含藏的无量劫以来的业习种子，这些业习种子是我们烦恼的根源。所以我们一来到世上就不是一个空白，遇到一个外缘就会把内在的业习种子展现出来。所以说第八识是我们生命活动的“主人翁”，执持着我们的身体和一切心理活动。第八识以刹那生灭、相似相续的状态存在，说明它时刻处在生灭变化之中，但第七识误判第八识之中有个固定不变的东西，也就是视之为“我”的那个东西，并执着于它。而实际上，我们的生命中并没有一个固定不变的“我”。

了解了八识的功能，就会认识到自己所思所想在哪一个层次，从而不被自己的识心所束缚，就能够解脱。认识到我们所用的“心”都离不开这“八识”，并把八种心识转变成“智识”，便得开悟。

（二）少林禅宗

北魏孝文帝时期，天竺僧人跋陀来到中原，孝文帝在嵩山少室山为其建了一座寺院，这座寺院就是今天的少林寺。周武帝时期宣布废佛，少林僧众大量流亡。北周静帝时期，重整少林寺，佛寺重兴，少林寺改名为陟岵寺，少林和尚又回到嵩山。隋代的隋文帝比较重视佛教，在开皇年间又把陟岵寺改为少林寺。隋炀帝大业年间，天下大乱，当时的少林寺内有僧徒数百，亦有许多练武的僧人，和起义军对抗，少林寺被起义军纵火焚烧。唐王朝第一代皇帝李渊的儿子李世民率兵进攻洛阳的王世充，曾写信给少林寺求助，少林和尚解救了困境中的李世民，又逼降王世充，少林寺复兴，被称为“天下第一名刹”，高宗、武则天经常驾临少林寺，每次都有封赏。唐武宗李炎又灭佛，少林寺殿宇被拆毁，变成废墟。武宗灭佛一年多，宣宗即位，下敕恢复佛教，少林寺又得重建。宋朝的时候，僧众达两千人，少林寺又恢复兴盛。

1.慧可

慧可四十岁时拜菩提达摩为师，为表求道决心，竟用刀自断左臂，奉献达摩座前。达摩收他为传法弟子，师从达摩六年，达摩在嵩山传法时，以四卷《楞伽经》授慧可，并说："我观汉地，惟有此经，仁者依行，自得度世。"慧可传承了达摩的禅法，成为禅学大师。达摩圆寂后，慧可一度隐迹。后因道俗各界寻迹而来向其求学，慧可开始传法讲经，因得到了达摩衣钵，后被禅宗尊为二祖。史料记载，二祖慧可付法给三祖僧璨后，前往邺都，韬光养晦，变易形仪，随宜说法，或入诸酒肆，或过于屠门，或习街谈，或随斯役，一音演畅，四众皈依，如是长达三十四年。相传慧可禅师活了一百零七岁，圆寂于隋文帝开皇十三年(593)，谥大祖禅师。

2.法如

法如(638—689)，唐代北宗禅僧，俗姓王，上党(今山西省长治市)人。幼随舅至澧阳(今湖南省澧县)，十九岁时出家。师事青布明(惠明)。后依惠明之劝，参五祖弘忍，随侍五祖十六年，深得其旨。弘忍灭度后，他北游嵩岳，居少林寺六年，后在此传法三载，"再振玄纲""兴复正化"，成为北方禅宗的"定门之首"，他被认为是传自弘忍的又一位禅宗六祖。法如在少林寺传法，成为唐初北方禅宗领袖，为确立少林寺禅宗祖庭地位起到了作用。

3.慧安

慧安，隋末唐初僧人。俗姓卫，荆州枝江人。隋大业(605—618)中，开通济渠，强征民丁，饥者甚众，慧安广施财物，救济贫穷受苦之人。隋炀帝听说此事便要召见他，他避而不见，潜入太和山。其后，慧安游蕲州(今湖北蕲春)，止于终南山。永淳二年(683)，唐高宗为其造招提寺。后来，慧安返回湖北，入玉泉寺。当时神秀禅师逝世，众僧请慧安主持玉泉寺，慧安不从。后归嵩山嵩岳寺。弟子都非常尊敬他。唐神龙二年(706)，武则天派人把他迎到长安讲经说法，三年后辞归，不久圆寂。

禅宗主张不立文字，每个法师只是做一些日常事务，随机说法，不像其他宗派有成套的理论体系。

三、成玄英与道教理论发展

唐初道士成玄英是陕州(今河南省三门峡市陕州区)人,贞观五年(631)被召至京师,后来隐居到郁洲(今江苏连云港市之云台山),主要从事对老庄之学的研究,继承和发挥了"重玄"思想,对《道德经》《庄子》推崇备至,并致力于注疏,著有《道德经注》、《度人经注疏》、《道德真经义疏》、《周易流演》、《庄子疏》(又名《南华真经注疏》,对应郭象《庄子注》)、《九天生神章经注》、《道德经开题序诀义疏》等。成玄英继承了先秦两汉老庄学与魏晋玄学,建立了中国哲学史上第一个包含本体论、存在论、方法论、修养论、心性论、意义论的完整哲学体系,相对于先秦两汉老庄学与魏晋玄学,成玄英所建立的哲学体系发展到道家哲学的第三时期,是道教在偏离道家后的高层次回归。道家哲学经过先秦老庄哲学、两汉黄老道家、魏晋玄学和神仙道教之后,由成玄英实现了对老庄传统的回归。

(一)"重玄"思想

《道德经》第一章有云:"玄之又玄,众妙之门。"其中有两个"玄"字,所谓的"重玄"即出于此。"重玄"一词最早出现于魏晋时期。以"重玄"思想解释《道德经》发展成了重玄学派,成玄英是其中的代表人物。

对于"玄"字,成玄英认为:"玄者,深远之义,亦是不滞之名。有无二心,徼妙两观,源于一道,同出异名。异名一道,谓之深远。深远之玄,理归无滞。既不滞有,亦不滞无,二俱不滞,故谓之玄也。"①

对于"重玄",成玄英认为:"有欲之人,唯滞于有;无欲之士,又滞于无。故说一玄以遣双执。又恐行者,滞于此玄。今说又玄,更祛后病。既而非但不滞于滞,亦乃不滞于不滞。此则遣之又遣,故曰玄之又玄。"②

可见"重玄"是一种否定之否定的体道修仙方法,也是体道修仙所追求的最

① (唐)成玄英:《道德经义疏》,蒙文通:《道书辑校十种》,巴蜀书社2001年版,第377页。

② (唐)成玄英:《道德经义疏》,蒙文通:《道书辑校十种》,巴蜀书社2001年版,第377页。

高境界——重玄之域(境),即是说只有破除一切滞碍,才能够达到绝对自由的虚无境界,从而进入逍遥的境界。这种境界既不是“有”,也不是“无”,“以遣双执”,认为此境界是“非有非无”也不对,因此经过“遣之又遣”,才能够进入重玄之境,这即是“玄之又玄”的境界,也即是“彼我两忘,是非双遣”“心境两空,物我双幻”的状态,这是把握了大道之后的境界以及在此境界中的精神体验。

修道的方法多种多样,但最终目的都是悟道和得道。成玄英经过否定式的思维方式,借助于“玄”否定了有和无,又借助于“重玄”否定了“玄”,从而达到彻底否定、不执着于任何一物的状态,摆脱内外束缚和成见,了无牵挂,最终进入至虚至空之境,达到修道的终极状态。如此,便处在了生命的安宁状态。

因此,成玄英所阐明的“道”是虚空之理,这也是他对“道”的本体论体悟,这种体悟是不可言说、不可称谓的。因“道”的虚空性,故能涵盖一切,化生万物,能够作为宇宙万物之源。体悟生命和宇宙的根源,需要泯灭主客对立的状态,也即是消除人类中心、自我中心的态度,成玄英的“重玄”思想通过“有无双遣”“遣之又遣”,排除主观和客观的对立,达到“境智冥和”“处染不染”的境地,使人从外在和内在的束缚中解脱出来,达到自由的境界。

(二)援佛入道

秦汉时期的黄老学派道家思想和当时的神仙方术相结合,东汉时期张角创立“太平道”,张陵创立“五斗米道”,道教由此产生。西汉哀帝时期佛教传入中国,随后数百年间各种佛教经典开始翻译过来,佛教逐步成为中国传统文化的一部分,隋唐之际佛教更加盛行,对道教造成一定冲击,两教在相互斗争中相互吸收,道教积极从佛教那里吸收思辨和义理。

成玄英对《老子》《庄子》的诠释和道家理论的发展,与唐代之前的道教完全不同,他的《老子注》和《庄子疏》里面到处都是佛学的名词,比如“中道”“二观”“诸法”“万法皆空”“六根六尘”“能所”“境智”“空有”“因果”等,用佛教的“中道”“空观”等思想诠释了老子的“玄之又玄”。“道”是无法用感官把握的东西,老子认为:“为道日损,损之又损,以至于无为。”通过“损之又损”的方式体认“道”的存在。而成玄英则通过“遣之又遣”的思维方式体悟“道”,他认为:

“至道深玄,不可涯量,非无非有,不常不断。”[①]这与佛教三论宗的“八不中道”所阐述的不落两边的道理有密切联系。“八不中道”即“不生不灭,不常不断,不一不异,不来不去”。超越生、常、一、来和灭、断、异、去,也就是不落“有”“无”两边,通过对“有”和“无”的双遣,达到“玄”的境界,又通过对“玄”的否定,显示“重玄”之真理。“重玄”是在遣“有”和“无”的基础上,进一步遣执去滞,不滞于“非有非无”,最终达到心境宁静,不再惑于外在和内在的干扰,心无挂碍。

成玄英积极借鉴了佛教的内容和形式,他主要诠释《老子》《庄子》等道家经典,在诠释道家的过程中,用佛教的基本理论对道家进行诠释,丰富和提升了道教的理论水平和理论体系,使道家重玄学理论更加丰富、完善和深入,抬高了道家的地位。经过成玄英等重玄学派的努力,道教的哲理性和思辨性得到了升华,道家的理论水平不再逊色于佛教,道家成为与儒佛并立并且具有独立理论体系的学派。重玄学派也促进了佛道之间的交流与融合,使之相互吸收、利用和借鉴。中国固有的哲学体系在吸收借鉴佛教哲学基础上,对概念的明晰性和逻辑的一贯性的要求更加自觉。通过“援佛入道”,儒佛道终于发展成为中华文明相互依存又不可分割的一部分。

第二节　韩愈、刘禹锡的反佛斗争与儒家道统论的形成

在唐代佛道日益替代儒家思想的背景下,以韩愈为代表的古文运动宗旨在恢复儒家的先王之道,其所提出的道统论也是为了使儒家在三教竞争中取得统治地位,道统成为儒学复兴的一面旗帜,虽然儒学没有达到与佛教相抗衡的理论高度,但唤醒了人们对儒学的认同,并为宋代理学的发展提供了基础。

---

① (唐)成玄英:《道德经义疏》,蒙文通:《道书辑校十种》,巴蜀书社 2001 年版,第 5 页。

一、韩愈的道统论

韩愈(768—824)字退之,河阳(今河南孟州)人,唐代杰出的文学家、思想家和古文运动的倡导者,明人称之为"唐宋八大家"之首,与柳宗元并称"韩柳"。韩愈政治上反对藩镇割据,维护中央集权;思想上推崇儒学,反对佛老,宣扬天命论,认为"天"能赏善罚恶,人只能顺应和服从天命。著有《韩昌黎集》四十卷、《外集》十卷等。

(一)韩愈之"道"

韩愈推崇孔子之"道"的正统性,孔子提出"仁者爱人""泛爱众而亲仁",孟子提出"亲亲而仁民,仁民而爱物",韩愈据此认为:"博爱之谓仁,行而宜之之谓义,由是而之焉之谓道,足乎己无待于外之谓德。……凡吾所谓道德云者,合仁与义言之也。"[①]在孔孟那里,"仁"的首要原则是"爱",韩愈用"博爱"概括孔子的"泛爱"与孟子的"仁民爱物",并对之进行了扩展,博爱的范围更广,可以说是遍及万物。韩愈用"博爱"解释"仁",又突出"行而宜之",即立足于社会实践,强调行动、践行等。即是说,仁是内在的道德,义是外在的行为原则,"合仁与义",也就是德与行的统一才是"道"。

韩愈对"道"的体认和解释,是内在和外在、德与行的统一,仁存于内,义显于外,"道"便是由存于内之"仁"到显于外的"义"的过程,这与《大学》所谓的"正心诚意、修身、齐家、治国、平天下"是一致的,《大学》有云:"古之欲明明德于天下者,先治其国;欲治其国者,先齐其家;欲齐其家者,先修其身;欲修其身者,先正其心;欲正其心者,先诚其意。"韩愈认为:"古之所谓正心而诚意者,将以有为也。"这即是说,"仁"即是修身、正心、诚意的道德自我完善过程,义则是齐家治国平天下的过程,体现了由内圣而外王的过程,仁义之道即是内圣外王之道。从辟佛老的角度,韩愈认为仅仅停留于"治心"的佛老学说无法照顾到天

① (唐)韩愈:《韩昌黎文集校注》(第1卷),马博通校注,上海古典文学出版社1957年版,第7页。

下国家，儒家之道则不但要“治心”，还要治国平天下。

韩愈认为，佛家不顾人伦，误入虚无之中，道家反对仁义礼智，只是寓于一己之“私”，仁义道德才是真正的大道，因为它不离人伦日用，是切切实实的道，而非虚无缥缈和自私自利的“道”。韩愈从对仁义的解释反对和批判了佛家和道家的“道”，建立了自己的“道”。他认为，虽然儒家、佛家和道家都有自己的“道”，但不能抽象地谈道论道，而是应该具体地、有实际内容地谈论“道”的问题。经过这样的论证和解说，韩愈把自己的“道”与佛老的“道”区别开来，并为此建立了儒家所谓的“道统”说，以抗衡佛老。

（二）道统论

佛教和道教都有自己的“道统”或“法统”，这是为了确立其正宗地位所找出的传法世系，比如中国化的佛教在建宗立派的过程中，都极力寻宗，以确立其宗派的合法正宗地位，道教也有类似的做法。这给了儒家学者以启发，同时为了在与佛、道抗衡中取得一席之地，韩愈也极力寻找儒家的道统体系，“孔子传之孟轲，轲之死不得其传焉。荀与扬也，择焉而不精，语焉而不详。由周公而上，上而为君，故其事行。由周公而下，下而为臣，故其说长。”①韩愈以孔子为正统，并自觉担当起广大弘扬正统的责任，他明确宣说自己所主张的“道”是儒家之道，而非佛老之道，故所寻求的“道统”即是以孔孟为代表的儒家之“道”的延续继承，“吾常以为孔子之道大而能博，门弟子不能遍观而尽识也，故学焉而皆得其性之所近。其后离散分处诸侯之国，又各以所能授弟子，原远而末益分。……孟轲师子思，子思之学盖出曾子。自孔子没，群弟子莫不有书，独孟轲氏之传得其宗，故吾少而乐观焉。”②

韩愈尊崇孔孟，把荀子一派排除在儒家正统之外，并以继承道统自居，认为他自己的道是“夫子、孟轲”之道。由于孔子是儒家之道的开创者，所以韩愈对孔子看得比较高。孔孟之道皆承续尧以来的传道谱系，历史上的尧舜禹汤文武周公都有权位，又具有道德，能够把王道政治付诸实践，而自孔子始，只能宣说

① （唐）韩愈：《韩昌黎文集校注》（第1卷），马博通校注，上海古典文学出版社1957年版，第10页。

② （唐）韩愈：《韩昌黎文集校注》（第4卷），马博通校注，上海古典文学出版社1957年版，第150页。

王道,无法实施王道,把历史上的王道精神继承下来,但其影响却高过政统,因为能够把王道政治的精神实质传承下来,令后人继续发扬光大,使中国文化不失其根本。另外,韩愈认为,“道之所存,师之所存”,道统的继承发扬在于儒者的传扬与教育,而非当政者,这在某种意义上以道统限制了君权,当权者如若不以道统行事,就会被认为是不合于道的。在韩愈之前的道统谱系中,当权者皆以道统自居,而在韩愈的道统论中,儒生以“传道受业解惑”的身份对当权者有了矫正和干预的权力和权威,使得当政者倾向于儒家思想,从而保证儒家与佛老学说抗衡中的地位,重新振兴和广大儒学。

总之,韩愈通过对儒家之道的体认与论证,说明了儒家学说是贯通内外的仁义之道,更是不离生活日用的伦常之道,并以此确立儒家的正统地位,以用来区别和对抗佛老之道,宣扬儒家的救世治世精神。

二、刘禹锡对佛教的批判与调和

刘禹锡(772—842),洛阳(今河南洛阳)人,唐朝文学家、哲学家、政治家,自称是汉中山靖王后人,曾任监察御史,政治上主张革新,是王叔文政治改革集团的一员,曾被贬,晚为太子宾客,加检校礼部尚书。在中唐崇佛的社会氛围中,刘禹锡早年就开始接触佛教并修习佛法,而在其参与政事时崇尚儒家兼济天下的思想,希望有所作为。受到政治打击和挤压乃至隐退时,结交佛教大师,又进一步崇信佛教、钻研佛理,将自己所接受的佛教观念纳入人生价值体系之中,升华了自己的心灵境界,但始终没有走进佛教的信仰之中。

(一)“援佛入儒”

唐代儒释道三家并存,佛教凭借寺院经济、文化宣传和完备的理论体系,吸引了众多信众,帝王将相、普通百姓和士人阶层皆受其影响,即是说社会影响及理论造诣都超过儒家,当时的佛教还出现了各种宗派,士大夫阶层受佛教影响尤甚,刘禹锡与僧人和爱好佛教的士大夫都有往来,尤其与禅僧来往较多,当时有一些人如白居易、柳宗元提出了调和儒佛的主张,给了刘禹锡启发。他发现儒家提到的“不勉而中,不思而得”的境界很难以传统的方法达到,而用禅宗的方法则很容易达到。刘禹锡很欣赏禅宗所谓的顿悟，并以顿悟自许，对不用言语的“以心传心，不立文字”也有自己的体悟。刘禹锡虽然爱好佛教，但主张以儒为本，援佛入儒，保证儒家在中国社会的正统地位。他认为：“世为儒而仕。……父讳绪，亦以儒学。天宝末应进士。”①他看到佛教有很多方面可以补足儒家的不足，但并非要以佛教代替儒家思想。

“永贞革新”失败之后，刘禹锡被贬，再加上妻子去世，他对佛教的态度有了很大的改变，“唯读佛书，愿延圣寿”，他从对佛教的理解和参悟中得到心灵的慰藉，并把佛教提到与儒家思想同等的地位上来，认为孔子和释迦牟尼都是圣人，比如孔子把无过无不及的中庸之德视作完美人格的最高标准之一，佛教中大乘中观派也视中庸为最高的真理，龙树《中论》中“众因缘生法，我说即是空，亦为是假名，亦是中道义”即是此意。又认为儒家以中庸之道教育人们，但很少谈到命运问题，作用远不如佛教大，而佛教以因缘果报和业力等说法解释善恶报应无法验证的问题，很有说服力。这种教化作用是儒家所不及的。他认为信仰佛教者有四种，其一为教理而信的士大夫文人，其二是“存相好者，怖威神而迁善”的中下层民众，其三是求福报者，不同阶层皆有之，其四是为求心灵安慰者。因此，刘禹锡认为佛教对维护社会秩序稳定、教化社会人心有着极大的作用。这也说明刘禹锡是从儒家正统地位来看待佛教的社会作用，而非是信仰佛教。他被贬之后与僧人交往，对佛教发生兴趣，排解了心中的不快和忧伤，并进而发觉了佛教的很多社会功能，还写下了不少佛诗，但并没有由此转入佛教信仰，而是把佛教视作传统儒学的补充。

（二）“天人交相胜”

先秦时期，人们普遍认为天有意志，天人能够相互沟通，比如周人认为等级名分、伦理道德皆属“天命”范畴，孔子也相信有个“天命”存在，孟子强调“天人合一”也意在表明天有意志，墨家主张“天志明鬼”，道家追求天人相通。而荀子则提出了“天人相分”，即是说天人不相互干涉。以后的董仲舒、王充等各执一词，对天人关系进行探究。所以自先秦以来，在天人关系上出现了所谓的“阴骘之说”和“自然之说”两种，“阴骘之说”认为天是有意志的，在暗中决定着人的

① （唐）刘禹锡：《刘禹锡集》（第39卷），中华书局1990年版，第590页。

命运，人犯了罪天会降祸于人，人有善行，天必赐福，是故天人相感。“自然之说”认为“天人相异”，相互之间没有什么感应关系，天无意志，与人也没有什么关系，人间的灾祸幸运，皆非天之所为。刘禹锡认为二者皆不可取，故在他的《天论》中提出了“天与人交相胜”“还相用”的学说，区别了“天之所能”和“人之所能”二者的关系。当时的韩愈认为天有主宰人的能力，能够赏罚人间，柳宗元则认为“功者自功，祸者自祸”，不认为天有赏罚能力，即天、人不相干预。对此，刘禹锡认为：

> 世之言天者二道焉。拘于昭昭者则曰：“天与人实影响：祸必以罪降，福必以善来，穷厄而呼必可闻，隐痛而祈必可答，如有物的然以宰者。”故阴骘之说胜焉。泥于冥冥者则曰：“天与人实刺异：霆震于畜木，未尝在罪；春滋乎堇荼，未尝择善。跖、蹻焉而遂，孔、颜焉而厄，是茫乎无有宰者。”故自然之说胜焉。余之友河东解人柳子厚作《天说》，以折韩退之之言，文信美矣，盖有激而云，非所以尽天人之际。①

韩愈和柳宗元各执一边，而刘禹锡认为天与人都是万物之一，二者都受“数”（客观规律）的支配，二者不一亦不异，不断亦不常，天、人各有所能。“天之能”在于繁育万物，并在生存竞争和强弱胜败中显示出其作用。“人之能”是定是非，用法制规范自己的行为，从而使人类社会变得有秩序。“天之道在生植，其用在强弱；人之道在法制，其用在是非。”天之能，人不能之；人之能，天也有所不能，“天与人交相胜耳”，天人彼此融通、相互涉入，这显然是一种中道的思想。他还认为包括天人在内的一切事物都是相互联系、相互制约的，相互对立又相互成就。刘禹锡认为，人之理是“是非”，天之理是“强弱”，若是非在，人理胜天理，若无是非，天理胜人理。也就是说，如果明白了是非，社会的法制与道德伦理观念将取得胜利，若是没有是非观念，自然界的生存竞争法则将取得胜利。当人们没有是非标准，胡乱行为时，就会出现天理胜过人理的事情，人不能主宰自己的命运，这个时候就会有人认为是“天命”，不过人是可以通过努力胜过天的。

隋唐时代中国受外来思想影响较大，特别是在中国儒家心性论衰落之际，

① （唐）刘禹锡：《刘禹锡集》（第5卷），中华书局1990年版，第67页。

佛教教义得以发挥其独特的心性理论。但佛教否定现世世界的态度引起了儒者的怀疑和排斥,唐末的韩愈、李翱等人把矛头指向佛家,形成了影响较为深远的“排佛”思想。此时期对佛教的引进、整理、判别和创宗,以及后来的“排佛”运动,大多发生在河南境内,其主要代表人物也主要在河南地域范围内活动,对当时的整个朝代及后世中国思想的走向都产生了重大影响。

第六章 河南与宋明理学

宋明理学滥觞于宋初,形成于北宋五子,至朱熹集理学诸说形成以“理气二分”为特征的性二元论,道学日臻大成。在由宋朝到元朝再到明朝的学脉传承过程中,河南发挥了无可替代的作用。陈抟、邵雍、王安石奠定了理学发展的基石,确立了理学研究的基本命题,为理学的发展开辟了道路。二程将理学发展推向新的高度,洛学传人谢良佐及朱熹则进一步将理学集大成并发扬光大。此后在元朝时期,姚枢与许衡在理学北传的过程中发挥了重要的桥梁作用。经过宋元两朝的传承与发展,明朝的理学家一方面在保持学脉传统的基础上进行发展创新,代表人物有曹端及薛瑄;另一方面衍生出新的理学思想即气学,代表人物有王廷相、高拱、吕坤。

第一节　陈抟、邵雍与王安石的思想

一、陈抟的思想

陈抟,生年不详(一说生于 871 年),卒于 989 年,亳州真源(今河南鹿邑县太清宫镇陈竹园村)人,字图南,号扶摇子,宋太宗赐号希夷先生。关于陈抟的出身,史书记载较为分散,大部分已经散佚,并且多停留在神话传说层面。传说他是被渔夫从河中打捞出来的,渔夫见他是个肉球,准备烹饪食用时雷电大作,便赶紧把他扔在地上,从肉球中生出一个婴儿,于是便跟随渔夫姓陈。还传说陈抟“生而不能言，始四五岁，戏涡水之滨，有青衣媪召置怀中乳之，自是能言，聪悟过人”[1]。神话传说为陈抟的出身增添了神秘色彩，但据史书记载，真实的陈抟少年时熟读经史百家之言，才华出众，但是最终未能中举，加上唐末五代的动荡使陈抟转向道家，并寄情山水。在云游山水的过程中陈抟遇到了孙君仿、獐皮处士二人，经二人指点陈抟前往武当山九室岩隐居修行，在武当山修行游历期间陈抟曾遍访道教高人如何昌一、麻衣道者等人，对其思想产生了深远的影响。在隐居武当山二十多年后，陈抟“移居华山云台观，又止少华石室”[2]。在华山修行期间，陈抟又结识了吕洞宾、钟离权、白鹿先生、谭峭等人，有大量相关神话传说传世。在民间传说中，陈抟与宋太祖赵匡胤很早就有交际，并很早就看出了赵匡胤的帝王之相，还留下了二者在华山下棋博弈的故事。而陈抟与宋太宗赵光义的交往史书记载较多。据记载，赵光义曾两次召陈抟入宫，第一次向他询问治国之策，陈抟写下远近轻重四字，并解释为“远者远招贤士，近者近去佞臣，轻者轻赋万民，重者重赏三军”[3]。在 984 年赵光义再度召见陈抟，向他请教“玄默修养之道”，被婉拒后赐号希夷先生。此外，传说宋太宗还借助陈抟的相人术解决立储问题，并对陈抟的回复十分满意。陈抟出儒入道，融合易学与老学，他的思想主要来源于传承自麻衣道者的《正易心法》与《先天图》，以及传承自吕洞宾的《无极图》，又通过穆修、李之才等人传至邵雍、周敦颐等人，开创了宋代象数易学的发展道路，对宋明理学的产生与发展起到了重要而深远的影响，其独特的睡功成为一种高深的内丹学修养方法。据记载，陈抟一生著作较多，撰有《指玄篇》八十一章、《入室还丹诗》、《高阳集》、《钓潭集》等，但大都已经散佚，有《易龙图》及其序文传世。

在本体论层面，陈抟将无极视为本体：“无者，太极未判之时一点太虚灵气，所谓视之不见、听之不闻是也。”“两仪未判，鸿蒙未开，上而日月未光，下而山川未奠，一气交融，万气全具，故曰太极。”[4]也就是说无极在太极之先，随后由无到

---

① (元)赵道一：《〈道藏〉第 5 册 · 历世真仙体道通鉴》卷四十七，文物出版社、上海书店、天津古籍出版社联合影印本 1988 年版，第 367 页。

② (元)脱脱等：《宋史 · 陈抟传》，中华书局 1985 年版，第 13420 页。

③ (元)张辂：《〈道藏〉第 5 册 · 太华希夷志》，文物出版社、上海书店、天津古籍出版社联合影印本 1988 年版，第 738 页。

④ (宋)陈抟：《道藏辑要 · 玉诠》，国家图书馆古籍馆藏，第 9155 页。

有,太极作为混沌的包含万物的气团化生进而产生万事万物。这种无极而太极的本体论给宋明理学提供了巨大的启示。而关于宇宙的具体演进过程,陈抟首先对继承的古河图进行了推演,其《龙图序》进行了详细的描述:

且夫龙马始负图,出于羲皇之代,在太古之先也。今存已合之位尚疑之,况更陈其未合之数邪?然则何以知之?答曰:于夫子三陈九卦之义探其旨,所以知之也。况夫天之垂象,的如贯珠,少有差,则不成次序矣。故自一至于盈万,皆累然如系之于缕也。且若龙图便合,则圣人不得见其象,所以天意先未合而形其象,圣人观象而明其用。是龙图者,天散而示之,伏羲合而用之,仲尼默而形之。始龙图之未合也,惟五十五数。上二十五,天数也。中贯三、五、九,外包之十五,尽天三天五天九并十五之位。后形一六无位,又显二十四之为用也。兹所谓天垂象矣。下三十,地数也,亦分五位皆明五之用也。十分而为六,形地之象焉。六分而成四象,地六不配。在上则一不配,形二十四。在下则六不用,亦形二十四,后既合也。天一居上为道之宗,地六居下为器之本,三斡地二地四为之用。三若在阳,则避孤阴;在阴则避寡阳。大矣哉!龙图之变,歧分万途。今略述其梗概焉。①

通过《龙图序》我们可以看到,陈抟对古河图进行了三方面的演进。首先,陈抟将天数与地数区分开来,将天数一、三、五、七、九相加为二十五,均分为五组,每组为五,以东、南、西、北、中五个方位排列(见龙图第一变中天数),通过观察可以看到,纵横行列数字之和皆为九,纵横之总数皆为十五。同时,将地数二、四、六、八、十相加为三十,亦均分为五组,每组为六,同样按照天数的排列方法排列五方(见龙图第一变中地数)。由此,陈抟将天地分开,并分别以奇数、偶数对应,形成了天地相分的格局。其次,重组龙图第一变中的图像,彰显天数、地数的交合运行。天数运行则天数图中上五变一,左五变四,右五变三,下五变二,中五不变(见龙图第二变上图);天数运行必定带动地数运行,地数图中中六为上六补一成七,为右六补三为九,为左六补二为八,天数降十为中,下六保持不变(见龙图第二变下图)。

---

① 张理:《〈道藏〉第3册·易象图说》,北京文物出版社、上海书店、天津古籍出版社联合影印本1988年版,第223—224页。

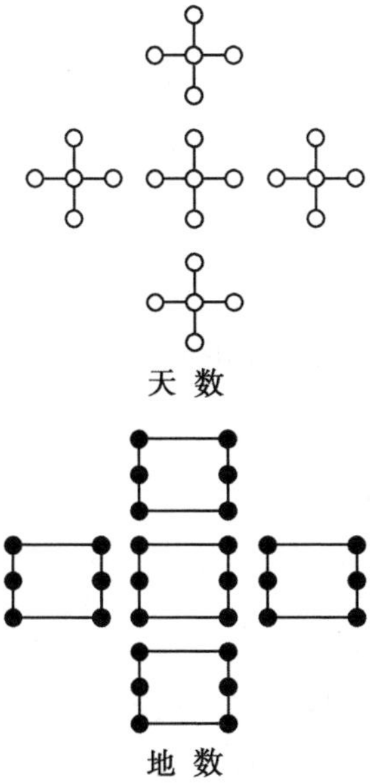

龙图第一变

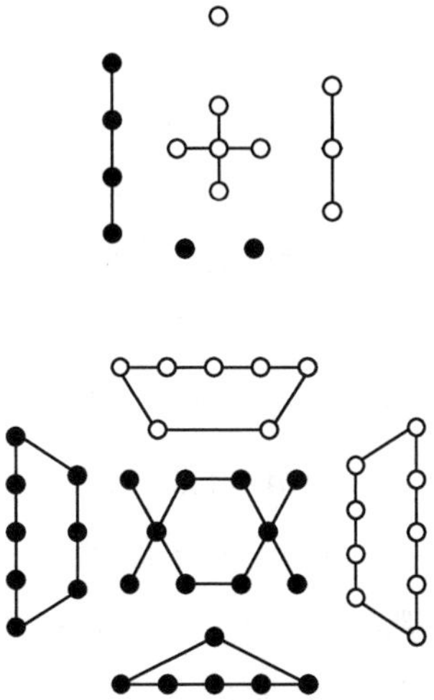
龙图第二变

最后，将龙图第二变中上下两图重合重新排列形成两种新的图像。其中第一种，将上一移至下六上方，将上二移至下七之下，将上三移至下八内侧，将上四移至下九内侧，将上五移至下十之中，即形成流传至今的“河图”（见河图）。另一种，则是保留龙图第二变中的中五，隐去下五，再将一、三、七、九排列至东、南、西、北四方，其余四隅位置以二、四、六、八填充，即形成“洛书”（见洛书）。

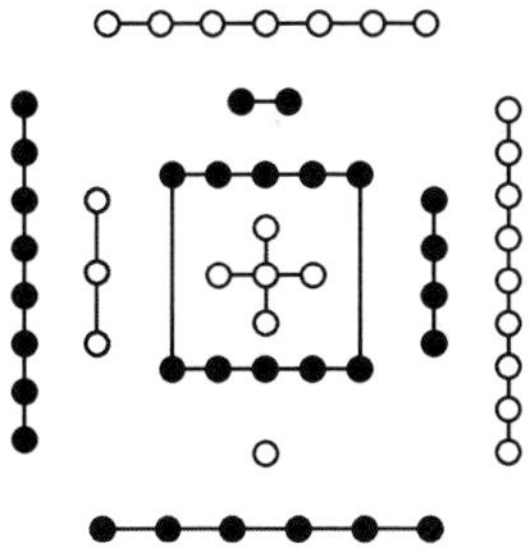
河图

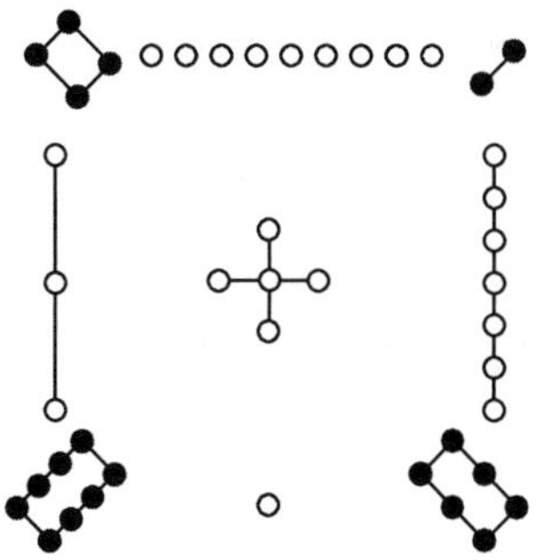
洛书

而关于河图、洛书之义，朱熹、蔡元定曾在《易学启蒙》中解读道：

河图之位，一与六共宗而居乎北，二与七为朋而居乎南，三与八同道而居乎东，四与九为友而居乎西，五与十相守而居乎中。盖其所以为数者，不过一阴一阳，以两其五行而已。所谓“天”者，阳之轻清而位乎上者也；所谓

> “地”者，阴之重浊而位乎下者也。阳数奇，故一三五七九皆属乎天，所谓“天数五”也；阴数偶，故二四六八十皆属乎地，所谓“地数五”也。天数、地数各以类而相求，所谓五位之相得者然也。天以一生水，而地以六成之；地以二生火，而天以七成之；天以三生木，而地以八成之；地以四生金，而天以九成之；天以五生土，而地以十成之：此又其所谓“各有合”焉者也。积五奇而为二十五，积五偶而为三十，合是二者，而为五十又五。此“河图”之全数，皆夫子之意，而诸儒之说也。……洛书之次，其阳数，则首北、次东、次中、次西、次南；其阴数，则首西南、次东南、次西北、次东北也。合而言之，则首北、次西南、次东、次东南、次中、次西北、次西、次东北而究乎南也。其运行，则水克火、火克金、金克木、木克土，右旋一周，而土复克水也。①

亦即是说：“河图主左旋相生，洛书主右旋相克……五行的相生相克，寓寄着天地阴阳的消长变化。将河图、洛书结合来看，就是一个由天地生成之数构成的阴阳消长、五行变化、万物繁衍的宇宙生成模式。陈抟在这里用数的形式来反映阴阳五行之说，这是一种象征性自然观，其中揭示了天地、万物中含的奇偶性、对称性和有序性。”②

而《无极图》则反映了陈抟的内丹修炼思想。内丹修炼是相对于外丹修炼而言。外丹术起源较早，至隋唐发展至顶峰，主张以汞等自然矿物质炼化为丹服食，以求长生不老。但是，随着矿物质毒性的发作，外丹的弊端也逐渐显露，内丹便应运而生。内丹把人体整体视作炼炉，主张通过修炼方法把精气神凝结为内丹，达到长生不老的目的。《无极图》便是这种内丹修炼的经典图式之一。黄宗羲曾在《宋元学案》中对《无极图》作了如下阐释：

> 其图自下而上，以明逆则成丹之法，其重在水火。火性炎上，逆之使下，则火不爝烈，惟温养而和煦；水性润下，逆之使上，则水不卑湿，惟滋养而光泽。滋养之至，接续而不已；温养之至，坚固而不败。其最下圈，名为玄牝之门，玄牝即谷神。牝者窍也，谷者虚也，指人身命门两肾空隙之虚，气之所由以生，是为祖气。凡人体五官百骸之运用知觉，皆根于此。于是

① 黄寿祺、张善文：《周易译注》，上海古籍出版社2004年版，第626页。

② 李远国：《〈道教文化研究〉第11辑·陈抟学术思想探微》，生活·读书·新知三联书店1997年版，第170—171页。

提其祖气上升，为稍上一圈，名为炼精化气，炼气化神。炼有形之精，化为微芒之气；炼依希呼吸之气，化为出有入无之神，使贯彻于五脏六腑，而为中层之左木、火，右金、水，中土相联络之一圈，名为五气朝元。行之而得也，则水火交媾而为孕。又其上之中分黑白、两相间杂之一圈，名为取坎填离，乃成圣胎。又使复还于无始，而为最上之一圈，名为炼神还虚，复归无极，而功用至矣。盖始于得窍，次于炼己，次于和合，次于得药，终于脱胎求仙，真长生之秘诀也。①

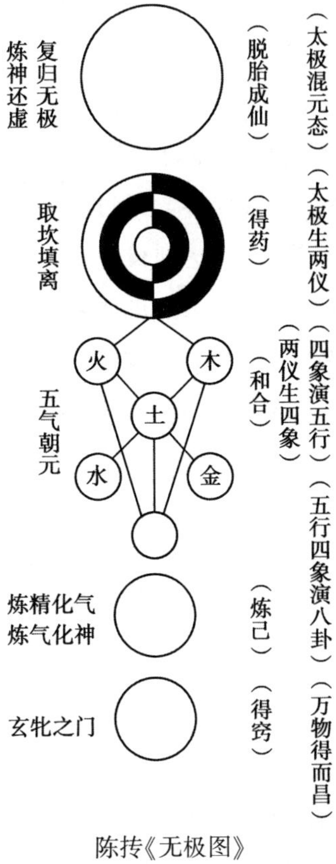

陈抟《无极图》

将黄宗羲的解释与《无极图》结合起来分析，我们可以看到，整个《无极图》自下而上逆式演绎推进。其中，第一层“得窍”即“玄牝”是入门功夫，玄牝即中医理论中的命门，在人的两肾之间，产生元气。得窍功夫即是要明白玄牝之重要性，要学会把意念集中在玄牝上，这是入门的关键。第二层“炼己”即“炼精化

① （清）黄宗羲：《宋元学案》卷十二，中华书局 1986 年版，第 515 页。

气,炼气化神”,内丹学说将精气神视为炼制内丹的基本元素,是人生命的基本构成。精气合炼化为轻清无质的阳气,阳气随着意念在人身之内循环。经过反复的炼精化气后,可以转入炼气化神的阶段,进而可以达到元气在体内自然流动,任督二脉的运转不再需要意念支配的境界。而整个炼精化气、炼气化神过程需要精神的清静无为,炼己便是为达到这种境界而进行的修心活动。第三层“和合”即“五气朝元”,这是炼精化气的进一步功夫。五气指金、木、水、火、土气,在人体中分别对应肺、肝、肾、心、脾,这一功夫阶段强调充分调动元气,内炼人体内脏五气,达到和合归元,元聚丹田的效果。第四层“得药”即“取坎填离”。坎卦为水,卦象为两阴爻中含一阳爻,离卦为火,卦象为两阳爻中含一阴爻,“取坎填离”意味着将坎卦中的阳爻移入离卦代替离卦原有的阴爻,形成纯阳之乾卦,由后天回归先天,进而乾坤而“结丹”。最后一层“脱胎”即“炼神还虚,复归无极”,即内丹修炼的最高境界。经过前四个阶段,内丹已结,此时便进入无为、虚空、自然的无极境界,进而达到长生不老、得道成仙的最高境界。

此外,陈抟的内丹修炼功夫还有著名的睡功。他曾作《励睡诗》,主张实现至人之睡:“常人无所重,惟睡乃为重。举世此为息,魂离神不动。觉来无所知,知来心愈用。堪笑尘世中,不知梦是梦。至人本无梦,其梦乃游仙。真人亦无睡,睡则浮云烟。炉里长存药,壶中别有天。欲知睡梦里,人间第一元。”①而关于陈抟睡功的具体修养功法,明代周履靖曾在《赤凤髓》一书中完整记载:

> 夫学道修真之士,若习睡功玄诀者,于日间及夜静无事之时,或一阳来之候,端身正坐,叩齿三十六通,逐一唤集身中诸神,然后松宽衣带而侧卧之。诀在闭兑,目半垂帘、赤龙头抵上腭,并膝收一足,十指如钩,阴阳归窍,是外日月交光也。然后一手掐剑诀掩生门,一手掐剑诀曲肱而枕之,以眼对鼻,鼻对生门,合齿,开天门,闭地户,心目内视,坎离会合,是内日月交精也。功法如鹿之运督、鹤之养胎、龟之喘息。夫人之昼夜有一万三千五百息,行八万四千里气,是应天地造化,悉在玄关橐籥。使思虑神归于元神,内药也。内为体,外为用。体则含精于内,用则法光于外。使内外打成一块,方是入道工夫。行到此际,六贼自然消灭,五行自然攒簇,火候自然升降,酝就真液,浇养灵根。故曰:玄牝通一口,睡之饮春酒。朝暮谨行持,

---

①　马道宗:《中国道教养生秘诀》,宗教文化出版社2002年版,第252页。

真阳永不走。凡睡之功毕,起时揩摩心地,次揩两眼,则心身舒畅。①

此外,《赤凤髓》还收录了《陈希夷熟睡华山图》,在此不再赘述。

二、邵雍的思想

邵雍(1011—1077),字尧夫,北宋五子之一。祖籍河北范阳,后迁徙至河北衡漳。在其年少时,其父邵古带其迁至共城(今河南辉县),中年游历四方,后定居河南洛阳,过着隐居的生活。在洛阳,邵雍同反对王安石变法的旧派官员来往甚密,受其资助整修构建"安乐窝",在内著书立说,自称"安乐先生"。据史料记载,邵雍思想源于陈抟:"陈抟以先天图传种放,放传穆修,穆修传李之才,之才传邵雍。"②在继承陈抟先天图的基础上,邵雍建立起先天象数学体系,著有《皇极经世书》与《伊川击壤集》传世。

(一)以先天象数学为核心的宇宙论

本体或本源是宇宙论的发端。邵雍借用《易传》中的"太极"概念在其先天象数学体系内将宇宙的本源设定为太极:"有生天地之始,太极也。"③可以看到,在邵雍那里,太极是一化生万物,是宇宙的开端与本源。同时,邵雍还将宇宙的本源设定为"道":"天由道而生,地由道而成。"④"太极,道之极也。"⑤道与太极作为宇宙本源是同一概念,但二者的地位不同,道的地位低于太极包含于太极,太极是道之极致。关于本体类似的概念还有"心",不再赘述。邵雍认为,太极作为本体是寂然不动的,那么不动的太极如何完成化生万物的作用?他又将"神"作为太极与具体事物的媒介:"太极不动,性也。发则神,神则数,数则

---

① (明)周履靖:《赤凤髓》,上海古籍出版社1989年版,第135页。

② 许嘉璐等主编:《二十四史全译·宋史·第十五册》,汉语大词典出版社2004年版,第9545页。

③ (宋)邵雍著,郭彧、于天宝点校:《皇极经世书·观物内篇》,上海古籍出版社2017年版,第1240页。

④ (宋)邵雍著,郭彧、于天宝点校:《皇极经世书·观物内篇》,上海古籍出版社2017年版,第1167页。

⑤ (宋)邵雍著,郭彧、于天宝点校:《皇极经世书·观物内篇》,上海古籍出版社2017年版,第1243页。

象，象则器，器则变，器之变复归于神也。”①太极发用产生神妙的作用，正是这一神妙的作用力推动“数”的产生，“数”再产生“象”，“象”再产生“器”即万事万物，万事万物最终又复归于“神”，可以说“神”就是太极化生万物的原动力。邵雍以太极为本体开创了宋明理学的先河，其后的理学家皆以太极为基础构建学说。

邵雍宇宙发生图式是借助于其先天图具体展开的。他师承陈抟，继承了伏羲的先天易学图像，对此朱熹曾记载道：“伏羲四图，其说皆出邵氏。盖邵氏得之李之才挺之，挺之得之穆修伯长，伯长得之华山希夷先生陈抟图南者，所谓先天之学也。”②在邵雍著作中并未见伏羲先天图，但是，朱熹《周易本义》中记载了《伏羲八卦次序图》《伏羲八卦方位图》《伏羲六十四卦次序图》《伏羲六十四卦方位图》，邵雍对先天图也曾描述道：“先天之学，心法也。故图皆自中起，万化万事生乎心也。图虽无文，吾终日言，而未尝离乎是。盖天地万物之理尽在其中矣。”③

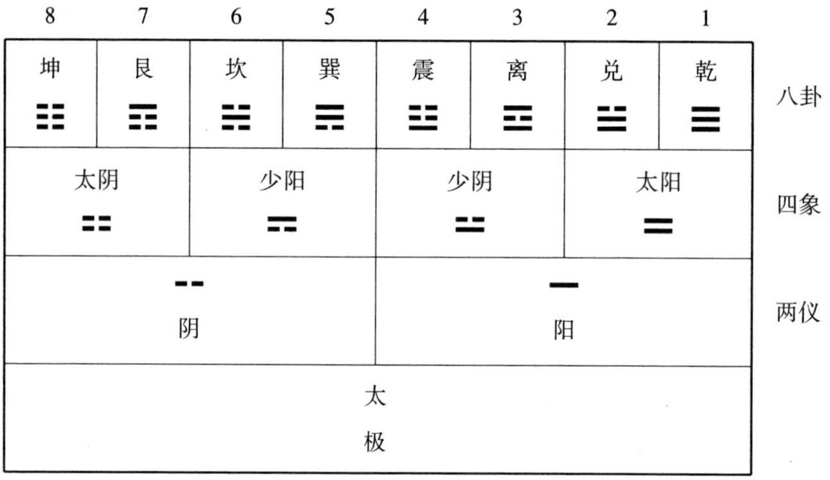

伏羲始画八卦图（先天图）

可以看出，先天图是由《周易·系辞》推导而来：“是故《易》有太极，是生两

① （宋）邵雍著，郭彧、于天宝点校：《皇极经世书·观物内篇》，上海古籍出版社 2017 年版，第 1239 页。

② （宋）朱熹：《周易本义》卷首，世界书局 1936 年版，第 8 页。

③ （宋）邵雍著，郭彧、于天宝点校：《皇极经世书·观物内篇》，上海古籍出版社 2017 年版，第 331—332 页。

仪,两仪生四象,四象生八卦。”朱熹曾对先天图进行阐释,他将“⚊”“⚋”视为奇偶两种基本符号,在第一层的本体太极化生第二层的一奇一偶为阴阳,在第二层阴阳的基础上进一步添加一奇一偶进行组合形成第三层的太阴、少阳、少阴、太阳四象,在四象的基础上按照同样的形式进行排列组合即可形成乾、兑、离、震、巽、坎、艮、坤八个卦象,由此完成了从太极到八卦的化生顺序。这种一分为二的方法被程颐称为“加一倍法”,运用这种方法最终可以推导出六十四卦的卦象。同时,八卦与六十四卦的次序得以确定,将先天图上的第四层从中部分开,左右拼接形成圆形就是著名的《伏羲八卦次序图》(又称“小圆图”),将《六十卦次序图》(横图)分割拼接亦可形成《六十四卦圆图》(又称“大圆图”),限于篇幅不再赘述。

虽然朱熹将邵雍认定为先天图的创始者,但是存世的《皇极经世书》并没有直接记载,关于这个问题尚待考证,但是邵雍在《皇极经世书》中的表述体现了类似的思想,在其基础上添加了“动静”“刚柔”两对范畴:

> 物之大者无若天地,然而亦有所尽也。天之大,阴阳尽之矣。地之大,刚柔尽之矣。阴阳尽而四时成焉,刚柔尽而四维成焉。夫四时四维者,天地至大之谓也,凡言大者,无得而过之也。亦未始以大为自得,故能成其大,岂不谓至伟至伟者欤?天生于动者也,地生于静者也,一动一静交,而天地之道尽之矣。动之始则阳生焉,动之极则阴生焉,一阴一阳交而天之用尽之矣。静之始则柔生焉,静之极则刚生焉,一柔一刚交而地之用尽之矣。动之大者谓之太阳,动之小者谓之少阳。静之大者谓之太阴,静之小者谓之少阴。太阳为日,太阴为月,少阳为星,少阴为辰,日月星辰交,而天之体尽之矣。静之大者谓之太柔,静之小者谓之少柔。动之大者谓之太刚,动之小者谓之少刚。太柔为水,太刚为火,少柔为土,少刚为石,水火土石交而地之体尽之矣。①

结合先天图后可以用图示表示为:

---

① (宋)邵雍著,郭彧、于天宝点校:《皇极经世书·观物内篇》,上海古籍出版社 2017 年版,第 1146—1147 页。

<table>
<tr><td>坤
☷
水</td><td>艮
☶
火</td><td>坎
☵
土</td><td>巽
☴
石</td><td>震
☳
辰</td><td>离
☲
星</td><td>兑
☱
月</td><td>乾
☰
日</td></tr>
<tr><td colspan="2">柔
⚏</td><td colspan="2">刚
⚍</td><td colspan="2">阴
⚎</td><td colspan="2">阳
⚌</td></tr>
<tr><td colspan="4">⚋
静</td><td colspan="4">⚊
动</td></tr>
<tr><td colspan="8">太极</td></tr>
</table>

结合图示分析可以发现,在邵雍象数学体系内,太极一动一静而“二分为四”,即阴阳刚柔,进而“四分为八”,这种分化体系同先天图内的“加一倍法”若合一契。两者的结合就形成了邵雍宇宙论垂直化生体系,即由太极垂直化生到八卦的过程。在垂直化生的同时亦有横向演绎,邵雍把日月星辰归为“天”之范畴,把“水火土石”归为“地”之范畴,分别对应八卦卦象,从而将物质世界与八卦体系对接。他进一步将这一横向推演过程扩充开来:

日为暑,月为寒,星为昼,辰为夜。暑寒昼夜交而天之变尽之矣。水为雨,火为风,土为露,石为雷。雨风露雷交而地之化尽之矣。暑变物之性,寒变物之情,昼变物之形,夜变物之体;性情形体交而动植之感尽之矣。雨化物之走,风化物之飞,露化物之草,雷化物之木。走飞草木交而动植之应尽之矣。①

通过法象思维,邵雍将天地范畴内的八种基本元素以意义链对应的方式传递开来,类似的横向演绎很多,最终的结果是将物质世界的万事万物全部收纳其中,对此我们可以通过《经世天地四象图》进行一定程度的观照。

① (宋)邵雍著,郭彧、于天宝点校:《皇极经世书 · 观物内篇》,上海古籍出版社 2017 年版,第 1147 页。

坤	艮	坎	巽	震	离	兑	乾
☷	☶	☵	☴	☳	☲	☱	☰
水	火	土	石	辰	星	月	日
雨	风	露	雷	夜	昼	寒	暑
走	飞	草	木	体	形	情	性
声	色	味	气	口	鼻	耳	目
时	日	月	岁	世	运	会	元
春秋	诗	书	易	霸	王	帝	皇
（膀胱）	（胃）	（肝）	（肺）	（肾）	（脾）	（胆）	（心）
（血）	（髓）	（肉）	（骨）				

《经世天地四象图》

总的来看，在邵雍宇宙论体系内，太极本体由“一”到“多”是借助“象”和“数”的演化进行的，其“加一倍法”结合太极动静，垂直演绎为八卦系统，再通过法象思维将天地八种元素与八卦一一对应，进而将八种基本元素以意义链对应的方式横向扩展，最终将万事万物囊括进其象数学体系。

（二）以元会运世为核心的历史观

在邵雍的象数学体系内，《六十四卦圆图》不仅体现了其宇宙论思想，在此基础上展开应用于世界历史与社会发展的范畴就产生了其“元会运世”说。所谓“元会运世”说是邵雍对其宇宙论在时间发展维度上的进一步阐释，代表了其历史观。在中国历史传统中，往往采取“十二与三十迭相为用”①的方式计量时间。邵雍的历史观显然也借鉴了这一方式：“元之元一，元之会十二，元之运三百六十，元之世四千三百二十。”②通过计算可以看到，邵雍以三十年为一世，以十二世为一运，以三十运为一会，以十二会为一元，仍然是一种十二与三十交替的历史观。

---

① 即一年有十二个月，一月有三十天，一天有十二个时辰的计量方式，详见冯友兰：《中国哲学史新编》（下），人民出版社 2007 年版，第 72 页。

② （宋）邵雍著，郭彧、于天宝点校：《皇极经世书·观物内篇》，上海古籍出版社 2017 年版，第 1169 页。

不过在邵雍那里,时空的演进显然更为宏大。他以一元(即十二万九千六百年)为世界历史的一个变化周期,宇宙在这一个周期内产生、发展、消亡,消亡后再进入下一元产生新的世界,从而循环往复,生生不息。为了具体说明一元内的宇宙发展次序,邵雍引入天干地支相配合,他把一元十二会分别设定为子、丑、寅、卯、辰、巳、午、未、申、酉、戌、亥的顺序,认为在子会产生天,在丑会产生地,在寅会产生人,宇宙在前六会是发展阶段,在后六会是消亡阶段。他还认为在第三寅会产生人后便有了人类社会的历史,人类社会历史的发展同样遵循相应的盛极而衰的规律,其中当人类历史发展到巳会三十运九世即唐尧时代时为人类社会发展的顶峰,自此之后世界开始逐渐衰亡,今不如昔,直至戌会万物毁灭,亥会天地俱灭,从而开始进行下一元的循环。

这种今不如昔、逐渐消亡的悲观主义历史观不仅体现在邵雍对人类社会发展趋势的阐释上,也体现在其对人类社会形态发展的认识上。他把人类社会划分为皇、帝、王、霸四个逐渐倒退的阶段,其中在"皇"的阶段"以道化民者,民亦以道归之,故尚自然"[①],"帝"则是"以德教民者,民亦以德归之,故尚让"[②],"王"是"以功劝民者,民亦以功归之,故尚政"[③],而霸是"以力率民者,民亦以力归之,故尚争"[④]。可以看到,不同历史阶段对民众所采取的道、德、功、力四种治理方式是邵雍评判历史阶段进步与否的标准。为了将这种标准进一步细化从而体现出盛极而衰的天道运行理念,他又在皇、帝、王、霸四种历史阶段的基础上重复添加这四种名称以体现每个阶段内部的演化过程:"皇之皇,以道行道之事也;皇之帝,以道行德之事也;皇之王,以道行功之事也;皇之霸,以道行力之事也。"[⑤]基于法象思维,邵雍还将历朝历代的历史特点类比为春、夏、秋、冬、日、

---

① (宋)邵雍著,郭彧、于天宝点校:《皇极经世书·观物内篇》,上海古籍出版社 2017 年版,第 1153 页。

② (宋)邵雍著,郭彧、于天宝点校:《皇极经世书·观物内篇》,上海古籍出版社 2017 年版,第 1153 页。

③ (宋)邵雍著,郭彧、于天宝点校:《皇极经世书·观物内篇》,上海古籍出版社 2017 年版,第 1154 页。

④ (宋)邵雍著,郭彧、于天宝点校:《皇极经世书·观物内篇》,上海古籍出版社 2017 年版,第 1154 页。

⑤ (宋)邵雍著,郭彧、于天宝点校:《皇极经世书·观物内篇》,上海古籍出版社 2017 年版,第 1170 页。

月、星、辰：

三皇，春也；五帝，夏也；三王，秋也；五伯，冬也。七国，冬之余洌也。汉，王而不足；晋，伯而有余；三国，伯之雄者也。十六国，伯之丛者也；南五代，伯之借乘也；北五朝，伯之传舍也。隋，晋之子也；唐，汉之弟也。隋季诸郡之伯，江汉之余波也。唐季诸藩镇之伯，日月之余光也。后五代之伯，日未出之星也。①

可以看到这仍然是一种在邵雍象数学体系中的演绎与囊括。那么这种人类社会的发展变化是否同样也是按照产生、发展、消亡的顺序循环往复呢？或者说人类社会是否可以回归到最初的本真理想状态呢？邵雍将这一希望寄托在圣人治世上："苟有命世之人继世而兴焉，则虽民如夷狄，三变而帝道可举。"②

（三）"以理观物"与"以物观物"的工夫论

在邵雍的象数学宇宙论体系中，本体太极或道与人是一种化生与被化生的关系，这是一种垂直式的、间接式的关系，那么人是否与本体存在直接的关系？实际上，邵雍通过赋予人在万物中极高的地位来实现人与本体的直接联系："人之所以能灵于万物者，谓其目能收万物之色，耳能收万物之声，鼻能收万物之气，口能收万物之味。声色气味者，万物之体也。目耳口鼻者，万人之用也。"③"道之道尽于天矣，天之道尽于地矣。地之道尽于物矣，天地万物之道尽于人矣。人能知天地万物之道，所以尽于人者，然后能尽民也。"④在邵雍语境下，人"灵"于万物是因为能体认作为本体的天地万物之道，而体认的方式之一便是以理观物："夫所以谓之观物者，非以目观之也。非观之以目，而观之以心也；非观

---

① （宋）邵雍著，郭彧、于天宝点校：《皇极经世书·观物内篇》，上海古籍出版社2017年版，第1170—1171页。

② （宋）邵雍著，郭彧、于天宝点校：《皇极经世书·观物内篇》，上海古籍出版社2017年版，第1171页。

③ （宋）邵雍著，郭彧、于天宝点校：《皇极经世书·观物内篇》，上海古籍出版社2017年版，第1148页。

④ （宋）邵雍著，郭彧、于天宝点校：《皇极经世书·观物内篇》，上海古籍出版社2017年版，第1150页。

之以心，而观之以理也。”[①]“以目观物，见物之形；以心观物，见物之情；以理观物，见物之性。”[②]邵雍认为，用人的感官去认识事物达不到体认万物本体的目标，必须跳出自身感官的局限，真正进入事物之中，去伪存真地认识本体赋予万物的性理，方能从中体悟到天地万物之道。

人灵于万物的同时亦是万物的一员，对此邵雍说：

> 是知我亦人，人亦我也，我与人皆物也。此所以能用天下之目为己之目，其目无所不观矣；用天下之耳为己之耳，其耳无所不听矣；用天下之口为己之口，其口无所不言矣；用天下之心为己之心，其心无所不谋矣。天下之观，其于见也，不亦广乎！天下之听，其于闻也，不亦远乎！天下之言，其于论也，不亦高乎！天下之谋，其于乐也，不亦大乎！夫其见至广，其闻至远，其论至高，其乐至大，能为至广、至远、至高、至大之事，而中无一为焉，岂不谓至神至圣者乎！[③]

人与天地万物同样是道所化生，本应处于同等的地位，但是人能以天下之目、耳、心为用，所以可以无所不观、无所不听、无所不言、无所不谋，正是这种超越性成就了人的“灵于万物”。如果摒弃这种超越性，认识事物就会造成偏差与遮蔽，对此，邵雍还提出了“以物观物”的工夫论：“以物观物，性也；以我观物，情也。性公而明，情偏而暗。”[④]“圣人之所以能一万物之情者，谓其圣人之能反观也。所以谓之反观者，不以我观物也。不以我观物者，以物观物之谓也。”[⑤]邵雍认为，“以我观物”会掺杂进“情”从而会遮蔽、干扰人对事物之理的认识，而“以我观物”的对立面就是“以物观物”，亦即超越人自身的有限境界，将自身视为万物中的一员，摒弃“情”的主观遮蔽作用，以天地至广、至远、至高、至大的境界回

---

① (宋)邵雍著，郭彧、于天宝点校：《皇极经世书·观物内篇》，上海古籍出版社 2017 年版，第 1175 页。

② (宋)邵雍著，郭彧、于天宝点校：《皇极经世书·观物内篇》，上海古籍出版社 2017 年版，第 1177 页。

③ (宋)邵雍著，郭彧、于天宝点校：《皇极经世书·观物内篇》，上海古籍出版社 2017 年版，第 1175—1176 页。

④ (宋)邵雍著，郭彧、于天宝点校：《皇极经世书·观物外篇》，上海古籍出版社 2017 年版，第 1218 页。

⑤ (宋)邵雍著，郭彧、于天宝点校：《皇极经世书·观物内篇》，上海古籍出版社 2017 年版，第 1175 页。

归事物本身进行观照,还原万物之理的本来性状,进而通过观物之理获得对本体之道的体认,这就是邵雍的"以物观物"思想。

三、王安石新学思想

王安石(1021—1086),字介甫,号半山,抚州临川(今江西抚州)人,北宋著名政治家、思想家、文学家。王安石早年在地方任职时就立志变法,为培养变法所需人才,提出"以经术造士"思想。熙宁六年(1073),宋神宗任命王安石提举经义局,王雱、吕惠卿等辅助他重新解释《诗》《书》《周官》。熙宁八年完成后颁给宗室、大学及诸州府学,成为科举考试的依据。修撰工作主要在首都汴梁(今河南开封)进行。三书合称《三经新义》,其学称荆公新学或王安石新学。新学后来成为北宋后期官学,为王安石变法提供理论指导和人才支持。王安石著作较为丰富,但由于变法失败多遭禁毁,《三经新义》今仅存《周官新义》,残存《老子注》由容肇祖整理出版为《王安石老子注辑本》,另有《王文公文集》存世。

(一)"道气一元"的世界图景

王安石通过注释《老子》阐发其以道为体的本体论思想:"道者,天也,万物之所自生,故为天下母。"[①]"道,一也,而为说有二,所谓二者何,有无是也。无则道之本,而所谓妙者也;有则道之末,所谓徼者也。故道出于冲虚杳渺之际,而其末也散于形名度数之间。……夫无者名天地之始,而有者名万物之母。此为名则异,而未尝不相为用也。"[②]在王安石看来,道或者天是万物本体,万物由其化生,道为天下之母,而道之本是"无",由道化生的万物则是"有",是道之末,并且是"无"产生了"有",这与魏晋时期王弼的贵无论若合一契,只是将道置于"有"与"无"之间,以"无"与"有"分别标注了道的形上本体地位与万物的形下存有地位,从而使形上与形下世界沟通成为可能。值得注意的是,在王安石语境下道除了是物质世界的本体外,同时也具有道德本体的价值意义,他说:

---

① 容肇祖:《王安石老子注辑本》,中华书局1979年版,第67页。

② 容肇祖:《王安石老子注辑本》,中华书局1979年版,第2—3页。

"万物待是而后存者,天也;莫不由是而之焉者,道也;道之在我者,德也;以德爱者,仁也;爱而宜者,义也。"①可以看到,道之于人的本体意义不仅是化生人之形体,并且是道德的源泉,进而德通过不同的形式展现为仁、义、礼、智、信五个方面,这就将道德赋予了形上的本体地位,道是万物器质本体的同时也是德之本体,从而具有了价值意义。

那么道是如何由本到末由无到有或者说形上世界是如何与形下世界相互沟通的呢?王安石认为是气沟通了道与万物:"道有体有用。体者,元气之不动。用者,冲气运行于天地之间。"②可以看出,王安石通过引入体用范畴来说明道与气的关系。在他看来,元气是道之本体处于不动的状态,而冲气是道之发用流行,进而元气与冲气处于一种体用范畴之中,是道之一体两面。那么又该如何具体理解这种体用关系?事实上,在王安石那里,元气是指阴阳未分的真元之气。③ 作为形上本体的道在化生万物之前是处于阴阳未分的状态之中,元气是对气在这种混沌元初状态下的摹状。道一旦进入化生万物的程序则通过元气化生出阴阳相分的冲气:"一阴一阳谓之道,而阴阳之中有冲气。冲气生于道。"④"盖冲气为元气之所生,既至虚而一,则或如不盈。"⑤可以看到,元气是阴阳未分的状态,从而使一阴一阳成为道的两方面属性,这一阴一阳为冲气的产生提供了可能,所以说元气产生了冲气。同时,正是一阴一阳的存在使道至万物都具有了"变"的属性,王安石用"耦"来描述这种状态:"一柔一刚,一晦一明,故有正有邪,有美有恶,有丑有好,有凶有吉。性命之理,道德之意,皆在是矣。耦之中又有耦焉,而万物之变,遂至于无穷。"⑥可以看到,王安石列举了柔与刚、晦与明、正与邪、美与恶、丑与好、凶与吉六组对立的范畴,并认为包括性命、道德在内的天下万物皆是如此,进而他将这种对立称作"耦"并认为正是万物中存在对立的"耦"而使万物具备了"变"的性质,可以说万事万物皆在变化之中,这种"变"的思想也为后期王安石变法提供了哲学依据。

---

① (宋)王安石:《王文公文集》(上),上海人民出版社 1974 年版,第 324—325 页。

② 容肇祖:《王安石老子注辑本》,中华书局 1979 年版,第 8 页。

③ 胡金旺:《王安石的哲学思想与〈三经新义〉》,光明日报出版社 2014 年版,第 29 页。

④ 容肇祖:《王安石老子注辑本》,中华书局 1979 年版,第 15 页。

⑤ 容肇祖:《王安石老子注辑本》,中华书局 1979 年版,第 8 页。

⑥ (宋)王安石:《王文公文集》(上),上海人民出版社 1974 年版,第 281 页。

接着再看冲气。道发用产生冲气并不意味着宇宙论意义上化生万物的结束，“耦”无处不在，冲气也不例外。一阴一阳正是冲气之“耦”。在一阴一阳的变化作用下，冲气产生了构成物质的五种基本元素，即五行：

北方阴极而生寒，寒生水；南方阳极而生热，热生火。故水润而火炎，水下而火上。东方阳动以散而生风，风生木，木者阳中也，故能变，能变故曲直。西方阴止以收而生燥，燥生金，金者阴中也，故能化，能化故从革。中央阴阳交而生湿，湿生土，土者阴阳冲气之所生也。①

在这段话中，王安石阐述了阴阳冲气与五行的关系，认为是冲气的五种性质产生了五行，而五行则是构成万物的基本元素：“五行，天所以命万物也。”②

在王安石那里，五行不仅是构成万物物质形体的基本元素，同时也是精神的来源：“天一生水，其于物为精，精者，一之所生也。地二生火，其于物为神，神者，有精而后从之者也。天三生木，其于物为魂，魂从神者也。地四生金，其于物为魄，魄者，有魂而后从之者也。天五生土，其于物为意，精神魂魄具而后有意。”③王安石将水、火、木、金、土五行分别对应精、神、魂、魄、意五种精神元素，进一步彰显了五行作为组成万物基本元素的作用。由此，王安石意义下的世界图景得以建立。道气一元是这个世界图景的根本特征，元气是道之体，冲气是道之用，冲气在一阴一阳对立中变化产生五行，五行作为构造万物的基石对万物器质及各种精神元素进行构建。

（二）天人关系论

天人关系是中国哲学传统问题，历来思想家也围绕这一问题构建了自己的思想体系，其中较为有影响力的是以汉朝董仲舒为代表的“天人感应”说。所谓“天人感应”说强调人与天的相互感应，天会以自然现象昭示人类社会的吉凶祸福，天子按照天意治理国家，必须加强自身修养去迎合天意。由于“天人感应”说将人君称为天子，将天子治理国家视为天意，确立了君权的神圣地位，因此被历代统治者所推崇，在宋代也不例外，尤其是在王安石发起熙宁变法后更是被

---

① （宋）王安石：《王文公文集》（上），上海人民出版社1974年版，第282页。

② （宋）王安石：《王文公文集》（上），上海人民出版社1974年版，第280页。

③ （宋）王安石：《王文公文集》（上），上海人民出版社1974年版，第281页。

保守派当作反击变法的利器，例如曾有官员弹劾王安石："旱由安石所致，去安石，天必雨。"[①]保守派将旱灾视为天对王安石变法的警告，由此得出王安石变法是违背天意不可取的，要求罢黜王安石。类似的说法在史书中屡见不鲜，不再一一列举，在这种情况下，王安石要推动变法进一步实施就要打破"天人感应"说的藩篱，构建起新的符合变法精神的天人关系论。

王安石首先在本体论的高度重新辨析了天人关系："始而生之者，天道也。成而终之者，人道也。"[②]"天道升降于四时，其降也与人道交，其升也与人道辨。冬日上天与人道辨之时也，先王于是乎以天道事之。秋则犹未辨乎人也，先王于是乎以人道事之。"[③]在王安石看来，天与人在本质上是不同的，天道与人道相互区分，天道是化生万物，人道是成就万物，但是化生与成就在过程上呈现一种承接的逻辑关系，也就意味着天道与人道绝不是隔绝开来的。他进一步提出天道一方面与人道"交"即交互，另一方面与人道"辨"即区分的天人关系论。值得注意的是，在王安石语境下的天人相交已经脱离了天人感应的范畴，他对这种相交关系进一步论述道："天下之物小大有彝，后先有伦。叙者，天之道；叙之者，人之道。天命圣人以叙之，而圣人必考古成己，然后以所尝学措之事业，为天下利。"[④]"夫天之为物也，可谓无作好，无作恶，无偏无党，无反无侧，会其有极，归其有极矣。"[⑤]"阴阳代谢，四时往来，消息盈虚，与时偕行，故不召而自来。"[⑥]可以看到，王安石把大小等物性、阴阳变化、四时更替都归为天道自然而然的运行，同时，天道运转无好恶偏私，不具有主观意志，不会对人道进行主观的评判与奖惩。人道唯一所能做的就是由圣人将天道叙说出来，然后以自身事功利天下百姓。这种天与人既相互区分又相互联系的新型天人关系对保守派以"天人感应"说为依据的攻击进行了釜底抽薪式的回击。

在从形上本体论的角度论证天人关系后，王安石论述了人在形下世事中应该怎样处理天人关系：

---

① 许嘉璐等主编：《二十四史全译 · 元史 · 第五册》，汉语大词典出版社 2004 年版，第 7318 页。
② （宋）王安石：《王安石全集 · 临川先生文集》，复旦大学出版社 2017 年版，第 1139 页。
③ （宋）王安石：《王安石全集 · 临川先生文集》，复旦大学出版社 2017 年版，第 1139 页。
④ （宋）王安石：《王安石全集 · 临川先生文集》，复旦大学出版社 2017 年版，第 1064 页。
⑤ （宋）王安石：《王安石全集 · 临川先生文集》，复旦大学出版社 2017 年版，第 1183 页。
⑥ 容肇祖：《王安石老子注辑本》，中华书局 1979 年版，第 37 页。

君子之于人也，固常思齐其贤，而以其不肖为戒，况天者固人君之所当法象也，则质诸彼以验此，固其宜也。然则世之言灾异者，非乎？曰：人君固辅相天地以理万物者也，天地万物不得其常，则恐惧修省，固亦其宜也。今或以为天有是变，必由我有是罪以致之；或以为灾异自天事耳，何豫于我，我知修人事而已。盖由前之说，则蔽而葸；由后之说，则固而怠。不蔽不葸，不固不怠者，亦以天变为己惧，不曰天之有某变，必以我为某事而至也，亦以天下之正理考吾之失而已矣，此亦"念用庶证"之意也。①

在这里，王安石并没有彻底否定天人感应说，他认同天子是按照天意治理国家，一旦天有异象，必须引起人君的高度重视，进而要及时反省修正自己的行为。同时，他批判了两种错误的做法，一是过于放大天的作用，将异常的天象完全归于人事的错误，这将导致人的畏缩不前；二是过于放大人的作用，认为灾害是天的事与人无关，只根据自己的意志做事，这将导致人的故步自封与怠慢失察。他提倡既重视天的权威地位，发现异常天象要及时反思纠正自身行为，又不要被天所左右，要积极发挥人的主观能动性。这种看似相互矛盾的天人关系论正是在特殊的历史背景下在形上天人关系论指导下所做出的人事中和，既不推翻天人感应说所确立的"君权神授"地位，又扬弃了天对人事的过度干预，解放出人改造世界的主观能动性，为其实行变法奠定了理论基础。

（三）性命观与修养工夫论

关于人性善恶亦是中国哲学的传统命题，较具代表性的有孟子的性善说、荀子的性恶说，以及李翱的"性善情恶"论。王安石对这些论说既有继承更有批判，在此基础上从性情关系角度阐述了自己的人性观："性生乎情，有情然后善恶形焉，而性不可以善恶言也。"②"性、情，一也。世有论者曰'性善情恶'，是徒识性情之名而不知性情之实也。喜、怒、哀、乐、好、恶、欲未发于外而存于心，性也；喜、怒、哀、乐、好、恶、欲发于外而见于行，情也。性者情之本，情者性之用。故吾曰性情一也。"③在王安石看来，性生情，到情的层面，才有善恶之分，所以在

---

① （宋）王安石：《王安石全集·临川先生文集》，复旦大学出版社 2017 年版，第 1190 页。

② （宋）王安石：《王安石全集·临川先生文集》，复旦大学出版社 2017 年版，第 1235 页。

③ （宋）王安石：《王文公文集》（上），上海人民出版社 1974 年版，第 315 页。

性的层面不能划分善恶,亦即性无善恶。这种观点看似与李翱的“性善情恶”论相同,但王安石紧接着就批判了“性善情恶”论。他认为“性善情恶”之所以是错误的是因为没有对性情的实质关系进行思考,他同时用未发已发、体用两对范畴来说明性情关系,喜、怒、哀、乐、好、恶、欲七者未发存于心的原始状态是性,发于外见于日常言行则是情,其中性是本情是用,是相对应的。通过这两对范畴的说明,王安石划清了与李翱的界限。在李翱那里,性情是断裂的、对立的,喜、怒、哀、乐、好、恶、欲七者都是情所造成的,因此可以做出性善情恶的论断;而在王安石那里,性与情一个是未发的体,一个是已发的用,喜、怒、哀、乐、好、恶、欲同时存在于性和情之中,只是状态不同,因此可以做出性情相须的论断:“是以知性情之相须,犹弓矢之相待而用,若夫善恶,则犹中与不中也。”[①]那么现实存在的善与恶又该如何解释?王安石说:“彼曰性善,无它,是尝读孟子之书,而未尝求孟子之意耳。彼曰情恶,无它,是有见于天下之以此七者而入于恶,而不知七者之出于性耳。故此七者,人生而有之,接于物而后动焉。动而当于理,则圣也、贤也;不当于理,则小人也。……故君子之所以为君子,莫非情也;小人之所以为小人,莫非情也。”他首先批判了单纯的性善论与性恶论,认为喜、怒、哀、乐、好、恶、欲七情人生而有之,只是与事物接触后应感而动,然后以理为标准,顺理行善则为圣为贤,逆理作恶则为小人,这些都是在情的层面所造成的。那么根据性情相须的原则,这种观点是否与“性不可以善恶言”的论断存在矛盾?实际上,根据这一原则推导出的性之善恶是在结果意义上的一种可能性的指向,因为情应感而动的结果是有善有恶的,这就意味着无善无恶的性终究还是具有指向善恶的两种可能性,犹如搭弓射箭指向不同的目标,所以王安石又说:“盖君子养性之善,故情亦善;小人养性之恶,故情亦恶。”[②]君子养性之善意味着通过修身自检极大扩充性之中所存在的向善的可能性,以期在情应感而动后实现善的目标,而小人则反之。

可以看到,王安石的这种观点与孔子的“性相近,习相远”思想高度契合,事实上王安石也明确地认同孔子的这一观点,他说:

孔子曰:“性相近也,习相远也。”吾是以与孔子也。……习于善而已

① (宋)王安石:《王文公文集》(上),上海人民出版社1974年版,第315页。
② (宋)王安石:《王文公文集》(上),上海人民出版社1974年版,第315页。

矣，所谓上智者；习于恶而已矣，所谓下愚者；一习于善，一习于恶，所谓中人者。上智也，下愚也，中人也，其卒也命之而已矣。有人于此，未始为不善也，谓之上智可也；其卒也去而为不善，然后谓之中人可也。有人于此，未始为善也，谓之下愚可也；其卒也去而为善，然后谓之中人可也。惟其不移，然后谓之上智；惟其不移，然后谓之下愚，皆于其卒也命之，夫非生而不可移也。①

在这里他一方面强调了“习”对于人性善恶的巨大作用，另一方面则将人性善恶与人的智愚联系起来，在他的划分体系下，努力向善为善之人是处于最高地位的智者，一心作恶不思悔改的人是处于最低层的愚人，而在善恶之间摇摆不定的人则是介于智愚之间的中人。在人生的时间维度上，从始至终一直为善的人是智者，开始为善末了为不善就是处于中间的平庸之人，从始至终一直为恶就是愚人，若是中途悔过重新向善也属于中人的范畴。因此，王安石的人性论中既“有道德属性，同时又提出人性中有智慧属性”②。

王安石包含道德与智慧双重规定的人性论必然是要指向特定修养工夫的，以此才能实现人性论意义上为善去恶、成圣成贤的目标。对此，他说：“是以学者之事必先为己，其为己有余而天下之势可以为人矣，则不可以不为人。”③这里的为己即是通过特定修养工夫修身养性，努力使自身无限靠近完满的人性，为人则是在自身完满的情况下兼济天下，实质上仍然是一种内圣外王的境界。那么具体的修养工夫是什么呢？王安石说：

五事，一曰貌，二曰言，三曰视，四曰听，五曰思。貌曰恭，言曰从，视曰明，听曰聪，思曰睿。……五事以思为主，而貌最其所后也，而其次之如此，何也？此言修身之序也。恭其貌，顺其言，然后可以学而至于哲。既哲矣，然后能听而成其谋。能谋矣，然后可以思而至于圣。思者，事之所成终而所成始也，思所以作圣也。④

在这里，王安石将貌、言、视、听、思看作成圣工夫次第，并以恭、从、明、聪、睿作为修养五事的目标，在五事中最为主要的则是思，它是成就事功的根本，其

---

① （宋）王安石：《王文公文集》（上），上海人民出版社1974年版，第317—318页。

② 李祥俊：《王安石学术思想研究》，北京师范大学出版社2000年版，第85页。

③ （宋）王安石：《王文公文集》（上），上海人民出版社1974年版，第308页。

④ （宋）王安石：《王安石全集·临川先生文集》，复旦大学出版社2017年版，第1179页。

他四事的修养也是为了成就思。如果通过工夫次第的修养使思符合了睿的标准,那么就达到了圣人的境界。在这一过程中,王安石特别强调了礼乐的教化作用:"衣食所以养人之形气,礼乐所以养人之性也。"[①]"大礼与天地同节,大乐与天地同和。盖言性也。大礼,性之中;大乐,性之和。中和之道,通乎神明。"[②]"礼乐者,先王所以养人之神,正人气而归正性也。是故大礼之极,简而无文;大乐之极,易而希声。"[③]通过这三段话可以看出,礼乐一方面与天地同节同和从而具有本体论的特征,另一方面与人性之中和相契合是人养神、正气、正性的必由之路,同时大礼与大乐的特点分别是极简与极易,通过礼乐的陶冶与教化可以达到修身养性、成圣成贤的人性论目标。

关于命,王安石在继承扬雄和孟子的基础上有所调和与发展:"扬子之所谓命者,正命也。孟子之所谓命者,兼命之不正者言之也。……有人于此,才可以贱而贱,罪可以死而死,是人之所自为也。此得乎命之不正者,而孟子之所兼谓命者也。有人于此,才可以贵而贱,德可以生而死,是非人之所为也。此得乎命之正者,而扬子之所谓命也。"[④]"命者,非独贵贱生死云尔,万物之废兴,皆命也。"[⑤]王安石首先分别将扬雄与孟子的命运观做了正命与不正之命的划分,而划分的标准即是否为人为,所谓正命即是命运结果不为人所控制,出现不合理的情况,例如本来才华横溢可以显贵却过着贫贱的生活,本来道德高尚可以生存却死亡的;所谓不正之命即是人通过自身行为所造成的命运结果,是受人的行为所支配的命运,例如才华庸俗所以过着贫贱的生活,犯了死罪而被处死。由此,王安石将孟子与扬雄的命运观进行了统摄,同时纳入自己的命运观体系,正是这一无所不包的体系推出了命的广泛性特征,即一切事物废兴运转都是命运支配的结果。那么,在不正之命中,为何会出现不合理的命运结果呢?王安石作了进一步的阐释:"夫天之生斯人也,使贤者治不贤,故贤者宜贵,不贤者宜贱,天之道也。择而行之者,人之谓也。天人之道合,则贤者贵,不肖者贱。天

① (宋)王安石:《王文公文集》(上),上海人民出版社 1974 年版,第 333 页。
② (宋)王安石:《王文公文集》(上),上海人民出版社 1974 年版,第 333 页。
③ (宋)王安石:《王文公文集》(上),上海人民出版社 1974 年版,第 333 页。
④ (宋)王安石:《王文公文集》(上),上海人民出版社 1974 年版,第 320 页。
⑤ (宋)王安石:《王文公文集》(上),上海人民出版社 1974 年版,第 89 页。

人之道悖，则贤者贱，而不肖者贵也。天人之道悖合相半，则贤不肖或贵或贱。”[①]他认为这是天道的作用，按照天道，贤能的人治理昏聩的人，所以在本来意义上应该出现贤者富贵、昏聩之人贫贱的结果，但是是否选择践行契合天道则是个人的主观选择，如果人的行为合乎天道，那么会出现本来应该出现的结果，如果背离天道，那么就会出现不合理的命运结果，如果半合半悖天道那么就会出现不确定的结果。那么人应该如何对待命运呢？王安石说：“故君子修身以俟命，守道以任时，贵贱祸福之来，不能沮也。子不力于仁义以信其中，而屑屑焉甘意于诞谩虚怪之说，不已溺哉！”[②]天赋予人的命运，不受人为控制，真正的君子不是沉溺于一些荒诞的命运说，而是从自我修身做起，努力培养并扩展内心的仁义以期实现与天道的契合，然后以平淡的心态等待并接受命运就可以了。

第二节　程颢、程颐与洛学传人

程颢、程颐以儒家伦理思想为基础，建立起了一个比传统儒学更有思辨性的哲学思想体系。他们的理吸收了周敦颐的太极理论和佛教的一些思想，透着万物皆是一理的内涵。二程的哲学思想也必然会落脚在儒家的传统上，理、性、仁、诚、敬等在这里达到了浑然一体的境界。

一、程颢、程颐

（一）生平

程颢（1032—1085）、程颐（1033—1107）是宋明理学的奠基人。程颢，字伯

① （宋）王安石：《王文公文集》（上），上海人民出版社1974年版，第320页。

② （宋）王安石：《王文公文集》（上），上海人民出版社1974年版，第320页。

淳，后人称为明道先生。程颐，字正叔，后人称为伊川先生。程颢、程颐为同胞兄弟，因此也被人习惯称为大程、小程或统称为二程。二程祖籍中山博野（今河北定州），其高祖父程羽在宋太宗时因有显功，赐第京师（今河南开封）。自其曾祖父尚书虞部员外郎程希振死后，葬于伊川（今河南伊川县城关），始迁居河南（今河南洛阳）。二程兄弟都是出生在父亲程珦的任所黄陂县（今属湖北省），童年时代多随其父四处迁徙。二程兄弟一生的活动地主要在河南。二程在十五六岁时，从父命受学于周敦颐。他们的求学道路是曲折复杂的：一方面，他们要接受传统的孔孟儒学教育；另一方面，他们不满当时的词章训诂之学，而试图寻找新的出路，接受佛道思想的影响，吸收其中的一些思想因素，经过改造，创立了一种新的思想体系。

程颢的一生中，曾多次参加政治运动。他于宋仁宗嘉祐二年（1057）二月中进士，翌年任京兆府户县（今属陕西省）主簿，从此步入仕途。宋神宗熙宁二年（1069）由御史中丞吕公著推荐，程颢任太子中允、监察御史里行。在数月之内，上疏十余章，其中尤以议论王安石新法之害者最为激烈，明显站在反对王安石新法的保守派方面。程颢于熙宁三年（1070）改签书镇宁军节度判官。熙宁五年（1072）以后，程颢更多时间和精力已经转向学术和教育活动方面。他于熙宁六年（1073）初回到洛阳后，便以读书劝学为日常的教育活动，吸引很多士大夫前来听讲论学。著名的程门弟子都是从这个时期来的。程颢于元丰八年（1085）病故。嘉定十三年（1220）赐谥纯公，淳祐元年（1241）封河南伯，从祀孔庙。

程颐的一生，多是从事教育活动。宋仁宗嘉祐元年（1056），二十四岁的程颐游太学时，太学主持人胡瑗发现了他的才华，即延见，并授予学职。当时的权贵吕公著的儿子吕希哲首以师礼从学于程颐，随之四方之士，从游者日益增多。在以后的三十年中，程颐除在京师（今河南开封）从事学术、教育活动外，还到汉州、许州、洛阳、关中等地进行讲学。直到他五十余岁时，由司马光、吕公著推荐，才得了西京国子监教授、秘书省校书郎、崇政殿说书等官职。程颐自任讲官以来，议论褒贬，无所顾忌。由是服其学归其门者甚众，而不相合者亦甚众。元祐二年（1087）程颐被迁出京师，到了洛阳。到洛阳后，他继续接纳学生。绍圣四年春，党论复起，程颐被遣归田里。宋徽宗即位，被赦还洛阳。在流放期间，完成了《伊川易传》。崇宁二年（1103）程颐退居洛阳龙门之南耙耧山下（今河南嵩县程村）。大观元年（1107）九月，程颐病死在住所。宋宁宗嘉定十三年

(1220)赐谥正公。宋理宗淳祐元年(1241)封伊阳伯,从祀孔子庙庭。

程颢、程颐的著作,后人编为《二程全书》,由中华书局整理为《二程集》出版,包括《遗书》二十五卷、《外书》十二卷、《文集》十二卷、《易传》四卷、《经说》八卷、《粹言》二卷。这是我们研究二程思想的主要依据,另外还包括《朱子语类》《宋元学案》等。

(二)二程理学与对佛教的吸收

理本指治玉,顺着玉的纹理脉络来成就一个玉器。理的哲理表现,在战国就有了,《孟子·告子上》中说:"心之所同然者何也?谓理也,义也。"人心在理上、义上是相同的,理就成了天然的人心的倾向和脉络,心的脉络。《韩非子·解老第二十》:"理者,成物之文也。……方圆、短长、粗靡、坚脆之分也。故理定而后可得道也。"所以,道是玄虚的;理是分、定的形式,理不是具体的物。之后的王弼认为理是物之所以然。郭象的理更强调必然性,当然也是所以然。程伊川继承了二者对理的阐释,在既玄虚又确定的意义上使用理,既是道又是理。如果只强调理的所以然性、必然性,恰恰就不是二程的理的全部。

《周易·说卦》中说"穷理尽性以至于命"。张载对此的解释是三阶段论,穷理指多读书学习,见物多,得到的理就多;第二阶段尽性,主要是指穷尽人禀赋的道德品性,与自己的天性合一;第三阶段是对于天命的体悟。二程不完全同意以上观点,虽然张载的理已经比韩非、王弼、郭象三位有所超越,可以达到尽性的境界了,但还不够深入。二程的理更接近于周敦颐的太极,参透了理也就相当于得道了。二程认为,穷一个理是要与万物相连的。理绝不只是韩非的分理,也不只是事物发生的源头,好像跟被发生者有阶段之分,而是一即万、万即一,这样玄虚而又条理分明的理。

华严宗的六相圆融,讲相互缘起,相互贯通,并且条理分明。总相与别相相互贯通,一与多相互贯通,又不完全等同。在二程的天理观中可以看出与此十分相近的地方。二程的理应该不仅仅是规律,规律仅仅是分理,二程的理中透着万物皆是一理的内涵。"体用一源,显微无间。观会通以行其典礼,则辞无所不备"①是二程的几个弟子都记载的一段话,并且《二程集·外书》十二卷中,可

---

① (宋)程颢、程颐著,王孝鱼点校:《周易程氏传》,见《二程集》,中华书局1981年版,第323页。

见该论述对门人的影响和形成的深刻印象。而华严宗是讲理事会通的，并且曾有弟子刘安问："某尝读《华严经》，第一真空绝相观，第二事理无碍观，第三事事无碍观。譬如镜灯之类，包含万象，无有穷尽，此理如何？"答曰："一言以蔽之，不过万理归于一理。"[1]

（三）理气观与"理一分殊"

在理气关系方面，二程是以形而上和形而下来区别的，这个区分在周敦颐和华严宗那里都没有。这种理气二元论后来影响了朱熹，也为陆王心学的出现留下了余地。朱熹认为气是理生出来的，但是二程的气是自然而然生出来的，不过气的生出是因为理的原因，有理则有气，但是从本体论上来说，理与气的关系并不是很清楚。具体到人，由真元生出气来。

在程颐的术语中，有时候道比理更大，有时候道大致等于理。讲到理与气的关系时，可以大致认为理就是道。"离了阴阳更无道，所以阴阳者是道也。阴阳，气也。气是形而下者，道是形而上者。形而上者则是密也。"[2]程颐认为气是阴阳，而把理突出到与阴阳相分离的地位。密，指的是非对象化的，接近太极的意义，讲不尽，无法讲清楚。他认为理是所以然，是事物的根据。比如，在有飞机之前，飞机的理、飞机的所以然已经存在了。这也是程颐突出一理的原因。在程颐这里，道、理是气的所以然，是在反思中把握的气的根据，阴阳之气以理为体、为用，天下万物，要由阴阳之气造化而成，但也正是因为这样，二程反而无法解释气是如何生成的，于是就表述为，有了理以后，气也自然而然生出来了。

为了进一步解释理、气之间的关系，程颐引入了"理一分殊"的命题。程颐在解《咸》卦九四爻时说："《系辞》曰：'天下何思何虑？天下同归而殊途，一致而百虑，天下何思何虑？'夫子因咸极论感通之道。夫以思虑之私心感物，所感狭矣。天下之理一也，涂虽殊而其归则同，虑虽百而其致则一。虽物有万殊，事有万变，统之以一，则无能违也。"[3]此处应该是其"理一分殊"思想的主要来源处。还有在解《睽》卦"万物睽而其事同也"句时，程颐说："推物理之同以明睽

---

① （宋）程颢、程颐著，王孝鱼点校：《二程集》，中华书局1981年版，第94页。

② （宋）程颢、程颐著，王孝鱼点校：《二程集》，中华书局1981年版，第162页。

③ （宋）程颐撰，王孝鱼点校：《周易程氏传·咸卦》，中华书局1981年版。

之时用,乃圣人合睽之道也。见同之为同者,世俗之论也,圣人则明物理之本同,所以能同天下而和合万类也……物虽异而理本同,故天下之大,群生之众,睽散万殊,而圣人为能同之。"①指出圣人有合睽之道,知万物之理本就相同,所以能和同天下万类于一理,众物虽看似不同,但是其理相同。程颐直接使用"理一分殊"命题是在《答杨时问西铭书》中,杨时来信对张载《西铭》有些疑问,说道:"然言体而不及用,恐其流至于兼爱。"②认为张载民胞物与的观点有把仁爱泛滥之嫌,发展下去与墨子兼爱思想无异。程颐回信说:"《西铭》之为书,推理以存义,扩前圣所未发,与孟子性善养气之论同功,岂墨氏之比哉?"又说道:"《西铭》明理一而分殊,墨氏则二本而无分(老幼及人,理一也。爱无差等,本无二也)。"③也就是说,《西铭》讲爱有差等,理一即是仁爱,分殊即是落实到不同的对象身上表现的亲疏厚薄的差异。这是程颐在道德伦理方面使用"理一分殊"的概念,但是,这丝毫不影响"理一分殊"在普遍性的哲学意义上的理论价值。无疑,这一概念可以很好地解释天理本体与具体形器之间的关系。形器虽然众多,但其所具天理为一;天理虽是一个,散于众多形器之中却无一少缺。这也表明体用之间的关系并非割裂的,而是统一的。理学传至朱熹时,他对"理一分殊"概念又做了更精致的发挥:"问理与气。曰:伊川说得好,理一分殊。合天地万物而言,只是一个理。及在人,则又各自有一个理。"④"本只一个太极,而万物各有秉受,又各自全具一太极尔。如月在天,只一而已,及散在江湖,则随处而见。"⑤在朱子这里,他用了"太极"的概念代替程颐的理,并且借用佛家"月印万川"来解释"理一分殊",虽然与二程的本意有些许差异,但也使得这一命题更加生动鲜活了一些。

(四)二程理学思想的阐发

万物都只是一个天理的不同表达,不同的事物是天理在不同情境中的不同表现,但是它都包含着天理的全体。儒家学说的基本特质是伦理道德的思想体

---

① (宋)程颐撰,王孝鱼点校:《周易程氏传·睽卦》,中华书局 1981 年版。
② 《杨龟山先生集》,卷十六。
③ 《河南程氏粹言·卷一》。
④ (宋)黎靖德:《朱子语类·卷一》,中华书局 1986 年版。
⑤ (宋)黎靖德:《朱子语类·卷九十四》,中华书局 1986 年版。

系，二程的“理一分殊”思想也会落脚在儒家的传统及其生活方式上，在二程这里，理、性、仁、诚、敬等达到了浑然一体的境界。

1.“理一分殊”与仁

二程的天理对华严宗有很多的吸收和借鉴，但毕竟他们提到佛教的时候，很多时候是批判的态度，如批判佛教“逃父出家，便绝人伦”。但从此处也能看到二程吸收华严宗的纠结之处。万理归于一理，理事无碍，事事无碍，是二程思想所吸收的华严旨趣。法藏的镜灯比喻是对此的解释，它并不仅仅等同于朱熹解释的月印万川，同时强调一理也要归于万理，包括万理。而二程在此方面有些偏于一理，对万理强调得不太够，可以认为二程的天理，更应该归到“理一分殊”，更加侧重于一理和分殊的关系。程颢曾言：“万物之生意最可观。”①“静后，见万物自然皆有春意。”②春意即生意，是自然界生物欣欣向荣的生长所展现的生命力。程颢又说：“周茂叔窗前草不除去，问之，云与自家意思一般。”③周敦颐见窗前的草茂盛却不除去，是以此来观照体认理的变化无穷、生生日新。小草虽微小，但可透过小草自然生命之舒展充分觉察到万物的无限生机和盎然生意。张九成亦曾言：“明道书窗前有茂草覆砌，或劝之芟，曰：‘不可，欲常见造物生意。’又置盆池畜小鱼数尾，时时观之，或问其故，曰：‘欲观万物自得意。’草之与鱼，人所共见，唯明道见草则知生意，见鱼则知自得意，此岂流俗之见可同日而语！”④明道欲以观小草自由自在的生长来体认造物洋溢的盎然生机，又时时观看鱼儿悠然自得的生命状态。他以自然之物的生长、生活状态为切入点，去体认天地生化万物之盎然生意以及整体宇宙所彰显出的勃勃生机和活力，体现着“理一分殊”的哲学意蕴。

对仁的解释，同样能体现理一与分殊的关系。《识仁篇》中说：“医书言手足痿痹为不仁，此言最善名状。仁者，以天地万物为一体，莫非己也。”“学者须先识仁。仁者，浑然与物同体，义、礼、智、信皆仁也。识得此理，以诚敬存之而已，不须防检，不须穷索。”⑤也就是说，医书上曾指出手脚麻痹了，就是不仁，程颢认

---

① （宋）朱熹：《河南程氏遗书》卷第十一，中华书局1978年版，第120页。

② （宋）朱熹：《河南程氏遗书》卷第六，中华书局1978年版，第84页。

③ （宋）朱熹：《河南程氏遗书》卷第三，中华书局1978年版，第60页。

④ （清）黄宗羲、全祖望：《宋元学案·明道学案下》，中华书局1986年版，第578页。

⑤ （宋）程颢、程颐著，王孝鱼点校：《二程集》，中华书局1981年版，第15页。

为这就把仁最原本的意思表达了出来,仁首先不是道德的意义,不仁首先是人得了病,身和心不通,道德上的仁也是此理,仁人就是用心与世界打通,与万物交往的时候跟与自己的身体交往是一样的。仁者是与天地万物一体的,天地万物都是自己,都是自己的性,都是理,反之,万物都是一理,自然相通。学习儒家首先要知道什么是仁,仁是最基本的,义、礼、智、信都是仁的表现。认得了这样的理,也就是体会到了仁,就不需要防检、修身、追逐之类。

理是绝对仁善之体,理与仁可以通而为一。理作为生生不息之理,成就宇宙万象,赋予天地万物无限之生机,令宇宙处处充满盎然生机和生意,这也是天地仁德之发生和实现,"'生生之谓易',是天之所以为道也。天只是以生为道。继此生理者即是善也。善便有一个元底意思。'元者善之长'。万物皆有春意,便是'继之者善也'"[①]。生化之天理表现为生生不息之天道,承继此理者即是善的,此善是万善之始、众善之首,在此意义上看,天理是一绝对仁善之体。同时,天地万物的生生日新又诠释呈显了天理无上之仁德,天理与仁通而为一。天理即是宇宙论的实体,同时也成为道德创造之创造实体,天理散发于万事万物,仁体发用使万事万物彰显出无限生机和生意,在这一层面上天理和仁也是通而为一的。

2."理一分殊"与诚敬

二程对诚、敬的理解体现着一理的意蕴。"如天理底意思,诚只是诚此者也,敬只是敬此者也。非是别有一个诚,更有一个敬也。"[②]以比较浅的诚实为例,当撒谎的时候就不是诚,遮挡了部分理,而当人真正诚实说真话的时候,测谎仪会不再波动,此时体现的就是理。当对什么真正敬的时候,就在那里感受到了理。这里有道德的含义,但不是靠道德律来体现,而是在我们的生活中,每个人都会遇到的。人跟人只要很近地打交道的时候,比如跟父母、子女,都会有诚不诚、敬不敬的情况。二程的理,让人严肃起来的理,最直接的表达是敬,先诚然后敬。二程这里讲理是沟通一切的,万理只是一理,物我为一、人我为一,这就是诚了,这恰恰是人的本性,突破了小我,突破了自己,获得了人的本性,即

---

① (宋)朱熹:《河南程氏遗书》卷第二上,中华书局1978年版,第29页。

② (宋)程颢、程颐:《二程集》,中华书局1981年版,第31页。

理。“性即理也，所谓理，性是也。天下之理，原其所自，未有不善。”[①]人的本性、万物的本性就是理，得了理就诚了敬了。程颢说：“天人本无二，不必言合。”[②]天和人本来就是一体的，达到了天地境界，二者合而为一。天人合一实际上就是万物一体，因为人和万物都有着共同的理，即“所以谓万物一体者，皆有此理，只为从那里来”[③]。

二程兄弟都讲“诚”“敬”，但他们的理解有所不同。程颐强调，在内心诚敬的同时，外表也应该严肃恭敬。而程颢则认为，如果只是过分地强调敬畏，就会过于拘谨，提出必须首先识得仁体并以诚敬之心存养之。“学者须先识仁。仁者，浑然与物同体。”[④]意思是说，仁者以天地万物为一体，没有物我内外的分别，我和万物达到了浑然一体的精神境界。而“识仁”、达到仁者的境界，就需要“定性”的工夫，程颢解释道：“所谓定者，动亦定，静亦定，无将迎，无内外。苟以外物为外，牵己而从之，是以己性为有内外也。且以己性为随物于外，则当其在外时，何者为在内？是有意于绝外诱，而不知性之无内外也。既以内外为二本，则又乌可遽语定哉？”[⑤]也就是说，所谓定性，无论身体与外物或动或静，心都应当是寂然不动的，这样也就无所谓内外了。一旦做到无内外，“性”自然不会为外物所牵，也就不会担心性累于外物而摇摆不定了。程颢的定性的修养方法主要继承了孟子的“不动心”的思想，同时也吸收了佛家和道家的思想，强调人虽然要接触事物，但不能过于执着于具体的事物上，这样心才能从外界的诱惑中摆脱出来从而达到自由、安静、快活的境界，但这种超脱还要洞明内心和外物，心对外物才能像明镜那样反照外物。“敬”对程颢来说既是修养德性的工夫，也是明晓天理最可靠的途径，做到敬，就会上达天德。因为天理本来就是敬之根基。人们要做敬的工夫，只是恭而不遵循礼，那只能是空架子，他所追求的容貌端正，言语合理，并不是为了独善其身，也不是为了他人的私念，而是天理要求本当如此，所以当做到“敬”的时候，自然就和天理相吻合了。

程颐也强调“敬”的修养方法，但两者又有其不同之处。在程颢这里，诚和

---

① （宋）程颢、程颐：《二程集》，中华书局 1981 年版，第 292 页。
② （宋）程颢、程颐：《二程集》，中华书局 1981 年版，第 81 页。
③ （宋）程颢、程颐：《二程集》，中华书局 1981 年版，第 33 页。
④ （宋）程颢、程颐：《二程集》，中华书局 1981 年版，第 15 页。
⑤ （宋）程颢、程颐：《二程集》，中华书局 1981 年版，第 460 页。

敬是相互发明的,他的敬更接近于诚,十分强调敬的工夫必须把握一个限度,否则,就会伤害心的自在和乐,而程颐则要求人在外在的容貌举止与内在的思虑情感两个方面都应当同时严格要求自己。在程颐这里,诚是心的本初的统一体,用《易经》中的卦名“无妄”为诚定义,并注释为:无妄者至诚也,至诚者天之道也。天之化育万物,生生不穷,各正其性命,乃无妄也。人能合无妄之道,则所谓与天地合其德也。……虽无邪心,苟不合正理,则妄也。就是说,要使心保持本初、保持诚的状态,就要全神贯注,不受别的事情的干扰。而能使心做到全神贯注的,就是敬的修养方法。敬不仅仅像佛道所主张的那样只能在默想中维持,也要在行动中保持诚的状态。

3.格物致知说

人如何能够做到心理合一?程颐总结此路径为:“涵养须用敬,进学则在致知。”[①]理一分殊强调了在本体意义上“理”与“殊”的一致性,但是,在现实实践领域,二者的统一则需要每个主体的修养工夫。

韩愈讲《大学》,周敦颐讲《中庸》,二程两者都讲而且都十分看重。他们看重《中庸》的诚,已发未发;看重《大学》的格物致知说。之后的人们谈理学必谈格物致知,可以说离不开二程尤其是程颐的功劳。《礼记·大学第四十二》:“古之欲明明德于天下者,先治其国;欲治其国者,先齐其家;欲齐其家者,先修其身;欲修其身者,先正其心;欲正其心者,先诚其意;欲诚其意者,先致其知,致知在格物。”“格,至也,或以格物为止物,是二本矣。”[②]止住这个物对我的影响,不执着于它,降低自己的欲望,减少自己的贪念,来让自己头脑清醒,是非曲直分明。“知至而后意诚”。程颐要从致的角度,进入物,希望君子在达致、穷究时来致知,这样才能达到自然的、一以贯之的意诚和心正,进入诚的状态。心正是更高的要求了,是意诚之后的阶段。以做科学研究的人为例,意诚于科研的时候能取得成果,但是否能心正而不虚报成果,甚至是否能不对同事有所隐瞒自己的研究成果呢?之所以说“致知在格物”,因为理为本体,为万物之源。性、心虽然与理同一,但是必须以心知觉之,以性涵养之,方能体认得本体。万物是天理

---

① (宋)程颢、程颐撰,潘富恩导读:《二程遗书·卷十八·伊川先生语(四)》,上海古籍出版社2000年版,第237页。

② (宋)程颢、程颐著,王孝鱼点校:《二程集》,中华书局1981年版,第123页。

的流行,每一物都包含天理,但是,在物的形色之中易于把理遮蔽起来,因此欲知天理须格物。人心之失乃是由于逐物,如果明白物理,自能识得本心,所以修心就是通过格物以明理。即普通人的本性也是自足者的,不过是需要通过解蔽而明,即是“致知在格物,非由外铄我也,我固有之也。因物有迁,迷而不知,则天理灭矣,故圣人欲格之”[①]。致知格物,并非我受强迫而为之,而是我自心本有之天理,因为物事总是在迁移不居,若我随物迁迷而不自知,则天理湮灭也,故此,圣人要致知格物以复明天理。看来,致知格物虽是“下行路线”,亦非强迫而为之,其实质无非是恢复本心被遮蔽的天理而已。

程颢认为诚是靠放开自己,程颐认为不行。程颐认为,达到诚在于致知格物,如果理解的物和格的方式是对的,就可以意诚心正。深究其理由,仍然在于结合了华严宗的理事无碍和《大学》的格物致知。“格物穷理,非是要尽穷天下之物;但于一事上穷尽,其他可以类推。……所以能穷者,只为万物皆是一理。至如一物一事,虽小,皆有理。”[②]所以,如果格任何一物达到穷理的境界了,也就有可能穷尽万物之理了。但是,一般人由于其会通能力较差,故可由身边具体的一事一物开始体会天理之所在。“如一事上穷不得,且别穷一事。或先其易者,或先其难者。”[③]或问:“格物须物物格之,还只格一物而万理皆知?”曰:“怎生便会该通?若只格一物便通众理,虽颜子亦不敢如此道。须是今日格一件,明日又格一件,积习既多,然后脱然自有贯通处。”[④]虽说每一个物都是天理的全部表达,但是,由于人的才力有限,往往不是格一物便可知天理,须今日格一件,明日格一件,由数量的积累,到一定时刻,才能豁然贯通,通达天理。即便聪明如颜子也不敢说格一物便通透全部天理。另外,格物穷理也不只是于物上穷理,穷理的途径有很多。读书也可,于书中明晓义理;或谈论古今人物,辨别其是非;或待人接物,能处置得当,这些都是格物穷理的工夫。程颐说:“凡一物上有一理,须是穷致其理。穷理亦多端,或读书,讲明义理,或论古今人物,别其是

---

① (宋)程颢、程颐撰,潘富恩导读:《二程遗书·卷十八·伊川先生语(四)》,上海古籍出版社2000年版,第374页。

② (宋)程颢、程颐著,王孝鱼点校:《二程集》,中华书局1981年版,第157页。

③ (宋)程颢、程颐著,王孝鱼点校:《二程集》,中华书局1981年版,第157页。

④ (宋)程颢、程颐撰,潘富恩导读:《二程遗书·卷十八·伊川先生语(四)》,上海古籍出版社2000年版,第237页。

非,或应接事物而处其当,皆穷理也。”[①]另外,也不可把格物致知完全当作向外求索天理的工夫,在程颐看来,格物穷理的目的就是求本、求内,本是天理,内是内心的道德天理之自觉。格物致知最终还是要通过格物穷理而修炼心体,正如庄子所言要“得鱼而忘筌”(《庄子·杂篇·外物第二十六》),格物致知是通达本体的途径或工具,只知格物,却不知格物为何事,纵格尽天下物也没有用处。

二、洛学传人谢良佐

谢良佐(1050—1103),字显道,北宋理学家,河南上蔡人,开创了“上蔡学派”,人称上蔡先生,与游酢、杨时、吕大临并称“程门四大弟子”。谢良佐与杨时又因能开掘二程的思想底蕴而被誉为“程门二杰”。宋神宗元丰元年(1078),程颢在河南省扶沟县担任知县,谢良佐前往拜程颢为师,成为程门的首席高弟。程颢逝世后,他转归到程颐门下。后世的学者多半还是推尊谢良佐为程门第一高弟,认为他是二程门人中最有创造性的人物。朱熹称颂上蔡“高迈卓绝,言论宏肆,善开发人”,在程门弟子中“只他见识又高”,“笃志力行,于从游诸公间所见甚为超越”[②]。“先生为人,英果明决,强力不倦,克己复礼,日有课程。如以生意论仁,以实理论诚,以常惺惺论敬,以求是论穷理,其命意皆精当,而直指穷理居敬为入德之门,则又最为明道教人之纲领。”[③]

目前能反映谢良佐思想的著作只有《上蔡语录》传于后世。《上蔡语录》是胡安国及谢良佐的门生曾恬整理记录的,全书三卷。今天流传的版本为朱熹所删定。朱熹定本的《上蔡语录》书成于绍兴二十九年(1159),依据胡安国所写的两篇删定为两卷,其中一卷五十余条,一卷四十余条,第二卷又根据曾恬和吴任所记录的异同分别标记。后来又删除了诋程氏以助佛学的几章,剩下的又定为一卷,成为今天所传的《上蔡语录》三卷。

---

① (宋)程颢、程颐撰,潘富恩导读:《二程遗书·卷十八·伊川先生语(四)》,上海古籍出版社2000年版,第237页。

② (宋)谢良佐:《上蔡语录》后跋,文渊阁四库全书本,台湾商务印书馆1986年版。

③ (宋)朱熹:《朱熹集》文集卷八〇《德安府应城县良佐谢先生祠记》,(清)毕沅编纂《传世藏书》,海南国际新闻出版中心1996年版,第1206页。

（一）谢良佐的理学思想

宋代理学的主要奠基人程颢、程颐持公开排佛的态度，却又积极吸收佛教等的思想，建立了一个比传统儒家更加精致、更具有思辨性的新的儒学思想体系——理学。二程的门人弟子众多，其中谢良佐从学比较早，他的思想更注重从精神和心理去研究宇宙，所以更接近于程颢。

1.承袭二程的"天理"论

宋明理学最重要的范畴是"理""天理"。将天理作为世界的最高本体是从二程开始的，天理论由二程提出，朱熹发展、完善而集大成。作为二程的重要门人，谢良佐在这一过程中起到了承上启下的作用。

天理是理学家的最高范畴，而最早把"天"和"理"连在一起说的是程颢。他说："吾学虽有所受，天理二字却是自家体贴出来。"[①]《上蔡语录》中，谢良佐也提到过程颢这一自述，并继承了二程的天理论思想。首先，他也认为天就是理，他说："所谓天者，理而已。"[②]此外，谢良佐说："物物皆有理，自然之理也，天也。"他认为万物都包含这种同于天的"理"，"凡事皆有恁地简易不易底道理"。而整个世间万物所具有的"理"都是自然而然的，不是凭空杜撰的，理的存在是由天所决定的。谢良佐在二程理论基础之上提出了理是"自然底道理"的观点。他说："所谓天理者，自然底道理，无毫发杜撰。""所谓天者，理而已，只如视听动作，一切是天，天命有德，便五服五章，天讨有罪，便五刑五用，浑不是杜撰做作来，学者直须明天理为是，自然底道理移易不得。"[③]

二程理范畴的另一个重要含义是理为社会人伦道德的准则："人伦者，天理也。"[④]他们将人类的伦理道德说成是天理，从而使人伦礼法成为不可违背的准则。谢良佐很忠实地继承和发挥了二程这一思想，在他的理论里面，天理既是整个宇宙生生不息存在变化的原因，也是人类社会存在的基本准则。他说："君君臣臣父父子子，自然合做底道理，便是天之所为，更不作用。"[⑤]谢良佐认为人

① （宋）程颢、程颐著，王孝鱼点校：《二程集》，中华书局1981年版，第424页。
② （宋）谢良佐：《上蔡语录》卷一，文渊阁四库全书本，台湾商务印书馆1986年版。
③ （宋）谢良佐：《上蔡语录》卷一，文渊阁四库全书本，台湾商务印书馆1986年版。
④ （宋）程颢、程颐著，王孝鱼点校：《二程集》，中华书局1981年版，第394页。
⑤ （宋）谢良佐：《上蔡语录》卷一，文渊阁四库全书本，台湾商务印书馆1986年版。

类社会伦理中君臣父子关系也是自然的道理，是天所决定的，既然伦理道德是天所决定的，那么它就是不能改变的，人们只能追求达到合乎天理所要求的规范。谢良佐还提出了“仁”是天理的说法。他说：“仁者天之理，非杜撰也。故哭死而哀，非为生也；经德不回，非干禄也；言语必信，非正行也。天理当然而已矣。当然而为之，是为天之所为也。”①谢良佐认为理存在于社会生活的方方面面。他说：“且如乍见孺子底心生出来？便有是自然底天理，怎生扫除得去？”②

谢良佐完全继承了二程的天理、人欲对立的思想，他说：“天理与人欲相对，有一分人欲，就灭却一分天理。存一分天理，则胜得一分人欲，人欲才肆，天理灭矣。任私用意，杜撰做事，所谓人欲肆矣。”在这里，谢良佐除了继承二程天理与人欲是对立的，一方消减，另一方就会增长的说教以外，对人欲范围的说法，比二程更为严厉。儒家追求的最高境界是内圣外王、天人合一。谢良佐不仅认同二程天理既是自然的法则也是人类社会的法则和道德规范的说法，同时，他也继承了二程“天人本无二，不必言合”③的说法，提出了天、人统一于理的观点。他说：“天，理也，人亦理也，循理则与天为一。与天为一，我非我也，理也。理非理也，天也。”人也是天理的表现。人既然通过“理”达到与天的统一，那么穷理的过程，也就是人认识真我、认识天理的过程。谢良佐认为人可以通过扫除欲望认识天理，达到认识真我的境界，谢良佐说：“知天之所为，则与天为一。与天为一，无往而非理也。穷理则是寻个是处，有我不能穷理，人谁识真我，何者为我理，便是我穷理之至，自然不勉而中，不思而得，从容中道。曰：理必物物而穷之乎？曰：必穷其大者，理一而已。一处理穷，触处皆通。恕其穷理之本欤？”④通过穷理，认识真我，从而认识我理，进一步认识天理，最终达到天人合一。在谢良佐这里，“真我”就是革除了私欲的天理。

2.论仁

谢良佐的仁学思想是从程颢《识仁篇》中的思想发展而来的，谢良佐接受了程颢的仁学思想，且又开创新意。谢良佐说：“仁者天之理，非杜撰也。故哭死而哀，非为生也；经德不回，非干禄也；言语必信，非正行也。天理当然而已矣。

---

① （宋）谢良佐：《上蔡语录》卷一，文渊阁四库全书本，台湾商务印书馆 1986 年版。

② （宋）谢良佐：《上蔡语录》卷一，文渊阁四库全书本，台湾商务印书馆 1986 年版。

③ （宋）程颢、程颐著，王孝鱼点校：《二程集》，中华书局 1981 年版，第 29 页。

④ （宋）谢良佐：《上蔡语录》卷二，文渊阁四库全书本，台湾商务印书馆 1986 年版。

当然而为之,是为天之所为也。圣门学者,大要以克己为本,克己复礼,无私心焉,则天矣。孟子曰:‘仁,人心也。尽其心者,知其性也;知其性,则知天矣。’”①在这里,谢良佐把仁等同于至高无上的天理,天理是自然之理。通过把仁说成非杜撰的天理,谢良佐就把“天理当然”的普遍性扩展到了以“仁”为代表的儒家伦理秩序的层面。

谢良佐不仅强调仁是天理、是自然的道理,也提出了“生是仁,仁是生”的以“生意论仁”思想。他说:“心者何也?仁是已。仁者何也?活者为仁,死者为不仁。今人身体麻痹不知痛痒,谓之不仁。桃杏之核可种而生者谓之桃仁杏仁,言有生之意。推此,仁可见矣。学佛者知此谓之见性,遂以为了,故终归妄诞。圣门学者见此消息,必加功焉,故曰回虽不敏请事斯语矣,雍虽不敏请事斯语矣。仁操则存,舍则亡,故曾子曰,动容貌正颜色出辞气。出辞气者,从此广大心中流出也。以私意发言,岂出辞气之谓乎?夫人一日间颜色容貌,试自点检,何尝正何尝动,怠慢而已。若夫大而化之,合于自然,则正动出不足言矣。”②谢良佐还发展了程颢没有知觉是不仁的思想,并把这种思想扩大,说“仁”就是有知觉,这就是谢良佐重要的“以觉言仁”思想。他说:“仁是四肢不仁之仁,不仁是不识痛痒,仁是识痛痒。”③谢良佐认为人是有生命的,故人有知觉,但是人的部分肢体如果不知痛痒、没有知觉,那么这部分肢体就失去了生意,故被称为“不仁”。反之,只有“活者”又“有知觉、识痛痒”,才称之为“仁”。因而“仁”的内涵又有了生命和感觉的意义。谢良佐认为仁是世间生生不已的本性,那么怎么才能达到仁的境界呢?为了达到“仁”的境界,人必须努力提高自己的修养。要如孔子所说,需要克己,而克己的核心就是抛弃私欲,因为无私心是天理使然。绝了私心还不能达到仁的境界,还要在视听言动、容貌辞气上做工夫,提高修养。谢良佐是不喜欢以爱说仁的,他说:“晋伯甚好学,初理会仁字不透,吾因曰:世人说仁,只管着爱上,怎生见得仁?只如力行近乎仁,力行关爱甚事?何故却近乎仁?推此类具言之,晋伯因悟,曰:公说仁字,正与尊宿门说禅一般。”④也就是说,谢良佐强调仁在于力行,学者只有通过力行才能近乎仁,如晋伯虽好

---

① (宋)谢良佐:《上蔡语录》卷一,文渊阁四库全书本,台湾商务印书馆1986年版。
② (宋)谢良佐:《上蔡语录》卷一,文渊阁四库全书本,台湾商务印书馆1986年版。
③ (宋)谢良佐:《上蔡语录》卷二,文渊阁四库全书本,台湾商务印书馆1986年版。
④ (宋)谢良佐:《上蔡语录》卷一,文渊阁四库全书本,台湾商务印书馆1986年版。

学,但只在爱上做工夫,终理会仁字不透。

(二)工夫论

程颢认为“诚”和“敬”是一种内心修养的工夫,也是学者达到“仁”的境界的方法。程颢还说:“学者须先识仁。仁者,浑然与物同体,义、礼、智、信皆仁也。识得此理,以诚敬存之而已,不须防检,不须穷索。”①谢良佐继承了这种思想,认为“诚是实理,不是专一。寻常人谓至诚至是谓专一,如恶恶臭好好色,不是安排来”②。这是说,“诚”是为人的基本准则。程颢认为诚是人心的一种本能,就像厌恶恶臭、喜欢好色一样,会在不经意间表现出来。谢良佐认同这种观点,认为只要人心中有诚意,从一些小事做起,就能识得大道。如果要达到“道”就要从日常洒扫应对的小事上养取诚意。他说:“道须是下学而上达始得。不见古人就洒扫应对上做起。曰:洒扫应对上学,却似太琐屑,不展拓。曰:凡事不必须要高远,且从小处看,只如将一金与人与将天下,与人虽大小不同,其实一也。我若有轻物底心,将天下与人如一金与人相似;我若有吝底心,将一金与人如天下与人相似。又若行千尺台边,心便恐惧;行平地上,心却安稳。我若去得恐惧底心,虽履千仞之险,亦只与行平地上一般。只如洒扫,不着此心怎洒扫得?应对不着此心怎应对得?故曾子欲动容貌正颜色出辞气,为此。古人须要就洒扫应对上养取诚意出来。”③在谢良佐那里,在认识事物方面,“诚”很重要。谢良佐说:“凡事只是积其诚意,自然动得。”事事处处都要讲诚意,通过自身的体贴、通过去穷理,达到一定的积累,才能认识事物之理。

“敬”也是谢良佐特别强调的修养方法。在二程那里,敬是一种修养方法,与尽性知性结合了起来。程颐认为每件事都有其理,学者通过“敬”就能达到认识事物理的要求,并能与天地万物合一。“敬”在谢良佐这里也是一种穷理的方法,他说:“既有知识,穷得物理,却从敬上涵养出来。”④学者只需在心中做工夫去体认,便能识得此心此理,即“以诚敬存之”。谢良佐对“敬”的解释,最具代表性的是他认为“敬是常惺惺法”。他说:“敬是常惺惺法,心斋是事事放下,其

① (宋)程颢、程颐著,王孝鱼点校:《二程集》,中华书局1981年版,第15页。

② (宋)谢良佐:《上蔡语录》卷二,文渊阁四库全书本,台湾商务印书馆1986年版。

③ (宋)谢良佐:《上蔡语录》卷一,文渊阁四库全书本,台湾商务印书馆1986年版。

④ (宋)谢良佐:《上蔡语录》卷一,文渊阁四库全书本,台湾商务印书馆1986年版。

理不同。”“常惺惺”本是佛教用语。在佛教经典《五灯会元》中记载：“瑞岩师彦禅师‘居丹丘瑞岩，坐磐石，终日如愚。每自唤主人公，复应诺，乃曰：惺惺著，他后莫受人谩’。”①在佛家，佛家弟子通过“惺惺”而达到唤醒此心。佛教的“常惺惺”，就是常存“本来面目”，时时提醒、警觉自己，使头脑经常或长久保持清醒。当然，谢良佐的常惺惺是儒家化了的，他借用佛家的这一说法只是说明“敬”要在心地上做工夫。因此说“敬”为“常惺惺”，就像“以觉言仁”的“觉”，都是强调对事物本来面貌的体察需要通过内省的方式。谢良佐对佛学思想的吸收，被后世学者称为“以禅证儒”，这种思想遭到后世学者包括朱熹的批评，不过谢良佐之所以在理学发展史上有重要的地位，确也在于他敢于吸收佛家思想充实完善儒家理论。

谢良佐顺着二程“致知在格物”的说法，提出了一些新的思想。他的认识论最具有代表性的说法是通过格物、穷理而“寻个是处”。谢良佐在对理的认识方法上继承和发展了二程的观点。在认识论方面，谢良佐着重论述了穷理要求是处，他说：“学者且须是穷理，物物皆有理，穷理则能知天之所为。知天之所为，则与天为一。与天为一，无往而非理也。穷理则是寻个是处，有我不能穷理，人谁识真我，何者为我理，便是我穷理之至，自然不勉而中，不思而得，从容中道。”②从谢良佐的这些言语中可以看出，他的穷理说最核心的思想就是“穷理则是寻个是处”，也就是通过仔细的分析，发现事物存在的内在规律，在这个基础之上，通过融会贯通，认识天理。在描述穷理所指的对象时，谢良佐说：“理必物物而穷之乎？曰：必穷其大者，理一而已。一处理穷，触处皆通。恕其穷理之本欤？”③他认为格物穷理并不要求对每一个事物都去“格”，只需要“穷其大者”，把一些重要的事物认识清楚了，通过举一反三、触处皆通，从而达到“穷理”。在对如何认识天理的问题上，二程认为天理是无形的，通过现象，也就是世间的万物才能认识天理。谢良佐认为理、性、命是同一的，而穷理是尽性、知命的基础和方法，所以，在认识理的过程中，只要抓住“穷理”这个关键环节就行了。

---

① （宋）普济著，苏渊雷译：《五灯会元》，中华书局 1984 年版，第 388 页。

② （宋）谢良佐：《上蔡语录》卷二，文渊阁四库全书本，台湾商务印书馆 1986 年版。

③ （宋）谢良佐：《上蔡语录》卷二，文渊阁四库全书本，台湾商务印书馆 1986 年版。

三、洛学传人朱熹

朱熹(1130—1200),字元晦,一字仲晦,号晦庵,晚年号晦翁、遯翁、云谷老人、沧州病叟等。徽州婺源(今江西婺源)人,生于南剑州(今福建南平)尤溪县。朱熹出身于儒学世家,5 岁开始便接受父亲朱松的儒学教育,苦读“四书”“五经”。朱松师从程门二传弟子罗从彦,朱松去世后,朱熹遵父遗命师从武夷三先生(胡原仲、刘致中、刘彦冲)而出入佛老。朱熹 19 岁登进士第,在 22 岁时被授左迪功郎,泉州同安主簿。朱熹曾任枢密院编修官、秘书省秘书郎、焕章阁待制兼侍讲等官职,做官总时间不及 9 年,在朝不超过 40 天,其余大部分时间在著书讲学。在 24 岁时朱熹见到了程门三传弟子李侗,开始接触程门学说,31 岁正式拜李侗为师学习二程学说。学习二程学说后朱熹开始意识到佛老学说的漏洞,转而研习儒家经典义理,开始了其理学研究进程。1175 年应吕祖谦邀请,在江西上饶鹅湖与陆九龄、陆九渊兄弟讨论辩论学术问题,通过讨论进一步促进了理学的发展,同时也加剧了理学与心学的分歧。朱熹还积极支持书院建设,在 1178 年复建白鹿洞书院,并作《白鹿洞书院揭示》,促进了儒学的发展与传播。朱熹通过其父、李侗继承了二程思想,并吸收周敦颐、张载、邵雍等人思想,在此基础上发展构建起宏大的理学体系,成为理学的集大成者,是两宋理学的总结和发展的最高峰。朱熹广收学徒,培养了大批理学传人,对后世儒学的发展影响巨大,其对“四书”的注解在元明两朝成为官方注解,科举也以“四书”为出题范围,并且答案必须以朱熹的注解为根据,后世的理学家皆受其影响。朱熹一生著述丰富,主要有《周易本义》《大学章句》《四书章句集注》《太极图说解》《政训》《诗集传》《中庸章句》《孟子集注》等,今有《朱文公文集》《朱子语类》《朱子遗书》等传世。

(一)最高的本体——天理

天理是宋明理学的核心范畴,由二程“体贴”[①]出来之后便作为最高本体。

---

① 明道(程颢)尝曰:“吾学虽有所受,天理二字却是自家体贴出来。”(《河南程氏外书》卷第十二,载于《二程集》,中华书局 1981 年版,第 424 页)

朱熹亦不例外，在朱熹理学中，天理具有至上性、普遍性、统一性、形上性等突出特性，这些特性保证了天理的最高本体地位。

首先，理具有普遍性与统一性。朱熹说："天下之事莫不有理，为君臣者有君臣之理，为父子者有父子之理，为夫妇者、为兄弟、为朋友以至于出入起居、应事接物之际，亦莫不各有理焉。"[①]"近而一身之中，远而八荒之外，微而一草一木之众，莫不各具此理。"[②]我们可以看到从人到物莫不有理，理普遍存在于万事万物之中。关于理的统一性，朱熹又说："万物各具一理，而万理同出一原。"[③]这就是说万事万物的理都是源自天理，虽然万事万物各具的理有所不同，但是可以上升统一于最高的天理。

其次，理具有形上性与实在性。所谓"形上性"源自《周易·系辞上》"形而上者谓之道，形而下者谓之器"。"形而上者"指作为超验的、抽象的本体，"形而下者"指由本体产生的具体的万事万物。朱熹说："理也者，形而上之道也。"[④]这样朱熹就把形上的特性赋予理。虽然理具有形上性，但是在朱熹看来仍然具有其实在性，他说："如释氏便只是说'空'，老氏便只是说'无'，却不知道莫实于理。"[⑤]显而易见，朱熹对理的实在性规定是为了克服佛老言"空"与"无"的弊病，理成为最完满的形上本体。

再次，朱熹把理赋予伦理道德的意义。在朱熹看来，儒家的伦理纲常皆是理化生的结果，是人与物的"所当然之则"。理不仅是一个超验的、抽象的、绝对的、普遍的、统一的本体存在，更是以实体的方式存在于伦理道德与人物之中，它是最完满、最崇高、最本质的存在。

（二）"禀气以为形"——理与气对人物气质的构建

朱熹继承周敦颐思想，以太极为理，以阴阳为气来完成他的世界图景。先来看理与气的设定。据陈来考证，朱熹的《太极图说解》以太极为"形而上之

---

① （宋）朱熹著，朱杰人等主编：《朱子全书》，上海古籍出版社 2010 年版，第 670 页。

② （宋）黎靖德：《朱子语类》，中华书局 1986 年版，第 398 页。

③ （宋）黎靖德：《朱子语类》，中华书局 1986 年版，第 398 页。

④ （宋）黎靖德：《朱子语类》，中华书局 1986 年版，第 95 页。

⑤ （宋）黎靖德：《朱子语类》，中华书局 1986 年版，第 2436 页。

道”,为“动静阴阳之理”[①],表明朱熹已开始明确地用理来规定太极的内涵。进而朱熹以阴阳为气,如此理与气便发生了联系。《太极图说》说:“无极而太极。太极动而生阳,动极而静,静而生阴,静极复动。”以此来看,理对于气是一种化生的作用,综合诸说,我们采取理逻辑地在气先的论断。

由上边对理气关系的设定,我们不难看出在理气关系中的理是宇宙论中的本源。那么接下来的问题就是,理逻辑地在气先与理对世界的建构怎么发生关系?朱熹给我们的回答是“理乘气动”。在周敦颐那里,太极本体是“动而生阳,静而生阴”,进而阴阳再化生万物。朱熹将太极设定为理,也就设定了理必须“动起来”方能成就万物,于是他以“人跨马”的形象比喻来说明天理的流行发用。朱熹说:“阳动阴静,非太极动静,只是理有动静。理不可见,因阴阳而后知,理搭在阴阳上,如人跨马相似。”[②]“问动静者所乘之机。曰:理搭于气而行。”[③]理乘气动意味着理要落入气中,进而才能到达万事万物之中,在这一过程中,气禀的差异造成了对理的遮蔽,进而产生了人与物的差别:“天赋之以此理,未尝不同,但人物之禀受自有异耳。”[④]“‘生之谓性’一章,论人与物性之异,固由气禀之不同,但究其所以然者,却是因其气禀之不同,而所赋之理固亦有异。”[⑤]“气禀既殊,则气之偏者便只得理之偏,气之塞者便自与理相隔。”[⑥]理对天地万物的化生并没有终结,朱熹又设定“气质”来进一步阐释理在宇宙论层面对世界的建构:“气,是那初禀底;质,是成这模样了底。如金之矿、木之萌芽相似。又云,只是一个阴阳五行之气,滚在天地中,精英者为人,渣滓者为物;精英之中又精英者,为圣,为贤;精英之中渣滓者,为愚,为不肖。”[⑦]通过分析这段话我们可以看出,朱熹所谓的“气质”是由个体禀气形成的形质,通过气对“质料”的构建,使人物分别开、“圣贤”与“不肖”分别开,由此完成了朱熹所谓“受天地

---

① 陈来:《朱子哲学研究》,生活·读书·新知三联书店 2010 年版,第 90 页。

② (宋)黎靖德:《朱子语类》,中华书局 1986 年版,第 2374 页。

③ (宋)黎靖德:《朱子语类》,中华书局 1986 年版,第 2376 页。

④ (宋)黎靖德:《朱子语类》,中华书局 1986 年版,第 58 页。

⑤ (宋)朱熹:《晦庵先生朱文公文集》卷六十二《答严时亨》,朱杰人、严佐之、刘永翔:《朱子全书》第 23 册,上海古籍出版社、安徽教育出版社 2002 年版,第 2968 页。

⑥ (宋)朱熹:《晦庵先生朱文公文集》卷六十二《答杜仁仲》,朱杰人、严佐之、刘永翔:《朱子全书》第 23 册,上海古籍出版社、安徽教育出版社 2002 年版,第 3000 页。

⑦ (宋)黎靖德:《朱子语类》,中华书局 1986 年版,第 259 页。

之气以为形”的宇宙论单方向性对世界物质的构建。

（三）禀理以为性——理之本体的赋予

处于理之后的气完成了世界图景中对人物气质的构建，但是理并没有过多地参与这一过程，甚至没有看到“理乘气动”的影子，原因是理对人物的构建在宇宙论层面上具体由形而下的“气”来完成，而理本身又通过一个单独的本体论系统赋予万物，一方面以“理一分殊”的方式进入万物，另一方面化生万物之性进而与气质结合形成万物。

首先来看理一分殊。在上文中已经提到理的运动方式即“理乘气动”，理正是在这一过程中到达人物个体。但是理又受到不同类型气的影响，使到达万物的理产生遮蔽，由此万物之理是千差万别的。那么万事万物之理与最高的天理有什么关系呢？答案是“理一分殊”。朱熹说：“一实万分，万一各正，便是理一分殊处。”[①]“花瓶便有花瓶底道理，书灯便有书灯底道理。水之润下，火之炎上，金之从革，木之曲直，土之稼穑，一一都有性，都有理。人若用之，又著顺它理，始得。若把金来削做木用，把木来熔做金用，便无此理。”[②]也就是说，作为本体的理乘气动，进入万事万物，进而生成无尽的分理，万事万物各得其理，按照自己的理去发展，这就是理一分殊。然而又存在一个问题：万物，即分理是理的本身还是理分割后的一部分？我们接着看下面一段话：

> 问：“‘理性命’章注云：‘自其本而之末，则一理之实，而万物分之以为体，故万物各有一太极。’如此，则是太极有分裂乎？”曰：“本只是一太极，而万物各有禀受，又自各全具一太极尔。如月在天，只一而已；及散在江湖，则随处而见，不可谓月已分也。”[③]

从这段话我们可以看出，朱熹明确地说不是太极（理）分裂了，天地间只有一个理，就像月亮映在不同的水面上，虽月亮的形象有不同，但最终还是一个月亮。由此我们可以得出结论，虽然万物之理千差万别，捉摸不定，但是上溯到最高的本体理依然并且只能是一个理，这就为通过体认万事万物之理来把握最高

---

① （宋）黎靖德：《朱子语类》，中华书局1986年版，第2409页。

② （宋）黎靖德：《朱子语类》，中华书局1986年版，第2484页。

③ （宋）黎靖德：《朱子语类》，中华书局1986年版，第2409页。

本体之理提供了可能。“理一分殊”完成了天理对万事万物分理的赋予。

然而朱熹的万物禀气禀理而生并没有结束，万物禀理另一个方面就是，禀天理的天命之性，从而生成自己的气质之性。何谓天命之性？我们先来看朱熹的说法：

“继之者善，成之者性。”这个理在天地间时，只是善，无有不善者。生物得来，方始名曰“性”。只是这理，在天则曰“命”，在人则曰“性”。[①]

性只是理，万理之总名。此理亦只是天地间公共之理，禀得来便为我所有。天之所命，如朝廷指挥差除人去做官；性如官职，官便有职事。[②]

“继之者善”，方是天理流行之初，人物所资以始。“成之者性”，则此理各自有个安顿处，故为人为物，或昏或明，方是定。若是未有形质，则此性是天地之理，如何把做人物之性得！[③]

朱熹引用《周易·系辞上》中“一阴一阳之谓道，继之者善也，成之者性也”的观点，把理规定为“继之者善”，把性规定为“成之者”。进而，朱熹认为性即理，但性与理还是有一定差别的，性进入万事万物形质才能叫作性，而“若是未有形质，则此性是天地之理”，也就是说天命之性是未进入气质的本然之理。天命之性要进入气质方成人物之性，结合上文中气对气质的构建，我们知道，气的不同造成形成的气质也不同，那么天命之性随入气质之中也会形成不同的人物之性，这个人物之性就是气质之性。到这一步，个体已完成禀气禀理，具备了成为个体的条件，一方面是禀气禀得的形质，另一方面是禀理得到的分理与气质之性，三者结合，人物得以创生，世界得以构建。

（四）“心具众理”——人与天理的接触与贯通

在上边的双层系统中，人区别于物在单向度上被创生，并且朱熹说人禀的是“精英之气”。也就是说人是最接近天理的、最容易体认天理的。那么怎么建立起人与天理的接触呢？朱熹给的答案是人心。

在朱熹那里，心代表着知觉与身体的主宰。他说：“人心是知觉。”[④]“心者，

---

① （宋）黎靖德：《朱子语类》，中华书局1986年版，第83页。

② （宋）黎靖德：《朱子语类》，中华书局1986年版，第2816页。

③ （宋）黎靖德：《朱子语类》，中华书局1986年版，第1897页。

④ （宋）黎靖德：《朱子语类》，中华书局1986年版，第2013页。

人之所以主于身也；一而不二者也；为主而不为客者也；命物而不命于物者也。"[①]接着，朱熹论证了心体的问题："恻隐、羞恶、辞让、是非，情也。仁、义、礼、智，性也。心，统性情者也。端，绪也。因其情之发，而性之本然可得而见，犹有物在中而绪见于外也。"[②]朱熹认为，性是心之本体，为看不见的"未发"，情的表露为性的外在表现，是"已发"。而从未发之性到已发之情需要人去接触外部事物："盖四端之未发也，虽寂然不动，而其中自有条理，自有间架，不是侊侗都无一物。所以外面才感，中间便应，如赤子入井之事感，则仁之理便应，而恭敬之心于是乎形。"[③]进而，朱熹明确地说："性者，心之理也；情者，心之用也；心者，性情之主也。"[④]由此，朱熹完成了"心统性情"说的构建，那么下一步我们便不难理解心如何与理接触，因为"性即理"的中介作用，所以"心包万理，万理具于一心"[⑤]。心具万理的建立，意味着人能够通过心去做工夫去体认理，这就为其工夫论提供了可能。值得一提的是，朱熹的"心具万理"并不意味着将心与理等同起来，因为心之本体是禀理而来的气质之性，气质之性由于受不同气禀的影响必然鱼龙混杂，所反映的只能是支离破碎的理的片段，所以将心与理对等是朱熹万万不可接受的。后来朱熹提出了"心与理一"的学说，但是这种心与理一是在工夫意义上说的，亦即通过做工夫可以实现人心对理的体认，是一种境界的描述。

（五）"知先行后"与"即物穷理"——朱熹对知行关系及格物致知的阐释

理学中的知行观主要是对致知和力行及其相互关系的看法。从知行角度来阐述为学工夫，是许多理学家构建工夫论的通常做法。在朱熹哲学体系内，同样以致知和力行作为工夫的方法，只不过致知和力行与本体紧紧联系了起来，他的弟子陈淳曾经指出："圣门用工节目，其大要亦不过曰致知与力行而已。致者，推之而至其极之谓。致其知者，所以明万理于心，而使之无所疑也。力

---

① （宋）朱熹著，朱杰人等主编：《朱子全书》，上海古籍出版社 2010 年版，第 3250 页。

② （宋）朱熹：《四书集注》，岳麓书社 1985 年版，第 293 页。

③ （宋）朱熹著，朱杰人等主编：《朱子全书》，上海古籍出版社 2010 年版，第 2629 页。

④ （宋）朱熹著，朱杰人等主编：《朱子全书》，上海古籍出版社 2010 年版，第 3275 页。

⑤ （宋）黎靖德：《朱子语类》，中华书局 1986 年版，第 155 页。

者,勉焉而不敢怠之谓。力其行者,所以复万善于己,而使之无不备也。”[①]也就是说,在朱熹的知行关系中,致知是体认天理,力行是实践天理。这就注定了知与行有一个先后次第关系。

《朱子语类》记载:“王德修相见。先生问德修:‘和靖大概接引学者话头如何?’德修曰:‘先生只云在力行。’曰:‘力行以前,更有甚工夫?’德修曰:‘尊其所闻,行其所知。’曰:‘须是知得,方始行得。’”[②]在朱熹看来,所谓力行就是“尊其所闻,行其所知”,那么必然要先致知方能力行。接着,朱熹进一步阐发知行关系,他说:“致知、力行,用功不可偏……但只要分先后轻重。论先后,当以致知为先;论轻重,当以力行为重。”[③]“知、行常相须,如目无足不行,足无目不见。”[④]也就是说,朱熹进一步认为如果论先后那么知在行前,但是论轻重又是行最重,同时,知行是密不可分的关系,两者分别以对方为存在依据。由此,朱熹的知行观便可见一斑。陈来总结朱熹的知行观为“知在行先,行重于知,知行互发”[⑤]。

按照朱熹“本体论-宇宙论”的双层结构系统,人与天理接触的途径是心。人只有从心上做工夫才能达到与理的统一,那么怎么通过心来体认理呢?朱熹的回答是格物致知,他说:

> 所谓致知在格物者,言欲致吾之知,在即物而穷其理也。盖人心之灵莫不有知,而天下之物莫不有理,惟于理有未穷,故其知有不尽也。是以《大学》始教,必使学者即凡天下之物,莫不因其已知之理而益穷之,以求至乎其极。至于用力之久,而一旦豁然贯通焉,则众物之表里精粗无不到,而吾心之全体大用无不明矣。[⑥]

按照朱熹的说法,人心的灵明在于有“知”,万物都有理,通过人心去格物,经过积累穷理至极致,则心就无所不知,达到致知的目的。如此人心就达到了对人伦世事的彻底把握,进而达到对最高本体天理的体认。格物是什么呢?朱

---

① (宋)陈淳:《北溪字义》,商务印书馆丛书集成初编本,第 79 页。
② (宋)黎靖德:《朱子语类》,中华书局 1986 年版,第 2577 页。
③ (宋)黎靖德:《朱子语类》,中华书局 1986 年版,第 148 页。
④ (宋)黎靖德:《朱子语类》,中华书局 1986 年版,第 148 页。
⑤ 陈来:《朱子哲学研究》,生活 · 读书 · 新知三联书店 2010 年版,第 341 页。
⑥ (宋)朱熹:《四书章句集注》,中华书局 2012 年版,第 7 页。

熹说:“格,至也。物,犹事也。穷推至事物之理,欲其极处无不到也。”[①]朱熹以“至”训“格”,“格物”便成了“至物”,也就是穷尽事物之理。

按照陈来的观点,在本源上理可以在气之先,而气与万物既生之后,理即在气与万物之中,从而在现实中并没有独立存在的理[②],所以穷尽事物之理第一步就是“即物”,也就是说要去接触事物,朱熹所谓事物包含了众多意义,包括客观实体、人的活动,甚至包括人的一些思维念虑。第二步就是要积累和贯通。朱熹说:“只是才遇一事,即就一事究竟其理,少间多了,自然会贯通。如一案有许多器用,逐一理会得,少间便自见得都是案上合有底物事。”[③]通过逐一地格外物,积累到一定程度便会由纷繁的分理上升到一理。但是,天下事物是无尽的,如果一件一件地“格”必然“格”不完,朱熹又说:“今以十事言之,若理会得七八件,则那两三件触类可通。若四旁都理会得,则中间所未通者,其道理亦是如此。”[④]通过对已知的理进行类推就可以融会贯通,穷尽所有事物之理。至此,心达到致知的境界,此刻“心与理一”,完成了对天理的体认。

第三节　姚枢与许衡的思想

一、姚枢与理学北传

姚枢(1201—1278),字公茂,号敬斋、雪斋,祖籍柳城(今辽宁朝阳市),后迁至洛阳。姚枢少时勤奋好学,翰林学士宋九嘉认为他有辅佐帝王的才略,杨惟中带他觐见了元太宗。后随元太宗攻伐南宋,受令与杨惟中一道随军访求儒、

① (宋)朱熹:《四书集注》,岳麓书社1985年版,第4页。

② 陈来:《朱子哲学研究》,生活·读书·新知三联书店2010年版,第341页。

③ (宋)黎靖德:《朱子语类》,中华书局1986年版,第396页。

④ (宋)黎靖德:《朱子语类》,中华书局1986年版,第407页。

道、释、医、卜等各类人才以为今后的元王朝服务。在攻占德安后，姚枢遇到南宋著名理学家真德秀弟子赵复，始得理学之书。忽必烈曾向他请教治国之道，姚枢知无不言，后来成为忽必烈倚重的谋士。在随忽必烈远征大理时曾力劝其不要杀伐，忽必烈采纳了他的意见，使大理百姓得以保全。忽必烈即位后，姚枢先后担任大司农、中书左丞、翰林学士承旨等官职，为元朝统治的建立做出了重要贡献。1241 年，因不满牙鲁瓦赤分给他受贿财物而弃官，后携家眷迁居至辉州（今河南辉县）百泉苏门山兴办学校，在学校中供奉孔子、周敦颐等人画像，刊印理学经典，讲授传播程朱理学，促进了理学在元朝的传播。

姚枢的思想继承自程朱，并无突出创新，但是对理学在元朝的传播特别是在理学由南向北的传播过程中起到了举足轻重的作用，在宋明理学学脉传承之间更是起到了承上启下的巨大作用。他对理学北传的贡献主要体现在三个方面。

首先，力劝帝王采纳儒家治国思想并发展儒学教育。忽必烈还是藩王的时候，就派赵璧将姚枢召至王府，以礼相待，向他请教治国之道。姚枢写下几千字的建议呈上，建议忽必烈学习“二帝三王之道”，以儒家的治国平天下为总原则，并将这个总原则阐述为“修身、力学、尊贤、亲亲、畏天、爱民、好善、远佞”[①]八条，皆是对儒家治国思想的阐发。随后针对时弊，姚枢还提出了一系列具体救治建议：

> 立省部，则庶政出一，纲举纪张，令不行于朝而变于夕。辟才行，举逸遗，慎铨选，汰职员，则不专世爵而人才出。班俸禄，则赃秽塞而公道开。定法律，审刑狱，则收生杀之权于朝，诸侯不得而专，丘山之罪不致苟免，毫发之过免罹极法，而冤抑有伸。设监司，明黜陟，则善良奸窳可得而举刺。阁征敛，则部族不横于诛求。简驿传，则州郡不困于需索。修学校，崇经术，旌节孝，以为育人才、厚风俗、美教化之基，使士不偷于文华。重农桑，宽赋税，省徭役，禁游惰，则民力纾，不趋于浮伪，且免习工技者岁加富溢，勤耕织者日就饥寒。肃军政，使田里不知行营往复之扰攘。周匮乏，恤鳏寡，使颠连无告者有养。布屯田以实边戍，通漕运以廪京都。倚债负，则贾胡不得以子为母，破称贷之家。广储蓄、复常平以待凶荒，立平准以权物

① 许嘉璐等主编：《二十四史全译・元史・第五册》，汉语大词典出版社 2004 年版，第 2927 页。

估，却利便以塞幸途，杜告讦以绝讼源。[①]

忽必烈听后对他的才华感到很惊奇，此后有事便召他询问建议，并让他以儒家经典教授蒙古贵族子弟。

其次，保护南宋儒学人才，并使之在元朝传播理学。理学发端于北宋，南宋朱熹集其大成。但由于历史上南北的隔绝，北方学者接触不到兴盛于南方的程朱理学最新成果，更接触不到新的理学经典。南儒赵复将程朱理学经典带到北方被视为打破这一僵局的标志，但是赵复赴元是姚枢力劝与保护的结果，可以说没有姚枢就没有理学的北传。1235 年，姚枢与杨惟中奉命随军访求儒、道、释、医、卜等各类人才。在元军攻陷枣阳后，主将打算坑杀所有守城者，姚枢以难以复命为由极力反对，并“蹙数人逃入篁竹中脱死”[②]。后来在攻占德安后，元军俘获民众数十万，按照惯例要一概处死，但是遭到了姚枢的反对，并且“凡儒生挂俘籍者，辄脱之以归，复在其中”[③]。此举拯救了大批儒学人才，著名的赵复亦在其中。关于姚枢拯救保护赵复的过程，史书有详细记载。赵复被俘虏后，姚枢前去与之交谈，在交谈的过程中姚枢发现他才能出众，希望他前往北方为元朝服务。但是赵复因为自己的家族亲人皆被元人屠戮而不愿北行，欲与姚枢诀别。姚枢害怕赵复自杀，便将他接到自己的营帐中一起居住。有一天半夜姚枢醒来发现赵复不见了，急忙到处寻找，但一无所获。随后找到水边时，发现赵复已经涉水将要自尽，姚枢赶紧劝阻，告诉赵复徒然去死没有任何意义，对他说：“汝存，则子孙或可以传绪百世；随吾而北，必可无他。”[④]赵复深受感动，答应他随其赴北，并将自己所记录的二程、朱熹的典籍全部抄录下来交给姚枢，自此理学经典开始在北方传播：“北方知程、朱之学，自复始。”[⑤]赵复到达燕京后，跟随他学习的弟子有一百多人。其后，杨惟中与姚枢共商建立起太极书院，设立周子祠，以程颢、程颐、张载、杨时、游酢、朱熹六人配祭，并选取儒家经典八千

① 许嘉璐等主编：《二十四史全译·元史·第五册》，汉语大词典出版社 2004 年版，第 2927—2928 页。

② 许嘉璐等主编：《二十四史全译·元史·第五册》，汉语大词典出版社 2004 年版，第 2927 页。

③ 许嘉璐等主编：《二十四史全译·元史·第六册》，汉语大词典出版社 2004 年版，第 3475 页。

④ 许嘉璐等主编：《二十四史全译·元史·第六册》，汉语大词典出版社 2004 年版，第 3475—3476 页。

⑤ 许嘉璐等主编：《二十四史全译·元史·第六册》，汉语大词典出版社 2004 年版，第 3476 页。

余卷请赵复在书院中讲授,为理学在北方的传播创造基本条件。赵复在北方传播理学期间,认为理学书籍众多,学者难以融会贯通,便创作了《传道图》来讲解理学学脉,创作《伊洛发挥》来阐发程朱理学宗旨,将散于四方的朱熹门人辑录成《师友图》,又取伊尹、颜渊的言行作《希贤录》一书,这些图书促进了程朱理学在元朝的传播与发扬光大。

再次,姚枢不仅为理学北传创造了客观条件,还亲自学习并传播理学,深刻影响了元朝的理学思想家。赵复抵达燕京后虽然积极教授理学,但仍然拒不事元。忽必烈曾让他引导元军进攻南宋,赵复则坚决不从,他说:“宋,吾父母国也,未有引他人以伐吾父母者。”①一年之后赵复便离开太极书院隐居起来,从此不知去向。姚枢继承了赵复的大部分思想与著作,在退隐苏门后便开始在家继续传播程朱理学,这进一步促进了理学的全面北传。据史书记载,元朝的许多著名理学家皆师从姚枢,从他那里开始接触了解理学:“既退隐苏门,乃即复传其学,由是许衡、郝经、刘因,皆得其书而尊信之。”②值得一提的是姚枢对许衡的深远影响。据史书记载,当姚枢隐退苏门时,许衡在魏州,专程到辉州姚枢家庙,抄录程朱著作,回去后对其学生说:“曩所授受皆非,今始闻进学之序。”③后来为了更好地向姚枢请教学习程朱理学,许衡便举家搬迁至姚枢宅旁居住,姚枢对许衡的思想影响可见一斑。此后许衡深受元世祖忽必烈器重,被委以集贤殿大学士兼国子祭酒掌管太学,他选拔人才,建立书院,以程朱之书教授蒙古贵族子弟,使程朱之学成为官学,在1313年程朱理学被定为科举程式。许衡对理学“承流宣化”,确立起理学的官学地位,被称为“朱子之后一人”(薛瑄语),姚枢作为其师自然是功不可没。

二、许衡在程朱理学上升为官学中的贡献

许衡(1209—1281),字仲平,号鲁斋。祖籍河内(今河南沁阳),世代为农,

① 许嘉璐等主编:《二十四史全译·元史·第六册》,汉语大词典出版社2004年版,第3476页。

② 许嘉璐等主编:《二十四史全译·元史·第六册》,汉语大词典出版社2004年版,第3476页。

③ 许嘉璐等主编:《二十四史全译·元史·第六册》,汉语大词典出版社2004年版,第2927页。

为躲避金末战乱，其父许通迁居新郑县（今河南新郑），后许衡于1209年在新郑阳缓里出生。许衡自小聪颖好学，经常借书抄读，老师教其章句训解，他总是寻根问底，使老师无法回答，导致先后有三位老师辞教。元灭金后，许衡占籍为儒，后开始收徒讲学。1243年，许衡结识隐居苏门的姚枢，通过姚枢获得赵复所传程朱理学，并得到《伊川易传》《四书章句集注》《大学或问》《小学》等书，他细心研读并致力于传播，开启了由研究汉儒章句之学向研究程朱理学的转变。1254年，忽必烈征聘许衡为京兆提学，在任期间他兴办教育，使各郡县皆建学校，为忽必烈的教化政策做出了突出贡献。后来忽必烈多次委以重任，许衡皆以病请辞。1265年，忽必烈召见许衡，召见后他针对元朝统治中存在的问题上疏陈述时务五事，主张行汉法、推广儒学，为元朝建国奠定了理论基础。1269年，元世祖命许衡同徐世隆一道定朝仪，与刘秉忠、张文谦定官制。1271年元朝建立，元世祖忽必烈任命许衡为集贤大学士兼国子祭酒，负责教育蒙古贵族子弟，他欣然接受，并将耶律有尚等十二名弟子招来陪读，以程朱理学为教学内容，为元朝培养了一大批人才，其中出将入相者甚众，被其弟子评价为"朱子之后，一人而已"[①]。许衡传承程朱理学，并使其传播开来，在客观上进一步促进了程朱理学的北传，直到1313年程朱理学被定为科举程式正式确立起程朱理学的官学地位，许衡承上启下的贡献是不可忽视的。1276年，年迈的许衡再次被委以重任，同郭守敬、王恂一起制定了《授时历》。许衡一生著书立说，有《鲁斋遗书》十四卷存世。

（一）理本气殊论

作为程朱理学坚定的信仰与传播者，许衡在继承程朱思想的基础上有所发展，这首先就表现在本体论范畴上。在程朱那里，理是本体核心概念，许衡继承了这一思想，但是在产生次序上有所调整。他说："太极之前，此道独立。道生太极，函三为一，一气既分，天地定位。"[②]"天下皆有对，惟一理无对，一理，太极也。"[③]可以看到，在许衡那里，道生太极，太极即理，这完全改变了朱熹的太极生

① （元）许衡著，王成儒点校：《许衡集》，东方出版社2007年版，第327页。
② （元）许衡著，王成儒点校：《许衡集》，东方出版社2007年版，第226页。
③ （元）许衡著，王成儒点校：《许衡集》，东方出版社2007年版，第29页。

理次序,并在太极的基础上进一步将道设定为最为根本的本体,而理是无所对的纯粹绝对本体则仍然继承了朱熹的思想。另一方面,在理之后气会有一个分化为阴阳二气的过程,他把阴阳二气合聚的过程解释为万物生死的原因:"凡物之生,都是阴阳之气合;凡物之死,都是阴阳之气散。"①在此基础上他进一步明确理、气、物三者关系道:"问:理出于天,天出于理?曰:天即理也,有则一时有,本无先后。有是理而后有物。……凡物之生,必得此理,而后有是形,无理则无形。……事物必有理,未有无理之物,两件不可离,无物则理何所寓?"②可以看到,理与万物处于一种密不可分的关系之中,理通过气化生万物的形质,有理才有物,离开理万物的形质便不存在;同时,物的形质为理提供载体与寓所,离开物之形质理便会流离失所无处附着。由此可以看出,这与朱熹的逻辑上理在气先以及气禀论是契合的,但是在"理一分殊"问题上,许衡有不同的阐释:"性者,即形而上者,谓之道,理一是也;气者,即形而下者,谓之器,分殊是也。"③这与朱熹"月印万川"式的"理一分殊"论有所区别,在许衡那里,理一仍然被阐释为处于形而上地位的绝对纯粹本体,但是分殊则不是朱子式的分理,而是气所造成的"气殊",这种"气殊"更多的是万物器质层面的差异,处于形而下的地位。也就是说,许衡将完全处于形而上形态的"理一分殊"下沉到形上与形下相结合的"理一气殊",在这一点上许衡与朱子分道扬镳了。关于人与理的关系,许衡说:"古之圣人,以天地人为三才。天地之大,其与人相悬不知其几何也,而圣人以人配之,何耶?盖上帝降衷,人得之以为心,心形虽小,中间蕴藏天地万物之理,所谓性也,所谓明德也,虚灵明觉,神妙不测,与天地一般。故圣人说天地人为三才。"④在这里,许衡运用《道德经》中天地人为三才的说法,认为天地广阔无限,人与之相去甚远,但是圣人的境界可以达到天地的境界,与天地相配。之所以圣人可以达到如此境界是因为人有心,人心蕴藏着天地万物之理,且虚灵明觉,神妙莫测。由此,人通过心与理产生关系,可以进行沟通,这里同样是对朱子"心具众理"思想的进一步阐发。

---

① (元)许衡著,王成儒点校:《许衡集》,东方出版社 2007 年版,第 114 页。

② (元)许衡著,王成儒点校:《许衡集》,东方出版社 2007 年版,第 2—3 页。

③ (元)许衡著,王成儒点校:《许衡集》,东方出版社 2007 年版,第 27 页。

④ (元)许衡著,王成儒点校:《许衡集》,东方出版社 2007 年版,第 63 页。

（二）人性论与修养工夫论

许衡在程朱的基础上提出了自己的人性论。他首先将人性区分为本然之性与气禀之性："仁、义、礼、智、信是明德，人皆有之，是本然之性，求之在我也，理一是也。贫富、贵贱、死生、修短、祸福禀于气，是气禀之命，一定不可易者也，分殊是也。"[①]所谓"本然之性"是指由理赋予人的仁、义、礼、智、信的明德，人人有之；而气禀之性是人禀受于气的天命，不可改变，由于来源不同，所以将前者划分为"理一"的范畴，后者划分为"分殊"的范畴。可以看到，许衡的"本然之性"与"气禀之性"实际上是对朱子的"天命之性"与"气质之性"的继承，在继承的基础上将朱子意义下的理一分殊概念引入并做了进一步阐发。再进一步分析可以发现，许衡将仁义礼智信设定为本然之性的必然结论便是性善论，然而现实存在的恶又该如何解释？许衡认为是"气禀"与"物欲"造成的："明德虚灵明觉，天下古今无不一般。只为受生之初，所禀之气，有清者，有浊者，有美者，有恶者。得其清者则为智，得其浊者则为愚，得其美者则为贤，得其恶者则为不肖，若得全清全美则大智大贤。"[②]"天下之人，皆有自己一般的明德。只为生来的气禀拘之，又为生以后耳、目、口、鼻、身体的爱欲蔽之，故明德暗塞，与禽兽不远。"[③]回溯朱子气禀论可以看到，朱子认为禀受精英之气者为贤，禀受渣滓之气者为不肖。对比朱子思想亦可以发现许衡气禀论是在其基础上的进一步阐释：一方面是气的分类由精英、渣滓两种名称扩展为清、浊、美、恶四种，另一方面在气禀结果中加入智性成分，气禀的结果亦拓展为四类，更为重要的是许衡将气与物欲设定成恶的来源，他认为人生来便具有五种明德，但是由于气禀所限，再加上人囿于自身各种欲望的遮蔽，与生俱来的明德便被阻塞无法发用出来。

在修养工夫层面，许衡仍然是继承了程朱思想。他的修养工夫包括持敬、存养与省察三种。其中，最为重要的是持敬工夫："论生来所禀气阴阳也。盖能变之物，其清者可变而为浊，浊者可变而为清，美者可变而为恶，恶者可变而为美……然当学之初，先要持敬，则身心收敛，气不粗暴。清者愈清，而浊者不得

---

① （元）许衡著，王成儒点校：《许衡集》，东方出版社 2007 年版，第 27 页。

② （元）许衡著，王成儒点校：《许衡集》，东方出版社 2007 年版，第 63 页。

③ （元）许衡著，王成儒点校：《许衡集》，东方出版社 2007 年版，第 64 页。

长;美者愈美,而恶者不得行。"[1]"天下古今之善,皆从敬字上起;天下古今之恶,皆从不敬上生。"[2]在许衡看来,持敬对于人性的为善去恶作用主要是通过改变气禀实现的,持敬便可收敛身心,使清、美之气贯通人心。然而究竟应该怎么具体持敬?许衡给出了两方面的解释:一方面"主一是持敬也"[3],所谓主一为敬,即指做事情要集中注意力专心致志,不能一心多用;另一方面"常念天地鬼神临之,不敢少忽"[4],也就是说要时刻心存敬畏之心,不能恣意妄为。关于存养工夫,许衡说:"盖不睹不闻之时,戒慎恐惧以存之,所以存天理之本然,而不使之须臾离道。此所谓致中也,存养之事也。"[5]他认为在日常生活中,人首先必须努力体悟天理,进而要把已经体悟到的天理存养心中,并时刻细心维护,以确保自身与道、与天理的须臾不离。在存养天理的基础上,许衡提出了省察的修养工夫:"人所不知而己所独知者,一念方动之时也。一念方动,非善即恶,恶是气禀人欲,即遏之不使滋长。善是性中本然之理,即执之不使变迁,如此则应物无少差谬。"他认为,人心念头萌动的时候是善恶萌发之源,念头萌动并发用出来即分善恶,如果能够遏制恶念的发用,则自然就能保持心中的本然之善。人在发动念头的时候应加入自我省察的过程,与前期内心存养的天理进行对比自检,如果是恶念要及时遏制,如此方能在根本上实现人的为善去恶。

(三)格物致知与知行关系论

关于格物致知,许衡说:

圣人教人,今日学一件,把那一件道理穷究到是处,明日再去为一件,又恁的究追,今日明日只管穷究,将去或看文书,评论古人是的不是的,或是眼前见的事,思量合做不合做的,这几般一件件,分拣是呵,使是格物;这般穷究了多,咱心里都理会得,久而闻天下事好的歹的,合做不合做的,都省得了,心上明白,无些昏蔽,便是致知。[6]

---

① (元)许衡著,王成儒点校:《许衡集》,东方出版社 2007 年版,第 64 页。
② (元)许衡著,王成儒点校:《许衡集》,东方出版社 2007 年版,第 64 页。
③ (元)许衡著,王成儒点校:《许衡集》,东方出版社 2007 年版,第 4 页。
④ (元)许衡著,王成儒点校:《许衡集》,东方出版社 2007 年版,第 64 页。
⑤ (元)许衡著,王成儒点校:《许衡集》,东方出版社 2007 年版,第 28 页。
⑥ (元)许衡著,王成儒点校:《许衡集》,东方出版社 2007 年版,第 57 页。

可以看到许衡遵循的仍然是朱子今日格一物明日格一物,在积累的基础上实现贯通的格物致知道路。在知行关系方面,许衡则在继承程朱的基础上有所超越。他首先跟程朱一样将知行视为区别开来的两件事情:“世间只有两事,知与行而已。”[①]这一观点在后世被心学等派别批为析知行为二事。在此基础上,他重新阐释了知与行的关系:“学问思辨,既有所得,必皆着实见于践履而躬行之。”[②]“凡行之所以不力,只为知之不真;果能真知,行之安有不力者乎?”[③]许衡认为知是行的前提,行是知的结果,学问思辨所得的知必然指向行,而力行是真知的标志,唯有力行才可谓真知。最后,他还认为:“知与行,二者当并进。”[④]在他看来,虽然知与行相互区别,但是二者并不是处于孰先孰后孰轻孰重的关系之中,二者是并列的、同样重要的,既不能先知后行也不能知而不行。许衡虽然强调了知与行处于平等地位,但是依旧没有将知行关系上升到知行合一的高度,其知行关系论仍然是程朱思想体系下的进一步演绎。

第四节　河南与明代理学

一、曹端

曹端(1376—1434),字正夫,号月川,渑池(今河南省渑池县)人。曹端自幼勤奋好读,至17岁饱览“五经”,其父将其书室命名为“勤苦斋”。1408年,曹端以乡试乙榜第一的好成绩中举,被任命为山西霍州学正,主管霍州一县教育。1422年补任蒲州学正,随后由于霍州学生的爱戴与强烈请求再次返回霍州任

---

① (元)许衡著,王成儒点校:《许衡集》,东方出版社2007年版,第31页。

② (元)许衡著,王成儒点校:《许衡集》,东方出版社2007年版,第131页。

③ (元)许衡著,王成儒点校:《许衡集》,东方出版社2007年版,第5页。

④ (元)许衡著,王成儒点校:《许衡集》,东方出版社2007年版,第37页。

职,在此两地从事教育近二十年,深受爱戴并培养出一大批优秀人才。据史书记载,曹端一生不信鬼怪、轮回、祸福等说,其父笃信佛老,他曾作《夜行烛》力劝远离,同时他还曾建议乡邻除保留夏禹、雷公二庙外将其他寺庙一律拆毁。在明初普宗朱子与融合陆王的学术背景下,曹端坚定地继承了朱子思想,在此基础上有进一步的发明与辨正,力推躬行实践,深刻影响了薛瑄的思想从而对河东学派的开创与发展起到了至关重要的作用,对此清朝学者曾评论道:"明初醇儒以端及胡居仁、薛瑄为最,而端又开二人之先。"①同时,其开创的"事心之学"对心学在明朝中后期的发展产生了深远影响,开启了理学在明朝的新转向。鉴于曹端思想在学术思想史中的重要地位,《明史》特称他为"明初理学之冠"②。曹端生平著述较多,有《太极图说述解》《通书述解》《西铭述解》等十余部著作,但多有散佚,今有王秉伦点校本《曹端集》出版。

(一)太极、理、气及其构建的世界图景

在朱子的世界图景中,太极即理,理逻辑地在气先,是万事万物生成与发展的根据。曹端继承了朱子的说法,将太极即理作为其本体论的基石。他首先批判了老子、庄子将道置于太极之上的说法:"老子道生一而后乃生二,庄子师之曰:'道在太极之先。'曰一,曰太极,皆指作天、地、人三者气形已具而混沦未判之名。道为一之母,在太极之先,而不知道即为太极,太极即道。"③在他看来,道与太极并无先后之别,二者异名同实,同为万事万物之本体。他进一步将太极与理并列起来:

> 太极,理之别名耳。天道之气,实理所为;理学之源,实天所出。是故河出图,天之所以授羲也;洛出书,天之所以锡禹也。羲则图而作《易》,八卦画焉;禹则书而明《范》,九畴叙焉。……且以羲易言之,八卦及六十四卦次序方位之图,曰先天者,以太极为本,而生出运用无穷,虽欲绍天明前民用,然实理学之一初焉。厥后,文王系卦辞,周公系爻辞,其义始明且备,命曰《周易》。及孔子十翼之作,发明羲画,周经之旨大明悉备,而理学之传有

① (清)永瑢:《四库全书总目》,中华书局1965年版,第776页。
② (清)张廷玉:《明史》,中华书局1974年版,第7239页。
③ (明)曹端:《曹端集》,中华书局2003年版,第2页。

宗焉。①

可以看到，曹端首先将理与太极并列，认为太极是理的一个别名，天道的化用流行正是通过理实现的，因此理的根源就是天。进而他将河图、洛书、《周易》、八卦及六十四卦次序方位之图等皆视为天道之显现，而它们都是理学的最初形态，这样就把理学的学脉传承归至易学乃至天道范畴，从而实现了对太极或理本体形上地位的塑造。

关于理气关系，曹端则是通过批判朱子太极动静学说来阐发的。在朱子那里，理逻辑地在气先，然后理乘气动，他曾以人跨马来比喻理的这一发用流行过程："阳动阴静，非太极动静，只是理有动静。理不可见，因阴阳而后知，理搭在阴阳上，如人跨马相似。……太极理也，动静气也。"②朱子认为处于形上层面的太极或理本身不具备动静的属性，而理的化用流行恰似人骑马前行需要借助阴阳二气的动静属性，也就是说直到形下层面的气才具备动静的属性，理乘气动是一个需要有所待的、被动的过程。曹端则不同意朱熹以人跨马的比喻解读理气关系，认为动静是太极的本来属性，为此曾专门作《辨戾》进行批评，他说：

> 及观《语录》，却谓"太极不会自动静，乘阴阳之动静而动静耳"，遂谓"理之乘气，犹人之乘马。马之一出一入，而人亦与之一出一入"，以喻气之一动一静，而理亦与之一动一静。若然，则人为死人，而不足以为万物之灵；理为死理，而不足以为万化之源。理何足尚而人何足贵哉？今使活人乘马，则出入行止疾徐，一由乎人驭之何如耳。活理亦然。③

曹端通过批判人跨马的比喻批判了朱子的理乘气动学说。他认为在这个比喻中，抹杀了人或者理的主动性，被动随马或气才有动静的直接结果就是人成了死人，理成了死理，进而造成人的万物之灵地位或理的形上本体地位严重名不副实。而唯一的解决办法就是将这种主动性归还于人或理，使人成为活人，由随马动变为驭马动，使理成为活理，由乘气动变为驭气动。在此基础上，曹端进一步明确了理气关系："太极之动，不生于动而生于静，是静为动之根。太极之静，不生于静而生于动，是动为静之根。静，则太极之体立而阴以分；动，

---

① （明）曹端：《曹端集》，中华书局 2003 年版，第 1 页。
② （宋）黎靖德：《朱子语类》，中华书局 1986 年版，第 2374 页。
③ （明）曹端：《曹端集》，中华书局 2003 年版，第 24 页。

则太极之用行而阳以分。于是天地定位而两仪立矣。”①“气以理而生，理以气而实，无彼此之间也。”②可以看到，曹端亦认为太极或理在先，太极静生阴动生阳，但是值得注意的是，在曹端视域下的理气关系中，二者处于一种相得益彰、密不可分的状态之中，进而超越了朱熹理气相分的学说。更为重要的是，虽然曹端这里并未直言理气唯一，但是深深地影响了后世学说，例如薛瑄的“理气无缝隙”说，乃至罗钦顺的“理气一物”说，甚至到王廷相相反的“气生理说”，可以说曹端的思想开启了理气关系的新转向。在曹端的世界图景中，太极仅仅化生到阴阳两仪是远远没有结束的，他进一步论述道：

> 阳变而阴，而生水金。阴合而阳，而生火木。土则生于变合之中而阴阳具，故中和焉……木气布而为春，万物以生。火气布而为夏，万物以长。金气布而为秋，万物以敛。水气布而为冬，万物以藏。土气则寄于四序之间，而四时行矣。③

在曹端的世界图景中，阴阳两仪产生金、木、水、火、土五行，金、木、水、火之气的布施形成春、夏、秋、冬四时，而土气则造成四时的更替，在此基础上，以法象思维将四季与万物的生、长、敛、藏对应。由此在时空意义上得以将万事万物统摄纳入太极、理、气所构建的世界图景之中。

在解释万物形质的生成模式后，曹端借用朱子“理一分殊”的思维方式解释了太极或理对物性的赋予：“自万物而观之，则万物各一其性（是分而言之）。而万物一太极也（是合而言之）。盖合而言之，万物统体以太极也；分而言之，一物各具一太极也。所谓天下无性外之物，而性无不在者，于此可见其全矣。”④曹端认为每一个事物都有自己的物性，不同的物性区分了不同的事物，而物性的来源则是太极的赋予，在根源上，所有的物性皆是同一个太极或理，但是在现实中由于禀气的不同，气对太极或理的遮蔽作用造成了太极或理的不同显现，从而造成了五彩缤纷的物质世界。可以看出，这仍然是一种朱子月印万川式的物性解读，这两种垂直解读方式完成了本体论、宇宙论双重的演绎过程，丰富了世界图景的建构框架与内容。

---

① （明）曹端：《曹端集》，中华书局 2003 年版，第 12 页。
② （明）曹端：《曹端集》，中华书局 2003 年版，第 7 页。
③ （明）曹端：《曹端集》，中华书局 2003 年版，第 7 页。
④ （明）曹端：《曹端集》，中华书局 2003 年版，第 16 页。

（二）曹端的心性思想

在明初融合朱陆的学术背景下，曹端对朱子的心性学说既有继承又有发展。他首先阐述了心的含义："人心本自虚灵知觉，但事物才触及即动而应物，无踪迹可寻捉处。"[①]"学圣之事，主于一心。"[②]"天地间只有生而为人……故其心为最灵，而有以不失其性之全，所以天地之性人为贵也。……盖人心即太极也。"[③]可以看到，在曹端那里，心的概念较之朱子已经逐渐具有了心学的特征，心的虚灵知觉特性已经较为接近王阳明"虚灵明觉"的说法，都是对心知觉功能的摹状，而心对于人行事的主宰作用亦是心学的题中之义，这些都对心学的产生和发展产生了重要的影响。而曹端"人心即太极"的说法通过概念间的传递似乎已经发展至阳明"心即理"的本体论高度，但是联系时代背景可以看到，曹端的这种阐释尚未发展至心学领域，仍然只是在朱子框架内对其"心包万理"命题的一种再解读。

关于人性，北宋初期多沿袭汉唐性论，以气质言性，如周敦颐、程颢便是走的这条道路，及至朱子则划分天命之性与气质之性，曹端便在继承朱子这种性二元论的基础上构建了自己的心性思想。他首先沿用了朱子"性即理"的说法："性即理也，指太极而言。……天地间只有生而为人，禀得阴阳五行之气之秀者，故其心为最灵，而有以不失其性之全，所以天地之性人为贵也。"[④]在这里曹端沿用朱子的道路，将性、理、太极贯通为一，这就将性上升到了本体形上高度，所以这里的性也只能是朱子语境中的天命之性，即："这个理在天地间时，只是善，无有不善者。生物得来，方始名曰'性'。只是这理，在天则曰'命'，在人则曰'性'。"[⑤]通过朱子对天命之性的阐述可以发现，由于理是纯粹至善的，因此天命之性也是纯粹至善的，曹端则直接用"诚"来描述这种善："诚者，实理而无妄之谓，天所赋、物所受之正理。……圣人之所以为圣人者，无他焉，以其独能

---

① （明）曹端：《曹端集》，中华书局 2003 年版，第 235 页。

② （明）曹端：《曹端集》，中华书局 2003 年版，第 239 页。

③ （明）曹端：《曹端集》，中华书局 2003 年版，第 8 页。

④ （明）曹端：《曹端集》，中华书局 2003 年版，第 7—8 页。

⑤ （宋）黎靖德：《朱子语类》，中华书局 1986 年版，第 83 页。

全此而已。诚即所谓太极也。”[1]通过概念的传递可以看到，真实无妄的诚是天命之性的特征，也是圣人之所以为圣人的根本原因。因此，在形上的高度，人性是纯粹之善、真实无妄的，这就为其修养工夫设定了终极目标。与此同时，同其他哲学家一样，曹端也关注到了现实层面存在的人性之恶，并试图解释其产生的原因：

性只是理，然无那天气地质，则此理没安顿处，但得气之清明，则不蔽固。此理顺发出来，蔽固少者发出来，天理胜，蔽固多者则私欲胜，便见得本源之性无有不善，只是被气质浑浊隔了，学以反之，则天地之性存焉。故说性须兼气质方备。此性便是言气质之性，四者之中去刚恶、柔恶，却于刚、柔二善之中择其中而主焉。[2]

在曹端看来，在形上层面天命之性即理，所禀清明之气因此而不受气禀及物欲的遮蔽。形上的天命之性或理始终是要指向现实形下层面而顺发出气质之性，在这一过程中，受气禀或物欲遮蔽较少的情况下天理胜，在此时人性始终保持着自理而来的纯粹之善，反之则会被气禀及物欲遮蔽，表现出恶的特征。因此，气质之性具有善恶的两方面特征，进而曹端借鉴周敦颐“刚善、刚恶、柔善、柔恶、中”的人性论划分方法对气质之性进行了划分。

（三）涵养居敬与事心之学

在工夫论道路上，曹端抛弃了朱子格物穷理的方法，主张以涵养居敬和事心之学为修养工夫，呈现出务实力行的工夫论特征。对此，黄宗羲曾评论道：“先生以力行为主，守之甚确，一事不容假借，然非徒事于外者，盖立基于敬，体验于无欲。其言‘事事都于心上做工夫，是入孔门的大路’，诚哉！所谓有本之学也。”[3]曹端也曾阐述自己的工夫论道：“人之为学，须是务实，乃能有进。若这里工夫欠了分毫，定是要透过那里不得。”[4]那么曹端是如何具体论述其修养工夫的？

首先，曹端将继承自朱熹的涵养居敬工夫置于很高的地位。在他看来，敬

---

① （明）曹端：《曹端集》，中华书局 2003 年版，第 28 页。

② （明）曹端：《曹端集》，中华书局 2003 年版，第 43 页。

③ （清）黄宗羲：《明儒学案》，中华书局 1985 年版，第 1064 页。

④ （明）曹端：《曹端集》，中华书局 2003 年版，第 241 页。

是在本体论层面实现诚与理一的途径：

一诚足以消万伪，一敬足以敌千邪，所谓先立乎其大者，莫切于此。[①]

同时，他在《通书述解》中将周敦颐的“一为要”工夫落脚于敬：“‘一’字为圣贤之要。一即太极，是纯一不杂之谓也。只是纯然是个天理，无一点私欲。且无欲便觉自在。……周子只说‘一者，无欲也’。这话头高，卒急难凑泊。常人如何便得无欲？故伊川只说一个敬字，教人只就敬上挨去，庶几执捉得定，有个下手处。”[②]

在曹端看来，周敦颐的“一为要”工夫中的“一”即是太极即是天理，而天理的绝对纯粹性决定了其工夫论必要指向对于人欲望的去除，只有无一点私欲才能实现对天理的体贴，但是无欲仅是一个工夫论目标，真正的落脚处必须落在持敬的工夫上。那么又该如何持敬？曹端用穷理反躬和礼乐教化来进一步阐释其持敬工夫：“为仁之功，用力特在勿与不勿之间而已。自是而反，则为天理。自是而流，则为人欲。自是克念，则为圣。自是罔念，则为狂。特毫忽之间，学者不可不谨。”[③]“学者须要置身在法度之中，一毫不可放肆，故曰礼乐不可斯须去身。”[④]在他看来，持敬工夫重在日常涵养，不得有半点疏忽，一方面要重视礼乐的教化作用，更重要的是每时每刻都要反思对照自己的行为是否符合天理，如果不符合必须努力克制邪念从而可以入圣，否则就会陷入癫狂之中不可自拔。

再者，曹端创制了在心上做工夫的“事心之学”。所谓事心之学，一方面落实于“勤”字：“圣人之所以为圣人，只是这忧勤惕励的心须臾毫忽不敢自逸。理无定在，惟勤则常存。心本活物，惟勤则不死。常人不能忧勤惕励，故人欲肆而天理亡，身虽存而心已死，岂不可哀哉。”[⑤]他认为圣人的重要特征便是存养忧患与勤勉之心，此心决定了理的常存与否与心的死活，如果不能存养此心，人欲就会战胜天理充塞人之内心，因此事心之学首先要做到存养忧患与勤勉之心，这是通往天理的必由之路。另一方面，事心落实于“静”字：“外不躁则内静，外不

---

① （清）黄宗羲：《明儒学案》，中华书局 1985 年版，第 1065 页。

② （明）曹端：《曹端集》，中华书局 2003 年版，第 73 页。

③ （明）曹端：《曹端集》，中华书局 2003 年版，第 245 页。

④ （清）黄宗羲：《明儒学案》，中华书局 1985 年版，第 1065 页。

⑤ （明）曹端：《曹端集》，中华书局 2003 年版，第 241 页。

妄则内专,此是事心关要处。”[①]“事心之学,须在萌上着力。”[②]在曹端看来,静与专是心的特征,这也与敬的含义相符。事心之学首先就要做到对心之静与专的体贴,要把其作为工夫目标。而具体方法则是在心之念即将萌发的时候不受外部环境的影响而躁动不安,不妄想、不妄动,以此来实现心的专与静,进而以心的虚明灵觉去体贴天理。由此观之,曹端的事心之学道路与其后的心学学派多有相通,在一定程度上推动了阳明心学的兴起。

二、薛瑄

薛瑄(1389 或 1392—1464),字德温,号敬轩,山西河津人。薛瑄出身教育世家,祖父薛仲义是教授乡里的教师,在薛瑄 6 岁的时候祖父就教他小学与“四书”,使他接受儒家教育。其父薛贞曾任荥阳教谕(主管教育的官员),在青年时代薛瑄便随父至荥阳(今河南荥阳),并长期在此生活学习,后拜魏纯、范汝舟为师习研理学。1420 年,薛瑄中河南乡试解元,次年登辛丑进士第。明宣宗宣德七年被任命为云南监察御史,后被举荐为山东提学佥事。在任提学佥事期间,薛瑄以白鹿洞学规教育学生,受到了学生及百姓的拥戴,被称为“薛夫子”。正统六年,薛瑄被任命为大理左少卿,学生、百姓皆啼哭远送。薛瑄为人正直倔强,在担任大理左少卿期间,因为拒绝拜见而得罪了宦官王振,后被王振污蔑下狱几近丧命,由兵部侍郎王伟申救才被释放归家。回家后薛瑄潜心研究理学并兴办教育,先后收河南、山西、关陇等地弟子百余人,其著名弟子阎禹锡便是在这期间徒步至山西拜师的。正统十四年,薛瑄再次被任命为大理寺丞,历任南京大理寺卿、礼部右侍郎兼翰林学士等职,后称病请辞继续研究传播理学,卒后赠礼部尚书,谥号文清。薛瑄之学继承自朱熹与曹端,在其基础上有所创新,与其弟子张鼎、段坚、阎禹锡等人共同开创发展了“河东学派”,促进了宋明理学的发展,河东学派后由再传弟子吕柟传承发展为“关中之学”,其势“几与阳明中分

① (明)曹端:《曹端集》,中华书局 2003 年版,第 240 页。

② (明)曹端:《曹端集》,中华书局 2003 年版,第 239 页。

其盛”[①]。薛瑄一生爱好读书，无论是为官还是教书从未停止读书，因此，他的著作多为对理学经典的札记，包括其阅读《性理大全》所作札记《读书录》以及阅读周敦颐、张载、朱熹等人著作所作札记《读书续录》，清人辑其文字为《薛文清公文集》，今有《薛瑄全集》出版。

（一）薛瑄的理气观

在以理气观为核心的本体论层面，薛瑄在承袭朱子思想的基础上有所改进与发展。他首先继承了朱子以理为绝对纯粹本体的思想：“因有一定之理，故天地万物常如此。”[②]“理无所不有，如天地之初，都无一物，只有此理，而天地万物自能生。假使后世天地万物一时俱尽，而此理既长存，又自能生万物，可谓万物必得有种而后能生乎。”[③]“天地万物，形体皆虚，而理则实。”[④]在薛瑄看来，理化生天地万物，是天地万物的最高本体，具有永恒性、绝对性、纯粹性的特征，这仍然是朱子语境下的再阐释。与此同时，薛瑄也肯定了气在理化生万物中的作用：“统天地万物，一气之变化。”[⑤]“其可见者，气也；其不可见者，理也。……太极，理也，生物之本；阴阳五行，气也，生物之具。”[⑥]他将理设定为形上层面的万物本体，是不可见的，而将阴阳五行的气化流行设定为形下层面化生万物具体形质的过程，是可见的，由形上到形下的过程即构成完整的世界图景。可以看到，在宏观层面，薛瑄仍然是继承了朱子理气观的框架与道路，但是在由形上到形下的具体过程中，薛瑄有了自己的思考与改进。

第一，薛瑄对朱子的“无极而太极”做了进一步的解读。朱熹认为“无极而太极”并不意味着无极化生太极，无极在太极之上与之前，但二者究竟是怎样的关系，朱熹并未阐明。薛瑄在此基础上明确了这一关系：“太极者，理之别名，非有二也。”[⑦]“无极而太极，非有二也，以无声无臭而言，谓之无极；以极致之理而

---

① 侯外庐：《宋明理学史》（下），人民出版社 2005 年版，第 119 页。
② （明）薛瑄：《薛瑄全集》，三晋出版社 2015 年版，第 1011 页。
③ （明）薛瑄：《薛瑄全集》，三晋出版社 2015 年版，第 809 页。
④ （明）薛瑄：《薛瑄全集》，三晋出版社 2015 年版，第 731 页。
⑤ （明）薛瑄：《薛瑄全集》，三晋出版社 2015 年版，第 897 页。
⑥ （明）薛瑄：《薛瑄全集》，三晋出版社 2015 年版，第 687 页。
⑦ （明）薛瑄：《薛瑄全集》，三晋出版社 2015 年版，第 800 页。

言，谓之太极。无声无臭而至理存焉，故曰无极而太极。”[①]在他看来，无极与太极并非为相互区分的两个事物，其中无极是对理形上存在状态的描述，而太极则是对理为根本极致的形容，二者统一归于理之中，是一种一体两面的关系，由此进一步阐明了朱子的思想。

第二，在太极动静方面，薛瑄沿袭曹端对朱子的批判，认为太极自会动静。在朱熹那里，太极或理似人跨马一样乘气而动，在这一过程中动静皆为气之赋予，而太极自身不会动静。薛瑄同曹端一样批判了这一思想：

> 临川吴氏曰：“太极无动静，故朱子释《太极图》曰：太极之有动静，是天命之流行也。此是为周子分解太极不当言动静，以天命有流行，故只得以动静言。”窃谓天命即天道也，天道非太极乎？天命既有流行，太极岂无动静乎？朱子曰：“太极，本然之妙也；动静，所乘之机也。”是则动静虽属阴阳，而所以能动静者，实太极为之也；使太极无动静，则为枯寂无用之物，又焉能为造化之枢纽、品汇之根柢乎？以是而观，则太极能为动静也明矣。[②]

他认为天命即天道，天道即太极，而天命有流行化用，那么通过逻辑的传递则太极必然是有动静的。另一方面，同曹端一样，薛瑄认为太极作为形上本体理应具备主动的动静属性，如若将太极设定为乘气被动动静则与太极形上本体地位不符，就会使太极成为枯寂无用之物，而无法适应造化万物的本体功用。

第三，在理气关系层面，薛瑄进一步发挥曹端的思想，批判了朱子的理气先后论。关于理气关系，朱熹认为理逻辑地在气先，这样直接的结果就是将理与气截然分为二物，薛瑄则直接批判了这一观点：

> 或言“未有天地之先，毕竟先有此理，有此理便有此气”。窃谓理气不可分先后，盖未有天地之先，天地之形虽未成，而所以为天地之气，则浑浑乎未尝间断止息，而理涵乎气之中也。及动而生阳，而天始分，则理乘是气之动，而具于天之中；静而生阴，而地始分，则理乘是气之静，而具于地之中。分天分地，而理无不在；一动一静，而理无不存，以至化生万物，万物生生而变化无穷，理气二者，盖无须臾之相离也，又安可分孰先孰后哉？孔子

---

① （明）薛瑄：《薛瑄全集》，三晋出版社 2015 年版，第 687 页。

② （明）薛瑄：《薛瑄全集》，山西人民出版社 1990 年版，第 1252 页。

曰“易有太极”,其此之谓与![1]

在他看来,理气是不能有先后之分的,气在天地形成之前便以混沌不分的状态存在而从未有所停息,理蕴含在气之中。无论是天地始分还是气的动静状态,在化生万物及万物生长、变化、发展中理和气都时时刻刻地存在,并且二者是须臾不离、紧密无间的关系。对此,薛瑄还有多处阐述:“理气间不容发,如何分孰为先、孰为后?”[2]“理只在气中,决不可分先后。如太极动而生阳,动前便是静,静便是气,岂可说理先而气后也?”[3]为了进一步论述理气这种“间不容发”的关系,薛瑄将朱子人跨马的比喻改为日光飞鸟的比喻:“理如日光,气如飞鸟。理乘气机而动,如日光载鸟背而飞。鸟飞而日光虽不离其背,实未尝与之俱往,而有间断之处,亦犹气动,而理虽未尝与之暂离,实未尝与之俱尽而有灭息之时。”[4]可以看到,薛瑄沿袭了朱子理乘气动的说法,但是把喻体由人和马替换为日光与鸟,喻体的变化必然带来整个关系的变化,理乘气动就像日光照在飞鸟的背上,日光始终不离鸟背,正如理气丝毫无间的关系。薛瑄进一步明晰理与气的关系道:“以气中有太极则可,以气即太极则不可。”[5]理在气中,二者丝毫无间的关系并不意味着理与气绝对等同,否则理失去绝对性、永恒性、纯粹性的特征,进而失去形上本体地位。那么理与气的区别是什么?薛瑄认为:“气有聚散,理无聚散。”[6]对此,他再次以月印万川的比喻作了阐释:

理如月,气如水,或一海水,或一江水,或一溪水,或一沼水,或一盎水,或一盂水,水虽不同,莫不各得一月之光;或一海水尽,或一江水尽,或一溪水、一沼水、一盎水、一盂水尽,水尽时,各水之月光虽不可见,而月之本体则常存,初不与水俱尽也,以是观之,则“气有聚散,理无聚散”,于此可见。[7]

薛瑄以月喻理,以水喻气,在月光下,无论水体大小,不管在江海还是在杯

---

① (明)薛瑄:《薛瑄全集》,山西人民出版社1990年版,第1074页。
② (明)薛瑄:《薛瑄全集》,山西人民出版社1990年版,第1097页。
③ (明)薛瑄:《薛瑄全集》,山西人民出版社1990年版,第1120页。
④ (明)薛瑄:《薛瑄全集》,山西人民出版社1990年版,第1145页。
⑤ (明)薛瑄:《薛瑄全集》,三晋出版社2015年版,第1029页。
⑥ (明)薛瑄:《薛瑄全集》,山西人民出版社1990年版,第1145页。
⑦ (明)薛瑄:《薛瑄全集》,三晋出版社2015年版,第763页。

中都可以映得一轮圆月，但是水有干涸消尽之时，而月亮则是永恒性本体性存在，虽然月亮映在水面与水丝毫无间，但是月亮是永恒存在，而水不是，并且水的消失并不能带动月亮的消失，理气关系亦如此。由此，薛瑄重新架构了独特的理气关系，极力弥补朱子理气关系的疏漏。值得注意的是，理气无间的同时又相互区别，在逻辑意义上并未真正实现对于理气相分的弥补。对此，明朝中叶哲学家罗钦顺曾批判道：

> 薛文清《读书录》甚有体认工夫，然亦有未合处。所云"理气无缝隙，故曰道亦器，器亦道"，其言当矣。至于反复证明气有聚散，理无聚散之说，愚则不能无疑。夫一有一无，其为缝隙也大矣，安得谓之器亦道，道亦器耶？盖文清之于理气，亦始终认为二物，故其言未免时有窒碍也。[①]

最后，关于理一分殊，薛瑄在继承朱熹的基础上有进一步的强调与发挥。他首先继承了朱子月印万川的比喻："先儒'月印万川'之喻，最好喻太极。盖万川总是一月光，'万物统体一太极也'；川川各具一月光，'物物各具一太极'也。其统体之太极，即各具之一本；其各具之太极，即全体之万殊。非有二太极也。"[②]可以看到，薛瑄基本沿用了朱子理一分殊命题的内涵，认为万物各具一太极或理，万物之理是本体之理的分殊，所以有所不同，但追根究底万事万物最根本的天理则是唯一的、完满的、纯粹的。在此基础上，薛瑄更强调了"理一"："'理一'，所以统乎'分殊'，'分殊'所以行乎'理一'，非有二也。"[③]"理一"统摄着"分殊"，"分殊"是"理一"的化用流行，因此，"理一"的地位要高于"分殊"，其实这也是理的至高形上地位所决定的。那么理的分殊是否意味着是对理的简单分割？对此，薛瑄与朱子持相似的观点："太极浑然一理，其大无外，其小无内，人物虽各得一理，似乎分矣，合而言之，又浑是一理，实未尝分也。天地间总是一月光，万川虽各得一月光，又总是一月光也。太极不可分，于是可见矣。"[④]以理一分殊的字面含义来看，似乎是分割天理赋予万物，然后拼接万物之理又可得到纯粹完整的天理。但是事实上，正如同月光映照在不同的河流之中一样，始终只有一轮明月，也始终只有一个天理不可分割。那么万事万物之中的

---

① （清）黄宗羲：《明儒学案》，中华书局 1985 年版，第 421—422 页。

② （明）薛瑄：《薛瑄全集》，山西人民出版社 1990 年版，第 1243 页。

③ （明）薛瑄：《薛瑄全集》，三晋出版社 2015 年版，第 829 页。

④ （明）薛瑄：《薛瑄全集》，山西人民出版社 1990 年版，第 1420 页。

分理为何会呈现不同？薛瑄认为这是理与气共同作用的结果："人物皆得天地之气以成形，所谓'天地之塞，吾其体'；皆得天地之理以成性，所谓'天地之帅，吾其性'。体、性，人与物皆同，所谓'理一'也。然人得其气之正而理亦全，而物得气之偏而理亦偏。圣人尤得其气之最清最秀者，故性极全，与天地合德。贤者禀气次乎圣人，故其德出乎凡民，皆'分殊'也。"①理化生人与万物，所禀之理同为一个天理，但是之所以有人物与圣贤的区分是因为气禀的作用，人禀正气所以所禀之理没有受到遮蔽，而物禀之理受到了气之遮蔽。进而，圣人与贤人亦是禀气清秀的结果，这便是分殊的由来。在薛瑄那里，理一分殊被进一步扩大到了较为广阔的范畴：

> 统天地万物言之，一理也；天地万物各有一理，分殊也。就天言之，天，一理也；而天之风、云、雷、雨之属各有一理，其分殊也。就地言之，地，一理也；而地之山、川、草、木之类各有一理，其分殊也。就人一家言之，一理也；而人之父子、夫妇、长幼之类各有一理，分殊也。就人一身言之，一理也；而四肢、百骸各有一理，分殊也。就一国天下言之，莫不皆然。就一草一木言之，一理也；而枝干花叶之不同，分殊也。"理一"行乎分殊之中，"分殊"不在"理一"之外，"一本万殊，万殊一本"也。②

可以看到，薛瑄将天地万物、人伦日用、四肢百体、仁义礼智等范畴全部以理一分殊进行解读与构建，这种解读与构建较朱子而言更为广阔与宏大，朱子的理一分殊思想得到了进一步的阐释与发挥。

（二）薛瑄的心性思想

薛瑄在继承朱子思想的基础上，特别重视对心性思想的研究与体悟，力图构建起天人沟通的桥梁。他曾总结自己的一生道："七十六年无一事，此心惟觉性天通。"③关于"心"，薛瑄首先突出了它的本体地位以及主宰作用："心，性，命，一理也。"④"视其色在目，而知其色之理在心；听其声在耳，而知其声之理在心；食其味在口，而知其味之理在心；闻其香在鼻，而知其香之理在心。此心所

---

① （明）薛瑄：《薛瑄全集》，山西人民出版社 1990 年版，第 1262 页。

② （明）薛瑄：《薛瑄全集》，山西人民出版社 1990 年版，第 1267 页。

③ （明）薛瑄：《薛瑄全集》，三晋出版社 2015 年版，第 218 页。

④ （明）薛瑄：《薛瑄全集》，山西人民出版社 1990 年版，第 1464 页。

以为一身之主宰也。”[①]“细看植物亦似有心，但主宰乎是，使之展叶开花结实者，即其心也。”[②]可以看到，薛瑄将心、性、命与理相提并论，力图将心性上升至形上本体地位，但是这种相提并论并不是简单的概念传递，心和理的关系仍然是朱子语境下的“心具众理”，同时无论是人还是物均由其“心”主宰。关于心性关系，薛瑄说：“天命流行，命也，命赋于人，性也。心与性俱生者也。性体无为，人心有觉，故‘心统性情’。”[③]“言心即有性，言性即有心，心、性不相离也。”[④]在这里，薛瑄沿用了朱熹的“心统性情”观，亦即将心作为性情的载体与归宿，二者密不可分，由此便开启了对性的论述。

薛瑄十分赞同程朱“性即理”的观点，认为它“足以定千古论性之疑”[⑤]。因此，薛瑄便以“性即理”首先确定性的形上本体地位：“太极者，性理之尊号，道为太极，理为太极，性为太极，心为太极，其实一也。”[⑥]可以看到，一方面薛瑄通过将太极、道、理、性、心相提并论确立性的形上本体地位，另一方面更进一步突出了这一地位，甚至将性置于理上，认为性是万理之宗，从这种倾向可以明显看到理学在明代向心性的转向。薛瑄还对性的广泛性做了阐述：“‘性即理也’，满天地间皆性也。”[⑦]“一日偶思，性非特具于心者为是，凡耳、目、口、鼻、手、足动静之理皆是也；非特耳、目、口、鼻、手、足动静之理为是，凡天下万物之理皆是也，故曰：‘天下无性外之物，而性无不在。’”[⑧]在薛瑄看来，性无所不包无所不在，天下万事万物各有其性。不仅如此，薛瑄还通过性将天道与人道统而为一：

> 仁义礼智即是性，非四者之外别有一理为性也。道只是循此性而行，非性之外别有一理为道也。德即是行此道而有得于心，非性之外别有一理为德也。诚即是性之真实无妄，非性之外别有一理为诚也。命即是性之所从出，非性之外别有一理为命也。忠即尽是性于心，非性之外别有一理为忠也。恕即是推是性于人，非性之外别有一理为恕也。然则性者，万理之

---

① (明)薛瑄：《薛瑄全集》，山西人民出版社1990年版，第1212页。

② (明)薛瑄：《薛瑄全集》，山西人民出版社1990年版，第1150页。

③ (明)薛瑄：《薛瑄全集》，山西人民出版社1990年版，第1395页。

④ (明)薛瑄：《薛瑄全集》，山西人民出版社1990年版，第1480页。

⑤ (明)薛瑄：《薛瑄全集》，山西人民出版社1990年版，第1073页。

⑥ (明)薛瑄：《薛瑄全集》，山西人民出版社1990年版，第1296页。

⑦ (明)薛瑄：《薛瑄全集》，山西人民出版社1990年版，第1464页。

⑧ (明)薛瑄：《薛瑄全集》，山西人民出版社1990年版，第1023页。

统宗欤！[①]

无论是天道还是人道皆统归于性理范畴，由此便架起了人与天沟通的桥梁。

依托紧密无间的理气观，薛瑄很快将“性即理”命题的讨论转移到对性、气关系的论述上。关于性、气关系他说：“论气不论性，不备。言孟子论性善，固得性之本源，然不论气，则不知有清浊、昏明之异，故未备。”[②]“性气不相离，专论性不论气，则性无安泊处，此不备也；性气既不相离，因气有清浊，故性有明暗，若专论本然之性而不论气，则不知有清浊、明暗气质之性，此不备。”[③]薛瑄认为，孟子虽然明确了人性之本善，但是没有将气之清浊昏明考虑在内，直接后果就是无法对现实中存在的人性善恶进行完备的解释，因此他通过性即理命题的逻辑传递认为性、气亦是不可分离的紧密关系，进而亦走向了朱熹的性二元论道路，以气的杂糅与否为标准将性分为本然之性与气质之性：“性一也，本然之性，纯以理言，气质之性，兼理气言。”[④]薛瑄认为本然之性是理的纯粹赋予，而气质之性是理与气掺杂的产物。那么，理作为形上本体的纯粹性必然决定了本然之性的至善无恶，对此，薛瑄说：“天理本善，故人性无不善。”[⑤]“‘一性散为万善，万善原于一性’，一本万殊，万殊一本也。”[⑥]在这里，薛瑄明确了本然之性的绝对至善，并以理一分殊的思维阐释了本然之性之善与万善的关系。那么本然之性的善又如何解释现实中的恶？薛瑄说：“性如水，水本清，被泥沙浊了便浊了，也只得谓之水；性本善，被气质夹杂恶了便恶了，也只得谓之性。”[⑦]“私欲为人性之蔽，张程皆论‘气质之性’……人性之蔽不独私欲，而亦拘于气质。故朱子论人性之蔽，必兼私欲气禀言之。”[⑧]他以水喻性，水本清澈，掺杂进泥沙之后便会浑浊，同理，人性本善，被气质和人欲掺杂就会产生恶性。为了进一步说明这种关系，薛瑄仍然以水为喻：“性譬如一源水，引去清渠中则水亦清，亦犹气清而

① （明）薛瑄：《薛瑄全集》，山西人民出版社 1990 年版，第 1151 页。
② （明）薛瑄：《薛瑄全集》，三晋出版社 2015 年版，第 1021 页。
③ （明）薛瑄：《薛瑄全集》，三晋出版社 2015 年版，第 1024 页。
④ （明）薛瑄：《薛瑄全集》，三晋出版社 2015 年版，第 786 页。
⑤ （明）薛瑄：《薛瑄全集》，山西人民出版社 1990 年版，第 1421 页。
⑥ （明）薛瑄：《薛瑄全集》，山西人民出版社 1990 年版，第 1404 页。
⑦ （明）薛瑄：《薛瑄全集》，山西人民出版社 1990 年版，第 1253 页。
⑧ （明）薛瑄：《薛瑄全集》，山西人民出版社 1990 年版，第 1464 页。

性亦明也；引去浊渠中则水亦浊，亦犹气昏而性亦昏也。是则水有清、浊者，渠使之然，而水则本清；性有昏、明者，气使之然，而性则本明。”[①]可以看到，薛瑄将决定水之清浊的因素进一步细化到水被引入的水渠之中，水渠的清浊决定里边流动的水的清浊，同理，气的清浊则决定性之昏明善恶。值得注意的是这个比喻背后所隐含的引导义，水被引导的方向决定了水之清浊，至善的本然之性落入不同的气质则产生不同的果，性之善恶始分，也就是说气质这一关键环节便决定了性之善恶，由此薛瑄便走向了通过改变气质进而实现复性的工夫道路。

（三）薛瑄的复性说

关于复性工夫，薛瑄说：

> 张子曰："形而后有气质之性，善反之则天地之性存焉，故气质之性，君子有弗性者焉。"此言气质昏浊，则天地之性为其所蔽，故为气质之性。善反之而变其昏浊，则天地之性复明；若气质本清，则天地之性自存，初无待反之之功。[②]

可以看到，薛瑄复性说实质上仍然是从张载与朱子的变化气质复归天地之性出发的。进而，薛瑄根据气质之不同将人分为圣人、贤人、中人、下人四类。关于圣人他说："圣人尤得其气之最清最秀者，故性极全，与天地合德。"[③]

圣人禀赋最清秀之气，理没有被遮蔽，因此其性最全最接近本然之性，所以圣人不需要做复性的工夫。而贤者"禀气次乎圣人，故其德出乎凡民"[④]。贤者禀气仅次于圣人，所以道德超众，但是其禀气不及圣人，因此是受遮蔽而不齐全的，需要以复性工夫回归本然之性。关于中人，薛瑄说：

> 中人以下则气质浑浊而全者不能无蔽，与物之偏者无异，此人有近于物者。物于偏之中又有得其一端之明者，如雎雄有别，蜂蚁君臣之类，此物有近于人者。但物之气质之偏终为所拘，不能通乎理之全，惟人能变化气质之性，则有可通之理。故张子曰："善反之则天地之性存焉。故气质之

---

① （明）薛瑄：《薛瑄全集》，山西人民出版社 1990 年版，第 1152 页。
② （明）薛瑄：《薛瑄全集》，山西人民出版社 1990 年版，第 1448 页。
③ （明）薛瑄：《薛瑄全集》，三晋出版社 2015 年版，第 870 页。
④ （明）薛瑄：《薛瑄全集》，三晋出版社 2015 年版，第 870 页。

性，君子有弗性者。”[①]

在他看来，中人虽然受浑浊气质的遮蔽，但是通过变化气质亦可达到复归本然之性的目标，但是下人则不然：“气质之蔽最深。民不可使知之，是皆蔽之深不能有以开其识也。”[②]也就是说下人受气质的遮蔽最深，达到了积重难返的地步，复性工夫已然对其产生不了任何积极的效果。由此，薛瑄确定了复性的对象，即贤者与中人。那么具体怎么做复性的工夫呢？

薛瑄将为学作为复性工夫的前提。“为学能使理胜气，则可以变化气质之性，而反天地之性。若气胜理，则不能矣。”[③]“为学之要，在于知善性；知善性，则知所用力矣。”[④]薛瑄认为，读书学习能够使人知性，明晰性本至善，只不过是受气质的遮蔽始有不善，知性后方可明确复性的目标，然后利用具体的复性方法改变气质，从而使理战胜气的遮蔽使性复归于至善的本质状态。而薛瑄复性的具体工夫，以程颐、朱子的“涵养须用敬，进学则在致知”为纲领[⑤]，细分为居敬立诚和格物穷理两种工夫。而两种工夫的关系为：“居敬以立本，穷理以达用。居敬有力，则穷理愈精；穷理有得，则居敬愈固。”[⑥]“‘居敬’‘穷理’二者不可偏废，而‘居敬’又‘穷理’之本也。”[⑦]薛瑄认为居敬工夫为本，穷理工夫为用，二者相互促进相互影响，必须协调推进不可偏废。关于居敬工夫，薛瑄说：“盖庄敬则志以帅气，卓然有立，为善娓娓不倦，而不知老之将至；安肆则志气昏惰，柔懦无力，玩愒岁月，悠悠无成矣。”[⑧]他认为，居敬对于人有持志养气的作用，是十分重要的，因此将居敬立为复性之本。而具体的居敬方法，薛瑄认为首先就要常存敬畏心：“舜之兢兢业业，禹之祗台德先，成汤之栗栗危惧，文王之小心翼翼，皆敬谨之谓也。”[⑨]舜、禹、汤、文王均是兢兢业业、小心翼翼，常存敬畏之心，方才成就事功。其次，居敬要专一用心：“行第一步心在第一步上，行第二步心

① （明）薛瑄：《薛瑄全集》，山西人民出版社1990年版，第1252页。

② （明）薛瑄：《薛瑄全集》，三晋出版社2015年版，第834页。

③ （明）薛瑄：《薛瑄全集》，山西人民出版社1990年版，第1447页。

④ （明）薛瑄：《薛瑄全集》，三晋出版社2015年版，第996页。

⑤ 张学智：《中国儒学史·明代卷》，北京大学出版社2011年版，第93页。

⑥ （明）薛瑄：《薛瑄全集》，山西人民出版社1990年版，第1517页。

⑦ （明）薛瑄：《薛瑄全集》，山西人民出版社1990年版，第1172页。

⑧ （明）薛瑄：《薛瑄全集》，山西人民出版社1990年版，第1175页。

⑨ （明）薛瑄：《薛瑄全集》，三晋出版社2015年版，第980页。

在第二步上，三步四步无不如此，所谓敬也。如行第一步而心在二步三步之外，行第二步而心在四步五步之外，即非敬也。至若写字处事无不皆然，写第一字心在第一字上，为一事心在一事上，件件专一，便是敬。”[①]敬意味着处事要用心专一，一心一意，不可三心二意，过于前瞻。最后，待人接物须用敬：“敬而和处众之要，处己、事上、接下皆当以诚敬为主。”[②]无论是对自己还是上级、下级，都应该以恭敬谦和的态度相处。在居敬的同时，薛瑄强调了立诚的重要性：“‘诚’是性之真实无妄，非性之外别有诚也。”[③]他将诚阐释为性的真实无妄状态，亦即确立了立诚工夫的复性地位。关于立诚的具体工夫方法，薛瑄则认为需要在慎独上着手：“诚意之要，在乎谨之于幽独隐微之处，以禁止其苟且自欺之意。”[④]“克尽己私为诚有一毫之私未尽，则非诚矣。”[⑤]“妄念邪念息，则意自诚矣。”[⑥]“不敢有邪心，渐近于‘诚’。”[⑦]在他看来，立诚的关键在于当自己独处时要摒弃私心、邪念、邪心，克制欲望，由此方能立诚心归善性。

薛瑄十分推崇朱子的“格物穷理”工夫，将其作为复性工夫的重要一方面。他说：“自有《大学》书以来，发明‘格物致知’为‘穷理’之事者，程子而已；继程子而发明其义者，朱子一人而已。”[⑧]通过分析这段文字，我们一方面可以看到薛瑄对朱子格物穷理工夫的服膺，另一方面亦可看出在薛瑄语境下格物与穷理的关系，亦即格物为穷理的具体着手工夫，而穷理则是格物的至极境界。关于格物工夫，薛瑄基本继承了朱子的学说，但是亦有所发明。他首先扩充了格物对象的范围：

> 格物所包者广。自一身言之，耳、目、口、鼻、身、心皆物也，如耳则当格其聪之理，口、鼻、四肢则当格其止、速、恭、重之理，身、心则当格其动静、性情之理。推而至于天地万物，皆物也。天地则当格其健顺之理，人伦则当格其慈、孝、仁、敬、智、信之理，鬼神则当格其屈伸、变化之理，以至草木、鸟

① （明）薛瑄：《薛瑄全集》，山西人民出版社 1990 年版，第 1084 页。
② （明）薛瑄：《薛瑄全集》，三晋出版社 2015 年版，第 889 页。
③ （明）薛瑄：《薛瑄全集》，山西人民出版社 1990 年版，第 1298 页。
④ （明）薛瑄：《薛瑄全集》，山西人民出版社 1990 年版，第 1370 页。
⑤ （明）薛瑄：《薛瑄全集》，山西人民出版社 1990 年版，第 1477 页。
⑥ （明）薛瑄：《薛瑄全集》，山西人民出版社 1990 年版，第 1387 页。
⑦ （明）薛瑄：《薛瑄全集》，山西人民出版社 1990 年版，第 1106 页。
⑧ （明）薛瑄：《薛瑄全集》，山西人民出版社 1990 年版，第 1488 页。

兽、昆虫则当格其各具之理。又推而至于圣贤之书、六艺之文、历代之政治，皆所谓物也，又当各求其义理精粗、本末、是非、得失，皆所谓格物也。[①]

在薛瑄那里，格物的对象无所不包，人身、天地万物、人伦日用、鬼神、草木、鸟兽、昆虫、圣贤之书、政治等都是格物的对象，亦即要细致入微观察、体贴众多事物中存在的理，进而洞察天理，从而实现复性的目标。但是，这种穷理并不意味着对万事万物简单机械式的一一体贴：

然天下物众矣，岂能遍格而尽识哉！惟因其所接者，量力循序以格之，不疏以略，不密以穷，澄心精意，以徐察其极。今日格之，明日格之，明日又格之，无日不格之，潜体积玩之久，沉思力探之深。已格者不敢以为是而自足，未格者不敢以为难而遂厌，如是之久，则塞者开，蔽者明，理虽在物，而吾心之理则与之潜会而无不通。始之通也，见一物各一理；通之极也，则见千万物为一理。朱子所谓"众物之表里精粗无不到，而吾心之全体大用无不明"者，可得而识矣。[②]

可以看到，薛瑄亦注意到了物之无穷性与人之格物的有限性，于是他亦继承了朱子今日格一物，明日格一物的渐进式格物方法，认为无须穷尽天下万物之理，只须量力而行，尽己之力去积累，久而久之会实现贯通，即识得物理人性统归于一个天理，由此便可以扩充至对世界万物之理的融会贯通，实现性与天通的复性目标。

三、王廷相

王廷相（1474—1544），字子衡，号浚川，仪封（今河南兰考）人。王廷相自幼便以爱好诵读诗文出名，13 岁被补为庠序生，22 岁中举，弘治十五年（1502）中进士，选翰林院庶吉士，授兵科给事中，从此开始走上四十余年的政治与学术道路，先后出任湖广按察使、监察御史、山东右布政使、四川巡抚、南京兵部侍郎、南京兵部尚书兼左都御史等职，诗文造诣很高，为明代文坛"前七子"之一。王

① （明）薛瑄：《薛瑄全集》，山西人民出版社 1990 年版，第 1067 页。

② （明）薛瑄：《薛瑄全集》，山西人民出版社 1990 年版，第 1067 页。

廷相为官清廉,刚正不阿,力主改革时弊,反对宦官及权臣弄权干政。为此他得罪宦官刘瑾而被诬陷贬官,但仍不为所惧,于1539年再弹劾严嵩、张瓒等人,甚至在出任陕西按察使期间因裁抑宦官廖堂被诬入狱,于晚年罢官归家。王廷相比较注重自然科学研究,在天文学和音律学上有一定的成就,丰富的自然科学研究经历对其哲学思想亦有较为深刻的影响。理学发展至明朝中后期,一方面是王阳明心学的崛起撼动程朱理学的主导地位,另一方面朱学传承至罗钦顺已然出现向气学演化的倾向,而王廷相通过批判邵雍、周敦颐、二程、朱熹、陆九渊、王阳明等理学家思想,再继承发展张载气学思想,构建起以"气本论"为核心的哲学思想体系,启迪了王夫之等实学思想家,在学术上起到了重要的承上启下作用。王廷相著作较多,主要有《沟断集》《台史集》《近海集》《吴中集》《华阳稿》《泉上稿》《慎言》《雅述》《答天问》等,被后人辑入《王氏家藏集》。

(一)气本论及其对理学的批判

朱熹以"太极即理"确立理的至高本体地位,王廷相首先便批判了这一说法:"南宋以来,儒者独以理言太极而恶涉于气。如曰:'未有天地,毕竟是有此理';如曰:'源头只有此理,立乎二气五行万物之先';如曰:'当时元无一物,只有此理,便会动静生阴阳';如曰:'才有天地万物之理,便有天地万物之气'。嗟乎!支离颠倒,岂其然耶?"①从中可以看到王廷相对朱熹以理言太极、以理为本体的不满。他认为无所凭借悬置虚空的理不符合本体的至高地位,而强行以理之动静生阴阳之气再化生万物更是一种支离颠倒。在此基础上,王廷相进一步批判了"理在气先"的说法:"老庄谓道生天地,宋儒谓天地之先只有此理,此乃改易面目立论耳,与老、庄之旨何殊?愚谓天地未生,只有元气,元气具,则造化人物之道理即此而在,故元气之上无物、无道、无理。"②"天内外皆气,地中亦气,物虚实皆气,通极上下,造化之实体也。是故虚受乎气,非能生气也;理载于气,非能始气也。世儒谓'理能生气',即老氏道生天地矣。"③"理皆出于气,无悬空独立之理。造化自有入无,自无为有,此气常在,未尝澌灭。"④"气,物之原

① (明)王廷相:《王廷相集》,中华书局1989年版,第848页。
② (明)王廷相:《王廷相集》,中华书局1989年版,第841页。
③ (明)王廷相:《王廷相集》,中华书局1989年版,第753页。
④ (明)王廷相:《王廷相集》,中华书局1989年版,第847页。

也。理,气之具也。器,气之成也。”[①]可以看到,王廷相将理在气先与老庄道生天地相提并论,认为皆是悬空之谈,在学理上,悬空的理是无法产生气的,元气才是至高、终极、永恒本体,元气之上无物、无道、无理,理只是以气为载体,是气之具,由此便解构了由宋代以来建立起的理气关系,理学之理本论至此反转为气本论。

王廷相进一步以元气为道体元素构建起独特的气本论系统:

> 道体不可言无,生有有无。天地未判,元气混涵,清虚无间,造化之元机也。有虚即有气,虚不离气,气不离虚,无所始,无所终之妙也。不可知其所至,故曰太极;不可以为象,故曰太虚,非曰阴阳之外有极有虚也。二气感化,群象显设,天地万物所由以生也,非实体乎?是故即其象,可称曰有;及其化,可称曰无,而造化之元机,实未尝泯。故曰道体不可言无(生有有无)。[②]

在这里,王廷相以道体为最高本体,认为道体无始无终,超越有无。而道体的基本元素为元气,元气在天地未产生之际处于一种混沌的状态即太虚,太虚之气无形无象,具有不可经验性,因此被称为太虚。同时太虚之气广阔无垠,充满寰宇,具有无限性,又被称为太极。由此,太极即理便转为太极即气。太虚之气进而化生阴阳二气,阴阳二气交感而形成万物。有与无是对万物的生灭而言,作为道体的元气不存在有无。

在将气确立为本体后,王廷相开始以气为核心构建其宇宙生成论。他将气分为元气与生气两个阶段:“有形亦是气,无形亦是气,道寓其中矣。有形,生气也;无形,元气也。元气无息,故道无息。是故无形者,道之氐也;有形者,道之显也。”[③]可以看到,王廷相以有形、无形划分元气与生气,其中,元气无形无息,处于形上本体阶段,而到了生气阶段则是实有的有形之气对万物进行具体的化生。他进一步以气之聚散来说明宇宙万物的生成与变化:“气有聚散、无灭息。雨水之始,气化也,得火之炎,复蒸而为气。草木之生,气结也,得火之灼,复化而为烟。以形观之,若有有无之分矣,而气之出入太虚者,未尝减也。”[④]王廷相

---

① (明)王廷相:《王廷相集》,中华书局 1989 年版,第 747 页。

② (明)王廷相:《王廷相集》,中华书局 1989 年版,第 751 页。

③ (明)王廷相:《王廷相集》,中华书局 1989 年版,第 751 页。

④ (明)王廷相:《王廷相集》,中华书局 1989 年版,第 653 页。

认为,万物的生灭皆是气之聚散所造成的,他以实证观察的方式举例下雨与水的蒸发,并认为水的蒸发并不意味着水之灭息,而是以气的状态回归太虚之中,不增不减。值得注意的是,这种观点已经与近代科学研究成果有所相似,反映出当时已经出现的实证科学研究对王廷相的影响。气造化万物的过程还有五行的参与,王廷相说:

> 天者,太虚气化之先物也,地不得而并焉。天体成,则气化属之天矣;譬人化生之后,形自相禅也。是故太虚真阳之气感于太虚真阴之气,一化而为日星雷电,一化而为月云雨露,则水火之种具矣。有水火,则蒸结而土生焉。日卤而成鹾,水炼之成膏,可类测矣。土则地之道也,故地可以配天,不得以对天,谓天之生之也。有土,则物之生益众,而地之化益大。金木者,水火土之所出,化之最末者也。①

在他看来,二气气化之后首先便产生了天,此时地还未生成。在天生成后,阳气交感于阴气形成日、星、雷、电、月、云、雨、露,便产生了五行之水火,水火的蒸结产生了土,有了土,一方面使物的种类日益多样化,另一方面产生了金与木两种五行元素,五行元素的向下化生便产生了物质世界。

此外,对于程朱的"理一分殊"命题,王廷相也进行了批判:"儒者曰:'太极散而为万物,万物各具一太极。'斯言误矣。何也?元气化为万物,万物各受元气而生,有美恶,有偏全,或人或物,或大或小,万万不齐,谓之各得太极一气则可,谓之各具一太极则不可。太极,元气混全之称,万物不过各具一支耳,虽水火大化,犹涉一偏,而况于人物乎?"②"天地之间,一气生生,而常而变,万有不齐,故气一则理一,气万则理万。世儒专言理一而遗万,偏矣。天有天之理,地有地之理,人有人之理,物有物之理,幽有幽之理,明有明之理,各各差别。统而言之,皆气之化,大德敦厚,本始一源;分而言之,气有百昌,小德川流,各正性命也。"③程朱以"月印万川"释理一分殊,认为万物各具一太极(理),而万物之太极犹如映在每条河流中的月亮一样,均是一理的反映,万物的不同是由于气禀对天理的遮蔽所造成的。王廷相则直接批判了这一思想,认为万物所得只是太

① (明)王廷相:《王廷相集》,中华书局1989年版,第752页。
② (明)王廷相:《王廷相集》,中华书局1989年版,第849—850页。
③ (明)王廷相:《王廷相集》,中华书局1989年版,第848页。

极之一气,而不是整个太极之气,正是万物禀得的气不同才有美恶、偏全、大小等的差异。朱熹所谓理即事物之所以如此的依据、理由及体现在事物上的条理、规则[①]。因此,物之区别亦与理相关,然而王廷相直接以气本论取消了理的本体地位,事物的根据与缘由从理转化为了气,由此,理只剩下了事物的条理规则等,而这些条理规则反而为气所决定,因此物之差异与区别便是气所决定的。因此王廷相才说"气一则理一,气万则理万"。那么,气又是如何决定物之不同的呢?王廷相以其独特的"气种"概念回答了这一问题:"天地、水火、万物皆从元气而化,盖由元气本体具有此种,故能化出天地、水火、万物。"[②]"万物巨细刚柔各异其材,声色臭味各异其性,阅千古而不变者,气种之有定也。人不肖其父,则肖其母,数世之后必有与祖同其体貌者,气种之复其本也。"[③]他认为,万物的不同是由于元气中不同的气种所决定的,气种的差异是先天的、恒定的,甚至他用气种来解释人类的遗传,认为人类体貌或遗传自父亲或遗传自母亲,经过数世的遗传仍然可以与其祖先的体貌相似,这些都是先天气种决定的。再进一步追究气种之不同就要到达太虚的境界:"有太虚之气,则有阴阳。有阴阳,则万物之种一本皆具,随气之美恶大小而受化,虽天之所得亦然也。"[④]气种的不同是由于在太虚之气中阴阳分数不同而受气之美恶、大小不同所造成的。

(二)"性气相资"的性一元论

程朱以孟子性善论为依托,将伦理原则上升至本体高度,提出"性即理"说,主张纯粹至善的天命之性源自天理,王廷相批判了这一学说:"朱子曰:'性者理而已矣,不可以聚散言,其聚而生,散而死者,气而已矣。若理,则初不为聚散而有无也。'由是言之,则性与气原是二物,气虽有存亡,而性之在气外者卓然自立,不以气之聚散而为存亡也。嗟乎!其不然也甚矣。"[⑤]王廷相认为,朱熹的性即理命题意味着性悬置于本体高度,从而造成性与气的分离,这在他看来是绝对不可接受的。他反对离气言性,认为性与气是不可分割的紧密关系:"离气言

---

① 张学智:《明代哲学史》,中国人民大学出版社 2012 年版,第 338 页。

② (明)王廷相:《王廷相集》,中华书局 1989 年版,第 974 页。

③ (明)王廷相:《王廷相集》,中华书局 1989 年版,第 754 页。

④ (明)王廷相:《王廷相集》,中华书局 1989 年版,第 754 页。

⑤ (明)王廷相:《王廷相集》,中华书局 1989 年版,第 602 页。

性，则性无处所，与虚同归；离性言气，则气非生动，与死同途。是性与气相资，而有不得相离者也。”[①]在王廷相看来，性与气互相依赖，不可分割，离开气谈论性会造成性无着落处进而悬置于虚空，离开性谈气则会造成气的僵化闭塞。在此基础上，王廷相进一步阐述了性气关系：“性者，阴阳之神理，生于形气而妙乎形气者也。”[②]“性生于气，万物皆然。”[③]由此，王廷相彻底将气本论贯彻至其人性论之中，认为气是性的根据，气产生了性，性是气的作用，而这一过程是自然而然的无所待的。值得注意的是，王廷相不仅反对离气言性，也反对离生言性，他说：“故有生则有性可言，无生则性灭矣，安得取而言之。是性之有无，缘于气之聚散。若曰超然于形器之外，不以聚散而为有无，即佛氏所谓‘四大之外，别有真性矣’，岂非谬幽之论乎？”[④]在他看来，性不是处于悬空的形上位置，性需要以人物之形质为着落处，而人物形质的生灭以气之聚散为根据，因此性的有与无必然与气之聚散、人物生灭的形下具体过程有关，否则就会成为悬空的佛家之言。

关于性之善恶，程朱继承孟子性善说，以超越经验存在的纯粹天命之性在本体论高度确立性善的本源，为了进一步解释现实中所存在的性之恶，又以掺杂气禀影响的气质之性作为补充，构建其性二元论体系。王廷相反对性二元论并力图构建其气一元论：

> 人有二性，此宋儒之大惑也。夫性，生之理也。余以为人物之性无非气质所为者，离气言性，则性无处所，与虚同归；离性言气，则气非生动，与死同途。是性与气相资，而有不得相离者也。但主于气质，则性必有恶，而孟子性善之说不通矣。故又强出本然之性之论，超乎形气之外而不杂，以傅会于性善之旨，使孔子之论反为下乘，可乎哉？[⑤]
>
> 性生于气，万物皆然。宋儒只为强成孟子性善之说，故离气而论性，使性之实不明于后世，而起诸儒之纷辩，是谁之过哉？[⑥]

---

① （明）王廷相：《王廷相集》，中华书局 1989 年版，第 518 页。
② （明）王廷相：《王廷相集》，中华书局 1989 年版，第 767 页。
③ （明）王廷相：《王廷相集》，中华书局 1989 年版，第 837 页。
④ 侯外庐：《王廷相哲学选集》，中华书局 1965 年版，第 54 页。
⑤ （明）王廷相：《王廷相集》，中华书局 1989 年版，第 518 页。
⑥ （明）王廷相：《王廷相集》，中华书局 1989 年版，第 658 页。

王廷相从性自气出、性气相资的角度出发，认为程朱等人的性二元论是为了逢迎孟子性善说而牵强附会的结果，其中脱离形气束之高阁的本然之性正是性二元论错误的本源。对此，王廷相以气重新阐释了本然之性："谓之天命者，本诸气所从出而言也，非人之能之也。故曰天也。"①"性果出于气质，其得混驳而生者，自禀夫为恶之具，非天与之而何哉？故曰'天命之谓性'。"②他认为，天由气所出，人禀天之气为性，因此禀赋于天的本然之性自然不存在，性之善恶是由气决定的，气有清浊粹驳之分，性有善恶之分："气有清浊粹驳，则性安得无善恶之杂？"③在王廷相那里，性的善恶不仅禀赋于气，还与人的后天修习有关：

> 圣人缘生民而为治，修其性之善者以立教，名教立而善恶准焉。是故敦于教者，人之善者也；戾于教者，人之恶者也。为恶之才能，善者亦具之；为善之才能，恶者亦具之。然而不为者，一习于名教，一循乎情欲也。夫性之善者，固不俟乎教而治矣。其性之恶者，方其未有教也，各任其情以为爱憎，由之相戕相贼，胥此以出，世道恶乎治，圣人恶乎不忧。故取其性之可以相生相安相久而有益于治者，以教后世，而仁义礼智定焉。背于此者，则恶之名立矣。故无生则性不见，无名教则善恶无准。④

他认为，圣人制定性之善恶标准而教化于民，愿意接受教化并努力修习善者就会成为善人，相反不愿遵循教化，任凭情欲滋生就会让恶充盈于性。因此，王廷相认为圣人禀气清明所以圣人之性纯粹至善，众人之性有善有恶："性之善者，莫有过于圣人，而其性亦惟具于气质之中，但其气之所禀清明纯粹，与众人异，故其性之所成，纯善而无恶耳。"⑤

（三）圣人境界与修养工夫

王廷相毕生追寻圣人之学，对圣人境界较为关注。他首先将人区分为圣人、亚圣、大贤、下人四种："圣人，道德之宗正，仁义礼乐之宰摄，世固不获见之矣。其次莫若得亚圣者，契道之真，以命令于一世者。其次莫如得大贤，严于守

---

① （明）王廷相：《王廷相集》，中华书局1989年版，第519页。

② （明）王廷相：《王廷相集》，中华书局1989年版，第519页。

③ （明）王廷相：《王廷相集》，中华书局1989年版，第518页。

④ （明）王廷相：《王廷相集》，中华书局1989年版，第787页。

⑤ （明）王廷相：《王廷相集》，中华书局1989年版，第518页。

道，不惑以异端九流，以乱道真焉。下此随波徇俗、私智害正者，纯疵交葛，吾不知其裨于道也。”①圣人是道德的化身，是仁义礼乐的制定与主宰者，为最高的价值理想。其次是亚圣，得到圣人之道的真传并以此教化世人。再次之为大贤，可以谨遵圣人之道而去伪存真。最后为下人，随波逐流，以己之私遮蔽圣人之道。而关于圣人的具体境界，王廷相以“化”字来形容：“从容纯熟，与道吻合，化也。学至于化，大之迹泯矣。而曰：‘化而后能有其大’，何也？大有迹也，犹有事于外也，在外犹有存亡也，安能保而有之？化则敛于精，贯于一也。其出入由我也，故谓之有。”②在他看来，化是圣人的最高境界，在这一境界中修养成熟，与道吻合。大字无法形容这一境界，因为大依然是有限的，会有外在之迹，就会造成滞于有限方所之中无法与道为一。

在明确了圣人之境作为目标后，王廷相亦阐述了做圣人之功的途径即其修养论。他首先批判了几种理学的修养工夫：

> 近世学者之弊有二：一则徒为泛然讲说，一则务为虚静以守其心，皆不于实践处用功，人事上体验。往往遇事之来，徒讲说者，多失时措之宜，盖事变无穷，讲论不能尽故也；徒守心者，茫无作用之妙，盖虚寂寡实，事机不能熟故也。③

> 近世好高迂腐之儒，不知国家养贤育才，将以辅治，乃倡为讲求良知，体认天理之说，使后生小子澄心白坐，聚首虚谈，终岁嚣嚣于心性之玄幽，求之兴道致治之术、达权应变之机，则暗然而不知。以是学也，用是人也，以之当天下国家之任，卒遇非常变故之来，气无素养，事未素练，心动色变，举措仓皇，其不误人家国之事者几希矣！④

可以看到，王廷相首先批判了主静的工夫方法，认为其虚妄悬置，不在实践处努力，缺乏在人事中的历练，从中我们也可以看出王廷相工夫论的实践指向性。其次，王廷相重点批判了致良知与体认天理的工夫，前者是王阳明的工夫论方法，后者是朱熹等人所主张的工夫。王廷相将其斥为好高迂腐，以此工夫修养之人不堪大用，误人误家误国，此种批判可谓入木三分。

---

① （明）王廷相：《王廷相集》，中华书局 1989 年版，第 762 页。
② （明）王廷相：《王廷相集》，中华书局 1989 年版，第 760 页。
③ （明）王廷相：《王廷相集》，中华书局 1989 年版，第 478 页。
④ （明）王廷相：《王廷相集》，中华书局 1989 年版，第 753 页。

对此，王廷相主张以主敬存诚为工夫切入点："学者始而用功，必须立敬存诚，以持其志，而后有进；久而纯熟，动静与道为一，则诚敬不待养而自存，志亦不待持而自定矣。"[①]"无事而主敬，涵养于静也，有内外交致之力；整齐严肃，正衣冠，尊瞻视，以一其外；冲淡虚明，无非僻纷扰之思，以一其内，由之不愧于屋漏矣。此学道入门第一义也。"[②]对于主敬存诚，王廷相认为不仅要动静皆养，还要内外交养，对内要克服纷乱杂思扰乱心智，对外要端正衣冠，严肃整齐，使外表展现出敬的状态。关于内外交养，王廷相还说："古人之学，先以义理养其心，复以礼乐养其体，内外交养，德性乃成。由是动合天则，而与道为一矣。"[③]他认为，对内要以儒家义理养心，增强道德践履的自觉性，对外要重视礼乐的教化作用，以礼乐熏陶修养自身，由此方可使德性达到与道为一的境界。

在此基础上，王廷相进一步强调了致知与涵养工夫："明道莫善于致知，体道莫先于涵养。"[④]对于致知工夫，王廷相说：

> 君子之学，博闻强识，以为资借也；审问明辨，以求会同也；精思研究，以致自得也。三者尽而致知之道得矣。深省密察，以审善恶之几也，笃行实践，以守义理之中也；改过徙义，以极道德之实也。三者尽而力行之道得矣。由是而理有未明，道有未极，非其才之罪也，卤莽邪僻害之也。是故君子主敬以养心，精义以体道。[⑤]

在这里，王廷相以《中庸》之中的学、问、思、辨为致知的具体工夫内容，认为通过这些工夫次第可以实现致知的目标，进而通过深思密察可以观照善恶的萌芽，进而以力行工夫回归并操持义理。其中，力行以审几、守中、徙义为具体工夫内容，以此来强调"知行兼举"的工夫特质，凸显了王廷相工夫论的实践性特征。另一方面，关于涵养工夫，王廷相说：

> 夫何以谓存养？曰："心未涉于事也，虚而无物，明而有觉，恐恐焉若或汩之也。"夫何以谓省察？曰："事几方蒙于念也，义则行之，不义则否。履冰其慎也，恐一念不义，蹈于小人之途也。"曰："存省、善矣，亦有不可行者，

① （明）王廷相：《王廷相集》，中华书局 1989 年版，第 766 页。
② （明）王廷相：《王廷相集》，中华书局 1989 年版，第 623 页。
③ （明）王廷相：《王廷相集》，中华书局 1989 年版，第 814 页。
④ （明）王廷相：《王廷相集》，中华书局 1989 年版，第 778 页。
⑤ （明）王廷相：《王廷相集》，中华书局 1989 年版，第 778 页。

何也?”曰:“或时势之殊,始而穷理未至也,能中止以改图,亦不害其为善。故曰:善无常主,此既事体量之学也。”①

王廷相认为心的虚静无物是涵养省察工夫的目标,做此工夫就要谨慎审查念头萌芽的善恶,符合义理就付之于行,悖于义理就坚决克制。此外,王廷相还强调了澄思寡欲和徙义日新工夫:“作圣之途,其要也两端而已:澄思寡欲,以致睿也;补过徙义,以日新也。卒以成之,曰诚。”②他认为,澄清心思并保持寡欲的状态可以使人睿智,学习了解义理而改变意念改正错误的言行从善如流就可以日新不已。做到睿智与日新就靠近了诚的境界。

四、高拱

高拱(1512—1578),字肃卿,号中玄,晚年号中元山人,河南新郑人。高拱出身官宦世家,祖父为缮部郎中,父亲高尚贤为光禄少卿,兄弟六人皆为明朝官吏,尤以高拱才华最高、贡献最大。据史书记载,高拱自幼颖敏好学,钻研经义,在1529年,年仅17岁的高拱便以“礼经”在河南乡试中夺魁,后又在1541年进士及第,选庶吉士,授翰林院编修。自此一生从政三十多年,历任太常卿、礼部左侍郎、礼部尚书、文渊阁大学士、太子太保等职。1567年,明穆宗即位,以徐阶为首辅,高拱联合郭朴对抗徐阶,后乞归养病。1569年明穆宗再次起用高拱,他尽反徐阶所为,为振兴朝政,兴利除弊,进行了整顿吏治、选拔人才、加强军事等一系列行之有效的改革,使当时的朝政及形势有所改观,为张居正改革打下了坚实的基础。1572年明穆宗驾崩,明神宗即位,次年高拱被宦官冯保陷害以“专权擅政”的罪名被罢官归家,归家后高拱潜心学术研究,著书立说,一生共撰写《外制集》《日进直讲》《问辨录》《献忱集》《程士集》《春秋正旨》《本语》《玉堂公草》等18部著作,1614年河南新野进士马之骏收集刊刻为《高文襄公集》,1686年高拱曾孙重刻《高文襄公文集》,今有《高拱全集》出版。在明朝中后期心学与气学并肩而立的学术背景下,高拱一方面继承发展了王廷相的气学思

① (明)王廷相:《王廷相集》,中华书局1989年版,第618页。
② (明)王廷相:《王廷相集》,中华书局1989年版,第760页。

想，提出了气一元的宇宙论与心性思想，将气学推向了新的高度，进而在张载到王夫之气学之间起到了承上启下的重要作用；另一方面，他以气学思想为基础，提出实政、实言、实事等实学思想，一改当时空谈心性的学术思想氛围，为明清之际实学思潮的兴起开启了道路。

（一）“天地之间，惟一气而已”的气本论思想

针对宋朝理学集大成者朱熹的理本论以及“理先气后”的理气关系论，高拱继承王廷相、杨东明等气学论者思想，将气设定为宇宙本源，他说：“盖天地之间，惟一气而已矣。气之行也，有时而顺，有时而舛；而其复也，有时而速，有时而迟。时乎舛也，虽尧、汤不能御其来；犹之时乎顺也，则庄、宣可以安享者也。”[①]高拱认为天地之间万事万物皆是由气化生，而气有顺有舛，有速有迟，即使圣王君主也不能左右。由此，宇宙本源便由理转换为气，他进一步反对朱子等人理气二分、理先气后的论说：“气具夫理，气即是理；理具于气，理即是气。原非二物，不可以分也……气聚则理聚，与生俱生；气散则理散，与死俱死。理气如何离得而可分言之耶？”[②]可以看到，在高拱那里并不存在独立之理或者独立之气，气承载理，理承载于气之中，理随气之聚散而聚散，二者是一种相即不离、一体两面的关系。那么应该如何具体理解替代“理乘气动”的“气具理”思想呢？高拱进一步解释道：“物，气之为；则，理之具。有物必有则，是此气即此理也。”[③]“理者，脉络微密，条派分明之谓。”[④]也就是说，气是成就万物化生的形上本体，而理则是气的条理与规则，每一个事物都有自己的物性与条理而区别于其他事物，这种物性与条理是内在于气的理通过化生过程产生的，因此气是理的载体，两者相即不离。

在明确了气的本体地位后，高拱同样以气为本在宇宙论层面进行了详细的化生演绎。他认为气首先化生了天地：“盖天地有大德焉，乃其体之总括处，元气之根本，敦厚盛大，而生生化化，其出无穷，此所以并育并行也。”[⑤]天地有化生

---

① （明）高拱著，岳金西、岳天雷编：《高拱全集》，中州古籍出版社2006年版，第1048页。
② （明）高拱著，岳金西、岳天雷编：《高拱全集》，中州古籍出版社2006年版，第1218页。
③ （明）高拱著，岳金西、岳天雷编：《高拱全集》，中州古籍出版社2006年版，第1213页。
④ （明）高拱著，岳金西、岳天雷编：《高拱全集》，中州古籍出版社2006年版，第1101页。
⑤ （明）高拱著，岳金西、岳天雷编：《高拱全集》，中州古籍出版社2006年版，第890页。

万物之大德，然而追根究底元气是天地之根本，元气化生了天地后才进一步向下化生为万物；“盖天地之为物，实理运行，更无参杂，惟其不贰也，所以能常久不息，化生万物，其出无穷”①。而天地化生万物的原因则是乾坤的动静交感：“夫静专动直而广生焉，乾之所以易知也；静翕动辟而大生焉，坤之所以简能也。动静相感而化生焉，乾坤之所以育物也……乾之专也，坤之辟也，其动静而无端也，乾坤通变而不穷也。”②乾（代表天）的属性为静专动直，因此能够进行广阔的化生；坤（代表地）的属性为静翕动辟，因此能够进行宏大的化生。二者的交感相应产生了万事万物，这一化生的过程是无限的、永恒的。他进一步以水流不息来比喻气-天地-万物的这一过程：

> 盖天地之化，万古流行而无一息之停，乃道体之本然也。但其机隐微难识，惟是水流不息，最为易见……水流之不息，道之不息也。道不止于水，而水固道中之一物。即水而观，则凡乾坤之阖辟，日月之往来，寒暑之推迁，人物之生息，其机皆可识也。③

气在宇宙论意义上的化生演绎过程如同水流不息一样是一个循环、无限、永恒的过程，虽然水并不能完整地呈现这一宇宙论过程，但是水中蕴含的部分特性，如乾坤的阖辟、日月的变化、寒暑的交替、人物的生息，皆是气化生的循环往复过程。

（二）“此言气质之性”的性一元论

关于人性论，程朱主张“性即理”，力图为心性确立形上本体渊源，高拱并不认同这一观点，对此他批判道：“谓‘性即理’，未敢为然也。且性即是理，则理即是性也。而世有称‘伦理’者焉，亦谓之‘伦性’可乎？有称‘文理’者焉，亦谓之‘文性’可乎？固可识已。”④在这里，高拱以逻辑演绎的方法论证了心即理的错误，虽然缺乏足够的学理支撑，但是为其设定气为心性本源初步扫清了障碍。很快，高拱从字源上对人性进行了重新阐释：“且性从‘生’，生非气欤？从

---

① （明）高拱著，岳金西、岳天雷编：《高拱全集》，中州古籍出版社2006年版，第892页。

② （明）高拱著，岳金西、岳天雷编：《高拱全集》，中州古籍出版社2006年版，第696页。

③ （明）高拱著，岳金西、岳天雷编：《高拱全集》，中州古籍出版社2006年版，第890页。

④ （明）高拱著，岳金西、岳天雷校注：《问辨录》，中州古籍出版社1998年版，第27页。

‘心’,心非气欤?”[①]他认为性字由心和生组成,两者皆是由气所成,因此心性也必然以气为根源。他进一步论述道:“形色,气之为也,而天性即此焉,气之未始不为理也。天性,理之具也,而形色即此焉,理之未始不为气也。人生则形色完而天性具,气与理俱存也;死则形色毁而天性灭,气与理俱息也。是气即是理,理即是气,不得以相离也。”[②]高拱认为人的身体与容貌是气所形成的,而理在气中,两者一体两面不可分离,因此气之理在于人就为“天性”,人是由与生俱来的“形色”和“天性”构成,亦即同时由气与理构成,人的生死伴随着“形色”与“天性”、气与理的生灭。他进一步区分性与理道:“理者,脉络微密,条派分明之谓,天下之理皆理也。而性字从‘生’、从‘心’,则人心所具之生理也。性乃定名,理为虚位。性含灵而能应,理具体而无为。性存郛廓之中,厥惟恒秉;理随事物而在,各有不同。”[③]高拱认为,性是事物之特性的总称,而理则是事物之中蕴含的特殊条理与规律,处于虚位的状态。性能够灵活地应变,而理则是无为的。同时,性存于人心而恒久不变,理则是根据事物的不同而存在。

在确立了心性的本源是气的基础上,高拱提出了其性一元论。他首先考察了宋代理学家性二元论的理论基础:“孔子言‘性相近’,孟子言‘性善’,二说微有不同。后世儒者,乃欲比而同之。欲言‘性近’,则不合孟子之旨,故曰‘有气质之性’,‘兼气质而言也’,以还却夫子‘性相近’之说。欲言‘性善’,则不合孔子之旨,故曰‘有天地之性’,‘此性之本也’,以还却孟子‘性善’之说。其意固美,然终不能使孔孟之说归于大同也。”[④]高拱认为宋儒之所以提出性二元论是为了调和孔孟二者之人性学说,因为如果肯定孔子之“性相近,习相远”思想,就会与孟子“性善”学说相违背,所以宋儒提出气质之性来解释先天之善性是如何造成后天之“习相远”的;另一方面,如果肯定孟子“性善”学说就会造成与孔子“习相远”的冲突,所以宋儒又设定先天形上层面存在的天地之性。宋儒希望通过二性的结合来调和孔孟之说的初衷是好的,但最终还是不能完美地调和,甚至引起了后世儒者的争辩:

宋儒欲扫去诸说,而还归孟子也,则又分理气言之,而以孟子之言合于

① (明)高拱著,岳金西、岳天雷校注:《问辨录》,中州古籍出版社1998年版,第212页。
② (明)高拱著,岳金西、岳天雷校注:《问辨录》,中州古籍出版社1998年版,第269页。
③ (明)高拱著,岳金西、岳天雷校注:《问辨录》,中州古籍出版社1998年版,第27页。
④ (明)高拱著,岳金西、岳天雷校注:《问辨录》,中州古籍出版社1998年版,第27页。

孔子，曰“此纯乎理者也”，“此杂于气者也”，乃亦卒不能合，而又有以启辩论者之纷纷。①

在此基础上，高拱通过批判性二元论提出了自己的性一元论：“宋儒乃分而二之曰：有气质之性，有义理之性。夫性一而已，将何者为气质之性，又将何者为义理之性乎？且气质之性谓其杂于形气者也，义理之性谓其不杂于形气者也。然气质之性固在形气中矣，而义理之性乃不在形气中乎？不在形气之中，则将何所住着乎？盖天之生人也，赋之一性，而宋儒以为二性，则吾不敢知也。”②

他认为宋儒把人性分为义理之性与气质之性两种，前者是超越形气的纯粹至善存在，而后者由于杂于形气之中而有善有恶。但是义理之性如果超越形气就会没有落实之载体，因此仍然是无法摆脱形气的，进而实质上存在气质之性而不存在义理之性，所以人也只有一个根源于气、杂于形气的气质之性。

（三）“事必求其实”的实学思想

高拱身处理学与心学占主导地位的晚明时期，明王朝面临全面而深刻的危机。为扭转明朝颓势，同其他实学思想家一样，高拱将明王朝由盛到衰的原因归为理学以及心学空谈心性良知对社会和国家产生巨大的误导：“后世论学者，动涉玄虚，以驾空悬悟为高，以杳冥而不可即者为精，徒侈口谈，更无循据，令人无下手处，固知不足以为学也。非惟不足以为学也，且病之矣。”③在批判理学与心学的基础上，他提出了包含实理、实言、实行、实事、实用、实效、实功等内容的实学思想。

首先，高拱突出强调了知行关系中“行”的重要性，认为“学者读书，贵乎知而能行”④。他首先把“行”作为“知”的来源：“践者，履其实也。恭作肃，便是践貌之实；从作乂，便是践口之实；明作哲，便是践目之实；聪作谋，便是践耳之实；睿作圣，便是践心之实。”⑤在这里，高拱将《尚书·洪范》五事与知行关系相联

---

① （明）高拱著，岳金西、岳天雷校注：《问辨录》，中州古籍出版社1998年版，第212页。

② （明）高拱著，岳金西、岳天雷校注：《问辨录》，中州古籍出版社1998年版，第269—270页。

③ （明）高拱著，岳金西、岳天雷校注：《问辨录》，中州古籍出版社1998年版，第170页。

④ （明）高拱著，岳金西、岳天雷编：《高拱全集》，中州古籍出版社2006年版，第1290页。

⑤ （明）高拱著，岳金西、岳天雷编：《高拱全集》，中州古籍出版社2006年版，第1218页。

系，认为貌、口、目、耳、心必须同时去践履去实践才能真正全面地认识事物，亦即意味着实践是真知的来源。而力行则意味着努力实践、坚持实践："行则必求其笃，若有不笃不止也。"[①]人的认知是无限的，所以实践更是无限的，必须笃定坚持通过实践获得真知才是正确的认知途径。另一方面，实践更是检验真知的方法与途径："金必火而后知其精与不精，刀必割而后知其利与不利。"[②]金子只有经过火的锻炼才知道是否精纯，而刀也只能通过试割才能知道是否锋利，同理所有知识必须经过实践的检验才能确定是否为真知。

其次，高拱提出求是与务实思想。他认为事物有本情，人有本心，人可以通过本心认识事物的本情："夫事有本情而人有本心，出吾本心以发事之本情，则议道而道不睽，作之于事可推四海而准，通千古而不谬。"[③]通过本心认识的事物本情是符合客观规律放之四海而皆准的，事物的本情即是人们所要求的"是"。他进一步提出"虚心以求其是"的观点："学者穷理，正须虚心平气，以得精微之旨。"[④]只有虚心通过实践探求，才能了解事物的真实本情，不可随心臆测，更不能无中生有。进而在政治方面，高拱提出了"务实而不务名"的总体思想："言必责实，则捷给为佞者不可饰言也；行必责实，则儇利任术者不可饰行也；功必责实，则比周为誉者不可饰功也；罪必责实，则巧文曲避者不可饰罪也。"[⑤]在治理国家中，必须将实字贯穿于各个方面，由此才能带动整个社会风气的转变，才能使政治清明、国家安定。

再次，高拱反对灾异感应说，提出人定胜天的思想。他首先考察了灾异感应说的根源："庶征之说，详于《洪范》。"[⑥]他将灾异感应说的根源追溯至《尚书·洪范》，而产生的原因则是天下无道："天下有道，理为主；天下无道，命为主。"[⑦]进而他以"实理"与实事批判了灾异感应说：

在天有实理，在人有实事，而曲说不与焉。何谓实理？夫阴阳错行，乖和贞胜，郁而为沴，虽天不能以自主，此实理也。何谓实事？夫防其未生，

① (明)高拱著，岳金西、岳天雷编：《高拱全集》，中州古籍出版社 2006 年版，第 888 页。
② (明)高拱著，岳金西、岳天雷编：《高拱全集》，中州古籍出版社 2006 年版，第 1244 页。
③ (明)高拱著，岳金西、岳天雷编：《高拱全集》，中州古籍出版社 2006 年版，第 1225 页。
④ (明)高拱著，岳金西、岳天雷编：《高拱全集》，中州古籍出版社 2006 年版，第 1301 页。
⑤ (明)高拱著，岳金西、岳天雷编：《高拱全集》，中州古籍出版社 2006 年版，第 1045 页。
⑥ (明)高拱著，岳金西、岳天雷编：《高拱全集》，中州古籍出版社 2006 年版，第 1048 页。
⑦ (明)高拱著，岳金西、岳天雷编：《高拱全集》，中州古籍出版社 2006 年版，第 1203 页。

救其既形，备饬虑周，务以人胜，此实事也。至谓天以某灾应某事，是诬天也；谓人以某事致某灾，是诬人也；皆求其理而不得，曲为之说者也。①

高拱的批判建立在其元气本体论基础之上，他认为实理即是阴阳二气的交感错行，气的运行有时和顺有时悖逆，有时造福于人有时以灾害伤人，这是气的客观运行规律，天是无法左右的。而实事则是人可以在灾害未发生的时候未雨绸缪做好防备，在灾害发生的时候努力救灾，在灾害发生后，以人胜天。而以天的灾害对应人事是对天的诬解，以人事的不周作为天灾的原因就是对人的诬解，因此灾异感应说是错误的。

（四）“官修实政”的政治思想

高拱务实的精神亦体现于其政治思想之中。在其生活的中晚明时期，明王朝内忧外患，国力衰微，高拱以求实的精神提出一系列崇实黜虚的改革措施，力图扭转明王朝的颓势。他首先在《挽颓习以崇圣治疏》中分析明王朝面对的形势道：“方今时势，内则吏治之不修，外则诸边之不靖，以兵则不强，而以财则不充，此天下之患也。”②进而他将产生这种危势的原因归结为吏治中存在坏法、黩货、刻薄、争妒、推诿、党比、苟且、浮言八弊，并提出“一法守”与“清污俗”的改革总纲领。在为官期间，他广泛进行了吏治、军事、法治、财政、外交等多方面改革，其中在用人、法治、民生方面进行的改革蕴含丰富的政治思想。

关于选用人才，高拱认为要养才、识才、才得所用。首先他认为朝廷要使用人才治理国家必须先做好人才的培养工作：“人徒曰用贤才，而不知贤才必须培养于先，俟其成而用之，乃可以济天下之务。若不待其成而用，未有不偾事者，此非才之不美也。”③而对人才的培养内容一方面是辅德：“教之以正心修身，以为感动之本；明体达用，以为开导之资。如何潜格于其先？如何维持于其后？不可流于迂腐，不可扭于曲学。”④另一方面则是辅政：“教之以国家典章制度，必考其详；古今治乱安危必求其故……教之以明解经书，发挥义理，以备进讲；教之以训迪播告之辞、简重庄严之体，以备代言；教之以错综事理、审究异同，以

---

① （明）高拱著，岳金西、岳天雷编：《高拱全集》，中州古籍出版社 2006 年版，第 1048 页。

② （明）高拱著，岳金西、岳天雷编：《高拱全集》，中州古籍出版社 2006 年版，第 114 页。

③ （明）高拱著，岳金西、岳天雷编：《高拱全集》，中州古籍出版社 2006 年版，第 1278 页。

④ （明）高拱著，岳金西、岳天雷编：《高拱全集》，中州古籍出版社 2006 年版，第 1277 页。

备纂修。”①培养好人才后还要做好“识才”，他把人才按照才和德的标准分为三类，并主张赋予其不同的工作内容：“才德兼者，上也；有根本而才气微者，次也；有才气而根本微者，又其次也。然皆不可弃。以才气胜者，用诸理繁治剧；以根本胜者，用诸敦雅镇浮；若夫钧衡宰制之任，必得才德兼备之人，而阙其一者，断不可以为也。”②他认为德才兼备的人才是上等人才，有德而才气欠缺则是次一等人才，有才而德比较欠缺则是再次一等的人才，三种人才分别适用不同的工作领域，缺一不可。此外，高拱认为“用才贵当”：“有才不用，与无才同；用才不当，与不用同。今国有甚大之事，而人有当用之才。”③“夫官各有所事，而人各有所长。以所长治所事，则人既得展其能，事亦可底于绩。苟用违所长，未有不败者矣。”④他认为不同的人才有不同的特长，要使不同人的不同特长得到发挥就要使他们得到正确的、恰当的任命与运用，同时要尽量挖掘人才，尽可能地使人才得到重用，形成一种使人皆可成才、各尽其才的生动画面。

关于国家治理，高拱主张采取礼乐教化与法治相结合的方法。高拱说：“礼法殊途而同归，赏刑递用而相济。”⑤礼乐与法治各有不同的功效，但其目的是相同的，只有结合起来才能最大限度地发挥治理国家的效力。关于法治，高拱亦提出了很多独到的观点。首先，他认为“祥刑之经”的标准应该是明、情、公：“古今称善刑者，非皋陶乎，乃史臣之赞也，亦曰‘惟明克允’已矣。而瞽瞍杀人，孟氏之所谓必执也。故明以断之，情以鞫之，本之以公，斯祥刑之经也。”⑥所谓祥刑之经即合理的适合治国的法律，在根据法律进行执法的时候要做到在公正的前提下明察案件事实，同时还要照顾弱势民众，做到合情合理。其次，他主张变法必须将法律的稳定性与适当性结合起来。一方面，他认为修改法律涉及重大必须慎之又慎：“盖时王之法不可不守也。今言治者，正不可妄意纷更，只将祖宗之法求其本意所在，而实心奉行之。纵有时异势殊当调停者，亦只就中调停

① (明)高拱著，岳金西、岳天雷编：《高拱全集》，中州古籍出版社2006年版，第1277页。
② (明)高拱著，岳金西、岳天雷编：《高拱全集》，中州古籍出版社2006年版，第1278—1279页。
③ (明)高拱著，岳金西、岳天雷编：《高拱全集》，中州古籍出版社2006年版，第227页。
④ (明)高拱著，岳金西、岳天雷编：《高拱全集》，中州古籍出版社2006年版，第1278页。
⑤ (明)高拱著，岳金西、岳天雷编：《高拱全集》，中州古籍出版社2006年版，第700页。
⑥ (明)高拱著，岳金西、岳天雷编：《高拱全集》，中州古籍出版社2006年版，第1190页。

处得其当便是，不可轻出法度之外，启乱端也。”[1]同时随着时代的进步与发展，必须变革原有法律中与时代不相适应的内容，并要根据时代出现的新情况对原有法律进行新的增补：“事以位异，则易事以当位；法以时迁，则更法以趋时。”[2]最后，他强调“罪必责实”的原则：“阁臣拟旨，每云‘着法司从重拟罪’。此言大谬。夫二罪俱发，则从重论，谓其有轻有重，故独从其重者也。今一罪只有一律，虽凌迟处死者，亦只本律。非一罪二律，有轻者，有重者，而可以如此如彼也，则何以从重乎？曰从重，是不用律矣。”[3]案件的审理必须以事实为依据，以法律为准绳，坚持一罪一律，数罪并罚，不能罔顾事实随意判罚。

关于民生，高拱强调了理财的重要性。他首先通过驳斥传统义利思想指出理财对国计民生的重要性：“聚人曰财，理财曰义。又曰义者利之和，则义固未尝不利也。义利之分，惟在公私之判。苟出乎义，则利皆义也；苟出乎利，则义亦利也。而徒以不言利为高，使人不可以为国，是亦以名为利者耳，而岂所谓义哉？”[4]高拱认为义利之分在于公私的判别，如果是为了大多数公众的利益，那么这种利也符合义的标准；如果从个人利益出发，那么义也会成为利。在这个标准下，聚集人才，发展国家，为国计民生理财是从公众的利益出发的，是正义的、重要的。同时，高拱也提出了具体的理财思想：“夫生之众，为之疾，则有以开财之源，而其来也无穷；食之寡，用之舒，则有以节财之流，而其去也有限。那财货自然常常足用了。这便是生财的大道，又何必多取于民而后财可聚哉！”[5]为国计民生理财不意味着通过搜刮民脂民膏来积聚财富，而是一方面要广开财源，另一方面要节约使用，通过开源节流即可实现理财的目的。以这个原则为指导，高拱进行了发展农业生产、裁撤冗官、惩治贪腐等多方面的改革。

---

① （明）高拱著，岳金西、岳天雷校注：《〈问辨录〉校注（外二种）》，中州古籍出版社 1998 年版，第 436 页。

② （明）高拱著，岳金西、岳天雷校注：《问辨录》，中州古籍出版社 1998 年版，第 152 页。

③ （明）高拱著，岳金西、岳天雷校注：《〈问辨录〉校注（外二种）》，中州古籍出版社 1998 年版，第 430 页。

④ （明）高拱著，岳金西、岳天雷编：《高拱全集》，中州古籍出版社 2006 年版，第 1097 页。

⑤ （明）高拱著，岳金西、岳天雷编：《高拱全集》，中州古籍出版社 2006 年版，第 866 页。

五、吕坤

吕坤(1536—1618),字叔简,号新吾、心吾,晚号抱独居士、了醒亭居士,归德府宁陵(今河南宁陵)人。吕坤少时聪颖过人,理解力较强,6岁入里塾就读,博览群书。1561年秋,26岁的吕坤以河南乡试第三名的成绩中举。第二年春赴京参加会试未中。1571年,吕坤36岁时再次赴京会试,虽中试但丁母忧而未参加殿试。三年后即1574年,入京殿试后授山西省襄垣、大同知县。随后历任户部主事、郎中、山东参政、山西按察使、陕西右布政使、右佥都御史、都察院左佥都御史、刑部右侍郎,死后获赠刑部尚书。吕坤为官清正,以刚介峭直著称,在晚明社会矛盾丛生,吏治腐败,朋党斗争激烈,危机四伏的时代背景下,他于万历二十五年五月上《忧危疏》陈述形势之危急:"今天下之势,乱象已形,而乱势未动。天下之人,乱心已萌,而乱人未倡。今日之政,皆播乱机使之动,助乱人使之倡者也。"①力图改革时弊,挽救朝政。但是吕坤的奏疏却未被上报,吕坤便称病辞官归乡,此后一直从事学术研究和著书立说。吕坤早年服膺于理学,曾作《夜气钞》《招良心诗》阐述理学思想,中年后逐渐认识到理学的弊端,开始走向批判理学的道路,他曾在《呻吟语》中指出自己"不是道学""不是仙学""不是释学""不是老庄申韩学""我只是我"的学术品格。吕坤一生的著作主要是在辞官后的二十年中完成的,主要有《去伪斋文集》《呻吟语》《阴符经注》《四礼疑》《四礼翼》等,现有《吕坤哲学选集》与《吕坤全集》出版。

(一)气一元的宇宙论

吕坤的气学思想继承和发展自宋明气论学派。同其他气论者一样,他首先解构了宋明理学业已确立的理之本体地位。他批判朱子的理气论道:"朱子云:天者,理也。余曰:理者,天也。"②"道器非两物,理气非两件。成象成形者器,所以然者道。生物成物者气,所以然者理。道与理,视之无迹,扪之无物,必分

---

① (明)吕坤:《吕坤全集》,中华书局2008年版,第7页。

② (明)吕坤:《四库全书存目丛书子部13卷·呻吟语》,齐鲁书社1995年版,第218页。

道器、理气为两项，殊为未精。”[①]“宇宙内主张万物底只是一块气，气即是理，理者，气之自然者也。”[②]可以看到，吕坤反对朱子理气二分的说法，认为气为天地万物产生的本源，理在气中，是气的条理与规律，两者是一种相即不离合而为一的体用关系，从而宇宙本源便由理转化为气，“生天生地生人生物，皆气也”[③]，气的聚散变化形成了天地万物：“天地万物只是一气聚散，更无别个。”[④]

吕坤将气的最初形态称为元气，亦即元气是天地万物的根源，他说：“造化司生灭，是为万物君。先天有元气，又为造化根。”[⑤]“乾坤是毁的，故开辟后必有混沌，所以主宰乾坤是不毁的，故混沌还成开辟。主宰者何？元气是已。元气亘万亿岁年终不磨灭，是形化气化之祖也。”[⑥]可以看到，吕坤将元气设定为宇宙本源，元气是气在生成万物之前所处的一种混沌状态，是永恒不灭的。但是，作为本源的元气并不直接参与万物的化生，而是分离为阴阳二气后才展开化生的过程：“万物生于阴阳，死于阴阳。”[⑦]这一过程由阴阳二气形成天地为开端：“天积气所成，自吾身以上皆天也。日月星辰去地八万四千里，囿于积气中，无纤隔微障、彻地光明者，天气清甚，无分毫渣滓耳，故曰太清。不然虽薄雾轻烟，一里外有不见之物矣。”[⑧]“地道好生之至也，凡物之有根种者必与之生，尽物之分量，尽己之力量，不至寒凝枯败不止也，故曰坤，称母。”[⑨]吕坤认为，阳气清澈积聚为天，日月星辰包在天中，所以称为“太清”。而阴气较为浑浊积聚凝结为地，大地具有好生养的特质，是万物生长的基质，因此被称为“母”。而关于日月的形成，吕坤亦有较为独到的见解：“既有个阴气，必有聚结，故为月。既有个阳气，必有精华，故为日。”[⑩]“晦是月之体，本是纯阴无光之物。其光也映日得之。”[⑪]他认为月球是由阴气聚结而成，太阳是由阳气所形成。特别是他认为月

---

① （明）吕坤：《四库全书存目丛书子部 13 卷 · 呻吟语》，齐鲁书社 1995 年版，第 139 页。
② （明）吕坤：《四库全书存目丛书子部 13 卷 · 呻吟语》，齐鲁书社 1995 年版，第 135 页。
③ （明）吕坤：《四库全书存目丛书子部 13 卷 · 呻吟语》，齐鲁书社 1995 年版，第 139 页。
④ （明）吕坤：《四库全书存目丛书子部 13 卷 · 呻吟语》，齐鲁书社 1995 年版，第 216 页。
⑤ （明）吕坤：《四库全书存目丛书集部 161 卷 · 去伪斋文集》，齐鲁书社 1997 年版，第 253 页。
⑥ （明）吕坤：《四库全书存目丛书子部 13 卷 · 呻吟语》，齐鲁书社 1995 年版，第 214 页。
⑦ （明）吕坤：《四库全书存目丛书子部 13 卷 · 呻吟语》，齐鲁书社 1995 年版，第 215 页。
⑧ （明）吕坤：《四库全书存目丛书子部 13 卷 · 呻吟语》，齐鲁书社 1995 年版，第 211 页。
⑨ （明）吕坤：《四库全书存目丛书子部 13 卷 · 呻吟语》，齐鲁书社 1995 年版，第 211 页。
⑩ （明）吕坤：《四库全书存目丛书子部 13 卷 · 呻吟语》，齐鲁书社 1995 年版，第 212 页。
⑪ （明）吕坤：《四库全书存目丛书子部 13 卷 · 呻吟语》，齐鲁书社 1995 年版，第 212 页。

球本身是晦暗无光的，其所发之光是反射太阳光，这一结论已被现代科学所证实，反映了吕坤气学受当时天文科学发展的影响从而具备了一定的科学实证成分。为了更形象地说明气生天地万物的过程，吕坤做了沼泥的比喻：

问："天地开辟之初，其状何似？"曰："未易形容。"因指斋前盆沼，令满贮带沙水一盆，投以瓦砾数小块，杂谷豆升许，令人搅水浑浊，曰："此是浑沌未分之状。"待三日后再来看开辟，至日而浊者清矣。轻清上浮，曰："此是天开于子。沉底浑泥，此是地辟于丑。中间瓦砾出露，此是山陵。是时谷豆芽生，月余而水中小虫浮沉奔逐，此是人与万物生于寅。彻底是水，天包乎地之象也。地从上下，故山上锐而下广，象量谷堆也。气化日繁华，日广侈，日消耗，万物毁而生机微，天地虽不毁，至亥而又成混沌之世矣。"①

可以看到，吕坤将天地形成之前元气的混沌状态比作一个装满水、泥沙、瓦砾、谷物的大盆。大盆放置一段时间后，泥沙沉底，轻清之物上浮，象征着在子会阳气上升积聚为天，在丑会阴气下沉凝结为地。而瓦砾露出泥沙象征着山陵形成，谷物在适宜的条件下萌芽与水中滋生的小虫象征着在寅会人与万物的化生，这里天地万物化生的时间显然是借鉴了邵雍的宇宙论思想。至此，由气化生的万物形成一个有机的整体系统，而这个系统并不是永恒的，正如随着水蒸发气，泥盆里原有的生机局面便会逐渐消亡一样，由气构成的物质世界至于亥就会毁灭重新回归于元气混沌不分的状态。吕坤的宇宙论是一个由气发端又回归于气的过程。此外，四季的变化轮回亦与阴阳二气的作用有关："天地之初，嘘为春，嘘尽为夏，故万物随嘘而生长。天地之初，吸为秋，吸尽为冬，故万物随吸而收藏。嘘者上升，阳气也，阳主发。吸者下降，阴气也，阴主成。嘘气温，故为春夏。吸气寒，故为秋冬。"②在构建完整化生体系的基础上，吕坤亦明晰了宇宙论中的形气关系："形者，气所附以为凝结；气者，形所托以为运动。"③根据气生万物的原则，有形之物皆是通过气的凝结而成，而有形之物的发展运动亦是气作用的结果，他进一步对形气关系总结道："形者，气之橐囊也；气者，形之线索也。无形则气无所凭借以生，无气则形无所鼓舞以为生，形须臾不可

① (明)吕坤：《四库全书存目丛书子部13卷·呻吟语》，齐鲁书社1995年版，第218页。
② (明)吕坤：《四库全书存目丛书子部13卷·呻吟语》，齐鲁书社1995年版，第213页。
③ (明)吕坤：《四库全书存目丛书子部13卷·呻吟语》，齐鲁书社1995年版，第218页。

无气,气无形则万古依然在宇宙间也。”①“气者,形之精华;形者,气之渣滓。故形中有气,无气则形不生;气中无形,有形则气不载。故有无形之气,无无气之形。”②吕坤认为,有形之物就像一个袋子一样,给予了气所附着的载体,而气则是有形之物发展的必要条件,两者密不可分。另一方面,气是有形之物的本体,是万物之精华,而有形之物则是渣滓。形不可离气,因此没有无气之形,气中无形,因此有无形之气,这就确立了气的形上本体地位与有形之物的形下地位。

此外,在吕坤宏大的气学宇宙论体系中,不仅有元气与阴阳二气,他还将气划分为十分细密的种类,他说:“造物之气有十:有中气,有纯气,有杂气,有戾气,有似气,有大气,有细气,有闲气,有变气,有常气,皆不外于五行。”③其中,中气又称中和之气,是气学体系中较为理想完满之气。关于中和之气,他说:“一阴一阳,乾坤两卦,不二不杂,纯粹以精,此天地中和之气。”④“中正之气:一阴一阳,纯粹以精,极精极厚,中和之所氤氲,秀灵之所钟毓,人得之而为圣为贤。”⑤可以看到,吕坤将阴阳二气的均衡调和之气称为中正之气或中和之气,认为它至纯至精,是圣贤之人所禀之气。除此之外,吕坤语境下的气还包括清气、浊气、真气、动气、静气、嘉气等,在此不再赘述。

值得注意的是,吕坤以气构建的宇宙论系统,呈现出十分明显的科学精神,将天视为气化的一种客观存在而不具有主观意志,反对封建迷信思想。关于天与自然灾害,吕坤说:

> 阴阳于万物原不相干,任其自然而已。雨非欲润物,旱非欲熯物,风非欲挠物,雷非欲震物,阴阳任其气之自然,而万物因之以生死耳。《易》称“鼓之以雷霆,润之以风雨”另是一种道理。不然,是天地有心而成化也。若有心成化,则寒暑灾祥得其正,乃见天心矣。⑥

在他看来,天是客观的存在,没有主观的意志,而自然灾害则是阴阳二气的自然变化所致,与天的意志无关,如果天有意志会使人类避免天灾的损害,所以

① (明)吕坤:《四库全书存目丛书子部13卷·呻吟语》,齐鲁书社1995年版,第215页。
② (明)吕坤:《四库全书存目丛书子部13卷·呻吟语》,齐鲁书社1995年版,第128页。
③ (明)吕坤:《四库全书存目丛书子部13卷·呻吟语》,齐鲁书社1995年版,第217页。
④ (明)吕坤:《四库全书存目丛书子部13卷·呻吟语》,齐鲁书社1995年版,第216页。
⑤ (明)吕坤:《四库全书存目丛书集部161卷·去伪斋文集》,齐鲁书社1997年版,第183页。
⑥ (明)吕坤:《四库全书存目丛书子部13卷·呻吟语》,齐鲁书社1995年版,第190页。

天地无心。他进一步说："星殒、地震、山崩、雨血、火见、河清，此是偶然的吉凶先见，自非常理。……乃若至德回天，灾祥立应，桑谷枯，彗星退，冤狱释而骤雨，忠心白而反风，亦间有之，但曰必然事，吾不能确确然信也。"[①]吕坤认为流星、地震、山崩等自然现象是偶然的，不应该以这些偶然现象对应现实社会的具体事件来判断吉凶，进而批判了董仲舒以来的天人感应学说："以为某灾祥应某政事，最迂。"[②]

（二）吕坤的心性思想及其修养工夫论说

在吕坤的思想体系中，心的地位也很重要。他说："万理具于一心。"[③]"心一松散，万事不可收拾；心一疏忽，万事不入耳目；心一执着，万事不得自然。"[④]一方面，心是人的精神主体，主宰着人的身体；另一方面，吕坤语境下的心还具有道德主体的地位，他进一步将心分为道心与人心："道心者，义理之性；人心者，气质之性。"[⑤]"性字从生、从心，道心是天生之心，人心亦天生之心。此二心者，与生俱生，与形俱形。道心不是先，人心不是后；道心不是内，人心不是外。譬之玉在石中，破石得玉；果有壳核，去壳去核，果始可食。人心石而道心玉，人心壳核而道心果实也。道心者，义理之性；人心者，气质之性。人心、道心不是两个。"[⑥]道心即人的道德理性，人心即人的物质欲求，正如石头包含着玉、果壳包含着果核一样，两者是一种包含与被包含的统一关系，他进一步认为心是性的容器，道心贮藏着义理之性（亦即朱子天命之性），人心贮藏的则是气质之性。同道心与人心的关系一样，义理之性与气质之性亦是合而为一的关系。同气论者倾向抛弃义理之性不同，吕坤复归了宋代以来的性二元论，并认为二性的产生是天赋予人的结果："天自有两种天：有理道之天，有气数之天。故赋之于人，有义理之性，有气质之性。二天皆出于太极，理道之天是先天，未着阴阳五行以前，纯善无恶，《书》所谓'惟皇降衷，厥有恒性'，《诗》所谓'天生烝民，有物有

① （明）吕坤：《四库全书存目丛书子部13卷·呻吟语》，齐鲁书社1995年版，第214页。
② （明）吕坤：《四库全书存目丛书子部13卷·呻吟语》，齐鲁书社1995年版，第213页。
③ （明）吕坤：《四库全书存目丛书子部13卷·呻吟语》，齐鲁书社1995年版，第139页。
④ （明）吕坤：《四库全书存目丛书子部13卷·呻吟语》，齐鲁书社1995年版，第107页。
⑤ （明）吕坤：《四库全书存目丛书集部161卷·去伪斋文集》，齐鲁书社1997年版，第182页。
⑥ （明）吕坤：《四库全书存目丛书集部161卷·去伪斋文集》，齐鲁书社1997年版，第182页。

则’是也。气数之天是后天，落阴阳五行之后，有善有恶，《书》所谓‘天生烝民有欲’，孔子所谓‘惟上知与下愚不移’是也。”①他将天分为理道之天和气数之天，两者皆出自太极，其中前者是先天赋予人，为义理之性；后者是后天赋予人，为气质之性。而义理之性纯善无恶，气质之性有善有恶。关于二性的善恶，他继承了宋明理学家普遍的观点：“性，合理气之道也。理不杂气，则纯粹以精，有善无恶，所谓义理之性也。理一杂气，则五行纷揉，有善有恶，所谓气质之性也。”②“性者，理气之总名。无不善之理，无皆善之气。论性善者，纯以理言也；论性恶与善恶混者，兼气而言也。”③在吕坤看来，性是理气共同作用的结果，如果是不受气遮蔽污染纯粹的理，则形成义理之性，因此是绝对至善的；如果是理气相杂，则会受到五行的掺杂扰动而产生气质之性，因此是有善有恶的。他进一步明晰了义理之性与气质之性的具体内容：前者是仁义礼智信与四端之心：“先天纯粹之理……浑然在中，则为仁义礼智信；随感发见，则为恻隐、羞恶、辞让、是非。”④后者则主要是人的物质欲望：“物欲与气质不是两个，物欲者，气质之物欲也。”⑤

关于修养工夫，吕坤主张从“心”上入手：“学者欲在自家心上做工夫，只在人心做工夫。”⑥在心上做工夫的首要内容便是涵养、省察与克治：“涵养如培脆萌，省察如搜田蠹，克治如去盘根。涵养如女子坐幽闺，省察如逻卒缉奸细，克治如将军战勍敌。涵养用勿忘勿助工夫，省察用无怠无荒工夫，克治用是绝是忽工夫。”⑦可以看到，这些工夫主张谨小慎微与坚持克己，强调克服私欲回归正心的重要性。其次，主静也是心上工夫的关键，他说：“虽终日言语，或千军万马中相攻击，或稠人广众中应繁剧，不害其为沉静，神定故也。一有飞扬动扰之意，虽端坐终日，寂无一语，而色貌自浮；或意虽不飞扬动扰，而昏昏欲睡，皆不得谓沉静。真沉静底自是惺憹，包一段全副精神在里。”⑧吕坤认为无论外界有

① （明）吕坤：《四库全书存目丛书子部13卷·呻吟语》，齐鲁书社1995年版，第136页。
② （明）吕坤：《四库全书存目丛书子部13卷·呻吟语》，齐鲁书社1995年版，第140页。
③ （明）吕坤：《四库全书存目丛书子部13卷·呻吟语》，齐鲁书社1995年版，第102页。
④ （明）吕坤：《四库全书存目丛书集部161卷·去伪斋文集》，齐鲁书社1997年版，第105页。
⑤ （明）吕坤：《四库全书存目丛书集部161卷·去伪斋文集》，齐鲁书社1997年版，第182页。
⑥ （明）吕坤：《吕坤全集》（中），中华书局2008年版，第626页。
⑦ （明）吕坤：《四库全书存目丛书子部13卷·呻吟语》，齐鲁书社1995年版，第164页。
⑧ （明）吕坤：《四库全书存目丛书子部13卷·呻吟语》，齐鲁书社1995年版，第113页。

多么烦扰，必须使自己的心沉静下来，而整天端坐不说话或者昏昏欲睡都不是心沉静的状态，真正心静的境界是心时刻清醒，饱含向上的精神与动力。最后，还要在心上做敬的工夫。吕坤将敬细分成为不同的类别内容，主要包括静时涵养的敬："外面整齐严肃，内面齐庄中正"；主一无适的敬："读书则心在于所读，治事则心在于所治"；随事小心的敬："出门如见大宾，使民如承大祭"。[①] 此外，吕坤在《呻吟语》中多次谈到修身智慧，例如他强调做人要"如神龙屈伸变化，自得自如，不可为势力术数所拘缚。若羁绊随人，不能自决，只是个牛羊。然亦不可哓哓悻悻。故大智上哲看得几事分明，外面要无迹无言，胸中要独往独来，怎被机械人驾驭得"[②]？强调立威仪："世有十态，君子免焉：无武人之态（粗豪），无妇人之态（柔懦），无儿女之态（娇稚），无市井之态（贪鄙），无俗子之态（庸陋），无荡子之态（儇佻），无伶优之态（滑稽），无闾阎之态（村野），无堂下人之态（局迫），无婢子之态（卑谄），无侦谍之态（诡暗），无商贾之态（衒售）。"[③]等等，不一而足。

（三）吕坤的政治思想

吕坤生活于社会矛盾累积、政治积弊的晚明时期，对于天下形势的忧心以及对民众的同情使他对补偏救弊之策有所思考，形成了丰富的政治思想。在《忧危疏》中他曾形容当时的天下形势道："今天下之势，乱象已形，而乱势未动。天下之人，乱心已萌，而乱人未倡。今日之政，皆播乱机使之动，助乱人使之倡者也。"[④]"臣观今日之势，如坐漏船，水未湿身；如卧积薪，火未及体。"[⑤]吕坤认为当时社会已经处于动乱的边缘，正如坐在漏船里虽然身体还没有沾水但迟早会沉没，躺在点燃的柴火上虽然火没有接触到身体但迟早会被火烧一样形势紧迫，急需改革。对此，他一方面主张整顿肃纪，勿让迂儒的宽厚之道误国，力推雷厉风行的治国之道：

---

① 中原文化大典编纂委员会：《中原文化大典·学术思想典·哲学》，中州古籍出版社 2008 年版，第 356 页。

② （明）吕坤：《四库全书存目丛书子部 13 卷·呻吟语》，齐鲁书社 1995 年版，第 148 页。

③ （明）吕坤：《四库全书存目丛书子部 13 卷·呻吟语》，齐鲁书社 1995 年版，第 158 页。

④ （明）吕坤：《吕坤全集》，中华书局 2008 年版，第 7 页。

⑤ （明）吕坤：《吕坤全集》，中华书局 2008 年版，第 18 页。

> 承平日久，法度疏阔，人心散而不收，惰而不振，颓而不爽。譬如熟睡之人，百呼若聋；久倦之身，两足如跛，惟是盗贼所追，水火所迫，或可猛醒而急奔。……而迂腐之儒，犹曰宜崇长厚，勿为激切。嗟夫！养天下之祸，甚天下之弊者，必是人也。……中兴之君，综核名实，整顿纪纲，当与创业等而后可。①

另一方面，也是更为重要的，吕坤提出了以民为本的政治改革思想。关于民本，吕坤首先确立了民众的重要地位："天之生民非为君也，天之立君以为民也，奈何以我病百姓？夫为君之道无他，因天地自然之利而为民开导樽节之，因人生固有之性而为民倡率裁制之，足其同欲，去其同恶，凡以安定之使无失其所，而后天立君之意终矣。岂其使一人肆于民上而剥天下以自奉哉？呜呼！尧舜其知此也夫。"②吕坤认为，上天设立君主是为民众服务的，而不是让君主去剥削民众，君主应该为百姓的安居乐业而勤于政事。他接着说：

> 为人上者，只是使所治之民个个要聊生，人人要安分，物物要得所，事事要协宜。这是本然职分。遂了这个心，才得畅然一霎欢，安然一觉睡。稍有一民一物一事不妥帖，此心如何放得下。何者为一郡邑长，一郡邑皆待命于我者也；为一国君，一国皆待命于我者也；为天下主，天下皆待命于我者也。无以答其望，何以称此职？何以居此位？③

吕坤强调为人君者要教化民众，使人民的需求得到满足，过上安定幸福的生活，这才是称职的人君。为此，他进一步提出了养民、教民的具体对策。关于养民，吕坤说："足民，王政之大本。百姓足，万政举；百姓不足，万政废。孔子告子贡以'足食'，告冉有以'富之'。孟子告梁王以'养生送死无憾'，告齐王以'制田里、教树畜'。尧、舜舍此无良法矣。"④他认为使民众富足是君王的首要政事，只有百姓富足国家才能长治久安，历史上的贤明君王都努力使民众富足。对此，吕坤提出了"清均土地"的主张，在此不再赘述。养民的另一方面内容则是施政要宽简，吕坤提出为官要"休错问一件事，休屈打一个人，休妄费一分财，

---

① （明）吕坤：《四库全书存目丛书子部 13 卷·呻吟语》，齐鲁书社 1995 年版，第 253 页。

② （明）吕坤：《吕坤全集》，中华书局 2008 年版，第 845—846 页。

③ （明）吕坤：《吕坤全集》，中华书局 2008 年版，第 817 页。

④ （明）吕坤：《吕坤全集》，中华书局 2008 年版，第 827 页。

休轻劳一夫力,休苟取一文钱”[1]。关于教化民众的方法,吕坤首先推崇乡甲法,其次主张复兴社学:“选社师,务取年四十以上,良心未丧,志向颇端之士,不拘已未入学者二十余人,掌印官群之文庙,饩以日食,先教以讲解小学、《孝经》及字学反切,一年之后,如果见识近正,音韵不差,理粗通,讲解亦是者,掌印官下学考试,择其堪以教人,查有复社,挨次拨发。”[2]最后,他还主张兴办学校,试图改变“有书而无学,有士而无师,人才不三代”[3]的局面。

儒学至唐末因受到佛学的强力挑战而日渐式微。为延续儒学道统,儒家学者在唐末就开始了复兴儒学的学术探索,这一被现代儒学研究者称为新儒学的儒学复兴活动发轫于韩愈、李翱,开端于周敦颐,中经张载、二程,至朱熹而集其大成,构建起了完整的理学体系,从而重新确立了儒学的主导地位,进而至明朝形成心学、气学等学派。河南哲学思想在这一时期的儒学发展中发挥了举足轻重的作用。一方面陈抟、邵雍、程颢、程颐、王安石等哲学家确立了宋明理学的核心议题,另一方面姚枢和许衡在理学北传过程中起到了承上启下的作用。此外,曹端、薛瑄、高拱、吕坤等哲学家在继承以往理学理论基础上进行创新,形成了明朝理学百花齐放的局面。

① (明)吕坤:《吕坤全集》,中华书局2008年版,第843页。
② (明)吕坤:《吕坤全集》,中华书局2008年版,第991页。
③ (明)吕坤:《吕坤全集》,中华书局2008年版,第995页。

第七章 河南与清代以来的中国哲学

由于北宋南渡后中国政治、经济、文化中心的长久转移，朱、陆、王学术领袖及群体多集中在闽赣江浙一带，中原地区渐趋保守、消沉。明清之际，孙奇逢迁入河南苏门山定居，他在此授徒、办书院、整编典籍，成为当时的儒学大师与道德楷模，并对后学和后世产生广泛影响。他以孔孟仁学为内核，对先秦儒学、汉唐经学、宋明道学与明清学术的基本内涵作全面反思与简要总结以构建宏大学统。清末民初，嵇文甫、赵纪彬、冯友兰三位有突出贡献的河南籍哲学家在传统典籍的理论改造与现代文明的智识滋养中勾勒独特的思想图谱，尤其冯友兰的中国哲学史巨著写作与新理学系统创构，是传统哲学向现代哲学转进的一个代表，具有标杆价值与里程碑意义，是近代以来河南哲学家在新的思想与时代背景下对传统哲学现代化的有益探索。

第一节　孙奇逢

孙奇逢生活在明末清初“天崩地解”之时，作为儒家士人，他的政治与学术活动都在这个大背景下展开。

一、生平和著述

孙奇逢（1584—1675），字启泰，一字钟元，因拒明清两朝征聘，人称孙征君，又因移居河南苏门山，世称夏峰先生，晚年自呼为岁寒老人。他出生在北直隶保定府容城(今河北省容城县)北城村一个诗书家庭。

孙奇逢作为当世大儒,最为人尊重的事迹有二:一是竭力营救东林党人左光斗、魏大中、周顺昌;二是率领容城人民抵御清军围攻。他60岁时清朝建立,由于家园被清军圈占,不得已迁至新安暂住,补辑《孙承宗年谱》,初编《理学宗传》,修撰《新安县志》,66岁南迁至祁州与当地名士论学,记《日谱》,数月后搬到河南辉县定居,一心著述、办书院、授徒、讲学、论道,依次作《中州人物考》《四书近指》《书经近指》,辑《圣学录》,订正《读易大旨》等,另著《道一录》《诸儒评》《答问》《四礼酌》《取节录》等。后有《北学编》《洛学编》《夏峰先生集》《孙夏峰先生全集》《三贤集·孙征君》等。他勤学、好问、精思、善总结,为人慷慨、仗义、大度,守儒家原则,颇具气节,明辨是非,护持传统。他广收门徒,其门徒遍布大江南北。他精编历代原典要点,有丰厚思想资源流传后世,堪称当时儒者学问楷模。

当代学者张显清将孙奇逢的著作归为经学、史学、学术思想史与其他(诗文、语录、书信、杂著等)[①]四类,他的哲学思想集中体现在经学与学术思想史的相关资料上。这里以其合编《孙奇逢集》上、中、下三册为据,对孙奇逢的道学、理学、心学、实学等的思想旨趣进行概要分析。

二、学术史梳理与经典讲评

(一)贤哲名录

在《四书近指》《理学宗传》中,孙氏专门列举在德行学问上有模范作用的儒者,如先秦五子即孔子、颜子、曾子、子思、孟子与宋明十一子即周敦颐、程颢、程颐、张载、邵雍、朱熹、陆九渊、薛瑄、王阳明、罗洪先、顾宪成;在汉、隋、唐、宋、元、明的儒门考察中,增加了董仲舒、郑玄、王通、李翱、杨时、游酢、吕大临、胡

① 经学著作有《四书近指》等,史学作品有《中州人物考》等,学术思想史的作品包含《理学宗传》等,而把其他划为第四类。参见张显清主编:《孙奇逢集》(上),“总序”,中州古籍出版社2003年版,第4页。

瑷、罗从彦、胡安国、吕祖谦、蔡元定、黄幹、真德秀、何基、陈埴、刘因、许谦、吴与弼、陈献章、湛若水、徐爱、钱德洪、邹守益、王艮、欧阳德、罗钦顺、高攀龙、曹于汴、来知德、鹿善继、刘宗周等名儒及其言论,并收录河南籍隋代王通门人董常、程元,唐代韩愈,宋代程门弟子刘绚、谢良佐、尹焞、张绎、朱光庭,元代姚枢、许衡,明代曹端、何瑭、尤时熙、郑晓、吕坤、杨东明、吕维祺、孟化鲤等的言行。

他精心编制的《中州人物考》是关于两百余位名人的传记。他在该书的叙文中交代原委,对他所知的明代中州贤豪长者凭理学、经济、忠节、清直、方正、武功、隐逸等成其品格,证合其仁的本源,并举例说明“传中诸公,皆举名,存质垂信”,这是尊重前哲的做法。

(二)经典讲评

除标榜历代儒家贤哲的人格风范与核心观念,孙奇逢对《易经》《尚书》《大学》《中庸》《论语》《孟子》的要旨评点如下:

其一,《易经》总论。他说天地不毁与变化无穷的原因是乾坤至诚,即“以待参赞位育之至诚,此天地之所以不毁,而易之所以不穷也”;又说“孔子统体是‘易’,‘易’即时‘中’”,孔子学《易》能实际体会其理与高度赞扬其妙;还说学者要真正了解《易》卦爻,才能全知孔子所以成为孔子的因缘;进而说《易》是“六经”的首,《乾》是诸卦的首,并以《乾》的元、亨、利、贞作为《系辞》的首;最后,分别解释乾坤外的六十二卦义,得人道需内养、外履、致泰、继否,经“剥、复、革、鼎,相环无穷”,懂人生难易、国家成败与天下治乱是创写《易》的深意与天地自然的原理。① 这是由《易》乾、坤二道的至诚,体悟孔子成圣的妙理,推证其居“六经”的首位、自成系统,求解人生常道在自然变化中;这是以恒心的宇宙诚体,见适中的孔圣理路,证得经首与人道的主旨;此是《孟子》《中庸》的要诀,也是宋明心学的主线,为其思想总纲。

其二,《尚书》意旨。朱熹门人蔡沈说,二帝(即尧、舜)三王(即夏禹、商汤、周文王或周武王)的治道在得其心,静思心得在聚德的敬,即“夫敬,德之聚”“惟敬,始能凝聚此理于心,而无所放逸”;若不敬,则“心君纵恣,而天德亡,百体懈弛,而物则废”,迷失“精一执中相授受”的道法与“商汤、周武之建中建极”的

① 张显清主编:《孙奇逢集》(上),中州古籍出版社 2003 年版,第 4、10 页。

治法；以此敬德的分量与功程，推二《典》为“三《谟》、诸《训》、《诰》、《誓》、《命》之昆仑”，合计五十八篇求“六经”本旨，得治天下的大道；此敬为唐尧、虞舜、商汤、文王闻知与夏禹、皋陶、伊尹、吕尚见知，这是蔡沈的父师志趣的训诫与遗命，为孙氏采录与题解。[①] 按《易》之诚，明《书》之敬，合为程朱的诚敬，归依于心，得古圣贤之法，作为传经的主旨，成就修己的功德。此为其思想进路，由静而敬、精、极、知、命，即由心静、可敬执其理、精练其道、建立其极、闻见其知、担负其命。

其三，“四书”大旨。此为其思想内涵，散见于各章节，在凡例中略提及，不拘泥于孔子、曾子、子思、孟子的原有成说，统括为圣贤之学，以先儒周敦颐、二程、张载、朱熹称诸子而承续诸家学说，这不是终结的分道，是“虚心平气不执独见，以合众人之见”[②]。《大学》以道与学为开篇，其道融摄王阳明的良知与朱熹的格物，得到其知与物不相分离的结论，其学总括在道上，以修身为本而“功夫全在知止”[③]；《中庸》以天命之性或性命指点“横该六合，竖贯古今，大无不包，细无不入”的主道，得戒惧慎独的“须臾不离之功”，本体是“修道至此极”，末节是“率性之能事”，证“性命不得分为两物，中和不得分为两念，戒惧慎独不得分为两功，位育不得分为两事，至未发与发亦不得分为两境”。[④] 其思想阐发于圣贤学问，从先秦时期孔孟的原旨，到宋明时期朱王的创见，不偏执一说，使知物融贯，统合主道，安顿性命，止足事功，建构传统，重塑道学。

（三）道学源流

据《宋史·道学一》记载，道学的名目自立于三代的繁盛时期，昭明于孔子“删《诗》，修《春秋》，赞《易》《象》，讨论《坟》《典》”，大坏于两汉及之后的儒者纷议，重光隆盛在宋代中叶的周张程朱诸子之学；其学以格物致知为先启、明善诚身为要领，汇集《诗》、《书》、六艺的文章与孔、孟的遗言，此为后世“天德王道

---

① 张显清主编：《孙奇逢集》（上），中州古籍出版社2003年版，第172—173页。

② 张显清主编：《孙奇逢集》（上），中州古籍出版社2003年版，第368页。

③ 张显清主编：《孙奇逢集》（上），中州古籍出版社2003年版，第278、370页。

④ 张显清主编：《孙奇逢集》（上），中州古籍出版社2003年版，第282、376—377页。其他见其目录。

之治”取法。[①] 依此说解,夏、商、周三代有道学的实质却无名自证,到孔子有道学的经名而无力实推,汉唐儒者有经典的疏证而无正解去践履,两宋时诸儒得道学的正统并合名实以效法,其后明清儒者得道统的正义并编写教材以问学。孙奇逢承续王学,以宋代删定的“四书”“五经”来阐发精要,作《书经近指》《四书近指》《读易大旨》等,把《诗经》真事、《乐经》美情、《春秋》善理融入日常的言行,感染与教化众生,沿希贤希圣的道德思路奋进。

三、学术思想

(一)理学

孙氏理学思想博大丰厚,仅以其《理学宗传》的叙与义例,大致解说如下:

一是学以圣人为皈依,上下一统于理;其理是乾元、天命、人性,得不得志都不增损其理。二是学的宗源在天与心,儒学所本在诸天,如程子讲圣学的本在天;自颜渊死后,儒圣学不传,到“汉隋唐三子衍其端,濂洛关闽五子大其统”,再后是人们各争鸣其学说、见识有偏全与大小。三是论学的宗传,不以天为本,则非善学之人;以乾之元、亨、利、贞,分议其上古羲皇尧舜禹汤文武周公、中古孔颜曾思孟、近古周程张朱王之统。四是宗传共有十一人,宋代七人、明代四人;要真修、真悟,不要在为学上“腐而少达”“伪而多惑”,更不要“以理为入门之障,而以顿悟为得道之捷”。[②]

这以上四点,可简括为:学圣中理、学宗本天、学传明统、学功求真,以此界定其理的元、命、性,学的天、心、说,传的上、中、近,道的修、悟、得,合为理学传道。其学归宗天理如程朱,王道溯源本心如陆王,此圣学、王道合而为一,意味着孙氏的理学要旨蕴含程朱理学的精义与陆王心学的奥义。其重理,重事,更重统;重人,重说,更重学;重圣,重王,更重经;重古,重今,更重传。因而,要点在理事合、人说合、圣王合、古今合,标榜学统的经典传承,不重学说的理论创造。

---

① (元)脱脱等:《宋史》,第三十六册,中华书局 1985 年版,第一二七〇九至一二七一〇页。

② 张显清主编:《孙奇逢集》(上),中州古籍出版社 2003 年版,第 620、621 页。

（二）心学

据孙奇逢的著述，心学端倪在《易》的乾元至诚（见前述《易经》总论）与《书》的人心、道心[①]中，自觉于孔子的“为仁由己”[②]，显明于孟子的仁即人心，始于北宋程颢的识仁与定性上，求证南宋陆九渊的己心与宇宙心同理，成全明代王阳明的心理合一以致良知，散见在阳明后学。因而，谈孙氏心学之统，应从释读《孟子》之意，到领会阳明后学之意。

孙氏对“仁人心也章”的释读，引李侗说孟子“不是将心训仁”、陆九渊“讲求放心”和罗洪先“即此以明彼”的意涵，得出“放心即所以求仁”，以此证解其存养、慎独、善反三种学问，即“未放而守之”“虑放而防之”“已放而收之”；[③]以学的素养、进修与归宗，求心中之仁。此意涵的规范性引导，在其“则不动心章”与“尽心知性章”，大体如下：

其一，不动心之源在《虞书》的人心道心的精义上，启引着商汤的以礼制心、文王的翼翼小心、孔子的从心所欲不逾矩，集义于孟子的“慊心知言”、养气而明志；其二，引用程子、许氏、陈氏、陆象山、朱子、王阳明的解语，以证孔子的四十不惑与孟子的四十不动心为衣钵相承，认肯王阳明的生生不息之心本体是“馁慊、自觉、纵横、自在、活泼泼地”；[④]其三，心性与天命总是一件物事，这却让孟子分别出人的本来处，人身上的心性不为空虚，其“天命不涉冥漠”，常得天理；[⑤]其四，养气可慧定大识、大力，以统义、反心为本义，此集大成在一人，得“千圣不动心之学”；[⑥]其五，心的灵动处为性，天为性自出、命为天一定，这所知的天是知

---

① “人心、道心非有两个心，只人心得其正，便是道心。”［摘自《孙奇逢集》（上），第 179 页］

② “礼者，大中至正，万物各得其理之谓，提出一个把柄，立定一个主宰，不于无声无形中问本体，而于有条有理中著而成象者见本原也。惟不胜乃能自胜，惟有制乃得从容，克非克去，此在心上起念时用工。……颜子请问其目，是他胸中先有纲领者，非礼之发有二，一从思虑未起中不知不觉萌出来的，一从物感时相交相引动出来的，总不从本心发来。”［见《孙奇逢集》（上），第 319—320 页］重点在礼的克制与泛滥，往深处探究是此由万物得理而觉本心、失理而遮蔽本心。

③ 张显清主编：《孙奇逢集》（上），中州古籍出版社 2003 年版，第 582 页。

④ 张显清主编：《孙奇逢集》（上），中州古籍出版社 2003 年版，第 534—535 页。

⑤ 张显清主编：《孙奇逢集》（上），中州古籍出版社 2003 年版，第 590 页。

⑥ 张显清主编：《孙奇逢集》（上），中州古籍出版社 2003 年版，第 343—344 页。

自心的天,自心的天所立的命是立自心的命,此心性合成身并以心生天、生命。[1]一、二、四是定心于养气的志识,或上溯心本源,或中守心本体,或下探心识力;三、五是定命于心性的一体,或分别人的身心实性、天的命理流行,或融贯心灵、自性、天命而合一衍生。前者为心体的源流常变,推证于义;后者是心性的动静虚实,契合于理。孙氏以陆王心学的道统,融会程朱理学的宗源,重申宋明道学的本义,其归根心切,其开新意缺。这种特点可从孙奇逢对心学家的批注上观其究竟旨趣。

先圣后圣,若合符节,非传圣人之道,传圣人之心也;非传圣人之心也,传己之心也。己之心无异圣人之心,广大无垠,万善皆备。欲传圣人之道,扩充此心焉耳。(程颢上宋神宗言,孙氏批语是"一言而尽")

(陆九渊)因洞悟本心,焕然曰:"宇宙即吾心,吾心即宇宙……此心同也,此理同也。"(孙氏在其书摘末批语是:本心能明,则宇宙一家,元无隔碍。不明本心,则一家之中横分楚、越,而况于疏远之人乎?)

(阳明)先生曰:"圣人述'六经',只是要正人心,只是要存天理、去人欲。"(孙氏的批语是:"六经"总要正人心,正人心只是存天理)

对阳明后学罗洪先的批语是:真切为己,明之真儒。[2]

由宋明大儒的原话与孙氏的批语,可得己心传承广大完备的圣道、本心同于宇宙之理而无分时空、"六经"能正人心并存天理、真儒为己辨良知。以己心知天心,天心同物理,心心相印日月山水,润育众生,照察世间万事,这是程颢、陆九渊、王阳明、罗洪先的心学历程,也是孟子的仁心的认知进路。因而,以心作圣道学统的根系,能衔接理学的本源与实学的应用。

(三)实学

实学之学,不是指学派或思潮,而是学问,即关于实的学问,如道学是关于道的学问,理学是关于理的学问,心学是关于心的学问,仁学是关于仁的学问。因而,重点在实,即道学之实,是实有其经,如《易经》《书经》;也实有其书,如《大学》《中庸》《论语》《孟子》。理学之实,是实有其性,如义理之性与气质之

---

① 张显清主编:《孙奇逢集》(上),中州古籍出版社2003年版,第362页。

② 张显清主编:《孙奇逢集》(上),中州古籍出版社2003年版,第648、778、794、827、851页。

性；也实有其命，如天命、人命、王命等。心学之实，是实有其人，如圣人与凡人；也实有其身，如人身与物身。实学之实，是实有其道，如天道、圣道、人道与王道等；实有其理，如天理、物理、事理、文理等；实有其心，如天心、圣心、人心、己心等；实有其学，如圣学、俗学、经学、道学、理学、心学等；实有其用，如用于做事、做人和做学问等。

卢子震、赵春霞认为，孙奇逢在传统理学立场上针对程朱陆王之间的派系斗争，“提出若干理学求实的方法论原则”，从儒学的渊源、内容、归宿上统一心学与理学，消除门户之见而建较为宽容的儒学统绪，理学与心学相资为用并共同促进圣学发展，其躬行实践是格物与致知、尊德性与道问学、顿悟与渐修相统一的“唯一切合点”与“实学方法论的根基所在”。[①] 孙氏实学之用，在方法论上调和心学与理学，资用于儒学发展；在本体论上求证根源性与合理性，回归本心、本天的正统意图；更重要的是通过后学、后人应用在政治与学术事业，从理论上规范与引导现实社会。此实学并非其思想的主体内涵与本体承诺，能形成长期稳定、足够精简的儒家学统，致力于维护心心相传的道统与人人担当的政统。它更多的是方法论、工夫论、认识论层面的理论效果，尚未构成本体论、心性论、价值论方面的理论探索。此知其内核在仁不在实，这是孙氏与实学思潮代表颜元、李塨等人的根本差异。

（四）仁学

孙氏对“仁”的解说主要是通过点评分析孔孟程朱陆王著述进行，此处以《论语》解读和《理学宗传》批语为例。

> 仁智一道，湛然之知，粹然之仁，其理一也。
>
> 仁者有生心，圣人无死地，其义一也。
>
> 仁虽圣门所谆，切然不及本体，亦是罕言处也。
>
> 圣人论仁，俱是从应用处操存此心。
>
> 仁者人也，非仁便不成人。……程子曰：“孝弟是仁之一事，谓之行仁之本则可，谓是仁之本则不可，盖仁主于爱，爱莫大于爱亲，故曰为仁之本。”

---

① 卢子震、赵春霞：《孙奇逢的实学方法论》，《河北学刊》2004 年第 4 期。

《乐书》曰:"五常以仁为首,六艺以礼乐为先。仁者,礼乐之质;礼乐者,仁之文。"

学问之道以仁为主脑,然仁不易识,过中之仁更难认,千古只眼须推孔子。

至于仁,孔子之所以立教也。志仁、好仁、安仁、利仁、依仁、不违仁,不一而足,岂孔子以立教?

仁者原与天地万物相流通,而礼则灿然秩叙,流动充满于天高地下之间,盖仁不可见而可见者皆礼也。

新安陈氏曰:"仁义一理耳。仁以心之全德言,义以身之大节言。成仁包得取义,取义即所以成仁。孔子就本心安适处言,故曰成仁。孟子就切身断制处言,故曰取义。其为成就一个则一而已,所以程子于此谓实见得生不重于义,可见仁与义一理也。"

程子谓不可将第一等事让他人,便是当仁之旨。

仁字是人生一点真血诚,稍涉炫耀便非本旨,为难能也。①

从认知上看,仁智一道或一理;从心地上讲,仁圣一义;从圣言上说,仁是本体;从应用处看,仁圣同心;从成人上看,仁是标准;从爱亲上看,孝悌是为仁的根本;从五常上看,仁是首位,是礼乐本质;从道学上讲,仁是主脑、首推孔子;从立教上看,仁是起因、自足全程;从融通上看,仁礼一体;从身心上言,仁义一理、本心成仁、本身取义;从他人处看,当仁不让、第一等要事;从人生来讲,仁是真血脉,与诚善或至诚本旨。他以孔子为仁的启引,展开其本体的内涵诉求;以孟子为仁义的典范,推证其本心的事业成就;以经书为仁智的教案,解释其本旨的用意用法;以人物为仁礼的规导,塑造其本来的品质样貌;以道学为仁圣的根据,修养其本身的真善美能;以宋明诸子为仁学的注本,明察其本义的良知良言。可见,仁是道学的主脑、理学的本根、心学的主体、实学的大用、经学的实质。

因此,孙奇逢的精神导师是先秦五子与宋明十一子,他以仁学为主体,推阐其道学的原典、理学的宗旨、心学的系统、实学的功能,切磋于师友并教化众徒,

---

① 张显清主编:《孙奇逢集》(上),中州古籍出版社 2003 年版,第 305、306、313、320、397、406—407、413、443、461、490—491、497、517 页。

力图承上启下以构建纯正的儒家学统，支撑万世信守的道统与因时变易的政统，其从信念、学术、政治、人生、技艺、工夫、教育等多方面，影响同辈、后进、世俗、朝廷。其开创性不足而集成性有余，这与时代和他的经历有关。

第二节　嵇文甫、赵纪彬

孙奇逢后的河南哲学思想界沉寂了两百多年，在近现代西方技术、政治与学术的全方位挑战与刺激下，迎来新的理论契机。首先是马克思主义唯物史观指引下对古典哲学的改造与系统检讨，其中以嵇文甫与赵纪彬为代表。

一、嵇文甫

嵇文甫（1895—1963），原名嵇明，出生在河南汲县（今卫辉市）吕村一个小手工业者家庭。1913 年入北京大学预科，1915 年与冯友兰等人考进该校哲学门（后改成哲学系），1918 年大学毕业去河南第一师范任教并与冯友兰等人创办《心声》杂志，1926 年加入中国共产党，不久被派去苏联留学，聆听斯大林关于中国问题的报告。后在北京大学、清华大学、燕京大学、河南大学、中原大学等单位工作，1937 年与姚雪垠等人主编抗敌救亡刊物《风雨》。他曾是河南大学校长、郑州大学校长、中国人民政治协商会议代表、中南军政委员会委员、河南省人民政府副主席、全国人民代表大会代表、河南省文教委员会主任委员、中国科学院哲学社会科学部学部委员、河南省历史研究所所长与河南省文史研究馆馆长及《史学月刊》（原名《新史学通讯》）的创建者。嵇文甫大半生都为革命事业与教育事业奔波，主要著作有《十七世纪中国思想史概论》（1931）、《先秦诸子政治社会思想述要》（1932）、《左派王学》（1935）、《晚明思想史论》（1944）、《关于历史评价问题》（1956）、《关于历史评价及其他》（1957）、《春秋战国思想史话》（1958）、《王船山学术论丛》与《王船山史论选评》（1962，其《船山哲学》最具代表性)等,后有郑州大学组织汇编的《嵇文甫文集》[1](上、中、下,1985)。20世纪30年代学界称中州"南冯北嵇"(即豫南冯友兰与豫北嵇文甫),其对先秦子学、宋明理学有独特研究与较高造诣,他是最早使用唯物史观方法研究传统中国哲学与思想史的马克思主义学者。

(一)对历史唯物主义的接受与运用

1918年至1920年,嵇文甫等人在《心声》上较系统介绍"西方的资产阶级民主主义和一些社会主义思想",其"思想武器是资产阶级的平等和自由";1924年至1926年,他为以中国共产党党员、共青团团员为骨干的进步组织"光明少年团"写团歌词;1926年至1927年,他到苏联莫斯科中山大学"学习马克思列宁主义";1928年至1948年,他坚持进步与正义,并坚持以"马克思主义的基本原理为指导进行教学和学术活动";1948年至1963年,他"努力学习马列主义、毛泽东思想"[2]并用于做人、做事、做学问。也就是说,他在30岁之前受西方资产阶级的民主、自由、平等思想影响,之后接触与学习马克思主义并逐步研修列宁主义和毛泽东思想来改造自己与传统。

1949年前,嵇文甫与马克思主义唯物史观直接相关的论文大致有《伟人领导群众呢还是群众领导伟人?》(1931)、《评郭沫若〈中国古代社会研究〉》(1932)、《不讲哲学的哲学与不立史观的史观》(1946)等,1949年后有《历史教师要好好学习〈毛泽东选集〉》(1952)、《学习列宁捍卫马克思主义哲学唯物主义的战斗精神》(1956)、《辩证唯物主义讲稿》及《谈谈历史唯物主义》、《历史唯物论》(1961)、《历史唯物论——无产阶级革命斗争的理论武器》(1964,遗作)等。论述伟人和群众的关系时,他提到马克思《政治经济学批判》中的"唯物史观公式"是达尔文进化论思想注脚的同类精神产品,认为"伟人是时代精神的烧点",与群众有无意识的相互领导关系[3];他批评郭沫若论西周奴隶制度的基本

---

① 嵇文甫著,郑州大学嵇文甫文集编辑组编:《嵇文甫文集》(共三册),河南人民出版社1985年版。文中有关于其哲学思想的认识资料,主要以此为据。

② 郑州大学嵇文甫文集编辑组:《嵇文甫文集》(上),"前言",河南人民出版社1985年版,第3—4、8页。

③ 郑州大学嵇文甫文集编辑组:《嵇文甫文集》(上),河南人民出版社1985年版,第54、55、56页。

说法，对中国古代封建社会时段与内涵判断不确[①]；驳斥“多元论的宇宙观”的低级状态和“多元的历史观”的去法则化，看好且力倡“如实的”人生、宇宙、历史为最优[②]；这是他在 1949 年前对马克思主义唯物史观的粗糙想法与笼统运用，涉及群众是历史发展的基础认知主体、社会发展形态的判断标准与如实的宇宙人生观。之后指出“形式主义的，形而上学的”片面性“和‘辩证唯物主义与历史唯物主义的批判精神’根本违反”[③]；我们应知“历史教育是一种思想教育，是一种具体的历史唯物主义教育”[④]；一部哲学史是“一部唯物主义和唯心主义的斗争史”[⑤]；“哲学就是世界观的科学，世界观就是对世界的总的看法”，人们“要用理论联系实际的方法”学哲学，“哲学的根本问题就是物质与精神，或者存在与意识的问题”；只有马克思“真正在历史上贯穿唯物主义，真正能对历史的发展作出科学的唯物主义的解释”，他“讲历史唯物主义就是要讲生产力和生产关系、经济基础和上层建筑的”决定与被决定的关系；历史唯物论“是马克思主义关于社会历史的学说和方法论”，批驳“各种统治阶级的历史观”[⑥]。这是嵇文甫 1949 年到 1963 年关于马克思主义唯物史观的总体看法与细致分析，突出其全面批判精神与具体问题研究及思想教育功能，赋予其科学宇宙观并强调理论与实际相结合的方法，并运用它深入检讨历史上各种代表性观念体系要领，推崇与弘扬唯物史观的重大价值贡献。

他是真正意识到用马克思主义唯物史观指导自己的学习、教育、研究、工作、生活的学者，这也影响甚至制约了其学术思想研究与成就。

（二）对先秦诸子的研究

在接触马克思主义思想与组织前，嵇文甫对中国古代社会思想面貌与老庄、孔子的观念内涵作了初步探讨，如《老子发凡》（1918）谈老子学说有“虚无

---

① 郑州大学嵇文甫文集编辑组：《嵇文甫文集》（上），河南人民出版社 1985 年版，第 247 页。
② 郑州大学嵇文甫文集编辑组：《嵇文甫文集》（中），河南人民出版社 1985 年版，第 370、371 页。
③ 郑州大学嵇文甫文集编辑组：《嵇文甫文集》（中），河南人民出版社 1985 年版，第 520 页。
④ 郑州大学嵇文甫文集编辑组：《嵇文甫文集》（中），河南人民出版社 1985 年版，第 586 页。
⑤ 郑州大学嵇文甫文集编辑组：《嵇文甫文集》（下），河南人民出版社 1985 年版，第 161 页。
⑥ 郑州大学嵇文甫文集编辑组：《嵇文甫文集》（下），河南人民出版社 1985 年版，第 351、352、355、363、375、399、402、715、716—723 页。

主义”“自然主义”“因应主义”“谦弱主义”“哀慈主义”及“与诸家之关系”(即孔子、杨朱、申韩、兵家、养生家),还发表了《周末社会之蜕变与儒法两家思想上的斗争》(1929)和《“仁”的观念之社会史的观察》(1930)等文章。但清晰、完整体现相关思想论证的是《先秦诸子政治社会思想述要》,它对孔子、墨子、老子、庄子、孟子、荀子与韩非子的要旨有所推阐。

嵇文甫在该书“序”中说,此为他在“清华、燕大两校所编《中国政治社会思想史讲义》的一部分”,其“解释各家学说”还没“构成完整的历史体系”,用“新兴社会科学观点研究中国思想史”,避免“把唯物史观简单化了的机械观点”。① 他正努力以新兴社会科学的唯物史观解释诸子学说。他认为,“孔子不是实利主义者(如法家、墨家甚至道家),不是军国主义者(如法家),不是自然主义者(如道家),不是鬼治主义者(如墨家),而是人文主义者”,“只讲人道所当然,人心所不容已”,“中心观念”是“仁”“礼”,仁是“一种恳恻不容已的心情”“感情和理智融合的一种状态”,“礼是仁的表现,仁的象征”,“实现其人文社会的理想”的最主要手段“在于正名”,行之有效办法是“人君的德化”,“经济政策”是“节用”“均产”“不注意生产事业”“极重华夷之辨”②,没分清国家和社会。墨子实用主义是“爱利”“并用”且凡事得求其实际用处,“太讲实用,反不能实用了”,他“有一种无差等、无别异、一视同仁”的“齐一思想”,“理想政治很像一种教皇政治”,“一切言行都依托于‘天志’”。③ 他认为把老子时代“移在孔、墨以后为较妥”,《道德经》、“格言集”“不必出于一人和一时”,“恐不会在战国以前”;其“无为主义”可自然推出“放任主义”“自由主义”“近代思想的意味”,或与“人为显然的对立”的“原始状态”,是“返淳还璞的主张”;“理想社会”“自然”“自由”“自给”“静止”“小规模”,不是“文明”“强权”“交易”“活跃”“大规模”的;“生活态度”有两点值得注意,“一是知足守分,随遇而安”,“二是打小算盘”④。“庄子与老子为同派”且都“崇尚自然”“主张无为”“要返淳还璞”,但

① 郑州大学嵇文甫文集编辑组:《嵇文甫文集》(上),河南人民出版社 1985 年版,第 143、144 页。

② 郑州大学嵇文甫文集编辑组:《嵇文甫文集》(上),河南人民出版社 1985 年版,第 148、149、150、151、153、154—155 页。

③ 郑州大学嵇文甫文集编辑组:《嵇文甫文集》(上),河南人民出版社 1985 年版,第 155、158、160 页。

④ 郑州大学嵇文甫文集编辑组:《嵇文甫文集》(上),河南人民出版社 1985 年版,第 165、168、169、170 页。

"老子颇带权谋色彩","庄子的出世意味较为浓厚","老子手段较利(厉)害,庄子见解较彻底",庄子"有极精采(彩)的知识论""非老子所及";其"一个根本理论"叫"天钧律",天钧指"自然之分,或自然的均衡","含有一种极微妙的辩证观";"政治哲学或社会哲学"为"在宥论","主张极端的放任主义,一切都'宥使自在',以不治治之"[①]。孟子"扩大而深化""孔子学说",有"具体的政策""系统的理论",提出了"在中国政治思想史上占中心地位的王霸论","王者尚德""感化人""居仁由义""过化存神,能根本的(地)改善人群,而不显其功""霸者尚力""劫制人""假仁假义""功业赫然,而实不过苟且小补,姑救一时之弊";他"有重民思想"并"反对暴君",无"民权思想","王政""仁政""只是一种保育政策""不外养民教民两大端"。[②]"孟、荀二子都是儒家""等级制度的拥护者"(孟为"大同派",荀是"小康派"),"荀子的礼义法度起源论"给出"一种理智主义和功利主义的解释",其"法后王与古今一理观""不含进化观念",最终"只须跟着圣王走"[③]。韩非子"是先秦诸子的最后一个""能贯穿各家而大成其法家的学说",融摄"法""术""势"三派;他是"新兴统治阶级的代言者",反对孔孟"过时的德化主义","论事完全以功用为标准",只知"富国强兵",是阻碍学术思想发展的"极端狭义的功用主义";他"相信历史是进化的",其"政治哲学"要害在"论世之事,因为之备",经济思想"极力奖励生产""主张自由竞争""反对均产",也不太注意"分配和消费的问题"[④]。嵇文甫对先秦七子代表作的思想要点,作了简明、系统、时代感强与立场坚定的解说,他先用人文、鬼治、自然、实利、军国几种主义归纳其主旨,后按诸子思想发展顺序与学派深度进化趋势来呈现其观念体系,基本结论是:孔孟荀儒家因其仁礼论、王霸论与礼法论而为德化主义,墨子因其爱利论、齐一论与教皇论而为实用主义,老庄因其无为论、天钧律、在宥论而为放任主义,韩非因其法术势论、进化论、生产竞争论而为功用

---

① 郑州大学嵇文甫文集编辑组:《嵇文甫文集》(上),河南人民出版社 1985 年版,第 171—172、173、177、178 页。

② 郑州大学嵇文甫文集编辑组:《嵇文甫文集》(上),河南人民出版社 1985 年版,第 182、185、189 页。

③ 郑州大学嵇文甫文集编辑组:《嵇文甫文集》(上),河南人民出版社 1985 年版,第 202、198、192、195—197 页。

④ 郑州大学嵇文甫文集编辑组:《嵇文甫文集》(上),河南人民出版社 1985 年版,第 202、210、212、214 页。

主义。

可见其以仁礼德化标识先秦儒者三家,以爱利齐一标识先秦墨者一家,以无为自在标识先秦老庄两家,以法术势争标识韩非一家,其判断标准是马克思主义唯物史观。

(三)对明清哲学的考察

嵇文甫毕生用心最深、用功最勤、成果最多、反响最大的是他对明清哲学名家的研究,他"师法的榜样"是"一峰二山",在明清之际即"孙夏峰(奇逢)的'刻厉、庸行、实用',王船山(夫之)的'贞晦、博学、皎志',全谢山(祖望)的'渊博无涯,于书无不贯串'"[①]。其中孙奇逢对他的影响体现出中原学者学术上的传承。我们主要从中国思想史视野来考察其基本的哲学认知,文献依据是《十七世纪中国思想史概论》《左派王学》《船山哲学》《晚明思想史论》和一些繁杂的研究论文。

嵇文甫讲"十七世纪中国学者的哲学思想"时认为,"中国近古哲学史上的根本问题"是"理气问题"与"心性问题",对应宇宙论与人生论,以程朱学派为"理气二元论"背景衬托出明清间大师刘宗周、黄宗羲、颜李的"气一元论"思想特色。[②] 就"其实质","理气二元论正是一种实在论,反理气二元论正是一种唯名论"。此唯名论思潮分三个阶段,"首先是(罗)整庵、(崔)后渠、(汪)石潭辈"见其理论曙光,其次是"(刘)蕺山、(黄)梨洲""展开纯粹的气一元论",再次是"从颜李发端"到"(戴)东原""大成"[③]。他立足"思想是生活的反映"这一唯物史观要点,探讨阳明"道学革新运动"及后学左派,此"革新运动""发端于(陈)白沙","大成于阳明",处处"打破道学的陈旧格套","表现出一种活动自由的精神";以其"狂"的旗帜与学说来力挽狂澜和极端发展,形成"王学的左翼"并以"使徒般的精神"四处传播教义,其两大领袖是"讲学热情"高涨、发挥"狂狷

① 郑州大学嵇文甫文集编辑组:《嵇文甫文集》(上),"前言",河南人民出版社 1985 年版,第 9 页。

② 郑州大学嵇文甫文集编辑组:《嵇文甫文集》(上),河南人民出版社 1985 年版,第 115、117、123 页。

③ 郑州大学嵇文甫文集编辑组:《嵇文甫文集》(上),河南人民出版社 1985 年版,第 389、396—397 页。

乡愿”、信守“现成良知”、经受“煎销磨炼”、落实“天泉证道”的王畿与提出“乐学主义”、探讨“淮南格物说”的王艮。后学里有王东崖、颜山农、何心隐、管东溟、罗近溪、周海门、李卓吾等众多特异人物，这场“明代思想解放运动发展”[①]是符合历史辩证法的。“用辩证法的观点来看”，“程朱是‘正’”，“陆王是‘反’”，“清代诸大师是‘合’”。王夫之“在清初诸大师中”“能极深研几”，“切实做穷理功夫”，他有包含“天人性命论”“理势常变博约等”合一论的“性理哲学”，与囊括“古今因革论”“朝代兴亡论”“华夷文野论”的“历史哲学”；“性理学上”船山“宗师横渠，修正程朱，反对陆王”，其所用“现代历史哲学”要点是“从发展过程上看历史事象”“社会制度的相关性或整个性”“客观的独立于意识以外的势力之存在”“偶然中显现必然”[②]。在阳明后学左派思想特质与王夫之哲学体系分析上，嵇文甫自觉或有意用马克思主义的历史辩证法，探索其发生的社会生活根源与文化发展趋势，得出传统道学的宇宙论与人生论视野下理气一元论的正反证明及王夫之性理哲学与历史哲学视域中辩证法的正反合考量。

嵇文甫在《晚明思想史论》“序”中讲此“数十年”，“一方面是从宋明道学转向清代朴学的枢纽，另一方面又是中西两方文化接触的开端”，其内容是先讲“王门诸子的道学革新运动”继以“东林派的反狂禅运动”，而后“佛学”“西学”“古学”“错综交织于其间”。几个明显趋势是“从悟到修”（东林各派等，“悟虚而修实”）、“从思到学”（古学与西学，“思虚而学实”）、“从体到用”（张居正、徐光启等，“体虚而用实”）、“从理到气”（刘蕺山等，“理虚而气实”），这种“现实主义倾向”和潮流的活跃者是孙奇逢、黄宗羲、顾炎武等人，见“怪诞而驳杂”却“虎虎有生气”[③]。“黄梨洲是明末清初一位伟大的启蒙思想家和爱国主义者”，“他的民主思想”为大家所熟悉，其学“近承蕺山，远宗阳明”，基本上“走‘心学’一路”；孙夏峰晚年“和会朱、陆，兼综汉、唐，打破门户之见，而一以躬行实践为归”，大河南北学者“几乎尽出其门下”，“实为清初北学一大宗”，“（颜）习斋思

① 郑州大学嵇文甫文集编辑组：《嵇文甫文集》（上），河南人民出版社1985年版，第400、401、403、412—428、465页。

② 郑州大学嵇文甫文集编辑组：《嵇文甫文集》（上），河南人民出版社1985年版，第542、505、519、556、568、530、583页。

③ 郑州大学嵇文甫文集编辑组：《嵇文甫文集》（中），第127、271、272、279页。

想实在是夏峰学派那种道学气氛中产生，而又断然和它分离”；以阶级斗争为“核心问题”的“历史唯物主义”建立，在“王船山的时代还不可能作（做）到这一点”，其“自然观是唯物的”且“运用到对社会历史的探索和考察”，“只是直接而简单的（地）把他的自然观运用到历史观”，结果失陷于“唯心论的观点”①。

综上所述，嵇文甫思想的合理内核是在马克思主义的世界观与方法论指导下的唯物史观，其批判对象是先秦诸子与明清儒者的代表性学说，诸子是仁礼德化的孔孟荀儒家、爱利并用的墨家、自然无为的老庄道家与法术势合流的韩非子法家，明清以性理观与历史观为维度展开宇宙论、人生论的辩证分析与系统考察。其得在历史唯物主义的判断标准与群众本位立场，失于对传统中国哲学思想资料粗略的硬性（或哲学党性、定性）整理与过度的精神批判（即现代精神的优越性）。

二、赵纪彬

赵纪彬（1905—1982），原名赵济焱，字象离，笔名向林冰、纪玄冰，生在河南内黄县一个书香人家。1926 年参加中国共产党后任中共濮阳县委委员、大名中心县委宣传部长、中共陕西省委宣传部长、华北高教联秘书长和组织部长等职。从 1934 年起到东北大学、东吴大学、山东大学、平原大学、新乡师范学院、开封师范学院等高校任教，是山东大学文学院院长、平原省政协副主席、平原大学筹委会副主任、新乡师范学院院长兼党委书记、河南省文委副主任、中国科学院河南分院副院长、河南省历史研究所副所长、中国社会科学院历史所研究员。主要著作有《中国哲学史纲要》（1939）、《中国知行学说简史》（1942）、《中国思想通史》（合著，1948—1959）、《古代儒家哲学批判》（1950）、《论语新探》（1950—1976，先后出四版）、《困知录》等，河南人民出版社编有《赵纪彬文集》一至三卷。他对传统思想的诠释主要体现在以马克思主义理论为指导的中国哲学史系列研究中，体现在中国唯物论史、中国知行学说简史、中国逻辑史与孔子儒家哲学研究中。

---

① 郑州大学嵇文甫文集编辑组：《嵇文甫文集》（下），第 274、275、640、648、655 页。

（一）中国古代唯物论史纲要

赵纪彬“是老马克思主义者”，长期“宣传马列主义”，在“辩证唯物主义和历史唯物主义方面的修养是深湛的”[①]。在《中国哲学史纲要》的“序”中指出其书是当时“中国唯物论史的写作”的“第一次”，此“唯物论史的建立”以中国“十分幼稚”的“社会发展史及自然科学史的建立为前提”，力求通俗、简要；“分上、中、下三卷”，上卷论“一般的哲学发展法则与中国哲学的特质”，内蕴此史“建立的前提条件的奠定”与先秦诸子哲学的“中国唯物论发展”的“辩证法运动”一环，中、下卷讲“秦汉至目前的抗战建国运动”时期的经学发展转进；此参鉴日本唯物论者秋泽修二的《东洋哲学史》与郭沫若的《先秦天道观念之发展》[②]。

他的目标是“发现中国哲学中辩证法、唯物论要素的发展法则”，障碍是“两种偏见”即“中国哲学否定论”“中国哲学特殊论”，都“否认建立中国唯物论史的可能”；他所作的辩护是，哲学为“关于客观存在全体（即自然、社会及思维的综合体）的普遍法则的科学”，为“人类社会进化过程中必然产生的共同范畴”，中国人“有其认识客观存在法则的方法与成果”，历史上的哲学“实质上只有唯物论与唯心论”，“从宗教神话到哲学的发展”“是一个到对立物转化的辩证法过程”，“发展样式的根本条件”有“生产诸力与生产诸关系的构造特征”“社会的政治机构=阶级关系的形质与形态”“实证科学——尤其自然科学的发达水准”；持否定论“在根本上是抽象化的唯心论”，反映“世界帝国思想蔑视殖民地文化”，持特殊论是见树木不见森林的“机械论”、表现“东方神秘主义的民族自大或盲目精神”；其得“哲学的发展法则”是“唯物论与唯心论的斗争”的“辩证法的统一”。[③] 他目标明确，以马克思主义为方法和判断标准，由此实际地转入对中国哲学的研究。

他认为中国哲学的特质是“辩证法、唯物论发展的不充分”、受“人生哲学的支配”与“其发展的停滞性”，此由“中国社会的特殊构造”与不发达的自然科学

---

① 赵纪彬著，李慎仪、赵明因整理：《赵纪彬文集·一》，“序言”（杨向奎作），河南人民出版社 1985 年版，第 1 页。

② 赵纪彬著，李慎仪、赵明因整理：《赵纪彬文集·一》，“自序”，河南人民出版社 1985 年版，第 13、14 页。

③ 赵纪彬著，李慎仪、赵明因整理：《赵纪彬文集·一》，河南人民出版社 1985 年版，第 15—18 页。

所决定，可运用马克思主义哲学的唯物辩证法来求解①。就此，他站在近现代哲学立场上，运用马克思主义的唯物史观方法和要点来贯通中国古代思想资源，得出相应的现实评判和大体的历史重构。②

（二）中国知行学说与逻辑史

赵纪彬认为中国哲学史上“以知行为对象而专门研究”建立系统化学说的第一人是孙中山③，此学说成“一般中国哲学史专题”研讨是因其“逻辑上或明或暗连接于一定之宇宙观及历史观”“实践上亦或明或暗基因于一定之时代背景及政治见解”，先例有马克思依经济学史“著成《剩余价值学说史》”④。他借西方近现代认识论特征分析孙中山知难行易学说要点，肯定其“在中国及世界哲学史上”“特异独立之色彩及不朽之价值”；据此学说的革命需要之“历史背景”，先哲“思想遗产”的“理论源泉”，由“以行而求知”原理阐述诸命题关系的“逻辑构造”和“因知以进行”的“方法意义”，“指出知难行易学说为世界观、认识论、论理学、方法论之统一体”，在其“简括说明”上“保持实行与理论，历史与逻辑，认识论与认识史，体系与方法之统一”⑤。赵纪彬是将知行学说内容放在哲学史范围来系统整理的，参考标准是马克思主义学说，总体架构是孙中山的知行观，具体界定与方法是马克思主义的观念把握，基本资料与要点是传统思想文化与相关人物著作论述，故而仍在马克思主义的哲学观中研判知行学说的

---

① 赵纪彬著，李慎仪、赵明因整理：《赵纪彬文集·一》，河南人民出版社 1985 年版，第 24—25、26 页。

② 可参看其 1940 年所写的《抗战三年来的中国哲学论争》（载于《赵纪彬文集·一》），依潘梓年《逻辑学与逻辑术》为轴心发生的关于形式逻辑与辩证逻辑的异同论战与融通可能，提出构建新的逻辑科学和科学的中国哲学史。

③ 其专文《中山先生的“知难行易”的认识论》“从中国哲学史上知行问题的发展序列中来把握”其一般方法、时代背景、意义诉求、价值地位、根本命题等，将其归结为“经验论的认识论”，可参见所引文集一第 450—478 页。此认识论有“五大特征”，即“把实践（行）在国民革命行动的具体形态的意味上加以把握”“认定了实践决定理论”“强调了理论在实践上的能动作用”“把哲学斗争和政治斗争关联了起来”“把哲学命题的建立和自然科学知识的运用统一了起来”，由此可完成“二千年来中国学者关于知行问题的见解”的批判总结（见该书第 470—471 页）。

④ 赵纪彬著，李慎仪、赵明因整理：《赵纪彬文集·二》，河南人民出版社 1985 年版，第 113、114 页。

⑤ 赵纪彬著，李慎仪、赵明因整理：《赵纪彬文集·二》，河南人民出版社 1985 年版，第 125、128—130 页。

成立、成长与成熟。

赵纪彬知行学说简史分先秦、两汉隋唐、宋明和清四个时代，先是老子学派“力言知对行之指导作用”“不明行为知之源泉”“分裂知行之统一关系”的“蒙昧主义之说教”、孔子学派“倾向于生知之肯定”和学行之社会生活实践、墨子学派“以其科学性之认识论结合于宗教神鬼之肯定”、荀子学派大体近墨而“倾向于唯物论之理论”并导出“王权绝对主义之政治主张”，先秦诸子知行学说“有所发明与贡献”，也有“其缺陷与限界”，“当作中山先生知难行易学说理论源泉之第一环节”[①]。韩非子的知行学说“肯定认识对象之法”由“感性之现象(形)”通达“本质(理)”，“以实践(行)测验认识(知)真伪之标准”，在“绝对性之认识”却“迫近于形式逻辑之方法论”，从汉始“明言‘知行’”并“比较其难易”，以“古文派经学家与扬雄王充等之知行学说”给予“中山先生学说”重大影响；唐代学者对知行问题讨论“不甚发达”或“明显”，“只在宇宙观或一般认识论方面”暗示和涉及[②]。到宋代，以朱熹思想为“新儒家哲学全发展之最高峰”“集大成之庞大体系”，“在中国哲学史上之位置”可比康德，其知行的认识论命题颇富“把握客观事物本质之科学精神”，“知先行后”“理具于心”“致知以敬为本”是“错误命题”，与“格物致知理论”抵触；其对反是陆王哲学且阳明知行学说“更体系化”，含有“心即理”“致良知”“知行合一”三个基本命题，此理为“主观之概念或吾心”，交结其本心“存在论”与致知“认识论”，深深关联着“中山先生之知难行易学说”[③]。清代“始于顾亭林而大成于戴东原”的“考证学派”，其“知行问题之见解”是“否认先验良知之存在”，“主张客观实证主义之致知方法论”，“忽视行对于知之决定作用，抹煞真理之存在客观性与其把握之主观性的科学的统一关联，而陷于绝对的客观观照主义之错误”；最能代表清初“批判精神”的“颜李学派”“‘习事见理’之经验论思想”确与“中山先生‘由行而致知’之命题若合符节”，但“不明‘因知以进行’之真理”“矫枉过正”，还因时代限制“未能尽脱宋

① 赵纪彬著，李慎仪、赵明因整理：《赵纪彬文集·二》，河南人民出版社1985年版，第193—194页。可参见其书目学派划分。

② 赵纪彬著，李慎仪、赵明因整理：《赵纪彬文集·二》，河南人民出版社1985年版，第195、196、197、198、217、218、236页。

③ 赵纪彬著，李慎仪、赵明因整理：《赵纪彬文集·二》，河南人民出版社1985年版，第239、258、259、262—264、266—267页。

明理学唯心论知行观之藩篱”“趋于尊古而昧于历史之进化”；王夫之是“清代哲学之最高峰”，其“知行学说”推崇“朱熹之格物致知论”，斥责“阳明之知行合一说”为佛老思想变种，在“唯理论与经验论”的局限和错误与“中山先生知难行易之说”“根本相反”；公羊学派康有为与梁启超是“‘扞格外物’之致知论”，足以代表该派知行观的是结合“动的宇宙观与变法维新之政治主张”的谭嗣同，他“否认感觉为认识之唯一源泉”“贵知不贵行”，“在政治实践上”为“‘空言垂世’之取消主义”、标举“大同之治”“流于空想主义”，代之而起的“中山先生之知难行易说”成“中国知行学说史”“一新纪元”①。这一贯通先秦诸子思想到明清学者的观念发展简史以孙中山知难行易说为标准，此标准检阅其宇宙观、人生论、政治论、认识论、方法论、历史观与科学性，突出行（实践）为知（理论）的源泉、知为行的指导、知行互动并进与辩证统一，判断依据是马克思主义学说主客符合的真理观与历史、逻辑相统一的发展观。

这种马克思主义哲学的逻辑建构与历史审查，使其有可能系统把握中国传统思想的内在理路与外在形式。据其《先秦逻辑史论稿》的“序论”简介，在孔子和韩非间参照马克思《资本论》的“辩证逻辑学”（即“辩证法、唯物主义、认识论合一的观点和方法”）去发现各家的名辩逻辑，在郭沫若的名辩思潮批判观念指引下划分出三个发展阶段，即“春秋战国之际的孔墨对立”之“萌芽期”、战国中叶“百家之学”的“泛滥期”与“末叶的《墨经》作者、荀子和韩非”之“结实期”，萌芽期逻辑果实是“直观的矛盾律”“类比的推理法”“初步的充足理由律”，泛滥期有稷下黄老道家“形而上学”思辨、老庄道家的逻辑取消主义、思孟儒家“先验主义的演绎推理”、名家惠施与公孙龙“同一主义”“绝对主义”诡辩、阴阳家邹衍“宿命主义的特殊推理法”，结实期“修正或纯化”“逻辑的‘思维三律’以及‘充足理由律’”，对“类”“故”概念和“概念的起源”“具体概念和抽象概念的关系”“概念的分类”“判断形式的区分”“推理的种类及法则”“逻辑的任务和界说”及一般“定义法”等“都应有尽有地确立”，魏晋六朝、宋明和清的逻辑传统是对它们的承继、发挥和发展（见其《中国古代逻辑史》《中国近代逻辑

---

① 赵纪彬著，李慎仪、赵明因整理：《赵纪彬文集·二》，河南人民出版社 1985 年版，第 285、287、294—295、298、305、308、314—315、326、332、337、338、344—345 页。

史》)①。由此可知,他以马克思主义的辩证逻辑学观点和方法来辨析先秦诸子思想原创三期的概念系统与内涵表达,这是其唯物论与唯心论不断斗争交织的中国哲学史、世界观和方法论相权衡的中国知行学说史的思维认知基础。以此辩证逻辑和唯物史观,评价传统思想人物及著述的缺失与创见使他的理论有效合理地融入新时代精神体系塑造中。

(三)孔子儒家哲学思想诠释与批判

运用中国化马克思主义哲学的基本观点与方法,参照秋泽修二的《东洋哲学史》、郭沫若的相关著作、马克思的《剩余价值学说史》和孙中山的知难行易学说,赵纪彬创写中国唯物论史、中国知行学说史、中国逻辑史甚至中国思想史。这种鲜明的历史唯物主义与辩证法主张贯穿并统领其对传统思想的解读、判断和重塑。

在《中国哲学史纲要》里,赵纪彬把"孔子哲学"定位在"经验论"基础上"关于宗教神话的怀疑主义",其"政治论、伦理学、逻辑学三位一体",以此展开思孟学派的"唯心论"及"仁义与功利的辩证法"和荀子学派的"唯物论、无神论"及"逻辑学认识论"的子学理论特色,进而以此人生经验、政治事业和伦理精神在唯物、唯心及历史、逻辑的硬性矛盾冲突及其统合中转承汉唐宋明清儒学观念发展与开显。他把孔子哲学思想资料依据圈定在《论语》上,随后作《古代儒家哲学批判》《论语新探》《董仲舒的公羊春秋学的中古神学正宗思想》《章太炎哲学思想评述》等。《古代儒学哲学批判》上部"历史证件"分"释人民""君子小人辨""原贫富"三篇,说明"人"和"民"是春秋社会的两大阶级构成而确定其"矛盾爆发"的"特殊性""根本义谛",在"人"阶级内部裂变为"君子""小人"即"维新与革命两大对立派别"以确认孔门儒家派别、精神和任务,由此两大派别"公、私"之"经济基础"即"贫""富"判孔、墨之"理解与态度";下部"儒学究元"有"自然稽求""知能学习论""两端异端解""说知探源""崇仁恶佞解"五篇,揭示"孔门只以自然"为喻阐发"西周维新传统之贤人作风体系"、在"天道观上为宗教宇宙观""逻辑上为类比推理法","就贤人作风之研究范围""阐明孔门认识

---

① 赵纪彬:《先秦逻辑史论稿·序论——先秦名辩思潮的逻辑果实》,《河南师范大学学报(社会科学版)》1982年第6期,第31—32、37、38—39页。

论之二元论色彩”，指出其“在逻辑思想上已开始运用矛盾律”作“调和春秋矛盾之工具”，在“因己推人之伦理类比”前提下“逻辑推理形式为由单称命题推论出全称命题”，启引“墨子之由见知隐及《墨经》之‘说知’”，指明其“因贤人作风约束”陷入“泛伦理主义”，使“认识论与逻辑学”“带有政治伦理色彩”和“丧失自由自主之独立地位”，最后得出其“宇宙观、认识论及逻辑学”是“三位一体之物”以贯通“历史证件”[①]。在此书第3版“自序”中对上部“增入《人仁古义辩证》《有教无类解》两篇”，下部作中部，增“仁礼解故”而另设“孔门异同”以表“先进”“后进”，此成“上、中、下三部十三篇”并“从‘人’‘民’的阶级矛盾起论”，经“孔丘唯心主义思想”分析其内部“路线分歧”，体现当时“社会‘一分为二’的辩证规律”[②]。这是依据马克思主义哲学的唯物论、无神论、阶级分析、辩证法和历史观，对孔子儒家哲学思想的特殊矛盾、根本义谛、阶级构成、内部分化、精神主旨、学术使命、经济基础、理论特色、逻辑表达、认识成果与系统建构，作大体解析与清理，并认为其贤德君子式的西周维新传统引领所判别的孔墨政治伦理进路。这种诠释尺度与批判标准同样适合孔子后儒哲学思想，此从他对董仲舒、章太炎与冯友兰的思想解读与理论批判中可以看到。

董仲舒是“中古神学思想的创建者”和儒家思想占据统治地位的“发动者”，合理否定先秦子学而有效开拓经学地基，逻辑起点是超理性的天，建立“神学宇宙观”以转成“历史观、政治论、人性论及伦理学的根据”，由循环论得其“黑白赤三统说”的历史哲学，由“阳尊阴卑”得其“‘三纲五纪’的伦理学”，由天志同一得其“阶级秩序绝对化”，由圣教至善得其“性三品说”，自我“主观无类牵附方法”完成其支配汉代“中央集权的官僚专制主义”的“宗教化唯心论体系”[③]。章太炎在一般哲学上涉及“哲学定义”“宇宙根源”“名实（思维与存在）”“时空”“有无”“质量”“高级形态与低级形态”“本质与现象”“是非（真理与谬误）”“感觉与思维”“因果”“差别与同一”“有神与无神”等问题，其“上自老庄孔墨荀韩诸子”“中经汉魏六朝唐宋明清各家”“下抵公羊学派的康有为与谭嗣同”及严复等均有评判，广泛引用和借用西洋哲学与印度哲学名著及要领

---

① 赵纪彬：《古代儒家哲学批判》，“自序”，中华书局1950年版，第1—3页。

② 赵纪彬：《论语新探》，人民出版社1976年第3版，第3页。

③ 赵纪彬著，李慎仪、赵明因整理：《赵纪彬文集·二》，河南人民出版社1985年版，第431、434、440—446、452页。

来糅合其自成一家的哲学体系，此体系是“主观唯心论”而成“齐物哲学”方法、“带有多分唯物论要素的动力”①。冯友兰的“理学即讲理之学”不如说“‘讲理之学’即哲学”贴切，此理有“客观的理则（或法则）与主观的理念（或概念）”两义且可言说、思议系列哲学基本问题；冯友兰此说不在“扩大理学的外延”而在“削除理学的内包”，把“具体的哲学系统（理学）的特征”化作“抽象的哲学系统（讲理之学）一般”，其新理学构建“大体上承接”程朱理学讲，按“纯客观论”讲出“一种成套的道理”，使“丰富内容与开拓范围同时并举”，成“一种既非心本论，又非物本论”的认知系统，该纯客观论哲学系统由其根本原则判分“哲学论”“天道论”“人道论”的内容提要与逻辑构造，“已变为一种近于实在论的客观心本论系统”，需审查“其是否与客观对象及其理则相符合”。赵纪彬“大体上承接明清哲学中的反理学一派的立场与方法”，从态度与结论上根本不同意冯友兰新理学创构，要使“物本论思想更加贯彻”“反二本论及心本论的战斗”更“健康”“有力”，对被“颠倒或改造”及“充实与引申”的命题判断作修正以争取“反理学系统本身的新生”。② 此明清反理学的物本论哲学新生，是“将马克思列宁主义哲学原理用于中国哲学史规律的探索”及思想研究③。

大体而言，嵇文甫与赵纪彬是在中国化的马克思主义哲学的一贯立场、观点与方法指引下，对中国传统思想作选择性诠释与批判性修正。前者心系明清哲人三大家即一峰二山的治学态度与广博涵养，力行马克思主义学者的革命言论与包容气度，折中于古今中外思想认知的合理处，略作大体评点，欠缺系统论证。后者高举马列主义理论旗帜，始终突出其理论优势与主导地位，其对思想的批判意在重建话语体系，改造中国社会。

---

① 赵纪彬著，李慎仪、赵明因整理：《赵纪彬文集・二》，河南人民出版社 1985 年版，第 16—17、109—111 页。

② 赵纪彬：《困知录》（下册），中华书局 1963 年版，第三三七、三三八至三三九、三四〇、三四五、三四七、三四八至三五〇、三五三、三五四至三五七页。

③ 赵纪彬：《困知录》（上册），“自序”，中华书局 1963 年版，第二页。

第三节 冯友兰

在西学东渐背景下,冯友兰以新实在主义和逻辑实证主义方法“接着讲”宋明理学,创立新的儒学形而上学,称为新理学。他将中国哲学史分为子学时代与经学时代,这是一个具有开创意义的判断。冯友兰作为哲学家兼哲学史家,对于现代中国哲学作出了重要贡献。

一、生平与著述

冯友兰(1895—1990),字芝生,出生在今河南省唐河县祁仪镇一个书香世家。1915—1918 年,他在北京大学哲学系本科毕业。1919 年 1 月,他回开封与十数位师友共创《心声》杂志并撰《发刊词》,载录其《新学生与旧学生》一文。同年 12 月他赴美国纽约哥伦比亚大学研究院哲学系当研究生,其间广泛阅读中西印哲学典籍并关注时政思潮,1923 年暑期博士论文《天人损益论》通过答辩,1924 年 12 月获哲学博士学位。其后在中州大学、中山大学、燕京大学、清华大学、西南联合大学、北京大学等校任教,分别担任过相应学校的文学院院长、哲学系主任、校务委员会主席与美国本薛文尼大学、夏威夷大学的客座教授,中国社会科学院社会科学部常务委员及全国政治协商会议委员。其主要著作有《人生哲学》(1926)、《中国哲学史》(1934)、《新理学》等“贞元六书”(1939—1946)、《中国哲学简史》(1947)、《中国哲学史新编》(1982—1990)等,河南人民出版社曾出版《三松堂全集》(一至十四卷,2001)。其主要学术活动在中国哲学与哲学史的历代诸多典籍整理与核心问题剖析,并以中国哲学新使命为主导去考察当前人生、社会、政治、文化、教育等领域的问题与趋势,以中国哲学史发展新思路为辅助,试图融通古今中西的思想资源与认知谱系,二者在日常教研中相辅相成以增进、拓展其宏伟的哲学事业。以下从四个方面进行阐述。

二、人生哲学

1923年由丁文江、胡适、吴稚晖所代表的科学派与张君劢、梁启超等人代表的玄学派，在中国思想界掀起人生观论战，却未具体说明其科学内涵，仅求抽象解释；冯友兰借此问题方法与内涵诉求考察人生的真相、目的、动力欲、道德和、善恶性、理智权、诗教育、两种好、两类为、死亡事，认为"一个完全的人生观，必须有一个完全的宇宙观，以为根据"[①]。这种完整的宇宙观在其博士论文《人生哲学之比较研究》中有系统阐述，此书当作《人生理想之比较研究》，说"哲学之目的在确定'理想人生'"以求好，从"人之欲"分历史"事情之自身"与"纪述"两义评析陈独秀的经济唯物史观，通过人之目的与手段、理想与现实、东方与西方、哲学与经验、科学与宗教，推定各学说"多元的宇宙"的"惟一的好"[②]。依人生观论争，可知在冯友兰这里哲学是人生理想研究、求人欲中唯一的好，由此展开古今中西各家各派的人生哲学总纲探讨。

哲学是"求好之学""人生理想"及批评人生之标准，理想有"最好至善""最高观念"二义，哲学家有别于普通人在于其"精细的论证""系统的说明"；"哲学包涵三大部"，即求世界道理的宇宙论、人生道理的人生论和知识道理的知识论且各二分，"宇宙论与人生论""相即不离"，"知识论与人生论无极大的关系"，当以"论理学之筋骨，自然哲学(即宇宙论)之血肉，养其人生论(即人生哲学)之灵魂"[③]。由此人生哲学灵魂洞照哲学家的"见"与"蔽"，分断其理论派别：一是老庄道家浪漫派以"纯粹天然境界之自身"为"最好"；二是柏拉图理想派"以'理'为宇宙之根本原理""社会上诸种制度及道德之来源"，衍出基督教哲学；三是叔本华虚无派"得力于柏拉图、康德""印度人之著作"，以意志为世界本源、以知识为意志工具；四是杨朱快乐派"代表道家哲学的机械主义""益道"，"主纵欲"；五是墨家功利派"为极端的功利主义"，具体规划诸生活内涵诉求与

---

① 冯友兰：《三松堂全集·第2卷》，河南人民出版社2001年第2版，第3—26页。另见，该书"引言"与"余论"的概述。

② 冯友兰：《三松堂全集·第2卷》，河南人民出版社2001年第2版，第27、28—34、35页。

③ 冯友兰：《三松堂全集·第2卷》，河南人民出版社2001年第2版，第42、43、44、45—47页。

程序操作;六是笛卡儿、培根、费希特的进步派而信“人可以无限的(地)知道及管理天然界”,受耶教暗示;七是早期儒家中和派(即“合内外之道”)而“宇宙历史”一贯、“人为天然”无分、“一切人为诸物”辅助天然;八是亚里士多德理智派(辨析因果、形质等),证明“现实世界即是理想世界”,过“思考的生活”;九是宋元明新儒家天理派,以良知为根基,“承认性善之说”,调和“有”“无”“动”“静”并突出身体力行之修养;十是黑格尔绝对派(即绝对精神自我)、“破此‘我’与‘非我’,主观与客观,相对之二元论”;十一是詹姆士、杜威之实在派而“依所谓中道诸哲学之观点”,“旁采实用主义及新实在论之见解”①。冯友兰说,合此前十派别,“世界哲学史上所已有之人生哲学之重要派别乃备”,把浪漫派、理想派、虚无派称“损道诸哲学”,快乐派、功利派、进步派为“益道诸哲学”,另四派为“中道诸哲学”,第十一派是合此中道损益的新哲学。②

由上可知,求好与探究理想的人生哲学是冯友兰哲学的灵魂与总纲。这贯穿在他的学术研究并体现在他的人生历程中。

三、中国哲学史研究

冯友兰早期的中国哲学史写作是在谢无量的传统写法与胡适的现代理解的共同影响下完成的。谢无量的优长在通,局限在诠释方法仍是经学的。胡适的不足在断,特长在引入新的诠释方法。冯友兰结合二者优势,致力于突破局限以开创新的哲学史写作范式。他在《中国哲学史·自序》中说“此哲学史”较注重哲学方面而略述历史事实,以“黑格尔历史哲学”之“正、反、合”对“前人说法”做客观评判③。也可说,冯友兰的中国哲学史写作是以谢无量的传统经学谱系为正,胡适的现代子学系列为反,自我融摄古今学说以开新。

该史分两篇、上下册。第一篇是“子学时代”,共有十六章,“绪论”部分包括基本内容、研究方法、论证重要性、传统义理、本土特点及劣势、原因分析、统

① 冯友兰:《三松堂全集·第2卷》,河南人民出版社2001年第2版,第53、69、84、86、90、100、101、111、134、152、168、183、194、197、205页。

② 冯友兰:《三松堂全集·第2卷》,河南人民出版社2001年第2版,第51—52页。

③ 冯友兰:《三松堂全集·第2卷》,河南人民出版社2001年第2版,第243页。

一可能、主体自觉、历史背景、事实辨析、表达方式、总趋势与取材标准等，再泛论这个时代的开始、哲学发达原因、终结、著述体裁，接着说孔子、墨子、孟子、战国百家之学、《老子》、惠施、公孙龙、庄子、《墨经》、荀子、韩非子、秦汉儒家、《易传》及《淮南子》、汉儒六艺论及儒家独尊等相关议题[①]；第二篇是“经学时代”，也是十六章，“主要观点系正统派”乃黑格尔的“合”而非“正”，其精神与宗旨是张载所言的“为天地立心，为生民立命，为往圣继绝学，为万世开太平”，上篇“自孔子至淮南王”，下篇“自董仲舒至康有为(实至廖平)”，此时代“诸哲学家无论有无新见”都依傍“子学时代哲学家之名”，此后虽有印度佛学引入而历代“政治经济社会方面”未有根本变化，该两篇思想是前为“四百余年”的“横的发展”，后为“二千余年”的“纵的发展”，待“西洋学说之初东来”使“经学之旧瓶破而哲学史上之经学时期亦终”[②]。这是传统中国哲学两千五百年来两个大时代的理论规划与内容呈现，起于人(欲)按儒家道统由孔子到康有为连贯成一条立心、立命、传学、经世的精神主线。

1933 年 12 月作为“百科小丛书”《中国哲学小史》的前言，谈到子学天道部分约相当于“西洋哲学中之形上学”，其性命部分约为彼“人生哲学”，魏晋玄学是子学道家之学之继续，而清代义理之学是“宋明道学之继续”，故详述子学与道学[③]。1947 年他去美国大学讲授中国哲学史课程，原稿(1948 年英文版)由学生涂又光 1984 年译成中文(1985 年中文版)，自序其“著小史(指《中国哲学简史》)”之“意在通俗”，“不易展其学”，才识较重要，它讲中国哲学的精神、背景、起源、人物、阶段、形态、要点、派别、发展、转折、现状、使命等，其文化地位相当于宗教而理论功用在提高精神境界，认识主题是“内圣外王之道”，而其表达形式是“名言隽语、比喻例证”，大陆国家“上农”抑商、因循自然、推重“家族制度”的生活背景而求知能“反”(循环性)、“常”(经常性)、“定”(稳定性)、“诗”(艺术性)的生命道理，把先秦孔子儒家分为“理想主义派”孟子与“现实主义派”荀子，先秦道家分为“第一阶段”杨朱与“第二阶段”老子及“第三阶段”庄子，魏晋“新道家”有“主理派”与“主情派”，唐宋明“新儒家”之“宇宙发生论者”和“两

---

① 冯友兰：《三松堂全集·第 2 卷》，河南人民出版社 2001 年第 2 版，《中国哲学史》(上)目录及部分内容。

② 冯友兰：《三松堂全集·第 3 卷》，河南人民出版社 2001 年第 2 版，第 6—9 页。

③ 冯友兰：《三松堂全集·第 3 卷》，河南人民出版社 2001 年第 2 版，第 465 页。

个学派”即“理学”与“心学”，此传统哲学文化资源由于西方思想与哲学的传入及影响和模塑，走向新生和世界①。此大体内容及细节与上述哲学史一致，而更简化和有条理，跨度更大，观点鲜明，开创意识强烈，或受 20 世纪 40 年代初中期新理学系统全面建构的制约与影响。

1962 年写《中国哲学史史料学》时谈到具体研究工作，要资料收集“全”、审查内容“真”、了解意涵“透”、选择要点“精”，该书充分考察从商周时期《书经》《易经》《诗经》到近代时期孙中山、章太炎等著作及其言论的思想概况②。几乎同时成形的《中国哲学史新编试稿》（约 1962—1964）在“自序”中总结说，冯友兰从 1915 年开始搞中国哲学史研读到此新编的创作已近 50 年，大致经历三个阶段即“五四”前学生时代，“主要是封建的学术观点和历史方法”，其后“到解放以前”是“资产阶级学术观点和历史方法”，之后运用“马克思主义的学术观点和历史方法”，企图“写一部以马克思列宁主义、毛泽东思想为指南的中国哲学史”，核心内容上反映“唯物主义与唯心主义的斗争、辩证法观和形而上学观的斗争”③。此为后来七大册新编中国哲学史的一、二、三册原型与总的指导原则，由于政治原因中断十数年才又续写四、五、六、七册，到 20 世纪 90 年代初正式完成全部创作、修订与出版。该完整版的新编坚持了“马克思主义的立场、观点和方法”并重塑“旧邦新命”理想，系统检讨了中国哲学史的宏观历史依据、逻辑思维形式、文化材料内容、基本理论认知、自然世界观、主要思想流派、社会生活环境、政治主体诉求、特殊学术任务、具体分期情况与综合转承发展，除了先秦的诸子思想分析“换药不换汤”（即调治药方是马克思主义，调治对象是传统文化人物观点）和秦汉后经学改造“换汤不换药”（即理论环境受到汉末道教、隋唐佛教、宋代理学、明代心学和近代西学影响而变化，但药方依旧）所呈现的特色证明与整体把握外，在魏晋玄学、隋唐佛学与宋明道学的背景、缘起、前提、标识、通论、三阶段、外围、转化、功过上作了翔实考究与圆润理解，最后论述从孙中山延伸到蔡元培、胡适、梁漱溟、陈独秀、李大钊、毛泽东、金岳霖、冯友兰、

---

① 冯友兰：《三松堂全集 · 第 6 卷》，河南人民出版社 2001 年第 2 版，第 3、8、12、14、17—29 页。其他归结内容，见相关目录与章节说明。

② 冯友兰：《三松堂全集 · 第 6 卷》，河南人民出版社 2001 年第 2 版，第 295—296 页。另参见相应目录及章节内容。

③ 冯友兰：《三松堂全集 · 第 7 卷》，河南人民出版社 2001 年第 2 版，第 5、6、7 页。

熊十力的观念体系，回到其新理学的哲学性质界定即“对于实际无所肯定”，用于提升人的精神境界，从“客观的辩证法”的“两个主要范畴”即“统一”“斗争”得出发展趋势“仇必和而解”①。可见其哲学史料的齐全、真实、透彻与精要，也知其哲学史阶段性研究的观点和方法变化的原始依据与基本原则，更清楚其中国哲学史的主旨诉求、完整内涵、系统表达与未来使命。总之，他此时与嵇文甫、赵纪彬一样，是在中国化的马克思主义哲学原理指导下的传统思想改造与现代观念模塑。

因此，其三条哲学史主线，分别是西方哲学逻辑分析方法建构的子学与经学之传统理路、中国传统哲学语境阐发的圣王之道的现代理路和马克思主义哲学阶级斗争方法模塑的当代理路。目前，中国哲学史研究者试图努力走出冯友兰的当代理路，重新关注其现代理路和彻底检讨其传统理路，而当时甚至更早，在他的新理学系统建构中对此三种理路的理已隐含矛盾的困惑与超越的困局。

四、新理学

冯友兰在《中国哲学史新编》第七册最后三章，评价接着宋明理学讲中国哲学现代化时代中的新理学之两位代表人物金岳霖与冯友兰的哲学体系。他认为金岳霖在《论道》(1940)一书采用“逻辑学的形式”严整阐述“道、式、能”“三个主要概念”以推证“理与命”的认知网络，自著的《新理学》也“利用近代逻辑学的形式主义和形而上学的思想方法”推阐“理、气、道体、大全”四个基本概念的理论建构，最高“精神境界”是如《中国哲学简史》讲的“内圣外王之道”，该哲学体系的根本失误“在于没有分别清楚‘有’与‘存在’的区别”②。他的新理学如何建构？功效如何？其他人又是如何检讨的呢？下面逐一说明。

冯友兰在该书“绪论”中陈述此学由来与题旨，即“大体上是承接宋明道学中之理学一派”且为“讲理之学”，是“最哲学底哲学”，此哲学不同于自然科学而以“纯思之观点，对于经验作理智底分析、总括及解释，而又以名言说出之

---

① 参阅冯友兰：《三松堂全集》，河南人民出版社2001年第2版，第8、9、10卷，其序、目录、总结。
② 冯友兰：《三松堂全集·第10卷》，河南人民出版社2001年第2版，第610—611、638、640页。

者”，它“对于真际”“只形式地有所肯定，而不事实地有所肯定”，其“出发点”是“我们日常之经验，并非科学之理论”，其“有全新底哲学家，较新底哲学”“上继往圣”和“下开来学”[①]。此书分十章，大致讲解“理、太极”“气、两仪、四象”“道、天道”“性心”“道德、人道”“势、历史”“义理”“艺术”“鬼神”“圣人”。理是经验的原则、真际的本然、类的抽象、形而上的范式、思的大全、气的道体、物的太极，在该新理学系统中“气完全是一逻辑底观念”，为不可“名状”“言说”“思议”的“绝对底料”，道“即真元之气，一切理，及由气至理之一切程序”，势“是与理相对者”而“历史是构成势之一主要部分”，某种事为某种势的一主要部分，此是绝对真理的“本然底义理之学”，为普遍的“本然命题”之“本然系统”，成就“纯真际”的“形上”的“哲学系统”[②]。其理论来源是宋明理学，思想出发点是日常生活经验，研究方法是西方逻辑学与形而上学，认知内容是中国传统文化基本内涵，形式建构是概念命题系统，价值诉求是做全新哲学家与创造较新哲学，结果把不可思议、不可言说、不可名状的传统中国哲学即宋明道学之绝对天理，变成可思辨、可名言、可抽象的现代中国哲学即新理学之普遍原理。

此抽象的真际的本然的逻辑分析的形上之理，展开具体的实际的自然的经验感知的形下之事，由此说事得《新事论》，其理论宗旨是确认“中国到自由之路”；由此“讲纯粹哲学”之《新理学》、“谈文化社会问题”之《新事论》和“论生活方法”之《新世训》，其义一贯为“内圣外王之道”，有“贞下起元”之意、之时；《新原人》“实为继《新理学》之作”[③]；《新原道》“欲述中国哲学主流之进展，批评其得失，以见新理学在中国哲学中之地位”，它是“《新理学》之羽翼”和“《中国哲学史》之补编”；《新知言》“论新理学之方法，由其方法，亦可见新理学在现代世界哲学中之地位”，它与《新理学》《新原人》《新原道》为“新理学之纯哲学底系统”的“骨干”[④]。此“贞元六书”是新理学在六个方面的展开。如果说《新理学》是其理论内核，提供原理支撑，那么，《新事论》是其实际出路，展示事务职责，《新世训》是其操作手段，归结经验教训，《新原人》是其自由主体，觉解精神

---

① 冯友兰：《三松堂全集·第4卷》，河南人民出版社2001年第2版，第4、6、9、13、17页。

② 冯友兰：《三松堂全集·第4卷》，河南人民出版社2001年第2版，第44、45、63、123、133、137、143、144页。

③ 冯友兰：《三松堂全集·第4卷》，河南人民出版社2001年第2版，第197、337、463页。

④ 冯友兰：《三松堂全集·第5卷》，河南人民出版社2001年第2版，第3、141页。

境界,《新原道》是其历史主流,确立道学新统,《新知言》是其方法表达,求证认知形式。

对于冯友兰新理学,有认为其"将程朱之学说、新实在论之共相、新唯物论之史观'合一炉而冶'"成"足以划时代之新学派"的"新理学体系",有评其"把人文主义思潮与科学主义思潮结合起来,建立了影响很大的新理学体系",有人讲"冯友兰以时代精神将儒、道、佛、西等要素贯串起来,构成自己的哲学系统,即新理学系统"①。对此评析的著作与论文很多,不多列举,由此判断它是用时代主流精神(即科学理性)融贯中、西、马哲学要点构建的划时代理论体系。因此,相对于人生哲学总纲划分的中西思想流派与中国哲学史主线引领的认知理路,新理学系统建构更具纯哲学的研究成就与划时代意义。

五、晚年反思

冯友兰的学术生涯漫长而坎坷,并具有典范性和典型意义,他的晚年反思可以帮助我们整体把握他的学术思想。他在《三松堂自序》中说:

> 本书所及之时代,起自19世纪90年代,迄于20世纪80年代,为中国历史急剧发展之时代,其波澜之壮阔,变化之奇诡,为前史所未有。书于其间,忆往思,述旧闻,怀古人,望来者。都凡四部分:曰"社会",志环境也;曰"哲学",明专业也;曰"大学",论教育也;曰"展望",申信心也。长短不同……非一书之序,乃余以前著作之总序也。世之知人论世、知我罪我者,以观览焉。②

此书参照传统体例如《史记·太史公自序》《汉书·叙传》《论衡·自纪》,并以其寓居命名且口述给学生涂又光共同完成。时限90年,各种生活事件壮奇,笔录"往思""旧闻",怀念古人风范,期待来者发扬,内容包括社会、哲学、大学与展望,堪称之前所著的总序,是"我"(指冯友兰)的实际、知心话与罪证及纪念品。其社会生活环境经历清末帝制、民国与中华人民共和国三个时期,主

---

① 蔡仲德:《冯友兰先生年谱初编》,河南人民出版社2001年第2版,第178—179、801页。

② 冯友兰:《三松堂全集·第1卷》,河南人民出版社2001年第2版,第3页。

要在北京大学、清华大学与西南联合大学从事教育。冯友兰六十年来的哲学活动分四个时期,“第一时期是从 1919 年到 1926 年”,代表作《人生哲学》;“第二时期是从 1926 年到 1935 年”,代表作《中国哲学史》;“第三时期是从 1936 年到 1948 年”,代表作《贞元六书》;“第四时期是从 1949 年到现在”,代表作《中国哲学史新编》。《人生哲学》纲领要证明哲学派别无分东西,未用史实说明为何“东方盛行‘天’和‘损道’”、西方“盛行‘人’和‘益道’”,归结在杜威的“实用主义”与罗素的“柏拉图式的新实在论”;《中国哲学史》的自豪处是先秦名辩,分惠施“主张‘合同异’”与公孙龙“主张‘离坚白’”两派,北宋程颢为“心学之先驱”而其弟程颐为“理学之先驱”,弱点是“讲佛学失于肤浅”,明清时代“失于简略”;《贞元六书》“实际上只是一部书”“六个章节”,主要内容是“对于中华民族的传统精神生活的反思”,但“对于马克思主义的一个中心思想——阶级斗争——却是不懂,也不能接受”;在写《中国哲学史新编》期间参与“关于哲学遗产的继承问题”和“理论与实践的问题”遭批判。“明志”“旧邦新命”以“旧邦”指“祖国”与“中华民族”、新命是“建设社会主义”,“所能做的事就是把中国古典哲学中的有永久价值的东西,阐发出来,以作为中国哲学发展的养料,看它是否可以作为中国哲学发展的一个来源”,永久价值是“对于人类精神境界的提高”“人生中的普遍问题的解决”①。这是冯友兰经历大半生的社会教育活动与哲学思想交锋所作的总结性反省。

简而言之,在不同时期的文化社会生活环境中的成长经历是其哲学思想机缘,在不同阶段的哲学专业研究状况和大学教育传播交流是其思想成熟天地,在不同人物、流派的学术著述及要点的全面解析与系统建构中完成传统中国哲学向现代中国哲学创造性发展的时代精神使命,这是他不同于嵇文甫与赵纪彬在马克思主义哲学的基本观点和方法指导下的传统思想阐发与评述之处,促使他更自觉从古今中外人物著作要旨里提炼出富有灵魂支撑的人生哲学总纲、具备近现当代认知理路的中国哲学史主线与囊括各种理论要素及现实可能的新体系,是河南籍哲学家对现代中国哲学乃至世界哲学的重要贡献。

① 冯友兰:《三松堂全集·第 1 卷》,河南人民出版社 2001 年第 2 版,第 172、176—177、179、191—192、209、236、237、251、253、257、305、313 页。

总之,在近世河南哲学思想发展四百年内出现两次重大的理论集成转进,一次是传统的以孙奇逢为代表的照着宋明道学讲内圣之学与外王之道的旧儒学谱系,另一次是现代的以冯友兰为代表的接着程朱理学讲内圣外王之道的新理学体系。此二者为集成性的理论发展,前者称守旧的经学传教于仁体与实用以护道统,后者是开新的子学推阐于原理与事变以建新统。其间转进以批判传统理念与发扬现代精神的中国化马克思主义原则及方法所指引的理论研究为主导力量,它有改造传统以融入现代的嵇文甫的旧子学的启蒙尝试和扬弃传统以绽放现代的赵纪彬的新子学的救治工作。如果说在中原地区,孙奇逢是传统中国哲学的经学形态最后理论发挥的典范人物,那么,嵇文甫、赵纪彬、冯友兰是现代中国哲学的子学形态最初理论创造的实际担当者。孙奇逢算得上传统文化经典的守夜人,嵇、赵、冯三人堪称现代文明理性的传教士。他们是明清之际到近现代之间河南哲学思想发展转进的枢纽人物,他们在不同背景下,以自己的努力为思想传承与发展作出自己的贡献。

结语

在中国哲学诞生或者说中国轴心突破过程中,河南有突出贡献。中国轴心突破研究是以对“轴心时代”(或“轴心期”)和“哲学的突破”概念的接受为前提,对中国哲学开端进行的研究。前一个概念来自德国哲学家雅斯贝斯。雅斯贝斯在论及“世界历史轴心”时说:“看来要在公元前500年左右的时期内和在公元前800年至公元前200年的精神过程中,找到这个历史轴心。正是在那里,我们同最深刻的历史分界线相遇,我们今天所了解的人开始出现。我们可以把它简称为‘轴心期’(Axial Period)。”①后一个概念来自美国社会学家帕森斯,他认为:“在公元前一千年之内,希腊、以色列、印度和中国四大古代文明,都曾先后各不相谋而方式各异地经历了一个‘哲学的突破’的阶段。所谓‘哲学的突破’即对构成人类处境之宇宙的本质发生了一种理性的认识,而这种认识所达到的层次之高,则是从来都未曾有的。与这种认识随而俱来的是对人类处境的本身及其基本意义有了新的解释。”②这两个概念都是对黑格尔关于东方没有哲学③观点的反拨,因此受到学术界普遍关注。历史学家余英时将这两个概念综合起来,提出“轴心突破”概念,他的解释是:“‘轴心突破’指世界古代文明在发展过程中的精神大跃动,最后导致系统性的哲学史或思想史的正式发端。”④

---

① [德]卡尔·雅斯贝斯(Karl Jaspers,1883—1969):《历史的起源与目标》,魏楚雄、俞新天译,华夏出版社1989年版,第7—8页。

② 转引自余英时:《古代知识阶层的兴起与发展》,参看余英时:《士与中国文化》,上海人民出版社1987年版,第28—29页。

③ 黑格尔在论及“哲学和哲学史的起始”时,关于东方(包括印度和中国),他说:“我们在这里尚找不到哲学知识。”他的结论是“东方及东方的哲学”“不属于哲学史”。参看[德]黑格尔(G. W. F. Hegel,1770—1831):《哲学史讲演录》(第一卷),“导言”,贺麟、王太庆译,商务印书馆1997年版,第95—98页。

④ 余英时:《论天人之际——中国古代思想起源试探》,“代序:中国轴心突破及其历史进程”,台湾联经出版事业有限公司2014年版,第9页。

我们接受这个概念，同时认为中国的轴心突破研究不能离开对上古时期宗教文化演变的完整考察，因此我们使用宗教文化（包括原始宗教文化与新型宗教文化）概念贯穿中国自颛顼"绝地天通"至春秋时代新天道观的出现这一漫长历史时期，将新旧宗教文化及其在春秋时代的发展作为中国轴心突破的背景与渊源，从而在中国哲学开端问题上反映出河南的贡献。

关于突破的历程，轴心突破中的几位重要人物如老子、孔子、墨子，要么是河南人，要么曾长期在河南活动，他们创造的理论体系对后世影响深远，并在决定意义上规定中国思想的特质。据崔大华的研究，中国古代宗教发展没有沿着从祭祀到皈依的途径，从原始宗教发展为高级宗教，而是在西周初年向人文方向转变。"在中国古代，由殷人的那种相当发达的崇拜帝神、祖先的祭祀宗教，进一步向对某种绝对超越的存在的虔诚信仰的皈依宗教的发展并没有发生，一个巨大的政治变迁——殷被周灭亡，阻止了、破坏了这一古代宗教思想和实践发展的一般进程。一种十分独特的社会政治原因，使中国古代思想发展主潮由宗教性质的转折向道德性质的。"①这一转折奠定中国文化的方向，即世俗的和人文的。诸子的轴心突破形成各自的理想世界，但它们不在彼岸，而在历史深处，他们的理想世界与现实世界之间不是异质的，终极价值在现实世界而不是彼岸世界，世俗生活不是权宜之计，不是通往彼岸世界的中转站，所以中国思想的重要特征是"一个世界"。先秦诸子如老子、孔子、墨子的思想相互之间差异很大，但是当作为一个整体与古印度、古希腊比较的时候，这一共同的特色就表现出来。

中国哲学史在秦汉以后的发展基本上是围绕着儒学的理论更新进行。儒学在更新中完善宇宙论、本体论建构，消化、吸收异质文化，这一过程中河南哲学家的贡献非常突出。比如对于魏晋玄学，崔大华从儒学理论结构的三个层面（即心性的、社会的、超越的）考察玄学用道家思想所作的诠释，他认为："这诠释本身也构成了具有新的理论特色和相对独立的思想体系。一方面，其主要的理论观念、概念甚至语言皆渊源自道家，显现鲜明的道家色彩；但另一方面，其解说的却是儒家的命题、思想或论题，显示的不是道家思想的逻辑发展，而是儒家

---

① 崔大华：《儒学引论》，人民出版社 2001 年版，第 9—10 页。

学说在道家观念背景下发生的理论更新。”[①]在这次理论更新中，河南哲学家如何晏、王弼、阮籍、郭象都有突出表现。隋唐时期佛教盛行、道教发展而儒学衰落，韩愈批判佛教的虚无，从正面揭示儒家的意义。他还提出儒家道统说，以与佛教抗衡，这成为宋代新儒学的先声。河南程颢、程颐兄弟继续韩愈未竟的事业，在当时心性领域被佛教占据、士大夫谈禅风气盛行[②]的背景下，提出“性即理”等命题，与佛教争夺心性领域制高点，将儒家的意义从外王扩展至内圣，为儒学的又一次理论更新做出重大贡献。就思想发展的内在线索而言，儒学的每一次理论更新，道家哲学（老子、庄子）都发挥了重要作用。另外，一些重要学说如洛学从中原地区向南方各省的传播，对于延续儒学学脉、推进理学发展起到重要作用。自鸦片战争以来，中国被卷入现代化浪潮，向西方学习技术、制度、文化，同时不断反思自己的传统，在这一过程中儒学由于其在传统社会的意识形态地位而受到激烈批判，儒学的处境发生重大改变，崔大华用“儒学被从国家意识形态中剥离出来”和“在新教育体制中被肢解”[③]来表述。在这样的背景下，冯友兰用新实在论和逻辑实证主义阐释宋明理学，创立新理学，“形成了 20 世纪中国儒学又一个新的形而上学理论形态”[④]，成为对传统哲学“接着讲”[⑤]的一个典范。可以说中国哲学史凝聚了河南这块土地上一代又一代哲学家的智慧，反映出哲学领域里河南对中国的贡献，这也是我们写作《河南哲学史》的初衷。

哲学是时代精神的精华，每个时代的哲学工作者都有自己的使命。我们相信，先辈们的创造性劳动不仅为我们树立了光辉典范，更将激励当代河南哲学工作者辛勤工作，在新的条件下做出自己的贡献。

---

① 崔大华：《儒学引论》，人民出版社 2001 年版，第 366—367 页。

② 余英时认为在北宋儒、释关系史上，禅宗云门宗的契嵩是关键人物，因为“契嵩不但阻遏了古文运动的排佛攻势，而且开创了士大夫‘谈禅’的风气”。见余英时：《朱熹的历史世界——宋代士大夫政治文化的研究》（上），生活·读书·新知三联书店 2004 年版，第 80 页。

③ 崔大华：《儒学的现代命运——儒家传统的现代阐释》，人民出版社 2012 年版，第 248 页。

④ 崔大华：《儒学的现代命运——儒家传统的现代阐释》，人民出版社 2012 年版，第 319 页。

⑤ 冯友兰说：“宋明以后底道学，有理学心学二派，我们现在所讲之系统，大体上是承接宋明道学中之理学一派。我们说‘大体上’，因为在许多点，我们亦有与宋明以来底理学，大不相同之处。我们说‘承接’，因为我们是‘接着’宋明以来底理学讲底，而不是‘照着’宋明以来底理学讲底。”参看冯友兰：《新理学》，载《三松堂全集》第 4 卷，河南人民出版社 2001 年第 2 版，第 4 页。

参考文献

一、古籍

[1]十三经注疏整理委员会.尚书正义[M].北京:北京大学出版社,2000.
[2]十三经注疏整理委员会.毛诗正义[M].北京:北京大学出版社,2000.
[3]十三经注疏整理委员会.论语注疏[M].北京:北京大学出版社,2000.
[4]朱熹.四书章句集注[M].北京:中华书局,2012.
[5]孙诒让.墨子间诂[M].孙启治,点校.北京:中华书局,2001.
[6]杨伯峻.列子集释[M].北京:中华书局,2013.
[7]崔大华.庄子歧解[M].北京:中华书局,2012.
[8]王先谦.荀子集解[M].沈啸寰,王星贤,点校.北京:中华书局,1988.
[9]郭庆藩.庄子集释[M].王孝鱼,点校.北京:中华书局,2012.
[10]蒋礼鸿.商君书锥指[M].北京:中华书局,1986.
[11]王先慎.韩非子集解[M].钟哲,点校.北京:中华书局,1998.
[12]吕不韦.吕氏春秋集释[M].许维遹,释.北京:中华书局,2009.
[13]李道平.周易集解纂疏[M].潘雨廷,点校.北京:中华书局,2016.
[14]袁华忠,方家常.论衡全译[M].贵阳:贵州人民出版社,1993.
[15]李山.管子[M].北京:中华书局,2009.
[16]安小兰.荀子[M].北京:中华书局,2007.
[17]姚春鹏.黄帝内经[M].北京:中华书局,2010.
[18]桓谭.新辑本桓谭新论[M].朱谦之,校辑.北京:中华书局,2009.

[19]何晏,邢昺.论语注疏[M].北京:中国致公出版社,2016.
[20]王弼,楼宇烈.老子道德经注校释[M].北京:中华书局,2016.
[21]王弼,楼宇烈.周易注校释[M].北京:中华书局,2016.
[22]张湛.列子[M].上海:上海书店出版社,1986.
[23]郭象,成玄英.庄子注疏[M].北京:中华书局,2016.
[24]陈伯君.阮籍集校注[M].北京:中华书局,2014.
[25]戴明扬.嵇康集校注[M].北京:人民文学出版社,1962.
[26]僧祐.弘明集[M].刘立夫,魏建中,胡勇,译注.北京:中华书局,2016.
[27]刘义庆.世说新语[M].刘孝标,注,余嘉锡,笺疏.北京:中华书局,2006.
[28]陈寿.三国志[M].裴松之,注,岳群,点校.长沙:岳麓书社,2008.
[29]范文澜.文心雕龙注[M].北京:人民文学出版社,1958.
[30]严可均.全三国文[M].北京:商务印书馆,1999.
[31]刘义庆.世说新语[M].北京:中国画报出版社,2016.
[32]王仁俊.玉函山房辑佚书续编三种[M].上海:上海古籍出版社,1989.
[33]玄奘.大唐西域记[M].董志翘,译注.北京:中华书局,2012.
[34]刘禹锡.刘禹锡集[M].北京:中华书局,1990.
[35]马博通.韩昌黎文集校注:第1卷[M].上海:上海古典文学出版社,1957.
[36]成玄英.道德经义疏[M]//蒙文通.道书辑校十种.成都:巴蜀书社,2001.
[37]程颢,程颐.二程集[M].北京:中华书局,1981.
[38]程颢,程颐.二程遗书[M].潘富恩,导读.上海:上海古籍出版社,2000.
[39]朱熹.河南程氏遗书[M].北京:中华书局,1978.
[40]黎靖德.朱子语类[M].北京:中华书局,1986.
[41]谢良佐.上蔡语录[M].文渊阁四库全书本.台北:台湾商务印书馆,1986.
[42]道藏:第5册[M].文物出版社、上海书店、天津古籍出版社联合影印本,1988.
[43]脱脱,等.宋史[M].北京:中华书局,1985.
[44]张理.道藏:第3册　易象图说[M].文物出版社、上海书店、天津古籍出版社联合影印本,1988.
[45]陈抟.玉诠[M]//道藏辑要.国家图书馆古籍馆藏.
[46]黄宗羲,全祖望.宋元学案[M].北京:中华书局,1986.

[47]周履靖.赤凤髓[M].上海:上海古籍出版社,1989.
[48]许嘉璐,等.二十四史全译:宋史[M].上海:汉语大词典出版社,2004.
[49]邵雍.皇极经世书:观物内篇[M].郭彧,于天宝,点校.上海:上海古籍出版社,2017.
[50]朱熹.周易本义[M].上海:世界书局,1936.
[51]容肇祖.王安石老子注辑本[M].北京:中华书局,1979.
[52]王安石.王文公文集:上[M].上海:上海人民出版社,1974.
[53]许嘉璐,等.二十四史全译:元史[M].上海:汉语大词典出版社,2004.
[54]王安石.王安石全集:临川先生文集[M].上海:复旦大学出版社,2017.
[55]朱杰人,等.朱子全书[M].上海:上海古籍出版社,2010.
[56]朱熹.四书集注[M].长沙:岳麓书社,1985.
[57]毕沅.传世藏书[M].海口:海南国际新闻出版中心,1996.
[58]许衡.许衡集[M].王成儒,点校.北京:东方出版社,2007.
[59]普济.五灯会元[M].北京:中华书局,1984.
[60]永瑢.四库全书总目[M].北京:中华书局,1965.
[61]陈淳.北溪字义[M].北京:商务印书馆,丛书集成初编本.
[62]张廷玉.明史[M].北京:中华书局,1974.
[63]曹端.曹端集[M].北京:中华书局,2003.
[64]黄宗羲.明儒学案[M].北京:中华书局,1985.
[65]薛瑄.薛瑄全集[M].太原:山西人民出版社,1990.
[66]薛瑄.薛瑄全集[M].太原:三晋出版社,2015.
[67]王廷相.王廷相集[M].北京:中华书局,1989.
[68]侯外庐.王廷相哲学选集[M].北京:中华书局,1965.
[69]岳金西,岳天雷.高拱全集[M].郑州:中州古籍出版社,2006.
[70]高拱.问辨录[M].岳金西,岳天雷,校注.郑州:中州古籍出版社,1998.
[71]岳金西,岳天雷.《问辨录》校注(外二种)[M].郑州:中州古籍出版社,1998.
[72]吕坤.吕坤全集[M].北京:中华书局,2008.
[73]吕坤.呻吟语[M].济南:齐鲁书社,1995.
[74]吕坤.去伪斋文集[M].济南:齐鲁书社,1997.

[75]张显清.孙奇逢集[M].郑州:中州古籍出版社,2003.
[76]王洲明,徐超.贾谊集校注[M].北京:人民文学出版社,1996.
[77]阎振益,钟夏.新书校注[M].北京:中华书局,2000.
[78]唐颐.图解京氏易传[M].西安:陕西师范大学出版社,2013.
[79]萧洪恩.易纬今注今译[M].武汉:武汉大学出版社,2016.
[80]黄寿祺,张善文.周易译注[M].上海:上海古籍出版社,2004.

二、专著

[1]苏秉琦.中国文明起源新探[M].北京:生活·读书·新知三联书店,1996.
[2]劳思光.新编中国哲学史[M].桂林:广西师范大学出版社,2005.
[3]谢维扬.中国早期国家[M].杭州:浙江人民出版社,1995.
[4]涂尔干.宗教生活的基本形式[M].渠东,汲喆,译.上海:上海人民出版社,2006.
[5]余敦康.中国宗教与中国文化:卷二　宗教、哲学、伦理[M].北京:中国社会科学出版社,2005.
[6]徐旭生.中国古史的传说时代[M].北京:文物出版社,1985.
[7]余英时.论天人之际——中国古代思想起源试探[M].台北:台湾联经出版事业有限公司,2014.
[8]李泽厚.历史本体论·己卯五说[M].北京:生活·读书·新知三联书店,2008.
[9]江晓原.天学真原[M].沈阳:辽宁教育出版社,1995.
[10]陶磊.从巫术到数术——上古信仰的历史嬗变[M].济南:山东人民出版社,2008.
[11]大间知笃三,等.北方民族与萨满文化——中国东北民族的人类学调查[M].辻雄二,色音,编译.北京:中央民族大学出版社,1995.
[12]郭沫若.青铜时代[M].北京:科学出版社,1957.
[13]涂又光.楚国哲学史[M].武汉:湖北教育出版社,1995.
[14]李零.人往低处走——《老子》天下第一[M].北京:生活·读书·新知三联书店,2008.
[15]廖名春.帛书《周易》论集[G].上海:上海古籍出版社,2008.

[16]郭沫若.十批判书[M].北京:东方出版社,1996.
[17]崔大华.庄学研究[M].北京:人民出版社,2015.
[18]雅斯贝斯.历史的起源与目标[M].魏楚雄,俞新天,译.北京:华夏出版社,1989.
[19]余英时.士与中国文化[M].上海:上海人民出版社,1987.
[20]黑格尔.哲学史讲演录:第一卷[M].贺麟,王太庆,译.北京:商务印书馆,1997.
[21]余英时.朱熹的历史世界——宋代士大夫政治文化的研究:上[M].北京:生活·读书·新知三联书店,2004.
[22]崔大华.儒学引论[M].北京:人民出版社,2001.
[23]崔大华.儒学的现代命运——儒家传统的现代阐释[M].北京:人民出版社,2012.
[24]葛瑞汉.中国的两位哲学家:二程兄弟的新儒学[M].程德祥,等,译.郑州:大象出版社,2006.
[25]王兴国.贾谊评传[M].南京:南京大学出版社,1992.
[26]徐复观.两汉思想史[M].台北:学生书局,1987.
[27]汤用彤.魏晋玄学论稿[M].上海:上海古籍出版社,2001.
[28]余敦康.魏晋玄学史[M].北京:北京大学出版社,2016.
[29]余敦康.何晏王弼玄学新探[M].济南:齐鲁书社,1991.
[30]王素.唐写本论语郑氏注及其研究[M].北京:文物出版社,1991.
[31]魏明安,赵以武.傅玄评传——附杨泉评传[M].南京:南京大学出版社,1996.
[32]中共中央马克思恩格斯列宁斯大林著作编译局.马克思恩格斯选集:第四卷[M].北京:人民出版社,1995.
[33]方立天.中国古代哲学[M].北京:中国人民大学出版社,2006.
[34]潘福恩,马涛.范缜评传[M].南京:南京大学出版社,2011.
[35]李远国.道教文化研究:第11辑 陈抟学术思想探微[M].北京:生活·读书·新知三联书店,1997.
[36]马道宗.中国道教养生秘诀[M].北京:宗教文化出版社,2002.
[37]冯友兰.中国哲学史新编[M].北京:人民出版社,2007.

[38]胡金旺.王安石的哲学思想与《三经新义》[M].北京:光明日报出版社,2014.
[39]李祥俊.王安石学术思想研究[M].北京:北京师范大学出版社,2000.
[40]陈来.朱子哲学研究[M].北京:生活·读书·新知三联书店,2010.
[41]侯外庐.宋明理学史[M].北京:人民出版社,2005.
[42]张学智.中国儒学史:明代卷[M].北京:北京大学出版社,2011.
[43]张学智.明代哲学史[M].北京:中国人民大学出版社,2012.
[44]中原文化大典编纂委员会.中原文化大典 学术思想典:哲学[M].郑州:中州古籍出版社,2008.
[45]李晓春.宋代性二元论研究[M].北京:中国社会科学出版社,2006.
[46]陈来,等.中国儒学史:宋元卷[M].北京:北京大学出版社,2011.
[47]冯达文,郭齐勇.新编中国哲学史[M].北京:人民出版社,2004.
[48]姜国柱.中国思想通史:宋元卷[M].武汉:武汉大学出版社,2011.
[49]卢广森,卢连章.洛学及其中州后学[M].开封:河南大学出版社,1999.
[50]许齐雄.北辙:薛瑄与河东学派[M].杭州:浙江大学出版社,2015.
[51]岳天雷.高拱研究文集[G].郑州:中州古籍出版社,2011.
[52]王蕾.养性理而务躬行——明初理学巨擘曹端思想研究[M].成都:西南交通大学出版社,2015.
[53]陈正夫,何植靖.许衡评传[M].南京:南京大学出版社,2011.
[54]马涛.吕坤评传[M].南京:南京大学出版社,2011.
[55]萧萐父,许苏民.明清启蒙学术流变[M].北京:人民出版社,2013.
[56]卿希泰.中国道教思想史:第二卷[M].北京:人民出版社,2009.
[57]赵纪彬.古代儒家哲学批判[M].北京:中华书局,1950.
[58]赵纪彬.困知录[M].北京:中华书局,1963.
[59]赵纪彬.论语新探[M].北京:人民出版社,1976.
[60]赵纪彬.赵纪彬文集[M].郑州:河南人民出版社,1985.
[61]嵇文甫.嵇文甫文集[M].郑州:河南人民出版社,1985.
[62]冯友兰.三松堂全集[M].郑州:河南人民出版社,2001.
[63]蔡仲德.冯友兰先生年谱初编[M].2版.郑州:河南人民出版社,2001.

三、论文

[1]金景芳.论中国传统文化[J].中国文化,1995(1).
[2]赵世超.巡守制度试探[J].历史研究,1995(3).
[3]金春峰.《论天人之际》与《说巫史传统》述评[J].湖南大学学报(社会科学版),2016(3).
[4]陈泳超.关于子产天道鬼神观的误解与探正[J].湖南师范大学社会科学学报,1998(5).
[5]田昌五.易学与秦汉思想文化形态的演变[J].求是学刊,1998(5).
[6]代云.个体人立场下的秩序与自由——老子政治哲学新探[J].商丘师范学院学报,2013(1).
[7]陈美东.张衡《浑天仪注》新探[J].社会科学战线,1984(3).
[8]曹仕邦.中国佛教译经史研究余沈之四[G]//曹仕邦.中国佛教译经史论集.台北:东初出版社,1990.
[9]孔又专.陈抟道教思想研究[D].成都:四川大学2008年博士学位论文.
[10]毛胜恒.陈抟道教思想研究[D].北京:中央民族大学2011年硕士学位论文.
[11]赵红亮,岳天雷.高拱气论探析[J].天中学刊,2005(4).
[12]岳天雷.高拱实政哲学概论[J].学习论坛,2006(9).
[13]杨雄.吕坤气学思想研究[D].湘潭:湘潭大学2007年硕士学位论文.
[14]曲岩.王廷相气本论思想研究[D].开封:河南大学2005年硕士学位论文.
[15]李世凯.王廷相心性思想研究[D].北京:中国社会科学院研究生院2012年博士学位论文.
[16]王岩.薛瑄复性思想[D].曲阜:曲阜师范大学2013年硕士学位论文.
[17]邹林.姚枢与元代理学[J].江汉论坛,2001(12).
[18]张勇.朱熹理学思想的形成与演变[D].西安:西北大学2008年博士学位论文.
[19]赵纪彬.先秦逻辑史论稿:序论——先秦名辩思潮的逻辑果实[J].河南师范大学学报(社会科学版),1982(6).
[20]卢子震,赵春霞.孙奇逢的实学方法论[J].河北学刊,2004(4).

后 记

《河南哲学史》是河南省社会科学院组织的河南专门史大型学术文化工程的一个研究项目,项目负责人是我院哲学与宗教研究所所长王景全研究员,研究工作由哲学与宗教研究所六位科研人员承担,具体分工是:代云承担绪论、结语和第一章、第二章,董琳承担第四章和第三章第三节,赵志浩承担第五章和第三章第二节,王思远承担第三章第一节和第六章第二节的程颢、程颐以及谢良佐部分,赵胤承担第六章的第一节、第三节、第四节以及第二节的朱熹部分,袁永飞承担第七章。在 2016 年 5 月 10 日河南专门史项目启动仪式之后,由代云主笔撰写提纲,2016 年 7 月 11 日参加在我院历史与考古研究所举行的提纲讨论会议,根据专家们提的意见、建议进行了多次修改,2016 年 8 月底提纲基本定稿。定稿后根据分工,各部分承担者先撰写研究综述,并于 2017 年 7 月后陆续写出初稿,2017 年年底初稿全部完成。经代云统稿并作技术处理后,河南专门史领导小组副组长、河南省社会科学院副院长袁凯生研究员,河南专门史领导小组副组长、河南省社会科学院历史与考古研究所所长张新斌研究员和学术顾问刘太恒教授通览本书并提出修改建议。

在本书写作过程中,我们得到河南省社会科学院领导以及我院历史与考古研究所、文学研究所多位专家的支持与指导,本项目学术顾问、郑州大学刘太恒教授多次对写作中需要注意的问题进行指导,西南大学高秀昌教授作为外审专家对本书进行审核并提出修改建议,项目负责人王景全研究员对我们的研究给予热情鼓励与大力支持。另外,院办公室、院科研处、院信息中心也从不同方面提供支持与便利,我们在此致以诚挚谢意!

这项研究是由六位青年科研人员合作完成的,虽然下了不少功夫,但我们学力不足、能力有限,因此本书还存在着研究不够系统深入、比较研究内容欠缺等问题,我们会继续努力,争取更大进步,同时我们也希望得到同行专家和广大读者的批评指正。

河南哲学史课题组

2018 年 2 月 8 日